# 中外文化与文论
# Cultural Studies and Literary Theory

第 39 辑

中国中外文艺理论学会
四川大学中文系
汉语言文学研究所
主办

四川大学出版社

责任编辑:黄蕴婷
责任校对:欧风偃
封面设计:墨创文化
责任印制:王　炜

**图书在版编目(CIP)数据**

中外文化与文论. 39 / 曹顺庆主编. —成都: 四川大学出版社, 2018.9
ISBN 978-7-5690-2373-2

Ⅰ.①中… Ⅱ.①曹… Ⅲ.①文化研究—世界—文集 ②文学理论—文集 Ⅳ.①G112-53②I0-53

中国版本图书馆 CIP 数据核字 (2018) 第 213341 号

书名　**中外文化与文论(39)**
**Zhong-Wai Wenhua yu Wenlun (39)**

---

主　　编　曹顺庆
出　　版　四川大学出版社
地　　址　成都市一环路南一段 24 号 (610065)
发　　行　四川大学出版社
书　　号　ISBN 978-7-5690-2373-2
印　　刷　郫县犀浦印刷厂
成品尺寸　165 mm×240 mm
印　　张　27
字　　数　502 千字
版　　次　2018 年 9 月第 1 版
印　　次　2018 年 9 月第 1 次印刷
定　　价　88.00 元

---

◆读者邮购本书,请与本社发行科联系。
电话:(028)85408408/(028)85401670/
(028)85408023　邮政编码:610065
◆本社图书如有印装质量问题,请
寄回出版社调换。
◆网址:http://press.scu.edu.cn

# 目　录

## 主体论美学反思



## 现代性与感性解放的哲学基础

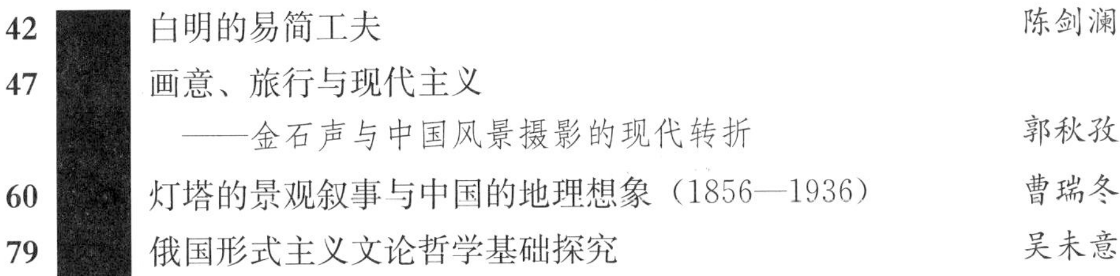

## 物感与批判理论



## 物感与现代艺术



## 通用设计理论研究

## 电影哲学研究



## 专栏一

## 专栏二

# 主体论美学反思

邱晓林

堪称人类空前浩劫的两次世界大战，令人触目惊心的极权主义政治，以及日益深重的生活世界的异化感，引发了20世纪至今全球人文思想界的深刻反思；在此背景下，工具理性主义被视为导致一系列灾难和危机的根源，并遭受到火力最为集中和最为猛烈的攻击。可以说，批判的锋芒所向，思想、文化诸领域几乎无一幸免，就算是一向被认为与现实相隔遥远甚至绝缘的审美的飞地，也因为一种主体性美学的思想与工具理性主义的隐秘关联，而照样被持续地追究和清算。

本组四篇文章均围绕对主体性美学的反思而展开。邱晓林的《论比梅尔的毕加索解读及其蕴含的艺术观》，通过对现象学家比梅尔的毕加索解读的详解，拷问再现论和表现论的艺术观，并在应对现代性危机的深层意义上强调了这种拷问的必要性；赵良杰的《论阿多诺对黑格尔主体性美学的批判》，关注阿多诺对黑格尔贬低自然美的美学思想的批判，指出阿多诺批判的核心在于强调自然作为一个不能被概念同一性思维所征服的领域的价值，并由此反思形而上学同一性美学思想的问题所在；王逸群的《观念化的艺术批评遮蔽了什么?》对约翰·伯格和弗朗索瓦·于连的裸体艺术批评进行反思，认为他们都将艺术归结为文化标本的符号，从而以预设的价值立场替代了艺术批评中不可或缺的感性体验；廖恒的《海德格尔的“物”思想与现代艺术转向》关注海德格尔从20个世纪30年代到50年代的“物”思想，并以此解读杜尚以来的现代艺术实践的取向，以对思想和艺术领域的共振的揭示，给人以深刻的启迪。通过这些个案研究，本组文章以各自不同的问题关注和打量方式，揭示了主体性美学为工具理性主义背书的几种微观样态，并由此寻求突破主体性美学窠臼的可能途径。

# 论比梅尔的毕加索解读及其蕴含的艺术观*

邱晓林

**摘　要**：比梅尔从尼采的意志论哲学出发，认为毕加索女人肖像画中的多维性服务于毕加索对令其感到恐慌的女人的支配，以此反对把立体派绘画的多维性视为企图公正客观地再现对象之必需的新康德主义阐释。但究其实质，比梅尔的阐释和新康德主义的阐释不过是一体两面，均属于主体性美学的视野。基于这一视野的艺术观，不仅把艺术视为第二级即手段的存在，而且缺乏对艺术表达的非透明性的起码意识，从而无法在应对现代性危机的意义上领会现代艺术的贡献和价值。

**关键词**：比梅尔　毕加索　再现　表现　主体性美学　非透明性

德国哲学家瓦尔特·比梅尔（Walter Biemel）在其名著《当代艺术的哲学分析》（1968）的第三部分“论毕加索：对多维性的解说尝试”中，对毕加索创作于20世纪30年代末和40年代初的女人肖像画做了一番哲学意义上的深度阐释。[①] 题目中所谓的多维性，是指毕加索从多个角度绘制其女人肖像画的那种特征。作为一个哲学家，比梅尔关注如此具体的艺术手法或风格问题，倒不是因为对毕加索个人的特别兴趣，而是出于对现代艺术作为一种文化现象的深切忧虑。在他看来，现代艺术相对于传统艺术的巨变，一方面使那些传统艺术的鉴赏者“大感错愕”，另一方面也造就了一批浅薄可鄙的跟风者，把那些装神弄鬼的“货色”视为“真正的艺术”，所以，有必要对作为一种文化现象的现代艺术作深入拷问，解读其中所蕴含的意义，以此缓解现代艺术的创作和欣赏之间已然成为一种危机的巨大张力。因为，“倘若不是在艺术家与鉴赏者之间事实上已经出现了

* 本文为“教育部人文社会科学研究规划基金项目”（17XJA752003）阶段性成果。

① 参瓦尔特·比梅尔：《当代艺术的哲学分析》，孙周兴、李媛译，商务印书馆，2012年，第275—308页。以下引文凡引自该书，只在引文后括号内注明页码。

一道鸿沟，则这种毫无标准的附庸风雅，就决不可能如此迅速地蔓延开来”(275)。但要做这样的工作，在比梅尔看来只能从特定的个案入手，而不宜从宏大的纲领出发。毕加索就是这样进入其考察视野的。同理，这篇小文则企图通过详解比梅尔的毕加索解读这一批评个案，揭示其论证分析的逻辑理路，对一种主体性美学视野内的艺术阐释范式进行反思。

比梅尔认为，任何一种理解的尝试，都由一种“先行筹划”所引导，而“艺术表达世界关联”说，就是他为其毕加索解读所确定的“先行筹划”：“在艺术中，我们看到人类揭示、‘表达’其世界关联的基本可能性；而当我们说‘世界关联’（Weltbezug）时，我们指的是：人对其同类的理解，人对非人的存在者和超越人的神性之物（只要这种神性之物对人来说是举足轻重的）的理解，以及人对他自身的理解——这种理解，乃是上述关联保持于其中的轨道。”(276) 由此，比梅尔把艺术看成是一种言说方式，并且认为艺术属于“一般人类存在”(277)。关于这个判断，比梅尔并没有给出什么有说服力的理由，所以，正如他自己所担心的那样：“这样一种解说是危险的，因为其中所作的，无非是把哲学的观念强加给艺术而已；而这样一来，艺术就被滥用了，就被贬低为哲学的奴仆了。”(277) 但令人吃惊的是，对于这个可能的反对意见，比梅尔竟再次不加说明地借助黑格尔的艺术观进行自我辩护，即艺术“只不过是神性之物、人类最深刻的旨趣、精神的最广博的真理获得意识和表达的一个种类和方式”。所以，他同意黑格尔那种把艺术置于哲学之下的做法，并且进一步露骨地认为：“谢林把艺术解说为哲学的工具，这种解说在我们看来倒是更富于成果的。”(277) 不得不说，比梅尔并没有有效地回应他自己提出的那个质疑，因为其回答不过是一种附庸（已被现代思想广泛质疑的）权威的同义反复而已。但挑剔比梅尔的论证逻辑暂时不是我们关心的要点，我们只需记住他把艺术主要视为一种人类意识和精神的表达这个倾向就可以了。正如他再次引用黑格尔时所说的那样：“艺术从中得以源起的那个普遍的和绝对的需要，其根源就在于，人乃是思维着的意识，亦即是说，人之为人以及终究是人，是从自身自为地作成的。”(278) 接下来，我们就来看看比梅尔是如何从艺术表达一种“世界关联”的角度来解释毕加索女性肖像画中的多维性的。

比梅尔的解释是相当迂回的，在端出自己的“正解”之前，他探讨了好几个其他理论家的解释。他从毕加索早期的女性肖像画入手，发现这些人像同时给出了多个透视的维度，并且有一种令人难解的丑化。他不赞同以加塞特（Ortega y Gasset）的“艺术的非人性化”的观点对此进行理解[①]，转而诉诸另一个与立体派联系紧密的德国艺术理论家和收藏家卡恩韦勒（Kahnweiler，D. －H.）的解释。卡恩韦勒认为毕加索提出了一种描绘方式的新方法，即不以透视手段伪装出某种虚假的深度，而是从多个角度对对象作直观描绘。对于这种方法，比梅尔的理解是：“一方面，画家们想克服他们的前辈们的那种引起错觉的描绘方式，其目的是为了公正地对待对象，而且是那种具有持久特性的对象（作为印象派艺术家的平衡力量）；另一方面，他们又不得不为了画的构造使对象变形。”（286）要特别注意该表述中所谓“为了公正地对待对象”这一耐人寻味的说法，在后面的分析中我们将会对此进行探讨和评价。比梅尔进一步重点探讨的是这句话中“使对象变形”的含义。他将其归结为两点：一是在象征或标志的意义上，而不是通过相似性的途径把绘画对象描绘出来；二是对绘画对象的“形象化的现实的再造”。比梅尔的这些理解均源于卡恩韦勒对他的启发。紧接着，他转向哲学家盖伦（A. Gehlen），对卡恩韦勒的观点作进一步的阐释。盖伦相对于卡恩韦勒的可取之处在于，他所提出的是这样一个深层问题：“从何种哲学观点出发，这样一种对现实的态度和相应的描绘才是可能的？”（287）而盖伦从中洞见到的哲学观点乃是新康德主义，就绘画而言，它指的是绘画描绘中的一种主观化倾向，但“不是在个人任意性意义上，而是在某种合规律的普遍性（一切具体事物都符合于这种普遍性）意义上［……］简言之，这一使命现在就在于：把那种无意识地进行的构造性的和产生世界的意识工作提升到反思层面上”（转引自比梅尔，288）。在比梅尔看来，立体派所做的恰恰就是这样的工作，因为正如卡恩韦勒所说，“立体派在其描绘中使物体世界的形象尽可能地接近于作为它们的基础的‘原始形式’，这些‘原始形式’乃是人类对物体的观看和感受的基础”（转引自比梅尔，288）。这里所谓的“原始形式”，指的就是立体派作品中的那些几何形，所以几何形可以解释为立体派企图本质而普遍性地把握事物的手段。但是，多维性如何从这个所谓新康德主义的视角得到解释呢？

这里的关联是，如果说几何化是我们得以通达事物的那些先天条件，那么多维性也是这样的一种先天条件吗？比梅尔引用盖伦的话对此作了肯定的回答：“立体派的一个革新手法，即在同一幅画上同时给出同一个事物的几个面：人们预先假定的恰恰不是单纯的视觉观察，而是事物本身，事物本质上是在不同的方面展现自身的。”（289）要理解这个说法，需要提及胡塞尔的

① 参奥尔特加·伊·加塞特：《艺术的去人性化》，莫娅妮译，译林出版社，2010 年，第 17－21 页。

“侧显”理论。胡塞尔认为，一般情况下，虽然我们只是从一个特定的视角去看事物，但我们却能马上意识到这个事物的全部，仿佛我们是从多个视角穷尽了这个事物似的。[①] 这就是比梅尔把多维性和事物的本质关联起来的原因。在此，比梅尔特别提示说：“惟当我们把事物设定为视觉事物（She-Ding），或者说，把事物设定为可为主体把握的事物时，这个胡塞尔式的侧显问题（Abschattungsproblem）才会出现。”（289）注意这段话中的关键字句：“可为主体把握”。其意图我们将会在后面的分析中看到。

比梅尔进一步探讨了盖伦关于立体派的多维性描绘乃是一种“要放弃与视点相关的表现画”的企图的观点。他对此表示认同，但不接受无视点描绘更加真实地描绘了事物这一论断，因为在他看来，立体派以“变形和打碎”为特征的“那种间离手法是那么巨大，以至于简直把对象摧毁了，而且不再谈得上‘概念’的重构”（290）。所以，他并不认同多维性是一种企图公正而客观地描绘事物的尝试。那么，比梅尔自己将会给出什么样的解释呢？

比梅尔仍然从对几何化的解释入手。在他看来，几何化是服务于对事物的把握的。具体到毕加索，比梅尔认为：“毕加索证明，最完美的被给予状态绝对不一定在于对现成事物的最完美的适应中，而倒是可能在于现成事物向一个由主体提供出来的模式的变换中。”（293）而这个模式就是所谓的几何化。几何化就这样得到了进一步的解释。那么，这和卡恩韦勒，尤其是盖伦的新康德主义解释有什么本质上的区别呢？区别或可如是概括，即在比梅尔看来，新康德主义强调的是“对现成事物的最完美的适应”，而毕加索在意的却是“现成事物向一个由主体提供出来的模式的变换”。由此，多维性也就可以得到解释，其与几何化的联系在于：二者都不过是主体把握事物的手段而已——通过几何化，事物变得透明了，而通过多维性，对于事物的总体性把握得以实现。此处的关键是，比梅尔把几何化和多维性视为一种支配意志的表现，因为通过它们，“我们被抛回到观看者那里，从被观看者抛回到观看者那里，而且这个观看是通过暴力、通过改变而显示出来的”（297）。由此，比梅尔从绘画表现观看者意志这一点出发解释了毕加索后期女性肖像画的特征。其含义在于：通过把女人还原为一些最简单的几何形，她们的魅力被祛除了，不再令人迷惑了，而画家的支配意志却得以显现——“这背后隐含着对作为意志的主体的形而上学的自我解释。”同样，“在通过多维性的手段而进行的总体表现中，发生着这样一种支配。不再有任何能够逃脱这种暴力的非当前

① 参胡塞尔：《纯粹现象学通论》，李幼蒸译，商务印书馆，1995 年，第 115－117 页；胡塞尔：《生活世界现象学》，倪梁康、张廷国译，上海译文出版社，2005 年，第 44－51 页。

的物”(297)。值得特别注意的是，比梅尔以尼采哲学解释了这种意志支配：“逻辑的和几何的简化乃是力之提高的一个结果：反过来，对这样一种简化的知觉又提高了力感……发展的顶峰是：伟大的风格。”(转引自比梅尔，298)比梅尔还以此思路解释了毕加索的另一画作《梳发裸女》。从表面看，这幅画好像是本能脱离意志的表现，但比梅尔认为，这种把女人还原为性征的做法，恰恰“表明本能是屈服于意志的”(300)，因为“本能已经被纳入了意志的势力范围之中，变成了意志的一个工具”(301)。至于这种意志支配的目的，比梅尔的解释是：“这种对骚乱的控制对于毕加索来说具有关键性意义。”(302)[①]

至此，我们较为详尽地了解了比梅尔对毕加索女人肖像画中的多维性的解说，而我们一开始就指出，比梅尔的意图不是对毕加索作专题研究，而是想借此提出一种现代艺术鉴赏的标准，并企图通过这样的标准的建立来消除现代艺术鉴赏中盲目跟风的乱象。那么，比梅尔究竟提出了一个什么样的标准呢？其实，这个标准比梅尔早就提出来了，即所谓“艺术表达世界关联”，而据上文的分析，毕加索女人肖像画中的“世界关联”含义则是，毕加索以几何化和多维性的手段实现了对其绘画对象（女人）的掌控。这个看起来似乎并不复杂的结论，在比梅尔那里却是经过一番相当繁琐的分析才得出来的。其中的关键是，比梅尔不认可那种把毕加索绘画中的几何化和多维性视为画家客观公正地再现事物的企图，而是将其看作画家对其绘画对象进行符合其意志甚至是暴力意志支配的结果。如果将此结论进一步抽象的话，我们可以说比梅尔主张从表现而非再现的角度去阐释现代艺术。那么，这算得上是一个新的有效的标准吗？

如果我们回顾比梅尔对毕加索的解读，就可以看到他在新康德主义视角和尼采视角之间进行区分，其实并无多大必要。因为在新康德主义那里，对事物本质的认识，并非所谓主体对于客体的适应，而是让客体符合于主体的认识而已；那么这个所谓的本质，不过就是先天形式，是主体赋予客体的范畴，而非客体本身所有。在这个意义上，我们可以说认识也是支配，康德称其哲学为“哥白尼式的革命”，缘由即在于此。当然，如果不是太过于较真，我们还是能在所谓认识性支配和意志性支配之间进行区分，但也就可以看到，表现论的艺术观和再现论的艺术观之间其实有着内在的关联，并没有看起来

① 参尼采的相关表述：“艺术家，就其类型来说乃是感性的人，敏感十足的人，无论怎么说，都欢迎远来的刺激和灵感。尽管如此，一般说来，在自身使命感的压力下，在自身要出众的意志制约下，他们其实都是有节制的人，通常是守贞洁的人。他们的主导本能要求他们如此。”(弗里德里希·尼采：《权力意志》，张念东、凌素心译，中央编译出版社，2000年，第526页。)

那么大的差异和距离。所以可以认为，比梅尔似乎并没有通过他的毕加索解读为我们提供什么新的艺术鉴赏标准，其“艺术表达世界关联”说，也并没有超出“艺术要么再现，要么表现”这个传统艺术理论的老框架。而据上文分析，再现论和表现论其实是一体两面，归根结底，出场的都是主体性这个东西，无论其是认知还是意志，皆属人类中心主义的范畴，只不过在表现论中，人类中心主义的气质显得高昂一些而已。固然，比梅尔的“世界关联”说也提到了人对“非人的存在者”以及“超越人的神性之物”的理解，但要注意的是，他所强调的确也只是人对它们的“理解”，而照上文分析的思路，这个“理解”在比梅尔那里，恐怕也只是服务于人对它们的“支配”和“控制”的手段而已，并没有溢出他所谓“一般人类存在”的范围。

富有意味的是，比梅尔的毕加索解读并非空谷足音，我们还可以在另一个著名的毕加索阐释者列奥·施坦伯格的毕加索研究中看到类似的阐释思路。施坦伯格曾对毕加索的15幅阿尔及利亚女人画作过堪称繁琐的研究，而这些画和比梅尔解读的毕加索女人肖像画一样，都有绘画视角上的多维性特征。对于这种多维性，施坦伯格的研究结论是：（1）它展现了毕加索想要全方位（即从正面、反面、侧面）地展现人体这一目标，这一追求乃是西方艺术，尤其是文艺复兴以来的西方艺术的再现传统的现代延续；（2）它表现了毕加索对其绘画对象即阿尔及利亚女人的色情冲动（窥视欲）。从表面上看，施坦伯格认为毕加索的绘画既是再现的，也是表现的，但实际上，表现论在这个解释中占有明显的上风，也就是说，我们可以把毕加索全方位地展现阿尔及利亚女人这一做法，看成是为其色情冲动服务的手段，就像比梅尔认为毕加索女人肖像画中的多维性，并不是为了客观公正地再现事物，而只是服务于毕加索总体性地支配其绘画对象的目的一样。①

施坦伯格的中译者沈语冰先生激赏施坦伯格的毕加索研究，称其分析具有“逻辑必然性的那种美感”——“最终，毕加索的形式主义冲动被整合在情感冲动之中，形式被整合在主题之中，形式主义艺术史和艺术批评，也被整合进图像学之中。”② 在我看来，或许他也愿意把类似的评价用于比梅尔，至少在他所说的前两个“整合”的意义上。不得不承认，无论是施坦伯格还是比梅尔的毕加索解读，都因其不避繁琐的技术分析而显得相当“专业”，而且如此“专业”的技术分析通向其结论的论证思路看起来也逻辑自洽。然而

① 参列奥·施坦伯格：《〈阿尔及利亚女人〉与一般意义上的毕加索》，见《另类标准：直面20世纪艺术》，沈语冰、刘凡、谷光曙译，江苏美术出版社，2013年，第169—264页。

② 列奥·施坦伯格：《另类标准：直面20世纪艺术》，沈语冰、刘凡、谷光曙译，江苏美术出版社，2013年，第497页。

吊诡的是，其结论本身的无聊却倒过来令其“专业”的技术分析显得小题大做，多此一举。因为，难道我们真的相信，通过把女人的身体在画面上简化为几何形，并从多个维度加以呈现，毕加索就可以实现对那些令其感到恐慌的女人的支配？抑或通过全方位地展现阿尔及利亚女人的诸种形象，毕加索就可以满足其不可遏止的色情冲动？[①] 诚然，几乎没有人会否认毕加索的伟大，但这个伟大的含义是就他作为一个艺术家的才华，而不是作为一个荷尔蒙超人的能量和自控力而言的。令人遗憾的是，两位理论大家所传递的恰恰就是这个无聊的信息。

何以如此？究其根本原因，就在于他们的阐释都未能超出主体性美学视野的艺术观。

一种主体性美学视野的艺术观所存在的问题，在于其无论以怎样的方式出场，都始终把艺术本身视为第二级亦即手段的存在，此乃比梅尔的毕加索解读及其所谓“艺术表达世界关联”说最深层的症结所在。然而正如罗杰·弗莱所说：“一件艺术品永远不可能公正地被认为是另一样东西的手段，只有将它视为目的本身，才有可能公正地看待艺术品。”[②] 在这个意义上，我们可以说比梅尔还完全没有触及现代绘画的精神，即格林伯格所说的绘画的自我确证。[③] 虽然可惜的是，格林伯格只是把该自我确证的诉求落实为对平面性的强调，未能洞悉到其真正内涵乃是人的感性合法性的自我确证[④]，但他把艺术从服务于宗教、文学、哲学等外在目标的附庸性存在中拯救出来的做法却功不可没。这一贡献的伟大意义是怎么强调也不过分的，因为正是缺乏这一全新的艺术认知，比梅尔（和施坦伯格）才无法超越主体性美学的视野，并使其费尽心机且不乏真诚的毕加索阐释，最终以无聊而滑稽的结论收场。

然而，如果说现代绘画的自我确证归根结底乃是人的感性的自我确证，绘画岂不是又成了感性表达的手段而再次落入附庸性存在的命运？这样的艺术观难道不仍然是一种囿于主体性美学视野的艺术观？对此，列维纳斯的这番见解或可解惑：

---

① 尽管如沈语冰先生指出，在另一篇关于毕加索的论文《毕加索的窥寐者》里，施坦伯格最终以平面构图的需要来解释毕加索的绘画主题，但在我看来，这个观念并没有成为其毕加索阐释的主体思路，只是被他不经意地提及，所以并没有什么说服力。参列奥·施坦伯格：《另类标准》，第136—138页，第497页。

② 罗杰·弗莱：《弗莱艺术批评文选》，沈语冰译，江苏美术出版社，2010年，第122页。

③ 参格林伯格的《现代主义绘画》一文，载沈语冰编著，《艺术学经典文献导读书系·美术卷》，北京师范大学出版社，2010年，第269—276页。

④ 此乃吴兴明先生的洞见。参吴兴明：《论前卫艺术的哲学感——以“物”为核心》，载《文艺研究》2014年第1期。

> 我们是这样来理解当代诗歌和绘画研究的：在艺术真实中力图保存其异域感，从中驱除可见形式所依存的灵魂，解除被再现的客体为表述服务的宿命。由此而来的是对主体的宣战，即绘画式文学；是单纯地使用色彩和线条，让它们为感觉服务的考量（对感觉来说，被表现的现实的价值在于它自身，而不是在于它所包裹的灵魂）；是各个客体之间、它们与世界的条理性格格不入的方方面面之间的关联；以及在将一个真实客体引入一些客体或一些被绘制的客体的残片的时候，对可能混淆不同角度的现实的担忧。在世界的终结中把自在的现实呈现出来，这是一种普遍的意向。①

这段话的核心字眼是最后一句中的“自在的现实”，其内涵则由括号中的句子得以阐明，其意是说，在现代绘画里，感觉就在绘画客体之中，由绘画客体本身所充实、填满和确证，除此而外，它没有其他栖身之所。因此，就不能说绘画客体是感觉的手段或符号，而须认其为感觉本身，或者用萨特的话讲，它是完全物化了的情绪。② 循此思路，我们就不能像比梅尔那样，把毕加索绘画中的三角形或多维性看成是绘画之外的某种意图的手段，而应接受其作为本体的存在，并且仅在画面构成的范围内领悟其意义。其实，比梅尔正是无法理解如此意谓中的艺术真实，才与加塞特关于“艺术的非人性化”的洞见失之交臂。在加塞特看来，在现代绘画中，“剔除了其中人性化现实的一面后，画家早已破釜沉舟，断了通往正常世界的后路。他将我们封闭在一个神秘的空间里，迫使我们面对一些在现实中不可能面对的东西”③。照我的理解，这个“现实中不可能面对的东西”，就是上引列维纳斯表述中“保存其异域感”的“艺术真实”。对其深层内涵，列维纳斯也有深刻的论述：“在一个没有视域的空间里，一些将其自身强加于我们的片断，一些碎块、立方体、平面、三角形摆脱了束缚，向我们迎面扑来，互相之间不经过渡。这是一些赤裸、单纯、绝对的元素，是存在之脓肿。”④ 何谓“存在之脓肿”？其实就是承认世界（包括人和非人的存在者）作为客体的优先性，其不可被我们的意识所完全穿透和支配的他性。现象学家梅洛-庞蒂对此有极其深刻的论述，他称之为存在的暧昧或非透明性，并自始至终都致力于“对整个透明性观念论

① 埃马纽埃尔·列维纳斯：《从存在到存在者》，吴惠仪译，江苏教育出版社，2006 年，第 59—60 页。

② 参让-保罗·萨特：《萨特文学论文集》，施康强等译，安徽文艺出版社，1998 年，第 71—72 页。

③ 参奥尔特加·伊·加塞特：《艺术的去人性化》，莫娅妮译，译林出版社，2010 年，第 20 页。

④ 埃马纽埃尔·列维纳斯：《从存在到存在者》，吴惠仪译，江苏教育出版社，2006 年，第 60—61 页。

的批判，不管是对从我到我的透明性，还是从我到我知、从我到他者的透明性的主张皆入此列"[①]。令人遗憾的是，同样是现象学出身的比梅尔则深陷于主体哲学视野的“透明性”迷恋中，并且公然宣称欣然接纳黑格尔和谢林将艺术置于哲学之下的做法，这不仅让人怀疑其作为一个现象学家的“成色”，而且也暴露出他完全没有意识到现代艺术在反思和破解（以工具理性扩张为核心的）现代性危机这一意义上的贡献和价值。[②]

比梅尔的著作出版于 1968 年，施坦伯格的著作出版于 1972 年，其时，风起云涌的先锋艺术运动已接近尾声，距离海德格尔发表“艺术作品的本源”系列演讲（1935—1936）[③]，以及格林伯格发表《前卫与庸俗》（1939）、《走向更新的拉奥孔》（1940）[④]，都有 30 年左右了，可以说对主体性美学的反思以及对艺术自主的强调已经成为艺术研究的一种相对共识，而此时再现论和表现论的艺术观仍旧如此自信地出场，这不能不令人费解，从而也提醒我们，在艺术理论的“战场”上，“亡灵”不会那么轻易地退场。这一点，即便是在最有可能摆脱主体性美学视野的抽象艺术领域也可以看到，从最早的康定斯基、蒙德里安，中经以波洛克、罗斯科为代表的抽象表现主义，一直到当代暴得大名的抽象派大师托姆布雷，其间的诸多理论家，甚至包括艺术家本人，都仍然深陷主体性美学的艺术视野而不自知。那么即便在今天，和如此顽固的“亡灵”的短兵相接就不仅没有过时，而且还相当紧迫而必需了。

**作者简介：**

邱晓林，四川大学文学与新闻学院教授。

---

① 参艾曼努埃尔·埃洛阿：《感性的抵抗：梅洛-庞蒂对透明性的批判》，曲晓蕊译，福建教育出版社，2016 年，第 16 页。

② 无独有偶，相比于比梅尔的毕加索解读，另一位现象学美学家杜夫海纳对拉普拉特的抽象画作过有过之而无不及的解读："在那幅酷刑画的画面中央集中的华丽色彩，告诉我的与其说其是酷刑的卑鄙恶毒，毋宁说是受刑者的光荣［……］同样，画面左边盘旋升起的条纹告诉我的是，想躲避拷打的、毛发竖立的肉体升向天堂，也告诉我这个肉体的狂乱。"参米盖尔·杜夫海纳：《美学与哲学》，孙非译，中国社会科学出版社，1985 年，第 227 页。

③ 参海德格尔：《海德格尔选集》（上），孙周兴选编，上海三联书店，1996 年，第 237-308 页。

④ 两篇文献分别见克莱门特·格林伯格：《艺术与文化》，沈语冰译，广西师范大学出版社，2009 年，第 3-24 页；《世界美术》，1991 年第 4 期，第 10-16 页。

# 论阿多诺对黑格尔主体性美学的批判

## ——以“自然美”为核心

赵良杰　李竹梅

**摘　要**：面对黑格尔对自然美的批判和贬低，阿多诺进行了再批判，并力图恢复自然美所具有的独立价值。阿多诺之所以要从自然美的角度来切入对黑格尔的批判，是因为在阿多诺的思想中，自然美是一个被概念性的同一化思维所遗忘的领域，是一个象征着不能被主体性所完全征服的领域，因此，对自然被压制的“遗迹”的追寻，对自然无意识的反抗诉求的追踪，铭刻在现代艺术和艺术理论之中。对自然美这一众说纷纭话题所作的重新阐释，体现了阿多诺美学反形而上学同一性美学的核心主旨。

**关键词**：主体性美学　自然美　反同一性　理念

阿多诺的美学思想是从对传统的主体性美学的批判开始的，因为在他看来，主体性美学是同一性哲学在美学领域的集中体现。阿多诺在他的第一部著作《克尔凯郭尔：审美对象的建构》中，就开始了对德国古典美学的纵深批判，从克尔凯郭尔的存在主义思想对个体、偶然和瞬间性的支持，批判黑格尔和康德哲学中过于强烈的普遍性和客观性，强调审美的“个体性”和“无规则性”特征[①]。正是这种“个体性”和“无规则性”的特征，被资产阶级抽象的知性原则和商品交换的逻辑所抹消。正因为康德和黑格尔的美学思想对于阿多诺美学思想的重要性，日本的阿多诺专家细田和之先生在其专著《阿多诺——非同一性哲学》一书中才指出：“如同在《否定的辩证法》中那样，在《美学理论》中，康德的美学（《判断力批判》）和黑格尔的美学（《美学讲演录》）对阿多诺来说占有重要的地位。两者关于美的理论，作为对艺术与美的可能性和不可能性的质疑，

① 阿多诺：《克尔凯郭尔：审美对象的建构》，李理译，人民出版社，2008年，第35页。

重新被阿多诺提起。"[①] 阿多诺对黑格尔美学理论的批判主要围绕"自然美理论"和"艺术终结论"两个主题展开。在《美学理论》中，阿多诺以"黑格尔批判自然美的再批判""黑格尔的精神美学"以及"黑格尔美学透视"等小节进行了专题性反省，具有独特的视角，在今天仍然具有启发意义。本文以阿多诺对黑格尔自然美观念的批判为例，来展开阿多诺美学思想的这一重要维度。

## 一、"自然美"与反同一性思想的内在关联

黑格尔的美学理论是现代美学的集大成者，也最为集中地体现了现代美学的主体性特征。黑格尔关于"美是理念的感性显现"的论述，对自然美的排斥，对各门类艺术演进历史的分析，对艺术终结理论的提出，都在现代美学史上具有重要的影响。比如，黑格尔关于"艺术终结论"的论述就成为美国现代艺术哲学家阿瑟·丹托的名著《艺术的终结》的主要理论资源，而卢卡奇、布莱希特和本雅明等人关于"现代主义"的论争，实质上就是黑格尔关于艺术需要"生气灌注"的审美标准的再阐释。因此，黑格尔的美学是现代美学研究绕不过去的。

阿多诺之所以要从"自然美理论"的角度切入对黑格尔的批判，是因为在阿多诺的思想中，自然美是一个被概念性的同一化思维所遗忘的领域，是一个象征着不能被主体性所完全征服的领域，因此，对自然被压制的"遗迹"的追寻，对自然扭曲的反抗诉求的追踪，铭刻在现代艺术和艺术理论之中。正如法兰克福学派第三代代表人物阿尔布莱希特·维尔默教授所说："阿多诺在自然美中看到了某种尚未存在的、获得和解的自然密码，这一自然超越了将生命划分为精神和物质的区分方式，最终调和并扬弃了这一区分方式，而彼此各异的众多事物在未受伤害的情形下以一种非强迫性的方式共处。"[②] 这一点也得到了美国文化理论家理查德·沃林教授的赞同，他指出："在阿多诺的非同一性知识理论——以德国唯心主义的主要认识论渴望：主体和客体的同一性为论题的一种理论——的框架里，自然美的范畴被赋予了重大的隐喻意义。它再现了某个不可还原的他者、某个超越主观自我证明所及范围的原始状态。由于这个原因，那个状态将受到人们的珍视和模仿。"[③]

---

① 细田和之：《阿多诺：非同一性哲学》，谢海静、李浩原译，河北教育出版社，2002 年，第 176 页。

② 维尔默：《论现代和后现代的辩证法》，钦文译，商务印书馆，2003 年，第 12 页。

③ 沃林：《文化批评的观念》，张国清译，商务印书馆，2000 年，第 120 页。

所以，从现代美学对“自然美”的探查可以看出反抗同一性形而上学思想传统的可能性之所在。阿多诺明确告诉我们

> 大自然的美是事物中非同一性（non-identity）的残余，有时候它们在其他方面受到同一性的迷惑。只要这种迷惑力延续不断，非同一性就没有什么实证的存在。因此，自然美依然是偶尔发生的和不确定的。但它所允诺的东西非常有意义，自身超出主观的感受范围。在优美事物面前所生的痛感（在人于自然界的体验中，这种痛感尤为生动），既是对美所允诺但从未展示之物的思慕之情，也是面对欲美不成的现象之缺陷时所受到的磨难。这同样适用于艺术。事实上，观赏者在不知不觉或无意之间，与艺术作品签订了一项合同，以作品与其交谈诉说为条件，立誓臣服于该作品。在保证接受之际，个体遵从相同的逻辑，就像她自己在自然界随心所欲地呼吸新鲜空气一样。[①]

因此，对自然美的回忆，对自然中未被概念化思维所侵害和污染的因素的挖掘，就成为现代艺术的一个执着的追求，也是现代音乐的一个重要主题。在阿多诺看来，主体面对客体并不仅仅只有一种征服和控制的姿态，而且有一种聆听、顺从和追忆的姿态，而这一姿态就是现代艺术和现代音乐的目的，即对非同一性的踪迹的追寻。阿多诺反对将艺术美看得高于自然美，相反，他认为，自然美是在这个高度异化的社会中所留存的反抗力量的明证：“在一个由普遍同一性统治的世界上，自然美是留在非同一性事物上的痕迹。”[②] 自然美是西方形而上学同一性思想的所谓能征服的最后的处女地，是我们在今天反思现代性危机，反抗已经高度发达的资本主义社会中的异化力量的最后保障。

但是，黑格尔的美学思想关注的重心不是对自然中不可被征服的“非同一性”的踪迹的追寻，而是对自然美的贬低乃至取消。在阿多诺看来，黑格尔美学就成为现代主体性哲学同一性思想的最大代表，因此，是阿多诺的美学所要首先清理和反思的对象。与之不同，康德的美学却体现了对自然美的极大尊重。在康德的崇高论中，自然超出主体能力控制，在“数量”（数的崇高）“力量”（力的崇高）上溢出了人作为主体所能掌控的范围，因此，不像黑格尔认为的那样仅仅是一种主体精神和能力的外化和对象化。

---

① 阿多诺：《美学理论》，王柯平译，四川人民出版社，1998 年，第 130 页。

② 阿多诺：《美学理论》，王柯平译，四川人民出版社，1998 年，第 130 页。

## 二、黑格尔对自然美的贬低

在黑格尔的《美学》中，自然美的价值和意义一直被贬低，自然物被认为是一种缺乏精神自由，缺乏自我决定的“惰性”领域。所以，黑格尔认为，他的《美学》的真正名称应该是“艺术哲学”，他仅仅是为了尊重习惯语义和方便，才采取了“美学”一词：

> 这些演讲是讨论美学的；它的对象就是广大的美的领域，说的更精确一点，它的范围就是艺术，或则毋宁说，就是美的艺术［……］对于这种对象，“伊斯特惕克”（Asthetik）这个名称实在是不完全恰当的，因为“伊斯特惕克”的比较精确的意义是研究感觉和情感的科学。就是取这个意义，美学在沃尔夫学派之中，才开始成为一种新的科学，或则毋宁说，哲学的一个部门；在当时德国，人们通常从艺术作品所引起的愉快、惊赞、恐惧、哀怜之类情感去看艺术作品。由于“伊斯特惕克”这个名称不恰当，说的更精确一些，很肤浅，有些人想找出另外的名称，例如“卡利斯提克”（Kallistik）。但是这个名称也还不妥，因为所知的科学所讨论的并非一般的美，而只是艺术的美。因此，我们姑且仍用“伊斯特惕克”这个名称，因为名称本身对我们并无关宏旨，而且这个名称既已为一般语言所采取，就无妨保留。我们的这门科学的正当名称却是“艺术哲学”，或则更确切一点，“美的艺术的哲学”。①

在黑格尔的哲学和美学中，主体优先于客体，艺术优先于自然，精神自由优先于对象规律，这是因为在黑格尔看来，后者仅仅只是一个客观必然性领域，它不同于精神领域，甚至远远达不到人类社会中无足轻重的“幻想”，因为在幻想中仍然存在着主体的选择和自由。根据这样的理解，黑格尔的美学所关注的重心是艺术美，而且直接将自然美排除在其范围之外。对于这一观点，黑格尔说得非常明确，“根据‘艺术的哲学’这个名称，我们就把自然美排除出来了”②。因此，黑格尔几乎都是在贬义或拟人意义上来使用自然美这样的概念的，最多将自然美看作艺术美的初级阶段。

黑格尔之所以贬低自然美，是因为在黑格尔看来，自然领域是低于精神领域的，而人类的精神从低级走向高级，最终走向“绝对精神”。因此，整个世界历史说到底无非是“精神”辩证演进的舞台，自然仅仅只是精神自我实

---

① 黑格尔：《美学》（第一卷），朱光潜译，商务印书馆，1979年，第3页。

② 黑格尔：《美学》（第一卷），朱光潜译，商务印书馆，1979年，第4页。

现的一个环节，是精神自我展开的最低阶段。这样一种“精神优越论”实际上就是西方传统形而上学追求同一性逻辑的必然结果。实际上，黑格尔在其《哲学讲演录》中正是按照思想的同一性和抽象性程度的不断提升，而将整个西方哲学史等同于精神不断辩证演进的历史。对于精神和主体优先地位的强调，使得黑格尔的美学只能将自然贬低为一种了无生气的“无机自然”，缺乏主体的意向、能力和观念为之“灌注生气”，它只能是一种“被动”的、“迟钝”的和“惰性”的物质。黑格尔甚至认为，为人类提供无限光亮和热能的太阳，作为一个自然物，其地位比不上人类的一次偶然的幻觉：“就内容来说，例如太阳确实像是一种绝对必然的东西，而一个古怪的幻想却是偶然的，一纵即逝的；但是像太阳这种自然物，对它本身是无足轻重的，它本身不是自由的，没有自我意识的；我们只就它和其他事物的必然关系来看待它，并不把它看作为独立自为的东西来看待，这就是，不把它看作美的东西来看待。”① 相反，人类的一次偶然的幻觉，却由于有人类主体的意志、情感和选择而铭刻着人类精神的因素，是人类主体自由的一种展现。美只有是主体的精神的自由的象征，才能有其存在的合理性，心灵的自由性是其高于自然的核心特征。黑格尔甚至斩钉截铁地宣布，尽管人类一再将美的概念用在自然上面，但是毋庸置疑的是，“艺术美高于自然”：

> 但是我们把美学局限于艺术的美，并不应根据这种了解。在日常生活中我们固然常说美的颜色，美的天空，美的河流，以及美的花卉，美的动物，尤其壮硕的是美的人。我们在这里姑且不去争辩在什么程度上可以把美的性质加到这些对象上去，以及自然美是否可以和艺术美相提并论，不过我们可以肯定地说，艺术美高于自然。因为艺术美是心灵产生和再生的美。心灵和它的产品比自然和它的现象高出多少，艺术美也就比自然美高出多少。从形式上看，任何一个无聊的幻想，它既然是经过了人的头脑，也就比任何一个自然的产品要高些，因为这种幻想见出心灵活动和自由。②

可以看到，在整个西方美学史上，黑格尔将高扬人类主体性精神，高扬人的心灵的创造性，高扬理性同一性不可驯服和永无餍足的特征的传统发挥到了极致。在阿多诺看来，黑格尔对自然美和艺术美的分析，将自然美置于艺术美和“美的理念”的统辖之下，充分表达了现代资产阶级对私有财产和独立主体的向往和要求。

---

① 黑格尔：《美学》（第一卷），朱光潜译，商务印书馆，1979 年，第 4 页。

② 黑格尔：《美学》（第一卷），朱光潜译，商务印书馆，1979 年，第 4 页。

## 三、阿多诺对黑格尔自然美观念的再批判

对于黑格尔对自然美的批判和贬低，阿多诺进行了再批判，并力图重新恢复自然美所具有的独立价值。这是因为，黑格尔对美的“理念因素”和“普遍性”的强调、对于精神同一性的伸张，完全无视在这种理性主义和同一哲学之中被压制的自然的呼声，完全无视深入人类无意识本能的痛苦的哀号，完全无视整个资本主义社会已经高度异化的基本境况。阿多诺明确地强调：“在黑格尔的美学及其语言学说中，普遍缺乏对交际沟通的无意义因素的了解。”[①] 黑格尔的哲学和美学所追求的是“普遍性”和“同一性”，是一种理性主义精神的强烈表达，但是，它对于生活中的“偶然”“非同一性”和“非概念化”维度形成了封闭和压制。阿多诺进一步认为：

> 若以黑格尔来反观他自己，我们会提出这样的论点：黑格尔把自然界定为在其他者性中的精神（spirit in its otherness），不仅使两者彼此分隔开来，而且也使两者联接在一起。这种关联在黑格尔的《美学》或自然哲学与其他地方，尚未得到充分的探讨。在《美学》中，黑格尔的客观唯心主义流露出一种有利于主观精神的、赤裸裸的、几乎缺乏考虑的偏见。自然美作为一种突如其来的有关至善的允诺并非是独立的，而是有赖于其对立面——主观意识，以便达到赎救的目的。[②]

阿多诺准确地命中了黑格尔美学理论这种“有利于主观精神”，向“主观意识”偏斜的特征，并认为这一特征虽然有其可取之处，但是最终只能是资产阶级意识形态的同构物，是资本主义以等价交换和均质化为特征的社会状况的一种象征。

阿多诺注意到，黑格尔即便是在对自然美有限的关注中，也仅仅强调自然美中的形式性、对称性和同一性，也就是说，强调的是自然美对于精神美的一种拟人化象征，是精神的同一性和和谐诉求的一种表现。这样一种自然美观念，对于不和谐因素和自然内在的非同一性的异质性因素的诉求则充耳未闻。阿多诺在引用黑格尔的一段关于自然美的叙述后，作出了非常精彩的评述。他指出：“黑格尔这样写道：‘自然美的形式，作为一种抽象形式，一方面是得到定性的因而也是有局限性的形式；另一方面它包含一种统一性和自己对自己的抽象关系。这种形式就是人们所说的整齐一律，平衡对称，符

---

① 阿多诺：《美学理论》，王柯平译，四川人民出版社，1998年，第134页。

② 阿多诺：《美学理论》，王柯平译，四川人民出版社，1998年，第134页。

合规律和最终达到和谐'。在其他地方，尽管黑格尔对涌现出来的不和谐力量表示过某种同情，但他对不和谐在自然美中有其自身位置这一事实则听而不闻。"[①] 因此，对自然美作一种理性主义的理解，将自然美等同于简单几何学意义上的"对称性""同一性""整齐一律性"等特征，实际上就是以一种概念范畴将自然美纳入理性的框架，但是，很显然，这种认识有其不可避免的局限性。尽管在人类发展的某些阶段，人类对自然的审美以秩序化、对称性、规则化和同一性为主要诉求，但是，人类的发展进入现代以后反而更加欣赏无规则的"蛮荒"自然，欣赏广袤无垠的大漠和沟壑纵横的戈壁和群山。因此，黑格尔对自然美的理解甚至没有达到康德的高度，因为康德在对"崇高"的分析中预示着人类自然审美的新观念。正是在这个意义上，阿多诺认为，黑格尔美学在其产生之初是有其合理性的，但是，随着现代艺术的发展，其已经不足以解释层出不穷的现代艺术现象。

> 在黑格尔的美学理论登峰造极之时，它超前于当时的艺术；只是在黑格尔之后，美学理论才转化为中立的和伪善的智慧；同时开始落伍于当时的艺术。黑格尔抽掉了一度作为自然美基础的形式和数学关系，而已有生命的精神取而代之。整齐一律的美是一种"抽象的知解力所能把握的美"。黑格尔将其说成是平庸的和次等的美。遗憾的是，它对理性主义美学的蔑视影响了他的判断力，结果，他甚至没有意识到大自然从理性主义美学的概念之网中漏掉了。[②]

阿多诺在这里的意思非常明确，他认为，自然的异质性因素和非同一性因素在黑格尔将自然美仅仅看作一种物理几何式的形式的时候，就已经被排除出去了；在黑格尔力图以艺术美超越自然美的缺陷和不足的过程中再度被掩埋和遗忘。因此，阿多诺把握到，在对自然美的理性主义理解中，黑格尔看到了超越自然美的直接动因和契机，也就是必须以主体生动的精神注入世界，使僵化和单一的自然美形式变得生动和多元。正因为如此，黑格尔在其《美学》中认为，自然美有其不可避免的缺点，它仅仅只是自然自身客体形式本身的一种呈现，还缺乏主体精神的自由性、丰富性、内在深度和无穷变化的可能，自然美必须过渡到艺术美，才能达到美的理念或美的理想。

在这里，我们可以自然地得出结论，即黑格尔希望以艺术美来弥补和超越自然美的不足，实现从自然美向艺术美的过渡，这构成了黑格尔美学的一个最根本的环节。对于这一过渡的意义，阿多诺认为必须结合时代背景才能

---

① 阿多诺：《美学理论》，王柯平译，四川人民出版社，1998年，第134页。

② 阿多诺：《美学理论》，王柯平译，四川人民出版社，1998年，第134—135页。

阐释得更加清楚。他强调指出：

> 黑格尔以理性主义方式，从自然的缺陷出发来推论艺术，几乎完全从其历史起源角度对艺术加以抽象概括。他写道："所以艺术美的必要性是由于直接现实有缺陷，艺术的职责在于它必须把生命的现象，特别是把心灵的生气灌注现象，并按照其自由性，将其表现于外在的事物，同时使这外在的事物符合它的概念。只有这样，真实的东西才会从它的时间性环境中，从它的在有限事物行列中的浪游的迷途中，解脱出来，与此同时，它才会获得一种外在的显现，通过这种显现，人们窥查到的不是自然与散文世界的贫乏，而是一种与真实相适应的客观存在……"这段话表露出黑格尔哲学的如下基本特征：自然美处于这种状况只是因为遮蔽所致，于是便成为艺术美的存在理由。①

在这里，自然美的缺陷和遮蔽，成为艺术美超越的理由，而且，在阿多诺看来，这种超越不仅只具有艺术的意义，而且更具有时代的意义，是对"自然与散文世界贫乏"的超越，也就是说，对一个以知性和抽象规则所构成的"散文世界"的超越。

因此，阿多诺对黑格尔自然美观念的批判不仅仅是基于一种学科理论的对知识积累的学术要求，而且也是以对现代性危机的反思为其基本前提和时代背景的。在黑格尔看来，自然美所遵循的几何学原则（对称平衡、统一性、秩序性）是现代社会抽象规则和知性原则的一种体现，它尽管有抽象的普遍性，但与人的内在的动机和要求是相对立、相隔离的。因此，必须以艺术美的精神性和生动性，以艺术美的自由性和活力，充实这种"散文世界"的"单质"与"贫乏"。但是，阿多诺认为，黑格尔这种精神化和主体化的美学是不可能走出这种危机状况的，相反，现实世界向单质化和同一性的"文化工业"和"法西斯反犹主义"的发展，更进一步瓦解了黑格尔"绝对精神"的迷梦。将自然主体化，将客体主观化，将非同一性因素进一步同一化，并不能走出传统形而上学传统的困境，相反，却只能使这种困境的进一步极端化。阿多诺在《美学理论》中对这一论题进行了不厌其烦的阐述，他指出："论及散文的兴起，黑格尔的美学是古典主义的和反动的。虽然在康德那里，美的古典主义概念仍与自然美相一致，但黑格尔则为了主观精神而牺牲自然美，同时又使主观精神服从于外在的并且与其不相一致的古典主义。其原因兴许在于：黑格尔担心他自己（所充分应用）的辩证法会超越美的理念。"②

---

① 阿多诺：《美学理论》，王柯平译，四川人民出版社，1998年，第135－136页。

② 阿多诺：《美学理论》，王柯平译，四川人民出版社，1998年，第137页。

与自然美直接的形式主义和普遍性不同，黑格尔认为，艺术美能够实现对这些抽象原则的超越，实现形式与内容的完美结合，这一点体现在古希腊艺术的古典主义典范之中。黑格尔的关于世界散文化的哲学或美学命题有其特殊的时代针对性，即对现代社会中知性统治的反思。阿多诺进一步将这一命题深化为对黑格尔进行反思的哲学和美学命题，即对“自然的回忆”，将在黑格尔的自然美观念中被其理性主义几何学标准的整饬遮蔽的自然的反抗遗迹揭示出来。

正是基于这一观点，与黑格尔认为只有艺术美才能体现完美的理想和生活所允诺的幸福不同，阿多诺认为，只有自然美才能体现这种理想和生活的理念。自然美不是像黑格尔所认为的那样，是低于艺术美的“次要的美”，不是一种只能在抽象的几何学原则和“知性范畴”体现的“形式主义”的美，相反，自然美才真正蕴含了人类解放的潜力，是真正实现反抗同一性统治的救赎力量。这种对自然美的独特的分析和定位，是阿多诺整个美学理论的基础，我们将另行阐述。在这里仅简要指出，阿多诺所理解的自然并不仅仅是我们所指称的“大自然”，并不仅仅是一种物理世界意义上的物质自然，而是一种人与世界的根本性“和解”，一种人的主体欲求和愿望与外在客体世界之间的内在相融。阿多诺将之称为一种“理想”：“的确，艺术的定性大于自然的定性：但是艺术中的表现原型与其说是人类精神，毋宁肯说是大自然。理想的概念，对想要‘纯化’自身的艺术来说如同一个路标，这恰恰是一种外在的先决条件。唯心主义对自然界无灵物所持的傲慢态度，因艺术不单纯是主观精神而付出了代价。永恒的理想便成为无生命的膏药。”[①] 因此，自然美是一种理想的乌托邦力量，是一种实现审美救赎所必须追随和聆听的对象，这正是瓦解西方形而上学同一性思想传统的根本力量。日本学者细田和之把握得非常准确，他指出：“重要的是，我们必须凝视、倾听这种指示。‘非同一性事物’的解放，就是这种凝聚力的解放；在概念这种同一性的媒体中，主体必须支持‘非同一性事物’。只有这样，‘主体才能经验客体’。”[②] 而这，正是阿多诺之所以要专门审理黑格尔自然美观念的原因。正如美国著名阿多诺研究者马丁·杰伊教授在其筚路蓝缕之作《法兰克福学派的宗师——阿道尔诺》中所认为的那样：“审美模仿在它对感性表象的肯定中也含有乌托邦的要素，哲学家们自从柏拉图以来就倾向于把这种表象贬低在观念本质之下。正是由于阿道尔诺对模仿的推崇，他与黑格尔的等级森严地把艺术的地位贬

---

① 阿多诺：《美学理论》，王柯平译，四川人民出版社，1998 年，第 135 页。

② 细田和之：《阿多诺：非同一性哲学》，谢海静、李浩原译，河北教育出版社，2002 年，第 156 页。

低在哲学和宗教之下这种做法展开了争论。尽管在审美问题上他对康德强调主观的趣味和判断有怀疑，但他还是为康德对自然美的捍卫所吸引，而黑格尔却认为这种美是低于它的人为的对应物的。因为自然美表现了人对某种并非由他自己创造的客体的依赖，它于是就成了非同一性的范式，该范式以人与自然之间的微妙但尊重人的关系为基础。”① 杰伊先生的这一分析的确准确地把握到了阿多诺之所以重视黑格尔自然美概念的核心原因，其基本的努力仍然是要突破黑格尔主体论美学和德国唯心主义以概念化和精神化的方式统摄自然和客体的异质性和非同一性的思想困境。

作者简介：

赵良杰，四川大学文学与新闻学院讲师、博士后。

李竹梅，四川大学学工部艺术教育中心教师。

① 马丁·杰伊：《法兰克福学派的宗师——阿道尔诺》，胡湘译，湖南人民出版社，第200页。

# 观念化的艺术批评遮蔽了什么?
## ——对几种裸体艺术批评话语的反思

王逸群

**摘　要**：本文主要考察约翰·伯格和弗朗索瓦·于连对欧洲裸体艺术的阐释。如果说约翰·伯格粗暴地将大量欧洲裸体绘画拉到了春宫图的水平，那么于连则赋予了其形而上的尊严，但二人皆将艺术作品视为文化标本，把对艺术作品的感性体验打入冷宫。艺术作品的意义是内在于符号的，其感性的明晰性只能在我们对作品的具体感知中获得。艺术阐释如果跳开了我们与作品遭遇时获得的直接经验，而预先设定价值取向明显的观看方式，或直接从作品“内容”中提炼意义，必然会丧失自身的合法性。

**关键词**：裸体艺术　约翰·伯格　弗朗索瓦·于连

裸体是欧洲绘画中的重要主题，从古希腊到今天，经由代代艺术家、艺术流派演绎而长盛不衰。如弗朗索瓦·于连所言，重视体操运动的古希腊文化土壤中生长出裸体艺术，这不难理解，但痛斥裸体的基督教会仍然为其留出位置，用其表现亚当和夏娃、圣母怜子等《圣经》中非常重要的情节，甚至教会中的博士们也更偏爱十字架上裸体的基督形象，而非披着衣服的基督，足见此艺术主题的生命力。[①] 作为现代人，如何观看欧洲的裸体绘画？不管这一问法是否恰当，它都已在学界引起颇多探讨。本文将评述几位艺术批评家对该问题的阐释，进而针对性地作一些回应。事实上，我无意深究对裸体艺术的观看之道，而是更想借此话题对当代艺术批评的总体状况作一些反思。

关于对欧洲裸体绘画的观看之道，时下最流行的观点恐怕来自约翰·伯格——他是畅销书作家，作为批评家也不乏美誉和拥趸。

① 弗朗索瓦·于连：《本质或裸体》，林志明、张婉真译，百花文艺出版社，2007年，第17—18页。

约翰·伯格对欧洲裸体绘画的阐释见于其《观看之道》第二章，其思路非常简单。首先，任何图像都是特定观看方式的产物，比如，不同的摄影师面对同一个场景，拍出来的照片必然不同。同理，一幅画也对应着特定画家、收藏家的观看方式。那么，欧洲古典裸体绘画是何种观看的产物？约翰·伯格认为，首先要将男性裸体和女性裸体区分开来，因为男性和女性的内在品质完全不同，作为观看对象也便对应着不同的观看方式。在他看来，男性的风度基于其内在品质，而女性对自身形象的认定则更依赖他者的目光。简言之，女性天然地注重观察自己以及别人如何观察她们，因而将自己变成了一道特殊的景观，甚至女性也会像男性一样对待自己，像男性一样审视自身的女性气质。①

约翰·伯格并未说明这一结论如何得出，但进而指出，19 世纪末以前的欧洲，"画家、观赏者－收藏者通常是男性，而画作的对象往往是女性"②。究其原因，正在于男女的不平等关系。油画中的裸体女性只是供男性享用的景观，是男性欲望和征服的对象。基于此，男性是欧洲裸体油画中永不出现的主角，"他是作品前的观赏者，而且被假定为男子"③。如果这类作品中出现男人，观赏者也会轻松地在幻想中将其排除在外，或者干脆把他视为自己的替身。约翰·伯格不无愤慨地总结道："几乎所有欧洲文艺复兴后期的性形象，都是展露身体正面的——不是直白，就是隐喻的——因为性爱的主角，就是看画的那位作品拥有者。这种谄媚男子的荒唐现象，在 19 世纪公开的学院派艺术中，到达顶峰。"④

接下来，约翰·伯格简要地分析了"帕里斯的裁判""入浴的苏珊娜"这两个西方绘画主题，以说明其上述论断。他还较为详细地探讨了布龙齐诺(Bronzino)的《维纳斯，丘比特，愚昧与时间》(*Venus, Cupid, Folly and Time*)。这幅作品中，裸体的维纳斯处于画面中心，她将身体的正面袒露于观众，侧过头去与身旁的丘比特接吻，造型显得有些别扭、古怪。约翰·伯格评述道，这显然是一幅关于性挑逗的作品：画中维纳斯的身姿与接吻这个动作极不协调，这并不奇怪，因为那是摆给赏画的男人看的。而且，"为的是激起他的性欲，而同她的性欲毫不相干"⑤。为何不相干？约翰·伯格提醒读者，维纳斯身上并没有画体毛——因为毛发关乎性能力和激情，是欲望的表征，

① 约翰·伯格：《观看之道》，戴行钺译，广西师范大学出版社，2005 年，第 89 页。
② 约翰·伯格：《观看之道》，戴行钺译，广西师范大学出版社，2005 年，第 89 页。
③ 约翰·伯格：《观看之道》，戴行钺译，广西师范大学出版社，2005 年，第 76 页。
④ 约翰·伯格：《观看之道》，戴行钺译，广西师范大学出版社，2005 年，第 58—59 页。
⑤ 约翰·伯格：《观看之道》，戴行钺译，广西师范大学出版社，2005 年，第 78 页。

但在男性对女性的“镇压”中，女性只是满足男人欲望的工具，她自己不能有非分之想，得让男人独占这份激情，所以体毛就必须要省略了。欧洲传统绘画中，裸体女性形象通常没有体毛，原因也正在于此。

这便是约翰·伯格的观看之道：古代欧洲的女性裸体绘画普遍是男权社会的产物，作为观赏者的商贾权贵借它们获得了性的替代性满足。那么对于现代人来说，观看这类绘画，就是要探明其背后隐藏的这一情感结构。古代欧洲所有描绘女性裸体的油画都是这样吗？约翰·伯格还是为自己留了些余地，他讲，在成千上万幅这类画作中，也许有百来个例外，那是因为画家对作品倾注了强烈的个人想象，使自己与画中人物结成一体，因此那些欲望强烈的观赏者便无从插足了。那么，如何具体地区分这两类裸体油画？约翰·伯格再一次避而不谈。

我佩服约翰·伯格的想象力，但确实不能赞同他的观点。显然，他的思路是先明确欧洲古代社会是男权社会（这我不否认），再戴上这个眼镜来看欧洲古代艺术，这实在是相当“舒服”的思维方式。问题是，直接把艺术作品中的裸体视为男性意淫的对象，这未免太粗暴了。不能否认，艺术作品中呈现的世界往往会被打上时代的印迹，但艺术作品并不能像镜子一样“反映”现实，使艺术世界与生活世界准确对应。它只能对现实作出“反应”。“反应”就不是直接对应，它可能夸大现实、扭曲现实，甚至遮蔽现实，总之，它给我们的是哈哈镜中的现实。正如阶级压迫不能为有情人不能终成眷属负责（朗西埃语），男权社会也不能为裸体女性油画负责。

任何社会观念若要进入艺术作品，须经由美学形式的折射。浸透着作者风格的美学形式使艺术作品中的物永远有“不及物性”，甚至可能会使观众迷失在美学效果中而“物我两忘”。艺术史上不乏一些竭力想传达某种观念，表现某种现实的作品，但艺术形式的中介作用往往使这样的原初意图落空。“《格尔尼卡的屠杀》诚然是杰作，但是有人相信它曾为西班牙共和国的事业赢得哪怕只是一个人的支持吗？”[①] 这也关乎约翰·伯格忽略的另一个问题：即便艺术家创造了具有强烈意义指向的作品，他人如何观看，仍是无法把控的。这是一个接受美学问题，如尧斯在对阿多诺美学的有力批判中所提到的，我们应注意到作品在接受过程中的“视界变化”。举例来说，当代艺术中大量表现批判、抗议，甚至造反的作品，若公众消化了它们带来的刺激，进而以一定的审美距离观照它们，“这类艺术表现就不可避免地转变为对这种否定性

① 让-保罗·萨特：《萨特文学论文集》，施康强译，安徽文艺出版社，1998年，第73页。

的欣赏”[①]。

事实上，翻阅艺术史资料，有时候古人的趣味、判语很可能让现代人大吃一惊。以波提切利为例，这位15世纪佛罗伦萨画家的风格具有鲜明的标出性，现代观众通常称其作品优雅飘逸、娇柔动人。以《维纳斯的诞生》为例，波提切利将风引到人物身边，宽大的衣袖像鼓胀的帆，使维纳斯显得俊美卓然。但在15世纪末的一份艺术文献中，波提切利的风格特征竟被命名为“气度雄武”——这与当代人对波提切利的印象完全相左。“在15世纪的波提切利和我们之间，隔着4个世纪的遗忘区。”艺术史家达尼埃尔·阿拉斯评述道，“波提切利是后世的象征主义者和拉斐尔前派重新挖掘出来的。因此，我们自己并没有意识到，大家头脑中的波提切利其实是个象征主义者或拉斐尔前派的波提切利。”[②]

约翰·伯格的艺术阐释貌似深刻，但在逻辑上却完全经不起推敲。比如他并没有解释如何看待欧洲古代绘画中的男裸体。我们不要忘了，希腊的裸体雕像就是从太阳神阿波罗开始的。约翰·伯格含糊其词地说，19世纪末以前欧洲“画作的对象往往是女性”，但按弗朗索瓦·于连的说法，与女性裸体相较，“男性裸体主宰欧洲绘画直至十七世纪”[③]。欧洲绘画中的男裸体就是男性在炫耀肌肉和地位，是男性的自我欣赏吗？再者，在古代社会，大大方方的裸体艺术为西方独有，与之相较，中国古代的裸体形象就少得可怜，它们多出现在春宫图里；而一般的绘画中，女性往往把自己裹得严严实实，难道中国古代社会不存在男权问题？此外，西方古典艺术中的裸女，基本都是神话及宗教中的形象，凡人需要穿衣遮羞，但至纯至洁、至神至圣的神需要藏着肉体吗？提香作品《神圣的爱和世俗的爱》就是对此问题最好的回答。

约翰·伯格的艺术批评是彻头彻尾的“还原论”。所谓“还原论”，即预先设定某种超越性的价值、思想、信念、母题、结构等，将其视为阐释作品的终极视角和终极答案——具体而言，它可以是自由、神圣道德、权力、力比多等。这里，约翰·伯格的终极视角就是权力，他打造了一架由权力浇铸而成的阐释机器，随手丢什么作品进去，马上就可以得到统一的答案，而结果是令人吃惊地简化了事实。

对于阐释欧洲裸体艺术，约翰·伯格绕开的、也是无法解决的问题，弗朗索瓦·于连可以一一给出答案。于连从中西文化比较的语境中切入对欧洲裸体艺术的探讨，在他看来，古代西方的裸体艺术是西方文化的产物，正如

---

① 汉斯·罗伯特·尧斯：《审美经验论》，朱立元译，作家出版社，1992年，第46页。

② 达尼埃尔·阿拉斯：《绘画史事》，孙凯译，北京大学出版社，2007年，第148页。

③ 弗朗索瓦·于连：《本质或裸体》，林志明、张婉真译，百花文艺出版社，2007年，第11页。

中国古代少见裸体绘画，也是中国文化精神使然。具体地说，西方人偏爱画裸体，与其追问本质、渴求永恒的理性传统有关："欧洲艺术之固守裸体，正如其哲学之固守真实；裸体在艺术教学过程之中具有养成地位，有如哲学中的逻辑：欧洲学院中的训练描绘裸体，正如同理论教学中，必须锻炼真理之论证（以获得赤条条的真理）。"[①]

在于连看来，裸体之所以能成为欧洲艺术的恒常主题，是因为其孕育了欧洲文化的诸种紧张因素，并消除了它们之间的对立关系。诸如感性事物与理性事物、欲望与理念、情欲与精神等，"正是在裸体中汇聚，并且达到顶峰"，裸体"是一个熔炉，使这些对立在其中不断精炼和熔化"，这些因素在裸体中表现得更加活跃，但也归于消灭。裸体如何调和了这些对立范畴？于连指出，以欲望和理念为例，裸体作为表象，显然有性感的特征，引发欲望，但同时裸体又有抽象的，或者说形而上学的品质，所以在它面前，欲望会变得模糊甚至不真实。如此，欲望和理念便消解了彼此。

裸体何以有形而上学品质？于连解释说，当人出生于世，长大，老去，腐烂，一天一天，身体缓慢变化，生灭不息。它永不会有确定的状态、终结的状态。基于此，裸体是对身体的固定。于连说，一般事物都有彼岸、他界，对应着它所在的此岸、此界，但裸体没有彼岸。当身体完全裸露，再无只衣片衫可褪，裸体便走向了终点。裸体是绝对的显露，面对它，我们的感知已无能扩展。

脱衣直至裸体的这一过程就是在向绝对靠近。按于连的说法，这可与笛卡尔式的"怀疑"相对照：桌上有一块黄色的、有香味的凝固的蜡，当它靠向火炉，便融化、变形，最后化为液态——笛卡尔说，此间蜜蜡身上那些转瞬即逝的、偶在的性质全都消失了，我们看到了它的赤裸形态——"当我把蜡和它的外在形态区分开来，便如同我把它的外衣脱掉，以它赤裸的状态来考虑它。"裸露者摆脱了一切附加之物、变动之物，也便本质化了。由此，裸体即是本质。

裸体之"美"也正在于此。人们谈论裸体之美，通常会提到由恰当的身体比例所带来的形式和谐。在于连看来，这种说法未免太过肤浅。他援引柏拉图的观点指出，美是所有可见事物中最为彰显者。"它的力量是让存在在其中显现，并且让它成为视觉中最令人敏感的事物。"[②] 裸体之美在于它的"自明性"："因为如果美有柏拉图所赋予它的显露能力（强烈意义下显露，意即

---

① 弗朗索瓦·于连：《本质或裸体》，林志明、张婉真译，百花文艺出版社，2007年，第17页。

② 弗朗索瓦·于连：《本质或裸体》，林志明、张婉真译，百花文艺出版社，2007年，第27页。

和存在学有关：本质的显露），那么裸体因为是被置入赤裸状态，便能使这个能力达到极致，使其显现。这是绝对彰显、展示者之力量——［进入最高的神秘］。”①

接下来，于连通过解读波提切利《维纳斯的诞生》进一步阐明他的观点。在他看来，这幅作品中的维纳斯堪称“伟大的裸体”。画面上，维纳斯的身体比例不够协调，身体重心也有问题，给人一种“虚渺的感觉”，但正因如此——于连指出，维纳斯的裸体才更使人“惊骇”。这种“惊骇”类似于柏拉图所称的人们回忆起理念时的慌乱，当维纳斯的裸体以优雅的人形和流动的节奏率然“跃出”：“显现者这时已走到了所有表象的尽头，而这柔媚多曲的身体线条，正是在可感世界中开放出一湾缺口：它不是开向彼岸，像我们期待宗教或精神灵启所具有的‘超越性’，这是可见世界本身，在此一裸体身上，同时成为启示的处所及物件。”②

如此，调和了欲望与理念之间紧张关系的裸体成了我们领会“最高神秘”的“处所”。如果说约翰·伯格粗暴地将大量欧洲裸体绘画拉到了春宫图的水平，那么于连则赋予了其形而上的尊严。但需要追问的是，关于观看西方裸体绘画，于连为我们贡献了什么？的确，他为我们打开了一个全新的视野，但有了这一视野，我们就能把卢西安·弗洛伊德笔下臃肿的、瘫成了一堆肉的裸体与提香作品中肉感又神圣的维纳斯区分开来？如果答案是否定的，那于连只是提供了一种知识而已。在他的阐释中，欧洲裸体艺术成了欧洲文化的一个标本。③ 从这个意义上说，纵然于连对裸体艺术的阐释要比约翰·伯格深刻而高明，但二人的思路并无本质区别：艺术作品的价值被还原成了社会学的、心理学的事实。

当然，美学有多种维度，我们可以从中区分出社会学美学、心理学美学、价值论美学等。多样化和丰富性本是现代艺术批评生机勃勃、富有魅力的面孔，以艺术作品为跳板去揭示其背后的社会现实、文化传统、思想价值，这无可厚非。但应该看到，诸如此类的观念化批评、总体化批评（显然大部分与约翰·伯格相类，而不如于连）构成了当今艺术批评的主流。这是美杜莎式的观看，目光所至之处，再个性飞扬、生机勃发的作品也会瞬间石化；这

① 弗朗索瓦·于连：《本质或裸体》，林志明、张婉真译，百花文艺出版社，2007年，第29页。

② 弗朗索瓦·于连：《本质或裸体》，林志明、张婉真译，百花文艺出版社，2007年，第30页。

③ 在这条阐释路径上，于连不乏同行者，如肯尼斯·克拉克就曾指出，在西方艺术史上，裸体不过是通向艺术品的一个起点，人们通过它来表现秩序感，“其本身往往是无关紧要的”。参见：肯尼斯·克拉克：《裸体艺术——理想形式的研究》，吴玫、宁延明译，中国青年出版社，1982年，第4页。

是一场轰轰烈烈的猎杀，满荷理论的重型卡车滚滚而来，以深刻的名义将一切幽微的、充满褶皱的“表层”经验碾为平地。

对于这一现象，批评界已有所反思，如苏珊·桑塔格激烈的“反对阐释”的呼声。她将上述观念化批评命名为“内容批评”，即瞄准艺术作品的内容，从中抽取出一套符码、规则，发现真实文本的潜文本。在她看来，这样的阐释以马克思和弗洛伊德的学说为代表，旗帜鲜明地敌视、鄙弃“表面之物”：一切可被观察到的现象若未经阐释，便毫无意义。如此，阐释因把作品简化为内容，追求表层下的潜在意义而驯服、改写了作品，也把我们对艺术作品的感性体验打入了冷宫。过度膨胀的智性批评是以丧失活力和感受力为代价的，而令人遗憾的是，“当今时代，阐释行为大体上是反动和僵化的”，“像汽车和重工业的废气污染城市空气一样，艺术阐释的散发物也在毒害我们的感受力”。[①] 桑塔格指出，当代社会，诸种过剩的文化景观、大量复制的艺术作品轰炸着我们的感官，钝化了我们的感受力，而吸血鬼般的阐释让世界变得更加枯竭、贫瘠，无疑已成了消费文化的帮凶。那么，如何反制“内容批评”用智力对世界的报复？桑塔格针锋相对地提倡“形式批评”——“最好的批评，而且是不落常套的批评，便是这一类把对内容的关注转化为对形式的关注的批评。”[②]

桑塔格向批评界发动了导弹式袭击，读来痛快，但未免有点用力过猛。诚然，观念化批评作为当代艺术批评的主流，往往因无视感性体验而显得面目可憎，但以文学批评来说，像萨特对加缪《多余人》的评论、巴赫金对陀思妥耶夫斯基小说的阐释，无不探讨观念，而又烛照了我们的感性经验。杰出的观念化批评非但不会吞噬我们的感受力，反而会锤炼它，滋养它，为其增添排排天线。此外，桑塔格对艺术作品“形式”和“内容”的二分法亦颇粗疏——谈论形式不可能不涉内容，而大量对艺术作品形式的研究，事实上与桑塔格矛头所指的内容批评并无二致：叙事策略、叙事视角、结构原则等形式要素成了一切艺术作品的公分母。

问题并不在于观念化，也无关内容与形式，而在批评本身具体的展开方式。应该看到，艺术作品的意义构成机制与观念对象完全不同。对于观念对象，我们可以直接从中提取意义或进行观念化的总体观照；观念对象的符号通常是无足轻重的中介。但如杜夫海纳所言，艺术作品的意义是“内在于符号并由符号在物的世界中采取的”，我们并不能把符号与意义剥离开。举例来

① 桑塔格：《反对阐释》，程巍译，上海译文出版社，2003 年，第 9 页。
② 桑塔格：《反对阐释》，程巍译，上海译文出版社，2003 年，第 15 页。

说，读柏拉图的《理想国》（作为观念对象），我们可以把语言符号视为表意的工具，但观看艺术作品显然不能如此：它的意义内在于符号，二者混整地结为一体。“符号并不显示意义，它就是意义。”[①] 这也正如萨特对丁托列托画作的评论——在丁托列托笔下，各各他上空那一道黄色的裂痕，不是表现忧虑，也不是用来激起忧虑，它本身就是忧虑，物化了的忧虑。[②] 艺术作品的媒介如绘画的线条、颜色，音乐的旋律，吸收了意义（象征的、表现的、隐喻的等等），将其牢牢地固定于自身。在此过程中，意义通常被稀释，被挤压变形，最终获得了赖以寄身的感性形式。从这个意义上说，艺术作品的意义“只有在对符号的感知中才具有感性的明确性”[③]。

对我们来说，艺术作品的任何意义都在活生生的感觉中涌现。设想面对一幅触目的油画，那感觉陡然袭来，新鲜生动、清晰浓郁、蓬蓬勃勃，同时却难以名状，甚至让人怅然若失。我们难以描述这种感觉，原因与其复杂性直接相关：它不是一种纯粹的美学感受，一种形式效果，而是携裹着我们关于存在的种种体验。审美直感具有无可辩驳的同化作用：作品意欲传达或可能引发的种种思考、感慨、震动，关于命运，关于社会，关于爱情，关于美，都以感觉的形式合流了，保持在其纯粹的混整之中。

任何阐释，无论聚焦于艺术作品的内容还是形式，如果跳开了我们与艺术作品遭遇时获得的直接经验，那源初的感觉，而预先设定价值取向明显的观看方式，或选择作品内容而提炼意义，无疑会丧失自身的合法性。在混沌而澎湃的体验之流中网罗出一些鱼虾，晾晒它们，观赏它们，捕捉到的只是艺术作品的影子而已。

这也暴露出观念化批评通常会遇到的另一困境：它们总谋求以某种深层价值覆盖、穿透作品再现的世界，固定它，使其变得透明，但这个世界是无法被综合的，它永远在“躲闪”，永远展露出裂缝、孔洞、冗余、残缺和空白。“关于这个世界，作品只向我们提供一些零散的情况。因为不管作品多么慷慨，不管描述有多么细腻，总存在着未描述的那一面，就像画面缺少第三维度一样。这个维度，想象力用伸延和丰富外观的方法竭力加以弥补也是徒劳的。”[④] 这个世界不断躲闪，所以有待阐释，但也正因它不断躲闪，阐释无法一劳永逸地将其完整覆盖。阐释之光总会带出幽暗的边缘域，让我们再一次的劳作得以可能。

---

① 米·杜夫海纳：《审美经验现象学》（上），韩树站译，文化艺术出版社，1996 年，第 181 页。

② 让·保罗·萨特：《萨特文学论文集》，施康强译，安徽文艺出版社，1998 年，第 72 页。

③ 米·杜夫海纳：《审美经验现象学》（上），韩树站译，文化艺术出版社，1996 年，第 181 页。

④ 米·杜夫海纳：《审美经验现象学》（上），韩树站译，文化艺术出版社，1996 年，第 212 页。

阐释永远是一种缺憾，它应卸下彻底穿透作品的野心。面对艺术作品，“好的目光是一种斜视的目光”（罗兰·巴特语），它穿过充满诱惑的先行预设的观念，朝向作品本身，反思性地观照我们与其照面时生发出的复杂感觉，进而描述它们，用语言把它们照亮。这种现象学式的描述乃是一切阐释的奠基性工作，也唯有完成这一工作，我们才能回答面对作品时心头总会涌现出的那古老而朴素的追问：这是一部好作品吗?

**作者简介：**

王逸群，四川大学国际关系学院助理研究员。

# 海德格尔的“物”思想与现代艺术的转向[*]

廖 恒

**摘 要**：在1935—1936年间以“艺术作品的本源”为题的系列演讲中，海德格尔清理并批判了特性载体论、多种感觉统一论、形式一质料论三种传统的物性说；在第二次世界大战之后的1950年，海德格尔又进行了《物》的演说，对物之物性有了进一步的论述，不同的是，《物》更为确定和细致地谈论了“虚空”和“无”，这一思路与杜尚以来的艺术实践形成了强烈的意义共振，构成了现代艺术转向隐在的思想背景与内在线索。

**关键词**：物 无 现代艺术

## 一、杜尚的《泉》与海德格尔的“壶”

贡布里希曾言，艺术的故事分为两段——杜尚之前，杜尚之后。作为现代艺术的转折性人物，杜尚已经被言说得太多，对于这个拒绝命名、无视阐释，甚至反对艺术本身的人，说得越多反倒距离他越远。杜尚自身就是一件奇妙的作品，公众与理论家的聒噪散去之后，这个“最扰乱人心的人”仍然站立在那里，[①]伴随着观者余留的缄默。1916年美国独立艺术家协会征集作品展览，杜尚所提交的“泉”早已广为人知，无论是惊叹、咒骂，抑或赞美，它都已经是现代艺术史绕不开的事件，历来的解读大多围绕它作为“现成品”(readymade) 的“反艺术”属性而展开，但论者往往止步于此，未能深究“现成品”与“艺术”的微妙区分与深层牵连，也因此难以

* 本文为教育部人文社会科学研究青年基金项目“从文本到实践：伽达默尔晚期思想与近三十年诠释学的新发展”(14YJC751023) 阶段性成果。

① 卡巴内转述普吕东对杜尚的评价：“不光说您是20世纪最有才智的人”，而且“对多数人而言，是最扰乱人心的人”，皮埃尔·卡巴内：《杜尚访谈录》，王瑞芸译，广西师范大学出版社，2001年，第4—5页。

揭示杜尚这一艺术/反艺术行为在20世纪艺术史上的真正意义。换言之，对杜尚的进一步讨论至少应该跨越一般指称上的现成品与艺术概念，并将这两个词语置于更深的思想背景之中。然而何处能够找到与之相关的思想因缘?如何避免对艺术作品、艺术事件的追问流于习以为常的理论套用?

笔者之前从未尝试过谈论杜尚，直到在一个同等重要的思者——海德格尔的文本里，突然瞥见了杜尚的影子。他们生活于同时代，却并不相识，一个用偶一为之的艺术反对艺术，一个汲汲于用哲学反对哲学，令人惊异的是，在两人的重要作品中，竟不约而同地出现了一个十分类似的"物"。海德格尔的《物》以"壶"为例追问物性。我们知道，在更早的《艺术作品的本源》中，海德格尔清理了特性的载体、统一给予的感觉之多样性、形式-质料的表象这三种传统的物性说，并将物因素置于大地—世界，亦即锁闭—敞开的结构中，海氏在这里为何又重提这一话头，且特举出"壶"这一并非艺术作品的器具?表面上看，海德格尔对"壶"略显繁琐的分析无非重复了《艺术作品的本源》里对物的分析，如"壶"作为器皿的站立（Stehen）是通过摆置（Stellen）或置造（Herstellen）而发生的，由此置造的"壶"被置放于我们面前，其表象上的"自立"仍然来自一个对象性的角度而非"壶"的本己因素，等等。①

不过海德格尔一旦开始自己的论断，就一如既往地简洁、深刻、有力："壶之为器皿，并不是因为被置造出来了；相反，壶必须被置造出来，是因为它是这种器皿。"② 这句点睛之笔也并不难懂，无非是说壶之为壶的物因素在于"它作为容器而存在"③，它的物性（容纳）规定了其置造和外观(Aussehen)，而非相反的，如柏拉图那样从外观来表象在场者的在场状态，因而误将一切在场者视为置造的对象。再往下，海德格尔说出了迥异于西方传统的惊人之语："虚空（die Leere）乃是器皿的有容纳作用的东西。壶的虚空，壶的这种无（dieses Nichts)，乃是壶作为容纳的器皿之所是。"④ 海德格尔的本意就是要颠覆柏拉图以来以"外观"表象在场状态的形而上学，因为那被表象的只是一种对象性、一种存在者而已；因此，海德格尔举"壶"为

① 海德格尔：《物》，孙周兴译，见孙周兴选编，《海德格尔选集》（下册），上海译文出版社，1996年，第1167-1168页。

② 海德格尔：《物》，孙周兴译，见孙周兴选编，《海德格尔选集》（下册），上海译文出版社，1996年，第1168页。

③ 海德格尔：《物》，孙周兴译，见孙周兴选编，《海德格尔选集》（下册），上海译文出版社，1996年，第1169页。

④ 海德格尔：《物》，孙周兴译，见孙周兴选编，《海德格尔选集》（下册），上海译文出版社，1996年，第1169页。

例就不是偶然的了，壶所特有的“虚空”或“无”的物性因素在这一案例中显然打开了通往存在本身的大门。实际上，《艺术作品的本源》已经说道：“难道真理源出于无？的确如此，如果无（Nchits）意指对存在者的纯粹的不（Nicht），而存在者则被看作是那个惯常的现存事物……”[①] 只是那时候的海德格尔还没找到一个合适的物品来佐证他的思路。无法确知的是，海德格尔对“壶”的发现是否与1946年——亦即《物》演讲4年前，他和萧师毅合作翻译《老子》的经历有关，客观而言，海德格尔对“壶”及其物性的言说几乎就是“埏埴以为器，当其无。有器之用”[②] 的德文翻版。

《物》论述至此，我们需要暂时停下来，悬搁随后海德格尔即将进入的“形而上学”建构：无论其表达为真理之发生抑或天地人神的四方域。之所以如此，是因为就本文的主旨而言，“虚空”“无”的出现已足以引发杜尚的《泉》与海德格尔的“壶”之间的意义关联。可以明言，“壶”与《泉》外观上的近似是笔者对二者的直感，而这岂非落入了前述海德格尔所批判的柏拉图式的“在场者的在场”陷阱？幸而同样可以援引海德格尔为之辩护：两者之为容器的物性因素并无二致。但这仍然会遭到追问：《泉》的真身是一个小便器，杜尚将其置于艺术展不过是以现成品嘲讽艺术之成规，与海德格尔有何干系？

## 二、匿名的作者

让我们回到展览现场看一看这次艺术事件或艺术行为本身。杜尚自己是展览的评审团成员，因此他在《泉》上题了一个“麦特”（R. Mutt）的假名，这样一来就没人知道真正的作者是谁了。依据独立艺术家协会的既定规则，这件不能被拒绝，也没人敢提的作品在展览中被“草草地搁在隔墙的背后”[③]；当时没有受到任何关注和批评，甚至没有收入展览目录，日后却被追认为在现代艺术史上具有决定性地位。缘由何在？据《杜尚访谈录》，“麦特”（R. Mutt）的签名脱胎于小便池的生产商家的名称“J. I. Mott”，杜尚只是把“o”改为“u”，并在作者一栏自称是来自费城的艺术家。[④] “匿名”在这里产

① 海德格尔：《艺术作品的本源》，孙周兴译，见孙周兴选编，《海德格尔选集》（上册），上海译文出版社，1996年，第292页。

② 高明：《帛书老子校注》，中华书局，1996年，第270页。此句甲本、乙本、王弼本无大差别，此处取王本字词和断句。

③ 皮埃尔·卡巴内：《杜尚访谈录》，王瑞芸译，广西师范大学出版社，2001年，第52—53页。

④ 皮埃尔·卡巴内：《杜尚访谈录》，王瑞芸译，广西师范大学出版社，2001年，第148页。

生的效果就是使自己隐藏起来，杜尚在事件中成功地成了一个旁观者，当所有组委会成员为之感到难堪，开始争论乃至咆哮时，他在其间不露声色，一言不发。

不过这个匿名对展览而言只是多了一个搞突然袭击的“陌生作者”。对匿名的进一步讨论必须提及近年来的一个发现，该发现认为，杜尚的《泉》剽窃自一位德国女诗人艾尔莎·普鲁兹（Else Plötz）。据史家考证，“J. I. Mott”商店当时并不出售《泉》款式的小便器，是不可能有人买到它的；杜尚在1917年给他姐姐的信中写道：“我的一位女性朋友用一个男子的笔名‘Richard Mutt’寄了一个小便池当作雕塑”，杜尚只是在普鲁兹死后冒领了《泉》。如果采信这一说法，“R. Mutt”的签名就是普鲁兹的刻意为之：“这个词的谐音‘Armut’在德语里是贫穷的意思，尤指‘智力的贫穷’。这个签名是对独立艺术家协会的双重刁难。如果对方接受这件作品，则代表承认他们无法把艺术品从日常物品中分辨出来；如果对方拒绝，则违反了他们组委会的规定。”① 先不论史实的考辨，持杜尚冒领观点的论者对“R. Mutt”的诠释有其字面上的合理处，但也不无求之过深的嫌疑。重要的是，这一“作者是谁”的疑案将《泉》推至一个真正的匿名状态，杜尚也好，普鲁兹也罢，都暂时被悬搁起来，我们不用考虑杜尚自己的解释“把一件生活中的普通东西放在一个新的地方，给了它一个新的名字和新的观看角度”②，也不用考虑普鲁兹以小便器挑战独立艺术家协会是否是为了表达对美国向其祖国德国宣战的愤怒。③ 我们现在可以直接面对《泉》自身，质言之，杜尚或普鲁兹所操作的匿名至此才真正出现，“泉”与“R. Mutt”的命名随着作者一起退场，面对一个“无作者”“无命名”的作品，我们还能对它说话吗？如果能，应当如何去说，说些什么呢？

在艺术史无能为力之际，哲学必须在场，相对于艺术史，哲学必须提供更为纯粹的艺术理解，否则哲学的出场就全无必要。哲学相对于一切历史，包括哲学史，都呈现出这种纯粹性，海德格尔把黑格尔视为第一个进行如是思考的人，并引黑氏《哲学全书》为形而上学成立之证词：“在哲学史上呈现出来的思想的这同一种发展过程也在哲学本身中呈现出来，但却摆脱了那种

① 《杜尚的小便池是偷来的吗》，http://yishu.sdnews.com.cn/yspp/201411/t20141105_1772263.htm。

② 皮埃尔·卡巴内：《杜尚访谈录》，王瑞芸译，广西师范大学出版社，2001年，第149页。

③ 《杜尚的小便池是偷来的吗》，http://yishu.sdnews.com.cn/yspp/201411/t20141105_1772263.htm。

历史性的外部状态，纯粹是在思想的要素中呈现出来。”①

无论杜尚还是普鲁兹，其既有的创作意图均表现为挪动小便器摆置的场所以消解这一现成品的现成性和用具性，小便器由此成了《泉》，现成品成了艺术；同时，早已被现成化、固有化的艺术观也在《泉》这一“异端”的侵入中被瓦解。在这一点上，《艺术作品的本源》经由抽丝剥茧、层层推进所得的观点与两位艺术家并无二致。不同之处在于，在《泉》的诞生过程中，小便器作为一个现成品，其制作者不过是《泉》作者的一个匿名的背景，而在《物》中，海德格尔说，“壶必须被置造出来，是因为它是这种器皿”，这仰赖于“陶匠把握到不可把捉的虚空，并且把它置造出来，使之成为有容纳作用的东西而进入器皿的形态之中”②。这样一个把捉并且塑造虚空的人，实现了壶之为器皿的命运的人，虽然同样匿名，却是在场的，简言之，壶的置造者，那位无名的陶匠，既对应着小便器这一现成品的制作者，也对应着《泉》这一艺术品的作者，他同时是“J. I. Mott”和“R. Mutt”。

这一分辨的意义何在？事实上，即便是以《泉》的伟大，也只是短暂地中断了艺术与现成品的区分而已，我们仍然会说：摆放在印第安纳大学美术馆、旧金山现代美术馆、费城美术馆、伦敦泰特现代艺术馆的各个版本的《泉》及其复本是艺术品，而家家户户都有、都在使用的小便器仍然是小便器。在杜尚或普鲁兹的想法上更进一步，彻底打破艺术与现成品的分际，这如何成为可能？海德格尔对“物”的不懈追问会给予一个答案吗？

## 三、“实际上根本没有艺术其物”

前文提到，我们必须中断《艺术作品的本源》与《物》的“形而上学”建构，让海德格尔的思想推演停留在真理之发生和天地人神四方域的论述之前，其缘由在于，当海德格尔明确地说出虚空、无之后，其指向既可以导向真（Wahrheit）、光明（Licht）、去蔽（Un-verborgenheit），也可以导向非真（Unwahrheit）、隐藏（Geheimnis）、遮蔽（die Verbergung），《艺术作品的本源》《物》作为海氏后期著作，侧重的是后一组概念，在极为诗化的思维与语言运作下，后者成为前者得以成立和呈现的根源。这当然不是一种新的二元论，而是源始哲学内在的结构性演化，也因此带来复杂的思想效应和近乎吊

① 海德格尔：《形而上学的存在-圣神-逻辑学机制》，孙周兴译，见海德格尔、奥特等著，《海德格尔与神学》，刘小枫选编，香港汉语基督教文化研究所，1998年，第37页。

② 海德格尔：《物》，孙周兴译，见孙周兴选编，《海德格尔选集》（下册），上海译文出版社，1996年，第1169页。

诡的双向困境：一方面被批判为形而上学的残余，另一方面被指责为虚无主义的变种——这几乎是海德格尔自身思路的必然后果。不过就本文的关注点而言，对海氏思想的全面清理并非必需，只需要明确，海德格尔通过对“物”的发问成功驱逐了传统的物性论，为新的意义进入和涌现打开了空间。但这并不能推出或等同于海氏自己的意义建构就是成功的。在笔者看来，《艺术作品的本源》《物》最后都指向“神圣性”乃是出于海德格尔的“意愿”而非其思想的自洽，因为即便顺着海氏自己的说法，仍然可以质问：“承受”“保持”是实现“壶之虚空”的双重容纳，二者的统一性在于倾倒（Ausgiessen），倾倒就是馈赠（Schenken）；[①] 但为何容纳虚空的一定是壶，而非可乐瓶、漱口杯，甚至小便器？倾倒的是一定是祭酒、山泉，而非可口可乐、自来水，甚至尿液？这并非刻意抬杠，当虚空取代传统形而上学意义上的主体之后，无论其是否一种新的形而上学，任意物进入此种虚空皆具有了完整的合法性，这才是《泉》作为现代艺术经典所能得到的哲学支撑。

现在可以客观地看海德格尔对物性、物因素的述说唤醒了什么，这当然不仅仅像一般意义上的现象学家所说的“真正的艺术就是一种原始语言，它既唤醒感情，又引起呈现，而不带来概念性意义”[②]。杜夫海纳关注的仍然是“审美”经验，而由海德格尔开辟的道路却展示了全新的可能性——虽然其走向未必如海德格尔所期望和预料。传统艺术中的柏拉图——亚里士多德哲学底色，即以外观（Aussehen）来表象存在者的在场状态，因而在场者的外观成为绘画、雕塑的置造对象，海德格尔的物性之思颠转了这一切，外观反而为物性、物因素所规定，由此，“物”本身、“形式”本身、“色彩”本身，甚至“观念”本身在艺术作品中的出场成为可能。

在这个意义上，海氏的物思想与杜尚/普鲁兹的艺术实践产生共振并非偶然，他们处于西方文化的同一个转折点上。在现代艺术转向的潮流中，出身表现主义的康定斯基开创了抽象艺术（abstract art），这种非客观（non-objective）、非具象（non-figurative）的艺术路径同样是对传统绘画模仿和再现观念的脱离，“抽象主义就是打破物的原本综合由基因般携带着生动物感反应的‘纯物’的自由挥洒。在物性呈现的历史上，这是单质物首次真正的独立”[③]。这个名单里自然不能缺了毕加索和他的立体主义，不过我觉得更有趣

① 海德格尔：《物》，孙周兴译，见孙周兴选编，《海德格尔选集》（下册），上海译文出版社，1996年，第1172页。

② 杜夫海纳：《审美经验现象学》，韩树站译，陈荣生校，文化艺术出版社，1996年，第167页。

③ 吴兴明：《论前卫艺术的哲学感——以“物”为核心》，《文艺研究》，2014年1期，第15页。

的是他这句话："人人都想理解艺术，为什么不设法去理解鸟的歌声呢？"[①] 与此相映成趣，贡布里希在《实验性美术》一章的篇末写道："实际上根本没有艺术其物。"[②] 这两句非常清晰地指出了现代艺术的"本质"，不过据此所能展开的追问并非哲学的，而只是艺术史的——艺术家负责创作，批评家负责阐释，史家负责陈述。贡布里希显然是在对一段史话进行总结，由此上溯到20世纪的实验艺术，我们看到的只是已经发生过的"艺术史实"，以及时间序列中"观念转换"的结果。相反，海德格尔给出的是"启示"，他对作品的"解释"是典型的"哲学解释"，绝非艺术评论或艺术史陈述，他与夏皮罗的争论根本不在同一层面。在这个意义上，海德格尔与艺术家一样，其所行乃是创置之事。

换言之，可以海氏与杜尚/普鲁兹的并置和对举，将其视为历史节点上时代精神不同面相的相互激荡和对等印证；作为上一个时代的终结者，他们所开启的新时代也已经展开了数十年乃至近百年，这段新历史如何进入后来者的陈述和评价呢？由于他们跨时代的重要性，既有的论述汗牛充栋，笔者并不打算就此做梳理和汇总的工作，只在本文所选取的视点上进行基本的思想定位。

马奎斯有一段很有意思的议论："杜尚艺术最迷惑人、最吸引人的地方是：他作品的重要性不是来自它们的美，却来自否定美；不是来自意义清晰，却来自模棱两可；不是来自丰饶多产，却来自吝啬少量；不是来自它所充分表达的，而是来自它所不可表达的；不是来自它的明白呈现，而是来自它的费解难测。"[③] 这段话不正是海德格尔在真/非真、光明/隐藏、去蔽/遮蔽两组概念间往复的艺术实例吗？当然，要真正透析哲学-艺术-时代同步转向的内在逻辑，还需要思想的更进一步。

正如毕加索之问"人人都想理解艺术，为什么不设法去理解鸟的歌声呢？"海德格尔在《形而上学是什么》（1929）、《形而上学导论》（1935）均提出"究竟为什么在者在而无反倒不在？"[④] 这一"所有问题中的首要问题"其实是西方思想传统的老问题，谢林同样多次论及，最后只能在天启哲学体系中引入上帝存在来解决这一让人绝望的老大难问题。海德格尔也说："形而上

---

① 贡布里希：《艺术的故事》，范景中译，林夕校，生活·读书·新知三联书店，1999年，第577页。

② 贡布里希：《艺术的故事》，范景中译，林夕校，生活·读书·新知三联书店，1999年，第596页。

③ 迪特·伍泽：《杜尚传》，袁俊生译，重庆大学出版社，2010年，扉页。

④ 海德格尔：《形而上学是什么》，熊伟译，见孙周兴选编，《海德格尔选集》（上册），上海译文出版社，1996年，第153页；《形而上学导论》，熊伟、王庆节译，商务印书馆，1996年，第3页。

学是存在－神－逻辑学(Onto-Theo-Logie)”[①]，要想在这一古希腊以来的存在论和神学传统中另辟蹊径几乎是不可能的，希腊人关于存在的限定、黑格尔的否定性辩证法对该传统的冲击均徒劳无功，因为“西方的诸种语言是形而上学思维的语言，各具不同方式而已”[②]。海德格尔很早就开始讨论“无”：“隐藏在Endlichkeit和‘无’底下的，是关于‘存在’本身的思想，它在整个西方形而上学的战场(Kampfplatz)上力图为自己开辟一条道路。”[③] 但无论他是说“‘无’是对存在者的一切加以充分否定”，还是说“无”乃是“原始地属于本质本身。在存在者的存在中‘无’之‘不’就发生着作用”，[④] 也都不过是用“否定”的动词性去形容“无”罢了。真正的蜕变发生在《艺术作品的本源》与《物》，尤其是后者之中，海德格尔终于找到了适合于描述“无”的语言，对“无”的陈述才得以有效展开。

再次审视《物》中的壶与《泉》中的小便器，或《泉》与家用的小便器，它们的区分依然存在吗？一种新的回应可以是：“ex nihilo fit-ens creatum(从‘无’生被创造的‘有’)”[⑤]，回到“无”的源发之域，是没有区别的。这样才能理解现代艺术对美丑、等级、现成品与艺术品等一切既有规则的破除，而且这一破除只有通过不间断的艺术革命才能持续，以防止新的创造蜕变为新的规范和权威。杜尚之所以不多做现成品，就是避免在自我重复中形成惯例和成规，这被认为与禅宗相近，[⑥] 虽然禅宗的破执有时候更为惊心动魄，如著名的“俱胝一指”公案。在作为成规、权威的“有”强大和固化到必须破除以返回到“无”，使创造重新生发和流动的转折时刻，杜尚/普鲁兹的小便器完美地呈现了“道在屎溺”这一哲学命题：不仅“物”失去了它的现成性，“道”的现成性也在这一作品中被消解了。达利曾说，杜尚在二战期间就对他

---

① 海德格尔：《形而上学的存在－神－逻辑学机制》，孙周兴译，见海德格尔、奥特等，《海德格尔与神学》，刘小枫选编，香港汉语基督教文化研究所，1998年，第45页。

② 海德格尔：《形而上学的存在－神－逻辑学机制》，孙周兴译，见海德格尔、奥特等，《海德格尔与神学》，刘小枫选编，香港汉语基督教文化研究所，1998年，第58页。

③ 皮罗：《海德格尔和关于有限性的思想》，陈修斋译，见海德格尔、奥特等，《海德格尔与神学》，刘小枫选编，香港汉语基督教文化研究所，1998年，第136页。

④ 海德格尔：《形而上学是什么》，熊伟译，见孙周兴选编，《海德格尔选集》(上册)，上海译文出版社，1996年，第141－146页。

⑤ 海德格尔：《形而上学是什么》，熊伟译，见孙周兴选编，《海德格尔选集》(上册)，上海译文出版社，1996年，第150页。另参皮罗：《海德格尔和关于有限性的思想》，陈修斋译，见海德格尔、奥特等，《海德格尔与神学》，刘小枫选编，香港汉语基督教文化研究所，1998年，第115页。

⑥ 皮埃尔·卡巴内：《杜尚访谈录》，王瑞芸译，广西师范大学出版社，2001年，第187页。

表示过“对大便制品的新兴趣”[①]。

虽然最终出现的成品是远比这种设想更能令人接受的《泉》，但这一思路终究开启了此后百年的艺术探索，这就是贡布里希的总结：“实际上根本没有艺术其物，只有艺术家。”——有能力返回“无”并创造“有”的人，海德格尔的物性之思在他们手中具现，一如吴兴明先生的洞见：物感、物态、物阵、物抽象的不断出场构成了当代艺术的基本面相。[②]

**作者简介：**

廖恒，西南交通大学人文学院中文系副教授。

① 达利同杜尚热切地讨论了这一思路，并声明在后来的波普艺术中已经实现了这类作品，见皮埃尔·卡巴纳：《杜尚访谈录》，王瑞芸译，广西师范大学出版社，2001 年，第 8 页。

② 吴兴明先生对当代艺术之“物”的精深分析详见《论前卫艺术的哲学感——以“物”为核心》，《文艺研究》，2014 年 1 期。

# 现代性与感性解放的哲学基础

陈剑澜

在晚近关于“中国风”的讨论中，有学者发出这样的疑问：为何近些年各种所谓“中国风”的展示，从北京奥运会开幕式、上海世博会的“中国斗冠”到时装秀上的“汉唐风”、满屋子的仿古家具，等等，最后总沦为“晒古董”？这个关于“中国风”的疑问，实质指向了对中国现代艺术、设计的现代性品质进行考察的问题意识。

这一问题意识奠基于我们的历史与现实处境：我们的现代化已历百年，但是却没有形成与之相匹配的直观或显现。而所谓直观与显现，是就一个现代民族国家的自我意识而言的。长期以来，现代汉语文学、中国现代艺术一直致力于表达我们自己的现代感受与现代经验，可为什么一提到与国族身份相关的“中国性”时，总要一厢情愿地返回到老祖宗那里去找？这是因为，我们缺少对于中国现代性直观的自觉。这种自觉，套用一句过时的口号来说，就是：什么样的品质才既是中国的又是现代的？

基于对中国现代性与感性解放这样的考虑，观察、思考和评价，以及对这种解放的思想根源和哲学基础的探讨，就是中国当代艺术研究的重要内容。本栏目的一组文章，基本都是围绕该议题或与之相关的议题而展开。陈剑澜的《白明的易简工夫》，评论当代陶瓷艺术家白明，将其作品视为“中国当代艺术”的样本。这种样本，提炼出了一种介于物性与意念之间的美学语言，一种既有东方传统韵味，又有现代性感性力量的质感。郭秋孜的《画意、旅行与现代主义——金石声与中国风景摄影的现代转折》，考察了 20 世纪 30 年代，在上海本土摄影文化和欧洲现代主义摄影运动的双重刺激和影响下，业余摄影师金石声的先锋技巧。他借鉴了德国“新视觉摄影”和“新客观主义摄影”中常用的镜头语言，试图革新传统风景摄影作品中通过仿画形式营造的画意，探索独立于绘画的摄影语言。曹瑞冬的《灯塔的景观叙事与中国的地理想象（1856—1936）》，对作为一种人文景观的灯塔进行了探讨，并指出中国近现代灯塔景观的图像霸权建构、国家符号生成或革命的叙事话语生产等环节，促成了社会关系的重构和景观再生产。付文尧的《视觉现代性中的感性解放》，则沿着西方艺术史和审美理论的源流，探讨何为视觉现代性，以及视觉现代性所带来的感性解放。吴未意的《俄国形式主义文论哲学基础探究》，对俄国形式主义文论、经验批判主义，及其与胡塞尔现象学的关系问题进行了讨论。

# 白明的易简工夫*

陈剑澜

白明艺术展为来自不同国家、不同专业的学者提供了一个面对面讨论中国当代艺术问题的机会。徐钢教授在展览前言中针对白明作品提出四个问题：“中国的艺术传统和当代性之间的关联是什么？中国的传统美学在国际上的接受程度和在国内的相比如何？材质的本体论和工具性之间的关系是怎样的？艺术和哲学、文学，视觉想象和文字表达之间的关系是怎样处理的？”

这些问题显然已经超出艺术史和艺术批评的范围，其中前两个涉及中国现代思想史的一大疑难——所谓中西古今之争。首先我想指出，纠缠中国学界一个多世纪的中西体用本末之辩，多数时候其实是古今之辩，即传统与现代的争执。中西文化当然是有差异的，但在我看来，中西差异远不如传统与现代的差异来得大。晚清以降，中国社会遭遇了现代问题，于是假借西学，以求解决之道。事实上，推动百年中西体用本末之辩的始终是这种工具主义的态度，只不过在“全盘西化论”“文化保守主义”之类意识形态交锋的场合常常被人忽略掉。就当代而言，向“西方”学习、向“西方”看齐是20世纪80年代思想的主流。白明那时虽然年轻，也卷入其中。当年的文化保守论者，包括一些“新文人画家”，对言必称西方不以为然，有的至今耿耿于怀。平心而论，80年代的崇尚“西方”仍然是“五四”以来现代性冲动的延续。由于中间隔绝了四分之一个世纪，这一次又集中于人文艺术领域，因而显得格外躁动。从“星星美展”“八五新潮”到“现代艺术展”，一场迟到的现代/后现代主义运动弄得中国艺术家手忙脚乱。艺术家们一面通过画册揣摩西方大师的心思，一面拼命读书，存在主义、精神分析等，大家结伙行动，社团、宣

* 本文依据作者在“对材质的再思考：陶瓷，白明，以及中国当代艺术”国际学术研讨会（北京民生现代美术馆，2017年4月23日）上的发言记录修改、补充而成。

言到处都是。他们想捕捉新鲜的感觉，画出来的却是契里科、达利、奥罗斯科、里韦拉、西凯罗斯眼里的东西。他们想变得深刻、有力量，结果还是卡夫卡、萨特、克尔凯郭尔……的想法，之后是“文化热”：老庄、禅宗、东方神秘主义……不能说他们的作品里没有切身的体验甚至痛感，可是那一点点东西被“风格”“思想”“文化”包裹得太严实了。

八九十年代之交的社会变化，对于许多艺术家而言是一次洗练。先前的理想主义和共同体意识一夜之间消失得无影无踪。你要还想做一个艺术家，就得独自去面对社会、面对自己，当然，也面对艺术。表现什么和如何表现此时变成了一个问题，而且是非常私人化的问题。在这个意义上，可以说中国当代艺术家第一次遇到了真正的“艺术”问题。从90年代初开始，一批敏感于国际风向的艺术家选择“向外转”，诉诸政治“批判”或“反讽”。

白明属于为数不多的“向内转”的艺术家。“向内转”是想回复到独立思考和自由表达的状态。白明是学陶艺的，可他热衷于绘画。至少在90年代中期以前，他是以油画家而非陶艺家的身份为人所知的。近20年，白明坚持用陶瓷创作可能有策略方面的考虑，但主要恐怕还是他觉得自己对这种材料的性能、表现力更熟悉，做起来更得心应手、更有把握。他同时也在画画，既画油画，也画水墨。据我初步观察，一方面白明的绘画是他陶瓷作品意绪的延伸，彼此有一定连续性；另一方面，白明坚持画画大概是为了给反思自己的陶艺寻找一个外部视角，不断拓展陶瓷创作的可能性。实际上，白明做陶艺一点也没有委屈他的绘画才能，相反，他若不是一位出色的抽象画家，是做不出这些陶瓷作品的。会上有几位学者都谈到，白明选择了一条和传统打交道的路。

我认为，白明最初走上这条路也许并非有意。他以陶瓷为主要媒介是偶然的，但当然不是随意的，具体说，是习得的或受教育的结果。陶瓷可不是中性的材料，除非你拿它去做别的东西。既然选择了陶艺，你就不得不去和陶瓷背后的文化打交道，与传统对话，与器物所开启的生活史对话。关键是进得去还要出得来，最终达到自由表达的境界。这是一条冒险的路，许多人还没走到多远就不知其踪了。今天关于传统与现代的议论多是些陈词滥调，具体到一个艺术家，其实是“传统与个人才能”的问题。“大约才、识、胆、力，四者交相为济，苟一有所歉，则不可登作者之坛。”（叶燮《原诗》）所有敢走这条路的都是自命不凡之人，所有对此进行反思的人也是如此。

我引两位哲学家的三段话，对其中机巧稍作解释。上午马埃乐先生提到本雅明的历史时间观念，我要引的与此话题有关。本雅明借“当下时间”（Jetztzeit）概念表达一个激进的想法：我们的未来期待只有靠对被压抑的过去的回忆来实现。他说："在过去世代和现在这一代之间有一个秘密约定。我们来到世上都是如期而至。如同我们之前的每一代人一样，我们被赋予了一种弱弥赛亚力量，这种力量是过去所要求的。"而要解开这个世代"约定"的秘密，就必须把"现在"理解为透入弥赛亚时间的无数个"当下"的"碎片"(Splitter)，对于每一代人来说，弥赛亚期待并不指向同一个"未来"时间，每一次期待都是把弥赛亚铭写在"当下"的肉体中。[①] 一旦领会至此，过去与现在、传统与创造的关系将发生革命性的变化。

另两段是德里达的话。一段是关于阅读经典的："我阅读柏拉图、亚里士多德等哲学家的方式并不是掌控、重复与保持这份遗产。我是要通过分析，找出他们思想中有效和无效的部分，找出他们著作内部的张力、矛盾和异质性。"[②] 另一句是："遗产从来就不是天然的，人们可以在不同的地方不同的时代不止一次地继承遗产，人们可以选择最恰当的时机，而这个时机有可能是最不合时宜的……"[③]

我想说的第二点是，白明的陶瓷作品可以作为另一种"中国当代艺术"的样本。徐钢教授两次提到，展览开幕式后有人问：白明的作品属于当代艺术吗？刚才大家又谈了这个问题。我想，提问者针对的不是白明的油画和水墨，而是他的陶瓷作品。其实不止白明，我周围不少艺术家也经常遇到类似的诘问。此类疑问显然已经预设了一个"中国当代艺术"的概念，与这个词的字面意思不同，是按照那些"向外转"的艺术家的作品样式来界定的。他们的作品先是在欧洲接着在整个西方世界产生了相当大的影响，被认作当代中国人生存状态的呈现。他们较早地意识到，创作既是表达活动，同时又是文化政治行为。这些艺术家的作品是有价值的，其意向粗略地概括，就是"社会性"。去年年底湖北美术馆作了一个方力钧的回顾展。之前我重新看了他在20世纪90年代最初的一批"光头"作品，时隔20多年，仍然感觉很有力量。我认为，方力钧早期作品显示了他作为一个"中国当代艺术家"的自

---

① 参瓦尔特·本雅明：《历史哲学论纲》，张耀平译，见陈永国、马海良编，《本雅明文选》，中国社会科学出版社，1999年，第403—415页；雅克·德里达：《马克思的幽灵——债务国家、哀悼活动和新国际》，何一译，中国人民大学出版社，1999年，第107—108页。引文有改动（Cf. Walter Benjamin, "Theses on the Philosophy of History", in *Illuminations: Essays and Reflections*, ed. Hannah Arendt, trans. Harry Zohn. New York: Harcourt, Brace & World, 1968, pp. 253－264; Jacques Derrida, *Specters of Marx: the State of the Debt, the Work of Mourning, and the New International*, trans. Peggy Kamuf. New York & London: Routledge, 1994, pp. 180－181.

② 雅克·德里达：《维拉诺瓦圆桌讨论》，默然、李永毅译，《解构与思想的未来》，夏可君编校，吉林人民出版社，2006年，第45页。

③ 雅克·德里达：《马克思的幽灵——债务国家、哀悼活动和新国际》，何一译，中国人民大学出版社，1999年，第230页。

觉。极言之，“中国当代艺术”不能不是政治的，关键在于切入政治的方式和艺术家姿势的调校。

但是，这个“中国当代艺术”概念是偏狭的。衡量一个艺术家的作品具不具有当代性，标准很简单：是否表达了当代人的经验，是否有普遍意义？依此标准看，白明的陶瓷作品毫无问题，只是它们显示的是另一种当代性。以我的理解，在“当代艺术”这个复杂的权力场里，白明经过充分权衡，取了“易简工夫”，而且比较彻底。“易简工夫”是陆九渊的用语，自命其为学之道。宋淳熙二年（公元1175年），应友人之邀，朱熹与陆九渊在江西鹅湖寺相会。期间，陆九渊和诗一首，其中两句是：“易简工夫终久大，支离事业竞浮沉。”朱熹听了，为之失色，会议不欢而散。[①] 陆九渊抬高自己“发明本心”之学，把朱子的“即物穷理”贬为“支离事业”，惹得朱熹不高兴，却也挑明了“心学”与“理学”的分野。我借这段故事想说的是，白明走的是一条类似“心学”的路。20世纪90年代初张晓刚也经历过一个内省阶段，想回到个人意识/无意识的状态，不过后来他借助隐喻、转喻符号重返社会主义经验的表达。然而，白明面对的是陶瓷，陶瓷这门技艺跟绘画、雕塑比，能容纳的个人感觉相当有限。所以白明继续画画，只是抽象绘画的情形也好不了多少。选择一门门径狭窄的技艺，磨砺的是耐力和韧性，要达到精微之境，必须学会等待，等待机缘与偶然性。“若一志，无听之以耳，而听之以心，无听之以心，而听之以气。”（《庄子·大宗师》）。白明说：

> 俯身造器，手中的一团泥常常让我走神。……陶瓷艺术本质上就具有当代艺术的品质。首先，它的创造过程是缓慢的，这种缓慢挑剔着我们的视线，考验着我们的敏感、耐心与忠诚，让我们学会将瞬间释放的如火花般的激情拉长并学会控制得体……陶艺的美不体现在单一元素的丰富和表现力，它是天然的综合艺术，水、土、火、釉料加人的双手形成的希望与牵挂。而最神奇的莫过于陶瓷经火焰的烧制所带来的凤凰涅槃般的转变，这种最终不能让今天的艺术家完全掌控的艺术形式恰恰是所有当代艺术家们迷恋和向往的品质。……无论你的观念和创新如何挑战极限，陶艺的成型过程总是与“传统”息息相关，这传统的核心就是水、土、火的自然属性，这种鲜活且源头式的追问也是当代艺术的灵魂属性。[②]

---

① 参冯友兰：《中国哲学史》第五册，人民出版社，1988年，第205—206页。

② 白明：《陶瓷艺术本质上具有当代艺术品质——首届当代青年陶艺双年展（提名）序言》，雅昌艺术网，http://baiming.artron.net/news_detail_847836。

白明从不断的追问之中提炼出一种介于物性与意念之间的美学语言——质感。质感本质上关乎触摸。白明的艺术之所以能跨越文化差异为不同族群接受、认可，关键是他的作品既有东方传统韵味又有现代质感，很个性化，很耐看。而且我觉得，白明的陶瓷作品“质感”大于“意义”，他的表意方式原则上是规避社会性的，甚至是非历史化的，因此意义相对稳定。

这次展出的陶瓷作品大致分为两类：一是偏于传统器物美学的，二是雕塑和装置。就个人趣味而言，我比较喜欢前一类。这和我对“陶瓷”的想象力有关。这类作品寓复杂于单纯之中，差不多做到了极致。那些器物的形状看似古典，其实是高度主观化的。白明显然不满足于此。当代艺术的一个重要特点是追求复杂性，于是他用陶瓷材料和语言来做雕塑或装置，是很自然的。后一类作品的观念性更强，其复杂性表现为提出问题的能力，但从具体作品来看，他还是努力在观念与感性呈现之间保持平衡。

最后，我想把白明作品的意义稍稍向外延展。在晚近关于“中国风”的讨论中，有学者发出这样的疑问：为何近些年各种所谓“中国风”的展示，从北京奥运会开幕式、上海世博会的“中国斗冠”到时装秀上的“汉唐风”、满屋子的仿古家具，等等，最后总沦为“晒古董”？吴兴明教授因而提出“中国风”与现代性品质的关系问题。[①] 在我看来，此类问题意识基于我们的历史与现实处境：中国人已经在现代世界生活了一百年，我们的现代经验一点也不缺乏，尽管十分庞杂，但是却没有形成与之相匹配的直观（Anschauung）或显现（Schein）。所谓“经验”“直观”“显现”，是就一个现代民族国家的自我意识而言的。现代汉语文学、中国现代艺术一直致力于表达我们自己的现代感受与现代经验，可为什么一提到与国族身份相关的“中国性”时，总要一厢情愿地到祖宗那里去找？因为我们缺少对于中国现代性直观的自觉。这种自觉，套用一句过时的口号来说，就是：什么样的品质才既是中国的又是现代的？在自觉确立之前，把“中国风”等同于传统中国元素的挪用、嫁接和拼贴，是不可避免的。我不敢说白明意识到了这个问题，但是，他的陶瓷作品所具有的“质感”显然已经超出了艺术风格的范畴。在此意义上，我认为白明的作品是中国当代艺术的另一种样本。

**作者简介：**

陈剑澜，中国人民大学教授。

① 参见吴兴明《反省“中国风”——论中国式现代性品质的设计基础》，《文艺研究》2012年第10期。

# 画意、旅行与现代主义

## ——金石声与中国风景摄影的现代转折*

郭秋孜

**摘　要**：20世纪30年代，在上海本土摄影文化和欧洲现代主义摄影运动的双重刺激和影响下，业余摄影师金石声展露了不同前辈画意摄影师的先锋技巧。他借鉴了德国“新视觉摄影”和“新客观主义摄影”中常用的镜头语言，试图革新传统风景摄影作品中通过仿画形式营造的画意，探索独立于绘画的摄影语言。彼时金石声与蒋炳南、冯四知三人常结伴出游，以旅行拍摄为乐。摄影和户外写生的结合为风景摄影注入了新的活力。在德国留学期间，他仍保持着旅行和拍照的爱好，包含自我表征的异国风景丰富、扩展了风景摄影的表现层次。

**关键词**：风景摄影　画意摄影　现代主义

20世纪中国风景摄影的兴起得益于两股风潮，一是小型相机如柯达、徕卡、禄来、康泰克斯等品牌纷纷涌入中国市场，其便携、快速、灵活等特性契合了户外采风的需要；二是业余摄影爱好者喜爱结社出游，在寄情山水的文人传统里发掘摄影这一新媒介的美学意义。陈万里在《大风集》自序中回忆：“十年来我有两种嗜好：一看画，二游山……最初在五台山中旅行试验过，觉得颇有意思；后同颉刚游虞山……使我摄影的兴趣更为浓厚。”[①] 光社的刘半农与钱景华、黄振玉，华社的郎静山与胡伯翔、张大千，以及20世纪30年代的金石声与蒋炳南、冯四知都曾结伴出游，徜徉山水之间，用相机捕捉和营造诗意。

金石声（1910—2000），原名金经昌，1929年考入同济大学德文

---

* 本文的研究基于金石声先生之子金华先生的私人照片收藏。

① 陈万里：《〈大风集〉自序》，见龙熹祖，《中国近代摄影艺术美学文选》，天津人民美术出版社，1988年，第120页。

补习科，两年后进入同济大学土木系学习，1932年金石声以一位业余摄影师的身份第一次在《柯达杂志》上发表随同济大学土木系前往青岛进行专业考察时拍摄的四幅风景照，正式使用“金石声”的名字。[①] 1938年他获得德国洪堡奖学金的资助前往德国达姆施塔特工业大学深造，1946年归国后在同济大学任教，首开“城市规划”课程。[②] 拥有工程师和业余摄影师双重身份的金石声，运用高超的画意摄影技巧，将中国艺术摄影推向了一个新的高度，并尝试用现代主义的技巧表现快速变化中的乡村和都市景观。他的风景摄影作品一方面保留着“画意”摄影的趣味，另一方面也呈现出意味深长的现代转折。

## 一、“画意”的误读与革新

欧美画意摄影运动兴起于19世纪末，衰微于20世纪10年代。在传入中国之初，“画意”（pictorial）就被误读为文人画的“气韵”。1911年，郎静山在《艺术世界》上发表文章《摄影艺术杂谈——美术照相与露光》，将“美术照相”等同于欧美的“画意摄影”（pictorial photography），试图借助成熟的绘画语言阐述和推广“美术照相”：“故美术照相，无论其属于何种，更必有其美术性在。西名 Pictorial 乃画意的，既云画意，必有其画意种种之条件，非偶然所得为美术照相；或偶然得之，比与其条件相符合也。”[③] 此处郎静山并未对欧美画意摄影语境下的“画意”作出更多阐释，直接将其等同于“美术”（fine-art），这一理解的偏差暗示着中国早期画意摄影对绘画语言的依赖。而发表于同一期的由高桐百撰写的摄影杂谈则直接将中国画的“气韵”转化为了画意摄影的“画意”：“中国的绘画，以气韵胜……往常我们总觉得西方流传来的摄影术所摄取的景物终欠缺一些画意，不能使人有超然的感觉。而现在则不然，摄影家也可以像中国画家将景物随意取舍，把各种山水景物的底片，凑和汇印成一张风景照片，造成一种理想的新境界。”[④]

中国画意摄影在“误读”中迎来了一个发展的“时差”。刘半农、郎静山等画意摄影师的创作风格成熟于20世纪20年代末30年代初，仿画式的画意

---

① 金石声：《柯达游记：青岛一瞥》，见沈昌培编，《柯达杂志》（上海：柯达公司），第3卷1932年9月号，第6页；引自金华：《金石声的留德岁月与其时的摄影环境》，见《陈迹——金石声与现代中国摄影》，同济大学出版社，2017年，第655页。

② 顾铮：《“亚努斯”金石声》，《书城》，2002年第3期，第15－25页。

③ 郎静山：《摄影艺术杂谈：美术照相与露光》，《艺术世界》，1911年，B22版。

④ 高桐百：《东西艺术的汇合》，《艺术世界》，1911年，B22版。

摄影作品倾向于呈现出超脱于时间的永恒的美，使用柔焦（soft-focus）淡化摄影本身的机械属性，作品所选取的渡船、垂柳、渔人等也是中国绘画中的常见主题。郎静山的集锦摄影使“仿画”潮流达到新的高度。20世纪30年代初，郎静山开始尝试集锦摄影，用更富创造性的技艺还原山水画的趣味，构建心中理想的桃源景观。1932年他的《柳荫轻舟》入选日本摄影沙龙，紧接着他的《春树奇峰》（图1）又入选英国的摄影沙龙。郎静山前后共有1000多幅次作品在世界的沙龙摄影界展出，他获得关注的原因很大一部分来源于他对摄影“中国属性”的强调。20世纪30年代国家民族意识高涨，艺术家也试图在时代洪流中寻找自己的民族身份认同。用摄影这一新的媒介复兴失落的文人山水，既使摄影很快被纳入主流的现代艺术圈，也使文人画通过和现代媒介的联姻获得新一轮革新的动力。

图1 《春树奇峰》，郎静山，1934

文人旨趣的延续，使风景的表现形式无限趋近绘画，更确切地说，是文人山水画。风格上的相似使摄影丧失了独立的审美属性，但这也带来部分好处：由绘画语言“装裱”过的摄影，被提升到了严肃艺术的高度，从而完成了摄影在中国的艺术合法化。刘半农在其长文《半农谈影》中更系统地阐释了摄影如何成为一种新的艺术形式。他借用文学评论中的“意境”一词，有意将人的主观意愿和摄影所表现的自然世界勾连起来，让摄影成为一种可表达情感和阐释意义的媒介。[①] 1913 年，刚刚成立一年的上海美术专科学校将“摄影”作为新的专授科目，纳入教学范围。[②]

摄影在中国始被作为艺术形式接纳，而同一时期的欧美画意摄影运动正在探索独立于绘画的摄影语言，逐渐向现代主义过渡。20 世纪 10 年代，美国摄影师艾尔弗雷德·施蒂格里茨（Alfred Stieglitz）和爱德华·斯泰肯（Eduard J. Steichen）等人形成的摄影分离派（Photo-Secession），拒绝对绘画直接的模仿，旨在探索独立于绘画的摄影艺术。分离派的摄影刊物《摄影作品》（*Camera Work*）和在纽约第五街 291 号开办的“291”画廊，成为分离派摄影运动的主要展示平台。分离派的历史作用还在于承接了学院派画意摄影和直接摄影（straight photography），成为现代主义摄影运动的启蒙。[③] 摄影评论家萨达基奇·哈特曼（Sadakichi Hartmann）在《直接摄影的辩护》（A Plea for Straight Photography）一文中质疑画意摄影师过度依赖暗房技术所制造模糊的仿画效果，以及用树胶重铬酸盐等特殊印相法输出。哈特曼进一步阐释了直接摄影：“依赖你的相机，你的眼睛，你卓越的品位和构图的知识，考虑色彩、光线和阴影的每一丝变化，注意线条、明暗和空间的分割，耐心地等待直到你描绘的场景或景物呈现它自身最美的瞬间。”[④] 哈特曼对画意摄影的质疑和后期施蒂格里茨的创作不谋而合。20 世纪 10 年代，斯蒂格利兹对保罗·斯特兰德（Paul Strand）作品中清晰而富有层次感的细节大为赞赏，预示着画意摄影逐渐走向现代主义摄影。

中国摄影师对这一潮流的转变并非一无所知。20 世纪二三十年代的上海摄影文化正迎来一个繁荣的时期，摄影杂志如《天鹏》《中华摄影杂志》《晨风》等持续刊登欧美摄影大师的作品，虽鲜有摄影风格流派的介绍和分析，但毕竟为渴望获取摄影讯息的中国摄影爱好者打开了图像的窗口；大小摄影团体和摄影展陆续登场，郎静山、陈万里组织的上海“华社”曾先后于 1928 年、1929 年、1930 年举办四次影展，吸引了上万人次观展。

身处上海的金石声凭借通晓德语的优势可以相对便利地获取欧洲摄影潮

---

① 刘半农：《半农谈影》，见龙熹祖，《中国近代摄影艺术美学文选》，中国民族摄影艺术出版，1988 年，第 181 页。

② 顾铮：《他们如何接纳摄影——上海美术专科学校与摄影》，《中国摄影》，2015 年第 12 期，第 62 页。

③ Mary Warner Marien, *Photography: A Cultural History*. London: Laurence King Publishing, 2006, p. 179.

④ Sadakichi Hartmann, “A Plea for Straight Photography”, *American Amateur Photographer*, No. 16 (March 1904), pp. 101—109.

流的信息，在内外摄影潮流的刺激和影响下，初出茅庐的金石声就展露了不同于前辈画意摄影师的先锋技巧。1934 年金石声拍摄了一幅扬州瘦西湖的小照（图 2）。他利用钓鱼台月门有意构建了一个圆形画框，形成类似传统扇面的视觉效果，透过画框，可见远处的五亭桥和绵延的湖边垂柳；值得注意的是画面前景的一名女子和一名小男孩，穿着西式背带裤的小男孩坐在月门边上，呈现给观者一个背影，而一旁的女子低头看着他，似乎在和男孩说话。照片旁题有诗句：“湖光云影都如画，游人权作画中人。”

**图 2 《瘦西湖游人》，金石声，1934，扬州**

这幅小照存于金石声早年的一本以画意摄影为主的照相簿，但却有着和传统画意摄影不同的特质：“画框”的设置将两个不同的时空并置于一个新的视觉形式中——一个是有着永恒之美的瘦西湖风光，一个是抓拍的日常交谈瞬间，二者的融合打破了传统风景摄影超脱于时间和空间的永恒性，呈现出现代摄影的瞬间性和日常性，为风景摄影引入了一个新的时间维度。

金石声营造画意的方式明显有别于郎静山的集锦工艺。他很少使用暗房技术，更加注重采用多样的镜头语言以强调画面的形式感，例如通过光影明暗的对比效果营造诗意的氛围。在一幅表现苏州寂静的街道的作品中，他利用光影参差的效果表现农村的落寞和萧条，前景的灯笼、中景低矮的房屋和远景中飘动的云团使画面饱满而生动（图 3）。寂寥的房屋和街道——这一不同于传统画意摄影的主题设置，以及丰富的镜头语言和光影技巧，都暗示着 20 世纪 30 年代的金石声正试图探索独立于绘画的摄影语言。

**图 3 《街道》，金石声，20 世纪 30 年代，苏州**

金石声试图革新传统画意摄影中通过仿画形式营造画意的做法，探索独立于绘画的摄影语言，这与第二次世界大战前的日本艺术摄影的发展有相似之处。例如日本艺术摄影的代表人物野岛康三，他的作品划分为“不自觉期”“绘画性倾向期”“摄影式艺术的要求”三个时期。野岛康三肯定了评论家山崎静村所说的“摄影式艺术的要求”这个方向：“不能因为有人说自己的照片像画一样就得意洋洋。摄影中有摄影的世界，如果摄影领域里不能诞生艺术家的话，那是不行的。”① 野岛康三的论述说明了“摄影的自觉”的重要，摄影的本质应该得到严肃的讨论。

20 世纪 20 年代画意摄影在欧美和日本都逐渐式微，欧洲摄影师开始用创造性的、非传统的镜头语言表现日益工业化的世界。画意摄影和现代主义摄

① 西村智弘：《日本艺术摄影史》，林叶译，瑞象馆瑞象视点专栏连载，2015 年第 8 篇。http://news.99ys.com/news/2015/0617/10_193843_1.shtml.

影并非截然对立，脱离了单纯仿画手法的画意摄影更加追求用镜头本身展示纯粹的形式，这一点为画意摄影过渡到现代主义摄影提供了某种可能性。①

## 二、现代主义的探索

欧洲的现代主义摄影运动兴起于20世纪20年代。包豪斯学院的教授拉兹洛·莫霍利-纳吉（László Moholy-Nagy）提出用创造性、非传统的镜头语言塑造“新视觉”（Neues Sehen）。他认为：“未来的文盲就是忽视摄影的人，不会使用相机就像不会使用笔一样。”摄影扩展了人的视觉认知，表达了当代人对日益机械化的世界的理解，是一种变革中的新的语言。② 1931年本雅明在《摄影小史》中讨论摄影的革命性影响时也引用了纳吉的论述。③ 魏玛时代的德国是一个“裂缝的时代”，政治上左右翼的纷争，经济上由外资的大量涌入导致的通货膨胀，第一次世界大战的旧秩序就在被大规模工业化生产所颠覆，人们相信一个有效、文明的新秩序正在建立。④ 在这样的背景下，纳吉认为摄影语言可以表现和分析现代主义诞生语境下的多个层面。他擅于运用一系列摄影的新手法：如特写镜头，强烈的对比以及扭曲变形的视角。他的摄影作品刻画了当下的新鲜和刺激，与一战后德国工业的快速扩张所带来的变形、扭曲和焦虑相呼应。另一位“新客观主义摄影运动”（Neue Sachlichkeit）的代表人物阿尔伯特·伦格尔-帕奇（Albert Renger-Patzsch）则通过对事物细节的精准表现，达到日常事物的陌生化效果。“新视觉摄影”和“新客观主义摄影”都提供了一种“现代”的观看方式，它们常被等同于20世纪20年代的主流——形式主义摄影，但事实上它们并未陷入图像的“自反性”，纳吉的照片表达了对战后欧洲动荡的社会现实的焦虑。现代主义运动的先驱们试图重塑的是快速工业化进程下的欧洲现实，摄影正是当下最有利的传播手段。⑤

金石声对现代主义摄影的关注既包含对形式的探求，也投注了对20世纪30年代中国社会变迁的观察和认识。30年代时金石声通过阅读世界摄影年鉴

---

① Eleanor M. Hight, *Picturing Modernism: Moholy-Nagy and Photography in Weimar Germany*. Cambridge: The MIT Press, 1995, p. 5.

② László Moholy-Nagy, “Fotografie ist Lichtgestaltung,” *Bauhaus* 2, 1928, p. 5

③ Walter Benjamin, “Kleine Geschichte der Photographie”, in *Aura und Reflexion. Schriften zur Kunsttheorie und Ästhetik*. Berlin: Suhrkamp Verlag, 2 edition, 2007, p. 377.

④ Ernst Bloch, *Erbschaft dieser Zeit*. Berlin: Suhrkamp Verlag, 1973, p. 15.

⑤ Eleanor M. Hight, *Picturing Modernism: Moholy-Nagy and Photography in Weimar Germany*. Cambridge: The MIT Press, 1995, pp. 3—11.

接触到了欧洲和日本现代主义摄影。[①] 1934 年他在同济大学宿舍里就摆放着《德国摄影年鉴》(*Das deutsche Lichtbild*)和日本的写真集(图 4)。在一幅拍摄于 1936 年的照片中,金石声用仰拍的视角表现了三位踩水车的农民(图 5)。照相中乡村景色仍旧呈现出画意的美感,但切入的视角却充满现代主义痕迹。类似的仰视视角在传统画意摄影中很少见,但却是欧洲现代主义摄影,尤其是新视觉摄影经常采用的拍摄角度:通过仰拍、俯拍、特写等陌生化的视角表现自然,以获得对世界新的视觉体验。新视觉摄影的代表人物纳吉的一幅作品也呈现出类似的视角,在镜头表现上更加直率而富有动感。金石声用独特和新鲜的视角,呈现了有别于传统画意摄影的效果,江南农村风景在金石声的镜头下呈现出更新鲜活泼的一面(图 6)。但和新视觉摄影不遗余力地通过新鲜的视觉语言展示日益变形扭曲的世界相比,金石声采用的特殊的拍摄角度仍是为了传达美感,塑造画意,而并不构成强烈的视觉刺激。

**图 4　金石声自摄于同济大学宿舍**,1934

**图 5　《水车》,金石声**,1936

此外,在处理江南农村的风景人物这一类常见风景摄影主题时,金石声将人物作为一个有意义的设置,运用丰富的摄影手法展示人与自然的联结。传统画意摄影中的人物是扁平而单薄的,渔人泛舟、村夫挑担、妇女浣衣等反复出现的主题所叙述的是自然的包容和人的依附。在一幅摄于 1935 年的作品中,金石声没有使用柔焦,而是用近距离的抓拍再现了农夫耕作的瞬间,飘荡的云朵和拂动的草木使画面颇具动感和气势(图 7)。画面对人主体的突出,拓宽了风景摄影的表现层次。这一新表达的萌芽也和 30 年代左翼思潮的

① Wu Hung, *Zooming In: Histories of Photography in China*. London: Reaktion Books, 2016, pp. 64—87.

影响有关，关注现实中底层劳动群众的生存状况，符合当时进步的倾向。身处上海的金石声也多少受到这股思潮的影响，如拍摄青岛和黄浦江码头的搬运工人，表现他们的力量和辛劳。但金石声对有左翼题材的表现并未有强烈的情感倾向，而是用更接近现代主义的摄影语言来表现主体。

**图 6　《扬州石桥》，金石声**，1934

**图 7　《江南农村》，金石声**，1935

1926 年，金石声离开扬州前往上海浦东中学高中学习，上海的都市景观开始进入金石声的摄影视野。30 年代初他拍摄了一幅从黄浦江边远眺海关大楼的摄影作品（图 8）。摩登的海关大楼于 1927 年正式建成，高耸的钟楼和洪亮的钟声象征着城市崭新的气象，与之相对的是黄浦江上的乌篷船，渔人缓慢撑起都市里的最后一点诗意。金石声再次运用镜头实现了两个时空的并置，殖民景观和传统画意的张力不仅体现出中西的对比，也是新与旧的呼应。40 年代的金石声拍过黄浦江边冒着黑烟的工厂、滚滚浓烟和泛着波光的江面，营造出一种充满张力的美感——这也是传统画意摄影中不曾出现的元素。在两种并置的时空中，金石声没有回避差异带来的冲突，而是用镜头准确表达、再现了这一冲突，并将它纳入了具有现代意味的表现维度。金石声在晚年的一篇谈摄影创作的文章里，阐明了摄影是"瞬间的视觉艺术""它能在自然界中摄取瞬间的美中之美，能在杂乱无章的情境中摄取瞬间的巧妙组合"。对摄影"瞬间性"的领悟是他一生摄影经验的提炼，在早年的风景摄影习作中，这种蕴含冲击力的瞬间抓取使他的摄影作品呈现出更浓的现代意味。

**图 8　《海关大楼》，金石声，20 世纪 30 年代，上海**

在处理城市建筑等更现代的题材时，他的手法更加大胆。比如以一个仰视的视角透过钢筋结构表现正在建设中的百老汇大厦，变形扭曲的视角正契合了上海快速发展的大都会精神（图 9）。这一类表现都市风景的作品在表现细节上也吸收了新客观主义摄影的代表人物伦格尔－帕奇的技巧。金石声在德国期间制作过一本德国摄影作品的剪贴，其中就有伦格尔－帕奇的作品。[①]金石声所移植的现代主义在中国的风景表征下呈现出了新的意义，他所追求的不仅是形式上相似，也包含着主体对快速变化的乡村和城市景观的观察和认识。

**图 9　《建设中的百老汇大厦》，金石声，1934，上海**

① 金华：《金石声的留德岁月与其时的摄影环境》，见《陈迹——金石声与现代中国摄影》，同济大学出版社，2017 年，第 655 页。

## 三、旅行与风景摄影

13 岁的金石声拥有了第一台柯达 3A 相机，并开始自学摄影。在上海浦东中学念书时，他购买了柯达白朗尼 127 型折叠式相机。1931 年在成为同济大学土木工程系的学生后，又购买了德国 K. W. 公司（Kamerawerkstatten）的相机。之后他又买过禄来双反相机。1939 年金石声赴德国留学，在战争期间低价买入徕卡相机。小型相机给户外写生、采风带来了便利，也让风景摄影包含了更多新鲜的表达。

20 世纪 30 年代金石声场与蒋炳南、冯四知三人结成“鹰社”，常结伴出游，以旅行拍摄为乐。摄影和户外写生结合，写实主义第一次被带入了风景摄影中。刊登于《飞鹰》第 18 期的冯四知所拍《花镜》（图 10）再现了摄影和写生是如何巧妙组合的。“写生”作为教学方法运用到了上海美专的绘画教学中，刺激了国画的变革。[①] 但同时值得注意的是，写生和摄影采风相配合，也大大丰富了风景摄影的主题和内容。1932 年《良友》组织了一次全国性的摄影考察，《良友》总编辑梁得率三位摄影师从黄河到长江流域、西南诸省进行摄影考察，并于 1934 年出版画册《中华景象》，将风景摄影纳入了国家民族建构的宏大叙事。

**图** 10　**《花镜》，冯四知，**1937**，载于《飞鹰杂志》第** 18 **期**

---

① Gu Yi, *Scientizing Vision in China: Photography, Outdoor Sketching, and the Reinvention of Landscape Perception, 1912—1949*. Ph. D. dissertation, Brown University, 2009, pp. 58—101.

金石声的摄影则更多的是表达个人当下对风景的体认和主观感受。他坚持称自己为一位“业余者”。1938 年金石声开始在德国达姆施塔特学习城市规划，继续保持着摄影这一“业余爱好”。因纳粹对文化的控制，金石声在德国接触最新摄影潮流的机会甚至小于上海。他在上海时就最为熟悉的摄影刊物《德国摄影年鉴》在 1938 年就已经停刊。1939 年他得到的一本法国摄影年刊《摄影》(*Photographie*)，还是通过上海的朋友代购邮寄到德国的。[①]

金石声在德国的摄影明显褪去了很多先锋的痕迹，转而营造一种温情柔美的意境，在很多表现德国小镇街道和自然风光的照片中，甚至能看到中国风景摄影中的画意。1942 年，达城遭遇数次盟军的轰炸，金石声被迫迁居乡下，和当地村民相依为命，期间也拍摄了很多与当地村民友好相处的照片，摄影成为金石声和当地人交流的媒介。战争期间他仍保持着旅行和拍照的爱好，在一组和当地友人外出郊游的照片中，异国山水也呈现出了写意山水的意境，他甚至在照片上印上了自己的印章（图 11）。

**图** 11　**《郊游》，金石声，**1940，**德国达姆施塔特郊外**

金石声摄影活动的创造性之一是将自我表征纳入风景表征中。由于战争的原因，金石声活动的范围大大受限，这一时期出现了许多颇有自我探索意味的自拍照。除了在室内的自拍外，还有一部分室外的自拍照。一幅小照表现了他在树下的思索沉吟，照片里呈现的是一个遥望远方的侧影，身后的背

① 金华：《金石声的留德岁月与其时的摄影环境》，见《陈迹——金石声与现代中国摄影》，同济大学出版社，2017 年，第 655 页。

景是起伏平缓的异国山川。照片背后的题诗《在山巅上》表达了他此刻的心境：“这山巅上怎么有这般寂寞彷徨！伴着我只有那早晨还在祖国那边的夕阳。”（图 12）包含自我表征的风景摄影既委婉地表达了乡愁的无处寄托，又传达了对战火的焦虑。

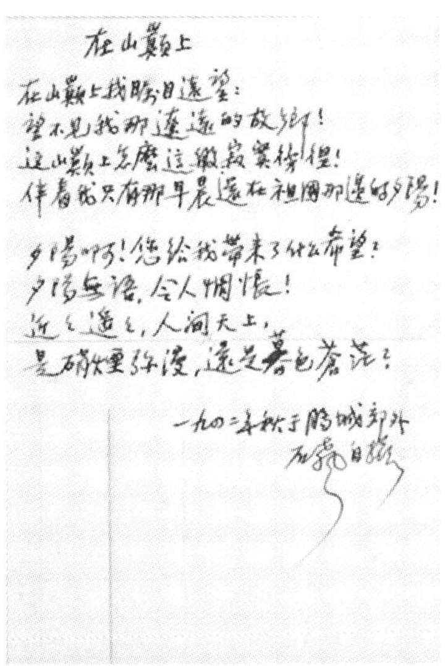

在山巔上

在山巔上我睁目遙望：
望不見我那遙遠的故鄉！
這山巔上怎麼這般寂寞彷徨！
伴着我只有那早晨還在祖國那邊的夕陽！

夕陽啊！您给我帶来了什么希望？
夕陽無語，令人惆悵！
近近遠遠，人間天上，
是硝煙彌漫，還是暮色蒼茫？

一九四二年秋于腾城郊外
石声自拍

图 12 金石声自拍，20 世纪 40 年代，德国

早期风景摄影通过与绘画的密切互动，获得了艺术的合法地位。金石声的风景摄影作品避免过度使用暗房技术，更加注重运用多样的镜头语言以强调画面的形式感，探索独立于绘画的摄影语言，在新与旧、动与静、传统与现代间制造视觉的冲突和意境的张力，呈现出意味深长的现代转折。金石声风景摄影中的现代主义倾向，不完全来自外来文化的移植和改造，也有上海都市文化语境的浸染，以及自身主体性增强后的独立审美。

**作者简介：**

郭秋孜，德国海德堡大学东亚艺术史系博士研究生，研究方向为中国摄影史。

# 灯塔的景观叙事与中国的地理想象（1856—1936）

曹瑞冬

**摘　要**：灯塔作为一种人文景观，既是人类视觉和意识的焦点，也是特定社会经济构成的意义和记录，并能以图像为中介将人们的社会生活及关系转化为叙事形式。晚清以降，中国的地理想象处于持续的变动和重构之中，西方人或殖民机构首先借“灯塔”建构了图像霸权，扩张了殖民权威，民众则在西方优越的话语论述中不断生产集体记忆，并逐渐绘制簇新的“认知地图”。最终，在政府威权的统摄和整合下，“灯塔”趋同于“领土/主权”的国家符号或革命的叙事话语。景观成为不同社会群体争夺的对象，而由此衍生的“地理想象”一定程度上指导了社会关系的重构和景观再生产。

**关键词**：灯塔　景观叙事　中国　地理想象

“景观”术语及学说常为地理学垄断，已然成为预决其未来的综合自然科学意义的卓越方向。而以景观为对象的历史学研究则打破了传统地理学的范式，植根于生活情境和社会关系的建构，[①] 对历史景观的动态变化过程、内在结构、驱动机制、社会文化映射机制等进行历史学意义上的重构与发生学分析[②]。恰如灯塔，作为近代中国移植的域外景观，其传播与扩张蕴藏着社会关系的运作空间及意识形态的结构过程，由此为国民建构了一种全新的生活情境，而“地

① “景观”（spectacle），借用自居伊·德波（Guy Debord）的论说，指陈“景观”对社会的异化。居伊·德波指出，在现代生产条件无所不在的社会，生活展现为景观（spectacle）的庞大积聚，直接存在的一切全都转化为一个表象。景观是一种表象的肯定和将全部社会生活认同为纯粹表象的肯定，而景观本质上是以影像为中介的人们之间的社会关系。参居伊·德波：《景观社会》，王昭凤译，南京大学出版社，2017年，第3页。

② 景观的史学研究，参苏智良、吴俊范：《景观的历史表述及其路径——兼论“上海城市人文历史地图”的制作和运用》，《史学理论研究》2010年第3期；王大学：《皇权、景观与雍正朝的江南海塘工程》，《史林》2007年第4期；安介生：《历史时期江南地区水域景观体系的构成与变迁——基于嘉兴地区史志资料的探讨》，《中国历史地理论丛》2006年第4期。

理想象”[①] 能够集中反映景观变迁背后复杂的人类历史进程。刘禾先生在关于中国的“主权想象”论述中，将话语政治的交锋与碰撞，转化为一系列符号，进而从近代中西冲突看现代世界秩序的形成。[②] 同样的，灯塔及其建构的社会能够转化为景观的叙事形式[③]，并依靠视觉文本中的知识传统和话语政治，揭示中国作为一个古老帝国是如何被帝国的景观生产“塑造”成为现代民族国家的。基于上述考虑，本文主要以灯塔为中心，通过探索景观叙事的历史演进过程，着重讨论人与景观在互动过程中所展现的中国国族关于世界秩序的认知与想象。

## 一、殖民扩张与图像霸权

1856 年，西人首先在报纸中引入灯塔这一景观，传播西方文明：“西边诸国凡于其所属洋面察有险要处所，即在石面建塔一座，其中用螺文旋上，近日则全用铁板构成。每塔着数人看守，夜则在塔顶燃灯数盏，照耀洋面，俾行船者隔远而预知趋避。”[④] 1862 年，英国海军官员赫德[⑤]开始主持灯塔建设，使其承担引航、监督等各项工作。此后，灯塔与海务的联系愈渐紧密，殖民政府在海关的权力也日益扩张，一如检疫，若有洋船驶入，根据海关监督及各国领事官议定的传染病症，“由管灯塔潮势之人前赴该船查问”[⑥]；一如提供航运信息，各税务司命河泊司详细查明中国洋面的暗礁，逐渐绘制成图，“于

① “地理想象”，借用自林耿的论说：“地理想象展现了人地关系中的主客角色，它不仅是人对实体或转译的地理环境的感知，也是对地理世界的再现/表征。地理想象是社会事实也是社会建构，其中隐含的是历史、社会、政治、知识的权力关系，可以理解成是主体对客体的凝视。地理想象的建构既为社会实践、感知体验、认同尺度、再现方式、话语生产等所影响，亦在一定程度上影响地方、景观、空间的塑造。更重要的是，在主客体之间映射地理想象的同时，也完成了自我和他者的建构。”参林耿，潘恺峰：《地理想象：主客之镜像与建构》，《地理科学》2015 年第 2 期，第 141 页。

② 参刘禾：《帝国的话语政治：从近代中西冲突看现代世界秩序的形成》，生活·读书·新知三联书店，2014 年。

③ 奈杰尔认为所谓“叙事”，可以理解为一种特定的看待世界的方式，它使世界变得有序和可以理解，具有当下性。叙事是人们进行表述的形式，关系到表述在时间上的连贯性；它给人们的生活带来了经历并跨越时间的秩序和意义。通过描述事件有序的进展过程，当下的开阔性被赋予了意义。参奈杰尔·拉波特（Nigel Rapport），乔安娜·奥弗林（Joanna Overing）：《社会文化人类学的关键概念》，华夏出版社，2013 年，第 267 页。

④ 《照船灯塔画解》，《遐迩贯珍》，1856 年 5 月 1 日，第 4 页。

⑤ “The Treaty Ports of China and Japan：A Complete Guide to the Open Ports of Those Countries，Together with Peking，Yedo，Hongkong and Macao”，CRC－86－86，1867，p. 237.

⑥ 《上海口各国洋船从有传染病症海口来沪章程，以后章程八款系江海关监督，及各国领事官酌设》，《申报》1874 年 11 月 7 日，第 2 版。

礁带处造灯塔，使行舟者知所回避，又出示及登新闻纸告白”[①]。灯塔、浮标的设置由总税务司负责，“或系创设，或宜改移，或有增添，或须裁撤营造，既有变更，务即随时彰明出示，通晓各处”[②]。而灯塔的建造、材料的供给、设备的修理或维护由外国工程师负主要责任。[③]

据1893年的海关十年报告称，灯塔从最初的2个增加为7个，外国灯塔局则因此增加至9个。[④] 同时，灯塔逐渐从沿海扩展至沿江区域。1917年，西方人自豪地宣布，“我们在东方的每个防波堤都建有一座灯塔”[⑤]。灯塔发展的意义重大，一方面它确保了海关税务司或殖民政府独立行政的法人地位，“今凡通商口岸，浅水沙礁，洋人设立标记灯塔，以便昼夜行船”，再不必像“道光间，洋务初开，洋船入口，必资渔户引水”。[⑥] 另一方面，为“置办灯塔楼及修治各口岸、埠头、水道等用”[⑦] 抽取船税，凸显了欧洲国家的利益主张。在英国人的论述中，灯塔体现了“进步”的本质，但东方人对此却毫无兴趣，反而把金钱浪费在政权组织上，因此有责任帮助其“积累资源，建造灯塔，促进发展”[⑧]。灯塔是西方殖民权威扩张的标志，其主权隐喻往往包含于西方人的利益设计中，恰如中法租界条约中的“规则”：“在租界之内，法国可筑炮台，驻扎兵丁，並设保护武备。在各岛及沿岸，法国应起造灯塔，设立标记、浮椿等，以便行船，並添设整齐善堂，以利来往行船，以资保护。”[⑨]

但灯塔的经济利益会有损中国政治上和领土上的完整，殖民扩张计划不得已在多重权力的考量中有限开展。从当时的情形看，海事管理和灯塔机构

① 《搁浅余闻》，《申报》，1887年1月27日，第3版。

② 《淡水口新设警船灯告白》，《申报》，1889年1月16日，第5版。

③ “The Coastwise Lights of China: An Illustrated Account of the Chinese Maritime Customs Lights Service”, LCC 387.5-265536, 1932, p. 27.

④ “Decennial Reports on the Trade, Navigation, Industries etc. of the Ports Open to Foreign Commerce in China and Corea and on the Condition and Development of the Treaty Port Provinces, 1882—1891”, LCC 382-481434 Decennial Rept 1882—1891, 1893, p. 59.

⑤ “Decennial Reports on the Trade, Industries etc. of the Ports Open to Foreign Commerce and on the Condition and Development of the Treaty Port Provinces: 1902—1911, volume 1—Northern and Yangtze Ports”, OP 12720-382-01 vol 1, 1913, p. 86.

⑥ 《微员伟论》，《申报》，1884年4月25日，附张。

⑦ 《英高条约税则译略》，《申报》，1883年12月6日，第1版。

⑧ “CHAPTER Ⅷ”, Memorials of the Bowra Family: Part Ⅲ—Cecil Arthur Verner Bowra, volume I, 1874, p. 138.

⑨ 《中法所订广州湾租界约章》，《申报》，1900年2月12日，第1版。

处于政策混乱的中心，尤其在占领区，缺少政府的保护，形成一种异常状态。[①] 例如为预防盗匪袭击，海关局要求灯塔管理员及时拉响警报，与军事堡垒取得联系，还认为有必要让地方都督为灯塔提供保护，从而确保权力的合法性，[②] 因为灯塔及其组成的海关是多重权力共存的场所，各种利益关系势必纠葛不清。1892 年，香港殖民政府在经过中国同意后，在隙岩设置灯塔，但这座小岛属于中国领土。后为标明治权，中国表示愿承担灯塔的建造和维修费用。[③] 1898 年，英俄在税权争夺中爆发冲突，灯塔区域成为斗争的焦点："我英在中国商务蒸蒸日上，实可凌驾各国，安得度外置之乎？从一千九百年起，俄国各轮船不准用英国水手，满洲铁路不准用英国工程师，总税务司赫德所辖海关看守灯塔各英人，如在俄国通商界内，须一律辞退。"[④] 还有，灯塔区域经常涉及军事问题，石浦交兵后，敌兵暂避普陀山洋面，离定海、象山不远，"虽防营中刁斗森严，日夕戒备，而居民大有卧不安枕之势，且间有移避他乡者"[⑤]。另外，民众的反抗也阻滞了殖民扩张的进程。陈坤发、阿宝等四人在香港附近洋面建造灯塔时滋事，由税务司移解上海，经江海新关税务司解送县署。[⑥]

外国人控制了现代经济部门，并介入地区政治和全国政治，但他们同样受限于半殖民地的权力框架，灯塔建设中的利益掣肘即是一例。西方的殖民霸权是在带有不确定性的反复博弈中实现的。首先，早期霸权能够在知识和经济的双重垄断中不断伸展。西人精细地描绘通商各口灯塔、灯船、灯行、警船、浮椿等建置之处的地图，但"书本系英文，深恐华人未尽精通"[⑦]，并通过"凡以示舟行趋避之准，使长年三老得所指归也，后则标列各处守灯之中西人姓名、职事"[⑧]，严格控制国人进入。此外，建造灯塔的经费为数甚巨，沿海居民大都贫苦，无力筹募，"特具禀沪道，请为咨商闽浙海关酌量协拨，

① "Confidential Letters and Reports Volume 20", PPMS 2 Confidential Letters and Reports Volume 20, 1900, p. 142.

② "Despatches volume 2—Canton Despatches to Inspector General, 1911—1915", PPMS 2 Despatches Volume 2 Canton, 1913, p. 216, p. 218.

③ "Decennial Reports on the Trade, Navigation, Industries etc. of the Ports Open to Foreign Commerce in China and Corea and on the Condition and Development of the Treaty Port Provinces, 1882—1891", LCC 382-481434 Decennial Rept 1882—1891, 1893, p. 445.

④ 《英议员论力保长江各口岸商务书》，《昌言报》，1898 年 10 月 20 日，"外国时务"，第 3-4 页。

⑤ 《甬客述新》，《申报》，1885 年 9 月 26 日，第 3 版。

⑥ 《上海县署琐案》，《申报》，1984 年 1 月 12 日，第 7 版。

⑦ 《书警船灯浮椿册后》，《申报》，1887 年 4 月 24 日，第 4 版。

⑧ 《赠书志谢》，《申报》，1891 年 2 月 2 日，第 4 版。

并请函致新关税司派员前往勘估，以便建造”[①]。其次，各国会运用法律或外交手段，直接诉诸灯塔的管理权与海关的治理权，这在轮船失事问题上尤有体现：“此轮搁浅之过失，在于青岛海关失职，已向青岛海关提出要求九万余两之损失费。其理由则按照航行通例，如遇下雾之夜，港口之灯塔上应放光警告航行商轮，并须将放声筒发声，使航海商轮不致再于雾露中向此浅滩及暗礁处驶去，事前即可预防不致失事矣。现此案已将由汉口改移至日本法庭诉讼。”[②] 政治经济霸权是在盘根错节的社会关系中重复实现的，与之配套的是殖民扩张中不断建构的知识传统和话语政治。

围绕“景观”这一概念，灯塔撇开了经济纠葛、政治角逐、军事冲突等传统范畴，而作为一种视觉文本，将图像视作殖民扩张的情境来建构日常生活的细节，恰如西方人常借助图像传播其殖民文化。[③] 1887 年 6 月 22 日，碰巧是中西节庆合一，“忽现灯塔一座，四面悬灯千百盏，又有球灯四面飞去，每球各有灯十余盏，多或二三十盏，飞行绝跡，直上天空，余如高升流星，离奇变幻，令人不可思议”[④]。1915 年，范永增在参观旧金山世博会时，赞叹“合众国政府在馆内列海陆军用品、各式军衣、各种枪炮以及兵舰之沿革，兼有用于灯塔之大镜、河海工程之影片，足以增人智识”[⑤]。1927 年，菲律宾嘉年华会上，“各处灯塔雏形可增进人民常识，远近来参观者既多地方商业，亦赖以进步”[⑥]。西方社会将灯塔包装成从域外移植过来的视觉奇观，并在图像传播中多次强调其国家属性，如他们的戏剧这般描述：“一灯塔，波涛汹涌中壁立千仞，过此二百余里，始达英京。英多雾，日中常秉烛以行。有一长桥如垂虹，然高插天半，于是瞻其王宫，观其议院，阅其牢狱，视其教堂，每易一景必绘一图，无不了如指掌，诚奇观也。”[⑦]

“视觉奇观”的实质是殖民者以景观作为叙事载体，将殖民话语寓于其中，从而协助其完成殖民扩张，实现统治霸权。日本人享受着描述灯塔奇景的特权，他们将先前存在的经由战乱毁坏的灯塔重新展示，并对其变化作详

① 《禀请协拨灯塔经费》，《申报》，1907 年 1 月 21 日，第 19 版。

② 《德轮失事之交涉责任问题》，《申报》，1926 年 7 月 29 日，第 15 版。

③ 潘诺夫斯基在《图像学研究》的序言中提出“三个解释层面”的图像学理论，而本文关注图像的第三个层面——“图像学解释”，即为内在意义的世界，构成“象征价值”的世界，从而揭示一个民族、一个时代、一个阶级、一个宗教和一种哲学学说的基本态度。参欧文·潘诺夫斯基：《图像学研究：文艺复兴时期艺术的人文主题》，上海三联书店，2011 年，第 1—13 页。

④ 《续志盛会》，《申报》，1887 年 6 月 27 日，第 3 版。

⑤ 《参观巴拿马博览会记（续）》，《申报》，1915 年 9 月 6 日，第 11 版。

⑥ 《记一九二七年嘉年华会》，《申报》，1927 年 3 月 7 日，第 5 版。

⑦ 《观影戏后记》，《申报》，1885 年 11 月 25 日，第 1 版。

细介绍，[①] 而灯塔代表的现代技术体现了殖民扩张的“进步”本质。在欧洲人的论述中，“香港不仅仅是海岸线上的灯塔，更是一个伟大的火种，成千上万的灯盏被点亮，中国正经由英法的引领通向明亮的未来”[②]。阿法罗尔灯塔是“澳门最高点”的标志[③]；由于建设灯塔和电报局，“郭士立”[④] 必定留名上海；英国人则强调，“中国的灯塔之所以能成功建设并高效运行，很大程度上缘于他们的管理”[⑤]。殖民者将灯塔及与灯塔有关的图像话语全部归入殖民权力的脉络，并形成系统化的观看方式，同时依据图像建构中国“被殖民统治”的想象。“野蛮的”“有许多海盗”[⑥] 是“世界人士”制造的中国印象，而对于完全由渔民修建的灯塔，他们称“有充足的证据证明这片海域是危险的”[⑦]。

图像霸权的渗透机制建立在系统化的殖民话语叙事上。上海法租界霞飞路上的灯塔[⑧]被视作纪念空间，“使后世国民仰见此塔，追念先哲伟业之成，于精神教育上亦大有影响”[⑨]。灯塔的光芒被视作“世界之光，长生保命之光”，又升华为“信赖耶稣之光，不惟可保无虞，且可享受天上无量之福”[⑩]的宗教信仰。而始于 20 世纪 30 年代的灯塔及其创造者罗伯特·哈特（赫德）多次被欧洲人引用和阐释——“实现了引航、贸易和税收的整体利益，引领着危险的中国海走向安全”[⑪]，将灯塔塑造成殖民霸权顶峰时期的历史景观符号。此时，中西双方关于灯塔景观的争夺已进入白热化阶段。

---

① “Decennial Reports on the Trade，Industries etc. of the Ports Open to Foreign Commerce and on the Condition and Development of the Treaty Port Provinces：1912—1911，volume I—Northern and Yangtze Ports (continued)”，OP 12720—382—01 vol 6，1921，p. 214.

② “Volume 1—Issue 4—Apr 1867”，Missionary Recorder 1867，1867，p. 17.

③ “Volume 19—Issue 11—Nov 1888”，Chinese Recorder 1888，1888，p. 526.

④ “The History of Shanghai”，CWML s139 v1，1921，p. 498.

⑤ “Confidential Letters and Reports，Volume 10”，PPMS 2 Confidential Letters and Reports Volume 10，1935，p. 427.

⑥ 《关于“小明珠”》，《人人周报》，1936 年第 1 卷第 1 期，第 19 页。

⑦ “The Coastwise Lights of China：An Illustrated Account of the Chinese Maritime Customs Lights Service”，LCC 387.5—265536，1932，p. 48.

⑧ 《欢迎霞飞将军：霞飞到沪颇受各界欢迎》，《时报图画周刊》，1922 年第 89 期，第 1 页。

⑨ 《议建灯塔》，《四川官报》，1905 年第 19 期，第 10 页。

⑩ 蓝教师：《灯塔（附图）》，《小孩月报》，1878 年第 3 卷第 10 期，第 2 页。

⑪ “The Coastwise Lights of China：An Illustrated Account of the Chinese Maritime Customs Lights Service”，LCC 387.5—265536，1932，p. 3.

## 二、西方景观中的民众叙事

建造灯塔使中国的沿海景观和人们的心理构图[①]彻底改变。民众在叙述灯塔的故事时，实际上是在自身之社会文化“心理构图”上重新建构这个故事，其背后的社会情境与个人感情既呈现出社会资源的共享与竞争关系，更凸显了族群、性别或阶级认同与区分。而且在视觉世界中，灯塔景观的特有形式——新闻、宣传、广告、娱乐表演等渐渐成为社会生活的重要模式。

灯塔的起点要早于外国的海关建设，晚清已有“建设灯塔之议”，以官方兴建为主，但多“管理不善，年久废毁”，后有“民间私设之灯塔”，直至中、英《天津条约》签订与通商口岸的开辟，“外国领事时常照会我国建造灯塔”[②]。这时亦有国人主动建造灯塔，“鹅銮鼻为海途转捩，下有暗礁，最称天险，洋船往往失事，今仿西洋灯塔照海之法，设瞭望以便行人”[③]。因此，不同层次的群体如家庭、地区、阶级、民族乃至人类整体都作为灯塔的利益相关者，以各自不同的方式叙述着灯塔的景观故事。

当开始以系统的文字形式记录灯塔时，“西灯”[④]一词被频繁使用，作为中西在技术层面的区分。这种区分又慢慢扩大到制度层面，留日学生称“灯塔”为“日本明理之处”[⑤]。这时人们也意识到“泰西人之航海东来，涉洪波而如履平地”[⑥]归功于灯塔之导引。这时，殖民者以灯塔为中心建构的景观话语已引起社会的回应，知识社群开始认同殖民论述中关于“进步”的本质：“法国近有要紧口岸之灯塔四十二处，概拟易以电灯。法国之用电灯，必将日见繁盛矣。闻目下上海电灯亦已不加查禁，然则本埠之用电灯者，亦必日新月盛。”[⑦]此外，自19世纪90年代末起，“灯塔”新闻在报纸中大量涌现，有的讲述了日在台湾建造灯塔，“无美不增，无微弗至”[⑧]，有的介绍了德国人建

---

① “心理构图”是指个人过去经验与印象集结而成的一种文化心理倾向。每个社会群体中的个人，都有一些特别的心理倾向。这种心理倾向影响个人对外界情景的观察，以及他如何由过去记忆来印证或诠释从外在世界所得的印象。这些个人的经验与印象，又强化或修正个人的心理构图。参王明珂：《历史事实、历史记忆与历史心性》，《历史研究》，2001年第5期，第137页。

② 台湾省文献委员会编：《台湾省通志》卷三《政事志·外事篇》，台湾省文献委员会，1971年，第164—165页。

③ 光绪《恒春县志》卷末《旧说》。

④ 《西灯略说》，《格致汇编》，1891年秋季，第258页。

⑤ 《游览东洋日记》，《格致汇编》，1876年春季，第120页。

⑥ 《设灯防险》，《申报》，1881年2月22日，第3版。

⑦ 《改用电灯》，《申报》，1882年11月24日，第2版。

⑧ 《外国时务：日本：灯塔述闻》，《鹭江报》，第6期，第11—12页。

造的灯塔电光，“在青岛可见之”[①]，有的呈现灯塔奇光，“配置新光，与故法不同”[②]。这些报道未曾回避灯塔的殖民属性，而是通过“灯塔有益”的景观叙事，主导并操控社会舆论的方向。

在建筑师眼中，灯塔是精密的“科学结晶”[③]。在儿童眼中，灯塔是简单的“图画作业”[④]。在旅行者眼中，灯塔是绝佳的景致：“有一灯塔发出锵锵钟声，与波涛澎湃相应和，此景绝佳。”[⑤] 在地方政府眼中，灯塔“若能仿照外国名胜地办法，于设备上力求适合外人嗜好之计，则夏秋两季吸收游客，必益加多，于地方财政、土民生计所裨，均不在少”[⑥]。他们关于灯塔的叙事建立在各自的社会文化脉络中，特别是对这种域外景观的观感，折叠进许多关于国族的想象。俞锟在游记中借灯塔突出西方社会之“进步”：“青岛略作图形，侧面视之，作扇形，上有灯塔为白色。岛顶树木葱绿，下半则为岩石，作深褐色。海水则为蓝色或深绿色，加以天空之色，故配合起来，甚为美观。”又建构了中国的“落后”想象：“再北行穿西镇，镇系中国人所居，皆中式平房。其居人之处，房舍之污秽，气味之难闻，街市难看，真是无以复加。中国人大概总是觉着不清洁好，所以无论到什么地方去，总要掛出一块中国人肮脏的招牌去。”[⑦] 上海的广告，诸如“布置方面，有海滨之灯塔，有水簾洞之瀑布，有盆景花木，有飞鸟翱翔，空气清新，美术悦目”[⑧]，俱是衡量城市“西化”的尺度。1915 年，新文化运动的领袖高举“科学”与“民主”两大旗帜，大造“全盘西化”的舆论。灯塔是“科学家的发明”，是国家“经济发达，日新月盛”[⑨] 的象征，而在五四运动中“灯塔”的表述则改为“工人是近代文化的真正创造者”[⑩]。

上述群体在社会舆论中表达着自己的利益诉求，但更多民众不具备叙事平台，一方面他们委托知识群体间接表达，另一方面把行动化叙事作为社会生活的基本形式。中外通商十余载后，华人亦多精通税则，熟悉约章，郑观

① 《各省新闻：建造灯塔》，《北洋官报》，第 131 期，第 12 页。

② 《西事琐译：灯塔奇光》，《东吴大学堂学桴》，1908 年第 2 卷第 2 期，第 98 页。

③ 梁思敬：《东北大学建筑系学生图案习题：东北大学建筑系梁思敬绘灯塔设计（画图）》，《中国建筑》，1934 年第 2 卷第 3 期，第 28 页。

④ 《着色练习：灯塔和汽船》，《小朋友》，1934 年第 623 期，第 38 页。

⑤ 张延祥：《上海人眼光中之香港》，《申报》，1927 年 4 月 17 日，第 16 版。

⑥ 《北戴河之一瞥：金山嘴灯塔（照片）》，《国闻周报》，第 2 卷第 26 期，第 30 页。

⑦ 俞锟：《青岛山写生旅行记》，《晨报副镌》，1923 年第 263 号，第 3 页。

⑧ 《广告》，《申报》，1929 年 7 月 26 日，第 12 版。

⑨ 《最近科学家的新发明及其他（续第一四二期）：（廿八）空中的灯塔》，《明灯（上海 1921）》，1929 年第 144/145 期，第 157 页。

⑩ 《我的工学主义观》，《北京大学学生周刊》，1920 年 1 月 11 日，第 3 版。

应在此时提出:“明定章程,择三品以上官员曾任关道、熟悉情形者为总税务司。其各口税司、帮办等皆渐易华人,照章办理,庶千万巨款权自我操,不致阴袒西人阻挠税则,不特榷政大有裨益,而于中华政体所保全者为尤大也。”① 因为灯塔是西人航权的标志,“西人固为商便利起见,不求酬劳,不责费用,而以中国之土地须西人为之整顿,即如海上各处之灯塔,近口各礁之驻船,凡通商口岸道路有碍于行驶者,皆一一整设,不遗余力”②。1894 年,海关却在用人上呈现出“重用华员”的转变,“仅以上海一处而言,灯塔趸船西人十八名,华人二十五名,所用之人各国皆有,不拘一格,惟其因材任使,黜陟公明”③,但对华员依旧实行民族歧视的殖民统治,例如中国沿海测量海防处在广东属东沙岛建筑无线电台与灯塔,劳工被困,“一月前病起,今百余工人仅存,四十有零余皆枉死岛上”④。相反的,外国人在信件中称灯塔工作是“一部令人陶醉的小说”⑤。

商人是“闯入”殖民空间的另一重要群体。他们支持建造灯塔,主张从海洋中获利,灯塔“惟于贸易之事则甚有益,大抵贸易愈多,则所造之塔愈必加增”⑥。同时他们也关注灯塔所在的商埠利益,譬如吴淞改为通商口岸,“已为中西各商人购置殆尽,地价飞涨,每亩可值五六百金,至灯塔左近沿浦滩地,则更涨至每亩银四千五百两矣”⑦,又像霞浦军港须建立灯塔,“其湾多可辟船坞,其岸多可建商场,其居民繁多,其镇市相望,其产鱼盐极盛,其背左走江西上游而出长江,右通东江下流而达省会”⑧。但对灯塔这一西方景观及背后的殖民权威,商人群体深感利权外溢,鼓励学习西方,并与外国进行商战:“广州湾者,实与法国以远东莫大之利益者也。而知广州湾之面积虽狭,土质虽瘠,租借期限虽距今仅八十有三载,法国不可不汲汲经营之。商人及实业家,尤当投资各种事业,以图企业之发达。广州湾之工艺,尚在幼稚時代,其中惟糖业极盛。”⑨

“商战”“西化”不可能是未受到任何中介影响的原声,民众关于景观主要是通过散在的各种行动曲折地加以叙事。以商人而论,他们的行动是为了

① 罗炳良主编:《郑观应盛世危言》,华夏出版社,2002 年,第 247 页。
② 《论疏浚吴淞口未能举行事》,《申报》,1874 年 5 月 30 日,第 1 版。
③ 《纪江海新关落成情形系之以论》,《申报》,1894 年 1 月 25 日,第 1 版。
④ 《工人多数病死》,《申报》,1925 年 11 月 16 日,第 7 版。
⑤ “Letters to Sir Francis Arthur Aglen”, MS 211081, 1892, p. 5.
⑥ 《建筑灯塔(附图)》,《画图新报》,1882 年第 3 卷第 8 期,第 92 页。
⑦ 《吴淞口开埠近闻》,《湘报》,1898 年第 91 号,第 828 页。
⑧ 《学生条陈霞浦军港形势》,《申报》,1909 年 9 月 19 日,第 2 版。
⑨ 《法人广州湾之经营》,《东方杂志》,1914 年第 10 卷第 11 号,第 79 页。

实现与殖民政府的利益博弈。1915年，陈志廉为转国家贫弱为富强，纠集华股在上海巨籁达路创办华丰香皂厂，精选极品桂花香精督造，商标有月兔、灯塔等。[①] 他们将“灯塔”应用于广告或商标，借助视觉图像实现商品营销，如在商品陈列馆中，“特备各种异彩灯塔，并开夜馆，大放焰火以娱来宾”[②]，又或直接与外国竞争，如参加万国渔务赛奇大会：“各国商人无不与赛，有此机会，不徒可以畅销货物于瑙威市上，并可望于他贷，销路亦因此益广，诚一举而两善也。”[③] 而且开埠以来，随着社会经济变革、市场发育及行业蘖分扩张，各类行业组织因缘而起，20世纪初商人群体的行动可理解为组织行为。为了制约殖民权力的扩张，商会要求政府开辟新商埠：“北有海角为屏障，角端有一灯塔，乃数年前所筑，其他诸面形势亦佳。龙口之商业近数年来颇见发达，港内常泊轮船数艘，夏季商业尤盛。该埠居民约二三百家有旅馆五十所，每岁自二月至五月间，自龙口赴满者，平均计之日近千人。”[④] 在法邮船撞沉粤籍渔船后，由“上海总商会转请交涉公署，向法领事要求赔偿”[⑤]。

1928年，航业公会借“灯塔”论证产权保护的问题：“两轮船公司以灯塔看守人玩忽业务，致生危险，实失海关设立灯塔指示航行之本意。当将情形同函报告上海航业公会，转江海关税务司转令理船厅，严饬各地灯塔看守人，以后不得再行玩忽职务，以维航海安宁。”[⑥] 在殖民政府企图强化经济控制及殖民统治的时期，商人更多是以组织形态，利用法律和外交手段与其协商谈判。但渔民、劳工、海员等下层社会群体，不具备与政府公开议价的制度平台，他们的叙事呈现出华洋矛盾或冲突的极端性或暴力性，也使灯塔成为权力纠纷大量产生的场域，盗匪问题是一个重要体现。1885年，金山有盗一百余生人攻击灯塔，抢掠英洋及衣物等，“守塔者力不能御，有二人受伤”[⑦]。1901年，姚小仰、祝才秀等人，“串窃浦江燈塔内所储煤油七箱”[⑧]。1914年，长乐县所辖之汶上乡海盗王喜喜等十余人，“突将灯塔毁坏，并抢去信件衣服，殴伤曹起嫩一名”[⑨]。

---

① 《请用国货·桂花香皂》，《申报》，1915年10月30日，第4版。

② 《杭州快信》，《申报》，1920年3月2日，第8版。

③ 《论渔务赛奇会之有益于法》，《湘报》，1898年第88号，第800页。

④ 《鲁北将开之新商港》，《申报》，1914年3月27日，第6版。

⑤ 《法邮船撞沉粤籍渔船情形》，《申报》，1925年11月17日，第14版。

⑥ 《航业公会函请海关整顿灯塔》，《申报》，1928年11月10日，第13版。

⑦ 《盗劫灯塔》，《申报》，1885年3月6日，第2版。

⑧ 《批饬发落》，《申报》，1901年3月10日，第3版。

⑨ 《福州属海面之盗案》，《申报》，1914年7月26日，第6版。

1885年，鹅銮鼻之前营有营勇包娼，“将建造灯塔之汕头工人殴伤多名”[①]。1908年，鼓浪屿灯塔司理西乌沙格氏十九早被人杀毙，抛尸沟内，传说为“酒后撞入良家，欲图强奸，致肇此祸”[②]。海关或商埠是华洋杂处的空间，并在不断扩张中，使下层民众对西方的恐惧、与灯塔的隔膜持续发酵，最终演变成激烈的抵抗。在操纵舆论的上层人士的记述中，民众对电灯的印象充斥着迷信色彩：“毘陵之迷信热度本高。某街交会处，有电线扎成之灯塔一座，上加彩色，观者蚁聚，加以品评。乡愚妇女，瞻顾徬徨，恣为奇观。忽因走电，顿时火光四射，烈焰飞腾。”[③] 但事实上，社会底层的民众并非总是在外界刺激中作出激烈回应，也有不断调整以适应外界环境者。1914年，浙江省东门岛有渔民任筱和、任筱孚，散尽家财，建造灯塔一座，“现正筹划购置田产，作为永久基金”[④]。更有船户将灯塔作为一种业权界定制度，以此获得官方保障。在会讯碰船案中，李宇瞻就以“我船桅上悬有红绿灯，彼船行来并不悬灯，及至将碰，方见扯悬红绿灯，我船急即转舵，彼船已横驶下来，以致碰坏船头”[⑤] 为由，要求免除责任。但民众的行动叙事已引起合法政权的关注，合法政权视其为地方权势的抬头。

## 三、政治整合与符号重构

景观对于社会的统治在于意识形态体系的构建，而在人们通过景观叙事建构他们的社会关系和社会生活的过程中，景观逐渐发展为“抽象观念的物质表现”[⑥]。灯塔亦如此，其概念超越了实际范畴，在人们有目的的叙事中凸显了它的符号属性。灯塔是“富国强民之道”“中国亦从真教（天主教），凡有裨于国计民生者，仿而从之”[⑦]；灯塔是“一个伟大的孤独者，他屹立在寂寞的一隅，在万物深睡之后，它始出来，不怕冰霜冷露，又不怕风雨袭击，鼓起他大无畏的精神，不断地在黑暗里创造光明，危险中寻求安全，它是无

① 《台事汇录》，《申报》，1882年7月6日，第2版。

② 《西人被杀厦门》，《申报》，1908年3月1日，第3版。

③ 指严：《砚耕庐赘谈》，《消闲月刊》，第2期，第96页。

④ 《邻省要闻：东门岛渔民捐资建筑灯塔》，《渔况》，1932年第44期，第5页。

⑤ 《会讯碰船案》，《申报》，1885年11月11日，第6版。

⑥ 许多概念属于感觉印象的心理侧面，这些感觉印象反过来又是对外部世界的客体和事件所作的受制于文化的反应，即心理产品（心理事实）转化为“外界”物质客体，我们赋予它们相对的恒定性。参利奇：《文化与交流》，卢德平译，华夏出版社，1991年，第37页。

⑦ 抄袭家：《灯塔：富国强民之道》，《公教周刊》，1930年第46期，第10页。

数航海者的生命"[①]。灯塔之光照射四周，使商船往还，预知趋避，"是固政之仁者"[②]。灯塔成为教育或道德的隐喻，"孤舟之处于千波万浪之中，无刻不虑倾覆，如欲惨全其孤舟，当在大河中建一灯塔，以作行海之方针。灯塔者，即教育、道德也"[③]。

人们在叙事中不仅生产着灯塔的景观符号，也在社会生活中对符号进行挪用和重编。上述的商标、广告即是将"灯塔"塑造成营销模式，而在其他特定的仪式中，灯塔的抽象概念愈渐具体化与形象化。先前，广州各马路的十字路口均建有灯塔，悬挂时表，使人民得知准确时刻，后孙先生逝世，时表下方悬挂先生遗像，"使过其下者皆知表示敬礼"[④]。1927 年，在准备孙中山革命纪念日的工作中，青年指出，"扶植工农、联俄联共的政策和他四十年革命理论经验所痒疑的遗嘱，是照耀中国革命程途的灯塔"[⑤]。1935 年，上海新运会为纪念西门陈英士，在其纪念塔前搭建霓虹灯塔。[⑥] 此时，许多杂志都在引用"灯塔"概念，如浦城的《灯塔》，又如"《中国工人》是指导中国工人做经济的和政治的奋斗的惟一刊物，是中国工人运动中的灯塔"[⑦]。

在上述关于灯塔的抽象性叙事中，有关国族、主权、政治经济的论述存在明显缺位，相反地，灯塔在精神、思想、革命等层面的想象却被放大。正如邹韬奋在《我们的灯塔》中写道："力求民族解放的实现，封建残余的铲除，个人主义的克服：这三大目标——在汪洋大海怒涛骇浪中的我们的灯塔——是当前全中国大众所要努力的重大使命。"[⑧] 在无产阶级与中国共产党的革命叙事话语中，"灯塔"之想象从侧面回答了中国在世界秩序中的地位以至世界的理想图像。1919 年五四运动以后，"灯塔"一般指代苏联的十月革命，"实是全世界被压迫民众解放的灯塔"[⑨]，同时通过对苏联国际地位的论证，指出"苏联乃是觉醒的东方之主要的希望，但帝国主义努力从速扑灭"[⑩]。在国民革命中，为防止革命右倾主义的危险，"灯塔"关联到中国的工农阶级，并建立起中国革命与世界命运的联系："工人农民是中国民族的精华，是

---

① 阎宗临：《亚丁的灯塔》，《新北辰》，1935 年第 1 期，第 115 页。

② 《灯塔寓言》，《万国公报》，1874 年第 314 期，第 26 页。

③ 《寰球中国学生会夜馆修业式》，《申报》，1915 年 2 月 8 日，第 10 版。

④ 《已建将建及改名以纪先生之建筑物品》，《良友》，1926 年孙中山先生纪念特刊，第 48 页。

⑤ 《准备三个革命纪念日的工作》，《中国青年》，1927 年第 7 卷第 5 号，第 99 页。

⑥ 《上海新运会于周年纪念时在西门陈英士纪念塔前所搭之霓虹灯塔（照片）》，《中华月报》，第 3 卷第 4 期，第 1 页。

⑦ 《介绍〈中国工人〉月刊》，《中国青年》，1924 年 12 月 20 日，第 129 页。

⑧ 邹韬奋：《韬奋文录》，生活·读书·新知三联书店，2011 年，第 150 页。

⑨ 《俄领署昨日庆祝共和纪念》，《申报》，1925 年 11 月 8 日，第 14 版。

⑩ 《苏联的国际地位》，《向导周报》，1926 年 1 月 7 日，第 141 期，第 1284 页。

创造中国新社会的先锋军，是革命的主人翁，是世界无产阶级革命及殖民地半殖民地民族革命的大本营。”① “灯塔”在革命叙事中渐变为共产党的垄断性话语，譬如他们借“灯塔”抨击第三党的阶级意识：“反对桂系、蒋系，并反对陈公博的《灯塔》周刊（中华革命党）的理论，是一面反对无产阶级领导革命，一面要建立农工小资产阶级联盟。”②

建立在“普遍主义”③ 上的灯塔叙事超越了国族范畴，专注于理想世界的建构。这是一种文化国际主义，於务泰在研究中国民族时提出，“‘人类’是指整个世界上的人。世间一切学术，大体都是为了增进人类社会的幸福才会产生，民族是人类社会中最自然单位”，并立足于中国历史的轨迹，认为中国民族之前途在于“吸收西洋文化之精华，发扬中国文化之光辉”④。“胜利是属于社会主义的，国民党的统治必趋于死亡，帝国主义在中国半殖民地的统治更加剌激的崩溃”⑤ 是共产党预见的未来中国。灯塔则被表述成具有世界意义的符号：“照得整个世界通明的灯塔”是由“黑路的摸索者用自身的能和力建造的”⑥。又有万国联盟论者构建了海洋时代的理想图景：“若航海为万国所共享之权利，此后世上各国正宜就已存之航海条例及航路、港湾、灯塔等现状规定一种公用之法规。凡此种种，诸待办理，而万国联盟正可为征集与国际共同利益有关系之报告事情最良之机关。”⑦

辛亥革命后，“革命”已演化为一个时代的主流话语，五四运动则将反帝话语推向高潮。但在国家现代化建设的层面上，政府为寻求执政的合法性而凝聚社会力量，而景观作为视觉和意识的焦点，是政府必须要争取的合法性资源。例如共产政权是用灯塔的文化符号来扩大自身的民众基础和政治认同，国民政府对《灯塔》的查禁⑧是为了抵制万重千样的思想活动或形态，并建构国族主义意识形态支配的合法秩序，“主权”“领土”“国家利益”则是他们在景观叙事中倡导的话语：“各口岸所设浮标、灯塔、望台等，亦须由领事官会同地方官建筑，以致主权操自外人，国体因而丧失，工商航业概受束缚，国

① 《目前革命右倾的危险》，《向导周报》，1927 年 3 月 6 日，第 190 期，第 2042 页。

② 《国民党的新理论家——陈公博》，《布尔塞维克》，1928 年 6 月 30 日，第 22 期，第 756 页。

③ 潘光哲认为，在“转型时代”里展现出来的前瞻意识，是一种“双层建构”，人们瞩望的不仅是一个独立富强的民族国家，同时也是一个乌托邦式的理想社会，实质上反映了人们企望可以超越国族界线的心态。参复旦大学历史学系、复旦大学中外现代化进程研究中心：《新文化史与中国近代史研究》，上海古籍出版社 2009 年版，第 25 页。

④ 於务泰：《中国民族发展略论》，《东方杂志》，1944 年第 40 卷第 14 号，第 38 页。

⑤ 《中国革命危机中中国共产党的北方会议》，《布尔塞维克》，1932 年 7 月，第 22—23 页。

⑥ 《黑路的摸索者》，《申报》，1933 年 10 月 23 日，第 3 版。

⑦ 《万国联盟及存在的正当理由》，《太平洋》，第 2 卷第 2 号，第 60 页。

⑧ 《查禁灯塔周刊之令知》，《申报》，1928 年 4 月 24 日，第 14 版。

防经济亦受影响，种种不利，通人类能言之。况事关内政。外人岂能越俎?"[①]

在灯塔进入中国的初期，民众倾向于对其采用“国耻”的话语表述。他们对航权被外国人操纵表示不满，“先是，我国民族安于旧习，其航业仅有航船、拨船及舰乎之类荡桨摇橹，营生江面。俄则轮舟鳞集，灯塔牌照络绎江干，华人商货载运反至，仰人鼻息”[②]。又对海关的殖民垄断充满敌意，“中国洋面外轮所经之处，凡有暗礁者，外人皆设浮标，及灯塔用人之权、建设之权皆自外人操之，然以中国领海由外人设，并由外人操用人之全权，实我中国之耻”[③]。而海关华员的生活景观则进一步激发了人们关于主权沦丧的想象："其大副机师确以西人充之，免遭意外之损失，可谓忠为华人谋矣，实则夺我利权耳。"[④] 在以后的叙述中，灯塔总与领土交涉、边界争端等问题挂钩："上年英美二国曾商议粤督在该岛建立灯塔以便行旅，乃忽焉而为日本商人西泽吉治所觊觎矣，招台湾工人，前往经营，驱逐渔船，拆毁庙宇。照会日，领搜集证据以资交涉，而日本人且以索偿为词，指为西泽氏之个人事业。此交涉之关于领土者也。"[⑤] 在钱塘江设灯塔浮球以示识别，该处通轮后会是一绝妙商埠，“外人知之，势必索开租界，反多纠葛”[⑥]。

近代以来，灯塔景观在国族共同体的叙事框架下被建构为“领土/主权”的符号，很大程度上是国民政府对上述的“国耻”记忆进行了“挪用和重编”，将民族主义者的景观叙事整合到政权建设中。民族主义者通过对灯塔的叙事凸显了其利益诉求，或挖掘海洋价值，“开港后可建灯塔，前岁洋员沙海昂履勘，许为与天津海河同一价值”[⑦]；或与外强争夺航权，“航行松花江大意一出江口，即为俄人阻回，谓江中标杆灯塔，均俄所建，中国未认费用，不能坐享其成，苟欲通航，非照半数不可。商人王荃士等，发起收买俄轮，组织戊通航业公司，以示戊年通航之意。从兹以降，我国船只，始得自由通航于松花江上”[⑧]。而政府是通过各种行动来构建灯塔景观关于“领土/主权”叙事话语的，主要体现在对民间力量进行整合，并与列强展开权力较量。

在1931年的关轮被扣事件中，中国海关明确声明自身的国家属性：“海关为财部之一部分，海关轮只系财部之公产，而财海两部均属国家行政机关，

① 《粤省拟裁海关理船厅》，《申报》，1930年4月11日，第9版。

② 民国《黑龙江志稿》卷42《航政》。

③ 民国《台州府志》卷53《交通》。

④ 民国《台州府志》卷53《交通》。

⑤ 《论近日外交上应接不暇之见象》，《申报》，1909年5月29日，第3版。

⑥ 《浙江：因噎废食》，《大公报》，1903年5月11日，第317号第5页。

⑦ 武同举：《会勘江北运河日记》（1915年），复旦大学图书馆藏。

⑧ 赵君豪：《东北屐痕记》，《申报》，1929年7月31日，第22版。

各有行政统系。"[①] 灯塔亦属国家，中国暂行刑律规定"损坏轨道、灯塔标识，致行驶水陆空之舟车往来危险者，处三年以上十年以下有期徒刑"[②]。而政府正是在打击盗匪、维护资产的努力中论述着灯塔之属性。财政部长宋子文咨，"请对于沿海各灯塔服务人员，予以切实保护"[③]。财政、军政、海军、交通各部，拟订缉盗护航章程，对"匪首家属及赃物藏在灯塔界内，看守灯塔人既不报告，反为容留，案关沿海治安"[④] 特为明条规定。在状元磊标杆宝被劫案中，四川省政府饬县严缉匪贼，同时申明，"沿江灯船灯塔及航行标识，关系至为重要，应查照海关所送水道图标注之灯船灯塔，凡在该县辖境者，务须切实保护"[⑤]。除此之外，政府还运用国家暴力来指导沿海居民的生产，如连云港灯塔是由"海关海务科监督，将所需材料购妥，刻已兴工建筑"[⑥]，广东省政府饬令建厅迅将钨矿捐收数及用途分款列明，并"拨款建筑独州等处的灯塔水表，及将蛇涌口等处障碍拆卸"[⑦]。国家既承担了灯塔的建造与维护，又在"去私人化"的过程中构建灯塔的国家符号。1931 年，海关用为测量的"专条""厘金"两船，"现已改为缉私及巡视标志灯塔之用"[⑧]。海军部则拨调船只，协助海道测量局调查，对"中华民国东南海岸泉州附近崇武设有私立灯塔"[⑨] 绘制地图，并由海关"接收私人所设之灯塔，及其改变情形，事关各地渔船航行之安全，令仰饬所属各渔业机关、团体转告渔民鱼商"[⑩]。

在江海关接收烈表嘴灯塔时，指陈民间设立之灯塔，"关于灯油费及管理等费用，均由就地人士出资维持，兹以市面衰落，上述费用，难乎维继"[⑪]，故经费由海关承担，灯塔继续放光。1932 年浙江省商联会大会中，"沿海民船航路请政府从速设立灯塔浮桥"[⑫]，中央和本省政府予以积极回应。在灯塔国

① 《总税务司署丁秘书谈话》，《申报》，1931 年 7 月 3 日，第 14 版。

② 《苏维埃社会主义俄罗斯联邦共和国刑法》，《外交公报》，1925 年第 48 期，第 119 页。

③ 《民政：令饬切实保护沿海各灯塔服务人员》，《江苏省政府公报》，1932 年第 1002 期，第 7 页。

④ 《函财政部：据报西洋岛灯塔藏匿盗匪及赃物，请饬关查究并将办法善后办理见复由》，《海军公报》1934 年第 58 期（1934 年 3 月 20 日），第 327 页。

⑤ 孔祥熙：《状元磊标杆宝被劫一案请饬严缉赃匪并通饬保护灯船灯塔请查照转饬遵办》，《财政日刊》，1936 年第 2420 期（1936 年 3 月 19 日），第 3 页。

⑥ 《航讯：连云港建筑灯塔》，《航业月刊》，1935 年第 3 卷第 5 期，第 10 页。

⑦ 《令财厅拨款建筑独洲等处灯塔》，《广东省政府公报》，1931 年第 142 期，第 189 页。

⑧ 《淞澄段测量请拨船只》，《申报》，1931 年 11 月 13 日，第 9 版。

⑨ 《中华民国东南海岸泉州附近崇武设有私立灯塔布告》，《交通公报》，1935 年第 658 期，第 49 页。

⑩ 吴鼎昌：《查海关布告接收浙江太平山西北角私人所设之灯塔及其改变情形，事关各地渔船航行之安全，令仰饬所属各渔业机关、团体转告渔民鱼商知照由》，《实业公报》，1936 年第 311 期，第 51 页。

⑪ 《江海关接收烈表嘴灯塔，该塔创设于光绪年间》，《海声月刊》，1936 年第 1 期，第 36 页。

⑫ 《浙江省商联会大会闭幕》，《申报》，1932 年 6 月 8 日，第 10 版。

有化的过程中，政府或激励，或控制，在表述中不断申明其所有的测量、调查、建筑、维护等国家权力，但民间力量对此威权扩张不断地实施制衡。1932年上海同业公会呈请江海关税务司，“旧有竿灯坍毁，行旅危险，恳请建设灯塔，以安船只事，则航商之受惠，实无涯涘”①。商界甚至在政府伸张主权时提出了官商合办的过渡策略：“航政与航路两者，截然不同。航路国有者，系指外轮不能驶入沿海河码头，灯塔任何航业公司，不能独占之谓。表决结果：商办五票，商有国办无票，官督商办二十五票。”② 同样的，权力冲突和抵制也发生在列强与政府的互动中。英商会在青岛问题上指出，“如青岛果须交还中国而不失其主权，则第一步在将海港与海港灯塔、船澳、码头及税事交还中国管辖”，但“青岛既已有列强利益，必须与中国其他商埠处同等地位管理，而青岛海关必须隶于中国税关系之一，若措施有碍于任何一国之利益，则北京外交界交涉可纠正之”③。为继续伸张对中国海关的霸权，列强称“灯塔由外国人管理，要明显优于无权威的中国政府，因为华人对其中的复杂工作表现得很无知”④。在中央权力日益扩张的情况下，列强表示愿与中国共享海关之权益，支持政府对灯塔的“缉私”，“和每个地方的小组织相比，更相信中国政府的灯塔管理”⑤。

1922年的中日委员会第一部开会时，中方代表提议，“船港管理处房屋及灯塔等之公产，应由海关股员会处置”⑥，后由海军部负责“管辖沿海灯塔”⑦，并声明，“所有现存辅助航海各项设备，如灯塔标、风雨信号等，应无价移交中国海关继续维持，并按照中国各通商口岸向来办法治理之”⑧。而政府为了实现对灯塔的治权，针对“办理灯塔浮桩等事，遇有创设或变更之际，须先刊印一种英文特别预告，而后再有英译汉之警告”⑨，规定不再刊发英文特别预告，专用英译汉一种。其次，逐步建立与灯塔配套的国家航政体系，“今理船厅与国家内政关系，至为重要，如卫生、检疫、灯塔、浮标、引水、停泊等等，均应详细研究，切实改良。庶地方港务得以发展，人民生计得以

① 《商界请建设灯塔》，《申报》，1932年10月16日，第16版。

② 《招商局问题解决》，《申报》，1928年4月18日，第12版。

③ 《英商会对青岛问题之主张》，《申报》，1920年6月22日，第6版。

④ “The Unequal Treaties, China and the Foreigner”, cc327. 09034－654609, 1929, p. 195.

⑤ “Confidential letters and reports Volume 17”, PPMS 2 Confidential Letters and Reports Volume 17, 1934, p. 58.

⑥ 《北方政局现状》，《申报》，1922年8月4日，第4版。

⑦ 《海军部前日之会议续志管辖沿海灯塔》，《顺天时报》，1922年2月19日，第6445号。

⑧ 《接收威海之新协定》，《申报》，1923年9月14日，第7版。

⑨ 《元旦起不再刊发英文特别预告》，《申报》，1925年12月15日，第14版。

充裕”[①]，并且刷新航政，明确职责：“海事行政中，如检验船舶、建设灯塔浮标、建筑港埠等，均属航政范围，向属海关管理，实权操自外人。如有侵及中央主管机关职权者，均应改由交通部接管。俾事权统一，系统分明。”[②]“陆地测量之进行、海军测量之进行、航船布告潮汐表之刊行及沿海灯塔浮桩表之刊印”[③]逐渐成为中国国民党指导下之政治成绩，而为了将殖民势力驱逐出海关，南京国民政府决定不再沿袭海关旧制，改以符合国际通例为原则。此举向民众传递了现代化执政的信号。

1922年，第十三届航海大会在伦敦召开，我国亦派员与会，对“灯塔、浮标、界线、码头暨一切货栈运输尤为考察，行研究之事”[④]。1923年，我国交通部在国际联合会第二次大会中，提出修改《国际制海口规章草案》：“各种税捐，如船捐、港口费、引水费、灯塔费及检疫费等，无论其用，政府、官吏、私人之有让与权者、公司或其他各种商行之名义，而其收入利益不论为何者，所得者均以完全平等待遇为主。”[⑤] 1930年，海关总税务司公署，“遵奉国府命令，遴派二员（均英国人）”[⑥]，赴里斯本代表中国政府出席国际统一浮标灯塔会议，“关于航海信号、关于离开所驻地灯船，达成协议，提请中国政府签约采纳此两项章程”[⑦]。上述是政府为将本国航标体系统一为世界规范采取的措施，有其关于国家利益的考量：“如何所定规章，对于我国所有利益并无妨害之处，而又经世界其他各国采用。我国政府因航行及政策两方关系，自亦宜急需采用，且各种变更既可分期实行，所需费用亦可分期担负，自不致感觉困难，我国所有一切利益亟应加以维护。”[⑧]

将国族利益整合到世界体系中，这是新时期政府倡导的景观话语，因当时欧洲人关于灯塔的论述已发出“尊重领土与主权”之声音。罗森提出，“灯塔如筑在海中、地上，则此灯塔成为建筑国领土之一部分”[⑨]，国际公法中规定，“一个国家要去占领一块无主的土地，非仅须经过一种形式的行为，如公

---

① 《赵晋卿之改组浚浦局意见书》，《申报》，1926年3月23日，第14版。

② 《二中全会之交海两部提案》，《申报》，1929年6月17日，第7版。

③ 《测量之进展：一. 陆地测量之进行、二. 海军测量之进行、三. 航船布告潮汐表之刊行、四. 沿海灯塔浮桩表之刊印》，《中国国民党指导下之政治成绩统计》，1934年第12期，第47—49页。

④ 《关于航海大会之部令》，《申报》，1922年10月18日，第13版。

⑤ 《国际制海口规章草案》，《申报》，1923年8月20日，第7版。

⑥ 《总税务司派员出席浮标灯塔会》，《航业月刊》，1930年第1卷第3期，第18页。

⑦ 海关总署《旧中国海关总税务司署通令选编》编译委员会：《旧中国海关总税务司署通令选编》（第三卷，1831—1942年），中国海关出版社，2003年，第86页。

⑧ 《附财政部咨为统一海岸浮标灯塔会议通过之一二两项似可予承认由》，《外交部公报》，1931年第3卷第12期，第118页。

⑨ 《编纂国际法法典委员会第二次会议议案汇录》，《外交公报》，第18期，第32页。

告和悬旗等，还须在这一块土地上面，设有一种行政的设备，方算有效。公海是自由的，任何部分皆不得作为先占的标的物，即至礁石及浅洲，虽可建设置灯塔于其上，但先占亦不可能”[①]。将这些叙事所呈现的世界观整合到国族共同体的叙事框架中，其实是将景观创造的社会资源放大至世界层面，作为构建政权合法性的手段。“灯塔地”在整理土地条例中被赋予“领土”意义，“本省土地，无论公有私有，均依本省土地测量登记程序行之”[②]。针对“全国海岸线起讫、起点暨重要港湾、岛屿、深度面积及灯塔航程”[③] 的缜密统计使政府掌握大量信息，以便在伸张主权中有据可依。而中国地图的出版则表示了景观符号传播机制的建立，使灯塔成为重构“领土/主权”的“社会认同”因素：“有沿海形势图一幅，专绘沿海七省大势。最重要军港图十余幅，与炮垒灯塔之地位靡不悉备，并附说述明海疆变迁之概略，及海防大要、租让等港湾设词儆醒，颇足引起国家观念。”[④]

## 四、结论

晚清以降，景观已成为新文化形态中强势的叙事符码，它可能是一种被展现出来的可视的客观图像，也意指一种主体性、有意识的表演和作秀，“叙事”则是将景观嵌入“社会一文化”结构的重要形式。而在形塑社会想象的问题上，王汎森先生曾提出一个关键论见：“我们不能小看‘思想资源’与‘概念工具’。每一个时代所凭借的‘思想资源’和‘概念工具’都有或多或少的不同，人们靠着这些资源来思考、整理、构筑他们的生活世界，同时也用它们来诠释过去、设计现在、想象未来。人们受益于思想资源，同时也受限于它们。”[⑤] 同样的，人们通过对灯塔景观的叙事来建构具体的生活情境，并形塑中国地理想象的动态过程。

殖民者首先以灯塔作为殖民扩张的工具，通过对视觉图像的叙事建构中国“被霸权统治”的想象。在西方景观中，民众关于灯塔之叙事与殖民之想象出现交叉与分歧，他们对西人地图学的论述——“我朝开国以来，名儒载出，以地理之学著名者指不胜。今三十年以来，采辑更广，搜罗更多，而精

---

① 《法占南海诸小岛事件》，《东方杂志》，1933 年第 30 卷第 21 号，第 127 页。

② 《浙省整理土地条例》，《申报》，1928 年 7 月 17 日，第 10 版。

③ 翁筹：《全国海岸线起讫地点暨重要港湾岛屿深度面积及灯塔航程一览表》，《水陆地图审查委员会会刊》，1935 年第 1 期，第 16—36 页。

④ 《出版界消息》，《申报》，1926 年 12 月 8 日，第 6 版。

⑤ 王汎森：《“思想资源”与“概念工具”——戊戌前后的几种日本因素》，见《中国近代思想与学术的系谱》，吉林出版集团有限责任公司，2011 年，第 181—194 页。

于测绘者，亦不乏其人。凡岛屿之大小、沙线之广狭、灯塔之远近、水流之方向，无不备载。此种地图乃行海之人所不可无者也，其价又极廉。此种地图，乃平常人欲粗知地理者，所不可废者也”[①]，其中既有“西化”之崇拜，又有对霸权之抵制。民众主要采取行动化叙事，但这些叙事是零散的和不规则的，故有政府对景观话语进行“挪用和重编”，灯塔的革命话语是对非常态的政治社会情境的表述，一定程度上建构了关于未来中国的理想图像，而“领土/主权”话语贯穿于国族塑造与政权创建的始末，“凡国家三大要素，一为土地，二为人民，三为主权，三者不完全，则不可以为国，然其土地所在，即为主权所在，则主权又为要素中之要素也”[②]。总之，“地理想象”是人们对中国自身处境之认所及的展示，也显现了人们对中国与世界关系的理想样态。而诸方关于灯塔的叙事实则反映了他们的认识能力和思想场域，以及社会关系的变动过程。

**作者简介：**

曹瑞冬，温州大学人文学院硕士研究生。

① 《论西人舆地之学》，《申报》，1895 年 1 月 2 日，第 1 版。

② 《论粤督缉获二辰丸案》，《东方杂志》，1908 年第 5 卷第 5 号，第 74 页。

# 俄国形式主义文论哲学基础探究

吴未意

**摘　要：**研究界普遍指陈俄国形式主义文论在实证主义与胡塞尔现象学中寻找理论基础，但论述简略，一笔带过。详细探究，可以发现俄国形式主义文论主要以经验批判主义为其哲学基础，并且在发生之初并未受胡塞尔现象学影响，其与胡塞尔现象学的相似性仅为表征，实质相距甚远。

**关键词：**俄国形式主义文论　实证主义　经验批判主义　胡塞尔现象学

研究界普遍认为俄国形式主义文论发生之初在实证主义与胡塞尔现象学中寻找理论基础，但往往论述过为简略，甚至一笔带过，很少具体展开论述。俄国形式主义文论的哲学基础，是俄国形式主义文论发轫的重要背景，是准确、深入理解其观点的基础与关键，故本文尝试对此展开较为细致的探究。

## 一、俄国形式主义文论与实证主义

俄国形式主义要求“使诗学重新回到科学地研究事实的道理上来”[①]，注重以科学的方法研究“文学事实”，以建立文学科学为目标。其研究过程遵循科学的方法：首先，“经过研究具体材料及其特点”“联想”起一些“可以应用于某种内容”的“具体原则”，然后，将这些原则广泛应用于文学材料的分析，以检验、证实这些原则，“如果内容要求我们的原则更加深化或有所修改，我们就会马上去做。从这种意义来说，我们在对待自己的原则上是相当自由的，并

① 艾亨鲍姆：《“形式方法”的理论》，见茨维坦·托多罗夫编选，《俄苏形式主义文论选》，蔡鸿滨译，中国社会科学出版社，1989年，第23页。

且我们认为一切科学都应如此”。[①] 俄国形式主义这种由观察文学事实材料提出具体原则，并注重原则的检验证实与修正的研究方法，与自然科学观察、建构假说、实验验证的研究方法具有较高的一致性，而与西方传统文学理论“由某种完全现成的方法论或美学系统”[②] 提出原则的演绎分析方法截然不同。并且，俄国形式主义热衷于文学演变的研究。瓦·瓦·津科夫斯基总结俄国实证主义（包括科学哲学流派）思维潮流具有的三大特征，实际上也是所有实证主义的共同特征——尊崇科学方法，膜拜科学思维程序；尊崇科学所散播的知识的相对性、历史性信念，关注知识的演化过程；否定任何形而上学，崇拜事实。[③] 以此来看，俄国形式主义在整体上深受实证主义的影响，以实证主义为其哲学基础。

实证主义在西方主要经历了三个发展阶段：兴起于19世纪三四十年代，以法国哲学家、社会学家孔德（1778—1857）为代表的第一代实证主义，它吸取英国经验主义的观点，注重感觉经验，同时深受自然科学影响，具有追求科学性与崇尚科学方法的特点；19世纪70年代产生于德、奥，以马赫、阿芬那留斯为代表的第二代实证主义，即经验批判主义，19世纪末20世纪初在西方各国风行一时，它把整个世界的存在归结为感觉经验的存在，将知识限制在感觉领域以内，自称为最新实证主义；以维也纳学派为代表的逻辑实证主义，即第三代实证主义，它除了接受直接的、经验实践的证实性，也认可间接的、原则上的、分析的同义反复的证实性。实证主义在俄国主要经历了两个发展阶段：19世纪60年代的半实证主义和19世纪末20世纪初的最新实证主义与科学哲学阶段。19世纪60年代，几乎全部俄国思想界都拜倒在自然科学的脚下，实证主义不仅成为很多学者的哲学信念，还引得社会各界顶礼膜拜，此即俄国的实证主义运动。但是，正如瓦·瓦·津科夫斯基所言，伦理学始终是俄罗斯思想探索的“最高纲领主义”[④]，即使在19世纪60年代“唯科学主义”成为俄国时代风潮之时，宗教探索，尤其是对伦理道德的追问也仍然贯穿于俄国的思想探索。此阶段实证主义与唯心主义伦理学结合的双重性质被描述为“半实证主义”，它被认为是19世纪60年代俄国哲学最典型的特征。19世纪末20世纪初，在宗教哲学兴盛的同时，最新实证主义与俄国

---

① 艾亨鲍姆：《“形式方法”的理论》，见茨维坦·托多罗夫编选，《俄苏形式主义文论选》，蔡鸿滨译，中国社会科学出版社，1989年，第19页。

② 艾亨鲍姆：《“形式方法”的理论》，见茨维坦·托多罗夫编选，《俄苏形式主义文论选》，蔡鸿滨译，中国社会科学出版社，1989年，第19页。

③ 瓦·瓦·津科夫斯基：《俄国哲学史》（下卷），张冰译，人民出版社，2013年，第281页。

④ 瓦·瓦·津科夫斯基：《俄国哲学史》（上卷），张冰译，人民出版社，2013年，第478页。

哲学家在实证主义的基础上进行的体系建构——科学哲学，在俄国兴盛。瓦·瓦·津科夫斯基称谓的俄国科学哲学是一种以科学为基础，对科学的成就与方法极度崇拜，但又经常超出科学范围，注重将科学与哲学联系起来，让哲学服从于科学的实验的实证主义。

那么，在五种实证主义流派中，俄国形式主义最主要受哪种实证主义的影响呢？显然，俄国半实证主义之重视伦理学维度、科学哲学之注重科学与哲学的沟通、逻辑实证主义的逻辑分析方法都没有为俄国形式主义所吸纳。孔德将“实证”一词解释为“实在”“有用”“精确”“有机”“确定”“相对”等意义，排斥虚妄、无用、不精确、不确定、绝对的东西，因此，只关注现象范围以内的知识，不关心现象背后的本质与原因。他说：“真正的实证的精神用对现象的不变的规律的研究来代替所谓原因（不管是近因还是第一因）；一句话，用研究怎样来代替为何。”[①] 孔德这些观点在俄国形式主义中多有体现。艾亨鲍姆指出，“我们唯一的目标就是从理论和历史上认识属于文学艺术本身的各种现象”[②]。俄国形式主义将文学科学的研究对象确定为“文学性”，并将文学性界限于文学作品的语言、形式层面，专注于语言、形式的手法、程序以及作品结构，这些无疑都是具有精确与确定性的现象层面。并且，俄国形式主义将文学的演变归结为新形式对旧形式的取代，并认为“新形式的出现并非为了表现新的内容，而是为了代替已失去艺术性的旧形式”[③]，旧形式因为使用过多，读者过于熟悉，形成意识层面的自动化，故失去了艺术性，而文学需要不断追求创新，所以要不断追求语言、形式的陌生化。这种文学演进观明显停留于现象描述层面，没有深入发掘文学演进的根本原因，与孔德否定事物发展的客观物质基础如出一辙。虽然俄国形式主义的一些观点、主张与孔德的相同，但是孔德寻求“不变的自然规律”。而俄国形式主义并不追求现象的“不变的规律”，不建立“普遍理论”，只是制订一些“可以应用于某种内容”的“具体原则”[④]，并且根据内容的需要随时深化、修正这些原则。俄国形式主义的这种主张与孔德主义不同，但却与马赫主义一致，因为马赫主义不像孔德主义那样寻求“不变的自然规律”，面对自然科学的最新发

---

① 孔德：《实证主义概论》，转引自全增嘏，《西方哲学史》（下册），上海人民出版社，1985 年，第 431 页。

② 艾亨鲍姆：《“形式方法”的理论》，见茨维坦·托多罗夫编选，《俄苏形式主义文论选》，蔡鸿滨译，中国社会科学出版社，1989 年，第 19 页。

③ 什克洛夫斯基：《情节编构手法与一般风格手法的联系》，见《散文理论》（上），刘宗次译，百花洲文艺出版社，1994 年，第 31 页。

④ 艾亨鲍姆：《“形式方法”的理论》，见茨维坦·托多罗夫编选，《俄苏形式主义文论选》，蔡鸿滨译，中国社会科学出版社，1989 年，第 19 页。

展，马赫主义追求“为了实践的目的描绘记号、符号以及它们之间的关系”①，这种实用与描述性质与俄国形式主义的主张具有一致性。19 世纪 70 年代以后形成的马赫主义即经验批判主义（自称最新实证主义）承袭了孔德实证主义的基本观点，也不主张研究世界的本质、本源，也极为重视自然科学，并因此而被称为“最新自然科学的哲学”“现代自然科学哲学”。并且，相较于孔德实证主义不否定本质、实在的存在，只是认为它们不可认识的观点，马赫主义则进一步否定本质、实在的存在，把整个世界的存在归结为感觉经验的存在，更完全地克服了“形而上学”。可以说，俄国形式主义的观点与孔德主义相同之处也与马赫主义的观点一致，与孔德主义不同之处仍旧与马赫主义一致，因此，与其说俄国形式主义受到孔德主义影响，不如说俄国形式主义是受经验批判主义的影响。并且，随着自然科学的飞速发展，经验批判主义取代了不再适应科学最新发展的孔德实证主义。19 世纪末 20 世纪初，经验批判主义风行于西方各国，在俄国也有一批信徒，形成最新实证主义热潮，为俄国形式主义接受马赫主义的影响提供了条件。艾亨鲍姆指出，标志形式主义者特点的是“科学实证主义”②，这里的科学实证主义虽然很容易让人以为是明确以科学为目标的孔德实证主义，但应该理解为经验批判主义。埃利希认为，俄国形式主义坚定地推崇“新实证主义”③，他所说的“新实证主义”也应该就是指自称为最新实证主义的经验批判主义。

俄国科学哲学研究者格罗特在持实证主义观点的同时，特别坚持有关感觉的学说，并逐渐形成一种独特的感觉哲学，他应该就是受经验批判主义对感觉经验极度重视的影响。俄国形式主义也极度重视感觉经验。什克洛夫斯基首先提出艺术的“反常化”’手法④，即“把对事物通常的感受转移到新的感受范围，即产生一种特殊的语义的变化”⑤。用托马舍夫斯基的话来说，即“要把旧的和习惯的东西当作新的和尚未习惯的东西来谈；要把司空见惯的东西当作反常的东西来谈”⑥。可见，俄国形式主义的“陌生化”概念完全基于

① 全增嘏主编：《西方哲学史》（下册），上海人民出版社，1985 年，第 454 页。

② 艾亨鲍姆：《“形式方法”的理论》，见茨维坦·托多罗夫编选，《俄苏形式主义文论选》，蔡鸿滨译，中国社会科学出版社，1989 年，第 23 页。

③ 转引自汪洪章：《俄国形式派文评产生的西学背景——兼谈其对现代西方文艺学的影响》，《复旦外国语言文学论丛》，2010 年第 2 期。

④ 什克洛夫斯基：《作为手法的艺术》，见维克托·什克洛夫斯基等，《俄国形式主义文论选》，方珊等译，生活·读书·新知三联书店，1989 年，第 6 页。

⑤ 什克洛夫斯基：《作为手法的艺术》，见扎娜·明茨、伊·切尔诺夫编，《俄国形式主义文论选》，王薇生编译，郑州大学出版社，2005 年，第 226 页。

⑥ 托马舍夫斯基：《主题》，见维克托·什克洛夫斯基等，《俄国形式主义文论选》，方珊等译，生活·读书·新知三联书店，1989 年，第 132 页。

感觉经验。不仅如此，俄国形式主义对手法、程序、体裁、风格、结构、情节等所有文学现象的研究实际上都建基于感觉经验。正如有研究者指出，什克洛夫斯基“对美的界定不涉及理性，甚至不涉及情感、想象等活动，而是纯粹从感觉经验出发，并仅由感觉经验决定”[①]，但该研究者由此得出结论：俄国形式主义包含着英国经验主义美学的基础。虽然英国经验主义美学建立在经验主义哲学基础上，因此重视感觉、经验，但英国经验主义美学以人的审美经验与审美心理作为美学研究的主要对象，相当重视想象、情感等因素，如休谟、博克的审美“同情”说，而俄国形式主义却是排斥想象、情感等因素的，所以，虽然俄国形式主义从感觉经验出发，但并不能因此就认为俄国形式主义包含了英国经验主义美学。也就是说，俄国形式主义对感觉经验的重视并非直接来自英国经验主义美学。前文已经论及，孔德实证主义受英国经验主义的影响重视感觉经验，以感觉经验层面的现象为唯一研究对象，情感、想象因为不精确、不确定性，故在孔德实证主义的排斥之列（虽然孔德本人晚年极为重视感情，用主观的方法代替早年的客观方法）。而马赫主义较孔德主义更为重视感觉经验，将知识限制在感觉经验的现象领域以内，把整个世界的存在归结为感觉经验的存在。所以，俄国形式主义专注于对文学事实感觉经验的研究应该是受孔德实证主义尤其是马赫主义的影响，英国经验主义的影响只能是间接的。

俄国形式主义的研究多停留于分析总结、描述文学材料的特征，如文学的“陌生化”特征等，而基本上没有逻辑思辨的理论分析，因此被认为缺乏理论深度。俄国形式主义的这种做法实际上也可以从马赫思想中找到根源。马赫提出思维经济原则，把科学研究视作纯粹的经验描述，认为科学研究的任务是简捷、经济地描述感觉经验的事实，他贬低逻辑思维在科学研究中的作用，不主张运用逻辑思维分析感觉经验的客观根据。与马赫的思维经济原则密切相关，经验批判主义者阿芬那留斯提出“清洗”掉一切经验概念中与经验无关的内容的“纯粹经验”或“完美经验”概念，“清洗”掉的内容既包括“作为经验的客观基础的外部世界及其因果性、必然性等客观条件”，也包括伦理学与美学等的“评价的以及拟人化等的主观的内容”。[②] 俄国形式主义不研究艺术手法、程序及其演变与社会现实的关系，“不承认哲学的前提，不承认心理学和美学的解释”，要求“必须注重事实，脱离一般的体系和问题”的观点，与思维经济原则，以及阿芬那留斯的“纯粹经验”概念具有高度的一致性。

---

① 陈本益：《俄国形式主义的文学本质论及其美学基础》，载《浙江大学学报（人文社会科学版）》，2003 年第 6 期。

② 全增嘏主编：《西方哲学史》（下册），上海人民出版社，1985 年，第 457 页。

## 二、俄国形式主义文论与胡塞尔现象学

我国不少研究者认为俄国形式主义反对运用哲学、美学、心理学、社会学等原则研究文学，与胡塞尔“悬置”一切已有之见的主张相似；俄国形式主义注重对文学事实材料内在特征进行观察、描述的观点与胡塞尔“回到事物本身”的现象学还原方法相似；并且胡塞尔也秉持严肃的科学精神，因此认为俄国形式主义深受胡塞尔现象学影响，俄国形式主义从胡塞尔现象学中寻找理论基础，在诞生之初就受到胡塞尔现象学的影响。[①] 但他们基本上并没有提供切实可靠的证明影响发生的材料，仅有研究者指出，根据布洛克曼《结构主义》一书中的介绍，“俄国形式主义兴起时，胡塞尔的现象学正在俄国学术界广泛传播”[②]。实际上，这并不能说明俄国形式主义一定受到了胡塞尔现象学的影响，而只能说明俄国形式主义有可能受到胡塞尔现象学的影响。笔者以为，俄国形式主义与胡塞尔现象学之间只具有表征上的相似性，二者的主张实质相距甚远。

首先，胡塞尔现象学的科学精神与俄国形式主义的科学精神并非在同一意义层次上。俄国形式主义主张对文学材料进行观察研究，“制订一些具体原则”，将它们作为“一种工作假设”，“借助这种假设来指明和理解某些现象”，并且根据材料的实际情况，不断深化、修改这些理论原则。他们认为，“没有什么完全现成的科学”，所以俄国形式主义“过去没有，现在也还没有任何完全现成的理论或体系”。[③] 也就是说，俄国形式主义的科学精神是用自然科学的方法，在感觉经验的基础上建构具有自然科学性质的文学科学。而胡塞尔现象学的科学精神体现在要建立一门纯粹逻辑的、先验的，“具有无可置疑的正确性，最大程度的明晰性，达到绝对的终极的真理”[④]，能为科学知识提供规范与确实可靠基础的“严密的科学”的哲学，即胡塞尔所追求的“科学”并非自然科学意义上的经验的、具有相对性的科学知识，而是一种终极的、

① 如刘万勇：《西方形式主义溯源》，昆仑出版社，2006 年，第 312 页；刘月新：《陌生化与异化》，《江海学刊》，2000 年第 2 期；董希文：《俄国形式主义文论的文学观》，《青岛海洋大学学报》，2002 年第 3 期；杨帆：《陌生化，或者不是形式主义——从陌生化理论透视俄国形式主义》，《学术界》，2003 年第 3 期；辛刚国：《中国文学对俄国形式主义的拒斥与接受》，《东岳论丛》，2004 年第 1 期；等等。

② 刘月新：《陌生化与异化》，《江海学刊》，2000 年第 2 期。

③ 艾亨鲍姆：《“形式方法”的理论》，见茨维坦·托多罗夫编选，《俄苏形式主义文论选》，蔡鸿滨译，中国社会科学出版社，1989 年，第 20 页。

④ 全增嘏主编：《西方哲学史》（下册），上海人民出版社，1985 年，第 751 页。

永恒的、纯粹逻辑与先验的、本质性的真理。对“科学的态度”“科学的观点”，胡塞尔是主张抛弃、悬置的，他认为科学的假设会遮蔽人的意识向意识内容本身即“现象”的本质直观，因此，他摒弃科学的经验方法。

第二，胡塞尔“回到事物本身”中的“事物”即“现象”，并非一般我们所理解的含义，而是呈现在人的意识中的东西，这与俄国形式主义所关注的“文学事实”“文学材料”不同，后者并非意识中的东西，而是客观存在物。可见，俄国形式主义对文学事实材料内在特征的观察、描述与胡塞尔的“回到事物本身”的还原方法并不相同。二者真正相似之处在于，都追问本质问题。俄国形式主义虽然主要停留于对文学作品的手法、程序、体裁、风格、情节、结构等文学事实的研究，但俄国形式主义之所以关注这些内容乃是因为这些东西在他们看来是使文学成为文学的东西，是“文学性”的所指，即俄国形式主义其实是关注文学本质问题的。什克洛夫斯基谈论“作为手法的艺术”，即认为艺术的本质是手法，这与胡塞尔现象学主张通过“回到事物本身”，以进行本质直观具有一致性，而与同样崇拜事实，但否定形而上学，不追问事物的本质，以对事物的观察、感觉经验的描述为目的的实证主义不同。但是，俄国形式主义所追问的文学本质与胡塞尔现象学追求的本质并不相同，胡塞尔现象学追求的本质是观念的、先验的，俄国形式主义所认为的文学本质并非观念的、先验的，而是具体实在的。并且，胡塞尔现象学获得本质的途径也与俄国形式主义不同，胡塞尔现象学主张的是直觉（直观）的方法，这是一种“通过反省自己的主观意识获得事物本质的方法”①，是本质直观，是非感性、非具体、非经验的；俄国形式主义获得文学本质的方法是“研究具体材料及其特点”②，是感性的、具体的、经验的。可见，俄国形式主义对文学本质的追问并非受胡塞尔现象学的影响，而可能是传统文学理论本质追问的历史思维残留。

第三，表面看来，俄国形式主义否定从哲学、美学、心理学、社会学、历史学等角度研究文学的观点与胡塞尔现象学对一切先见“悬置”的主张相似，实则二者也并非完全一致。胡塞尔“悬置”的是对世界的“自然的观点”(即日常看法)、“科学的观点”(即中立的纯粹客观的看法)，以及传统哲学的观点，认为预先假设会干扰人的意识本质直观“事物本身”。胡塞尔对“前哲学”与传统哲学观点的悬置只是存而不论，并不一概否定。俄国形式主义则不承认从哲学、美学、心理学、社会学、历史学等角度研究文学的做法，认

① 全增嘏主编：《西方哲学史》(下册)，上海人民出版社，1985年，第757页。

② 艾亨鲍姆：《“形式方法”的理论》，见茨维坦·托多罗夫编选，《俄苏形式主义文论选》，蔡鸿滨译，中国社会科学出版社，1989年，第19页。

为它们不是科学地研究文学事实。这种坚决反对的态度在早期尤其鲜明，在后期遭遇强烈的政治批判，才逐渐放松态度，承认“其它材料可以通过它的次要特点，提出在其它科学中利用它作为补充对象的理由和权利”①，实则仍然不承认这些研究是文学研究，虽然后来尝试在文学研究中结合社会学方法或完全承认社会学方法，但这已不是俄国形式主义的自由主张。可见，俄国形式主义的不承认与否定态度与胡塞尔现象学存而不论的“悬置”并不一致。并且，俄国形式主义并没有像胡塞尔现象学那样否定该领域所有的已有研究成果与所有的研究媒介，而主张以语言学的方法研究文学。

综上，笔者以为，虽然在俄国形式主义兴起之时，胡塞尔现象学已为俄国学界所知悉，但二者看似相似的地方其实并不一致，也就是说，这些相似点并不能作为俄国形式主义在兴起之初受到胡塞尔现象学影响的依据，不能作为俄国形式主义兴起之初即在胡塞尔现象学中寻找理论基础的依据。并且，通过第一部分的论述，我们已经可以肯定俄国形式主义发生之初在主要观点上受经验批判主义的影响，而胡塞尔却是激烈抨击实证主义的。他批判实证主义将科学与人分离，使科学失去了目的、意义与价值；批判实证主义否定人的认识能超越现存的世界、排斥关于本质与世界本原的知识、否认绝对的知识与真理的存在，认为现象学的基本任务就是要“把人们从这些实证主义的偏见谬误中解放出来”。② 胡塞尔现象学与实证主义的针锋相对，进一步佐证了，发生之初大量吸收实证主义观点、以科学实证主义为其理论基础的俄国形式主义不太可能同时吸取实证主义的反动者——胡塞尔现象学的思想。

根据第一部分对实证主义的论述，我们可以发现，俄国形式主义秉持科学精神，追求科学知识，坚持科学方法，正是实证主义哲学的基本特征；注重对文学事实材料的内在特征进行观察、描述，也是实证主义哲学崇拜事实基本特征的体现。也就是说，俄国形式主义与胡塞尔现象学相似的两个方面可以说都是受实证主义哲学的影响。至于俄国形式主义反对运用哲学、美学、心理学、社会学等原则研究文学的主张，除了与赫尔巴特的观点有一定的相似性外，笔者以为更主要的是受俄国现代主义运动的影响。19 世纪 90 年代，在西方现代主义运动的启示与引领下，俄国兴起了现代主义运动，它与西方现代主义运动有共同的追求与特征。现代主义运动最根本的特征是对现代性的诉求。虽然不同的学者对现代性有不同的解释，但对科学知识的崇尚与对合理化、合法性的追求被公认为是现代性的应有内涵。也就是说，俄国形式

---

① 艾亨鲍姆：《“形式方法”的理论》，见茨维坦·托多罗夫编选，《俄苏形式主义文论选》，蔡鸿滨译，中国社会科学出版社，1989 年，第 24 页。

② 全增嘏主编：《西方哲学史》（下册），上海人民出版社，1985 年，第 764 页。

主义对科学知识的崇尚与对科学方法的遵从，是现代主义运动的结果，这与实证主义的影响并不矛盾，因为实证主义原本就是现代主义运动的产物之一。至于俄国形式主义反对以哲学、美学、社会学、历史学、心理学等方法研究文学，而以“根据文学材料的内在性质建立一种独立的文学科学”[①] 为目标，发掘文学研究作为一门独立学科的独特品性，这正是对文学理论学科合理化、合法性的追求。也就是说，俄国形式主义反对以哲学、美学、社会学、历史学、心理学等方法研究文学，实际上是受现代主义运动的影响。并且，俄国形式主义的文学艺术背景也是现代派文学的兴盛，所以从大的方面看，可以说俄国形式主义是现代主义运动的产物。

最后，需要说明的是，随着胡塞尔现象学的广泛盛行，我们也不能排除俄国形式主义后期受到胡塞尔现象学影响的可能。如，俄国形式主义者特尼亚诺夫、艾亨鲍姆、雅各布森后来的著作都谈到结构问题，而胡塞尔在《逻辑分析》一书中虽然没有使用“结构”一词，但实际上已经描写了形式上最简单的结构，使用的术语与俄国形式主义者的术语也很接近。20 世纪初在俄国影响很大的俄国现象学分子施佩特则正式提出了文学作品的“结构”概念。佛克马、易布思据此认为在“结构”概念上俄国形式主义受到了胡塞尔的影响，而中介是为俄国形式主义者所“的确熟知”[②] 的施佩特（根据扎娜·明茨等编选的《俄国形式主义文论选》中所提供的资料，施佩特加入了莫斯科语言学小组[③]），因为虽然雅各布森确实经常提到胡塞尔关于意义和指涉物的观点，但不能证明俄国形式主义者都直接接触到了胡塞尔的著作。佛克马、易布思的观点具有较大的合理性。但是，他们也并没有认为俄国形式主义在诞生之初就受到了胡塞尔现象学的影响，而是说胡塞尔的影响“逐渐渗透到形式主义学派的著作中”[④]。总体而言，关于俄国形式主义与胡塞尔现象学之间的关系，我们最多只能说俄国形式主义后期的一些观点可能受到了胡塞尔的影响，而不能说俄国形式主义在发生之初就在胡塞尔现象学中寻找理论基础，就受到了现象学的影响。

综合以上探究，本文认为，俄国形式主义文论发生之初主要以经验批判

---

① 艾亨鲍姆：《“形式方法”的理论》，见茨维坦·托多罗夫编选，《俄苏形式主义文论选》，蔡鸿滨译，中国社会科学出版社，1989 年，第 21 页。

② 佛克马、易布思：《二十世纪文学理论》，林书武等译，生活·读书·新知三联书店，1988 年，第 25 页。

③ 扎娜·明茨，伊·切尔诺夫编：《俄国形式主义文论选》，郑州大学出版社，2005 年，第 333 页。

④ 佛克马、易布思：《二十世纪文学理论》，林书武等译，生活·读书·新知三联书店，1988 年，第 17 页。

主义为其哲学基础，发展后期才可能一定程度上受到胡塞尔现象学影响。

**作者简介：**

吴未意，四川大学文学与新闻学院艺术理论系博士研究生。

# 物感与批判理论

汪尧翀

现代性分化与和解问题，始终伴随着对现代启蒙方案的不同理解与争论。自 19 世纪以来，围绕现代文化自我理解之肯定与否定的正反题仍处于悬而未决的争辩之中。就艺术领域而言，当古典艺术的静观日渐蜕变为对高雅文化的不满与奚落，“艺术自律”这个令人着魔的词也祛魅化了，消费社会日常生活审美化的经验论域随之开启。美学虽不断重构，但不可避免地摇摆于主体哲学既未彻底澄清，又尚未失效的基础框架中。审美现代性一方面不断地塌缩为内向型的源始主体潜能，另一方面又呈现为商品社会外在的审美奇观。随着各类现代性方案各执一端，这两方面原有的自然关联正日益丧失。除了不断复写理性、非理性之间激烈、固执的对峙，审美之维本应蕴含的规范潜能与解放潜能也日渐消失。

在上述语境下，“物感”理论起源于对当代审美现象的敏锐直观，但并未远离理论史亟须澄明的晦涩地带。它始终瞄准一个紧迫的理论问题：“主体性”与“主体间性”两大范式在美学转型上的对立与转换。作为物感理论的基石之一，批判理论及其“范式转型”正好承担了这项使命。如果说，范式转型的意义在哲学及批判社会理论中已获充分讨论，那么，理应与之偕行的美学转型，仍有亟待开拓的论证空间。

本专栏的四篇文章，皆围绕物感所牵涉的批判理论视域展开分析，旨在通过基础理论及个案研究呈现美学转型的运思路径。汪尧翀的《从“趣味美学”到“物感”理论：批判理论视域中的美学转型》审视了“物感”理论与批判理论传统中“趣味美学”这一支撑性美学样式之间的思想关联，力图从思想史角度论证美学转型的合理性；邹波的《“现在”：社会分化一社会总体化的继起点》则捕捉到了现代性分化问题所蕴含的直线时间观与循环时间观之间的差异，试图证成“现在”时刻及“日常生活”经验作为主体性与主体间性之融合的重要性；张郑波的《审美价值的膨胀与主体“间性”的收缩》分析道，沃尔夫冈·豪格《商品美学批判》执拗于主体哲学视野，导致审美主义价值批判完全忽视了“间性”规范视角；张一骢的《现代性视域下的“古物”物感品质分析》则认为波德里亚《物体系》中的相关分析忽略了“古物”指向过去的“异域”归家感及对现代功能物世界的反抗，从而错失了“物感”作为现代物解放的论述准衡与自由之维。

# 从“趣味美学”到“物感”理论：批判理论视域中的美学转型

汪尧翀

**摘　要**：在汉语学界美学转型的大背景下，物感理论应运而生。从批判理论视域审视之，可厘清其思想脉络中的关节点：审美主义问题结晶了个体审美经验与社会合理化的相悖，揭露了趣味美学的困境；审美主义批判显示了批判理论对趣味美学的依赖，促使美学吸纳批判理论“范式转型”的理论反思；生产美学转向，开启了另一种现代性叙事及其自我确证，物感因而成了美学转型之后的新感性尺度。

**关键词**：批判理论　生产美学　趣味美学　气氛美学　物感

近年来，“物”美学逐渐成为汉语学界关注的焦点。在环绕个体的现代现象中，物可谓最切近的之一。但是，最切近的现象往往引发着最困难的理论问题：应如何去理解这个“物”呢？总之，物已经嵌入了形形色色的现代性叙事。当权衡“物”的理论框架发生了变化，物美学也迎来了转型。据海德格尔《艺术作品的本源》中对艺术作品之“物”因素的追问，“质料”与“形式”是西方思想理解物的核心概念，并由此拓展为包括美学在内的“万能”概念机制。① 无论延续（强调两者在艺术作品中的统一）还是克服（执其一端）这种机制，艺术作品的“真理”内容都获得了优先性。而为了保障这种优先性，必须预设：（1）艺术作品的完整性；（2）发现这种完整性的审美判断力。在此意义上，传统美学或可描述为一种内审美的主体理论，其核心是以康德为宗的“趣味美学”。② 但同时，趣味美学的局限一目了然：它的论题缩限在狭义的艺术领域，无法正视审美同生活世界的自然联系。因此，美学转型的基本问题语境是日

① 参海德格尔：《林中路》，孙周兴译，上海译文出版社，2004年，第12页。

② “趣味美学”一词，取自伯麦。参 Gernot Böhme, Ästhetischer Kapitalismus. Berlin: Suhrkamp Verlag, 2016, S. 81。

常生活审美化。

国内学界早已认识此问题的重要性，并作出了很多积极探索。[①] 本文旨在有限地关注其中之一，即吴兴明先生提出的“物感”(the feeling of objects)理论，其理论表述及批评运用具有系统性。[②] 总体而言，物感理论的成形，尤其离不开法兰克福学派社会批判理论转向所带来的理论冲击。在“物感”的理论背景中，美学转型与批判理论“范式转型”的复杂关系，颇具特殊性和重要性。有鉴于此，本文立足于批判理论视野，旨在重新审视并勾连起具有思想史关联的美学论题。简言之，审美主义方案结晶了个体审美经验与社会合理化之间的悖论，揭露了趣味美学的困境；审美主义批判进一步显示了批判理论对趣味美学的依赖，促使美学吸纳批判理论“范式转型”的理论反思；生产美学转向，开启了另一种现代性叙事及其自我确证，物感因而成为美学转型之后的新感性尺度。

## 一、审美主义：一种悖论的现代思想样式

汉语学界对审美主义(Ästhetizimus)的论述不少，可谓毁誉皆有，铺衍为不同路径。[③] 但若问审美主义的思想效力是否完全得到了澄清，答案却是未必。毫无疑问，审美主义是舶来的西方现代思想，其名下通常汇聚了两大指标，即审美自律与救赎。审美自律是现代性进程所带来的审美价值分化，审美救赎则表达了基于审美价值自律的特定社会批判方案。自席勒以降，审美主义在批判理论中得到了最深刻的表达。[④] 其中，本雅明对审美主义的双重性质有精当论述：面对艺术脱离其礼仪依附的危机，“艺术就用‘为艺术而艺术’的原则，即用这种艺术神学作出了反应。由此就出现了一种以‘纯’艺术观念形态表现出来的完全否定的艺术神学，它不仅否定艺术的所有社会功

---

① 陶东风、余虹、高建平、金元浦、金惠敏、陆杨、戴锦华、赵勇等学者，皆从各自的理论背景及研究领域出发，对此问题有所贡献，请参阅其相关论文及代表作，兹不一一列举。

② 参吴兴明：《反省中国风：论中国式现代性品质的设计基础》，《文艺研究》，2010年第10期；《许燎源的意义——设计分析：中国式现代性品质的艰难出场》，《中外文化与文论》，2013年第1期；《论前卫艺术的哲学感：以“物”为核心》，《文艺研究》，2014年第1期；《人与物居间性展开的几个维度：简论设计研究的哲学基础》，《文艺理论研究》，2014年第5期；《走向物本身：论许燎源》，《雕塑》，2017年第2期。

③ 刘小枫最先在《现代性社会理论绪论》中以《审美主义与现代性》一节，讨论了审美主义的源流及分支，并引发了后来不少重要讨论，其中重要者有余虹、吴兴明、陈剑澜等人，视角各不相同。但沿着社会理论继续审思此论题的，可以说只有吴兴明。请参吴兴明：《美学如何成为一种社会批判》，《文艺研究》，2006年第12期。

④ 参吴兴明：《美学如何成为一种社会批判》，《文艺研究》，2006年第12期。

能，而且也否定根据对象题材对艺术所作的任何界定”①。这亦非偶然。据说，审美主义虽是镶嵌于百年现代学问题域中的心性现象，但也始终是社会理论视域中的“社会”问题。② 汉语世界中审美主义论说的出场，更接续了此双重性：一方面，审美主义担负着文艺研究的合法性证明——审美价值的自律自足，成为其有效支撑；另一方面，这种证明并非简单的学科自觉，而有更深层次的社会诉求。但是，审美主义无力承担为现代社会规范奠基的负荷，其一揽子方案要么与社会合理化针锋相对，要么成为前现代情绪汇聚之地。一言以蔽之，作为一种现代思想样式，审美主义自身也处于悖论之中：它既是审美自律的合理诉求，又是价值僭越的合法性依据。换言之，审美主义是由作为社会否定性的“纯”艺术观念与这种否定性承载的社会批判功能所孕育的胎儿。③

在现代社会转型的意义上，审美主义悖论扭结在两个关键论题中。其一是生活世界的合理化。生活世界的合理化一方面意味着现代性分化日益复杂，另一方面也意味着不可避免的物化。这引出了另一论题，即“生活世界的亏空（Lebensweltverlust）”（马夸德语）。④ 生活世界的亏空是现代性危机的基本表述，概而言之至少有这么三层含义：（1）在个体心性层面上意味着现代自我体验的扭曲、失范；（2）在社会结构层面上意味着社会整合和团结的资源日渐失效；（3）意味着个体化与社会化之关系的传统解释失效。从社会角度来看，个体心性的现代体验是反社会的、负面的。从个体角度来看，社会性质则是压迫的、外在强制的。对此，审美主义成了一剂强心针，反过来质疑生活世界合理化进程，视之为意识形态批判的对象。⑤ 换言之，生活世界合理化一旦被还原、等同为目的理性的扩张及工具理性的宰治，弥补亏空的方

---

① 本雅明：《摄影小史+机械复制时代的艺术作品》，王才勇译，江苏人民出版社，2006版，第58页。

② 参刘小枫：《现代性社会理论绪论》，上海三联书店，1998年，第299页以下。

③ 参本雅明：《摄影小史+机械复制时代的艺术作品》，王才勇译，江苏人民出版社，2006版，第58—59页。

④ Odo Marquard，Abschied vom Prinzipiellen：Philosophische Studien. Reclam，S. 42.

⑤ 意识形态批判与审美主义价值论设的纠缠关系，在吴兴明《美学如何成为一种社会批判》一文中得到了清晰论述。规范以及约法的历史性质，并不妨碍其规则的普遍性。换言之，规范以及约法的语法有效性，正基于对其在不同语境中的内涵及使用的批判。后者意味着从经验方面具体地修正和拓宽规范的内容，而并不否认其普遍效力。这种方式意味着，审美经验能够烛照和消解规范及约法在具体历史语境中的错位及扭曲，但并不能消解规范本身的合理性与正当性。这相当于说，对语法规则的取消似乎会导致一种与常识的彻底违背：我们并不会因为话语本身的不真实和扭曲，就放弃说话的权利。相反，批判的目的是用普遍语法说出真实、恰当的话语。因为，完全根据历史源起来批判社会存在（即社会反映论），等于取消了这种社会存在。相反，我们是可以根据能经受检验和批判的语法的普遍性来重构社会存在的。

法无非就在于诉诸合理性之外的手段，瓦解日趋僵化的生活世界。至少在批判理论内部，一旦抛弃合理化论题，美学的扩张就顺理成章了。

合理化声名扫地，现代性亏空则制造着否定性的生存感受。审美主义作为理性合理化的否定，正好与后现代思潮的核心关切相对应，这就是“解分化”。[①] 解分化一方面瓦解了支撑传统美学的系统知识结构及现代性自我确证，另一方面也导致传统美学的学科自主性逐渐陷入无力的守旧（失语）。面对消费社会琳琅满目的商品或者说物的爆炸，这一问题最直观地体现为“技术时代生活感的丧失”。甚至，连这种生活体验也充满悖论：一方面，我们无可避免地被现代物所包围，处于现代的生产和生活方式之中；另一方面，诸多征兆迫使我们又不得不将消费社会判断为一个即将热寂的社会。[②] 悖论感产生了最不切实际的“乡愁”感，它企图来替代鲜活的，或被冠以“后现代”之名的当下生存感受。这种“乡愁”不仅没有揭示出当代生活的社会历史根源，反而企图遮蔽传统与现代之间实实在在的断裂。

问题恰恰在于，综观诸种现代性方案，审美主义不失为应对生活世界亏空、反抗合理化危机的有力选择。但是，审美主义的干预，又必须以价值僭越为前提。上述悖论充分表明，审美主义执拗于主体哲学视野，思想效力有限：“荒漠化、虚无化不仅是有宗教情怀的思想家们对当今人类存在状态的基本判断，也是所有向往实体性价值的理论家给当代世界的最终判词。一方面，他们站在审美主义立场对抗现代性分化的理性统治，另一方面又牢牢立足现代性分化的理性立场，以对抗消费社会迎面而来的解分化。这归根到底是由于他们在视野上的一个共同盲点：对现代社会消费的交往界面视而不见。”[③] 因此，可以说，批判理论的审美主义方案，止于哈贝马斯的“范式转型”，但也带来了另外的难题。一般来说，哈贝马斯的思想取径表明：在交往理性所恢复和支撑的现代性分化中，美学已不再具有以往的重要性。[④] 批判理论的社会理论转向扬弃了德国古典哲学遗产（主体理论），从理论上放弃追问作为主体要素的审美经验与生活世界之间的自然联系。这也意味着传统美学的论域

---

① 吴兴明：《重建生产的美学：论解分化及文化产业研究的思想维度》，《文艺研究》，2011年第11期。

② 吴兴明：《重建生产的美学：论解分化及文化产业研究的思想维度》，《文艺研究》，2011年第11期。

③ 吴兴明：《重建生产的美学：论解分化及文化产业研究的思想维度》，《文艺研究》，2011年第11期。同时，值得注意，这就是哈贝马斯所指出的，理性批判把现代理性简单地等同于工具理性，从而告别现代性。

④ 参汪尧翀：《现代性理论及其政治意义：哈贝马斯与列奥·施特劳斯的思想对话》，见《文化研究》，2017年第1期。

迁移。重新在理论上恢复和定位这种自然联系，正是当代美学的一项重要使命。

总之，批判理论语境中的美学转型表达为两个互相关联的论题：其一，审美主义既显示了艺术与社会之间的裂隙，又要求立足艺术去和解社会的分裂，因而呈现为一种悖论性质的思想样式。范式转型针对并消解了审美主义的思想效力。其二，现代艺术经验冲击了批判理论对传统美学的依赖。批判理论一方面坚持传统美学作为意识形态批判的支撑性构件，另一方面又不得不修正传统美学范畴，以便容纳现代艺术经验，维持审美主义模式。上述冲突表明：基于传统美学视野的审美主义与主体哲学相互依存。因此，美学转型与范式转型必须并行不悖，审美自律的合理性才有望重塑。就此而言，当务之急在于阐明：对批判理论而言，传统美学缘何重要，又为何需要转型?

## 二、反思趣味美学

审美主义批判揭示了批判理论对一种特殊美学样式的依赖。我认为，这种美学就是所谓“趣味美学”（Geschmacksästhetik）。趣味美学又称判断美学，其统绪源远流长，可上溯至格拉西安、沙夫茨伯里以及伯克等人，最终集大成于康德。[①] 伯麦认为，整个传统美学本质上都是趣味美学：

> 它更多地是关于判断，关于言说，关于对话的美学。也就是说，美学最初起源于趣味问题，并且以“赞许能力”（Billigungsvermögen）为主题，一个人从情感上共鸣某物——艺术或自然——曾经是美学的原初动机。最晚从康德开始，美学成为关于评断（Beurteilung）的学问，也就是说：关于同情或反感某物时的合法性问题的学问。从那以后，美学理论的社会功能就在于促成有关艺术作品的对话。[②]

按此观点，直至接受美学的整个美学源流，无一不受趣味美学的滋养。[③] 从卢卡奇、本雅明、阿多诺乃至哈贝马斯，趣味美学都扮演了其方案中的重要角色。

---

① 关于“趣味”的概念史梳理及其在康德美学中的核心作用，请参伽达默尔：《真理与方法（上卷）》，洪汉鼎译，商务印书馆，2007 年，第 48 页及以下。

② 甘诺特・波梅：《气氛：作为一种新美学的核心概念》，杨震译，《艺术设计研究》，2014 年第 1 期。

③ 接受美学强调审美经验的交流功能，在此视野下，审美主义又可表达为如下命题：“支持较高层次的审美反思，忽略或者压制审美经验的诸初级形式，尤其是审美经验的交流功能。”参耀斯：《审美经验与文学解释学》，顾建光等译，上海译文出版社，2006 年，第 23 页。

从卢卡奇开始，趣味美学便担纲了物化批判的价值尺度。卢卡奇的《物化与阶级意识》可以说是西方马克思主义处理“物”的首份纲领性文献。霍耐特看到，在同一文本中，卢卡奇动摇于两种物化解释。[①] 一方面，他从功能解释物化，认为着眼于资本主义扩张，物化不可缺少。资本主义的扩张旨在使所有生活领域与商品交换的行为模式相称，促进了生活世界合理化。另一方面，卢卡奇受韦伯影响，认为合理化把社会领域带向了目的理性，使迄今为止的传统行为导向皆屈服于目的理性。卢卡奇因此认为，在资本主义社会中，物化成为人的“第二自然”。[②] 霍耐特认为，卢卡奇采取了一种静观的、漠然的行为视角来理解物化。[③] 从本文视角来看，这意味着卢卡奇仍在始于康德的趣味美学传统中运思。正是一种敏锐的、揭示性的判断意识使“物化”现身，这种判断就是审美判断，唯有从此出发，才可以理解卢卡奇的断言，即艺术具有“雅努斯的两副面孔”（或：资产阶级文化本身的悖论性质）。[④] 换言之，当文化僵化之后，唯有审美判断能够揭示其悲惨的根源。但这又不得不冒风险，即艺术本身也参与了虚假意识形态的建构。总之，从物化与趣味美学的关系可以看出，审美主义在早期卢卡奇思想中也占据了核心位置。[⑤]

与卢卡奇不同，本雅明和阿多诺更进一步，试图从理论上把现代艺术的剧烈冲击承接下来。早在《技术复制时代的艺术作品》中，本雅明便试图发展一种辩证比较法，其目的是消除可技术复制性带来的艺术趣味之争。通常，从批判尺度来看，崇拜价值与展示价值之争是关键所在。[⑥] 但事实上，光晕(Aura)的衰落更多涉及社会空间与技术方式的变化，后两者规定了艺术作品的接受。本雅明认为：“对一幅毕加索绘画的消极态度变成了对一部卓别林电影的积极态度。”[⑦] 绘画成为可技术复制的，就侵蚀了少数绘画欣赏者与大众之间存在的差序。这种差序毫无疑问依赖于趣味美学的确立。本雅明看到，

---

① 参 Axel Honneth，Verdinglichung：Eine anerkennungstheoretische Studie，S. 21。

② 参卢卡奇：《历史与阶级意识》，杜章智等译，商务印书馆，1996 年，第 200 页。

③ 参 Axel Honneth，Verdinglichung：Eine anerkennungstheoretische Studie，S. 23。

④ 参卢卡奇：《历史与阶级意识》，杜章智等译，商务印书馆，1996 年，第 216 页。

⑤ 卢卡奇早期一篇未引起广泛关注的美学文献充分地揭示了为何“为艺术而艺术”的审美态度最终转变为席勒式审美批判。该文的写作时期（1926 年）略晚于《历史与阶级意识》，被认为是卢卡奇思想转向的关键时期。参 Georg Lukács, “Art for Art's Sake and Proletarian Writing”, in *The Fundamental Dissonance of Existence*：*Aesthetics*，*Politics*，*Literature*，Timothy Bewes and Timothy Hall，eds. NY，2011，p. 157。

⑥ 参本雅明：《机械复制时代的艺术作品》，见《启迪：本雅明文选》，张旭东等译，生活·读书·新知三联书店，2008 年，第 240 页。

⑦ 本雅明：《机械复制时代的艺术作品》，见《启迪：本雅明文选》，张旭东等译，生活·读书·新知三联书店，2008 年，第 254 页。

就提供大众观赏的集体经验而言，绘画远比其他擅长此道的艺术种类（建筑、电影）更多地依赖趣味美学，尽管内审的判断力可以完全由外在的社会－政治因素来规定。

在《拱廊计划》卷宗 N 的一个著名片段中（NIa，3），本雅明提出了“文化历史辩证法”（kulturgeschichtliche Dialektik），试图进一步从方法论上去消除不同时代的趣味之间的对立。[①] 在紧邻的一个片段中（NIa，4），《浮士德》原作和《浮士德》电影之间的差异，与一部粗制滥造的和一部优秀的《浮士德》电影之间的差异，两者被画上了等号。本雅明认为：“重要的从来不是所谓‘伟大’，而是辩证的对照（die dialektischen Kontraste），这种对照常常被视为易混淆的细微差别。然而生活正是从细微之处更迭。”[②] 从这里可以清楚地看到，本雅明通过辩证法尽力调和的，是现代艺术冲击带来的趣味失衡。但是，本雅明较为折中的观点一旦与时代的批判任务关联起来，就不得不退缩回以“光晕”（艺术自律）为尺度的价值批判中。这牵涉到阿多诺美学的核心任务。按照比格尔（Peter Bürger）的概括，阿多诺美学旨在在传统美学内审美的意义上接受和消解先锋艺术的冲击。[③] 这意味着重新思考和保存趣味美学的基本范畴，并保持艺术作为一种带着距离感和批判力量的非同一性。从这个意义上说，趣味美学依然构成了阿多诺的核心论题。[④]

简言之，趣味美学若不经过修正，就无法与当下的审美经验相调和。先锋艺术不过第一次祭出了扬弃艺术之名的旗帜。事实冲击早就开始了，康德的“崇高”概念便是一个典型（利奥塔正是看到了这一点）。[⑤] 先锋艺术试图在生活实践中扬弃艺术的做法，刺激了阿多诺否定美学的建构。阿多诺看到，传统美学若想要坚持其伟大传统和地盘，就不得不重新拓展、演绎其范畴，在新的论证水准上捍卫艺术自律。[⑥] 但哈贝马斯认为，本雅明、阿多诺的求索

---

① 参 Walter Benjamin，Gesammelte Schriften V · 1，Hg. Rolf Tiedemann. Berlin：Suhrkamp，1991，S. 573。本雅明卷宗 N 的中译请参阅汪民安主编：《生产》（第一辑），广西师范大学出版社，2004 年。本文所引译文有改动。

② Walter Benjamin，Gesammelte Schriften V · 1，Hg. Rolf Tiedemann. Berlin：Suhrkamp，1991，S. 573.

③ Peter Bürger，Zur Kritik der idealistischen Ästhetik. Berlin：Suhrkamp，1983，S. 13.

④ 伯麦认为，阿多诺美学中包含其未曾反思过的趣味美学因素。大众文化批判实际上以趣味美学为前提。例如，阿多诺论及与大众文化对立的“有责任的艺术”（die verantwortliche Kunst）时，认为其关涉接近认知的标准，即在和谐与不和谐、真实与虚假之间作出区分。参 Gernot Böhme，Ästhetischer Kapitalismus. Berlin：Suhrkamp Verlag，2016，S. 83－87。

⑤ 参 Jean-Francois Lyotard，*Lessons on the Analytic of the Sublime*. California：Stanford University Press，1994。

⑥ 参 Peter Bürger，Zur Kritik der idealistischen Ästhetik. Berlin：Suhrkamp Verlag，1983，S. 13。

注定失败，原因在于，一方面，非同一物始终指向了和谐的人性乌托邦，预设了完整的主体间性。说到底，《美学理论》的理想仍然没有走出席勒方案：一种审美的、自由的关系应当成为设想一切现实关系的基点。另一方面，这种对主体间性的设想明白无误地是一种虚构，它既被设想为和谐生活方式的总体性，又被投射向一个乌托邦的未来。[①]

归根结底，趣味美学采取了“旁观者”视角。[②] 其积极的一面可为政治哲学（阿伦特）提供路径，重构（政治）判断力来复原现代性危机所带来的主体性亏空，[③] 但其消极形态则结晶为否定形而上学或非理性主义哲学。按哈贝马斯的看法，主体哲学留给审美效力的空间太大：一旦审美经验以“审美主义”方式发动攻势，就会急剧侵占和压缩合理性的空间。但是，基于语言学转向的“范式转型”又带来了困境：语言分析中留给审美的余地又太小。

哈贝马斯主要勾勒了一个理性人或论证人社会，他并非不承认个体的生存感觉，但根据有效性要求来规划言语交往时，并未充分地考虑过审美话语的位置。[④] 也许只能说，哈贝马斯从社会理论视角出发，接受了一种非常有限的趣味美学观点：“对哈贝马斯而言，在艺术中，语义潜能（semantische Potentiale）被从古老的传统内容中释放出来，并加以转化，由此得到保存。因此，艺术必须克服其前现代世界观的魅惑，同时捍卫其丰富性，获得其新的解放。”[⑤] 这种对艺术之内涵和功能的缩限，也可视为自然审美的失位。因此，趣味美学要么退缩为纯粹静观的内审美（主体）理论，要么完全服从于社会批判理论的参与者视角。两种选择都有失偏颇，因为审美与生活世界之间的自然联系是无论如何都无法斩断的。这种自然联系涉及广阔的社会现象和社会领域。

---

① 参哈贝马斯：《后形而上学思想》，曹卫东等译，译林出版社，2001年，第168页。亦参哈贝马斯对本雅明类似思路的评论：Jürgen Habermas，Bewußtmachende oder rettende Kritik：Die Aktualität Walter Benjamins，in ders：Politik，Kunst. Stuttgart：Religion，Reclam，2011，S. 69。当然，本阿之别在此暂且忽略。

② 参哈贝马斯：《后形而上学思想》，曹卫东等译，译林出版社，2001年，第168页。

③ 参汪尧翀：《迟到的主体理论：读阿伦特〈论奥古斯丁爱的概念〉》，见《中国图书馆评论》，2016年第11期。

④ “对一种审美话语而言，其实现是通过反复地直接违反规则，或是系统性地转化对现存规则的理解和表达。这种情况至少表明，迄今为止所拟定的话语类型仍不够充分。因为在审美话语中，并不允许对语言进行探索性-描述性的使用，这种使用必须预设和遵守一种作为秩序知识之基础的原则性的不确定性。”参 Florian Rötzer，Einführung，in ders.（Hg）.，Französische Philosophen im Gespräch. Müchen：Klaus Boer Verlag，S. 22。转引自 Dagmar Danto，Zwischen überhöhung und Kritik：Wie Kulturtheoretiker zeitgenössische Kunst interpretieren. Bielefeld：transcript Verlag，2011，S. 75。

⑤ Ästhetik und Kunstphilosophie：Von der Antike bis zur Gegenwart in Einzeldarstellungen，hrsg. Julian Nida-Rümelin und Monika Betzler. Stuttgart：Alfred Kröner Verlag，1998，S. 349.

因此，反思趣味美学，意味着揭示其支撑性的社会学预设。原作与复制品之争，例如本雅明以“光晕”（Aura）概念来表达的东西，实际上也涉及艺术市场问题。[①] 经社会学还原，趣味美学暴露了自身的社会基础：一个受教育的资产阶级世界。趣味美学的内涵凝缩在“资产阶级的艺术自律”命题中：一方面是异化劳动领域中的压制；一方面则是艺术欣赏领域中的相应补偿。当然，艺术启蒙问题迟早会发生：当以等级为核心区分的传统社会向以功能为核心区分的现代社会转变时，艺术的空间也发生了急剧转型。艺术的现代革新、艺术市场的兴起乃至艺术家全新的自我认同，都出现在这个空间中。审美主义批判的积极意义就在于打开了这个空间。因为在如下层面上，这个空间都受到压制：第一，全然以经济－政治为普遍导向的社会运行，换言之，以工具理性为总体运行机制的社会，谈不上艺术分化的可能性；第二，趣味美学之补偿性质基于高雅文化与大众文化之别，对趣味边界的固守暗中重复了僵化的理性中心主义模式，直至更直接性的、更身体化了的现代艺术经验，击溃了固有社会知识（例如，美、趣味等范畴）所加诸艺术的边界。

但是，即便放弃趣味美学，范式转型也尚缺相应的解释力。问题在于，主体间性范式不得不摈弃作为“自我－失范”样式的现代艺术经验，因为这无助于公共领域的商谈。[②] 这样，参与者的视角就会不断要求削弱和压缩现代审美经验，其原因不难理解：就审美经验或体验达成一致的交往行为，依赖的是审美批判这一论证方式，而后者难以达到认知及实践领域中的知识客观性标准。

因此，要在坚持现代性分化的方向上重新界定艺术自律，卢曼（Niklas Luhmann）的观点暂且算得上权宜之计：与其说是艺术介入公共领域，倒不如说，艺术透过诸如艺术系统、赞助系统、市场系统来运行，而要就艺术作品达成一致的考量，远远超过了普适性的公民商谈所需的负荷，是社会系统中“极不可能的事件”。[③] 由此，艺术越是想要获得公共性，就越被理解为自我关涉或纯然与个体相关的。但是，卢曼诉诸彻底脱离了主体潜能的分化媒介，因而与哈贝马斯试图从交往视角来重新理解现代主体的构想背道而驰。

这正是批判理论所反对的：艺术成了中立物，失去了哪怕有限的批判潜能。不过，从批判理论视角来看，在坚持审美判断力的先验性质与它在社会

---

① 参尼可拉斯·卢曼：《艺术的分化》，见《文学艺术书简》，张锦惠译，五南图书出版股份有限公司，2013 年，第 544 页。

② 参哈贝马斯：《交往行为理论（上卷）》，曹卫东译，上海人民出版社，2004 年，第 20 页。

③ 参尼可拉斯·卢曼：《艺术可否符码化?》，见《文学艺术书简》，张锦惠译，五南图书出版股份有限公司，2013 年，第 7 页以下。

领域的具体运用之间，始终存在着价值关涉问题：尤其是价值分化与价值僭越相互纠缠的悖论。问题仍是：趣味美学没有足够的理论工具来弥合两者之间的鸿沟。从某种意义上说，超现实主义者完全洞悉了这一点。布勒东所要求的，就不再是“艺术真实”（也称为“心理小说之谬”，即虚构），而是“真实”本身。[①] 但就现代社会的合理运行而言，这种社会规范的否定性方案，只能一再地表明趣味美学的僵局。

## 三、器物现代性：生产美学的现代性叙事

有了趣味美学这个范畴，就可以更清楚地把握美学转型的契机。反思趣味美学展现了审美现代性中固有的悖论。从根本上说，趣味美学的悖论源自德国观念论本身所孕育的“分裂－和解”方案。这就决定了，主体哲学视野下的理性批判，其思想样式始终是审美主义的：“这些批判用存在、自主权、权力、差异和非同一性等空洞的‘反概念’而指向审美经验内容。”[②] 这类方案之否定性后果是可以预见的。艺术要充当调解人角色，但已无法继续依赖和谐个体的理想：“个体的发展一方面与社会和谐一致，另一方面又与之相对立：个体发展，社会就发展；然而，个体不发展，社会同样发展。”[③] 因此，社会理论视角的介入充分表明：个体和解所能依赖的审美经验，在个体与社会的一体化过程中不再起主导作用。这宣告了审美主义方案的失效。

因此，就学科合法性而言，美学转型势在必行，不可避免。从主体论视野到主体间性视野的转向，可以帮助美学重新在个体与社会之间建立联系。只不过与社会理论转向不同，美学转型仅能有限度地吸纳交往论视野：这种视野旨在分析审美与生活世界之间的自然关联所指涉的广阔社会领域。审美不再是纯粹个体经验的绽出，转而渗透入生活世界的解分化进程，担负起感性和解的功能。这即是说，审美经验也同样需要寻求合理性。一方面，它在现代性分化的意义上不断追求自身价值领域的明晰化，追求其合法性的明确。强调美学的跨学科性质也好，启用文化研究也罢，都应在文艺研究合法性的框架内，重新思考和调整交往论转向带来的审美失位。另一方面，它作为现代性分化之和解的感性形式，又直接在生活世界之中呈现为丰富多彩的、凝聚了生活关系与人际关系的物。这两个方面决定了，新美学追问的首先是致力于感性和解之形式化的生产领域。因此，生产美学（productive aesthetics）

① 参布勒东：《娜嘉》，董强译，上海人民出版社，2009年版，第36页。

② 哈贝马斯：《现代性的哲学话语》，刘东译，译林出版社，2008年，第381页。

③ 霍克海默：《霍克海默集》，曹卫东编选，上海远东出版社，1997年，第227页。

由此得名，它要把握的是审美与生活世界之间的自然联系。这种自然联系是与新时代同步的重大文化现象："比如时装、时尚、名牌、发烧友、流行音乐、奢侈性消费、新媒体直至当代人的生存感和体验结构。"[①] 那么，如何从理论上恰切地把握这种自然联系，也就涉及如何理解现代"物"。与主体哲学的视野完全不同，消费社会已然宣告了一种新的生产逻辑：文化进入了基础领域，与经济形式难分难解，生活世界的再生产总是表征为作为诸要素之结晶的"物"的再生产。[②] 因此：

首先，生产美学是物美学，但这个"物"所对应的，不是狭义上的审美，而是鲍姆伽通意义上普遍的、感性的感知方式："美学作为感性学，其时代新内涵在于：专门从感性生活的形式化角度无限制考察现代理性化强制如何被突破。"[③] 这里"感性生活的形式化"，指广义上现代物的设计及生产。在趣味美学传统中，物仍不过是审美主体的静观对象。即便在本雅明、阿多诺极富启发的美学及大众文化理论中，感性生活的形式化仍居于趣味美学的先验标准中，即便这种先验标准经过社会学还原，具有了辩证立场。归根结底，本雅明、阿多诺所希求的和解仍然在主体的深处，仍然在一种可被再度神话化的主体性潜能之中。[④] 因此，尤其在阿多诺，大众文化理论不过是危机时代破碎主体性的外投。而在生产美学中，物不仅是感性创造的结晶，也是现代社会诸交往界面的聚合，表达了主体论与交往论的视野交融。

其次，感性生活的形式化在生活世界维度上担负了和解功能。因此，生产美学也是和解的美学："和解是诸分化领域为满足生活世界综合性需求而协调融合的产物。这就注定了生产美学必须从传统美学中分化出来，进入生活政治、生活美学的领域。审美如此，政治、法律、科技、道德等等也是如此。如果传统美学是现代性视野中的美学——它是现代性构成的基本维度——那

① 吴兴明：《重建生产的美学：论解分化及文化产业研究的思想维度》，《文艺研究》，2011年第11期。

② 豪格（Wolfgang Haug）在"商品美学"之名下亦论述了这一点，尤其是感性成分在现代商品流通，即使用价值与交换价值的利益关系之间的经济化。参豪格：《商品美学批判》，董璐译，北京大学出版社，2013年，第13页。

③ 吴兴明：《重建生产的美学：论解分化及文化产业研究的思想维度》，《文艺研究》，2011年第11期。

④ "自康德以来，审美就一直被寄托着现代性分化之和解、解放的重任，此一寄托代代传承至今。悖谬的是，人们一直是在纯粹审美的领域寻找先验性思辨的和解空间，而不是在生活世界的综合状态中探索和解、解放的新形式。于是，寻找的结果不是审美作为闪烁跃动着的解放力量在日常生活中的渗透，而是审美与其他领域日益强化的分裂、对垒。"吴兴明：《重建生产的美学：论解分化及文化产业研究的思想维度》，《文艺研究》，2011年第11期。

么，生产美学就是后现代美学。和解在生产中形成以审美直观为根据的形式化。”① 换言之，这种和解的规定性既体现在物的设计与生产中，又在消费界面上落实其具体效应，最终旨在摆脱主体哲学框架内基于审美经验之游戏增殖的“分裂-和解”或“分化-解分化”的否定性逻辑。在这个意义上，审美与生活世界的自然联系方才能进入生活世界的良性再生产。

最后，生产美学也被视为文化产业的思想维度。对经典马克思主义关于经济基础/上层建筑二分法的改写，使文化产业不再仅是产业经济学的研究对象。在生活世界再生产的过程中，新的综合性经济形式开始崛起。这在伯麦那里被称为审美经济，其首要特征是进入基础领域的文化与经济融为一体。② 这种融合带来了新的社会支配形式，具有新的现代性使命。因此，“真正有待研究的是文化产业的特殊性，即文化产业作为生产的特殊性：它在消费社会的和解使命，它内在的创造性、扩张性、产能构成机制，它作为综合性创造的来源、分工、内部协调与渗透，创意设计的承担和构成因素，符号及审美形式的创造，审美联合体的生产及分工，时尚消费运动的引领，生产与生活世界的互动等等。一言以蔽之，这正是……生产美学”③。

总之，无论是物美学、和解美学，还是新视野下的文化产业研究，其核心问题都是现代物的构成与意义。这里仍有一个问题需要追问，即现代物的构成及意义，究竟反对了什么，又具体落实为什么？在抽象的意义上，这些现代物就是广义上的器物。按照海德格尔的经典表述，物、器物、作品这三者彼此区隔，其中，以“有用性”（Dienlichkeit）来规定的器物占据了一个特殊的位置。正是在上述语境中，凡·高的农鞋被用来解释作品之所是。海德格尔认为，凡·高的画（作品）才真正地揭示了器物（农鞋）之所是，使存在者进入它的存在之无弊状态（真理）。这样，支撑着“纯”物，器物以及艺术作品之存在的差异就昭然若揭了：“器具既是物，因为它被有用性所规定，但又不只是物；器具同时又是艺术作品，但又要逊色于艺术作品，因为它没有艺术作品的自足性。假如允许作一种计算性排列的画，我们可以说，器具在物与作品之间有一种独特的中间地位。”④ 器物仅仅是在传统的物之解释中（即形式与质料这一对支配性概念）才区分于其他两者。这表明了制造器物的

---

① 吴兴明：《重建生产的美学：论解分化及文化产业研究的思想维度》，《文艺研究》，2011 年第 11 期。

② 参 Gernot Böhme，Ästhetischer Kapitalismus. Berlin：Suhrkamp verlag，2016，S. 73。

③ 吴兴明：《重建生产的美学：论解分化及文化产业研究的思想维度》，《文艺研究》，2011 年第 11 期。

④ 参海德格尔：《林中路》，孙周兴译，上海译文出版社，2004 年，第 14 页；亦参第 17 页。

手工艺与创作艺术作品的艺术创造之间的鸿沟。[①] 海德格尔将从物到作品的追问方式称为美学，点明了其对审美判断力，即趣味美学的依赖。海德格尔反对上述方式，目的是引导出存在论立场。从作品到物的追问方式，实际上就是现象学方法，即预制出一个整体论空间，从而容纳分别起作用的不同视角，并为之奠基。但是，由于存在者之存在的开敞本身是本真性压倒非本真性、伟大风格压倒日常生活之平庸性的"存在论差异"的结果，因此，"器具之器具存在"从艺术作品中才能获得这一说法，是对存在论差异或隐匿的趣味美学立场的复写，从而使器物在生活世界中的意义被压缩为实用性功能，失去了其作为意义物的现代性内涵。不管从物到作品，还是从作品到物，器物只能扮演一个中间物（功能物）角色。

与上述解释相反，生产美学支撑了另一种现代性叙事，即器物现代性。器物现代性意味着器物应从中间物状态中解放出来，成为现代性分化之直观的核心领域；器物既是感性生活形式化的直观载体，又是生产逻辑下的和解产物；既是功能物，又是意义物。这样，设计理所当然地成为器物现代性的落实方案："设计是创造人造物的科学（西蒙语）""设计本身并不神秘，它就是我们身边触手可见的一切器物的智力来源。它远不如海德格尔的'存在'那样虚玄，它甚至不是意识，物自体，人性那样的抽象之物，可是它似乎恰恰应了那句老话：离我们最近的东西在思想上离我们最远"[②]。

## 四、物感：一门新美学的尺度

生产美学之"美学"，恢复了其作为感知科学的内涵，进而延展为"整个感性世界的感知互动领域"。[③] 有此视域奠基，论题不妨进一步缩限为对物的重新理解。物不再仅仅是传统美学的静观对象或被给予的客体："'物'并不是静观地被给予，相反，它开启和建立物被给予的方式。""设计之于物并不是现成的被给予，而是行动着的人与物的关系的打开和建立。"[④] 这样，物的广阔领域也提出了衡量尺度的要求：究竟以何种尺度来衡量这个"物"，这是器物现代性叙事的自我确证问题。这种作为物的新感性尺度就是物感。有了

---

① 海德格尔：《林中路》，孙周兴译，上海译文出版社，2004 年，第 21 页。

② 吴兴明：《人与物居间性展开的几个维度：简论设计研究的哲学基础》，《文艺理论研究》，2015 年第 5 期。

③ 吴兴明：《人与物居间性展开的几个维度：简论设计研究的哲学基础》，《文艺理论研究》，2015 年第 5 期。

④ 吴兴明：《人与物居间性展开的几个维度：简论设计研究的哲学基础》，《文艺理论研究》，2015 年第 5 期。

这个新尺度，一种美学转型初见轮廓。为了表明物感理论并非孤例，我想引入伯麦（Gernot Böhme）的气氛美学来作比较。气氛美学也致力于在美学中重新恢复感性与自然之重要性。

两者的相似首先表现在对象领域及理论方法上。总体而言，两者运思路径有别，但均直面日常生活审美化现象。伯麦认为："全部的审美工艺是当今美学的研究对象。它在总体上可界定为制造气氛的工艺，其涵盖范围从化妆品，经由广告、室内设计、舞台设计直到狭义上的艺术。在这个框架内，自律艺术只作为审美工艺的特殊形式来理解，它也正是以自律性承担着社会功能。"[①] 这就是说，趣味美学（自律艺术）转型为整个感知领域的一个分支背景。因此，气氛美学主张对经典大众文化理论进行改写，涉及对艺术自律的批判，因为后者建立在资产阶级趣味美学之上："传统美学无法胜任日益增长的世界审美化趋势。它的否定只是体现了精英阶层的反感，它的批判是趣味的批判，它贬低设计、工艺美术、媚俗制品、文化工业等等，把它们看成是既不可信又不真实的东西——也因此完全没有任何水准。"[②] 伯麦对趣味美学的反思，使他能从本雅明、阿多诺的文化理论再出发，批判和吸纳以赫尔曼·史密茨（Hermann Schmitz）为代表的新现象学思想（其中便包括"气氛"这个核心概念）。[③] 这样，气氛美学才能够直面生活世界审美化这一当代历史潮流，完成其自我肯认及历史使命："它期待——首先——对所有审美工艺予以平等承认，无论是化妆品还是舞台美术，无论是广告、设计还是所谓真正的艺术。这也意味着对媚俗作品的平反以及把生活世界的审美塑造从所谓'工艺美术'的定性中解放出来。这种平反的基础一方面是承认人类的审美需要为基本需要，另一方面承认自我表达，自我超越，"显现"是自然的基本特征。"[④] 因此，批判理论框架及现象学方法，构成了气氛美学的两大基点（这也是生产美学运思的两大思想背景）。批判理论负责从社会理论层面上揭露并摧毁趣味美学对广阔社会生活现象的忽略，现象学方法则负责提供理解以现代物为核心的社会现象的方法。

其次，"气氛"与"物感"的核心，都在于"物"的现象学阐释。简单地说，气氛作为核心概念，是"界于主客体之间的独特的居间状态"，具有不确

---

① 吴兴明：《人与物居间性展开的几个维度：简论设计研究的哲学基础》，《文艺理论研究》，2015年第5期。

② 吴兴明：《人与物居间性展开的几个维度：简论设计研究的哲学基础》，《文艺理论研究》，2015年第5期。

③ 参赫尔曼·史密茨：《新现象学》，庞学铨译，上海译文出版社，1997年。

④ 甘诺特·波梅：《气氛：作为一种新美学的核心概念》，杨震译，《艺术设计研究》，2014年第11期。

定性和含糊性："气氛不是被设想为某种客观事物，也就是说，事物所拥有的特性；可是，它们是某种类似物的东西，属于物。也就是说，通过其特性——被看成是迷狂——物表达出其在场的领地。气氛也不是某种主观性的东西，某种心灵状态的标志。可它是类似主体的，从属于主体，因为它在身体性在场中被人类察觉。这种察觉同时也是主体在空间中的身体性自我意识。"① 因此，气氛配置了丰富的美学词汇表，开启了有待情感基调去充实的意义空间。这个"空间"实际上就是感性和解所发生的场所，即生活世界。

从由身体所引导的、具有空间性质的自我感受性（自身指涉）出发，气氛美学建立了新的物本体论。伯麦认为，传统物本体论的要点在于："一个物的特性被看成是'规定性'。一个事物的形状、颜色，乃至气味都可以被看成是把该物与其他物区分开来的因素，与外界划清界限，与内在融为一体，简而言之：物一般被设想成处于某种封闭性中。"② 与此相对，他以一个简明的例子解释了名为"物的迷狂"的新本体论内涵：

> 当我们说：一个杯子应当是蓝色的，那么，我们想的是某个东西，它可以通过蓝颜色来规定，也就是与其他事物相区别。这种颜色是该物"拥有"的某种东西。［……］杯子的蓝色属性却也可以得到完全不同的看待，也就是说，被看成是杯子的空间性得以实现的这种方式，或者，更确切地说："一种"方式，让它的在场性变得可感。因此，杯子的蓝色属性不被看成是以任何方式局限于杯子并依附于杯子的某物，而是恰恰相反，被看成是向杯子周围环境散发出来的某种东西，以某种方式为环境定调或者"染色"［……］按这种观点，杯子的存在已经包含在"蓝色"这个特性中，因为蓝色属性是杯子如此存在的一种方式，其当下性的一种表达，其在场的方式。③

从直观上来说，这很容易使读者想起凡·高或塞尚的风景画或静物画，甚至是人像。如果与传统的荷兰静物画稍作对比的话，不难看出现代绘画中所描绘的物体，似乎正是对某种依赖"外部"的物之秩序空间的翻转：空间是以"由内而外"的方式建构起来的。这样，物就不再是镶嵌于固有社会关系-生活世界网络上的功能产品，而是某种社会关系及生活世界交往的发起者。可

① 甘诺特·波梅：《气氛：作为一种新美学的核心概念》，杨震译，《艺术设计研究》，2014年第11期。

② 甘诺特·波梅：《气氛：作为一种新美学的核心概念》，杨震译，《艺术设计研究》，2014年第11期。

③ 甘诺特·波梅：《气氛：作为一种新美学的核心概念》，杨震译，《艺术设计研究》，2014年第11期。

以说，上述论证奠定了气氛美学有关审美工艺中气氛制造（设计）的基础。换言之，物被给予的方式，即感性生活的形式化，本身就是一种建立关系的行动。

当然，物感并不完全等同于气氛，尽管两者有诸多类似甚至重合。简要地说，一方面，物感具有东方现代性的独特背景。如果说，气氛的核心指向了身体哲学，那么，物感的核心就指向了“心”学：“实际上，中国人拥有极其强大的物感传统。所谓‘人心之动，物使之然也’，‘物感’不仅自先秦以来就是中国人讲诗、乐、舞、文、艺的动力论基础，而且是论一切人事祸福，包括天地万物、人间法则的思维基础。”[①] 另一方面，作为生产美学的支撑性尺度，物感担负了在现代性分化进程中不断明确文艺研究合法性边界的论证使命。借助“物感”，生产美学能够确立感性生活形式化的标尺，论证感性和解在克服现代性危机中的合理性，从而在美学维度上重新确认审美与生活世界的自然联系。这种自然联系既是生活世界再生产不可或缺的要素，也是生活世界合理化的特殊标识。总之，在我看来，物感主要敞现了如下几重层层递进、层层深入的意思。

首先，从器物现代性（设计）的角度来看，物感是指物的解放，是一种删除了繁复装饰和象征意义的直接设计感，是物作为物理现场凸显出来的直感、情绪效力。[②] 这一传统可追溯到包豪斯以来的现代建筑及人造物设计，是物感最直接的一面。其次，物感是“物性凸显”在感性现代性自我确证中的价值内涵，是“物”本身所带来的当下性体验：“直接的物感觉是物击中身体的感觉，而不是对符号意义的理解或情绪抒写。这是一种内感觉，极端地说，是物之微粒对于感性生命的直接给予和穿透，它直接漫过身体上情绪和本能相交织的那个部分。”[③] 这就是说，物感是“客观化的直感力量”，不仅与意义相对立，而且具有“反解释性的硬度和体感冲击力”。[④] 再次，更进一步说，“用现象学的术语，所谓‘物感’，就是物的‘原初直观’或直接的‘原初给与性’”[⑤]。关键在于，物感必然是从符号（意义）中解放出来的感性显现或直观。最后，物感也被规定为现代艺术所特有的哲学感：“有一种发怵的感觉，有某种被深度击中的摇晃。所感者常常不限于美感，神志在无措中常处于被

① 吴兴明：《反省中国风：论中国式现代性品质的设计基础》，《文艺研究》，2010 年第 10 期。
② 吴兴明：《反省中国风：论中国式现代性品质的设计基础》，《文艺研究》，2010 年第 10 期。
③ 吴兴明：《论前卫艺术的哲学感：以“物”为核心》，《文艺研究》，2014 年第 1 期。
④ 吴兴明：《论前卫艺术的哲学感：以“物”为核心》，《文艺研究》，2014 年第 1 期。
⑤ 吴兴明：《反省中国风：论中国式现代性品质的设计基础》，《文艺研究》，2010 年第 10 期。

迫分散的游离状态。依我之见，这是前卫艺术所特有的哲学感。”① 现代艺术的目的和意义也依此得到了重新思索：“现代艺术因此更像是一种存在感的开局——一种在活生生感觉状态的、无法收编为观念的陌生性领会的原始敞现。”“艺术让物自性、物本身出场，让物与现实相脱离而向感性盛开，为此之故，艺术是新物感、新感性的创造。直接的物感觉是物击中身体的感觉——它直接击中意识与本能相交织的那个部分，是发自意识深处的被击中。这就决定了当代艺术的特殊内涵和根本指向。”② 同时，这种哲学感表达了人（心）与物之自由关系，审美与世界之自然联系的内投及确证。

两种“物”美学之间的亲和性表明了当前时代的理论要求与理论共振。总之，物感的合法性论题不仅支撑了当前文艺研究的合法性，而且明确了现代性危机之感性和解的积极意义。毫无疑问，作为一门新美学的价值尺度，物感的内涵仍需经大量的思想史阐释才能得到更进一步的充实、澄清。正如以“物感”为核心可以重新观照艺术史，物感也能对艺术理论史、美学史乃至思想史提出同样要求。在这个意义上，本文也是一次小小的尝试，即重新审视了一个在现代性进程中不断自我更新的美学传统，这不仅关系到以他者视野来积累系统知识与思想资源，也事关从中国当下语境出发去建构具有普遍性的当代美学理论及艺术理论的可能性。

**作者简介：**

汪尧翀，中国社会科学院文学研究所助理研究员，主要研究方向为西方马克思主义及德国思想史。

① 吴兴明：《论前卫艺术的哲学感：以“物”为核心》，《文艺研究》，2014年第1期。

② 吴兴明：《走向物本身：论许燎源》，《雕塑》，2017年第2期。

# “现在”：社会分化-社会总体化的继起点*

邹 波

**摘 要**：社会总体化和社会分化是现代性哲学话语所纠缠的一组核心命题，它关乎评析现代性的立场：是批判现代性，还是重建现代性？本文认为，批判或重建的不同立场源自不同的分析视角，而不同的分析视角基于不同的时空观。本文首先探讨了直线时间观和循环时间观分别产生的现代感受及彼此间的冲突，进而分析基于“现在”意识的历史时间观要实现直线时间观和循环时间观之间的转换，一定要保持“现在”的开放性，因此要看见日常生活的本质——它是“此刻”之历史时间与“身体”之社会空间的集结点，它既是个人获得主体性的根据，也是兼顾主体间性的场域，据此可判定“现在”是“社会分化-社会总体化”不断循环的继起点。

**关键词**：现代性 “现在” 日常生活 历史时间 社会空间

关于现代社会及其景观的分析，大体存在两种结论。其一，激赏神退隐之后由人义论所主宰的世界，成为人的认知和实践活动的对象，日渐发展成组织科学、运转高效、快捷舒适的现代化社会，因此，在神退隐之后，人类社会并没有堕入分化，而是迈向一个新的总体化时代。其二，忧叹人义论所纵容的人类中心、个人中心，滋生出“物化”“铁笼”等现代性问题，它引起了现代人的焦虑——社会分化，何时重归一体？面对同一对象却产生不同的判断，为什么？表面是因为各自的关注方向不同（一是外在的物质文明，一是内在的精神状态），实际上是源自其判断立场所依凭的时间观各有不同——时间观是捕手，它帮助人感知和描述世界状态。对现代化的激赏，是把世界状态映衬在直线时间上；对现代性的忧叹，是把世

* 本文是国家社会科学基金艺术学一般项目“中国动画电影人口述史”（15BC033）和西华大学重点基金项目“基于空间视角的文化产业理论研究”（ZW1210702）的研究成果。

界景观覆膜在循环时间上。时间观的不同，导致不同的判断。

直线时间和循环时间彼此对照，需要第三种时间，即观历史时间，作为转换中介。但历史时间是否能担此重任？它让社会分化所重归的总体化，是漠视甚至会抽空社会个体主体性的虚假的总体化，还是不断涵化又裂分出新的主体性的有力量的总体化？

本文将详述之。

## 一、历史时间：直线时间与循环时间的转换中介

所谓直线时间和循环时间，可以参照保尔·利科所归纳的两类时间观：宇宙论的时间，现象学的时间。

宇宙论的时间即柏拉图—亚里士多德—康德一脉延续的时间论，它是用以再现世界的直线时间。柏拉图认为永恒性把感觉世界及时间一起创造出来，时间外在于永恒性，时间就是运动。[①] 亚里士多德把时间看作“与‘先’和‘后’有关的运动数目”，两个点状的“瞬间”组成依次排列的时间，借此测量时间以及谈论“前”与“后”成为可能。[②] 康德把时间规定为先天纯粹的直观形式——时间不是物自体或其客观属性，而是“归属于人心的主观形状，离开了这种主观形状就不能将这些称谓加在任何事物身上”[③]。内在性的时间形式具有经验的实在性和先验的观念性，外在性空间形式基于内在性时间，经由它俩，零散的经验材料被统一起来，成为知觉表象。

现象学的时间则从奥古斯丁经过胡塞尔确立起来，发展到海德格尔，成为用以创生世界的循环时间。奥古斯丁认为时间是主观性的延伸，是人的意识的回忆、注意和期望，因此真正存在的时间只有“现在”：“现在如果永久是现在，便没有时间，而是永恒。现在的所以成为时间，由于走向过去……现在所以在的原因是即将不在。”[④] 胡塞尔试图把相对于个人主观心理体验的内在时间上升为一种纯粹意识的内在时间，他提出“时间化”，即把相互分离、零散杂乱的心理体验、感受、情绪和意志纳入了内在时间这个统一的秩序中，并把“时间”和主体意向性的主动“构成”联系起来：“这个意义上的‘时间化’是自我的‘自身时间化’（Selbstzeitigung），它是一个不间断的过

---

① 柏拉图：《柏拉图〈对话〉七篇》，戴子钦译，辽宁教育出版社，1998 年，第 174—175 页。

② 亚里士多德：《物理学》，张竹明译，商务印书馆，1982 年，第 219 页 a2—10。

③ 杨祖陶、邓晓芒：《康德〈纯粹理性批判〉指要》，湖南教育出版社，1996 年，第 80 页。

④ 奥古斯丁：《忏悔录》，周士良译，商务印书馆，1963 年，卷十一·一。

程，即自我的不间断的继续追求（Weiterstreben）”[①]，据此，主体的意向性构造又是先验主体基于逻辑同一性建构功能的构造，时间就是意识的存在形式。时间的本体论至此确立，这同时也标志着康德带有人类学局限的主体性向胡塞尔绝对先验的主体的转变。但是胡塞尔的内在时间意识被“完全封闭”[②]，在最高实在的先验主体性的构成性意识中，是拒绝时间性和生成性的，从而没有存在论的意义。海德格尔把胡塞尔的超时间的先验主体解构为时间生成流变中的“此在”，认为日常状态是个体获得主体性存在的起点，也是所有的主体性存在活动的回到点，因此海德格尔把日常之“现在”这个时间上升到哲学本体论的高度：“这种存在者层次上最近的与最熟知的东西，在本体论上却是最远的和最不为人所知的东西，而就其本体论意义而言又是不断被漏看的东西。”[③] 海德格尔的《存在与时间》就试图重新在日常状态中找到把主体性存在的时间性加以时间化历史化的可能：“本质上是将来的”人类生存把所经历的“现在”“同等本源”为“当前化”（making-present）和“曾在”（having-been），过去－现在－未来结构呈总体性的历史时间，“现在”的“源初的本己性”被结构进“总是被存在的历史已经给定的”。对应于“过去”“现在”“将来”三种时间性，人的“此在”体现为“现身”“沉沦”“领悟”三种在世方式的内在统一。

宇宙论的时间和现象学的时间是对立的，前者是“时间是呈现的条件”，后者“时间就是呈现”，[④] 两者似乎可以相互借用来彼此指称，但又显得相互排斥，利科把这种情形称为“双重视野的困境”。所谓困境，要从主体性生存的问题语境来理解。在海德格尔看来，宇宙论的时间是“流俗的时间”，人们正是沉沦在这样的时间流中操劳着、算计着，引起社会分化、主体分离，所以，要用时间的本体化（源始的时间）来提供主体一体性，但它让人困惑不已的是，“现象学的主观主义隐含在它从意识到遗觉核心（eidetic core）这种方法论的还原中，它必须正视作为自然条件的时间的客观性问题，这个条件超出并且先于自我的全部构成性行为”[⑤]。

利科认为，有待历史时间来弥合两者——历史时间是把“生活的时间在宇宙的时间之上重新印刻”的历史叙事，借助它的历史总体化，社会分化时

① 倪梁康：《胡塞尔现象学概念通释》，生活·读书·新知三联书店，1999年，第523页。

② 胡塞尔：《纯粹现象学通论》，李幼蒸译，商务印书馆，1992年，第182页。

③ 海德格尔：《存在与时间》，陈嘉映、王庆节译，熊伟校，生活·读书·新知三联书店，2006年，第51－52页。

④ Paul Ricoeur, *Temps et récit*. *Tome* Ⅲ. Paris: Seuil, 1985. p. 68.

⑤ 彼得·奥斯本：《时间的政治——现代性与先锋》，王志宏译，商务印书馆，2004年，第73页。

代的主体一体化得以实现。黑格尔的历史时间就是这样的尝试。作为现代性哲学话语的开创者，黑格尔发现了“现在”，并以之来实现历史总体化。他提出，现代的我们正处在“一个新秩序的降生和过渡的时期”[①]，自然作为理念的“已外存在”，分裂为两种形式：肯定的空间形式和否定的时间形式。时间作为“已外存在”的否定的统一性，是一种持续不断的自我扬弃的存在。否定性和变易是它的根本特征：“时间本身就是这种变易，是这种存在着的抽象活动，是生育一切而又毁灭一切自己产儿的克洛诺斯”[②]，时间是“存在的时候不存在、不存在的时候存在的存在，是被直观的变易”[③]。时间被推到前景：“时间不再是全部历史的发生所凭靠的媒介；它获得了一种历史的质……历史不再发生在时间中，而是因为时间而发生。时间凭借自身的条件而变成了一种动态过程的和历史的力量。这种经验阐述所预设的历史概念同样是新的：历史（Geschichte）的集合单数形式自1780年左右以来就开始被设想为相互关联的主客体缺席的自在自为的历史。”[④]

然而，黑格尔把历史总体性建立在对伦理总体性观念的坚持上，把伦理总体性看作“个别与一般的一体性”[⑤]，以反抗主体中心的理性的权威，其实质是用“意识形态蕴涵的解释模式”[⑥] 描述了历史世界，于是绝对精神永恒化了观念世界，扬弃了物质世界的实践过程，历史最终成为理性确立自身合法性的历史。因此，费尔巴哈说，尽管黑格尔的历史时间表面上具有历史性，实际上却废除了时间：“如果黑格尔哲学是哲学观念的绝对现实，那么，黑格尔哲学中的理性的静止必然导致时间的静止；因为如果时间仍然在悲伤地运动，似乎什么都没有发生，那么黑格尔哲学不可避免地会丧失其绝对的属性。”[⑦] 这样的历史中，内在的心灵时间固化为外在的世界时间，即时间被抽象为过去—现在—将来的简单重复和封闭循环，历史成为去个人化的东西。正是从这个意义上，社会分化重新归顺于历史时间的总体化，福柯看到了其中空间的死寂和主体性的再度丧失。

---

① 黑格尔：《精神现象学》，贺麟、王玖兴译，商务印书馆，1979年，第6页。

② 黑格尔：《哲学科学全书纲要》，薛华译，上海人民出版社，2002年，第154页。

③ 黑格尔：《自然哲学》，梁志学等译，商务印书馆，1980年，第47页。

④ 科什勒克：《将来的过去》，第249、246页，转引自彼得·奥斯本：《时间的政治——现代性与先锋》，王志宏译，商务印书馆，2004年，第27—28页。

⑤ 霍夫迈斯特编：《耶拿现实哲学》（*Jenenser Realphilosophie*，Leipzig，1931，S. 248），转引自于尔根·哈贝马斯：《现代性的哲学话语》，曹卫东等译，译林出版社，2004年，第47页。

⑥ 海登·怀特：《元史学：十九世纪欧洲的历史想象》，陈新译，译林出版社，2004年，第28页。

⑦ 路德维希·费尔巴哈：《黑格尔哲学批判》，转引自彼得·奥斯本：《时间的政治——现代性与先锋》，王志宏译，商务印书馆，2004年，第68页。

## 二、"现在"：重建现代性的基础性视野

正确理解"现在"的内涵，有助于思考主体性的实现方式。

"现在"成为历史总体化和主体一体化的关键概念，是因为"现在"与历史时间中让时间与空间交错的"当下"最为切近，而直线时间和循环时间则都是让时间凌驾于空间之上，甚或遮蔽了空间。如康德认为外在性空间形式基于内在性时间，再如海德格尔让存在系于时间而非空间[①]，两者都没能从根本的、本体论层面讨论源始地存在于流俗时间/自然时间即"现在"中的与他者共在（外在性的主体间日常共在），最终导致流俗时间被本真的源始时间边缘化为非本真时间。空间遭到贬抑，导致"现在"成为死寂的时刻。

如果将空间实践引入我们的视野，把社会主体的内涵扩展为身体主体、间性主体和意识主体，我们就不仅要考量主体的意识活动，还要考量主体基于身体从而拓展出的间性主体——"两个或两个以上的心灵之间的彼此可进入性"[②]。这样，就不是把"现在"简单、抽象地纳入意识主体的目的理性之"未来"，而是把"现在"变成重新历史化的"此刻"。这个"此刻"因与他者共在而保有社会实践的相互参照、彼此互动（霍耐特所谓的"为承认而斗争"），不会堕落为海德格尔式的虚空的流俗时间。

奥古斯丁用永恒，海德格尔用终结，来填充"现在"的时间哲学，从而挤压走了"现在"中的空间性维度，与之相较，黑格尔的"现在"在其辩证法框架中还是间性的、空间的。黑格尔归纳认为，在现代世界占主导地位的理性力量不仅要求将反思强加于他者身上，与此同时，还要求进行自我反思，主体在自我反思中获得自我意识，以此，主体身上同时体现了有限和无限的差异性和同一性，并且主体永远只能存在于有限与无限相互融合的进程中，成为自我关系的调解过程。从这点出发，主体反思所领起的主客体之间的反思关系，被广义上的主体间的交往中介所取代，社会主体就首先存在于社会共在中了，"自我意识是为了自我意识而存在"："自我意识是自在自为的，这由于、并且也就因为它是为另一个自在自为的自我意识而存在的；这就是说，

---

① 陈嘉映认为："海德格尔这样贬低空间的存在论地位显然与他攻击传统存在论立场相一致。但在学理上，这样贬低就未见能讲得通了。此在要跃入生存的诸种基本可能性，第一要务就是'给予存在者整体以空间'，空间在存在论上的重要性是明显的。"参陈嘉映：《海德格尔哲学概论》，生活·读书·新知三联书店，1995年，第149—154页。

② 尼古拉斯·布宁、余纪元编著：《西方哲学英汉对照辞典》，人民出版社，2001年，第519页。

它所以存在只是由于被对方承认”。[①] 由此，此在要成为存在者，首先或同时需要通过它与他人的关联在承认的辩证法中被构成自我意识的存在者。黑格尔的“承认”表现出“与他者共在”对个体之“先行到死中去”具有双重的优先性：此在首先是与他者共在，而且，尽管本体论上的死亡最终是根植于个体在宇宙论时间内的发生，但死亡是从个体在与它的关系形式中获得生存论的现实性的，所以，此在首先是与他者共在，故而此在与他者的共在成为“向来属我的”死亡的基本要素。然而，在黑格尔那儿，在美学、哲学、宗教一步步提炼的进程中，日常生活所蕴藏着的主体间交往的力量被隐匿了——绝对精神最终将丰盈的空间变为干瘪的外壳。黑格尔的历史时间的失败，在于它依然是在意识主体的维度上被讨论的，因此“现在”成为被历史化的结果，是抽象的，甚或会因为去个人化而充满伪现象学元素。

要让空间重新获得言说能力，只能让自我意识从社会主体间共在的层面重新把已然分离开的时空一体化。存在，不仅仅是个体的时间性存在，还是一种社会共在式的时间性存在，即他人的时间性存在与自我的时间性存在的共在，此乃伦理需求的另一种维度。如张志扬认为：“对现代性的审理，明显地区分了两种现代性：以人的完善理性取代神的万能启示的现代性（一期）；以人的个体差异性取代完善理性的现代性（二期）。”[②] 把“现在”之中的空间性因子通过社会共在性挖掘出来，将一体化力量/自我意识置放到丰盈的“当下”中，而不是尚未而将及的未来，才能释放出“现在”作为本真时间的自我救赎力量。可以借助苏珊·布克－摩尔斯所举的时间观图表来形象展示这一表述：[③]

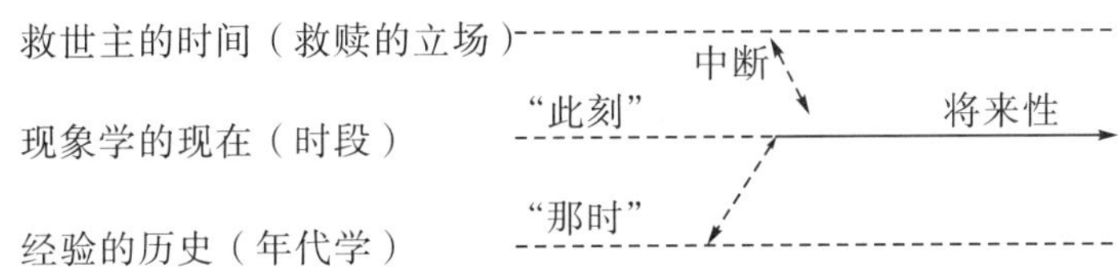


上图表明，在叙事文学中，内在于现在时刻的三种时间在“现在”中展开：由意象表现出的特定的过去（“那时”）；被意象的“此刻”所中断的扩展了的现在；它产生的将来。三者构成了活生生的现象学的统一体。只有这样，

① 《精神现象学》，第 110、111 页。转引自彼得·奥斯本：《时间的政治——现代性与先锋》，王志宏译，商务印书馆，2004 年，第 105 页。

② 张志扬：《后叙西方哲学史的十种视角》，见萌萌主编，《启示与理性：从苏格拉底、尼采到施特劳斯》，中国社会科学出版社，2001 年，第 124－125 页。

③ 转引自彼得·奥斯本：《时间的政治——现代性与先锋》，王志宏译，商务印书馆，2004 年，第 216 页。

救世主意象的无时间性（救赎）才能在某种程度上对被中断的现象学的现在作出反应，并把它自身遮盖入历史时间中；也只有这样，我们才能得到此刻一存在这个纯粹中断性的概念，从历史进入本质上是神秘的经验空间的通道，解释意象经验最终如何能够产生将来。①

他人的救赎时间与自我的救赎时间之间有种相互校准的关系，这是异质性和认同化的辩证关系，它造成“现在”在直线时间和循环时间（自我的、他人的）中的不停的摇摆、持续的开放。概言之，社会主体间性共在把时间性存在空间化，时间之“现在”和空间之“身体”集中在当下，构成时空一体，使这个日常生活之“时空体”成为直线时间（外在、普遍的宇宙论时间）向循环时间（内在、现象学、主体性之生存论的时间）提升的中介。当身体主体、间性主体和意识主体一起，共同构成社会主体的内涵后，“现在”变成了重新历史化的“此刻”，并借助这个重新历史化，获得了开放性；借助开放的“现在”，历史时间得以重塑时间而成为两种时间性（普遍的“宇宙论时间”和特殊的“现象学时间”）之“双重视野的困境”的转换中介。质言之，因为在“现在”（日常、存在）中夹入某种转换机制，开放的“现在”成为历史时间之时间塑形的关键，使历史时间成为外在的宇宙论时间向内在的现象学时间的“双重视野困境”之间的中介，从而，二者不会相互涵括，主体性要求才得以满足。

## 三、日常生活：直线时间与循环时间的转换场所

在社会分化的时代趋向中如何重新走向主体一体化，与历史时间的“现在”有着隐而欲显的联系。如果进一步追问“现在”，则发现它与现代性话语所集结的主要命题——“日常生活”相通；而诸多日常生活批判的话语又正是由社会分化与社会总体化的问题延展出来的。

日常生活是展开社会实践和要求主体性生存的必然基础，因此，在不同的现代性哲学话语那里，要么是日常生活压制了主体性要求，致使主体性生存丧失，如认为日常状态的操劳剥夺了诗性生存（海德格尔），或日常生活世界被技术理性殖民化（霍克海默、阿多诺的“文化工业”，鲍德里亚和费瑟斯通的“消费社会”“消费文化”）；要么是可以在压制了主体性生存的日常生活中寻找重建主体性生存的可能，如通过日常生活的情境主义（居伊·德波），

① 参彼得·奥斯本：《时间的政治——现代性与先锋》，王志宏译，商务印书馆，2004 年，第 215—216 页。

或通过抵制式的占有日常生活空间（德赛都）。

然而，列斐伏尔认为，采用调整消费方式或行动举措等情境主义的策略，似乎有趣但有所偏失，因为它们过于个人主义且剧场化。他的“空间生产”（the production space）理论则用社会、历史、空间的三位一体来进一步诠释日常生活的本质。

他认为，在社会学层面，空间因为介入社会主体的劳动实践和交往实践活动，而成为社会主体对象化的中介和中介化的对象，因此介入价值交换系统，具有了类商品（前工业时代）、商品（工业时代）和符号（后工业时代）的属性。这样，在列斐伏尔看来，空间在实践活动中，如同货币、劳动力、资本、商品一样，具有相同的宣称，[①] 成为一个具体的抽象（concrete abstraction）：空间是社会关系的物质产物（具体的），是社会关系的展现；空间自身就是一种关系（抽象的），是社会关系的一部分。因此，空间生产具有二重性：一方面生产出具有使用价值的空间产品，此时，空间生产方式是空间物质生活资料的生产和再生产；另一方面生产出空间产品的价值，即空间产品的使用价值这个物之下掩盖着的人与人之间的具体的社会关系，此时，空间生产方式是社会生产关系的生产和再生产——社会共在中，主体的建构依据不仅仅是个人的素质、潜能，更主要的是社会角色要求，个性的人转变成偶然的人，但社会人又借助支配空间的权力而成为交换社会的主体，每个人以占有、支配空间的形式占有社会权力、支配社会权力，至此，“空间是政治的”[②]，“一个人内心最深处的东西恰恰是最外在的社会环境所决定的”[③]。列斐伏尔空间观的活力在于，空间不是静态的几何学和传统地理学，而是动态的社会关系重组与社会秩序构建的过程。它不是一个抽象逻辑结构，也不是既定的、先验的资本主义的统治秩序；它不仅仅是社会关系演变的静止的容器，而是一个动态的实践过程；它不仅仅是被生产出来的结果，而且是再生产者。

值得注意的是，这样的空间理论是建立在其日常生活观之上的。列斐伏尔把日常生活辩证地[④]看作是日常生活（everyday life）和“每日生活”（daily life）的转换场所，是反抗物化和量化的统治力量的基础性平台。他认为，从

---

① 参亨利·列斐伏尔：《空间：社会产物与使用价值》，转引自包亚明：《现代性与空间的生产》，上海教育出版社，2003年，48页。

② 包亚明主编：《后现代性与地理学的政治》，上海教育出版社，2001年，67页。

③ Henri Lefebvre, *The Production of Space*. Oxford: Blackwell, 1991, pp. 69—70.

④ 索亚认为，列斐伏尔一直抱持深刻的边缘意识和中心想象，因此，他能在权力中心之外的抵抗区域里了解权力中心最内层的运作，知悉它们的毁灭和可能性，以局外人的批判性诡诈技巧与它们同在，在理论和实践上都坚持辩证法。

社会学上看来，处于各种专业化的高级活动之边缘地带的日常生活是“剩余的”：“它是被所有的那些独特的、高级的、专业的结构性活动挑选出来用于分析之后所剩下来的‘鸡零狗碎’。”① 这种微观的、琐碎的、最切近的现象学特征，一方面使日常生活与一切高级活动彼此接壤、相互联系，成为秩序体系、科层结构、官僚系统中的填充物和黏合剂，另一方面又因为“日常生活始终不断地向机遇发生的随意性、向不期而遇的邂逅者、向令人惊诧的事件开放，而且向通过更为清楚确凿的社会介入的形式而重新形塑它的意义开放”②，因而护佑着一些非目的理性的要素，如身体、感性、欲望等——它们蕴藏着表达和感知人类本真性的某种禀赋——从而是滋生一切创造性、异质性的土壤。如此，日常生活具有“平庸与神奇”的二重性辩证法：平庸，即永恒轮回的“日常生活”所引起的单调、重复、数量化和异化；神奇，即在具体而丰富的“每日生活”中爆发出来的诗性瞬间。

在列斐伏尔看来，日常生活和每日生活都依靠在重演的时间上，但前者是循环时间，后者是直线时间，它们汇聚在日常生活中：“日常坐落在两种重演的模式的交叉口：循环论的重演，它主宰着自然界；直线型的重演，它主宰着以‘合理性’而知名的那些过程。日常一方面意味着周而复始，白天与黑夜，季节与收获，行动与休歇，饥饿与餍足，欲望与满足，生命和死亡；另一方面，它又意味着工作与消费这样重复发生的姿态。在现代生活中，重复发生的姿态容易遮盖住循环并且把它撞击得粉碎。”③ 日常生活实际是“日常”与“现代”互动构成的关键场所：日常和现代“相互之间既标明对方，又遮盖对方，既为对方提供合法性证明，又和对方相抗衡”“一方给对方加冕又屏蔽对方，揭示对方而又掩饰对方”“互相关联的现象，它们不是完全独立的实体，而是互相笼罩、互相隐藏、既揭示又遮蔽”。④ 因此在趋向社会分化的现代，日常生活具有了总体性革命的可能力量：“在日常生活中，造成人——每个人——的存在的社会关系才能以总体性的形态或形式呈现出来，也只有在日常生活中，使总体性发挥作用的这些联系才能实现并体现出来，虽然通常是以某种部分的和不完整的方式实现出来，如友谊、爱、交往的需

---

① Henri Lefebrve, *Critique of Everyday Life*, volume I. London and New York: Verso, 1991, p. 97.

② 彼得·奥斯本：《时间的政治——现代性与先锋》，王志宏译，商务印书馆，2004 年，第 277 页。

③ 列斐伏尔：《日常和日常状态》，转引自彼得·奥斯本：《时间的政治——现代性与先锋》，王志宏译，商务印书馆，2004 年，第 274—275 页。

④ Henri Lefebvre, *Everyday Life in the Modern World*, trans. Sacha Rabinovich. New York: Harper and Row, 1971. pp. 24—25.

求以及游戏等等。”[①]

在日常生活世界中，主体间的自我中心化和去中心化在往复循环中不断发生。日常生活世界涵化着每一次自我认同后聚合的世界分化体系，同时，在主体间交互过程中前语言经验需要不断被抽象化、客体化等以满足公共交流之需。采用现象学时间的视角，最容易看到的是伴随这个过程的自我去中心化，所以，在高度现代性的情境中，日常生活世界被认为面临着被体系——如抽象制度——殖民化的危险，比如，自我经验变得碎片化或被割裂，走向去中心后的相对、虚无、乏力。但是，如果采用历史时间的视角，就能看到日常生活世界中主体与其他主体共在的情境；考量到主体性原则中的自由价值和反思理性，就会发现生活世界其实蕴藏有对抽象体系的积极反应(包括再度占有以及丧失)，就会看到生活世界不是板结了的、实体化的结果，而是一个过程，这个过程是在高度现代性的情境中，主体的私人性与主体间的共在性辩证互存地通向“一个关于内容、观点，也就是意见的沟通网络；在那里，沟通之流被以一种特定方式加以过滤和综合，从而成为根据特定议题集束而成的公共意见或舆论”[②]。而日常生活世界不断地持存住的就是这样一个东西：主体在日常生活中的当下的、可感的、可交流的生活经验，是它们填充出了时间性问题中的“现在”。

**作者简介：**

邹波，西华大学人文学院副教授。

① Henri Lefebrve, *Critique of Everyday Life*, volume I. London and New York: Verso, 1991, p. 97.

② 哈贝马斯：《在事实与规范之间》，童世骏译，生活·读书·新知三联书店，2003年，第446页。

# 审美价值的膨胀与主体间性的收缩
## ——关于沃尔夫冈·豪格《商品美学批判》的主题阐释及立场反思*

张郑波

**摘　要**：沃尔夫冈·豪格是学界批判性理解后工业、消费社会的重要理论来源，但他没有从主体间规范性建构视角理解商品美学生产与消费问题，而选择了从审美经验分析和人的本真性价值诉求去批判商品消费社会。古典美学范式思维决定了他对消费社会的否定性理解体现为非理性特质，并仍局限于传统批判理论之审美主义价值立场。他的批判术语和抽象美学思辨法与波德里亚、瑞泽尔、阿多诺、霍克海默等有着内在的一致性。由于审美主义批判在国内学界已演变为一种阻碍消费社会理性思考的文化情绪，因此，慎重辨析豪格批判理论的主题内涵和价值取向，从“间性”规范化构建视角出发，廓清其理论的有效性边界，进而萃取有助于现代中国式商品生产美学体系建设的思想精髓，就显得尤为迫切和重要。

**关键词**：审美价值膨胀　主体间性收缩　沃尔夫冈·豪格　商品美学批判

相较于波德里亚对《消费社会》批判的激进与深刻，沃尔夫冈·豪格的《商品美学批判：关注高科技资本社会的商品美学》（董璐译，北京大学出版社2013版，以下简称《商品美学批判》，所引只随文标注页码）则略显宽泛与温和。豪格的美学批判虽没有波德里亚那种极其偏执的绝望，但他却同样流露出波氏骨子里的悲观。透过书中数以万计的“美化包装”案例、商品审美经验剖析以及对诸如阿多诺、霍克海默等美学批判理论话语的转述，可以明显感到

* 本文系四川省社会科学重点研究基地美学与美育研究中心2016年度立项课题“设计视野下商品美学生产的现代性问题研究”（16Y002）的阶段性成果。

豪格的忧虑。

然而，在当下中国商品美学还没有走上国际化、规范化建设道路，新中国成立前后乃至新千年以来我们还在为商品的民族属性而斗争（国货运动和反帝国主义的抵制活动等）[①]，制造设计创新水平至今仍距西方现代化还有相当大的差距的情况下，这些引进的批判理论之于我们的国情现状是否有错位之嫌？如果答案是有，那么豪格的批判话语意义在哪里，其理论内涵的普遍有效性边界又该如何厘定？从正面建构视角出发，在探索具有中国式现代性品质的民族商品美学道路上，提取积极有用的思想资源是否可能？以上问题，是本文是要重点探讨的。让我们从对豪格批判理论话语的思路清理说起。

## 一、主题阐释：《商品美学批判》理论的五大层次

豪格从交易变现（资本）立场出发，将批判话语从商品美学幻象生产机制、商品美学对“小写”主体的影响，延伸到福特式批量化“大众模式”的文化工业、垄断资本主义体制问题等几乎所有与商品社会相关的现代性危机诸领域。他的批判言路在五大层面展开。通过大量商品审美经验分析和抽象美学思辨，这五大层次互有交错和重叠。为了学理阐释的清晰度，不得已作出简化处理。

### （一）对“表里不一”的商品美化包装现象批判

在纸、光电、金属、数码等媒介的广告铺天盖地袭来的今天，人们越来越倾向于根据品牌印象、视觉记忆和观念认知等非实体性（或感性）因素来决定购买对象，展开消费体验活动。感性外观（造型、样式、款式等）逐渐超出功能实质，或者说“比商品内在本质更重要”（13），不断朝着充满蛊惑力、虚假的美学幻象方向扩张、膨胀。

“对外表精心处理或者粉饰，掩盖了所用材料的腐蚀变质和对其所进行的加工处理。”（19）于是，“外观表象通常以一种‘印象’表达出来，这是一种心理事实。这个概念的变体或者与之部分等同的概念，是名声、偏见、刻板印象、大众想法、形象或模式等。而这其中没有什么是与事实成分相关的”（29）。

豪格对为掩盖内容之空洞的外观华丽的美学包装深恶痛绝。外表在“掌

① 葛凯：《制造中国：消费文化与民族国家的创建》，黄振萍译，北京大学出版社，2016 年，第 121 页。

控并迷惑人们”(13)的同时，还让货币拥有者们为之不断支付再次“上当受骗”的金钱。人们竟然愿意持续为“虚假幻象”买单，实在不可理喻。而这种罪恶行径得以长盛不衰的根本缘由，在豪格看来，又可归因于工具理性的暗中操控。

## (二) 对“感官技术操控”的工具理性批判

从人类基本生存需求(如生理、安全)，到感性欲求(兴趣爱好、特殊偏好、审美情感等)，再到社会身份、地位、尊严、荣誉等意义需求都被编入错综复杂的商品概念范畴，如：功能、质量、渠道、价格、广告、表象等。在豪格看来，这些是“换取货币用途的工具”(13)，通过工具理性还原后，可以发现资本、市场、权力这只隐形的“手”对“人”的操控和摆弄。“这样的操控力并不直接表现出来，而是在美学造型的迷惑力中得以体现。迷惑力不是别的，就是这些美学造型牢牢抓住了人们的感官。通过控制感官世界，个人的感知直接被魅力所控制。”(44)

“货币拥有者种种想入非非、任性和情绪化都会被偷偷地加以注意、被强化、被操纵，从而工业资本主义者就能够让货币拥有者顺从他们堕落的奇思异想，在他们和他们的需求之间纵横捭阖，勾引他们病态的欲望，窥视他们的一切弱点。”(14)他们所思、所想、所欲的一切都被“逃离犯罪现场”的肇事者写进程序代码。“所有造型、颜色、声音和一切外观都事先安排好”(48)，等待着感官、意志、情感等主体性的循环投入。“人们跌落进去的幻象如同一面镜子，在那里是以欲望为中心的，并且幻象被当作客观存在。”(52)这一切都在“匿名”的操盘手(神似“操控一切的全能上帝”)牵引下悄然发生，如同一幕幕的人间悲剧，在现实生活舞台上轮回表演。

豪格认为，商品美学对货币拥有者感性世界无微不至的关照并非“无功利的、无目的的”(康德语)纯粹审美行为，而是出于交换价值、资本变现的理性算计。“对感官世界进行技术统治”的深层用意在于让入迷者“立即呈上账单”(14)。商品性感的表象与审美主体之间构成了主－奴辩证关系。换言之，匿名者借助商品这一媒介导演的美学幻象是为了更完美地控制货币拥有者的感官情感和意志认知。作为主人的匿名者在满足他们感性饥渴欲望的同时，一方面，是要化解他们的排斥心理和抵抗行为，让“奴仆”甘愿臣服于商品美学幻象生存模式，令其自觉担负经济发展和社会秩序建构的功能；另一方面，在推动主－奴辩证关系循环的同时，又造成审美日趋模式化、均质化的现实困境。

### （三）对模式化、均质化审美形态的话语批判

从销售人员的言谈举止、着装礼仪、行为表情和服务观念，到销售套路、空间布置、氛围营造、视觉符号传播、包装主题选择、广告素材应用、品牌形象管理以及用户体验模式构造，再到购物者感性价值（审美、情感、兴趣、欲望、心理等）表达、符号意义（身份、地位等）诉求等，几乎所有商品美学的制造－消费，都被纳入全球性福特式流水作业模式。豪格痛斥千篇一律的商品美化样态、泛滥化色情素材包装及面具式销售行为，因为这些模式化商品美学制造过程反过来会形塑均质化、无个性的主体审美意识，“构成感知、感觉和价值，并且塑造了语言、服装、自信以及举止，还有身体”(103)。

被形塑的同质化主体会逐渐变成商品美学不断革新的土壤。后者反过来会助长模式化美学幻象“再创造”的淫威，会“偷偷消耗掉有‘创造性’的人们；因为它们所创造的只是不断回到一个彻底的、托词的空洞无物中去，这个托词也被下一个所排挤”（98）。在豪格看来，诸如任何突兀的装饰、过度的造型、另类的款式或怪诞的风格等审美革新都是无意义的，因为相对于人们所使用的功能物品而言，它们“并不能维护自身的合理性和人们已经习惯的固有模式。如果使用功能被当作商品理性核心，那么资本主义式、有功能确定作用的设计对于每个（均质化）使用形态来说又会导致过度造型”(98)。

然而，“过度造型”是化解包豪斯功能主义革命以来，引发模式化危机的一种创新修正，是对传统机制的创新突破。但在豪格眼里，这样的突变是贫瘠无力的，它们不能从根本上解决模式化危机，因此是无意义的。

豪格指出：“越来越多的商品不断转向一个方向，从而走向一个极端——产生纯粹的‘意义物’。体现着这个方向的说法——‘意义物’是指，作为使用价值的商品的物体本身的现实程度和存在方式，已经被简单的外表物品，即能够凭借它的属性满足人们需求的东西推走了……所被看重的，已经从直接的、与物质用途相关的使用价值，转向想法、感觉、联想（等审美价值）……从‘别的东西’那里构建出它的‘意义’和‘内涵’。”(104－105)

豪格担心建立在审美表征之上的“意义物”面临三大危机：(1) 以“有意义”的虚幻表象蒙蔽甚至顶替物质性商品实质；(2) 在确定的意义中寻求缥渺不定的、不断转移目标的虚幻表象，会陷入无限后移却永远无法满足的欲望深渊；(3) 在狂热的拜物浪潮中，人们逐渐沦为商品美学之魅惑的牺牲品。人们在永不满足的价值饥渴中逐渐沦为由资本利益集团、普遍的集体实践和社会组织权力等所助推的幻象工业体系。豪格惊呼：“整个幻象工业都在

生产着这种虚假的满足。”(136)

实际上，大可不必担心“意义”的丢失，不必担心“深度”的消失，不必过度恐惧包括波德里亚、詹姆逊、列斐伏尔等在内的众多理论家反复指认的“能指的飘移或断裂”。因为由商品逻辑主导的消费社会扼杀的并非肤浅的“意义”，而是曾经深度主宰“意义”的历史表述形态，那种由逻各斯中心主义和形而上学统摄的传统话语。“只要哲学不变成科学的自我反思，并把目光转移到科学体系之外，变换视角，关注纷繁复杂的生活世界，就能从逻各斯中心主义中解脱出来。”[①] 只要主体性在每个分裂的时间片段里没有沉沦，那么我们肯定会看到“去中心”后无处不在的个性化意义的涌现。在豪格、波德里亚等批判理论家所担心意义缺席的地方，多样化语言和“微小叙事”正在取代普遍统一的“宏大叙事”传统。

利奥塔关于后现代知识状态的报告——“宏大叙事”逐步让位于“微小叙事”，先验权威的形上诠释逐步让位于多元学科辩论、专家共识——让我们清楚地看到后现代多元语言和微观叙事对于化解审美模式化、均质化危机的良方。既然“没有人能使用所有语言，这些语言没有共同的元语言，系统-主体工程业已失败，我们陷入这种或那种特殊知识的实证主义之中，学者变成了科学家，高产出的研究任务变成无人能全面控制的分散任务”[②]，那么分散在不同经验主体上的局部知识，就只能依靠无限制的“社会分工”(涂尔干语)和自由的交换逻辑实现社会生活秩序不可或缺的多面性构建。每个人都拥有某领域的知识话语，这的确会让精英阶层或传统知识分子感到震惊。

### (四)对幻象工业社会的真/假逻辑批判

“幻象并不一定都是欺骗，尽管大部分是。作为补充的是自我欺骗，自我欺骗——没有它，社会化的欺骗无法发挥作用。没有整个交易链条上大量中间商的欺骗和自我欺骗——没有它，自我欺骗绝不会有如此大的用场。”(143)豪格面对幻象工业在当今世界的长驱直入，显得忧心忡忡。他省视幻象工业的思路是将审美价值和认知心理还原为一种真/假逻辑判定。审美主体感受同时作为逻辑判断的起点与归属，审美感受偏向于消极悲观，则对幻象工业社会持批判态度；审美感受偏向于积极乐观，则持赞赏态度。豪格与马尔库塞、阿多诺、霍克海默的审美价值立场是一致的，对幻象工业从单子个体的批评扩展到对垄断资本主义社会总体的批判。

---

① 哈贝马斯：《后形而上学思想》，曹卫东、付德根译，译林出版社，2001年，第49页。

② 利奥塔：《后现代状况：关于知识的报告》，车槿山译，生活·读书·新知三联书店，1997年，第85页。

首先，幻象工业对单子化个体意志、消费决策、购买行动等实践理性领域构成了欺诈之罪。幻象工业“能够决定购买者行为——尤其是付钱者的行为，那么消费者就会陷入坦塔罗斯那般可望而不可即的痛苦境地——总是被反映自己需求的最美妙的海市蜃楼般的图景所欺骗，而当伸出手去抓时，得到的却总是一场空”（33－34）。简言之，幻象工业的基本功能“是实现购买驱动，点燃对某一商品的强烈渴望”（37），借助审美图景蒙骗消费群体。

其次，幻象工业在生产领域，产生了对劳动者的剩余劳动的初次剥削（马克思《资本论》对此有透彻批判）；在“流通领域，出现了与交易的公平交换相对的二次剥削……工人阶级在流通领域中作为资本的购买者群体出现，因此也产生了无阶级的表象”（125－126）；在消费领域，其“构造如幽灵鬼怪般虚幻地、成群地来到一个房间，这个房间在资本主义社会是空荡荡的，要用团结的社会去填满它”（139）；在社会关系领域，幻象工业以形而上的表象方式包装理性，“以自我辩白的方式揭开了生产关系中占统治地位的非理性，并且将非理性中的强迫成分当作是理性的体现”（133）。简言之，幻象工业在为资本主义社会提供看似合理的“感性－超感性”物品，丰富象征性虚假交换的同时，却反向强化了精神表象与商品物质之间的对立纷争。

因此，在豪格眼中，商品美学是掩盖资本逻辑的虚幻假象，它在用“诱惑的、需求的、欲望的和对本能恐惧的语言中……表现出自由、平等和公平”（125）的伪善面孔。自文艺复兴、启蒙运动以来，西方现代性崇尚的诸如公正、人道、乐施好善等普遍可接受的道德原则、价值观念，被豪格划归“表象化”审美价值视域，原成真/假逻辑判断，由此推演出一系列真/伪命题，如：购买同一品牌，成为某类社群成员，不过是虚假的“平等”；商品抒情诗的“真诚性”“真实性”“善意性”等“只是纯粹的表象，实现愚弄的功能：通过持续不断的美学革新特征进行欺骗，通过它去宣传臣服”（147）。然而，事实真如豪格所言的那般虚幻吗？诸如上述现代性规范原则既失，物之外观表象又将焉附？

### （五）从对“全然表象美学”的失望到对启蒙现代性原则的否定

豪格认为商品美学日趋衰竭的原因在于机械制造、影像图像、数字媒体、互联网等技术的专制霸权让其失去自律性，商品美学由此堕落为技术、资本、权力的傀儡。丧失独立的主体地位后，其原有概念范畴、惯例机制、经验意识等传统美学体系也随之解体，其批判的合理性就无从谈起，批判话语沦为内心的独白和夜里的喃喃自语。豪格对此深表悲观。他说：“没有什么可以阻止可传播的连续体和建立在……离散性和异质形基础上‘美好’消费的生成……一切臆想着神奇魔法的想象，都在新幻想般的生产方式下显得黯淡无光。”(163—165) 技术美化和“表象”化学不断侵蚀着接受者的审美经验，牺牲认知理性，毒害情感意识，“掌控、过滤和强化，然后又反哺它的接收者对消费品的设想和多感官联觉”(169)，如此周而复始，人们只能“用快乐而冷漠的态度接受这些，无条件地服从”(242)。豪格的悲观与波德里亚的绝望在审美主义价值立场和批判逻辑思路上如出一辙。

进而，豪格深度怀疑：“新自由主义所创立的乐趣社会在20世纪末期将社会批判挤到了边缘”(246)，而“文化批判家自身已经屈服于美学表象的迷人魅力吗？批判性解释已经跌落到解释清楚的玩世不恭当中了吗？在‘可以解释得清楚’当中，产生了可以将‘我们的时代描绘为当代的反宗教改革的时代’，在这样的时代中，再一次在‘漂亮表象占主导’的保护伞下，将历史的车轮继续按资本主义式和社会式的方式往回拽”(260)，拽回到启蒙理性以前的封建王制社会（马基雅维利），抑或退回到前现代未“祛魅”（韦伯）和未分化（涂尔干）的中世纪神学统治时代吗？豪格对此种种怀疑，并未给出明确答案。

因此，抑制现代性的悲观心态与高估传统审美价值的立场形成巨大落差，促使豪格的批判视野滞留在消极保守和欲望主体审美思辨逻辑中，无力自拔。于是，他又将批判由审美经验辨析转移到对现代性原则、现代化历史进程的合法性驳斥之路上，无形中加剧了民族主义、种族主义、宗教原教旨主义等狭隘观念对现代自由、民主、平等原则的消解。面对全球贫富分化、通货膨胀、信贷危机、经济萧条、局部战争动荡等现代性危机，他将“病因”诊断为“缺乏存在感”“全然表象化”的美学淫威，是跨国公司在全球范围越来越疯狂、无止境的恶性竞争使然，是现代化科技、资本主导的商品市场生产—消费逻辑使然。在根源上，我们还能看到达尔文进化论、黑格尔辩证法、马克思的异化论和政治经济学思路对豪格的批判立场、视野、方法及价值取向的深度影响。

## 二、立场问题：主体间性维度被美学批判理论话语压缩

如果考虑到西方自近代工业革命以来，资本主义在全球进行殖民扩张，人类连续遭受两次世界大战重创的历史悲剧，以及至今仍然存在的核武器威胁、不断恶化的生态环境及科技霸权，豪格的《商品美学批判》与波德里亚的政治符号学批判一样，无疑是深刻而有力的。他的担忧和话语锋芒有历史经验作为实证依据，尤其是前三个层次的阐释，具有一定程度的合理性。但

从第四、五个层次开始，其批判就令人相当怀疑。

因为在过度推演中，豪格的审美价值批判已将个体感受凌驾于社会实践领域错综复杂的主体间性之上，将主体间交互理性（哈贝马斯）展开的历史还原到审美主体感受和工具理性范畴。两者合谋不仅消解了商品美学得以产生的规范性约法系统，而且深度遮蔽了消费社会中普遍存在的、具有积极拯救力量的物美景象。诸如舒斯特曼的实用主义美学、乔布斯的工业美学、库比特的数字美学、史文德森的时尚美学、斯克鲁顿的建筑美学、叶锦添的创意美学、深泽直人的产品美学等现代及后现代美学，在不同领域，从正面论述了具有现代性品质的物美景象。而豪格却在传统美学范式中将“感性”价值创造翻转为审美批判的对象，不仅消解了启蒙现代性分化以来规范性约法系统，而且又与正面挖掘消费社会内蕴的无限丰富的“物感世界”失之交臂，这不能不说是一种遗憾。

### （一）无法被“本质还原”所阉割的感性美

本质还原，还原到商品美学产生背后的资本、权力逻辑，还原到对工具理性操控的批判话语，是豪格贯穿整全书始终不变的思维逻辑。商品美学中蕴含的感性成分在向工具理性靠拢的过程中，被毫格不分青红皂白地一律打入牢房，变成待审判的阶下囚，或者说，它们的存在只是为了资本变现，为了骗取消费者手中的货币。它们从一出现就背负着难以救赎的罪名。

豪格说：“感性世界只有在美学抽象——当人们将其看作道具——的形式下才能实现工业资本式的变现。”（55）进一步，在本质还原后，豪格又对“感性”实施第二次还原——还原到真/假逻辑中，而后将其审判为“虚假”欲望的制造者，将其定性为引诱人们走向堕落和毁灭的撒旦。

“在对性感表象的需求得到满足的同时，这种虚假满足感又再生对性感表象的需求，并且这种需求被迫局限于虚假满足之中。虚假满足所导致的负罪感和害怕会使得接近性欲望客体的道路变得困难，因此表象就成了性商品的替代。”(56)

接着，“感性”这一恶魔又从逻辑审判中被拉进商品美学范畴，变成同谋犯罪的帮凶。与商品美学一道，在摸清人们本能欲望的种种渴求后，制造并服务于新的满足“虚假需求”的工业体系，最终通过交换原则实现资本变现（工具理性）的邪恶目的。“商品美学只是表象来满足人们，因此与其说它们让人们感到饱足，不如说给人们带来了饥饿。作为矛盾的错误解决办法，商品美学又再生了其他形式的矛盾，并且这种矛盾可能走得更远。”(57)

对感性的本质还原批判，在豪格整本书中均被纳入一个封闭式循环论证过程："感性=恶魔=工具=资本手段"。资本又借助"感性"恶魔来创造一个个虚假欲望，经过交易，实现财富增殖。反过来，目的理性达成后，又开始对"感性"进行批判。"感性"为了赎罪，只能继续引诱人们，制造新一轮的虚假满足。如此循环往返，永无宁日。

其实，很多对启蒙理性以来的消费社会形态展开批判者大都陷入此封闭循环论证。马尔库塞的《单向度的人》、西美尔的"货币永动机"、居伊·德波的"虚假景观"、乔治·瑞泽尔的"魅惑消费圣殿"、利波维茨基的"虚幻时代"、伊格尔顿的"后现代幻象"等均属此列。实际上，他们均是从审美价值主体视角出发，企图"摆脱虚假需求压抑、获得肉体和心灵的独立自主，就需要批判、拒斥现有文化模式和生活方式"①。这样的批判由于难以超出"本质还原"固有逻辑，所以自然对物化感性之美充满了偏见和歧视，又由于批判视野的封闭，它难以全面公正地看待启蒙现代性以来的消费社会形态，因而面对全球日渐高涨的日常生活审美化浪潮，显得手忙脚乱，无所适从。

## （二）被传统美学范式忽视的日常生活审美化浪潮

从学科角度来看，豪格的《商品美学批判》范式与康德、黑格尔的美学传统有着高度的契合性，他们都是在主客二元范式中展开论述的。豪格指出："商品美学代指着从大规模生产的商品形态中所产生的、从实践中确定了交换价值的、以物质的形式表现出来的复合体，以及在这些条件下所产生的敏感的主客体之间的关系"（5）。这与黑格尔对美的定义（"美是理性的感性显现"）以及康德的"美是无目的的合目的性"等西方古典美学的抽象思辨传统如出一辙。主客二分逻辑又可变身为精神与物质、内容与形式、实物与表象等不同表述。如豪格所言："商品的外观被从商品中剥离开来，形成了第二个外观。比起第一外观，通常第二外观是无与伦比的完美，它完全引起了外观与商品的物质实体的分离。"（50）

倘若我们只是停留在主客是非、功利与否的二元范式，以古典观点看待启蒙理性以来的美学生产，那么"我们会不假思索地拒绝新闻、时事评论、体育报道和充斥期间的广告作为审美文本的纯粹性。忽略在历史上曾经有过的以'再现'现实生活为特征的任何艺术形式所描述的'现实'都并非'现实本身'。遗忘再现所得的'逼真的现实'这一再现的'内容'无一例外地是

① 约瑟夫·希斯安德鲁·波特：《叛逆国度：为何反主流文化变成消费文化》，张世耕、王维东译，上海译文出版社，2014年，第7页。

一种审美‘表现’形式”[①]。换言之，依托不断增产物品、服务等的现代媒介形态，传达消费社会语境下“现实生活内容”，甚至要比不依托任何大众所能支配的、不再现任何内容的纯形式更具说服力和艺术表现力，更贴近“真实社会”。

可惜，豪格、波德里亚等大量审美主义批判者并未跳出传统美学学科范式，他们在割裂物质表象与主观感受互为表里的依存关系时，也偏离了正面打量全球汹涌澎湃的日常生活审美化浪潮的有效视野。他们忽视了城建、园林、服装、家居、包装、广告媒体、数字网络、赛博等几乎所有时空领域日渐高涨的装饰美化之正当合理性价值内涵。韦尔施指出：

> 今天，我们生活在一个前所未闻的被美化的真实世界里，装饰与时尚随处可见。它们从个人的外表延伸到城市和公共场所，从经济衍生到生态学。个人经历着对身体、心灵和行为的全方位时尚化。在美容院和健身中心，他们追求着身体上的完美；在沉思默想中和新时代的研讨会上，他们美化着自己的心灵；礼仪课程培养着他们一心向往的优美举止；人格美学已经成为一种新的角色模型。在城市里，几乎所有事物近些年都被整容一新……显而易见，没有必要详细展开这种装饰性和全球性的审美化倾向，这种现象太明显了。[②]

所以，我们不能做再现模仿、本质论的囚徒，面对商品美学生产与消费交替共涨的现代性、后现代性语境，矫正传统美学学科范式的偏颇，甚为必要。美学，尤其是今日消费文化主导的商品美学更应突破学科门类限制，超越固有框架，将视野延伸到诸如政治、经济、文化、生态、伦理、科学、军事等社会秩序建设的方方面面，以此来锚定与现代性特质相吻合的审美物化形态。“简言之，美学必须考虑审美这种新构造。这并不意味着审美全球化和原理化会被简单认肯，但是它属于今天议事日程。”[③] 它应该恰如其分地观照如今拟像、仿真与幻象之间的象征交换（波德里亚语），观照数字网络虚拟现实、电子媒介经验感知以及农耕时代审美经验在今日的感性变异确认等，给予现代性、后现代性审美知觉领域出现的冥思遐想、历史古意、语义修饰、隐约暗讽、复制拼贴、异质搞怪、浪漫狂欢等精神现象以精确描绘。

然而，身陷传统经验和思辨美学范式的豪格不仅没有客观把握消费社会

---

① 蒋荣昌：《消费社会的文学文本——广义大众传媒时代的文学文本》，四川大学出版社，2004年，第18页。

② 韦尔施：《重构美学》，陆扬、张岩冰译，上海译文出版社，2006年，第91页。

③ 韦尔施：《重构美学》，陆扬、张岩冰译，上海译文出版社，2006年，第92页。

作为启蒙理性之后社会形态的规范性内涵，而且没有真正理解商品交换逻辑主导的消费社会其实是“一场持久不懈的‘启蒙叙事’和‘去高雅文化’、‘去崇高’的社会运动”①。当然，他更难以接受商品美学得以大规模地出场，恰恰得益于它内嵌于消费社会运动逻辑结构中的合理性内涵，于是，只能哀叹美学在今日的“批判力衰退”（242），只能将商品美学生产中蕴含无限丰富的感性世界翻转为待批判的意识概念，又因丧失现实批判的针对性，在面对包豪斯、印象派以来现代诸艺术流派，面对广告文本中极富诗情画意的文学性世界，面对数字媒体影像中富含深意的人文主题，面对文化产业蕴含的鲜活创造力，面对“纺织、汽车、食品、家用电器、图书、药品和化妆品等行业中定期进行的美学革新”（43）等美学生产浪潮时，豪格便自动滑向价值批判的偏见。但，他的指责显得苍白无力。

### （三）被审美主义价值批判压缩的主体间性规范之维

豪格批驳“现实中的个体只是在表面上追求自己的目标。而且，这样的表象成为最坚固的现象……人们在迷茫中体验着对意义需求的虚幻满足”（134）。然而，表象美丑、意义虚实与否并非他一人说了算。价值衡量和交换价值的实现需要买卖双方讨价还价，供需各方竞争协商，最后达成共识后才得以可能。但豪格却因为沉醉在审美价值膨胀幻象中，未能客观冷静地审视主体间交互展开的无限丰富历史。换言之，商品美学生产、交易和消费等社会活动需要“服从于相互承认的律令，因为只有当主体学会从互动伙伴的规范视角把自己看作是社会的接受者时，他们才能确定一种实践的自我规约关系……因为只有这样，个体才能在社会中表达不断扩展的主体性要求”②。否则，只是从单一批判视角对商品世界得以出场的内在规定性持是非判断，遮蔽对间性多维面向的规范性考察，实属武断和盲目自大的表现。

由此可见，审美主义批判在这里变成了一种总体性价值批判，它从自由完美之“人”出发，针对启蒙现代性分化所有领域的缺陷、危机提出总体性拯救要求。这不过是从分化领域外部，抓住一点，不及其余。所有不完美者都构成“完美”这一预设“标尺”的批驳对象，它站在“价值”这一金字塔之巅，对所有“低端价值”展开俯瞰式扫射，无视启蒙现代性分化各领域的规范性建构努力。它以非理性的价值标尺否定了启蒙现代性分化和规范性建构历程的合法性意义，由此背离了启蒙理性精神。实际上，

---

① 蒋荣昌：《消费社会的文学文本——广义大众传媒时代的文学文本》，四川大学出版社，2004年，第60页。

② 阿克塞尔·霍耐特：《为承认而斗争》，胡继华译，上海人民出版社，2005年，第100页。

这一思想逻辑从美学领域的审美状态分析开始步步攀升，最终变成批判理论批判现实之否定性陈述的价值根据：将审美之“人”仅仅沿着否定性批判的发展而指向对资本主义现实专题化的凌厉否定。这是“人”之价值的反向展开，是批判理论的独特发展，是批判理论所具有的独特的美学批判锋芒。基于人在现实中分裂、异化而在审美中的自由完满，批判理论将审美看作是通向人之自由解放的启示和预演。它的反向针对性，就是对现实的凌厉否定。[①]

面对工业时代大众文化、消费文化的广泛盛行，面对传媒图像、声音合成、人工智能、互联网等高科技商品向日常生活的广泛渗透，审美价值批判家大多已在批判理论话语中隐含着对“间性”规范化价值基础的拒斥。在霍克海默、马尔库塞和阿多诺的批判理论“研究纲领奠基于其上的社会理论参照系中，道德信念和规范指向独立地建立起来的社会交往行为的维度从一开始就被系统地排除了”[②]。包括卢卡奇的“物化”批判论，本雅明的本真性“灵晕”论在内，“他们都拘泥于意识哲学的思想传统。这个思想传统按照主体与客体之间认知关系的模式建构”[③] 起审美之“人”对现实批判的强烈呼声。

从西美尔的“货币永动机”到海德格尔的“非人”“被抛”“畏”“沉沦”，从詹姆逊的“意义空洞”到伊格尔顿的“幻象生存”，再到克尔凯郭尔的“恐惧”“颤栗”，从阿甘本的“空心人”到福柯的“疯癫”“肉体的终结”……所有近乎绝望的审美主义批判，给予启蒙理性以来规范性价值建构基础系统以毁灭性冲击。突然间，人类追求自由、平等、博爱的主体间性社会活动“从一个积极概念转变成为消极概念。这种转变把批判理论引入一个新的历史阶段。于是一直以来被生产主义的进步概念所占据的位置，被怀疑进步的理性批判概念所取代。它是如此激进以至于具体科学的认识价值也受到怀疑”[④]。这难道是要准备告别启蒙现代性历程吗？不敢想象，这种批判理论究竟要将我们引向何方？

霍耐特指出：“只有当审美的人格模型被看做是历史哲学命题的规范性参

---

① 吴兴明：《直面解分化或文化向基础领域的进入》，《文化研究》，2017 年第 28 期，第 20 页。

② 阿克塞尔・霍耐特：《分裂的社会世界：社会哲学文集》，王晓升译，社会科学文献出版社，2011 年，第 28 页。

③ 阿克塞尔・霍耐特：《分裂的社会世界：社会哲学文集》，王晓升译，社会科学文献出版社，2011 年，第 29 页。

④ 阿尔塞尔・霍耐特：《分裂的社会世界：社会哲学文集》，王晓升译，社会科学文献出版社，2011 年，第 31 页。

照点的时候，它（批判理论）才能得到全面的理解。”[①] 一方面，批判理论的出场不可能是在对历史境遇的“赞扬”性认知中，它的内在自主性、自律性恰恰体现在自由意志的战斗精神上，体现在对人类整个文明进程的反思、追问上。即，启蒙理性以来的工业资本主义、社会主义、法西斯集权主义、两次世界大战以及后现代殖民、性别、阶层、种族等现代性、后现代性症候恰恰为批判理论提供了广阔的用武之地，它们构成了理论批判的前提条件，各类批判理论可在选定的视角和立场规约下展开。但另一方面，倘若审美主义批判理论家将人的社会解放（道德-实践）与自然的和解（审美-自由）前提错置，或审美主义批判仅仅停留在科学理性认知层面，或缺乏对现代性社会分化诸领域的实证观照，缺乏针对各分化领域规范性建构中具体而微的问题的批驳，那么批判理论自身的正面价值和其作为知识生产的客观有效性品质又在哪里?

应当承认，从正面规范化建构角度来讲，商品买卖和市场交易得以顺利展开，应归因于自由、平等、公平等由启蒙现代性确立的基本原则。商品生产与消费社会涉及劳动工人、生产者、销售商、服务商、代理机构、政府监管、党政机关、国际组织、民间社团等不同主体之间的错综复杂的关系的建构与协调，其中还牵扯到货币、语言、图像、声音等作为协调中介的媒介。即：“规范调节行为概念涉及到的不是孤立行为者的行为，他们的行为具有共同的价值取向。在一定的语境中，一旦具备可以运用规范的前提，每个行为者都必须服从（或违抗）某个规范。规范是一个社会群体中共识的表现。每个群体都具有一定的有效规范，群体的一切成员允许相互期待，他们在具体情况下是否履行各自的行为。”[②]

豪格的《商品美学批判》理论除了窄化各类媒介在和解社会分裂中的实效外，还将规范调节行为和交往活动中丰富的价值内涵（如信任、互助、团结、忠诚、融合、认同等）还原为一种工具理性行为，由此模糊了审美价值批判行为（或审美-戏剧行为）和交往理性行为的界限，或者说将审美价值批判行为、规范调节行为和交往理性行为全部削减为一种工具-策略行为，进而取消前三者存在的正面价值。然而在消费社会中，“互动参与者的行为虽然受到以自我为中心的利益算计左右，并且被不同的利益阵营协调起来，但它们还是要以言语行为（奥斯丁）为中介”[③]，以货币（西美尔）、劳动（马克

① 阿尔塞尔·霍耐特：《分裂的社会世界：社会哲学文集》，王晓升译，社会科学文献出版社，2011年，第33页。

② 哈贝马斯：《交往行为理论》，曹卫东译，上海人民出版社，2004年，第84页。

③ 哈贝马斯：《交往行为理论》，曹卫东译，上海人民出版社，2004年，第95页。

思）为枢纽，以图像、声音、场景为媒介，以法律法规（纽曼、基希海姆）为保障，以“爱、法律、团结”（霍耐特）等相互承认的多种形式来探求人与社会、自我、自然现代性分裂的和解之道。审美主义价值批判的单方面努力，根本不足以应对现代高度分化的、待整合的人类系统性宏伟工程。

因此，哈贝马斯指出，上述四种社会行为概念应相互区分、独立，又相互协调，可以相互调节、转换，但不能相互替代、包含或混淆。它们随参与者的活动方式、性质、语境不同而各不一样：“要么是以自我为中心的相互介入，算计得失（目的策略行为下的冲突和合作随着利益格局的变化而交替出现）；要么根据文化传统和社会化，在社会一体化层面上就价值和规范达成共识；要么是在公众与表演者之间建立起一种信任关系；再就是在协作解释过程中达成沟通。”① 不论何种处境，每种行为都有各自的目标、原则及特征表现，彼此不能混为一谈，不能被日趋膨胀的审美高端价值所压缩，更不能由此取消主体间性规范价值系统。

综上，《商品美学批判》理论应与主体间性规范化建构理论协调沟通，而非彼此拆台。只有通力协作，才能避免走向绝对的偏激和绝对的否定偏激。我们应警惕审美主义价值批判视野的总体性膨胀对启蒙理性以来社会分工协作创造的积极成果和由其奠定的启蒙现代性原则的消解，警惕审美主义价值批判将启蒙现代性带向“历史的终结”的深渊。

## 三、余论：从“间性”规范化建构视域重构《商品美学批判》理论何以可能？

“间性”规范化建构视域有着极为广阔的、无限可拓展的学理空间，不仅仅包括哈贝马斯的主体间交往行为论、霍耐特的承认关系论，而且还可以深度探讨人与物之间性展开的多维主题形态，诸如商品生产美学（创意、设计、时尚、消费等）、商品伦理学（欺骗、抄袭等）、商品法学（物权、知识产权等）、商品社会学（身份、地位、文化等）、商品公共管理等物类学科系统规范建构的可能性。这里，与豪格《商品美学批判》理论形成紧密互补、对立支撑的无疑是“商品生产美学”以及各类分支美学（如建环园艺、服饰、工业品、舞美、数媒、视传等）的全方位、立体化系统工程。这些规范化美学建构理念主要基于物与人之间的积极功能关系、正能量“新感性”及现代性人文意义勾连关系，完全区别于豪格从物与人的异化分裂关系和危机展开批

---

① 哈贝马斯：《交往行为理论》，曹卫东译，上海人民出版社，2004 年，第 101 页。

判的立场。或者说解蔽豪格批判理论所遮蔽的“间性”场域，反向实施规范化美学建构工程，具有普遍可行性。换言之，《商品美学批判》理论转型应走批判性功能与建设性意见相结合、经验性实证与规范性探索相融合的“间性”道路，重要是在继承传统批判理论家先锋精神的同时重构被压缩、淡化的“间性”规范之维。

“间性”规范化建构大众日常生活所用成千上万种商品美学景观，需要集合人类共同的创意智慧方能营造“诗意的栖居”空间。可以尝试将普罗大众社会生活中的激悦、焦虑、感动、悲悯、振奋、愤怒、无助等精神状态植入感性化物品之维，设想将“实用价值文本”（吃、喝、住、用、行、娱等行为）与某种“精神样态文本”（历史、政治、宗教、文学、科技、军事等）有机勾连起来，朝物我一体的审美效果联合体方向努力。将“物”与“我”、“物”与社会、“物”与自然重新纳入一种心物畅通的自由圆融格局，让创意美化之“物”成为海德格尔所言天、地、人、神四位一体、不可分离的，庇护人类家园，保佑人类生存繁衍不息的守护者。

诸如上述“间性”建构理想是否可行？笔者以为，完全可能。因为有历史经验为鉴。其一，就生产而言，自17、18世纪工业革命以来，英国工艺美术运动、法国装饰运动、奥地利分离派、比利时工业同盟、德国青年运动以及包豪斯设计革命、后现代汹涌澎湃的分化与整合浪潮等全球性规范化建构力量已将“人造物”美化创新推进到全新的现代性历史高度。其二，就消费而言，“从18世纪的西欧开始，消费社会显然已经存在于英国、法国、荷兰、比利时、卢森堡以及德国和意大利的部分地区，某些迹象已经扩展到英属北美殖民地”[①]。可以说，物质生产供给与精神消费需求是同步的，两者交替循环构成了启蒙理性以来现代化文明发展的创生机制。其三，就感性体验而言，现代工程师、设计大师等先锋队的创造贡献，已让我们与物质感受，与心灵感应，与“物自体”相当接近。即便是豪格也对此情此景也有过“神似”描述：“灯光照明让物品可以舞蹈，变成了盛装的歌舞剧。鞋子组成的圆形大蛋糕，一个长满了腰带、浴衣的暖房，它们在那里相互调情，还有水灵灵、植物一样的女士礼帽。幽灵般的围巾、精灵般的衣服，没有人穿着它们，它们却在房间里飘逸而过。在灯具部门，不仅有照亮房间的各种灯具，在那里让购买者目瞪口呆的是散发着光芒的各种风格的风景。”（111）

由此可见，豪格在审美主义价值批判中实际上已经触及物化创造的神韵。

---

① Neil Mckenrick, Colin Brewer, *The Birth of a Consumer Society: The Commercialization of Eighteenth-Century England*. Bloomington: Indiana University, 1982.

只可惜，一方面限于自身陷入传统美学理论范式和主客二元认知模式，未能调转理论方向，无法提供跨区域、跨语言、跨文化等既有全球普遍适用性又兼顾地区文化特殊性的积极有效的建构方案；另一方面由于豪格身处的高度发达语境已经有非常完善、成熟的规范化学科体系，他已不必再多此一举展开重复论述，豪格与“间性”规划构建的伟大创造性事业失之交臂。对此，他有切身的领会。他说：“对商品美学的批判并不意味着，去评判或赞成这其中所使用的技巧和外在表现，而是要讨论这些技巧如何影响了经济功能。这些技巧原则上是早在资本主义社会之前，甚至可能是在非商品生产的社会中就开发出来的，它们是重塑商品现象的发动机。”（128）同时，它们也是重塑现代中国式商品各门类学科建设的基础素材和前提条件。

当然，每个“间性”规范领域的建构活动都会源源不断地产生不同的现代性危机。比如，在商品政治学领域若进行“洋货”和“国货”的民族属性区分，就会产生“爱国主义”与“叛国主义”等文化价值理念上的冲突，由此引发近现代中国商品发展史上时常出现的抵制洋货运动。在商品社会学领域，针对中国传统的儒家律己思想与消费主义内在要求的“耗散”（巴塔耶）观念之间的冲突，当下中国城乡二元体制的交替震荡，以及“政府本身就抑制消费主义”[①] 与拉动内需、促进经济增长诉求之间的矛盾等诸如此类“间性”分裂问题的专题化研讨与学理化筹划，就现当代中国商品美学生产体系构建尚不完善的国情而言，都是非常必要和有利的。美国学者葛凯先生指出：“经由民族观念来解释商品消费，不仅会有助于形成‘近代中国’的真正概念，而且也成为中国老百姓开始认为自己是近代国家公民这个概念化过程的主要途径。”[②] 所以，如何降低《商品美学批判》向规范化建构路线转型过程中遭遇种种现代性危机的风险，如何化解“古今文化价值观念之争”、中西商品审美“感性政治分配”（朗西埃语）冲突、各族群成员消费诉求“诸神之争”等“间性”危机问题，应是各学科的研究重点。

最后，值得一提的是，法国汉学家朱利安在《间距与之间：论中国与欧洲思想之间的哲学策略》中对“间性思维”的功效、活力、创造力等展开哲学阐释，国内著名学者吴兴明先生在《人与物居间性展开的几个维度——简论设计研究的哲学基础》一文中依据赫尔伯特·西蒙的《人工科学》、波德里亚的《物体系》、维贝克的物哲学等理论思想，提出“物美学、设计伦理学和

---

① 斯特恩斯：《世界历史上的消费主义》，邓超译，商务印书馆，2015年，第114页。

② 葛凯：《制造中国：消费文化与民族国家的创建》，黄振萍译，北京大学出版社，2016年，第4页。

设计政治学”[①] 的创新构想，还有蒋荣昌先生从启蒙现代性和历史正义立场创新阐发作为文学文本的消费社会理论（详见《消费社会的文学文本——广义大众传媒时代的文学文本形态》）这些成果均属近年来少见的对商品美学的正面学理建构性讨论，笔者从中亦受益匪浅。

**作者简介：**

张郑波，成都大学中国－东盟艺术学院讲师。

① 吴兴明：《人与物的居间性展开的几个维度——简论设计研究的哲学基础》，《文艺理论研究》，2014 年第 5 期，第 6 页。

# 对现代性视域下“古物”的物感品质分析
## ——从波德里亚《物体系》谈起*

张一骢

**摘　要：**喜爱、收藏和展示古物，已经成为现代社会的风潮，而古物为何迷人，则需要追溯到波德里亚《物体系》里对古物的分析。波德里亚在《物体系》里建构了现代功能物的系统，并将古物看作现代功能物体系之外的边缘物，认为古物具有时间上的气氛价值和神话学意义的象征价值，是现代消费社会“超卓”的消费符号。本文从波德里亚的论述中注意到古物的时空“异域”的现象学特征，借用海德格尔、列维纳斯、弗雷德的相关引述，确定古物之所以动人，是因为古物的时空结构是一种指向过去时间的“异域”，人们在现代日常生活的连贯性中，需要借古物“异域”的归家感，完成对现代功能物世界的反抗。然而，古物的精神气质，又决定了它和现代性的时代意识终究要分道扬镳。

**关键词：**古物　物感　异域　边缘物　剧场性

近年来电视上《鉴宝》《天下收藏》等节目的大众收视率居高不下，各种古董拍卖价格创下新高，《圆桌派》等文化节目中出镜的名人，总要不经意“晒一下”自己手头的文物古玩……层出不穷的文化现象中，我们可以看到有关古董的话题在当代日常生活长盛不衰的文化现象。在世界范围内，对古董的保护、收藏、研究以及相关的话题也一直是社会文化热点。那么，被俗称为“古董”的古物，究竟为何让人们心醉神迷？生活在现代性社会的人们，热衷于收藏古物，又是在占有什么？本文试图从波德里亚对于现代物序结构经典研究之作《物体系》出发，探索古物之所以迷人的原因。

* 本文系数字媒体艺术四川省重点实验室 2017 年重点立项课题“基于数字技术的‘新东方’舞美设计研究——以叶锦添作品为例”（17DMAKL02）阶段性成果。

## 一

《物体系》是波德里亚 1968 年出版，旨在探讨现代性视域下各种“物”的物序结构的著作。波德里亚对于现代社会“物”的研究，不仅止于我们日常生活中零星照面的物本身，而且致力于发现消费社会中物的结构语意系统，探索物在物体系（object system）中的意义构成和再生产。

波德里亚首先向我们介绍了前现代的“象征物体系”。他以室内摆设结构为例：“典型的布尔乔亚室内表达了父权体制：那便是饭厅和卧房所需的整套家具。……每件家具互别苗头，相互紧挨，并参与一个道德秩序凌驾空间秩序的整体。”[①] 在这样一个物的有机体系下，物以与人紧紧相连的密度和情感价值的凸显，显示出一种临在感，而这种临在感的最终指向，就在社会及家庭最终的象征轮廓内。在象征物的物体系中，“家具和物品首先是作为人与人关系的化身”[②]。物与物之间的相互联结，共同象征着不可动摇的秩序系统：在传统社会，这样一个物体系具体表现为宗教的神义论统治系统，或者皇权的统治系统；在家庭之中，就具体表现为家长制的统治系统。系统内的物序结构格局，都是被系统的意义给定的，而物的自主性，则如同前现代神义论下“被统治”“被赋意”的人一样，被统治的体系隐匿了起来。

相反，现代性视域下的功能物则是物的解放。波德里亚将我们在当代日常生活中的物体系看作“功能性体系”。他这样论述功能物：

> 这张中性的、轻盈的、可以伸缩折叠的桌子，这张没有床脚、没有框架、没有天蓬，好像一张零程度的床，这些造型“纯粹”的事物，已经一点都没有它们应该有的风貌样态，被化约为一丝不挂的最简单组构，它们仿佛终结性地俗世化了：在它们身上被解放的，而且透过这个解放程序，在人身上解放的东西，便是它们的功能。在此功能已不再被老家具的道德剧场遮盖隐晦，它摆脱了仪式、标签，以及一整套使得环境只能是物化人际结构晦暗镜照的意识形态。[③]

因为传统统治结构之象征的解体，实体化的道德规范在物体系中退场。物被解除了人际关系的道德束缚规范，失去了情感秩序表达的临在感。物在现代被解放出来。所谓物的解放，一是物与人之间的关系更为自由：个人不再经

① 尚·布希亚：《物体系》，林志明译，上海人民出版社，2001 年，第 13 页。
② 尚·布希亚：《物体系》，林志明译，上海人民出版社，2001 年，第 14 页。
③ 尚·布希亚：《物体系》，林志明译，上海人民出版社，2001 年，第 16 页。

由物的媒介紧密地联系于家庭和社会的秩序结构；二是物自身获得了解放：物从象征着统治、道德和情感的繁复冗杂的装饰、风格和符号中挣脱出来，只以其“功能”诉求为合理基础。

然而，在现代性功能系统占领的物序格局之外，波德里亚还论述了这样一种“非功能性系统”，即在功能物体系的意识形态之外的“边缘物”。波德里亚认为“古物”是一种典范的边缘物：“有一整个范畴的事物似乎脱离上面所分析的系统的掌握：它们是独一无二的、巴洛克的、民俗的、异国情调的、古老的物品。似乎与功能计算的要求相抵触，它们回应的是另一种意愿：见证、回忆、怀旧、逃避。”[①] 波德里亚不认为古物是象征物的阴魂在现代社会久久不散。相反，他认为古物也是现代性物体系的一部分。人们喜爱古物，收藏古物，正是出于“现代人”的价值诉求。古物在现代物体系的物序结构中，有着双重意义。

首先，古物的气氛价值是历史性的。古物的气氛价值——色彩、材质、形式、空间的演算——都不在功能主义系统的计算之内。它指涉过去，指涉一种复归源始的神话逻辑。因而，古物所延展的气氛，是它所标记的属于过去历史时间的完满和不可回溯。“当然，在古物中被取回的，不是真正的时间，而是时间的记号，或者时间的标志”[②]，然而当对于过去时间的“时间性”意义与身处于另一个系统中的“现代人”遭遇之时，那种对于过去时间活生生的直观感知又是很难被否认的。

其次，是古物的象征价值。古物与象征物不同，它不象征过去的“人－物－人”或者“人－物－神”的秩序结构，而是象征着过去时空密闭完成的终结性神话。古物因其对过往时间的记号而象征着过去历史起源和终结的完满神话。“神话学中的物品，它的时间便是完美‘完成’：它们现在的存续就好像它们在过去曾经存在，也就因此，它们是来自于自己存在的基础，‘真诚’的存有。”[③] 而时间越是古老，也越接近于源始、神圣、自然等神话逻辑。这样一种已经在过去时间中完满达成的、终结性的、神话学的象征价值，是现代的功能物所不具备的——波德里亚认为现代功能物是存有的缺席，它们功能丰富而意义薄弱，存在仅止于当下的日常生活，“对时间环境却是无能为力”[④]。因此，古物成为过去时间的神话象征，在现代性的物体系边缘显现出特殊地位。

---

① 尚·布希亚：《物体系》，林志明译，上海人民出版社，2001 年，第 85 页。

② 尚·布希亚：《物体系》，林志明译，上海人民出版社，2001 年，第 86 页。

③ 尚·布希业：《物体系》，林志明译，上海人民出版社，2001 年，第 87 页。

④ 尚·布希亚：《物体系》，林志明译，上海人民出版社，2001 年，第 87 页。

因此，古物，这一象征着过去时间的完满的神话学物品，因其象征价值在不可追溯的时间性上的巨大意义，成为在功能物的系统之外的文化奢侈品。不过在波德里亚看来，古物并不是一般的带有文化记号的奢侈品：“它们象征一种内在的超越，现实中的幻想，而所有的神话意识和个人意识都在其中存活……古物重新以一种群星辉映的方式组织世界，正和以平面延展方式展开的功能性组织相对。”[①] 因此，今天的人们为什么都喜欢“晒”古董、收藏古董，对此，波德里亚似乎给出了他的解释：古物不仅仅是文化奢侈品的符号，更是一种过去时间的源始召唤，一种神话学物品真确性的象征，以及在现代功能物的系统中对于功能物体系的对抗。

## 二

细究波德里亚所阐述“古物的双重意义”不难发现，波德里亚虽然提出了古物的气氛价值和象征价值，不过在之后的论述中，都更为注重古物作为历史之物，在神话学意义上的象征价值。相较而言，波德里亚的论述对古物的气氛价值则语焉不详。过分强调象征价值，意味着即使波德里亚一再确认“古物并不是一般的带有文化记号的奢侈品”，也不能阻止这一象征价值因其象征的指涉性，在滚滚而来的消费社会洪流中，被消费主义编码，最终只能成为现代物体系的物序结构中的一环。

那么波德里亚所没有详述的“气氛价值”意味着什么呢？色彩、材质、形式、空间的演算……这些被波德里亚认为是“气氛”的范畴，实际指向的是物之为物的赤裸无蔽的物感、物性，以及物在世界之中呈现的“剧场”、时空结构。这样一些现象学直观描述的范畴是难以被符号和系统所论述的。我倾向于认为，波德里亚已经觉察到作为边缘物的古物，其难以被编码的现象学直观特质，因此在将边缘物整合进物体系的物序结构时，对这种直观特质存而不论。

所谓“边缘物”，在现象学层面又意味着什么呢？首先，波德里亚所论述的“边缘物”，必然是脱离现代日常生活中功能物的物序结构的。波德里亚以冰箱为例：“如果我用冰箱的时候，只用来做冷藏，那么，它是个有使用作用的中介物：它还不是一个对象……拥有，永远是拥有一样有功能中被抽象而出的事物，如此它才能和主体相关。”[②] 简言之，就是从功能物的系统中脱离

① 尚·布希亚：《物体系》，林志明译，上海人民出版社，2001 年，第 91 页。
② 尚·布希亚：《物体系》，林志明译，上海人民出版社，2001 年，第 100 页。

的物。

列维纳斯对这样的物有精彩的分析，他从“异域性”的角度展开对“世界之外的物”的论述。在列维纳斯看来，我们日常对于功能物的研究，是在主体借由物和世界发生关系的“世界之内”的研究，在这种关系之中，“万物作为被给予的世界的组成部分，作为认识的对象或日常用物被卷入了实践之链，它们所指涉的是一种内在，其自身的异质性几乎无从体现”[①]。列维纳斯认为艺术品作为从世界的连贯性中退场的边缘物，是能够体现物的“异质性”的范例。艺术品作为功能物之外的绝对异质存在，不具有工具性和功能性的指向。这种和我们的生存实践的世界切断了直接关系的物，显现出一种“异域感”。这种异域感将物的工具性、功能性彻底剥离出来，显现给我们的是物之为物本身，无蔽赤裸的物之自性。面对这种彻底脱离了工具理性视野的物感，我们唯有以直接的感觉和审美来面对物本身。物从日常生活的连贯性中脱落出来，以自身“异域”的世界感，照亮自身纯粹的、赤裸的物性。这就是列维纳斯所谓现代艺术“对世界的去形式化”：

> 这种对世界的去形式化（deformation）——也就是这种赤裸化的过程——在这种绘画对质料的表现中，以一种特别引人注目的方式实现了。……在一个没有视域的空间里，一些将其自身强加于我们的片断。一些碎块、立方体、平面、三角形摆脱了束缚，向我们迎面扑来，互相之间不经过过渡。这是一些赤裸、单纯、绝对的元素，是存在之脓肿。[②]

在这种异质性的“边缘物”面前，与之遭遇的人惶然、失措，难以用自己的理性去理解它在世的逻辑，更无法对其上手，将其作为工具建立与世界的关系。因此，边缘物与人遭遇的瞬间，只能以自身的物感击穿主体的感性心灵，在感觉和审美的层面给予人们一种直观的、关于物和物背后物态时空的源始感性体验。“它打破观看的惯例，让人无所适从，无法‘理解’，从而扫除了‘前见’的抵制和遮蔽，让‘纯粹物’得以从惊愕之中显露。”[③]

在列维纳斯的论述中，我们似乎已经接近“边缘物”动人的核心了。不过这里我想岔开话题，在揭示古物的气氛价值的实指之前，先聊聊现代艺术的“剧场性”问题。

---

① 埃马纽埃尔·列维纳斯：《从存在到存在者》，吴蕙仪译，江苏教育出版社，2006年，第55页。
② 埃马纽埃尔·列维纳斯：《从存在到存在者》，吴蕙仪译，江苏教育出版社，2006年，第59页。
③ 吴兴明：《论前卫艺术的哲学感——以“物”为核心》，《文艺研究》，2014年第1期。

## 三

美国艺术评论家迈克尔·弗雷德于1967年写下论文《艺术与物性》，旨在批判当时风行的极简主义艺术。弗雷德在文中将极简主义称为“实在主义”，认为实在主义通过对艺术本身的极度抽象，无限接近于艺术表现的基底，从而取消了艺术的自律性。这样一种艺术思潮，“将赌注全部押在了作为物品的既定特制的形状上”[①]，从而错失了现代主义思潮下艺术自我确证的创造的其他可能。因此，在弗雷德看来，这样一系列作品在当时背离了艺术的现代主义思潮，“变成了一个物品”[②]，表现出了极简艺术的空前单调和空洞。

作为“单调”“贫乏”物性的补充，弗雷德认为实在主义艺术寻求一种“剧场性”的在场，以填充观者对于极简艺术的感知和意义体验：“实在主义之支持物性只不过是对新型剧场的一种追求罢了，而剧场如今已成为艺术的否定。”[③] 弗雷德认为，“实在主义的感性是剧场化（theatrical）的，因为，首先它关注观看着遭遇实在主义作品的实际环境”[④]。也就是说，极简主义艺术着力于在艺术本身以外的外部环境进行一种剧场化的营构，“剧场”的情境设置本身，为“单薄贫瘠”的实在主义艺术，填充丰富的感知和体验。这种剧场性的情境呈现，指的是观者与艺术作品照面时的“所有情境——似乎包括观看者的身体。在他的视域内没有任何东西——没有任何他以任何方式注意到的东西——可以宣布与情境无关，也因此与刚才说到的那种体验无关。……每一种东西都在起作用——不是作为物品的一部分，而是作为情境的一部分，而它的物性正是在这一情境中得以确立的”[⑤]。

在弗雷德看来，这是实在主义艺术对作品审美价值的一种外在追加。弗雷德借用托尼·史密斯的陈述，进一步批判道：“我并不认为它们（亦即他‘总是制作的雕塑’——弗雷德按）是雕塑，而是某种东西的在场。”[⑥] 当人们

---

① 迈克尔·弗雷德：《艺术与物性——论文与评论集》，张晓剑、沈语冰译，江苏美术出版社，2013年，第159页。

② 吴兴明：《论前卫艺术的哲学感——以“物”为核心》，《文艺研究》，2014年第1期。

③ 迈克尔·弗雷德：《艺术与物性——论文与评论集》，张晓剑、沈语冰译，江苏美术出版社，2013年，第161页。

④ 迈克尔·弗雷德：《艺术与物性——论文与评论集》，张晓剑、沈语冰译，江苏美术出版社，2013年，第161页。

⑤ 迈克尔·弗雷德：《艺术与物性——论文与评论集》，张晓剑、沈语冰译，江苏美术出版社，2013年，第163页。

⑥ 迈克尔·弗雷德：《艺术与物性——论文与评论集》，张晓剑、沈语冰译，江苏美术出版社，2013年，第165页。

醉心于剧场性的在场，甚至仅仅满足于剧场性的体验时，艺术作品原本的感性张力就会无足轻重，艺术就存在着被颠覆的危险。因此，在弗雷德看来，极简主义艺术所依托的剧场性，其存在本身，成了现代艺术甚至是艺术本身的敌人。

本文耗费篇幅介绍弗雷德批判极简主义艺术的观点，意在强调弗雷德揭示“剧场性”特性的启示。在弗雷德看来，极简主义艺术将自身还原成了一个简单苍白的物，而依托其展示的情境“剧场”设置来赋予以作品为中心的整个时空“气氛”以意义。这恰恰揭示了以艺术作品为核心的“非功能物”，在断裂性的、脱离日常生活世界连贯性的情境下，其意义的生成机制。

从根本上说，艺术作品都是功能物体系之外的边缘物，其物性根底所呈现的时空结构，就是一种与日常生活不同的“异域”。因此，从它们以“艺术品”“边缘物”的形象在世界之内与人们照面的那一刻起，其现身的情境、时空就是与日常生活的世界断裂的，甚至是异域性的，因而也是“剧场的”。这一时空特性根植于艺术作品中，而在艺术作品的现代主义思潮中，博物馆、美术馆、画廊等机构的承载媒介空前凸显出来。正如《论前卫艺术的哲学感——以“物”为核心》一文所言：“由于剧场性的设置，艺术边界从画框或雕塑体扩展到了对象、环境和欣赏者之间，成为一种含纳对象、环境和欣赏者三边关系的视界构成。这种活生生意义体验的状态就是前卫艺术极为重视的‘现场性’。”[①] 弗雷德看到了艺术现代主义思潮下“剧场性”的凸显，却未能注意到这种“剧场性”深植于艺术作品作为边缘物的时空结构深处，其本身就是艺术品尤其是现代艺术品不可替代的特质。

因此，在《艺术与物性》中，弗雷德也就错判了一点：极简主义艺术之所以空前凸显出“剧场性”的在场，并不是因为某种情境外在于艺术品本身的外部设置，而恰恰是极简主义艺术自身最为纯粹的“边缘物”之物感的源始时空召唤。在雅克·朗西埃看来，诞生于现代的美术馆，作为艺术作品的时空载体，以一种对日常时间向割裂“异域”的收藏，斩断了艺术品在日常生活中原有的物序，进行一种审美空间的再配置。因而，“我们的美术馆展示的是一个艺术的时空”[②]，并且“完成了对艺术时间性的多元化”[③]，其时空“剧场性”的在场，并不像某种观点认为的是单一的、平均的，而是由各个艺

① 吴兴明：《论前卫艺术的哲学感——以“物”为核心》，《文艺研究》，2014年第1期。

② 雅克·朗西埃：《审美革命及其后果》，赵文、郑冬梅译，见《生产》（第8辑），江苏人民出版社，2013年，第219页。

③ 雅克·朗西埃：《审美革命及其后果》，赵文、郑冬梅译，见《生产》（第8辑），江苏人民出版社，2013年，第221页。

术作品自身物性的时空结构所确立的多元呈现。因此，我们在美术馆可以看到前现代美术作品的“剧场性”——对于时代、风格和权力象征关系一定程度的复原和再现，以及这种时空营构本身与“现代美术馆”这一驻留于当下时空的张力关系；也可以看到极简主义作品的“剧场性”——一种单质、没有象征权力关系指涉的纯粹异域。

极简主义艺术作品是日常生活世界中“根本不存在”、不指涉历史、不指涉功能、不指涉意义，也不指涉具体形象的一种“创作物”，其物感本身，就是一种完全纯粹的、怪异的，背离于人们日常生活经验和理性的“异域感”。因而极简主义艺术就为我们打开了一个错置的时空——一块纯然的、让人无所适从的飞地——在那里，人在和物照面的瞬间产生一种脱离生活世界连贯性的眩晕，不知自己身处生活世界的何处。这一时空所呈现的，正是人在面对极简艺术作品的抽象、纯粹的物时，无法在现实和日常的惯性中找到支撑凭据的惶然时空感知。这一异域时空，让人们与物的物之本性、物最本己不可分析的物感遭遇，感觉与物相互开放，又不能为理性所揭示，呈现出一种生存本源不可揭示的“哲学感”①。

回到边缘物。我们借助对弗雷德的批判，锚定了两个观点。其一，边缘物作为生活世界功能物的体系之外的物，其物感的“异域性”，在与人照面时就展现出一种“异域”的时空结构，而这一时空结构就是弗雷德所言的“剧场性”，即周遭世界一切情境，对物在世界之内出场的组建营构。其二，“剧场性”的时空和氛围营构，就成为边缘物令人目眩神迷的缘由。当我们与艺术作品、古物等边缘物遭遇时，它们在我们的世界中与我们照面的第一瞬间就是“加框的”（弗雷德语，意指“剧场性”），令人心动的。我们因为某物心动，不仅在于这个物本身令我们心醉神迷，还在于“异域”之物的情境、氛围、时空组成的“剧场”，让我们在与日常生活脱离的异域时空中，得以暂时告别日常生活中绷紧的工具理性对我们的统治，在审美的瞬间中遁入“异域”，得到片刻自由和解放。

## 四

借助列维纳斯和弗雷德对于边缘物的论述，参照波德里亚，我们得以窥见“边缘物”现象学的“气氛价值”。

---

①　此处“哲学感”取吴兴明《论前卫艺术的哲学感——以“物”为核心》（《文艺研究》，2014年第1期）一文“哲学感”之义。

波德里亚在《物体系》中反复提及，但在“边缘物”中没有具体展开的“氛围”，其实质就在于此：边缘物的氛围，是物在脱离日常世界的连贯性后呈现出的自在之“物”赤裸无蔽，击穿感性心灵的物感，以及物的异质性物感斩断日常世界后呈现出的异态时空。古物作为过往历史中日常物的残片，被抛入当下，其在当代生活世界的现身即打开一种时空错置的断裂性呈现。抛除象征意义和外在的文化符号附加价值，古物之所以在物本身的层面动人、迷人，也正是因为这种古物展开的异态时空摄人心魄的梦幻感。

同时，这种时空结构源自边缘物自身的物感本源，在世界之内与人照面遭遇的瞬间，感觉与物相互开放。在这样一种审美经验中，异域向人不断敞开，人的感性心灵在这种遭遇中被激活，回复到一种源始生动的震颤之中。在这一源始的“物感震颤”中，无论是怎样的异域时空体验——惶然、可怖、归家、异托邦……都借由这一异域的展开，从而开启了一种本真体验和新的创造力。如《论前卫艺术的哲学感》所言：

> 由于现存世界的高度理性化，几乎一切领域都已经被理性所掌控，这种掌握背后的一个根本危机就是神秘的消失和原始创造力的萎缩。与各种理性的设计不同，异域的敞现是意识、理性无法控制的原始涌现。唯其如此，它才是人类原始创造力的回复。①

正因为如此，“边缘物”的价值是针对人们感性心灵本源的，是难以被系统化、符号化的。波德里亚在《物体系》中觉察到古物作为“边缘物”的源始的、难以被系统揭示的这一面向，进而提出了古物的气氛价值。不过，致力于建构现代性视域下物系统的波德里亚，没有过多渲染“边缘物”这一难以被编码和整合的面向，而是更多着力于揭示古物的象征价值——神话学的指涉、完美的中介的存有，以及这些指涉在消费社会的大潮中最终将古物编入系统的那一部分——消费社会“物-符码”中超卓的领域，从而制定“边缘物”的体系：收藏。然而，真正进入了收藏的体系之后，物之物性就不再重要了：“收藏者的升华与所收藏的物品性质无关（物品依着年龄、职业、生活环境而改变），而是来自他的狂热心态”②，“如此［收藏］对象也可以呈现一个社会性论述。但这时必须注意到一个明显的事实：呈现在其中的，很少是存在，而是缺乏”③。

我们难以否认波德里亚对古物的象征价值的阐释和符号化编码，以及对

① 吴兴明：《论前卫艺术的哲学感——以“物”为核心》，《文艺研究》，2014年第1期。

② 尚·布希亚：《物体系》，林志明译，上海人民出版社，2001年，第102页。

③ 尚·布希亚：《物体系》，林志明译，上海人民出版社，2001年，第119页。

古物所具有的文化资本、文化符号的分析。然而，如果忽略了波德里亚没有更详细论证的“气氛价值”，我们势必会错过功能体系之外的“边缘物”与我们本己的赤裸生存相遇时，最动人的那一部分。

## 五

到目前为止，我们都在探讨“边缘物”何以动人。然而，古物作为“边缘物”和列维纳斯所论述的纯粹异质的“边缘物”虽同处于日常功能物体系之外，但也有差别。

古物和艺术品的差异在于，其作为“边缘物”的物感斩开了日常世界的连贯性后，其“异域”有着明确的指向：古物被置造的“原生时空”。因此，古物的“异域感”不是飘忽不定的、惶然的异域，而是一个过往历史中确定时空对身处当下之人的召唤。古物的“异域”也不是纯粹的“异域”，只是与日常生活世界不同的属于过去时间的异态时空。然而当我们深入这层异态时空，就会发现过去历史时空中有我们熟悉的影子和残片：这让我们在面对古物“异域感”时，体验到归家的亲切多于对异域本身的震颤。

古物之所以动人，首先在于它作为“边缘物”，自身的异域性时空结构打破当下的日常生活世界连贯性，开启人的生存源始意义感。这一意义感的开启是一种感觉上时间的绵延，带领人们逃离现代，回到对于古物所在的遥不可及的过去的时间的注视与遥想之中，得以归家。无论是波德里亚所谓时间终结的神话学的象征价值，还是古物的物感自身展开的异态时空，缺席的时间再次出场的动人之处，一直让人沉溺其中而心醉神迷。人们为古物心醉神迷，很大程度上是因为这一“剧场”情境的时间绵延的“在场”令人悠然飘忽，“当下”时空的客观呈现与之冲撞，则加剧了这种沉溺于“真实经历过”的“异时间”的嬉戏快感。

其次，古物作为前现代象征物的“遗迹”，其存在本身，是过往历史时空中，天、地、人、神权力关系的象征指涉。古物在过往历史时空中的位置，是过去世界物序结构不可动摇的一个组件。而脱出这一语境结构，在现代这一“异时空”现身的古物，则脱离了原有的物序结构，成为过去历史的遗迹、现代的“边缘物”。因而，古物与其指涉的历史时空之间的关系，也不再是牢不可破的物序系统，而成为跨越时空、遥不可及的符号指涉。这样的古物在现代时空“物的解放”背景下，对过去社会、历史、权力关系的指涉，进入一种自由嬉戏的游戏状态。这也是席勒在《审美教育书简》所许诺的游戏状态：当古物从自身作为器具的何所用中摆脱出来，从历史时空的权力象征关系中挣脱出来，而返身与曾经作为器具的何所用、曾经被束缚的权力象征系统自由嬉戏，从而进入一种无目的的纯粹嬉戏的状态。古物因此获得一种无功利的审美价值。

作为“边缘物”的古物之所以动人，究其根本，还是在于其时间性。古物的时空结构决定了，其现身在现代性的时空背景下必然具有一种可供膜拜的“光韵”[①]。在现代性社会，我们所身处的日常世界的时间越是远离古物的时间，基于时间性“异域”的古物就越是动人。古物的“异域”时空开启的感性心灵的震颤和归家的源始感，是现代性社会分裂危机在主体内部层面（工具理性与主体整体的分裂，以及对主体的奴役）“解分化”的一种可能。在深入现代性日常生活的连贯性结构之中，越是深陷于现代性的工具理性系统，越是深陷于现代性连贯的、整体的、机械的日常生活，由作为系统的“异域”开启的古物的光芒就越是耀眼：这种来自过去时间的异域感，对于“现在”时间体验和日常整体生活连贯性带来的麻木感的穿透力会越来越强。

## 六

问题还剩一个：如果说古物以自身时空结构的异域感，得以在日常生活中召唤回人们对物最本真的源始感知，从而打动感性心灵，成为主体内部“解分化”的一种可能路径，那么，同样是脱离于功能物体系的“边缘物”，同样具有审美的动人价值，古物是否可以替代现代艺术，成为现代性审美价值的唯一模范？

之前说过，古物的异域感与现当代艺术作品最大的区别在于，其“异域”品质并非是飘忽不定的、飞离于生活世界之外的“异托邦”，而是历史长河中古物被置造的某个确定时空。这一时空品质就决定了，古物因此具有一种时间向度的归家感，加上其物感本身呈现出的曾经作为器具的“栖居”[②]感，以及对过去时间存有的完满神话象征价值，都让身处当下的人们，在这种“异域”中将自己的心灵寄托于斯。而现代主义之后的艺术品则不同，它以一种无根无凭、纯然的“异域”存在感，成为与日常世界完全割裂的飞地。人们在面对现当代艺术时，往往惶然无措，在物咄咄逼人的异域张力面前被迫放下自己以往的经验，打开自身赤裸无蔽的感性心灵。在现当代的前卫艺术中

① 瓦尔特·本雅明：《机械复制时代的艺术作品》，王才勇译，中国城市出版社，2002年，第13页。

② 取海德格尔“栖居”之义：人通过筑造和切近物，在天、地、人、神四维环化的切近中在物中栖居。详见海德格尔《筑·居·思》一文。马丁·海德格尔：《演讲与论文集》，孙周兴译，生活·读书·新知三联书店，2005年。

是很难找到归家感的，它们甚至主动剥去大众原有经验和工具理性思维，释放痛苦。而正是在这种痛苦之中，新的感性得以开启，人的感性经验被刷新重塑，在物与感觉的相互开放中，人的感性盛开，源始创造力得以开启，感觉领域被极大延展——前卫艺术难以言喻的“哲学感”由此生成。

相较而言，同为“边缘物”的古物的确不具有这种气质。古物是对于现代功能物体系的反抗，在被工具化、系统化、符号化的现代物序中，以一种召回源始归家之路的时空结构，反抗着现代连贯而刻板的日常生活。然而，古物毕竟不是纯然的“异物”，而是过去的时空中日常世界之置造掷入现代时间的残片。当我们沉迷于古物时间的“归家感”和器具外观的“亲近感”时，就错过了前卫艺术对我们感知边界的挑战、拓展和重塑。波德里亚在《物体系》中将人们对于古物的沉迷称为“心理退化”[①]，旨在提醒人们，古物既不能为我们提供现代的功用，也不能为我们打开未来的向度。

波德里亚批判古物时举的原始人对“技术物”心醉神秘这一“反向投射”[②] 例子，显然是太过粗暴了。现代人醉心于古物和原始人醉心于现代物，看起来似乎是一回事，都是试图占有缺席时间的一种拜物教，然而，两种物所铭刻的时间的时代气质，却天差地别。技术物在原始人心中的时间感知，是一种令人恐惧的未来感，是不确定的未来、力量上的巨大威能和可能性的无限深远。而古物所代表的时间，则是已经封闭完满、回到源始的神话神秘。诚然，这两种时间都是无法追溯和占有的。但相较而言，原始人眼中的技术物（以及身处现代的我们眼中的前卫艺术），其时间所标识的向未来敞开的可能性，则更接近于现代性的时代意识。古物的精神气质，从根本上来讲与现代性时代意识终究是背离的。

现代性的时间意识，从根本上来讲就是将自己看作一个“新的世界”，并时时刻刻向着未来开放。并且“当下从新的时代中把自己看作是现实中的当代，但它必须把与过去的分裂视为不断的更新”[③]。这就使得现代性的时代意识，必然要求自身摆脱过去，并且对未来保持开放；同时意味着现代性“新的世界”不断出现这样一种景象：新奇的、反叛的、面向不确定的未来的现象不断涌现。古物在现代性时代架构中的意义在于，它以过去“历史”的时空对“当下”进行反叛。然而它的指向又非未来，而是过去源始的起源神话。因此，古物作为边缘的、稀缺的、“真确”的物，在现代性的世界景观中零星出现时，曾一度被引为时尚。然而当其大规模出现在日常生活中，甚至成为

① 尚·布希亚：《物体系》，林志明译，上海人民出版社，2001 年，第 93 页。

② 尚·布希亚：《物体系》，林志明译，上海人民出版社，2001 年，第 93 页。

③ 于尔根·哈贝马斯：《现代性的哲学话语》，曹卫东译，译林出版社，2011 年，第 8 页。

设计统的摄性、垄断性的符号和元素时（例如近二十年大量“中国风”符号在建筑、衣饰和其他时尚领域的泛滥），它就马上变成现代性时代意识的反动力量。

此外，古物还存在着一个小小的缺点：古物不能被追问真伪。波德里亚曾认为，因为古物的本质只是神话学的一个记号，因此古物和赝品其实没有任何区别。甚至因为古物稀缺，因此在经济学意义上，“现在只有赝品才能满足对‘真确性’的渴望”[①]。然而，这一判断的前提，在于古物的真假不能被追问，一旦追问，古物就从远古洪荒神话完满的时空结构中，被这一追问拽回日常工具理性的连贯性生活，被日常生活收编。当我们以在世寻常的目光打量古物时，作为物的古物就不再动人，而真正成为一个价格昂贵或是一文不值的记号。因此，对古物真伪的追问，永远是悬在古物“动人”价值头上的一把达摩克利斯之剑。

**作者简介：**

张一骢，四川大学文学与新闻学院艺术学理论专业博士研究生。

① 尚·布希亚：《物体系》，林志明译，上海人民出版社，2001年，第95页。

# 物感与现代艺术

匡　宇

对物之物性的解释，贯穿了西方思想史的全过程。但是长期以来，人们却都是在由比喻和符号所给出的概念框架视角去描述艺术作品。尽管在当前中国艺术学理论的研究中，有学者敏锐地察觉到了物美学在艺术理论和美学哲学领域中的欠缺，并提出了物感主义的理论主张，但是就目前国内艺术理论研究而言，关于物美学的探讨依然尚未得到足够的重视与明晰。因此，对艺术作品的物性问题、现当代艺术的物性凸显问题的思考，仍然是一个亟待深度发掘和探索的领域。

以物感为核心的艺术批评理论话语及其艺术实践活动，提出了这样的要求——“人与‘物’在功能性关系之外的另外一种关系的创造性开启：比如在音乐中心灵与旋律之间的律动关系，在山水中人与物之间的融入关系，在物色欣喜中人与物相互映照的关系，在自然节令中人与物相互的感应关系，在种种创造性涌现的新物的惊喜中，人与物相互朗照和敞开的关系。”（许燎源、邱晓林、吴兴明：《物感主义宣言》）

本专栏的四篇文章，皆围绕“物感与现代艺术”的相关题域展开分析，旨在通过基础理论及个案研究呈现当代艺术的物美学问题。匡宇的《朝向物的目光：论弗雷德、极简主义与物感》，对弗雷德关于艺术与物性的相关话语进行了认识论与思想病理层面的清理，并对以物感为核心的艺术批评话语和艺术实践进行扼要的思考与陈述。卢迎伏的《寻获“新声音”：西方现代音乐中的听觉现代性的自我确证之路》，对“新音乐”的现代时期及其音乐流派进行了梳理与讨论，并指出寻获“新声音”就是回到其全然属己的媒介的听觉现代性的自我确证之路。邓喜军的《重识罗丹：现代雕塑的媒介觉醒与形的突破》，以罗丹的雕塑为核心，指出艺术创作的重心经由再现对象、模仿自然，转向了媒介平面和媒介立体性视觉效果的营构。张兵的《论物感理论视野下艺术现代性出场的四种表现》则指出，自现代主义以来的诸多艺术演进，媒介、物性、物感、异域感的凸显，成为物感理论中现代性出场的不同表现，推进、深化着艺术领域内分化与解分化的张力结构。

# 朝向物的目光：论弗雷德、极简主义与物感*

匡 宇

**摘 要**：在当代美学与艺术理论中，对艺术作品的物性问题、现当代艺术的物性凸显问题的思考，仍然是一个亟待深度发掘和探索的领域。本文对弗雷德在《艺术与物性》与其他相关文章中表达的关于极简主义艺术、实在主义、物性与剧场性等方面的观点，进行了概括与分析。进而反思极简艺术的意义，并对弗雷德的相关批评话语进行了认识论与思想病理层面的清理。在此基础上，对以物感为核心的艺术批评话语和艺术实践，进行扼要的思考与陈述，以说明这一理论话语进路与实践主张的意义、途径与可能。

**关键词**：弗雷德 艺术与物性 极简主义艺术 物感

## 引 言

1950年，罗斯科（Mark Rothko）为在华盛顿举办的艺术展“绘画预言”（Painting Prophecy）撰写了前言。这篇题名为《个人宣言》（*A Personal Statement*）的短文中，罗斯科说：“我忠诚于世界的物质现实与事物的本质……抽象艺术家们让材料的存在具有一种不可见的场域和节奏。但是我不认同他们拒斥趣闻轶事，正如我否认拒斥整体现实的物质性存在。对于我而言，艺术既把精神性当作趣闻轶事，也是创造具体存在的唯一途径。艺术，充满着骤变与沉静。”①

在此，罗斯科道出了抽象艺术家的坚持与理想。世界的物质现

* 本文系四川大学一流大学建设人才人物培育工程专项项目“前卫艺术与现代性问题研究”(skzx2016-rcrw20)阶段性成果。

① Mark Rothko, “A Personal Statement”, published in *A Painting Prophecy*, 1950, catalogue of a group exhibition held at the David Porter Gallery, Washington, D. C., February 1945; reprinted in *Mark Rothko*, 1903-1970, Exhibition catalogue, London: Tate Gallery, 1987, p. 82.

实（material reality of the world）所强调的，是世界本身所具有的实在性。但是，这种实在性却并非由一种客体性的世界所具有。如果将事物的本质（the substance of things）理解为整体现实的物质性存在（material existence of the whole of reality），那么对于艺术家而言，创造性冲动的满足就意味着：通过对具体存在物的塑造，抵达对一个世界的创造；这个被创造的世界，不是客观现象所构成的世界，而是"客观存在物、遥不可及的梦境、虚无缥缈的记忆与错觉"① 三者享有同等价值的艺术之世界。

与弗雷德（Michael Fried）在《艺术与物性》（Art and Objecthood）② 一文中的论断相比，罗斯科声明所包含的内容与意义，更加让人信服——艺术作品的创造，根本不存在着弗雷德所谓的艺术要求与物性条件之间的直接冲突。③ 对于抽象艺术家或现代艺术而言，由实在主义（literalist）所支持的物性并非意味着"非艺术的条件"（the condition of non-art），抽象绘画与雕塑所寻求的也并非如弗雷德所说，是以这样那样的方式瓦解物性或将物性中立化。④ 恰恰相反，正是通过艺术的创造实践活动，物性或实物艺术获得了与精神、幻象、神话等层面内容相等的世界性组建功能与意义。弗雷德在艺术与物性问题上的解释，与作为抽象艺术家的罗斯科的声明，之所以有着如此大的差异，一方面是因为前者"对艺术中物性凸显的理解混合着对物性、艺术、现代性关系的诸多误解，饱含了对'物性凸显'之真实动力和价值的严重曲解，其倾向与现代艺术突进的走向更是南辕北辙"⑤。另一方面，艺术家在创作之前，都会沉思诸物本质的梦想。过分几何性的精神，过于分析性的视角，充满职业词语的美学评论，这些因素都成为阻碍参与物之元素力量的理由，而艺术创作的萌芽，却恰恰产生于艺术家对物之元素进行想象的探索之时。⑥

巴什拉（Gaston Bachelard）曾说，他思考物质的美的概念之际，立即对美学和哲学中物质因的欠缺感到震惊。⑦ 的确如此。正如海德格尔指出，对物

---

① 罗斯科：《艺术何为：马克·罗斯科的艺术随笔（1934—1969）》，米格尔·洛佩兹·莱米罗整理，艾蕾尔译，北京大学出版社，2016 年，第 79 页。

② Michael Fried, *Art and Objecthood: Essays and Reviews*. Chicago: University of Chicago Press, 1998, pp. 148－172.

③ I Michael Fried, *Art and Objecthood: Essays and Reviews*. Chicago: University of Chicago Press, 1998, p. 153.

④ Michael Fried, *Art and Objecthood: Essays and Reviews*. Chicago: University of Chicago Press, 1998, p. 41.

⑤ 吴兴明：《论前卫艺术的哲学感：以"物"为核心》，《文艺研究》，2014 年第 1 期，第 11 页。

⑥ 巴什拉：《被元素激活的画家》，见《梦想的权利》，顾嘉琛、杜小真译，华东师范大学出版社，2013 年，第 50－54 页。

⑦ 巴什拉：《水与梦：论物质的想象》，顾嘉琛译，河南大学出版社，2017 年，第 4 页。

之物性的解释贯穿了西方思想史的全过程，但是长期以来，人们却都是在由比喻和符号所给出的概念框架视角中去描述艺术作品的。[①] 尽管在当前艺术学理论的研究中，有学者敏锐地察觉到了物美学在艺术理论和美学哲学领域中的欠缺，并提出了物感主义的理论主张，但是就目前国内艺术理论学界的话语生产而言，关于物美学的探讨依然尚未得到足够的重视与明晰。因此，在美学与艺术理论中，对艺术作品的物性问题、现当代艺术的物性凸显问题的思考，仍然是一个亟待深度发掘和探索的领域。

本文的第一节，将简要概括弗雷德在《艺术与物性》与其他相关文章中表达的关于极简主义艺术、实在主义、物性与剧场性等方面的观点。第二节将评述与反思极简艺术的意义，以及弗雷德对相应问题的认识论错位与思想病理。最后，将对以物感为核心的艺术批评话语和艺术实践，进行扼要的思考与陈述，以说明这一理论话语进路与实践主张的意义、途径与可能。

## 一、弗雷德论艺术与物性

弗雷德的论文《艺术与物性》(1967 年)，标志着他艺术批评生涯的理论高峰。这篇论文，通过对三位主要的极简主义艺术家——唐纳德·贾德(Donald Judd)、罗伯特·莫里斯(Robert Morris)及托尼·史密斯(Tony Smith)的系列文本及其相关主张的分析，表达了弗雷德所理解的现代主义对极简艺术(Minimal Art)的尖锐批判。

格林伯格(Clement Greenberg)在其著名的论文《现代主义绘画》(Modernist Painting)中，指出了现代主义绘画艺术的基本特质，即绘画的平面性：

> 现实主义的、自然主义的艺术将其媒介掩盖起来，用艺术来掩盖艺术；而现代主义则用艺术来唤起对艺术自身的注意。构成绘画媒介的某些限制——平面，支撑物的形状和颜料特性——曾被传统的绘画大师们视为消极因素，只在暗地里或并不直接地加以承认。现代主义绘画却把同样的这些限制当作积极因素，并公开予以承认。……在现代主义的绘画艺术批判和限定自身的过程中，强调不可避免的平面性是比其他任何方面都更为重要的特征。平面性是绘画艺术所独有的特性，封闭的画面形状是一个限制性的条件或规范……由于二维的平面性是其他艺术没有的，

① 海德格尔：《艺术作品的本源》，见《林中路》，孙周兴译，上海译文出版社，1997 年，第 4—6 页。

> 但却是绘画独有的条件，所以，现代主义绘画也就朝向了平面性，好像除此之外别无他物似的。……随着现代主义的出现，绘画艺术的其他主要规范也经历了同样彻底的变化，虽然并不是那么引人注目。画的封闭性形状或画框的规范（是如何）被一代代现代主义画家打破，尔后又被坚守，之后又再次被打破，然后又被分离出来并坚守不移；或者完成性、颜色肌理、明暗和色彩对比的规范（如何）被修改和再修改。[①]

通过转向平面性，现代主义绘画回到了绘画自身，回到了对绘画自身的媒介与形式的凸显。在弗雷德看来，这种由格林伯格所指出的现代绘画回到媒介，实际上就是现代主义对画布或画板的图画基底之实在特征的明确意识。画面基底的平面性，就是绘画之实在性的体现；这种基底的实在性，又可以被理解为一种“物性”（objecthood）。现代主义绘画将基底作为媒介来看待，意味着艺术家明确意识到了画面内容与作为媒介的基底之间存在某种张力，而作品就是对这种张力的巧妙处理。格林伯格在《抽象表现主义之后》（After Abstract Expressionism）一文中指出：“在现代主义的检测下，绘画艺术越来越多的惯例已被证明是可有可无的、非本质的。到现在为止，人们已经确信，绘画艺术不可还原的本质似乎是由两个基本的惯例或规范构成的：平面性与平面性的划定；遵守这两个标准足以创造一个可以被经验为一幅画的对象：因此，一张展开的或被钉起来的画布，就已经作为一幅画存在——尽管并不必然是已付成功的画。”[②]

20 世纪 60 年代出现的极简艺术，在一定程度上符合了格林伯格勾勒出的现代主义艺术回到媒介的发展逻辑。但是，弗雷德却并不认同极简艺术在这种逻辑支配之下所展开的艺术活动。他认为，现代主义所要求的对媒介的承认，在极简艺术那里变成了对“物性”（objecthood）的直接凸显，这是对现代主义的背叛。在他眼中，极简艺术这种对物性的强调所具有的“实在”态度，最终转化为一种“实在主义”（literalism），而极简艺术家则可以被称为“实在主义者”（literalist）。实在主义者所持的是一种还原论上的绘画观：绘画的本质就是绘画基底的实际的样子，或其物理实在的特征。这些极简艺术的实在主义者们，或者对通过重复单元而实现的整全性感兴趣，或者对免除了可分化性的单一形式与强力结构感兴趣——在此，弗雷德认为他们注意的关键因素是“形状”——“实在主义艺术将赌注全部押在了作为物品的既定

---

① 格林伯格：《现代主义绘画》，周宪译，见周宪编，《艺术理论基本文献·西方当代卷》，生活·读书·新知三联书店，2014 年，第 93、95 页。

② Greenberg, “After Abstract Expressionism”, *Art International* 6, Oct. 25, 1962, p. 30.

特质的形状上……它并不寻求击溃或悬搁它自身的物性，相反，它要发现并突显这种物性。”①

弗雷德的这种看法，是与当时他对现代主义绘画的形状本身（shape as such）问题的关注相吻合的。在《艺术与物性》出版的前一年（1966年）发表的《形状之为形式：斯特拉的不规则多边形》（Shape as Form：Frank Stella's Irregular Polygons）一文中，形状不仅是指基底的轮廓或实在形状（literal shape），也不仅是指画面各要素的外形轮廓或所绘形状（depicted shape），而且是指“作为一种媒介的形状，关于实在形状与所绘形状的选择就在此媒介内彼此呼应地做出”②。弗雷德认为，现代主义绘画一方面承认了图画基底（picture support）的平面性实在特征，但另一方面却发展出一种新的、独特的视错觉（optical illusionism）来抵销（neutralizing）图画基底的平面性。换言之，现代主义绘画的成就被弗雷德理解为，如何在作为中介的形状本身之中，调节平面性实在特征与新错觉主义视觉模式之间的张力关系。斯特拉（Frank Stella）的不规则多边形画，成功地避开了实在主义的诱惑，选择了现代主义的道路。与之相对，诺兰德（Kenneth Noland）、奥利茨基（Jules Olitski）等人的喷漆画，却没有解决好错觉主义模式与基底边界之间的冲突，结果任由基底边界的实在性或物性被感觉到——“诺兰德的一幅画不能被说成是作为形状保持着（hold as shape），也不能被说成是需要作为形状保持着，而只能说是具有一个形状，就像世间任何坚实的物品一样。或者毋宁说，形状本身好像是世间的一种物品；这种物品由于对绘画结构很重要才脱离绘画的错觉式呈现而受到关注。”③ 所以，正是在这种关系结构中，以斯特拉、诺兰德（Kenneth Noland）为正反两面代表的现代主义绘画的最新发展，为作为形式的形状提出了一种责任，即让我们信服我们所看到的作品是绘画，而不是日常生活中的物品。对此，弗雷德说，“只有在对这个冲突的呈现中，一幅既定绘画是作为形状保持还是自我彰显的问题，才会有意义，或者毋宁说，只有在这里，‘形状本身的生命力’这一论题才体现出一个特殊阶段在解决或展现关于承认、实在性、错觉诸问题方面的特点。”④

---

① 弗雷德：《艺术与物性：论文与评论集》，张晓剑、沈语冰译，江苏美术出版社，2013年，第158—159页。

② 弗雷德：《艺术与物性：论文与评论集》，张晓剑、沈语冰译，江苏美术出版社，2013年，第93页。

③ 弗雷德：《艺术与物性：论文与评论集》，张晓剑、沈语冰译，江苏美术出版社，2013年，第98页。

④ 弗雷德：《艺术与物性：论文与评论集》，张晓剑、沈语冰译，江苏美术出版社，2013年，第103页。

基于上述观点，弗雷德对极简主义艺术进行了严厉的批判。这种批判的理由，不是20世纪60年代出现的年轻艺术家们完全无视了现代主义绘画的实在特征，不是他们对实在性与新错觉主义视觉模式之间的冲突视而不见。恰恰相反，弗雷德之所以批判他们，是因为这些极简主义艺术家们，并未辩证地处理这种冲突关系，而是对作品的实在性诉求作彻底的激进化处理，从而无视弗雷德所指认的现代主义绘画的责任或律令。弗雷德说："已经有一些年轻艺术家，对他们的感性来说，基底的实在特征与某种错觉之间的一切冲突都不可容忍，从而，对他们来说，艺术的未来就在于创造完全实在的作品——就此而言也是'超越'绘画的作品。显然，我所谓的实在主义感性(literalist sensibility)，本身乃是现代主义绘画自身发展的产品或者副产品，更准确地说，是日益明确地承认基底之实在特征——这种承认处于现代主义绘画发展的核心——的产品或副产品。"①

上述理论立场，在《艺术与物性》中得到了进一步的强化与明确——在理论话语建构的意义上，一种现代主义与非现代主义的对立，被弗雷德人为地塑造出来。弗雷德认为，现代主义绘画的律令在于击溃或是悬搁了它自身的物性，其关键因素在于形状；而形状必须隶属于绘画，而非物之实在性层面。但是，以极简主义为代表的实在主义艺术，却将全部精力和重心投注到了物的形状上。"在实在主义对物性的支持——它似乎完全是以其自身的权利而成为艺术的——与现代主义绘画通过形状的媒介来击溃或悬隔它自身的物性这一自我强加的律令之间，存在着尖锐的对立。事实上，从最近的现代主义绘画的角度来看，实在主义的立场表现了不仅异化于它自身，而且还与它自身相对的感性：从那样的角度看，艺术的要求与物性的条件，仿佛是直接相冲突的。"②

弗雷德进而认为，实在主义艺术所凸显与实体化的物性，只是对新型剧场的一种追求；这种剧场化（theatrical）的实在主义之感性追求，是艺术的反题，是现代艺术的堕落。由于极简艺术的作品被还原到了物的实在状态，所以其本身的空洞必须借助与外部环境的关系与剧场式展示，才能触发观众产生有意义的体验。也就是说，极简艺术物性凸显所要求的剧场性，基于对作品与观众之间发生互动关系的考量。这种剧场性至少包含两方面的内容。一方面，极简艺术追求剧场式的展示方式，关注的是观众与实在主义作品遭

① 弗雷德：《艺术与物性：论文与评论集》，张晓剑、沈语冰译，江苏美术出版社，2013年，第103页。

② 弗雷德：《艺术与物性：论文与评论集》，张晓剑、沈语冰译，江苏美术出版社，2013年，第160页。

遇的现实环境。于是，极简主义艺术或实在主义的艺术作品，其布展方式就总是力求达到舞台的在场（presence）并重视其场面调度的效果。另一方面，极简艺术希望达到对一种新感受方式的呈现，而这一努力在弗雷德看来却带来巨大的问题。由于这种感受方式类似于传统的剧场体验，因此，“现代主义绘画击溃或悬搁其物性的律令，究其本质而言就是它击溃或悬搁剧场的律令。而这就意味着，在剧场与现代主义绘画、剧场性与绘画性之间，存在着一场正在进行的战争……一场有关经验、信念和感性的战争”[①]。

## 二、意义、认知与错位

弗雷德对极简主义、艺术作品的物性，以及剧场性和实在主义者的抨击，是如此的激烈，以至于当我们阅读《艺术与物性》一文之际，仿佛读到的并非是一篇学院派的理论文章，而是一则现代主义艺术针对极简艺术的意识形态战斗檄文。不过，这篇檄文所持有的理论话语之前提条件、观点主张与思想视野，却值得进一步商榷和反思。对此，福斯特（Hal Foster）曾明确指出，“弗雷德是一位关于极简主义的出色批评者，这倒并不是由于他对极简主义的控诉是正确的，而是因为他帮助我们理解了极简主义对于晚期现代主义的威胁”[②]。换言之，尽管弗雷德在《艺术与物性》中努力证明他自己的观点主张，但是这些主张却是错误的。如果说弗雷德所做的工作取得了一定的成果，那么这种成果也仅仅是在反证的意义上，向我们展示出极简主义在艺术史和艺术思潮上所具有的历史效应。

福斯特对弗雷德展开批判的着眼点，主要还是在如何理解与解释极简主义艺术的问题上，即通过解读弗雷德的基础文本所形成的反记忆（counter-memory），来对晚期现代主义、新前卫艺术与极简主义之间的辩证关系进行定义，从而标明极简主义艺术是通往后现代主义艺术实践的一种范式转换的关键转折点。[③] 与弗雷德近乎意识形态批判的尖锐立场不同，福斯特对极简主义艺术及其艺术史和艺术理论效应，持一种积极的态度。这种差异的根源，并非仅仅来是艺术批评家所各自拥有的批评方法与动机，更为重要的是，以

---

① 弗雷德：《艺术与物性：论文与评论集》，张晓剑、沈语冰译，江苏美术出版社，2013 年，第 169 页。

② Hal Foster, *The Return of the Real: Art and Theory at the End of the Century*. Cambridge: MIT Press, 1996, p. 53.

③ Hal Foster, *The Return of the Real: Art and Theory at the End of the Century*. Cambridge: MIT Press, 1996, p. 36.

弗雷德、克劳斯（Rosalind Krauss）和克拉克（T. J. Clark）等人为代表的上一代艺术批评家，"对现代主义艺术共同拥有一种深刻的确信，而这种确信在某种意义上是一代人的信仰"[①]。对于这一代批评家而言，这种关于现代主义艺术的信仰，"可能会将批评家置于现代主义艺术的症结问题上，并由此引导他们更多地关注现代主义艺术所具有的矛盾，而非它的成功之处"[②]。换言之，这种对现代主义艺术所持的坚硬前理解，促成了弗雷德对极简艺术及其相关问题的严重误读。当然，福斯特对弗雷德的论议，是较为委婉和迂回的，然而，如果不对后者进行彻底反思，我们或许就无法对现当代艺术的发展趋势，以及艺术与物性问题深入关联产生恰当的理解。就弗雷德的主张而言，至少有三个方面的内容需要得到进一步的清理。

首先，是关于极简主义艺术的意义解读问题。在关于这种艺术的意义、接受史与理论话语谱系的研究中，福斯特在《极简主义的关键问题》（The Crux of Minimalism）[③]一文中认为，在艺术批评中，对极简主义艺术的重大误读有两个层面的内容。第一个重大误读，是对极简主义艺术进行一种还原性（reductive）的解读。在这种解读中，诸如格林伯格之类的批评家把极简主义艺术视为一种对艺术构思的技术呈现，或者视为向特定的现成品（readymade）范式的回归。第二个重大误读，就是对极简主义艺术进行一种观念论（idealist）的解读。这里所谓的观念论解读，其实就是指将极简艺术化约为一种观念艺术或概念艺术，认为它是对纯粹形式的抓取、对逻辑结构的描绘、对抽象思维的具象表现，以及通过现成品的挪用并列、篡改置换和转化再造，从而实现对特定观念或概念的表达。[④]

这两种解读之所以是严重误读，是因为它们都对极简主义艺术所具有的非还原性和非观念性特质视而不见。一方面，极简艺术是根据具体的地点和空间，在各种物品之间进行重新定位、转化和定义。而在这种过程中，观看者拒绝了形式艺术所保有的独立自主空间，并退回到了此时此地；与此同时，观看者也不是在对作品表面进行审视，不是要寻找其媒介属性的地形分布，而是受到作品激发去探索在一个既定地点的某种特别介入所造成的知觉效果。

---

① Hal Foster, *The Return of the Real: Art and Theory at the End of the Century*. Cambridge: MIT Press, 1996, p. xiii.

② Hal Foster, *The Return of the Real: Art and Theory at the End of the Century*. Cambridge: MIT Press, 1996, p. xiii.

③ Hal Foster, "The Crux of Minimalism", in *The Return of the Real: Art and Theory at the End of the Century*, pp. 35—70.

④ Hal Foster, *The Return of the Real: Art and Theory at the End of the Century*. Cambridge: MIT Press, 1996, p. 40.

换言之，如果我们承认只有效果最终容许我们去定义艺术的现象性，[①] 那么，这种极简主义所开辟的根本性重新定位，并非是对构思的还原，而是对作为现象的艺术作品之自身给予性（self-givenness）的显示。从这个角度来看，在《形状之为形式：斯特拉的不规则多边形》与《艺术与物性》等文中，弗雷德恰恰是从形式主义的角度对作品表面进行解析。通过解析作品媒介属性的地形分布，来固化现代主义绘画的艺术特性，同时也以相同的理由，对极简主义艺术、艺术的物性、新前卫艺术等层面的问题进行板结化的否定处理。对此，吴兴明指出，

> 由于剧场性的设置，艺术边界从画框或雕塑体扩展到了对象、环境和欣赏者之间，成为一种含纳对象、环境和欣赏者三边关系的视界构成。这种活生生的意义体验状态，就是前卫艺术极为重视的“现场性”。然而，弗雷德所强调的却是所谓艺术自律性的边界涵义……所捍卫的仍然是绘画的平面性、雕塑的三维性作为一个完整艺术品规定的传统惯例。……在媒介与物性的关系上，弗雷德忽视了一旦去除了对意识内容的表达，即视觉或语言的符号性，媒介所呈现的就是直接的物态、物感觉。[②]

另一方面，从艺术作品的自身给予性显示角度来看，极简主义作品就可以被把握为一种现象由其自身给出自身。在此自身给予中，作品现象把特定时空中知觉和身体的偶然性，与概念的纯粹性进行了糅合，从而其给出和显现不需要先验主体性赋予其意义，也不被预先确定为存在或在场——恰恰相反，由于物品在特定地点和空间中的定位与转化，由于知觉和身体之偶然性的参与，作为现象的作品是不可以被预先定义的，其意义只能在作品与观者的交互性关系中得以识别。由于交互关系的流动、变异和不确定性，这一被识别而出的意义，就始终是处于发生、生长、演变、隐没和消解的过程中。正是在这种运动的层面上，罗莎琳·克劳斯（Rosalind Krauss）从主体间性的角度对极简艺术所作的判断，才是极为深刻的——极简主义艺术的支柱就是意义的本质和主体的状态；这两者都为人们所共有，而并不是个人的所有物；它们从身体与世界的真实联系中得以诞生，而不是出自于观念和概念的精神空间。[③]

---

① Jean-Luc Marion, *In Excess: Studies of Saturated Phenomeno*. New York: Fordham University Press, 2002, p. 59.

② 吴兴明：《论前卫艺术的哲学感：以“物”为核心》，《文艺研究》，2014 年第 1 期，第 12 页。

③ Rosalind Krauss, “Sense and Sensibility: Reflections on Post '60s Sculpture”, *Artforum*, November 1973.

第二个需要清理的方面，是弗雷德关于极简主义及其所表征的晚期现代主义的认知方面的问题。正如福斯特所指出，在现象学意义上，极简艺术力图超越的，是关于主体和客体二分的传统形而上学二元论；它主要关注的，是艺术的知觉条件和如何突破艺术的惯例性（conventionality）限制，而不是艺术的形式要素和绝对存在。因此，极简主义与晚期现代主义艺术一样，都是自我批判的艺术，但是前者的分析方式更倾向于认识论而非本体论。更为重要的是，通过强调知觉的暂时性，极简主义威胁到了现代主义美学的学科秩序，这种学科秩序将视觉艺术严格限定为空间艺术。①

弗雷德明确意识到了这种威胁，这也就是他反对极简主义的关键理由。因为，他并未跨出形式主义所圈定的体制界限，反而沿袭了格林伯格的看法，认为这种先锋艺术是晚期现代主义艺术的一种幼稚堕落。在《艺术与物性》中，托尼·史密斯有一段话，被弗雷德批判性地征引。

史密斯描述了20世纪50年代初，他在尚未竣工的新泽西高速公路上的一次夜行。就描述者而言，这段美妙有趣的经历，强烈地冲击着他，并赋予他某种不可言明的美感，而这种美感，却又不是属于艺术的。在弗雷德看来，史密斯所发现的，并不是艺术本质的揭示，而是其终结的宣告；这种震撼人心的源初体验，只不过是对称为"剧场"的东西的体验。② 弗雷德用一种几乎是原教旨主义的话语判断道，艺术走向剧场状态时就堕落了。"剧场是一个将各种似乎分散的活动联系在一起的公分母，而这就使得这些活动从现代主义艺术的事业中明显地区分出来。这里，正如在别处一样，价值或水平的问题是关键。……各种艺术之间的藩篱正在消失，各种艺术本身终于滑向了某种最终的、闭塞的、高度称心的综合。而事实上，各门艺术从来没有像现在那样更明确地关注过构成它们各自本质的惯例。"③

弗雷德对剧场性及其无穷性（endlessness）的谴责，对现代主义艺术作品中崇高的瞬间性（instantaneousness）的颂扬，以及对由瞬间性造就的历史范式、美学要素和在场性神圣恩典（grace）的高度认同——福斯特尖锐地指出，"这种审美，确实依赖于一种信仰活动"（its aesthetic does depend on an

---

① Hal Foster, "The Crux of Minimalism", in *The Return of the Real*: *Art and Theory at the End of the Century*. Cambridge: MIP Press, 1996, p. 40.

② 弗雷德：《艺术与物性：论文与评论集》，张晓剑、沈语冰译，江苏美术出版社，2013年，第166—169页。

③ 弗雷德：《艺术与物性：论文与评论集》，张晓剑、沈语冰译，江苏美术出版社，2013年，第173—174页。

*act of faith*)[①]。换言之，在认知层面上，弗雷德关于现代主义艺术的理解，并不是单纯的艺术理论话语，更是一种在艺术理论话语包裹下的意识形态信奉。

因此，需要清理的第三个方面，就是弗雷德在关于艺术与物性、极简主义艺术，以及晚期现代主义等问题上认识论的多重错位。

正如上文所述，第一重错位发生在对极简主义的意义理解上。弗雷德对极简主义进行了一种本体论而非认识论的解释。第二重错位，发生在对现代主义艺术的惯例性质及其美学现代性的理解上。弗雷德将极简主义，以及晚期现代主义艺术中那些突破了所谓惯例性质的前卫艺术，判定为幼稚的堕落。其理由在于，这些艺术作品的越界不是艺术进入生活的辩证扬弃，而只是造成了一种没有边界的事件，或者获得了物品的实在性。这种实在主义的前卫艺术之所以是剧场化的，一方面是因为它涉及日常时间——而这一属性，并非属于在分化逻辑的基础上得以明确自身的视觉艺术。另一方面，对于艺术的品质（quality）和价值（value）概念而言，它们只有在业已分化完成并形成相应的体制框架之各门艺术内部，才是具有充足意义的。但是，剧场却是位于各门艺术之间的东西。[②]“因此，即使是艺术体制的自律性原则没有受到极简主义的威胁，旧的启蒙运动中的艺术秩序，即时间艺术相对于空间艺术的秩序，也受到了威胁。这正是为什么剧场是对艺术的否定，也是为什么极简主义必须收受谴责。”[③]

弗雷德相信，判断艺术作品的优劣，甚至判断它们是否可以被当成艺术品来加以把握，只能依据品质的标准。弗雷德说：“正如对实在主义的一般感性来说，重要的只是一件既定作品能否引出或维系兴趣。而在现代主义艺术中，惟有确信——特别是确信一件特定的绘画或雕塑或诗歌或音乐作品能否经得起与以往那些品质不成问题的作品的比较——才是重要的。”[④] 这样一来，弗雷德就不仅将所谓实在主义艺术进行了价值尺度上的批判与贬低，甚至将它们完全放逐出了现代艺术的疆域。

不难看出，弗雷德强调品质之于趣味的优先性地位，并将品质所意味着的特殊审美判断力，作为比较特定艺术作品的规范性标准加以使用——但实

---

① Hal Foster, “The Crux of Minimalism”, in *The Return of the Real: Art and Theory at the End of the Century*. Cambridge: MIP Press, 1996, p. 52.

② 弗雷德：《艺术与物性：论文与评论集》，张晓剑、沈语冰译，江苏美术出版社，2013年，第174页。

③ Hal Foster, “The Crux of Minimalism”, in *The Return of the Real: Art and Theory at the End of the Century*. Cambridge: MIP Press, 1996, p. 52.

④ 弗雷德：《艺术与物性：论文与评论集》，张晓剑、沈语冰译，江苏美术出版社，2013年，第174页。

际上，所谓品质，也依然是一种趣味或判断而已。与此同时，他又将这种比较，提升为一种划定现代主义艺术美学机制的手段。因此，此处所发生的认识论断裂与错位，其关键在于：弗雷德所论证和辩护的命题，或者说，他关于现代主义艺术的意识形态信奉，实质上是一种不同于规范性逻辑的价值取舍和偏好判断；然而，他却将这种价值取舍和偏好判断，作了一种规范性的运用。“规范告诉我们的是，应当做什么；而价值告诉我们的则是，什么值得去做。”[①] 价值取舍和偏好判断，其根底是一种意志，它被设定为不服务于任何目的，而只是服务于自我超越，它所实现的，是一种所谓的自由本真经验。除此之外，价值取舍和偏好判断总是在一种比较关系中运作——它们告诉我们，某些善好、某些品质、某些价值比其他的善好、品质和价值，更有吸引力，更值得追求和维护。就此而言，弗雷德的价值取舍和偏好判断被误用为具有规范性意义的艺术品之“品质”。而“品质”，实际上又奠基于某种特殊的审美判断之中，这种特殊的审美判断或感性经验，来自于并捍卫着艺术自律性的边界含义——“‘在任何一个时刻作品本身都是充分显示自身的’那种对象性的艺术边界，那种在‘艺术内部’已经完成了的对象性构成。这是一种不因外部条件的变化而改变，不管你看不看、怎么看，对象都依然构成自己‘永久持续的在场之中的那种状态’。弗雷德所捍卫的仍然是绘画的平面性、雕塑的三维性作为一个完整艺术品规定的传统惯例。”[②]

对此，福斯特指出，

> 当贾德含蓄地以兴趣（interesting）来反击品质之际，[③] 弗雷德则明确地以信念（conviction）来对抗兴趣。正如格林伯格一样，弗雷德力图诉诸兴趣的准客观标准，即诉诸艺术所具有的独特历史中的特殊判断力，从而把这种信念从主观主义那里拯救出来。简而言之，弗雷德所要求的是一种对艺术的奉献。在“强迫的信念”（compel conviction）这个词当中，

---

① 哈贝马斯：《论理性的公共运用》，见《包容他者》，曹卫东译，上海人民出版社，2002年，第66页。

② 吴兴明：《论前卫艺术的哲学感：以“物”为核心》，《文艺研究》，2014年第1期，第12页。

③ 1965年8月，贾德在《艺术年鉴》（*Arts Yearbook*）上，发表了具有个人声明性质的极简主义纲领性文献《特殊之物》（Specific Objects）。在这篇文章中，贾德指出，极简主义艺术作品所遵循的原则之一，就是“一件作品只要有趣便行”（A work needs only to be interesting）。他认为，大多数作品最终都只有一种品质。在早期的艺术中，复杂性被显示出来并组建为作品的品质。而在最近的绘画（即极简主义艺术）中，其复杂程度在于格式与少量的主要形状，而它们则是根据各种兴趣和问题而被加以制作的。Donald Judd, “Specific Objects”, *Arts Yearbook*, 8, 1965. pp. 74-77. Reprinted in Donald Judd, *Complete Writings 1959-1975*. Halifax: Nova Scotia College of Art and Design, 1975, p. 184.

> 所暴露的是这种美学的学科基础。显而易见，极简主义范式的真正威胁，不仅仅在于它可能会瓦解艺术的自主性，更有可能败坏对艺术的信仰，消解它的信念价值。①

弗雷德所认同的自主道德性，奠基于艺术的形式主义所坚持的艺术自律性原则。然而，这种原则，来源于现代社会的组建机制，及其文化合理性进程的分化逻辑所带来的合法性论证。这并非意味着，艺术的自主性原则可以越出其社会边界，而成为主体的道德律令、生存的奠基性原则和艺术本身的规范性理解。但是，弗雷德的认识论错位，却导致他对这种原则进行了一种强有力的道德律令式处理。他认为："当现代主义绘画日益将自身从对社会——它在社会里享有不牢靠的盛誉——的关切中分离出来，它借以创作的实际辩证法就承担着越来越多道德经验的密度、结构和复杂性，也就是生命本身的密度、结构和复杂性。只不过，这是很少有人会去经历的生命罢了：在一种持续不断的理智的、道德的机警状态中。"②

弗雷德的这种认知，既强调着在社会分化逻辑之下的现代主义艺术自律性，同时又把组建主体的社会机制，不恰当地分派到了自主艺术的领域之中。这种错位的本质在于，在力图维护现代主义艺术自主性的权能之际，却教条式地重新陷入了一种前现代的美学立场，及其针对艺术的规范性理解和道德要求。于是，不难理解，为什么福斯特会有所保留地指出："在此，美学自主性的教条以一种新的幌子回归了。并且，这一教条认为，自主的艺术并未与宗教分离（如同启蒙主义美学曾建议的那样），而是部分地作为宗教的一种隐秘替换物——也就是说，替代一度由宗教所提供支撑的主体道德自律。"③

弗雷德将艺术的自主性原则作为关于现代艺术的规范性原则加以理解，其显性后果，是对以极简主义艺术为代表的晚期现代主义艺术所进行的负面性严苛评价；其隐性后果，则是对现代艺术本身的真正规范性原则视而不见，并且"把物性凸显局限在门类艺术自我确证的视野之中去讨论，所谓物性被排除在了价值之外。这样，艺术的现代性问题就转化成了一个艺术门类的合法性问题"④，从而扭曲了艺术与物性，作为现象、境域和意义生成的艺术，

---

① Hal Foster, "The Crux of Minimalism", in *The Return of the Real: Art and Theory at the End of the Century*. Cambridge: MIP Press, 1996, pp. 52—53.

② 弗雷德：《三位美国画家：肯尼斯·诺兰德、朱尔斯·奥利斯基与弗兰克·斯特拉》，见《艺术与物性》，张晓剑、沈语冰译，江苏美术出版社，2013年，第247页。

③ Hal Foster, "The Crux of Minimalism", in *The Return of the Real: Art and Theory at the End of the Century*. Cambridge: MIP Press, 1996, p. 53.

④ 吴兴明：《论前卫艺术的哲学感：以"物"为核心》，《文艺研究》，2014年第1期，第13页。

媒介形式自身的生命，以及物之可能性的朗显与可能性之物的生成等一系列问题的理解路径。现代艺术的真正规范，并非艺术的自主性原则，也不是由品质比较所蕴含的价值取舍和偏好，而是：在持续不断的生成与涌动中，感性力量的自我确证、作品作为现象的自身给予，以及物我之间的纯粹意指与事物之间相互指涉的纯粹参照系统。

## 三、以物感为核心：艺术批评话语的路径与可能

当弗雷德将极简主义进行了一种意识形态的把握与阐释之际，或者说，当他把极简主义艺术理解为一种对艺术品质及其坚定信仰的败坏，这一扭曲错位的"规范性检测"（normative examination），就暴露了这种艺术批评话语的保守性质。

从体制批评（institutional critique）的角度而言，正如比格尔（Peter Burger）曾指出，历史前卫艺术对于艺术史的意义，不是在于艺术作为一种体制的解体，而是在于那种将美的各种标准当作合法标准的可能性之解体。于是，在艺术研究中，规范化检测被功能性分析所替代，而功能性分析则是要在一个现存的美学体制框架内，探讨作品与社会公众之间所具有的社会效应功能。[①] 也就是说，"关于艺术品质的规范化标准，被关于兴趣的实验性价值所取代。艺术不再是精益求精地发展诸种既定的艺术形式，而是重新定义了美学的范畴。因此，批评研究的对象就不再是一种媒介的本质，而是一件作品的社会效应功能。更为重要的是，艺术介入的意图，不再是确保一种神圣的艺术信仰，而是为艺术的论述规则和体制惯例施加一种内在的检测"[②]。换言之，从弗雷德关于极简主义艺术的批评话语，在体制批评的层次上，依然拘泥于主体哲学的视角，而严重低估了艺术批评所依据的主体间的社会机制环节。而以极简主义为代表的晚期现代主义艺术，却恰恰对艺术的主体性进行了解构。

从艺术的知觉条件分析的角度而言，极简主义艺术不是现代主义的幼稚堕落，而恰恰是更为激进和彻底地贯彻并推进了现当代艺术自身的规范性要求。当我们将现代艺术的规范性理解，界定为在持续不断的生成与涌动中感性力量的自我确证，那么，所谓关于艺术的知觉意识，就不仅是对有形式的

① Peter Burger, *Theory of the Avant-Garde*, Michael Shaw, trans. Minneapolis: University of Minnesota Press, 1984, p. 53.

② Hal Foster, "The Crux of Minimalism", in *The Return of the Real*: *Art and Theory at the End of the Century*. Cambridge: MIP Press, 1996, pp. 57—58.

作品之累积，也不仅是对世界结构的转移和褫夺，而是对世界和意义涌现场所本身的意识。正如梅洛－庞蒂（Maurice Merleau-Ponty）所说：

> 现代思想和艺术的伟大之一在于，松开了把有价值的作品与完成的作品统一起来的各种虚假关联。由于知觉本身从来都没有结束，由于知觉只有透过从各个方面包围着的世界的那些局部透视，才能给予我们一个有待表达和有待思考的世界，并且由于世界难以表达的明证，并不是我们拥有的那种明证，最后由于这一世界只可能像一种言语那样借助于令人震惊的符号宣告自己，那么对于不“完成”的允许并非必然是给予人而不是世界、给予非能指而不是能指的一种偏好。……这种允许不是散漫平庸的，因为它整个地唤醒和重新召唤着我们的表达能力和我们的理解能力。①

因此，在承认和面对现代性自我确证意义上诸领域分化的基础上，将艺术定义为感性力量的自我确证，并对艺术作品的所蕴含的感性力量进行发掘，对作品之物性感知、对西方近现代艺术的理论话语建构，首先不是要在一无所有的基础上来构建一种“解分化”之意义世界的可能，而是要以知觉、身体和物感的名义，重新将那些早已蕴含于艺术史和当代艺术作品中的解分化力量给唤醒、敞亮，并使之重临、在场、演化与扩张。因为，“现代绘画向我们提出了一个完全有别于向个体回归的问题。关键在于知道：人们如何能够不求助于一种先定的、我们所有的人的感官都向之开放的自然而进行交流，如何会存在着一种交流之前的交流，一种理性之前的理性”②。

在此意义上，在《艺术与物性》中被弗雷德消极处理的物性问题、艺术作品的物感问题，就能获得一种积极的理论话语进路。如果我们以“物感”这个概念来对这一理解进路进行概括，那么在作为解分化的实施之前，它首先是对解分化可能的应许。因为，话语的功能就是使某种东西作为敞开于此中出现的存在、作为现成在手的存在者来理解的。换言之，物感主义所力图揭示或解释的，就是那种真实的存在之突出可能性，就是想使先前被遮蔽、被掩盖的东西作为无蔽、敞开于此的东西显现出来。正如吴兴明所指出：

> 在现代语境中，艺术归根到底是人的感性合法性的自我证明（审美现代性）。这是“人义论”的必然要求。与理性以反思为根据的自我确证不

---

① Maurice Merleau-Ponty, *The Prose of the World*, John O'Neill, trans, Claude Lefort, ed. Evanston: Northwestern University Press, 1973, p. 56.

② Maurice Merleau-Ponty, *The Prose of the World*, John O'Neill, trans, Claude Lefort, ed. Evanston: Northwestern University Press, 1973, p. 56.

同，感性的自我确证要求感性价值的独立自足及其实践性的肯定和创造。因此，开创新时代的感性形式，清除、抵制理性、意义、宗教、象征对感性的抽空、异化和统治，抵抗体制、惯例对感性的藩篱与强制，不断保持感性的新锐度、活力度，抵制物感的惯习化、僵硬化、空洞化——简言之，对不断生长着的活生生的现代感性之永无止境的创造和推进，就形成了现代艺术包括现代美学自我确证背后的真正价值诉求。①

在此，"物感"这个词说的，不仅是物性，不仅是感观，不仅是知性的概念性把捉，不仅是理性对前对象性的回溯。物感这个词说的是，与存在者存在状况的"实际性"（facticity）相关联的此在之意义性生存。

这种关于物性之敞亮，或者关于物感的艺术理论思想话语，并非是一种主体哲学方向的解读，而是实际性显示的现象学揭露。这种实际性显示的现象学，扮演着一种居间或中介的角色——居于作为存在者而存在的物，与作为此在之此的意义生成环节之间。因为，以物感为核心的艺术批评理论话语及其艺术实践活动，它们所具有的实际性显示，提出了这样的要求——

作为感性实体，我们须臾不可离开"物"而存在。要让世界不致在"弃人"的路上越走越远，我们的希望在很大程度上取决于人与"物"在功能性关系之外的另外一种关系的创造性开启：比如在音乐中心灵与旋律之间的律动关系，在山水中人与物之间的融入关系，在物色欣喜中人与物相互映照的关系，在自然节令中人与物相互的感应关系，在种种创造性涌现的新物的惊喜中，人与物相互朗照和敞开的关系。②

回顾现代前卫艺术，无论是光色强度差异、色彩所变现的空间、视觉经验的实在性和瞬息即逝的特征，还是传统绘画透视空间的瓦解，一种新的空间关系通过拆解、聚集和拼接突兀地出场，或者纯粹抽象的艺术"打破物的原本综合又基因般携带着产生动物感反应的'纯物'的自由挥洒"，③ 如此这般的诸多艺术取向，无不是在对物之可能进行挖掘、绽开和任其自然。而对物之可能进行思考和实践，往往意味着：诸种物质材料的诱惑，可以促使一个作者去寻求通往纯粹的道路。对材质的运用，可以是抒情的挥洒，可以是心意自如的形塑，可以是无所用心的成全。然而，对物质材料运用的极致，却是对物质材料作为实体存在的沉思。在作者制作的行为中，在产生外形的

① 吴兴明：《论前卫艺术的哲学感：以"物"为核心》，《文艺研究》，2014年第1期，第12—13页。

② 许燎源、邱晓林、吴兴明：《物感主义宣言》，2016年12月25日，见"物感主义文献展——许燎源，1993—2016"，http://www.xlymoma.com/exhibition/show/newsid_87.html.

③ 吴兴明：《论前卫艺术的哲学感：以"物"为核心》，《文艺研究》，2014年第1期，第15页。

行动中，在使得单一色彩和纯粹物料发生多变的存在之细腻中，质料实体被加以想象、思考与把握。质料不再被利用为工具或手段，不再参与塑形或构图，不再作为记忆的回溯重新从目光的流淌中浮现。实体，在一种完全的想象中出场——这一想象，就在于对质料本身原初品质的诉求与制作。在对“物之可能”各层面、各环节进行突进和抵达的过程中，视知觉其实就已经从相应的各个方面被拆解并重组了。直观被悬置了起来，直观被重新得到了充实，直观被更为彻底地从单纯的视知觉的束缚之中得到了解脱，并更为激进地得到了格式塔化的还原。这种关于物之可能性的突进，正如吴兴明所说，其意义在于：传统再现类的艺术作品或日常生活中的视觉，是将物感牢牢地锁定在了知性的控制与隔膜之中，而现代艺术所力图实现的目标，却是物我相接于内感觉本能状态的撞击之中，以达到关于客体的原始观念，直击物体的本质。[①] 这样一种关于现代艺术的实践、理解和解释的进路，并非被弗雷德贬低的实在主义取向所能概括，而是对物自身的现象学显示，以及对物与物之间、物与我之间的纯形式化给予的探讨。

极简主义之所以至关重要，不是因为它威胁到了现代主义美学的学科秩序，而是因为，它在当代条件下，在现代主义艺术的物感突进之道路上，又开辟出了一条后现代前卫艺术的新路：从物之可能向着可能之物的推进。

被弗雷德所诟病的剧场化，恰恰是以极简主义艺术为先锋的前卫艺术的一种积极探索，一种关于摧毁一切界限、体制、框架和系统，脱离了所有概念的可能之物的制作、创造、出位与临场。而新奇物、物的纯粹抽象体、现成品挪用所制作的物阵、对物态空间以及物之间关系进行重组的装置物，所有这些可能之物作为现象的出场，几乎都是对概念、意向和观念的抵抗。这意味着，在后现代前卫艺术中，极其丰富而多元的可能之物的出现，表示作为现象的可能之物其自身的给予程度远远超过了概念或意指的把握，是一种马里翁（Jean-Luc Marion）所谓的溢满现象（saturated phenomena）[②]。

这种溢满现象意味着，直观在瞬间将意向的期待淹没，作品自身的给予性完全被投入显现并超越显现行为，于是，对于概念、叙事、符号意指等而言，直观显著地过剩并溢出这些范畴，从而意向不能够预见（foresee）到它。[③] 对于作为现象的作品及其物性诸因素而言，唯有给予性是绝对的、自由

---

① 吴兴明：《论前卫艺术的哲学感：以“物”为核心》，《文艺研究》，2014年第1期，第15页。

② Jean-Luc Marion, “The Saturated Phenomenon”, in *The Visible and the Revealed*. New York: Fordham University Press, 2008, pp. 18-48.

③ Jean-Luc Marion, *Being Given: Toward a Phenomenology of Giveness*. Stanford: Stanford University Press, 2002, p. 225.

的、无条件的，这仅仅是因为它给出。给予性给出它自身，它的起源是现象自身，在它之外没有任何其他的原则或起源。自身给予性，意味着现象亲身被给予，亲身被经历。这也就意味着，在物性材料发出呼唤之前，就已经有一个纯粹形式的呼唤了。物感，就是被这个纯粹形式的呼声唤醒，击中，为之惊诧。

这个纯粹形式的呼唤，不来自存在，而来自存在的可能性与潜能。作品现象，就是那个被呼唤者。在被呼唤者这里，在油彩施行于画布之际，在物之可能性与可能性之物通过诸种手段而被凝结为作品现象之际，预先的期待并不发生作用，意向性和超越性也不再被具有。于是，无论是作为艺术作品创造主体的画家，还是作为艺术作品观看者的我们，都被一种预料之外的袭击所抓获与攫取。从而，被呼唤者只能去接受或记录被呼唤的具体事实。这个事实就是：存在的可能性，远远大于人的自我认识与存在本身。对此，马里翁说：

> 首先，因为直观是持续地溢满的，它不容许被区分为和加总为有限部分的有限数量，因而这就取消了在它亲身给出之前而预见它的可能性。其次，原因在于，由于惊异，溢满现象总是施加它自己，在惊异中，所有直观的给予性都由于这一事实而完成——它的可能的诸部分不可以被计算，因而也不能够被预见。①

不过，当我们以“物感”之名来展开思考与创作之际，我们就总是在面对着物-我之间、物与物之间、物与世界之间的多重系统性关联。感觉的逻辑在于，它的一面朝向着身体、神经系统、生命运动、本能，甚至个性，而另一面则朝向着事件、场所、事实。或者更确切地说，如德勒兹（Gilles Deleuze）所指出的那样，“感觉根本就没有这样的朝向；感觉是这两种不可分割的朝向的整体；是现象学家们所说的‘在世界之中’（Being-in-the-World）：我在感觉中成为我，同时又有某个事物通过我的感觉而到来。此在通过他者而来，此在在他者之中”②。基于这样的现象学视角，当我们把感觉（sense）定义为一切真正的美学之基础时，那么对感觉的分析，就并不仅仅是要对“感觉经验”（sense experience）进行探讨，不仅仅是因为在“具象的时刻”（figurative moment），感觉给一个可确定的物体带来了可感知的品质。更重要

---

① Jean-Luc Marion, *Being Given: Toward a Phenomenology of Giveness*. Stanford: Stanford University Press, 2002, p. 202.

② Gilles Deleuze, *Francis Bacon: The Logic of Sensation*, Daniel W. Smith, trans. New York: Continuum, 2003, pp. 34-35.

的是，每一个物体的品质都构成了一个自足的场域，并在“感受时刻”(pathic moment) 与其他场域交互发生作用。①

德勒兹认为，不同层次的感觉，是与不同的身体感觉器官紧密关联在一起的感觉诸领域。不过，每一个层次、每一种领域，都有一种与其他层次和领域相关联交涉的途径，而这种途径是独立于同一客体与对象的再现的。因此，在一种色彩、一种味道、一种触觉、一种气息、一种声音、一种重量之间，存在着一种存在意义上的交流，从而构成感觉的“感受时刻”。“画家需要让人看到感觉的某种源始统一性，并在视觉上，显示一个多感觉的形象。但是，这一操作之所以可能，必须有这个或那个领域的感觉，与一种溢出所有领域并穿越它们的生命力量直接相关联。这种生命的力量，就是比视觉和听觉更为深层次的节奏 (rhythm)。……它是收缩与张弛，世界在封闭的过程中将我捕获，我朝向着世界开放并将世界打开。”② 从这个角度而言，物感意味着感性的抵抗，其实是一种不带有抵抗意志的抵抗，因为其唯一感兴趣的只是以奇观、奇景、惊异的可能之物，以感性之当场激发的方式，来实现感性生命力量的自我再生产。于是，以物感为核心的艺术实践与艺术批评话语，事实上就否定了解释学假想的解释对象中已有的现成意义，而把它重新生成为一个由存在者-此在的实际生存状况建构的复杂意义场境与关系结构。这也就是解分化之应许所要面对的东西。

但是，在运思和呈现的环节上，艺术批评理论话语却又不得不将这种在解分化之应许中出场的东西，重新进行分解和分化。正如海因里希·罗姆巴赫 (Heinrich Rombach) 所说，

> 一切存在的东西都奠基于某个确定的存在论状况之中。一个存在论状况被分析，在其中它被分解为其基本特征。状况的基本特征，同时也是对这种状况之存在者进行规定的范畴。存在论分析就是范畴分析。范畴是从其相互关联中被确定的；将其单独提取出来毫无意义。范畴的聚合就是相应的存在论状况的结构。谈论结构的事件发生，并不是只将一种变化外加给结构状况，而是从整体根本的、无可比拟的变动性出发重新把握整体。只有当一种完全确定的动态运行起来的时候，才形成一个“存在者”的结构处境。如果这种动态尚未进入运行，结构就不会产生。③

---

① Note 1 in Chapter 6 “Painting and Sensation”, *Francis Bacon: The Logic of Sensation*, p. 178.

② Gilles Deleuze, *Francis Bacon: The Logic of Sensation*, Daniel Smith, trans. New York: Continuum, 2003, p. 42.

③ 海因里希·罗姆巴赫:《结构存在论：一门自由的现象学》，王俊译，浙江大学出版社，2015年，第55页。

换言之，对这种意义场域和关系结构的实际性进行现象学显示和直观，意味着如下诸环节需要走入以物感为核心的思想理论话语中：

(1) 投入。此投入，是那种使作品或物得以生成的发生着的“做”，即绘画、雕塑、音乐、设计等所意味着的艺术构形和感性生成。这种艺术构形与感性生成之发生性，才是作为“事件性”的艺术之本质力量所在，而不是其他。

(2) 开端。此开端，是被遗忘、被遮蔽、被成见所隐匿的源初性。但返回开端，并不意味着返回人类原初状态或幼时天真状态——后一种返回的诉求，只是一种含混和不清晰的臆想。毋宁说，对开端和源初性的返回，要求的是对人与物之间、人与世界之间、物与物之间的“遭遇”事件泰然处之的凝视静观。

(3) 走向。此走向，是发生事件与遭遇事件的“何所向”，也是运思与作为理论话语的解释之意义走向。因为，作为开端的“遭遇”是基始性的，它是意蕴世界的唯一入口，有遭遇，才有“看到”，然后才有理解性的把握和概念本质的抽象。所以，实际性首先是指：被解释的物作为能够解释和需要解释的东西，这个对象有其自己的存在，而且是以某种被解释状态属于它自己的存在。换言之，被把握的对象、作品或物，从来就不是自在的，尽管它有着自己的存在，但是这种存在的在场是要由一定的“被解释状态”建构的。因此，以物感为核心的艺术批评话语，其主要思考对象，就是物或作为作品的物意义场的建构缘起，以及这种非我性的意义场如何传递和复现出来的问题。

(4) 物感如果与“对象”有关系，那也只是特定的存在论关联与生存论境域，并且是在一种指引关联的意义上，对象或物才获得了其在特定思想场域中的定位。正是这种关于实际性的存在论关联与生存论境域，使得物感主义思路、立场和可能出现的理论话语，它们的开端、进行和占有在存在方式上和实际时间上，先于一般的艺术理论。

以物感为核心的艺术批评进路，以及其自身对解分化可能性的应许，本身指向的是实际性的存在特征之可能的独特怎样。此在之实际性所是的自身最本己的可能性，就是生存。正是涉及这个本真存在自身，实际性通过解释性的追问被座架于先有之中。从这里而且在这里，实际性得到解释；由此逐渐形成的概念性说明，可以被称为物感主义所蕴含的生存论环节。

## 结　语

以物感为核心的艺术实践与艺术批评话语，不是一种对现成对象性作品或物的客观占有，而是一种生命的投入，是一种感性、精神与哲学上的觉醒。

在这种觉醒中，此在与它自己相遇。因此，物感不是形式化的理论事件，而是基于此在生存之本源性的自身解释。在这一解释中，对现当代艺术的理解和把握，会获得它们的恰当位置。我们需要脱离仅仅归因于视觉元素的路径，也不能仅仅从社会学的外部、批判理论的外部来对物性、艺术以及美学相关问题进行思考。

身-心-眼-手-器具，这样一种五位一体的有机结构，以及此有机结构所营造出的物感及作品自身，潜在而强有力地在说话、在涌动、在默默地向我们发出召唤。正如福西永（Henri Focillon）曾以《手的礼赞》（Éloge de la main）与《物质王国中的形式》（Les forms dans la matière），来对这种结构的整体性加以充满想象力的描绘那样——

> 看着你的双手，它们过着自由的生活。暂且忘掉它们的功能，忘掉它们的奥秘吧。看着它们处于宁静的状态，手指稍稍收回，好像沉浸于沉思冥想之中。看着它们单纯的、无所事事的样子，活泼而优雅，好像正在勾画着幻想中无穷无尽的可能性。它们相互嬉戏，准备迎接快乐事情的到来。它们能将自己的烛光影子投到墙上，模仿动物的剪影和动态。……我们承受着莫名的悲哀或热烈的生命颤动。一块树皮，一片屋顶，一块毛皮或一块石头都具有自己的特性。石头因风吹而成形，水流使它变圆，抑或原封未动地保存下来——无论如何，所有这一切只是双手工作的理由。这些就是做实验的目标所在，而这实验不能由视觉或心灵独自来做。认识世界需要有一种触觉的天分，而视觉只从这世界的表面滑过。手知道一件物体具有物理体积，知道它是光滑的还是粗糙的，也知道它虽然看上去与天地不可分离，但它们并非被焊在一起。手的行动确定了空间的凹陷和占据物的充盈。表面、体积、密度和重量并不是视觉现象，人最初是通过手指间以及掌心的触觉了解到这些现象的。人并非以目光丈量空间，而是用手和脚。触觉的感知使得大自然充满了神奇的力量。①

> ……笔触，带来瞬间的冲击力。笔触代表了工具唤醒蕴藏于材料中的形式的一个瞬间，它代表永恒，因为有了笔触，形式便拥有了结构，拥有了恒久性。诚然，笔触将它所做的事情遮蔽起来：它隐而不显，静止沉寂。但是在硬质的连续介质之下，如油画的上光层之下，我们必须看出笔触，也总能看出笔触，这就是使一件艺术品重新获得其宝贵生命

① 福西永：《形式的生命》，陈平译，北京大学出版社，2011年，第143-148页。

品质的东西。笔触变成了一个统一体，在各部分中有机组织起来，坚固而不可分离。笔触承载着不可磨灭的生命痕迹，炽烈的、充满活力的生命。当它完全沉静下来几乎不为人所见时，笔触或许几乎取消了它自身，但它依然保持着形式的明确性。一种意蕴、一种调子，并不单纯取决于组成要素的性质和关系，而是取决于要素被安放，即“被触及”的方式。笔触就是结构。笔触将自己的形式强加于生物或物体的形式之上，不只是明度和色彩，还有无论多么微不足道的重量、密度和运动。[①]

在这里，运思的道路、艺术的道路，以及审美的道路，终于可以被发现是在同一片林中。它们有时平行，有时交错，有时重叠。而在作为意蕴整体的世界之中，对物感的认知，将是实际生活中存在着的一种认识论前提和生存实践方式。在这种认识和实践中，实际性的此在被邀请重新走进它自身的存在。这个邀请，就是归基，就是解分化应许的施行，就是朝向着物的悠长而温柔的目光。

作者简介：
匡宇，四川大学文学与新闻学院副教授。

① 福西永：《形式的生命》，陈平译，北京大学出版社，2011年，第103页。

# 寻获“新声音”：西方现代音乐中的听觉现代性的自我确证之路

卢迎伏

**摘　要**：西方音乐史自1908年前后进入了所谓的“新音乐”(New Music）的现代时期，虽然此后的音乐流派众多，但它们大抵都围绕着如何寻获“新声音”来进行创作，而“新声音”之寻获则是经由改革音乐的四大基本要素（节奏、旋律、和声和音色）来实现的。此一寻获“新声音”的过程，即是让“音乐”回到其全然属己的媒介（回到“声音”）的听觉现代性的自我确证之路。

**关键词**：西方现代音乐　新声音　调性　无调性　听觉现代性

1913年5月29日夜，俄国作曲家伊戈尔·斯特拉文斯基(1882—1971）的《春之祭》在巴黎首演，冲突的调性、和弦、节奏与高度的不协和音与半音化所端呈出的粗野、狂暴的刺耳音响，让赞成者与反对者相互争吵甚至大打出手，喧闹声之大以至于大部分音乐根本就听不见——赞成者誉之为西方音乐史上罕见的革命性天才之作，而反对者则贬之为把音乐作为一种艺术加以摧毁的邪恶尝试。《春之祭》的此次西方音乐史上“最声名狼藉”的，甚至于近乎行为艺术式的首演，让音乐界与听众都十分惶惑不安：“音乐”难道不是一种如法国哲学家卢梭所言的“把悦耳的乐音组织起来的艺术”，或者如德国哲学家谢林所说的“人应该从音乐中感受到宇宙的和谐”？[①] 难道奥地利音乐理论家奥德华·汉斯立克（1825—1904）早在1854年就给出的惊人论断——音乐的内容仅是“乐音的运动形式”（或直译为“鸣响着运动着的形式”），真的一语成谶了？[②]

无疑，“究竟什么是音乐”已然升格为一个当时的西方音乐界必

① 斯洛尼姆斯基：《韦氏新世界音乐词典》，吴松江等译，辽宁教育出版社、辽宁人民出版社，2007年，第658页。

② 爱德华·汉斯立克：《论音乐的美——音乐美学的修改刍议》，杨业治译，人民音乐出版，1980年，第50页。

须要直面的问题，因为彼时如《春之祭》这般颠覆传统之作并非偶出的孤例。与《春之祭》同期问世尚有阿诺尔德·勋伯格（1874—1951）的声乐套曲《空中花园之篇》（1907—1908）、[①] 安东·韦伯恩（1883—1945）的《六首弦乐四重奏小曲》（1913）、贝拉·巴托克（1881—1945）的《木刻王子》（1917），以及阿尔班·贝尔格（1885—1935）的《沃采克》（1923）等大量被贴上“现代音乐”（Modern Music）[②] 标签的惊世之作。要之，上述“现代音乐”作品都或彻底或不彻底地抛弃了统治西方音乐界300余年（自巴洛克至浪漫主义时期）的调性、节奏和曲式的惯用原则，而听这些充斥着大量不协和音（噪音）的音乐时，听者的神志常会在无措中处于被迫分散的游离状态，深感惶惑、震惊和不适，而绝不会堕入听巴赫、莫扎特、贝多芬和勃拉姆斯的音乐时的那种主体的高度凝聚状态中。

那么，我们便需追问：由勋伯格等人所开启的“现代音乐”之特征究竟为何？其哲学意蕴究竟何在呢？

## 一、寻获“新声音”的听觉革命：从印象派音乐到现代音乐

学界认为“现代音乐”的问世其来有自，即作为“前现代音乐”与“现代音乐”之分水岭的“印象派音乐”，而法国作曲家克洛德·德彪西（1862—1918）则是印象派作曲家群中的执牛耳者。德彪西的名作《佩列阿斯与梅丽桑德》于1902年4月30日巴黎喜歌剧院首演次日，巴黎各大报纸的报道简直是恶评如潮——论者认为该作品简直是在赤裸裸地否定传统音乐美学的形式、旋律和节奏，是在宣扬一种音乐史的虚无主义。

面对诘疑，德彪西以虽千万人吾往矣的决然姿态回应道，“理论是不存在的”，听众“只要听就是了”；作曲家在谱曲过程中仅应该服从“自己的耳朵”，而非服从什么固有的规则。德彪西认定，迄今为止的西方音乐史都是建筑在一个错误的原则上——“音乐家太想‘写作’了，他们为五线谱纸头作曲，而不是为耳朵作曲”，他们到处在“寻找思想”“东拼西凑，叠房架屋，想想能够表达思想的主题；他们搞形而上学，而不是搞音乐”，对“身边大自然里的无数声音，他们不倾听；这种丰富无比、千变万化的音乐，他们不伺

---

① 德国音乐学家施图肯什密特认为，勋伯格“第一次打破传统调性”的《空中花园之篇》是西方音乐进入“现代音乐”的标志，此一说法在学界颇具代表性。见施图肯什密特：《二十世纪音乐》，汤亚汀译，人民音乐出版社，1992年，第20页。

② 或称为“新音乐”（New Music），参见 *The Cambridge Companion to Adorno*，Tom Huhn，ed. Cambridge：Cambridge University Press，2004，pp. 101－102.

机捕捉”；而真正的音乐家应该倾向于“造成及时的强烈印象；仅仅是一种印象，仅此而已”[①]。

在德彪西的许多作品中，“调性”是被一系列表面上相关但本质上却是静止的和声所确定的，这样听者在听其作品的“每一个音乐瞬间时，更多地是关注它的内在特性，而不是去关注它与前后音乐段落之间的关系”[②]，即关注音乐“表层的”声音本身之质感。故，对于印象派音乐来说，“声音”的织体、乐器的色彩和力度的细微变化之于音乐的重要性，要远过于德国浪漫主义音乐对抒发强烈的个人感受和崇高情感的重视。因此，听德彪西的三首管弦乐素描《大海》(1905)，就是让耳膜在明澈轻盈的音海之晨午风浪中载浮载沉、载惊载欣——听到闻所未闻的“新声音”便已足够，不用考虑什么劳什子的意义；而听贝多芬的《田园交响曲》，如果听者在鸟叫雷鸣、雾散雨过后，心中并未生发出一种乐圣所说的自然神论式的感恩之情，难免会有一种自己尚不知音的负疚感。

显然，由德彪西和拉威尔等人所开创的印象派音乐，已然清楚地认识到音乐的本质并非“表现”和“再现”[③]——音乐归根结底乃是一种声音的“形式游戏”。[④]在印象派音乐所发出的作曲家为寻获听感新异性的“新声音”甚至可以消灭旋律的革命观念的冲击下，意大利音乐家费鲁奇奥·布索尼(1866—1924)早于1907年便在其名作《新音乐美学论稿》中指出，追寻“新声音”的现代作曲家们有朝一日定会走向“绝对的音响、不受束缚的技术以及无限制的乐音材料”。[⑤]果不其然，印象派作曲家之后的现代作曲家不仅承继了前辈们对音乐的基本观念，而且他们进一步以创所未闻的“新声音”为自己谱曲的主要鹄的，最终对音乐的四个基本要素（节奏、旋律、和声、音色）[⑥]都进行了革命。

---

① 克洛德·德彪西：《热爱音乐：德彪西论音乐艺术》，张裕禾译，北京燕山出版社，2012年，第221页，第218页。

② 罗伯特·摩根：《二十世纪音乐：现代欧美音乐风格史》，陈鸿铎等译，上海音乐出版社，2014年，第47页。

③ 如德国作曲家保罗·欣德米特（1895—1963）的“新即物主义”音乐，即反对用音乐表现主观思想的感情。

④ 费鲁奇奥·布索尼：《新音乐美学论稿》，见费利克斯·玛丽亚·珈茨选编，《德奥名人论音乐和音乐美——从康德和早期浪漫派时期到20世纪20年代末的德国音乐美学资料集》，金经言译，北京：人民音乐出版社，2015年，第459页。

⑤ 罗伯特·摩根：《二十世纪音乐：现代欧美音乐风格史》，陈鸿铎等译，上海音乐出版社，2014年，第489页。

⑥ 艾伦·科普兰：《如何听懂音乐》，曹利群译，百花文艺出版社，2017年，第30页。

## 二、无调性革命与“新声音”

为实现音乐中的声音能够始终保持对听感新异性的持续性开启，西方现代作曲家们可谓对既有的作曲惯例进行了不息的变革，此一变革首先表现为对调性的摒弃，由此便引发了“调性的瓦解”（the collapse of tonality）。

所谓“调性”（tonality），指一首曲子中的旋律与和声在主调与基础音的支配与牵引下行进，“调性”使音乐显得连贯而又有凝聚力，即在时间中行进的音乐能体现出一种方向明确的运动感。正是在调性理论的基础上，西方音乐才发展出如奏鸣曲式、回旋曲式和变奏曲等众多普适化的曲式，这些曲式十分符合格式塔心理学所说的“完形组织法则”。因此，听上述曲式的音乐就像“开始一段事先就已全然知晓何时会结束的‘归家’之旅”，“家”就是“该音调的‘主音’三和弦（the‘tonic’triad of the key）”。[①]

问题是现代作曲家们不想“归家”而想“离家”，他们认为西方音乐这座结构分明、等级森严的调性大厦，究其本质而言是社会等级、特权制度和规则条例等权力结构在音乐上的一种粗暴反映，而将协和音与不协和音进行严格区分的大调、小调音阶体系实乃理性的专横之举[②]——作曲时要消除不协和音实与政治生活中对批评和差异进行的大清洗无异。因此，若想使声音免除调性大厦的专横宰制，当务之急便是瓦解调性，而荷担此一重任的急先锋与主帅的均是奥地利作曲家勋伯格。勋伯格认为，“调性并不是音乐的永久法则，它仅仅是取得音乐形式的一种方法”，[③] 故此他首倡应以“十二音体系作曲法”（twelve-tone composition）为利器，拆除调性大厦。

具体而言，勋伯格的很多作品不仅全然避免出现任何“中心音”，而且还把音阶中的十二个半音彼此割裂、孤立，并同等相待，由此便从根本上否定了音乐内部的调式和调性的功能关系。这样，八度音程的 12 个半音（钢琴的 7 个白键和 5 个黑键上的音）在等级关系上就是绝对平等的，而没有什么“中心音”；12 个半音的这种绝对平等的关系具体表现为，12 个半音中的任何个

---

① Eduardo de la Fuente, *Twentieth Century Music and the Question of Modernity*. New York: Routledge, 2011, p. 2. 关于“调性”的详细探讨，参托马斯·克里斯坦森编：《剑桥西方音乐理论发展史》，任达敏译，上海音乐出版社，2011 年，第 686-711 页。

② 如匈牙利作曲家贝拉·巴托克（1881—1945）曾明言要“告别大调和小调的专横统治”，见约瑟夫·马克利斯：《西方音乐欣赏》，刘可希译，人民音乐出版，1987 年，第 565 页。

③ 约瑟夫·马克利斯：《西方音乐欣赏》，刘可希译，人民音乐出版，1987 年，第 538 页。

别音都不能在12个音全部出现以前再重复。[①] 换言之，传统的大调、小调音阶被完全放弃掉了，而改运用半音阶也就无所谓调性，由此便实现了勋伯格所说的“不协和音的解放”（emancipation of the dissonance）。最终，勋伯格及其观念的认同者们提出作曲家应该以“无调性”（atonality）甚至“反调性”（anti-tonality）为准则，对音乐要素中的节奏、旋律与和声进行一场全面的革命。

首先，是节奏（rhythm）革命。在巴洛克至浪漫主义时期的音乐中，“节奏”与“节拍”基本保持着一个协同平衡的状态，即“节奏”在某种统一的“节拍”主导之下朝着一个明确向前的目标进行。而西方现代音乐则有意以两种手段打破此一平衡：(1) 在横向上避免节拍的周期性反复与节奏运动的规律性；(2) 在纵向上避免节奏的同步性运动，即各声部节奏运动并不受某个统一的模式控制。这样，“节奏”的线性向前运动便被无向或多向所取代了。[②]

其次，是横向旋律（melody）的无调性革命。西方音乐理论中的“旋律”，指的是一连串音乐上富有意味，连续有序、有逻辑地进行的、前指性的线条乐音。[③] 旋律的此种具有昭然若揭的前进向度的特征，无疑表明该音乐是一种有明确意义诉求、抒情叙事性强的“横向性表达”的时间艺术，故，为使音乐免除文学的宰制，就需破除音乐的旋律要有文学叙事性的迷思。

如若说“最鄙视要沿着文学的脉络来创作音乐”[④] 的德彪西，就已经开始以一种无特定节拍感、时而前进时而停滞、难以把握的运动感的音乐来反对文学叙事性对音乐的干涉的话，那么勋伯格的“十二音体系音乐”则明确强化了音乐在横向行进中前进与后退之间的张力，以彰显音响的“纵向性”，结果便是他的音乐时常会带给听者一种反横向时间性的、静态感的、空间化的假象。勋伯格的此一革命之举被其同胞韦伯恩阐扬得更为彻底，比如在其所作的《为弦乐四重奏所作的5个乐章》（Op. 5，1929）中，音乐内容甚至被简化到没有任何明确的动机，而只剩一些反复节奏的孤立音程。学界认为韦伯恩的这种由多个孤立的单“点”所构成的音乐作品（“点描法”式音乐），真正取得了在音乐中反（横向）时间化的成功——一种“空间化的声音”被

---

① 哈里·歌德施密特：《德国音乐：它的古典遗产和近代创作》，中央音乐学院音乐学系译，人民音乐出版，1959年，第254页。

② 罗伯特·摩根：《二十世纪音乐：现代欧美音乐风格史》，陈鸿铎等译，上海音乐出版社，2014年，第12—13页。

③ 斯洛尼姆斯基：《韦氏新世界音乐词典》，吴松江等译，辽宁教育出版社、辽宁人民出版社，2007年，第600页。

④ 哈罗尔德·勋伯格：《伟大作曲家的生活》，冷杉等译，生活·读书·新知三联书店，2007年，第492页。

带入世界之中。

简言之，经过旋律的无调性革命后的音乐就不再是一个“带有呈现、逐渐增长的能量、展开、高潮和终曲效果的戏剧形式”，此时音乐的“每一个瞬间都是一个中心，它与所有其他部分相连接，但能够自行独立”。[①]

再次，是纵向和声（harmony）的无调性革命。西方音乐理论中的“和声”，指的是两个或两个以上音的同时发响；音的这种纵向联合要遵循诸如“纯五度音或纯八度音不能在同一方向转向另一纯五度音或纯八度音”和不协和音要处理成协和音等规则。[②] 循此规则，很多“噪音”必然会被和谐掉。

针对传统和声理论对于声音的压制，西方现代作曲家们或是引入亚非的五声音阶（pentatonic scale）和八声音阶（octatonic scale）来改造西方的七声音阶（heptatonic）和声传统，或是如俄国作曲家亚历山大·斯克里亚宾（1871—1915）那样创造出由六个音组成的“神秘和弦”来解放不协和音。和声的这场无调性革命是如此之彻底，以至于到了1950年后，在德国作曲家卡尔海因茨·施托克豪森（1928—2007）和法国作曲家皮埃尔·布列兹（1925—2016）的很多作品中，和声已被泛音、音群（sound masses）和滑音音簇（glissandi-cluster）彻底取代了。结果便是如布列兹解读自己的作品《结构1》（*Structures I*，1951—1952）时所说，作品的个别细节对于整个“全局的”的效果来说是无关紧要的，因为它“免去了一切旋律、一切和声、一切对位，因为序列结构已经使最基本的调式、调性概念不存在了”[③]。

经过上述的节奏的革命以及旋律与和声的无调性革命，一种以“声音”而非“和声与主题”为中心的“新音乐”出场了。此时音乐中的声音，首需被当作“声音”本身来听，而非仅沦为一个传诉某种社会意义或存在意义的工具。[④] 当然，为了获得“新声音”，除了前述的节奏、旋律与和声革命外，现代作曲家们还煞费苦心地为音乐寻求“新音色”。

---

① 罗伯特·摩根：《二十世纪音乐：现代欧美音乐风格史》，陈鸿铎等译，上海音乐出版社，2014年，第400页。

② Joseph Machlis & Kristine Forney, *The Enjoyment of Music: An Introduction of Perceptive Listening*. New York: W. W. Norton & Company, 1995, pp. 17—20.

③ 彼得·斯·汉森：《二十世纪音乐概论》（下），孟宪福译，人民音乐出版社，1986年，第183—184页。

④ 如被称为“唯音”作曲家（“Sound” Composer）的匈牙利作曲家乔治·里盖蒂（1923—2006），在其作品《气氛》（*Atmosphères*，1961）中摒弃了和声、旋律和节奏等基本要素，整个作品听起来就是乐队的块状和弦以及力量与色彩的不断更迭。

## 三、“新声音”的“新音色”

西方现代作曲家们寻求新音色(color)的手法虽各异,但仍可大致分为以下三种:

(1)传统乐器的新演奏方式或为传统乐器加上新零件。如德国作曲家保罗·欣德米特(1895—1963)在为自己的钢琴组曲《1922》所标注的演奏说明中明言,应该“把钢琴看作一件有趣的打击乐器而且照此加以处理”;而美国作曲家约翰·凯奇(1912—1992)则创作了几首只能由“预制钢琴”(prepared piano)来演奏的钢琴曲——所谓“预制钢琴”,就是用螺丝钉、木片和橡皮楔子等外物作用于琴弦,以产生特殊声音的钢琴。

(2)引入新乐器。如美国作曲家乔治·格什温(1898—1937)先是在其《蓝色狂想曲》(1924)中采用爵士乐乐器萨克斯管,后又在其音诗《一个美国人在巴黎》(1928)中使用出租汽车喇叭为乐器。

(3)“新奇音”。如约翰·凯奇注明其作品《起居室音乐》(1940)中的打击乐部分可以在“任何家具或建筑物”(如桌子和墙壁)上演奏。[①] 当然,只有随着“电子合成器”(synthesizer)的发明,有无穷种类的音高、时值、音色、力度和节奏型等的新声音,才真正爆炸式地涌进了音乐世界。

总之,西方现代作曲家们前述持续寻求“新声音”的结果便是——无声不可入音乐,当然也就包括“音乐是悦耳的乐音”的传统音乐观视之为洪水猛兽的“噪声”。关于“噪声”之于音乐的意义,意大利未来主义音乐家路易吉·鲁索洛(1885—1947)早在1913年便发表了《噪音的艺术》(The Art of Noises)宣言,他在该宣言中颇为自负地说,“我们从轻轨电车声、内燃机引擎声、汽车声和嘈杂人群声的完美组合声中所获得的愉悦,要远大于听贝多芬的《英雄交响曲》或《田园交响曲》”[②],因此作曲家首须打破传统音乐观中对“声音”的人为设限,方能将世界中的无穷“噪声”纳入自己的音乐中。

当然,如若说前述的“新声音”之寻获都或多或少地体现出了作曲家的理性取舍,那么约翰·凯奇的“偶然音乐”(Aleatory Music)则径自标榜他要在“开放形式”(open form)中让无组织的声音自己偶然呈现。凯奇的此种标举偶然、无意向性的音乐观,在其名作三乐章的《4分33秒》中得到淋

---

① 罗伯特·摩根:《二十世纪音乐:现代欧美音乐风格史》,陈鸿铎等译,上海音乐出版社,2014年,第378页。

② *The Cambridge History of Twentieth-Century Music*, Nicholas Cook and Anthony Pople, eds. Cambridge: Cambridge University Press, 2004, p. 26.

漓尽致的体现。1952 年 8 月 29 日，《4 分 33 秒》在纽约首演，钢琴家大卫·都铎坐在钢琴旁，开关琴盖三次却根本未碰琴键而度过了 4 分 33 秒。当是时也，空调机的嗡嗡声、节目单的沙沙声、脚步声以及观众的哄笑声等等诸种声音都成了现场的音乐。[①] 从行为艺术式的《4 分 33 秒》对其后的音乐创作的影响来看，凯奇的标新之举可谓用意良苦：作曲家谱曲的真正目的“不是与各种意图（purposes）打交道，而是与各种声音（sounds）打交道”，是以作曲家“必须放弃控制‘声音’的欲望”——不要“将‘声音’看作服务于人造音乐理论或表达人类情感的工具，唯其如此‘声音’才能如其所是地呈现”，因为作曲只是一种“无意义的游戏”（purposeless play）而已。[②]

## 结语：创所未闻的“新声音”的哲学意蕴

1915 年 3 月，法裔美国作曲家埃德加·瓦雷兹（1883—1965）从法国抵达纽约后接受《纽约电讯报》采访时说，我认为目前的音乐创作急需“丰富已有的音乐词汇和创造新乐器”，因为“我拒绝让自己臣服于满足已经被听到的声音”。[③]“拒绝让自己臣服于满足已经被听到的声音”，瓦雷兹的这句话可谓切中了众多西方现代音乐流派的肯綮[④]：现代作曲家不能仅餍足于“解放不协和音”（勋伯格语），而应“解放全部的声音”（liberation of sound），因为现代作曲家所有寻求“新声音”的努力，均是为了让音乐回到其全然属己的媒介——声音。

那么，让音乐回到声音，究竟意味着什么呢？依照康德与黑格尔的看法，任何现代事物的自我确证归根结底都是人之主体性的自我确证或自我确证的对象化，音乐、绘画、雕塑和舞蹈等门类艺术的现代性自我确证其实是人的感性合法性的自我证明。[⑤] 在现代艺术中，感性的自我确证要求“感性价值的独立自足及其实践性的肯定和创造”——在感性一方保持“感性的新锐度、

① 罗伯特·摩根：《二十世纪音乐：现代欧美音乐风格史》，陈鸿铎等译，上海音乐出版社，2014 年，第 381 页。

② John Cage, *Silence: Lectures and Writings*. Middletown: Wesleyan University Press, 1961, pp. 10-12. 德国作曲家卡尔海因茨·施托克豪森在其题为《钢琴曲 11》(1956) 的作品中也曾进行过“偶然性音乐”的探索——该作品的总谱上共印有 19 个片段，演奏者可以任意选择用六种不同的速度，即兴决定如何排列组合演奏之。

③ *The Cambridge History of Twentieth-Century Music*, Nicholas Cook and Anthony Pople, eds. Cambridge: Cambridge University Press, 2004, p. 216.

④ 序列主义、未来主义、原始主义、后序列主义、随机音乐、简约主义、具体音乐、电子音乐和计算机音乐等莫不如此。

⑤ 卢迎伏：《“现代性”视阈中的时间之维》，《云南社会科学》，2009 年第 6 期。

活力度”，以“对不断生长着的活生生的现代感性进行永无止境的创造和推进”，而在对象性一方，就是“物的解放和物自性的出场”。[①] 因此，让音乐回到声音，本质上意味着让音乐从它深受宣扬政教、传达宗教信仰、效法文学叙事以及模仿绘画再现等诸多非己性的传统既成体制和惯例的宰制中解放出来，从依附性的他律状态，脱身跃入有绝对自主性的自律之境，从而实现听觉现代性的自我确证。

要之，音乐一旦免除了要传诉意识内容的重负，声音媒介本身所呈现出的就是声音的直接的声音感：强弱、快慢、高低、长短……由此，我们方能明晓缘何西方现代音乐中的声音要打破“听”的诸种惯例，让人无所适从，无法理解，因为这些声音就是要扫除诸种前见的遮蔽，让纯粹声音得以从惊愕之中显露。[②] 此时的声音，不是再现、表现、象征、意义……它就是赤裸、纯粹的声音本身，而这种“声音的音乐”，也只能从“现代民主主义的文明中兴起”[③]，因为它标示的乃是现代人的精神已然实现了真正的分化和独立。

**作者简介：**

卢迎伏，四川大学文学与新闻学院副教授。

---

① 吴兴明：《论前卫艺术的哲学感——以“物”为核心》，《文艺研究》，2014年第1期。

② 吴兴明：《论前卫艺术的哲学感——以“物”为核心》，《文艺研究》，2014年第1期。

③ 保罗·亨利·朗：《西方文明中的音乐》，顾连理等译，杨燕迪校，广西师范大学出版社，2014年，第1046—1047页。

# 重识罗丹：现代雕塑的媒介觉醒与形的突破

邓喜军

**摘　要**：长期以来，国内多数雕塑家认为罗丹的意义在于完全忠实自然，是古典写实雕塑审美法则的集大成者。其完全忠实于自然对象的形体结构法则以及观察形体、塑造形体的方式，为大多数中国现当代艺术家所追随。然而，随着现代雕塑语言的发展，罗丹的意义早已不限于我们所理解的形体解剖准确、忠实自然等古典审美法则。20 世纪初，艺术家发现当我们以“再现”对象来面对艺术的时候，实际上艺术本身就消失了。艺术变成了一个事件、观念、文本的再现，即呈现题材的镜子。随着科技的发展，库尔贝、罗丹等人转过来意识到媒介本身——媒介的平面构成和雕塑的立体构型才是艺术的本质。艺术创作的重心经由再现对象、模仿自然，转向了对媒介平面和媒介立体性视觉效果的营构。

**关键词**：罗丹雕塑　现代雕塑　雕塑语言　媒介形式　现代性

## 一、媒介探索前的雕塑语言

格林伯格认为媒介探索之前的雕塑语言，是题材中心和文学中心的。它以再现对象为其目标，在绘画是这样，在雕塑上也是如此。人们衡量传统造型艺术（绘画、雕塑）的一个重要的指标就是对门类艺术媒介技术征服的高度。征服的程度越高，艺术家越厉害。如评判文艺复兴时期的雕塑家米开朗基罗的一个重要指标，就是看他对“形体、构图、透视、线条、色彩、光影、解剖肌肉”等造型手段（媒介技术）精准把握与表现的程度。为了理解罗丹在当代艺术中的真正地位与贡献，我们在这里有必要重新回顾和理解古典艺术中“媒介”“对象”“观者”三者之间的关系。

### (一) 古典艺术中“媒介形式”“再现对象”“观者”三者之间的关系

18世纪德国美学家莱辛在他的著作《拉奥孔》中论述这个问题的时候,就提到了这个问题,绘画和雕塑都是静止的媒介。再现的内容作为实际存在的物,却是在时间和空间中不断流动的——人物、风景、行为。如何用静止的平面和立体的构型来呈现一个在时间和空间中运动的对象,古典艺术家们作出了艰辛的探索。显然,静止媒介的时空与再现对象运动的时空就产生了一种矛盾。莱辛在处理这个问题的时候,作为静止说的信奉者,就提出了一个说法:提取最富于包孕性的瞬间——在爆发的顶点前的一瞬间。艺术家要克服静止的媒介和运动着的物体之间的矛盾,就要激发观众的想象,使得视觉平面(绘画)、三维立体(雕塑)的结构出现一种张力。这种张力最富有对运动对象时间性延伸的揭示,它能够呈现再现对象时间的延伸感。由此,媒介的包孕性瞬间、观众的想象、再现对象在时间中的延伸感,三者呈现出三重时空关系。这三重时空关系是以再现对象为核心的,而观众的想象、媒介的形式,“被当一些消极因素来加以对待的,只能含蓄地或间接地得到承认”。格林伯格在《走向更新的拉奥孔》中这样认为:“写实主义与自然主义艺术掩盖了艺术的媒介,利用艺术来掩盖艺术;现代主义则运用艺术来提醒艺术。构成绘画媒介的局限性——扁平的表面、基底的形状、颜料的属性——在老大师们那里是被当一些消极因素来加以对待的,只能含蓄地或间接地得到承认。”①

因此,具体到古典雕塑上来说,雕塑为了客观反映模特的比例、解剖、结构,就必须恰到好处地掩盖艺术的媒介并使得观者能够围绕再现对象发挥想象。加之,这个时候雕塑是雕塑家为了取悦公众,为了某一些事件而做的(如纪念性雕塑是为纪念某一重大历史事件而作,宗教雕塑是为供人们膜拜和传播宗教思想而作,等等)。所以这个时期雕塑的文学性和纪念性远远高于媒介本身的价值。在以再现对象为核心的理念下,古典艺术中“媒介形式”“再现对象”“观者”三者中,媒介形式和观者被无形地消解。

### (二) 古典雕塑作为一种媒介性的工具,失去了它自身存在的独立价值

在古典主义雕塑中,雕塑就是用自然界中的“物”(大理石、青铜等媒介)再现我们身体的艺术。雕塑中的媒介具有工具性的意义。媒介形式与再

① 格林伯格:《走向更新的拉奥孔》,易英译,《世界美术》,1991年第4期,第11页。

现对象是表现与被表现、形式与内容、再现与被再现，符号与意义之间的关系。此时雕塑是作为媒介物而存在的，“物”毫无独立的审美价值。

吴兴明教授在《论前卫艺术的哲学感——以“物”为核心》中认为“物只是题材内容呈现的中介，它越是消失在作品中，作品就完成得越好”[①]。艺术史家瓦萨里同样认为传统艺术的历史就是“再现物象，艺术史的发展就是再现的不断精确化的过程”。

雕塑作为造型艺术的一种形式，它与绘画、文学等艺术的区别在于，它是自然界中实实在在的“物”。但若用自然界中实实在在“物”，去复制、描摹对象或去再现文学的故事性情节，雕塑本身就不存在了。“我们知道，在现代主义之前，艺术是没有物感的。比如在雕塑中的材料，绘画中的色彩、块面、质感，我们对它的无感觉几乎完全收摄在再现性内容之中。这意味着，我们的感官对作品所直接接收到的是作为意识内容的整体。我们关注的不是‘物’，而是题材。在这样的感觉中没有‘物’。物只是题材内容呈现的中介，它越是消失在作品中，作品就完成得越好。”[②] 这就是说“物”仅仅变成了占有空间的媒介物，“物”自身的属性被遮蔽了：“物”作为一种媒介性的工具失去了它自身存在的独立价值。

## 二、形的突破与媒介语言的觉醒

20世纪初，艺术家发现当我们以“再现对象”来处理艺术的时候，实际上艺术本身就消失了。艺术变成了一个事件、观念、文本的再现（呈现题材的镜子）。随着科技的发展，库尔贝、罗丹等人转过来意识到媒介本身——媒介的平面构成和雕塑的立体构成才是艺术的本质。艺术创作的重心经由再现模仿对象转向了媒介平面和媒介立体性视觉效果的营构。这种倒转使得媒介与对象就在时空关系上发生了转移，不管这个对象是运动的还是静止的，这个不重要。重要的是：绘画表现为构造画面本身的冲击力，雕塑表现为形体本身的视觉张力。在这上面也有一个问题，艺术家在返回媒介的时候，实际上意识到媒介艺术与观者心理时空之间的悖论，这种悖谬就打开了通往时空关系、媒介探索的大门。意识到这一点，就意味着一系列的打开。所以从印象派到未来主义、立体主义、抽象主义、极简主义，这是在媒介内部时空关

① 吴兴明：《论前卫艺术的哲学感——以“物”为核心》，《文艺研究》，2014年第1期，第5—19页。

② 吴兴明：《论前卫艺术的哲学感——以“物”为核心》，《文艺研究》，2014年第1期，第5—19页。

系的步步推进，到最后再现性被完全驱逐。

## （一）作为人体的雕塑：罗丹早期的雕塑

奥古斯特·罗丹（1840—1917），法国杰出的现实主义雕塑家。对罗丹早期雕塑的评价，我想用“作为人体的雕塑”予以概括。这是一种表现人而不是物的雕塑。

通过人体去表现文学性故事情节是罗丹早期作品的显著特征，《地狱之门》《永恒的偶像》《母与子》《传递的爱》是其中的典型代表。通过大量阅读巴尔扎克书籍以及收集巴尔扎克画像，专门到都兰研究巴尔扎克同乡人的相貌，罗丹以巴尔扎克为题材，塑造了在造型意义上典型戏剧化的人物，以“唤醒观众的想象力”。列奥·施坦伯格在《另类准则——直面 20 世纪艺术》中写道：“人们必须亲自尝试，模仿每一个动作，才能体会到这些雕塑是多么努力地在表现那些戏剧化的强有力的身体，并将所有的力量都倾注到所保持的姿态中。”[①] 同样，罗杰·弗莱也认为，“罗丹的概念基本上不是雕塑语言。他关注的是性格与情境的表达，基本上是戏剧化和图解性的”[②]。

罗丹中期的雕塑使用分解（人体残片雕塑），重复（double-takes），随意的嫁接、组合、移植手法，使得作品朝着“物”本身与形体本身的方向发展。他把一些亲手制作的人体随意分解、组合、复制、移植与嫁接。如《飞翔的形体》《手》《大教堂》《地球》《阿黛勒的躯干像》《哭泣的仙女》《躯干残件》（拆分）；《有两个夏娃的群像》《三个幽灵》《舞蹈》《三牧神》（重复）；《人首马身像》（嫁接）；《我很漂亮》（《高空男人》用双手举起《下蹲的女人》，组合）。作品《三牧神》“以重复的手法在各种固体物和间隙之间产生了新的、更加错综复杂的韵律……通过聚集这个复制品，避免了无益的消遣。外部的形态变成了受束缚的间隙，这个不规则身体的重复，产生了无穷放大的韵律”[③]。因此，罗丹中期的雕塑开始自觉放弃文学主题的描述，通过各种手段（人体残片雕塑）逐渐转向了雕塑自身的各种可能。“重复的运用反映了罗丹对于连续瞬间的兴趣。这个兴趣，他自己也公开的承认过；对于完全相同的或者类似姿势的重复，可以暗示不间断的持续，或者一个单一形体的快速运

① 列奥·施坦伯格：《另类准则——直面 20 世纪艺术》，沈语冰、刘凡、谷光曙译，江苏美术出版社，2013 年，第 391 页。

② 罗杰·弗莱：《伦敦的雕刻家和雕塑》（1926 年），收录于《变形》，双日出版社，1956 年，第 198 页。

③ 列奥·施坦伯格：《另类准则——直面 20 世纪艺术》，沈语冰、刘凡、谷光曙译，江苏美术出版社，2013 年，第 395 页。

动。雕刻家得到的是让各种状态长期持续的那种能力。”我们知道这种对象（戏剧性情节）、物（象征、意义的功能）、人（观者）之间的物与人的关系是间接的。具体的工作只是如何使人体结构更趋于真实，达到逼真，而对运动的捕捉则要抽象得多。

显然，罗丹中期的雕塑告诉我们：雕塑的意识开始转变——核心不再是做什么，而是怎么做；不是要逼真再现一个具有立体感、纵深感的对象，而是要实现雕塑本身的美感与视觉冲击力。没有再现任何主题与情节的雕塑仍然有视觉冲击力，其残缺的人体半抽象雕塑——对象的变形、解体、重构、挪用、拼贴等仍然具有雕塑本身的视觉张力。罗丹之后的雕塑家所使用的现成品与颜料、物料的组合也仍然有视觉冲击力——这暗示了三维立体空间的创造性维度的解放。然而，雕塑从人体形态中解放后，材料的属性、艺术家塑造过程的体验往往成为限制现代雕塑发展的因素，其对自然瞬间印象的把握以及材料的关注并没有达到自觉的程度。

### （二）作为雕塑的人体：形体的觉醒

作为古典艺术、浪漫主义、现实主义和自然主义的集大成者和现代雕塑的解放者与肇始者，作为“人体—塑造—翻模—铸造—人体”雕塑语言的大师，罗丹是一座真正的巅峰。

罗丹的雕塑是一种表现“形体空间”而不是“人体”的雕塑，其中的“人体”只是表现“物”的借口。它们往往以表现人体为由头，最终通过分解、重复、嫁接、组合、移植手法远离了人体模特。

这一时期的罗丹继续“以深度造型”，并大体上遵循圣像制作者的传统。他把“物”本身所占有的体积与体量从古典艺术中独立出来，即把“物”本身的体积与体量感当作现代雕塑的一部分。罗丹通过“悬置的雕塑形式”（如《彩虹》《飞翔的形体》《形体研究》）达到这样的目的。

罗丹分离那些人类用来活动的部分肢体，比如手（见作品《手》，石膏，默东罗丹美术馆）。罗丹制作了大约150个陶制的小手，通过表面多层的添加处理，使它们表面的光线跳跃得比希望的快。其次，通过指骨与肌腱的蜿蜒，来把握雕塑的视觉瞬间性。没有基座的雕塑，可以任意摆放，它是罗丹典型的“移出地面”（无基座）的艺术样式。观者为了把它当作雕塑来欣赏，必须拿起它，“换个方向”，使它回到罗丹所思考的相同空间。

雕塑回到了物本身。罗丹迈开了巨大的一步，《飞翔的形体》开创了抽象艺术的先河，物体本身所占有的空间形体与体量感从古典艺术中完全独立出来，成为现代雕塑语言的一部分，推动了雕塑语言的发展。

### （三）作为雕塑的人体：材料意识的觉醒

“作为雕塑的人体”这是一种为探索物感而出现的雕塑——表现物而不是人的雕塑。例如《躯干残件》，这是一件只有残缺的躯干的破碎的作品。残缺的躯干没有使我们联想到人体，却让我们明显感觉到材料本身的形状、颜色、质感、机理、痕迹。换句话说“物”等于雕塑本身。“它不是一个部分‘代表’（for）整体，而是一个部分‘作为’（as）一个整体，并且它的整体性完全内在于这碎片之中。”[①] 媒介成为雕塑本身。里克尔认为：对罗丹来说，一只胳膊、一条腿、一个身体就是全部，是一个整体，因为罗丹不再把它看作一只胳膊、一条腿和身体（主题），而是一应俱全、自给自足的“物”，成为一种纯粹的雕塑力量。这充分表明罗丹已经觉察到物本身的属性（线条、形状、光影、明暗、颜色、质感、肌理、痕迹等）具有的独立的审美价值。雕塑在删除了功能（纪念、膜拜）、意义（象征）后，只剩下赤裸裸的物。于是，雕塑回到“物”本身，“物”由于意义的消解和对塑造过程的关注而得到凸显。纯净的物本身，删除了任何内容和形式，不再再现任何内容，不再象征任何意义。具体到罗丹的作品，就集中体现为对人体雕塑的拆解、嫁接、重复等手段以及对材料之泥性的尊重。罗丹的《躯干残件》《躯干》《飞翔的形体》《舞蹈系列》《哭泣的仙女》《地球》《大教堂》等，让我们看到了“物”本身作为主体的意义被凸显。我们从他晚年的作品《舞蹈系列》，就可以明确看出他对形体空间、媒介材料和塑造过程三者的统一关注。这正是罗丹对于现代雕塑的巨大贡献所在。

## 三、继承与发展：罗丹雕塑的影响

现代艺术的核心理念就是审美现代性，而审美现代性的核心就是艺术对人类的感性的肯定和解放（提倡艺术语言的自律）。雕塑不仅仅是塑造形体（题材）的工具，其媒介（材料）本身也是占据一定空间的实体，并且媒介（材料）的线条、形状、光影、明暗、颜色、质感、肌理、痕迹等本身的自然属性具有独特的审美价值。罗丹晚期雕塑媒介意识的觉醒以及对塑造形体过程的关注，是现代雕塑语言发展的主要转折点。可以说，现代雕塑发展的历史就是一部媒介的不断探索与突破以及制作过程中直感不断得到肯定的历史。

---

① 迈克尔·弗雷德：《艺术与物性——论文与评论集》，张晓剑、沈语冰译，江苏美术出版社，2013年，第156页。

### （一）马蒂斯对罗丹雕塑理念的继承

作为绘画雕塑家（painter-sculptor），马蒂斯对材料和工艺的非专业性特征，使其雕塑语言中呈现出一种对形体感直接的塑造性——没有先入为主的经验干扰。虽然马蒂斯绝大多数的雕塑都与人体相关，但是在马蒂斯的作品中，人体就是一个整体。相反罗丹的作品无论其作何种处理，我们都能够感觉到解剖结构、骨骼肌肉的表现力。如《简纳特头像Ⅰ，Ⅱ，Ⅲ，Ⅳ，Ⅴ》，马蒂斯完全无视头像的解剖结构，把简纳特的头像当作自然界中的植物（仙人掌），直接将其塑造出来（观人如观花），肌肉组织被转化为团块（尚晓风称其为“坨”，“坨”不仅仅占有空间，而且具有重力感）。

《两个黑人女性》的处理手法，不是来源于专业雕塑家的塑造技法以及媒介运用的经验，而是完全来源于对空间和形体的感受力的透彻理解。威廉·塔卡在1974年的《马蒂斯雕塑：观看到的和抓握到的》中称该作品“虽然看上去是两个人体，但确是一件单一的雕塑，而且人体之间的统一感并不是通过一种机械的对称结构，而是通过雕塑家对于体积在空间中存在的状态的感受而达成的，这就是马蒂斯所谓的‘建筑感’”[①]。马蒂斯塑造了两个并不对称的黑人女性，但正是这种并不对称的两个扭转的人体，塑造了一个秩序井然的“建筑感”雕塑。

如果说罗丹的雕塑把“物”本身所占有的空间实体从古典的雕塑中完全独立出来，成为雕塑语言的一个部分，那么马蒂斯的雕塑则让我们想去抓握和感受这种张力。马蒂斯的雕塑有一种想抓在手心的欲望——抓握感。如其雕塑作品《一个老女人的半身像》（1900）、《斜倚的人体》（1907）、《没有胳膊和头的躯干》（1909）、《蛇形》（1909），均运用空间中的团块（一坨泥），直接抓握出对自然形体的独特的感受，就像一个盲人雕塑家那样去塑造形体。

### （二）媒介的彻底转化和肯定，媒介空间突破

布朗库西在罗丹的基础上彻底完成了“物性凸显”的转化过程。布朗库西自己说过：“当你在雕刻石头时，你会发现材料的精神和他特有的性能，你的手会思考并紧跟材料的思想。”在《沉睡的缪斯》中我们可以发现，布朗库西早已完全放弃了对自然的再现，把雕塑当作“物”。他把大理石抛光，如《波利亚小姐》（1912）、《沉睡的维纳斯》（1909—1911）；保留木头直呈的质感，如《女巫》（1916）、《亚当与夏娃》（1921）。这些处理方式重新确立并延

---

① 威廉·塔克：《马蒂斯的雕塑：被抓握与被看》，尚晓风译，《世界美术》，2015年9月15日。

伸了材料属性作为独立的雕塑语言的各种可能性。从某种意义上说，布朗库西的雕塑使得媒介本身的自然属性得到彻底凸显，使得“人”与“物”建立起一种崭新的联系。

布朗库西的第二个贡献是引发了一个新的问题——基座的意义。基座被看作雕塑与装置的主要区别。布朗库西把基座当作雕塑的一部分，一旦将基座去掉，先前雕塑所具有的仪式感就消失了，以基座形成的传统的观看就失效了。更重要的是，这就为雕塑与空间、观众形成“剧场”提供了可能。极简主义正是通过“剧场”开创了一条不同于现代主义的观看方式，从而实现了雕塑在媒材之外媒介类型上的突破。

**作者简介：**

邓喜军，四川音乐学院讲师。

# 论物感理论视野下艺术现代性出场的四种表现

张　兵

**摘　要**：在以门类艺术现代性出场的出发点即人的主体性自我确证审视现代主义及后现代主义方面吴兴明教授的物感理论从人与物相互解放的角度，推进了格林伯格、弗雷德之后的现代主义理论。自现代主义以来的诸多艺术演进，媒介、物性、物感、异域感的凸显成为物感理论中现代性出场的不同表现，推进、深化着艺术领域内分化与解分化的张力结构。物感理论作为一个开放的理论体系，在未来技术与艺术的深入互动中，呈现出极强的阐释能力和方向感，将开启全新的中国艺术现代性出场之路。

**关键词**：物感　现代性　媒介凸显　现代主义　后现代主义

19世纪以来，自印象主义经立体主义、极简主义到装置艺术，西方艺术经历了所谓从传统到现代主义再到后现代主义的两次大的转折。在一系列伟大的艺术家、丰富的艺术实践之外，艺术批评、艺术理论领域内以格林伯格、弗雷德为首的艺术理论学者、批评家的建树令人瞩目。目前学界普遍认为，格林伯格是现代主义艺术理论的奠基者，弗雷德是紧随格林伯格之后的坚定的现代主义拥护者，但正是他某种意义上开启了后现代艺术理论。后现代主义作为现代主义之后的阶段，出现了与现代主义的“断裂”，而艺术史家则希望弥合这种分裂。① 弗雷德之后，虽然有学者指出现代主义与后现代主义的内在联系②，但只有吴兴明教授从现代性出场的分化、解分化与主体性解放之关系的角度对之进行全面审视，并创见性提出涵盖艺

① 参《作为虚构的现代艺术的“历史”》，见汉斯·贝尔廷，《现代主义之后的艺术史》，洪天富译，南京大学出版社，2014年，第324－338页。

② 参周宪，《从现代到后现代》，见许江主编，《人文艺术》，中国美术学院出版社，2002年，第1－54页；周宪：《文化的分化与“去分化”——现代主义与后现代主义的一种文化分析》，《文艺研究》，1997年第5期。

术、设计诸领域的物感理论，将现代性出场的路径通过物在不同层次的凸显清晰地梳理出来，在艺术领域内弥合了现代主义和后现代主义的鸿沟。应该说这是继格林伯格、弗雷德之后对现代主义、后现代主义艺术理论的重大突破，是中国学界对长期以来以西方为中心的现代主义、后现代主义研究作出的具有全球意义的创新推进。

在艺术领域内，吴兴明教授用物感理论统一论述现代主义、后现代主义诸阶段，有其在现代性出场角度、人的解放角度的纵深度。本文依托上述成果，着力区分物感理论中物感凸显在现代主义及后现代主义不同阶段的不同特征，以更清晰地呈现物感凸显作为现代性出场的阶段性。

## 一、媒介凸显：现代性自我确证背景下的艺术自律与分化

现代性自启蒙以来的不断演化，在社会外部结构造成了迥异于前现代的社会景观，即由于现代性从神义论转向人义论，一切领域都需要由主体性出发，合乎理性并确证其独特的地位，最终现代性意义上的分化与分工分别从内部和外部呈现了现代性的出场。首先在社会结构上，哈贝马斯明确指出："新的社会结构的首要特征在于，围绕着资本主义企业和官僚国家机器这样的组织核心而形成的、功能上又互相纠结的两大系统走向了分化。韦伯把这种分化过程理解为目的理性的经济行为和惯例行为的制度化。其实日常生活也受到了这种文化合理化和社会合理化的干扰。"① 这种分化首先体现在审美领域内，最初是从当时主要的审美领域文学发端。②

这种现代性自我确证在审美领域内（包括文学艺术等）的要求，又是如何使艺术一步步走向学科分化意义上的自律和纯化之路的呢？对于艺术领域内的学科自律，格林伯格在考察现代主义绘画之前，首先区分了以启蒙为代表的外部批判和以纯化为特征的内部批判："使现代主义的自身批判成长起来的东西，与导致启蒙运动批判的动力却不是同一回事。启蒙运动是从外围来批判，这种批判方式是在其可接受的意义上展开的，现代主义的批判则来自内部，是通过某些本身被批判者的程序展开的。……任何社会活动都开始要求一种更加理性的证明，'康德式'的自身批判最终被用来适应和说明哲学以外的各个领域内的这一要求。"③ 这种对艺术内部的自省，不仅使艺术各领域趋于学科自律意义上的分化，也直接导致了分化之后的纯化之路。因为学科

① 哈贝马斯：《现代性的哲学话语》，曹卫东译，译林出版社，2004 年，第 2 页。
② 哈贝马斯：《现代性的哲学话语》，曹卫东译，译林出版社，2004 年，第 9 页。
③ 格林伯格：《现代主义绘画》，周宪译，《世界美术》，1992 年第 3 期。

自律的要求，原本边界不清晰的各艺术门类不断划分势力范围，使“每门艺术都不得不通过自己特有的东西来确定非它莫属的效果。显然，这样做就缩小了该艺术的涵盖范围，但同时也更安全地占据了这一领域。接踵而来的是每门艺术权限的特有而合适的范围，这与该艺术所特有的媒介特性相一致。于是，自身批判就变为这样一种工作，即保留自身可具有的特殊效果，而将来自其他艺术媒介的效果驱逐出境”①。

对绘画来说，其学科自律和分化、纯化的趋势，表现为不断地回到媒介本身。“写实的幻觉艺术掩盖了艺术媒介，艺术被用来掩盖艺术自身，而现代主义则把艺术用来唤起对艺术自身的注意。绘画媒介的某些限制——平面外观、形状和颜料特性——曾被传统的绘画大师们视为消极因素，只被间接地或不公开地加以承认，现代主义绘画却把这些限制当作肯定因素，公开承认它们。”② 由此，媒介凸显成为现代主义艺术，特别是盛期现代主义艺术最引人瞩目的特征，甚至成为一种指令，最终导致极简主义及弗雷德所批判的物性的出场。以往的现代主义研究就学科谈学科，得出的结论也是在绘画学科本体层面的，某种意义上，背离了黑格尔意义上“艺术作为面向未来的和解力量”，背离了替代神义论的人义论的大写主体的整一性要求。现代主义艺术是现代性自我确证的骨血，但以媒介凸显为表征，艺术回到自身，使艺术在前现代社会中与世界、社会、自然、人的外部世界的紧密联系被割裂。这样，现代主义艺术成了远离人、分化人的东西，而不是解救、整合人的东西。当我们回到现代性出发的地方，即西方社会从神义论向人义论大转折，主体性原则膨胀，我们发现从艺术与世界、社会、自然、人等外部世界的关系来看，现代主义的向内转使前现代社会艺术与作为具有主体性的人的关系逐渐疏远，艺术获得了某种类似人的主体性，而原本主体性的人在面对艺术的时候则不得不适应这样的类主体性。伴随现代主义出场的是从包含视觉、触觉、知觉在内的综合感知向单一视觉感知的所谓“视觉转向”。具体到艺术实践，原本面对一幅画时作为一个同时拥有视觉、触觉、知觉、味觉等诸多感知途径的完整的人，在现代主义绘画面前，不得不成为一种只能通过视觉这一单一途径而排斥其他任何途径进入绘画艺术的“新”的观众。从现代性出场即主体性彰显的角度看，现代主义一方面通过纯化，理清、强化、锐化了具有主体性的人在不同领域内的可能，是某种意义上的主体性去蔽、解放、彰显；另一方面使完整的人陷入主体性分裂，也即现代性危机的表征之一，是主体性

① 格林伯格：《现代主义绘画》，周宪译，《世界美术》，1992 年第 3 期。
② 格林伯格：《现代主义绘画》，周宪译，《世界美术》，1992 年第 3 期。

的断裂、割裂、孤立、禁锢。

正是在这一意义上，在人的解放以物的解放为开始并进入人与物的相互朗照、解放的角度，吴兴明教授的物感理论重新审视了艺术领域内现代性出场的诸种表现。物感理论认为，必须把上述现象放在更为基础的现代性出场的角度审视，才能看清其表现形式与内在动力之间的关系，才能理解分化诸表现在人义论、现代性自我确证、分化与解分化三者源始涌动互进角度的意义。

首先，物感理论中现代性出场是一个涉及所有领域的要求，绘画中的媒介凸显只是其中之一。

> 实际上，物感美的呈现从属于一场更为宏大的、几乎包括所有艺术门类的现代性洪流。工业设计的崛起，包豪斯、乌尔姆设计体系的出笼，国际化版面设计风格的全球性潮流，现代艺术在媒介——材质层面上的广阔探索等等，使物感呈现成为世界景观的现代性标志。返回作为艺术媒介的物本身成为艺术现代性品质的一个基本意涵。各种艺术的先锋性探索无不在解脱了外在意义约束之下开拓媒介创造的广阔空间：无标题音乐，现代舞，抽象主义、立体主义绘画，弗雷德所谓的“实体艺术”(literalist art)，现代时装，电影本体探索，摄影，现代家居，现代雕塑乃至文学的文学性（语感价值）的凸显等等。抵抗文学化、意义化乃至软性的抒情化，返回艺术媒介的物本身，成为各门类艺术现代感的标志性潮流。①

其次，物感理论将绘画中的媒介凸显重新放在现代性出场的源始基础上审视，重新回到人义论、现代性自我确证的要求下审视其阶段性。

> 绘画“朝着平面性而非任何别的方向发展”的实质究竟是什么呢？是回到绘画画面的物感直观，而不是形态再现（雕塑、摄影）或者观念叙事（文学）。换言之，即抵抗符号性表达对画面直观的取代，抵制画面的感性直观消融在意义中。对此，格林伯格在《走向更新的拉奥孔》中有很好的表述。只是他们忘了，这只是现代性自我确证的一个层次。在康德、黑格尔，所有现代事物的自我确证归根到底都是主体性原则的产物，是主体性的自我确证或自我确证的对象化，因此门类艺术的现代性确证归根到底是人的自我确证。②

---

① 吴兴明：《反省“中国风”——论中国式现代性品质的设计基础》，《文艺研究》，2012 年第 10 期。

② 吴兴明：《论前卫艺术的哲学感——以“物”为核心》，《文艺研究》，2014 年第 1 期。

因此，媒介凸显作为现代性出场的第一阶段，注定是未完成的现代性，现代主义充分利用了主体性膨胀使学科分化呈现出某种类似主体性位格的泛主体性，与主体性形成某种去蔽、抗争、对话关系，其中蕴含着的张力结构，使现代主义一往无前地进入弗雷德所谓物性凸显阶段。

## 二、物性凸显：作为现代性分化的副产品还是必然?

上述艺术学科自律与纯化倾向下的媒介凸显，在格林伯格这里表现出一种被弗雷德批判为还原主义的倾向，媒介成为唯一的衡量标准，甚至某种意义上混淆了一件作品之为艺术作品（绘画）的前提条件和一件作品之所为一件好作品的要求两者间的差别，导致不断地剥离、纯化成为一幅画（而不一定是一幅好的画）的主要目标。最终，格林伯格描述出这样一种画："一张展开的或被钉起来的画布早已作为一幅画存在——尽管并不必然作为一幅成功的画。"① 现代主义艺术在后期果然出现了一张纯粹的画布或者只是简单的立方体这样的东西，极简主义作为现代主义的副产品登场了。格林伯格小心翼翼地处理极简主义中已经出现的艺术与非艺术边界混淆的端倪："极简艺术作为艺术是可读的，就像今天的几乎一切东西一样——包括一扇门，一张桌子，或是一张白纸……然而，一种接近非艺术条件的艺术，在眼下这一刻似乎还不能被想象出来，或被构想出来。"② 在这里，艺术与非艺术临界，作为艺术的物和作为物的物之间的模糊地带成为现代主义维护艺术自律，维护现代主义纯粹性，拒斥以后现代主义为特征的艺术生活化倾向的战场。弗雷德敏锐地发现其中的关键环节："这一语境中的'非艺术的条件'的意思，就是我称之为物性的东西。在眼前这样的条件下，物性本身仿佛就能担保某种东西的身份，如果说不是作为非艺术的话，至少作为既非绘画也非雕塑的东西；或者仿佛一件艺术品——更确切地说，一幅现代主义绘画或雕塑——在某个根本的方面不是一个物品。"③ 在弗雷德这里，物性成为艺术与非艺术对立的核心，"现代主义绘画已经发现了它的律令，即它击溃或是悬搁了它自身的物性……而实在主义艺术则将赌注全部押在了作为物品的既定特质的形状上，如果还不能说作为某种物品本身的话。它并不寻求击溃或悬搁它自身的物性，

① Greenberg, "After Abstract Expressionism", *Art International* 6, Oct, 25, 1962.

② 格林伯格：《极度的现代主义》，第253－254页。转引自迈克尔·弗雷德：《艺术与物性》，张晓剑、沈语冰译，江苏美术出版社，1967年。

③ 迈克尔·弗雷德：《艺术与物性》，张晓剑、沈语冰译，江苏美术出版社，第160页。

相反，它要发现并凸显这种物性”[①]。

应该说物性的彰显，某种意义上，是现代主义的应有之义，即去蔽，色彩、线条、形状从媒介成为内容，其自身的物性得以彰显。但在现代主义艺术中，这种凸显是节制的，即它以媒介的身份被凸显，而不是作为物被凸显（就像格林伯格、弗雷德一再论述的形状在绘画与物品中的差别），只有到了极简主义，物性才开始以物的本来面目赤裸裸地呈现在观者或世界面前：“一幅画几乎就是一个实体，一样东西，而不是一组实体与参照物的不可定义的总和。”[②] 这种物本身在艺术领域的出场，导致“作品即空洞”，因此需要外部意义的追加，进而出现了“剧场性”结构。对此，弗雷德持强烈批判态度：“剧场性如今已经成为艺术的否定。”[③] 但后现代主义的诸种艺术形式，如现成品艺术、装置艺术、行为艺术、波普拼贴、大地艺术等，从反面否定了弗雷德对剧场性的否定。因为弗雷德严格遵守现代主义学科自律的律令，物性凸显不仅被认为是对现代主义艺术的背叛，还被认为是对艺术本身（特别是现成品艺术）的威胁。

吴兴明教授在《论前卫艺术哲学感——以“物”为核心》这篇关于物感理论的重要论文中系统分析了弗雷德观点的偏颇之处，指出删除了内容的媒介之凸显就是媒介的物性之凸显。从现代性出场的出发点审视，物性凸显恰是现代性自我确证的出发点与归宿，即人的自我确证的必然要求。首先，并非是从门类艺术的具体现实出发，而是从人的感性合法性的自我确证（审美现代性）的角度，物感理论认为“在现代语境中，艺术归根到底是人的感性合法性的自我证明（审美现代性）。这是‘人义论’的必然要求”[④]。其次，感性合法性有着迥异于理性反思的自我确证形式，它对前现代社会诸如理性、意义、宗教、象征等的抵抗，对新感性永无止境的创造和推进，“在对象性一方，就是物的解放和物自性的出场”[⑤]。从感性合法性的自我确证的角度看，

> 艺术中的物性出场是视觉现代性品质的基本内容，它是感性现代性的自我确证在艺术领域的直接产物，它本身就是感性价值的自足构成。由于弗雷德仅仅把物性凸显局限在门类艺术的自我确证的视野中去讨论，所

---

① 迈克尔·弗雷德：《艺术与物性》，张晓剑、沈语冰译，江苏美术出版社，第 159 页。

② 露西·里帕德：《斯特拉、贾德访谈录》，收入《艺术新闻》（Lucy R. Lippard Questions to Stella and Judd in *Art News*，1966），转引自迈克尔·弗雷德：《艺术与物性》，张晓剑、沈语冰译，江苏美术出版社，第 156 页。

③ 迈克尔·弗雷德：《艺术与物性》，张晓剑、沈语冰译，江苏美术出版社，第 161 页。

④ 吴兴明：《论前卫艺术的哲学感——以“物”为核心》，《文艺研究》，2014 年第 1 期。

⑤ 吴兴明：《论前卫艺术的哲学感——以“物”为核心》，《文艺研究》，2014 年第 1 期。

谓‘物性’被排除在了价值之外。这样，艺术的现代性问题就转化成了一个艺术门类的合法性问题。结果，物性从现代性中被排除出去，淹没了物性在感性现代性自我确证中的价值内涵及其深远指向。[①]

物感理论在此有效、有力地回应了弗雷德之困惑，也因此疏通了长期以来横亘在现代性与后现代性之间所谓分裂、反对而非推进的纠葛。事实上，物性凸显中最重要的特征即物本身的出现，是现代性出场的纵深阶段。现代性对主体性的解放必然延伸到原本被禁锢的世界及世界之物的去蔽、解放。从这一人与物的相互解放的视角回溯物在现代性前后的差异，会发现，物的出场与现代性出场几乎是同步的。物从被遮蔽到凸显在现代主义之后逐渐成为蔚为壮观的现象，最终导致 20 世纪后期的“物转向”（things turn）。[②] 先是海德格尔将物放入整体性视野打量，物第一次获得了存在论意义的地位：“物是从世界之映射游戏的环化中生成、发生的。”[③] “由此，打量物的视野就从自然物、有用性向存在性即生存、社会、神圣等世界性结构敞开。”[④] 在获得存在性地位之后，物进入波德里亚所谓“社会－符号”维度。在这种维度中，象征物被功能物取代，但功能物只解放了物的功能，而不是物自身，因此，这种解放是有局限的。“只要物还只是在功能中被解放，相对的，人的解放也只停留在作为物的使用者的阶段。”[⑤] 以物的解放和遮蔽为特征的犬牙交错的互进式前行，是现代性出场中物性凸显的基本背景。正是现代主义中物性的出场，从功能物对象征物的解放开始，物开始去掉了一切附加在其上的功能锁闭、意义所指、认知及视觉惯性乃至感性深层次的无意识的规范，赤裸裸地掉落在海德格尔所谓天地人神环化生成的世界里，得到了不断的解放，而主体性的人也得以如初见般与物产生照面、打量、嬉戏、生成，从而进入一个人与物相互解放、敞亮的新阶段。在此，物感理论清晰地梳理了物在不同阶段的变化，并指出从象征物到存在意义上的物、功能物、“社会－符号”维度的物，再到物自身，物与人的关系经历了“遮蔽—去蔽—凸显”的变化，与现代性的出发点和归宿相呼应，最终走向人与物的相互形塑、解放、生发。

---

① 吴兴明：《论前卫艺术的哲学感——以“物”为核心》，《文艺研究》，2014 年第 1 期。

② “物转向”（things turn）概念，参 Peter-Paul Verbeek，*What Things Do*：*Philosophical Reflections on Technology*，*Agency and Design*，Robert P. Crease，trans. Pennsylvania：The Pennsylvania State University Press，2000，pp. 209－218。

③ 海德格尔《物》，见《海德格尔选集》，孙周兴编选，生活·读书·新知三联书店，1996 年，第 1183 页。

④ 吴兴明：《人与物居间性展开的几个维度——简论设计研究的哲学基础》，《文艺理论研究》，2014 年第 5 期。

⑤ 尚·布希亚：《物体系》，林志明译，上海人民出版社，2001 年，第 16 页。

而弗雷德反对的物性之出场在更大的物与人的关系视野中，正是现代性出场的表现之一，其意味着主体性的解放，因此既是现代主义的积极方面，也是不可抗拒的现代性出场的必然趋势。

## 三、物感凸显：现代性视野下的后现代主义与解分化

在物感理论中，不同于格林伯格、弗雷德对物性凸显的排斥，吴兴明教授极具创见地从解分化角度肯定了物性凸显、物的出场，以感性现代性的开启维度为物感创新正名。这样，物性（物感）凸显以不断刷新的感性现代性填平了现代主义与后现代主义的鸿沟，以主体性解放的角度看待现代性出场的不同阶段及表现，进而获得迥异于解构主义的建构性力量。通过对海德格尔以来技术哲学、物理论的梳理，吴兴明教授指出波德里亚等人对物性凸显中物性、物感本身审美维度的忽视："他（波德里亚）还从根本上遗漏了一个维度：直接物感的审美性维度，而这正是列维纳斯、利奥塔、梅洛-庞蒂等人——包括波德里亚本人晚期——的物理论和现代设计家们所关注的重点。"[①] 在这里出现的"物感"已经迥异于弗雷德的"物性"："那个原初的物，在海德格尔、弗雷德等人的指称用语是'物性'。可是我感到，说物性多少有一点像康德的物自体——那是无法显现的东西啊。后来我到网上去查，'the feeling of things'，才发现其实人家西方人论物感的还真不少，'the feeling of things'应该专门是讲物感的哦。"[②] 实际上，在现代艺术领域内，物感（物性）中存在一个重要的维度，即物的自在并锁闭与自在并开放的差异，同样自在的物从锁闭到开放，其背景是物转向中物的伦理化倾向使物的主体性位格不断加强，获得了某种主动性；只有物的自在并开放的状态才有进入一种类似主体间性交流的可能，才是物的解放与人的解放的相互生发阶段。[③]

对上述差别的甄别是吴兴明教授物感理论的重要内容，由此，物感理论才克服现代主义艺术理论中人与物的彼此远遁、封闭，进入人与物的相互解放、靠近、开放、朗照、嬉戏的崭新阶段。列维纳斯认为物的出场就是物本

---

① 吴兴明：《人与物居间性展开的几个维度——简论设计研究的哲学基础》，《文艺理论研究》，2014 年第 5 期。

② 吴兴明：《许燎源的意义——设计分析：中国式现代性品质的艰难出场》，《中外文化与文论》，第 22 辑。

③ "在这个意义上，物既是他者，又是人存在的根据和构成，它既外在于世界，又是人与社会、世界关系组织的具体形塑。我们既利用物、使用物，又被物所决定和操纵。……这些都决定了，必须超越主客体而在人与物交互形塑的视野当中，才能够真正描述物与人的居间性展开。"吴兴明：《人与物居间性展开的几个维度——简论设计研究的哲学基础》，《文艺理论研究》，2014 年第 5 期。

身的出场。这个物本身是什么意思?“诸物，作为一种被目光自设背景的普世秩序中的要素，已经无足轻重。一些裂缝从各个方面撕裂天地的连贯性，个体在它存在的赤裸中凸显出来。”这种对世界的去形式化就是上文谈到的物性，也是弗雷德意义上的物性，但这种赤裸裸的物与人是如何照面的呢?“在一个没有视阈的空间里，一些将其自身强加于我们的片段。一些碎块、立方体、平面、三角形摆脱了束缚，向我们迎面扑来，互相之间不经过过渡。”[①] 它们有一个重要的特点，即，物性凸显首先表现为异质性，一种非人化的倾向，一种不可通约同时也不可进入的封闭性的自在感。吴兴明教授明确指出现代主义前期及盛期物性凸显中的不可进入性（吴兴明教授文中称为物感）：“比如康定斯基的抽象构成，马列维奇的满版单色，马松随意挥舞的线条，波洛克泼洒而成的杂乱色团，霍夫曼的色块补丁，克莱恩用排笔刷出的粗壮的墨色，罗斯科布满画面的沉闷的红色或黄色，斯特拉用圆规或角尺画出的严格的几何图形，以及那些皇帝新衣般的偶发艺术、自动绘画……看这些画，确实没有什么让我们触动的机会，相反，它们太强的陌生性、异域感常令我们惶惑、发怵，有一种人类心灵的不可进入性。”[②] 这些“不可进入之物”“存在之脓肿”“存在那非形式的攒动”，无一不以异质的形式突然出现，对人的世界造成冲击，但这种强烈的冲击有一种强烈的对抗性、趋避性结构，一方面新生成的自在的物，在拒绝意义规范的同时，以一种抗拒性的姿态拒绝被纳入任何一种认知模式，另一方面人在认知规范失效的茫然无措中呆若木鸡，人与物处于一种纯粹表面之照面的孤立、对峙中，即缺乏吴兴明教授所谓内感觉打开的期待视野和可能，物性凸显而物感无法开启、生发。

综观现代主义、后现代主义那些真正有价值的作品，除了物性凸显之外，其共同的特点恰恰是物感凸显，即“艺术创造的核心不是某种形式的度量，而是内感觉活性物感的萌动，是物从身体深处的击中和涌现，就像洪荒进入这个世界”[③]。吴兴明教授在讨论许燎源的抽象画时提出：“在物感的创新探索中‘有时间’，几乎可以说是视觉现代性品质的最高要求，这一点，也可以看作是东方现代性品质的基本特征。……可以一言以蔽之，所谓东方现代感，就是在物感的直接创造性展开中而不是在再现景象中具有人类心灵的可进入

① 列维纳斯：《从存在到存在者》，吴惠仪译，江苏教育出版社，2006 年，第 60、61 页。

② 吴兴明：《物感与畅神——论许燎源绘画作品中的时间》，99 艺术网专稿，2015 年 10 月 15 日，http://news.99ys.com/news/2015/1015/9_197910_1.shtml。

③ 吴兴明：《人与物居间性展开的几个维度——简论设计研究的哲学基础》，《文艺理论研究》，2014 年第 5 期。

性，可触动性，具有纯形式直接展开的世界感和击中当代心灵的临在感。”① 虽然吴兴明教授在这里谈的是东西方物感的差异，但实际上真正的物感凸显不论东西方均有上述内感觉打开的维度，而在物性凸显之后，现代艺术作为一门高度自律自觉的艺术，也在有意识地开启这一内感觉意义上的物感创新。当这一视角敞亮之后，物性凸显转入物感凸显的视野，物与人也进入一种崭新的关系：“人与‘物’在功能性关系之外另一种关系的创造性开启：比如在音乐中心灵与旋律之间的律动关系，在山水中人与物之间的融入关系，在物色欣喜中人与物相互映照的关系，在自然节令中人与物相互感应的关系，在种种创造性涌现的新物的惊喜中人与物相互朗照和敞开的关系……”② 物与人的关系中，物从被给予、被遮蔽、封闭性的物性凸显到开放性的物感凸显，成为既不是主体也不是客体的“他者”，“在此意义上，人的自由首先是社会物序的开放和自由，甚至可以说，人类社会最终解放的标志就是物序的解放和自由”③。毫无疑问，这种解放和自由就是现代性出场的出发点和归宿。

## 四、异域感凸显：走向人与物的可栖居、活生生开放的世界

物感理论从现代性出场角度出发，以物为切入，其归旨是瞬间现代性维度的新感性以及由此带来的人与物的相互解放。因此，物感理论中的物并非狭义的可见、可用之物，而是超越了具体之物的事物、空间、感知，乃至“世界感”的综合。这样，物感理论超越具体的传统门类艺术，得以进入包括装置、行为、新媒体艺术等前卫艺术形式，并持续释放阐释活力。

以装置艺术为例。在对极简主义的批判中，弗雷德预言了这样一种可能：“一种安排越是有效——即作为剧场越是有效——作品本身就变得越是多余。”④ 物性的凸显以物的现身为出场，最终却在剧场性追求中导致物的消失，这是怎么回事？实际上，这种具体的物的物感凸显扩张到了其所在场的空间，形成了一种区别于单一物的物感凸显的具有某种世界感的异域感凸显，其典型形态如装置艺术。“装置是一种艺术类型的创新：它把物性的凸显从对象升格到空间，使孤零的物展示具有了世界感。因此，装置本身就是物性凸显的

---

① 吴兴明：《物感与畅神——论许燎源绘画作品中的时间》，99 艺术网专稿，2015 年 10 月 15 日，http://news.99ys.com/news/2015/1015/9_197910_1.shtml。

② 《物感主义宣言》，http://www.zgcdzx.com/html/201701/content_26961.htm。

③ 吴兴明：《人与物居间性展开的几个维度——简论设计研究的哲学基础》，《文艺理论研究》，2014 年第 5 期。

④ 迈克尔·弗雷德：《艺术与物性》，张晓剑、沈语冰译，江苏美术出版社，第 169 页。

深度在艺术类型上的推进。"[①] 异域感凸显的特征之一是人的被卷入："由于人进入物之中，物性的凸显被推进到观者的置身性卷入和游历体验的深度。这是物感的探索在三维基础上的进一步推进。"[②] 这种异域感与我们的现实世界以及世界感到底是什么关系？

邱晓林在《"世界"和"异域"：打量装置艺术的两个视野》中分析了海德格尔"此在"因缘勾连之域意义上的"世界"视野打量装置艺术的失效，并甄别了"世界"与"异域"。

> 这个单纯"世界"的视野，对于理解某些装置艺术作品来说却完全失效。这些装置作品，虽然也使用物，但并不体现趣味，不是对于观念的感性显现，不要求资格的认可（惯例），不是纯粹的观念（艺术走向哲学），也并不诉求艺术之名（"这是艺术"），而只是单纯"物感"的呈现。我把这类装置艺术称为诉诸"异域"的艺术。"异域"在此，取列维纳斯相关论述中的含义，即那个未被我们的主体性所渗透的领域，在艺术中它表现为世界的去形式化："艺术将它们赤裸裸地呈现给我们。这是真正的赤裸，它并不意味着衣着的不在场，而是——姑且这么说——意味着形式的不在场，也就是说，形式所执行的外在性向内在性的嬗变并没有发生。"[③]

吴兴明教授指出装置艺术独有的两个特征，也将其归结到了异域感的凸显上。其一，现场性，是一种空间的围合，诸种结构性的物理元素、机理、形状、规模、比例等，共同构成一个向观者开放的世界，"是观者可以呼吸、触摸、置身其中的物态体验空间。由于人进入物之中，物性的凸显被推进到观者的置身性卷入和游历体验的深度。这是物感的探索在三维基础上的进一步推进"[④]。其二，时空错置，是一种日常生活空间里异质空间的断裂性植入。"不管在画廊还是在商场内外，一个装置的呈现都是一次连续性时空的打破，由此发生时空的断裂性错位。这是意义领悟常常产生飞跃的时刻。就像蒙太奇，唯有在断裂中才有颖悟性和启示性闪现。但装置又不同于电影，电影不放就没有，而装置就摆在那里：它是一个物空间。"[⑤]

这种封闭性聚焦和断裂于日常时空的错置空间，呈现出"异域"的异质

① 吴兴明：《论前卫艺术的哲学感——以"物"为核心》，《文艺研究》，2014年第1期。
② 吴兴明：《论前卫艺术的哲学感——以"物"为核心》，《文艺研究》，2014年第1期。
③ 邱晓林，《"世界"和"异域"：打量装置艺术的两个视野》，《艺术广角》，2016年第1期。
④ 吴兴明：《论前卫艺术的哲学感——以"物"为核心》，《文艺研究》，2014年第1期。
⑤ 吴兴明：《论前卫艺术的哲学感——以"物"为核心》，《文艺研究》，2014年第1期。

感。而与其他艺术形式相比，装置艺术显然并非雕塑意义上的三维立体，而是一种包含了形成装置作品的物在内的空间、时间的整一体。按照吴兴明教授的观点，正是这种对主体哲学拒斥的异域感场域促成“感觉与物的双向开放”，从而从解分化角度形成对“现代性危机的至深根源”的打量、解危机。这种“人与物关系的原始回复和变动”，正是现代性危机的应对之路和现代性的纵深出场：“从尼采、海德格尔以来，异域的求解已成为现代思想史上饱受争议而又无法回避的难题。可是在前卫艺术中，异域的开启是活生生的实存。在现代性高歌猛进和绝望反思的双重震荡中，这一存在为人类前赴后继、连绵不绝地开启了另一个抵抗、渗透的维度，一个可栖居体验、活生生开放的世界——我认为，这就是前卫艺术中‘物性凸显’的根本意义。”① 在物感理论中，后现代主义诸般令人陌生、惊悚、不适、恶心的艺术形式，第一次从理论上找到了其作为现代性出场的正面依据，成为人类迈向自身解放的建构性力量。伴随着 VR、AR 等技术的发展，异域感也出现新的变化，异域与世界出现互相、融合渗透，甚至互相指摘的趋势，异域感凸显进一步向人的全部感官深层次开放，并最终走向人的深层次解放。

吴兴明教授开创的物感理论从现代性出场的主体性解放出发，从“人与物关系的原始回复和变动”出发，既理清了现代主义初期及盛期艺术自律在人的主体性解放维度的根源，也开启了现代主义之后诸种艺术形式的建构性历程，并以其开放性、建构性面对新的艺术实践。上述对物感理论的阶段性表现的梳理，有利于我们重新审视自现代主义以来的诸种艺术实践，进而将现代主义学科自律视野之外丰富的艺术实践纳入现代性出场的视野，积极面对所谓现代性危机及艺术终结中的焦虑，最终使艺术重回现代性出场的出发点，成为人类主体性解放源源不断的源始动力。而物感理论不仅将在未来技术与艺术的深入互动中，呈现出极强的阐释能力和方向感，而且在探索中国特有艺术的现代性出场方面，也将以中国特有的丰富的实践的沉淀为宝藏，回溯并开启别开生面的中国艺术的现代性出场。②

**作者简介：**

张兵，四川大学文学与新闻学院博士研究生。

---

① 吴兴明：《论前卫艺术的哲学感——以“物”为核心》，《文艺研究》，2014 年第 1 期。

② “中国人拥有极其强大的物感传统。”“实际上，对天地万物的物感品质及万千形态直观把握的巨大积累形成了中国文明所独有的知识传统，其知识演进的独特路径是物感直观，而非西方式的分析性演进。这是一个文明的体系性标志。当然，这也是中国美学可能有贡献于世界的主要方面。”参吴兴明：《反省“中国风”——论中国式现代性品质的设计基础》，《文艺研究》，2012 年第 10 期；《谋智、圣智、知智——谋略与中国观念文化形态》，上海三联书店，1994 年，第 342－348 页。

# 通用设计理论研究

吴兴明

在设计学上，以物感为核心的研究是一次力图在人与物居间性展开的视野中探索现代设计理论的挖掘，其目的是要为现代设计理论奠定纵深的思想理论基础。值得强调的是，虽然迄今为止，人类的创造几乎都源于原初的设计活动，可是一直以来对设计的思考并没有理论上的深度展开。这固然是因为一般性设计理论探索的难度较大，另一方面，也是源于自古希腊以来观念哲学的传统轻视设计。由于现代性的深度展开，由于消费社会的到来，人对设计作为文明创造的智力核心的认识越来越清晰。当前全社会物质和精神文明的极大丰富，人类需求所得到的日益广阔的满足及其无止境的推进，都鲜明地显示了这一点。本栏目的文章集中于讨论一般性的设计理论——所谓“通用设计学”——建构的几个方面。《作为设计产品的人造物的三个层面》是力图为设计产品研究确定逻辑分层的描述基础，进而为更深度的理论分析、门类设计理论和设计史研究确定知识陈述的逻辑基础。《诗性的敞开：论中国式设计现代性品质的开启》是对中国式现代性品质的设计所包含的内涵的分析，其挖掘的重点是这一类设计所包含的诗意性内涵。《消费社会视野中文化产业的意义再生产》集中分析在消费社会时代，文化产业作为意义再生产的内在逻辑及其含蕴。《论物感与设计的现代性：以包豪斯为例》以现代设计史上的经典流派为例，集中分析了物感呈现与设计现代性之间的内在关联及其解放意义。熟悉设计及当代艺术研究的朋友知道，在当代学术史上，这样集中探索通用设计理论相关问题的研究还不多见。而这一点，又是因为从物感理论切入对通用设计学的研究本身就是一个空白，此即是说，这一视角有一定的原创性或开拓性——或许这就是这一组文章的意义。

# 作为设计产品的人造物的三个层次

吴兴明

**摘　要**：要建立新的理论模型，必须以人造物的内在构成分析为基础。总体上，作为人工物的设计产品可分为三个层次：（1）功能（the function），指人造物的实用价值，用波德里亚的话来说，就是“人造物商品的原始品质”，因为产品和艺术品不同，它是有实用功能的；（2）物感（the feeling of things），就是它的审美品质，就是物的感性力量，直感力量；（3）意义（the meaning），产品的意义是内在于产品的构成的，只不过这种意义由于我们常常讲不清楚，就把它说成是感觉。这三个层次构成了我们分析人与物居间关系的基础，也是我们得以内在地评判在消费社会时代人与物、人与人之间相互形塑的关系的基础。

**关键词**：设计　人造物　人与物　关系　消费社会

众所周知，人类进入消费社会以来，设计就是世界产业竞争的智力核心。但实际上在进入消费社会之前，设计并没有如此重要的地位，也就是说，设计之成为世界经济竞争的智力核心，是有其深刻的社会历史原因的：它是人类进入现代社会的产物，是现代性晚期的社会生产—竞争—生活方式总体演变的一种表征，甚至是急先锋。

这就意味着，我们要在设计与消费社会时代演变的深刻联系中才能够恰切地理解、掌握产品设计这种看似非常形而下的活动的内涵。可是遗憾的是，相关的深度研究迄今为止还没有开始。我们看见的绝大部分设计理论都是常识性的描述，鲜有理论思想的深度。现有的很多设计研究其实就是产品的营销术加技术分析，而没有提升到系统理论分析和文化理论研究的高度。我们必须突破这一点，从全球化时代传统社会向消费社会转型这一深刻的时代背景当中，去求解产品设计的依据，求解现代消费社会产品设计推进的程序和理论阐释的模型。

要建立新的理论模型，必须以人造物的内在构成分析为基础。那么，面对一个人造物，一个产品，我们该怎么去分析呢？比如我们举三个设计产品：一件黄袍、一件包豪斯式的家具——椅子、一个路易威登的包。我们一看就知道这是不同的、属于三个时代的设计品。可是，如果要问这三个时代的设计品究竟有什么差异，好像又不太容易说清楚。但是如果在产品品质上搞不清楚这些差异，那么又如何去把握我们今天的产品设计呢？这里就出现了一个问题：我们今天设计产品不可能完全是依靠感觉，它总有它的根据。要追问的是，这种根据究竟是什么呢？如果我们刨根问底地追究下去，我们就会发现，实际上，不要说区分这三种产品，就连任何一个人造物，它的基本结构在理论上都是不清晰的。比如说路易威登箱包，这样一个产品，它在内在的结构层次上，究竟包含些什么呢？对此，我们其实是不清晰的。按照现在我综合各家理论的划分，实际上，所谓“物”的三个层次是讲人造物，不是讲自然物。作为人造物，它有哪三个层次呢？这三个层次不是附加的，基本上所有的人造物，只要是有标志性的，它都含有这三个层次。

这三个层次是：

(1) 功能 (the function)。功能是指人造物的实用价值。用波德里亚的话来说，就是“人造物商品的原始品质”(详后)。产品和艺术品不同，它是有实用功能的。一个人造物首先就是它的实用功能，这是它的原始品质，我们对很多东西的购买，其实就是购买它的原始品质，比如说我们买一袋米，买一瓶酱油，基本上就是买它的原始品质。

(2) 物感 (the feeling of things)。物感就是它的审美品质，就是物的感性力量、直感力量。一个物是有它的直感力量、直观力量的，比如飞亚达的手表，它是有物感的，是美轮美奂的。任何一个产品，只要是稍微好一点的，都是有物感的，哪怕是没有直接物感的产品，比如大米，也有它的包装形式。

(3) 意义 (the meaning)。一个产品是有意义的，但这个意义并不是很多广告里所说的那样是指产品功能的“附加值”。产品的意义是内在于产品的构成的，只不过这种意义，我们常常讲不清楚，我们常常以为这种意义就是一种感觉，如此而已。

这三个层次的关系是一层层奠基的。实用功能是最基础的，底层奠基级的；文化功能就是物感的审美功能，是第二层级的；第三层级是符号层级的功能。符号层级的功能，在消费社会，甚至在古代社会，主要是标志和象征社会身份。实际上，这三个层次——功能、物感、符号——从更大的方面去区分的话，可以分为两个层次：第一层次，在设计层面上，是它的实用功能，实用功能也就是技术设计的层面；第二个层次，就是它的文化功能，就是它文化设计的层面。

这两者的区分非常重要，我们对此要作一个纵深的分析。

对这个问题研究得最好的一个人是波德里亚。波德里亚有一本书，叫《物体系》。这本书是波德里亚 1968 年写的，是他的博士论文。这本书奠定了波德里亚在西方思想界的地位。波德里亚在后面我们会一再谈到。《物体系》这本书实际上是整个消费社会理论进入理论化、系统化的标志，它为整个消费社会理论奠定了基础。我们看一下它的目录，就知道这是做设计的人必须读的经典作品：物、商品、摆设、气氛、古物、收藏、钟表，等等。

关于商品物的层级构成，波德里亚举气缸为例来分析。比如西蒙顿也研究气缸，但他对气缸的研究是功能性的分析。西蒙顿研究的是老式的气缸和现代气缸的差异。他发现气缸的活塞，它的点火装置、发动、整体结构，各个层次、各个环节之间随着技术的推进，是联动循环的。所以现代的气缸和原来的气缸不一样了，现代气缸的联动循环使它作为技术物的整体变成一个功能的完美结构。所以西蒙顿在研究物的时候，就认为要从技术的角度、从功能的角度对技术物的结构系统进行研究。可是，波德里亚认为，严格地说这样的学问只适用于有限的领域，就是实验式的研究及其高科技的进展，比如航空工程、太空科技……技术的发展依循的是一条纯洁无瑕、不受干扰的道路。可是，我们很清楚，要了解日常生活中的物、物体系，这一类技术结构的分析将是破绽百出、非常单薄的。

西蒙顿说，技术物系统的反复挖掘是要区分两个维度：技术的维度和文化的维度，整个工业世界就是这样为功能-技术所构成的。但是波德里亚指出，西蒙顿的分析只是涉及了功能物的维度。“科技向我们诉说物的一部严谨历史，其中，功能的冲突在更广阔的结构中得到辩证性的解决。每一系统演变都朝向一个更好的整合。”[①] 科技就是实用功能的系统解决。但是，如果我们认为仅用物的技术-功能体系“便足以完全说尽真实物品构成的世界”，那就“只是一个梦想”。功能解释“会马上在物品真实生活中的心理学和社会现实上遇到困难，因为后者在物品的感官物质性之外，形成了一个有约束性的整体，并使得科技体系的合理一致性持续受到改变和干扰”[②]。就是说技术物是按照功能来不断演进的，它形成自己的一个有机体系，可是仅仅从功能的演进体系是无法解释日常的生活中的物品的。恰恰相反，我们看到生活中的物品的很多形态，很多结构，它们的展现样态持续不断地对功能的结构逻辑

---

① 尚·布希亚：《物体系》，林志明译，上海人民出版社，2001 年，第 4 页。

② 尚·布希亚：《物体系》，林志明译，上海人民出版社，2001 年，第 5 页。

进行干扰。

那么这种干扰的力量是从什么地方来的呢?究竟是什么使物“形成了一个有约束性的整体,并使得科技体系的合理一致性持续受到改变和干扰”[①]呢?在实际生活中,波德里亚说:“我们的实用物品都参与到一到数个结构性元素,走向一个二次度的意义构成,逃离技术体系,走向文化体系……”[②]

> 更有甚者,形式和技术的引申义(connotation)还会增益功能上的不和谐,也就是整个需要体系——社会化或潜意识的需要、文化或实用的需要——一整个生活体验的非本质(inessential)体系反过来影响技术的本质(essential)体系,并损害了物品的客观身份。[③]

文化的需要扭曲了功能,而且使功能受到了损害。因此,“如果我们排斥纯粹技术物品,我们便可以观察到两个层次:一个是客观本义(denotation),一个是引申义(connotation)。通过后者,物品被心理的能量所投注,被商业化,被个性化,进入使用也进入了文化意义……”[④]

这是一个十分重要的区分。比如我们在讲一部汽车的时候,常常讲的是汽车的功能如何先进,但实际上,设计一部汽车远远不仅追求功能先进,它还有很多东西,有文化对技术的干扰。因此,就进入了第二个维度,就是物的社会符号性维度。功能物是世界结构的物质性基础,这是物的“客观本义”。而它的文化意义,则是属于它的政治、文化、美学——简言之社会人际的意义范畴,是“一个二次度的意义构成”[⑤]。“二次度”,就是在功能之上的二次性的意义构成。在波德里亚看来,这正是物组建成消费社会体制的秘密,就是说消费社会体制的秘密是由功能物的二次度意义系统来构成的。

下面是对这一秘密的阐释。在波德里亚看来,诸物围绕着日常生活的家居、交往、休闲、运动等,结成了生活“空间”,组成了一种可自主选择的、可自由调节的情调、氛围。举例来说,我们购买的很多产品实际上是功能性的,比如洗衣机、空调、电冰箱……但这些东西在家庭里并不仅是功能性摆布的,它们要和灯光、墙面、室内的空间一起组成一种氛围,一种文化情调,组成一种环绕性的空间的文化结构。又比如变压箱,变压箱里的零件全部是功能性的,我们原来看到的变压箱的样子都很难看,但是将变压箱的盖子做

---

① 尚·布希亚:《物体系》,林志明译,上海人民出版社,2001年,第6页。
② 尚·布希亚:《物体系》,林志明译,上海人民出版社,2001年,第6页。
③ 尚·布希亚:《物体系》,林志明译,上海人民出版社,2001年,第6页。
④ 尚·布希亚:《物体系》,林志明译,上海人民出版社,2001年,第7页。
⑤ 尚·布希亚:《物体系》,林志明译,上海人民出版社,2001年,第6页。

得美观又好开启，就完全是出于一种文化性的要求。这种空间进入模板化组合的氛围的游戏，通过家具、用具、古物、艺术品、珠宝、圣像、手稿等，就构成了一个身份卓越的物质性记号，组成了一个“私人帝国主义之流行时髦中的超卓的领域”，从而承担起拥有者自我突出的标志性记号功能。也就是说，诸物在实际的生活当中组成了一个自我身份的标志性记号功能，而且是客观的、物质性的记号功能。这就表明，物在实际生活当中是具有二次度意义构成的价值的，它不仅仅具有使用功能。经由此意义构成，物品组合最终发展成为一种新的社会地位的能指：物品的组合成为指涉一种意义的符码，组合成一个巨大的符号系统并且操纵着社会全体向着一个更高社会地位的模范团体攀升。这就进而揭示出物品在消费社会的意义核心是身份符码。由于不同团体的身份符码是不同的，所以这些身份的符码是分等级的。

与传统社会不同，在消费社会人们的生活是通过自由购买、自由交换来展开的。在此，传统社会以政治地位为核心的生活方式转变成了现在以自由竞争、自由交换为核心的生活方式。由此就决定了，在消费社会，人的身份地位不再由其政治身份来决定，而是由他的消费地位来决定。不同的团体拥有不同的物品，这些不同的物品成为不同社会身份的符码等级。每一种产品系列，都要构成不同等级的系列。我们划分这些产品的系列，实际上就是划分这些产品的等级。比如说德国大众机车厂的大众轿车系列，从普通桑塔纳到桑塔纳 2000，到迈腾，到辉腾，等等，这个系列实际上是定位为一个从低品级到高品级的复杂系统。不同的人付不同的钱，购买不同等级的标志。而不同的等级远不只是功能的差异，而是更根本的身份感的社会文化差异。这就造成了一个现象：不断攀升的社会物质追求。所有的人都在追求攀升，所有的人都在为实现这一攀升而努力——显然，这一身份攀升就是通过你所购买的物品来实现，来在社会上被标记的。物品提供的就是人们标志身份且用于攀升的地位符码。显然，这种攀升不是局部现象，而是全社会总体性的攀升，是社会总体不断从一个模范团体向另一个模范团体的攀升，它所形成的是整个社会不断攀升的运动。这种运动就是消费社会人们的奋斗目标，也是消费社会基本的生活秩序。它提供人的奋斗目标，提供人生活的动力，提供产品消费的意义，提供产品不断浪费、不断扩大、永无止境的越来越高的追求，它笼罩着整个消费社会的商品生产。由此，物品组合最终发展成为一个新的社会地位的能指，组合成一个巨大的符号系统并且操纵着社会全体向着一个有更高社会地位的模范团体永继攀升的运动。因此，在消费社会，物，也就是商品，变成了波德里亚所说的另外一种“物”：物符码（object symbols）。

波德里亚早期的物理论为我们深入展开物的社会符号学维度的研究奠定了思想逻辑基础。如果没有这样一套系统，我们其实是无法解释消费社会的商品生产的。但波德里亚的理论也有一个很大的缺点：他作了关于物的区分，但他把文化层面的区分仅仅归结为社会地位的区分。其实，文化层面远远不止社会地位，除了社会地位，它还包括其他很多东西，比如审美的层面显然也属于文化的层面。我们都知道一个产品不好看就没人买，可以看到许多产品经常是为了好看而扭曲它的技术，扭曲它的功能。实际上，我们平常购买产品，用来标志身份地位只是一个方面，它更代表了一种对生活世界的感觉上的追求。所以，消费社会的物品设计不仅提供了身份地位，更提供了人生的意义支撑，提供了不同的人对这个社会的人生感觉，提供了各种梦想支撑的元素。因此，物品的设计不仅是一种身份，更是一种新感性的创造。

这是很复杂的，而波德里亚对物的层级区分却遗漏了那么多，所以就有一个人作了更系统的深度研究，这个人叫缪勒尔（Wim Muller），他有一本书叫《设计的秩序和意义》(*Order and meaning in Design*. Utrecht：Lemma)。这本书详尽地分析了设计物的含义、层级的区分。按缪勒尔的分析，设计物可以分为实用功能、语言功能。语言功能里含有两重功能：一是形式审美功能，也就是“物感”；二是符号功能。符号功能又可一分为二：一个是指示功能，一个是象征功能。指示功能属于波德里亚所说的“社会身份”（social standing)，除此之外，它还有广阔的象征功能，比如新感性的塑造、人的生活感的创造等等。所以第二个阶段对产品内部结构的分析，可以看作缪勒尔的贡献。可是缪勒尔的分析还是有缺点的，其缺点在于他纯粹从使用者主体与物品之间的关系来看待产品内部结构，也就是在缪勒的模式当中，物（或商品）纯粹是一个被支配、被使用的对象。于是又有一个人，目前在对技术哲学、产品哲学、设计哲学作更纵深的研究，这个人叫维贝克（Peter-Paul Verbeek)。

维贝克出过一本书——《物何为——对技术人工物设计的哲学反思》(*What Things Do*：*Philosophical Reflections on Technology*，*Agency and Design*，Robert P. Crease，trans. Pennsylvania：The Pennsylvania State University Press)。维贝克在研究物的时候，发现物最主要的功能除了实用功能、标志身份、提供生活感以外，还有一个很大的功能——形塑功能。他的意思是说人与物之间是相互形塑的，人不仅仅是使用物，不仅将物当作审美的对象，不仅是用物来象征自己的社会身份，人的世界实际上是由物来建构的，物参与了人的世界的建构，它形塑了人的生活形态。维贝克以眼镜为例，对一个近视的人来说，如果不戴眼镜，那么就一切都是恍恍惚惚的，可是如果戴上眼镜，这个世界就不一样了。就是说，一个清晰的世界在我面前展现，要靠我的眼镜，所以我的眼镜使我的世界变得明澈。如果说近视眼镜使我的世界变得明澈的话，那望远镜就使人的世界得以延伸，正如汽车使人的行动得以延伸，使行动空间得以延伸。这些东西不能简单地说成是功能，或是意义，或是某种身份指涉，它是人的世界的形塑。如果没有各种物品的形塑，我们今天的生活世界就没有这么复杂，就非常的狭小，没有那么广阔，那么丰富。

同时，物的形塑一方面为人的生存提供条件，另一方面又约束了人的生活。这种物对人的形塑，我们把它说成是什么呢？仅仅是一种功能，或是一种象征，还是人的一种反映呢？维贝克认为这个很难说。举一个例子，东方人喜欢的桌子往往是有上方位的，也就是说东方人喜欢的桌子往往有“头儿”，向南的位置往往是主位。所以我们就可以理解，为什么中国古代特别喜欢八仙桌。因为八仙桌形塑了围坐者的社会地位，就是说，八仙桌建构了一种现实关系，它使围坐者之间的权力关系得到固定，得到客观的确认。但是如果桌子是圆的，假如没有风俗约束，我们就找不到“头儿”，都是圆桌，我们都是平等的。因此，物建构了人与人之间的政治关系，不仅建构政治关系，而且建构伦理关系。

对此，波德里亚曾分析说，我们通过传统家庭的摆设就可以看出来。比如说会客厅，它是围绕着家庭的男主人来设计的，中间的太师椅一定是主位，这个位置是不可以随便坐的，男主人一定是坐主位。男主人的位置特别宽敞，而两边的客位则越来越小。男主人的背后一定是他的祖宗牌位。这样一种物的体系构成严格地限定了人与人之间的道德关系、宗法关系，即这种道德宗法关系是通过物来形塑的。而这种物对人际关系的形塑，也不仅是政治性的、道德性的，它还有另外一个维度：它是开放的，是可以利用物对人的强迫性来设计人与物的互动的。比如汽车的安全带设计，汽车会用嘟嘟嘟的声音提示人系安全带，用提示音强迫人安全行驶。维贝克就追问，这样的物与人之间的形塑足够写一部物与人之间关系的漫长的、巨大的历史，那么，这样一种物与人关系的形塑究竟是一种什么功能呢？是实用功能，符号功能，还是审美功能？好像都不恰当。

人与物之间的关系研究，按维贝克的理解，在相互形塑的层面上，实际上是广义的文化实用功能，而这种文化实用功能是要纳入现代物的设计的。进一步，关于人与物之间的形塑，目前来说，在产品设计上展开得非常少。但同时，既然人与物之间是相互形塑的，我们就可以反思一下人与物的关系史，从中会发现，人对物严重地不尊重，物实际上已经被人的设计变成了一个橡皮。人与世界关系的疏远，最根本上是人与物的关系的疏远，而这种疏远是通过设计来实现的。我们今天举凡所有看到的环境危机、生态危机、空气污染、大气污染、水污染、土地污染、基因变异……几乎每一样都与设计相关。设计对物的片面的功能性利用、技术性开发已经从根本上破坏了人与物原始的共生关系。人与物相互形塑意味着人与物都是主体，人与物之间的关系是平等的、相互尊重的。这样一来，就出现了另一个命题，即“设计伦理学”[①]。我们在设计的时候不仅要考虑功能、物感、符号价值，还要尤其考虑它的伦理性，考虑设计的危害，就是说要有设计良知。设计伦理学就是要内在地研究设计的良知，呼唤人对物的尊重，呼唤人对物生态性的利用，呼唤人与物关系的内在亲近。

**作者简介：**

吴兴明，四川大学文学与新闻学院教授。

① Peter-Paul Verbeek, *What Things Do*: *Philosophical Reflections on Technology*, *Agency and Design*, Robert P. Crease, trans. Pennsylvania: The Pennsylvania State University Press, p. 209.

# 诗性的敞开：论中国式设计现代性品质的开启

张瀚文 曾渝理

**摘　要**：中国式设计在当下已是设计界一大盛景，不论是出于历史使命的驱动还是国人对传统文化的情怀萦绕，当代设计师、艺术家逐渐把目光从西方文化引领的现代设计中抽离，转而打量并探索东方传统文化在设计层面的现代品质转化问题。东方文化中独有的审美内涵和领悟方式显著区别于西方思维，但却与现代设计具备内在的精神贯通和映照，因此对传统艺术和现代设计物进行诸维度的比照梳理有助于理清中式设计现代性品质的转化基础，开启现代设计新感性的东方图景。

**关键词**：传统艺术　现代设计　艺术作品　物感直观

近年以来，伴随中国的国力崛起，中国元素的设计影响力开始在世界舞台崭露头角，世界的目光转向中国，中国的设计界也急欲征服世界，与西方百年的发展相比，中国现代设计二十年的历程成就斐然。但是待浮华喧嚣沉静之后仔细审视，出自中国本土的设计力量，不管从图景气象还是思想锐度上，离引领世界的西方国度都差距明显。西方包豪斯现代主义开创的功能理性设计在东方早已水土融合、生根发芽，人们对于如何创作功能性极佳的现代设计物自信十足，但是对于如何从现代设计物中显现东方意味就显得莫衷一是了。中国传统文化符号与现代技术物的生硬贴合出产了遍地皆是的拙劣产品，不中不洋，丢魂失魄。中国设计面临的一大困境便是对中式设计现代性品质开启路径的迷失。源自西方文化的现代设计不存在文化融合的排异性，但是要在现代性品质中显现东方精神意味，却不会是简单的加减法，而是首先需要从中国传统艺术与现代设计的比照梳理中去切近解决问题的入口。

## 一、中国传统艺术中的“现代精神”

中国传统艺术历史久远，气象万千，玄妙精深。宗白华先生认为贯穿其中有两种美异常突出，他喻之为“初发芙蓉”和“错彩镂金”[①]，这两者共同构成了传统艺术的二元结构面貌，并一直贯穿古今，影响深远。其中，“错彩镂金”的审美趣味显见于古代官方文化和民间文化中，集中体现于精美繁复的各类华贵制器中，比如《汉书·贾山传》描写的帝陵王寝“合采金石，冶铜锢其内，漆涂其外。被以珠玉，饰以翡翠”。这种华美工巧的贵族趣味，世界各民族历史上都普遍存在，西方以巴洛克和洛可可艺术最为极致。在中国，这种贵族趣味一度盛行，不过在魏晋六朝之后，老庄之学兴盛，士大夫对生活艺术、美学趣味的追求逐渐以“初发芙蓉”为上。“初发芙蓉”之美主要体现为自然平淡、清新朴素，譬如老子所言“恬淡为上，胜而不美”；庄子强调“天地有大美而不言”；李白谓之“清水出芙蓉，天然去雕饰”。此种美之追求简于形表，重于传神，为中国艺术所独有。李泽厚先生对此有深刻解读，“形象大于思想；想象重于概念；大巧若拙，言之不尽；用志不分，乃凝于神”[②]。此外，道家倡导自然之妙，后来再加上佛家哲学的虚空智慧，于是众妙层出，从思想深处孕育了中国传统艺术独有的写意境界，诸如形－神关系，虚－实关系，以及“传神写照”“得意忘象”“气韵生动”“空灵”“禅寂”等等。

“初发芙蓉”之美从精神原乡便根塑了东方艺术的文化基因，本文中提到的东方传统艺术即特指有此种审美倾向的艺术。东方传统艺术与西方现代设计本是无从相提并论的话题，将两者进行比照梳理，似乎是一件荒谬无稽的事情，然而忽略时代人文背景的变迁、技术条件的差异等，统而观之，此种审美倾向与现当代设计竟然在诸多方面具备共通的智慧内涵，甚至对艺术事物的形式表现也存在高度趋近的审美追求，对这种共通进行反思能够从本质上把握到中式设计的文化精神内核，进而探寻“现当代设计如何凸显中式现代性品质”这个问题的突破路径。

首先，传统艺术在视觉层面上的简约之美与现代设计的形式表现趋同。形式物感作为人工事物的面貌直观，不仅体现视觉艺术层面的美学趣味，同时也是艺术思想在人工事物上的集中反映。以“初发芙蓉”为代表的东方艺术在形式上抛繁入简，追求简练质朴、清新自然，重视凸显艺术媒介物本身

---

① 宗白华：《美学散步》，上海人民出版社，2014年，第36页。

② 李泽厚：《美的历程》，文物出版社，1981年，第53—54页。

的美。譬如国画中的墨色山水，表面看只有单调的黑白灰变化，但大千世界的千变万化都蕴藏其中。唐代张彦远讲，“运墨而五色俱”，国画中青山绿水的各等韵味都是透过墨色变化这个“简单平淡”的表现形式来呈现。古琴不如西方交响乐多声部的华丽，但其单音质的幽玄虽听似单调但直击内心，心绪随之婉转。书法虽是写字的艺术，但却独立于符号意义，与字形字义关系不大，重要的是对笔意的抒发，讲求纯粹的线条美，这是对“线艺术”的纯粹物态美的凸显，在极其自由和多样的曲直运动和空间构造中表达出种种形体姿态、情感意兴和气势力量。就造物设计而言，宋代白瓷被形容为“初发芙蓉，自然可爱”[①]，它造型素简而雅致，线条利落不失韵味，与现代瓷器设计视觉表现极为相近，甚至在形式塑造、质感表现等方面不断激发着当代设计师的创作灵感。从诸多方面来看，东方文化独有的艺术传统在形式表现上多呈简约单质、纯粹朴素、自然平淡的特点，而西方自包豪斯以来的现代主义设计在物态形式的呈现上也有共同的追求。从格罗皮乌斯的建筑、米斯的家具，到迪特尔拉姆斯的工业产品，无一不采用简洁至极的几何块面、直线线条、单质用材，它们经过长期的发展影响世界，奠定了现当代建筑、工业产品的“少即是多”[②] 的简约面貌和理念。此外，西方艺术发展到当代，不论是绘画、雕塑还是装置艺术，都从形象的再现论中脱离出来，抛却文学意义的表达，转而追求凸显纯粹的物媒介本身，在多数当代抽象艺术作品中都可以看到这种以物为主体，突出表现物感自身的追求。这种艺术潮流在视觉形式上也普遍呈现出简约质朴、自然不修饰的特征。因此，从这些角度可以看出，东方传统艺术尽管内在精神与文化基底显著区别于西方现代设计，但在视觉层面的直观特征上与西方现代设计具备较为相似甚至共通的地方：对简约物态、直观质感、朴素情感的趋同，这在一定程度上为中式物感的现代性开启在形式直观层面达成了先天的转化条件。

再者，东方传统艺术与现当代设计都有各自独特的感性创造方式。中国传统艺术的审美方式讲求“心领神会”，这是一种超脱理性的感性接物方式，相较来看，现当代艺术和设计也表现出对理性主宰造物情感的排斥，体现在现代即是在作品中重建一种新感性。中国传统艺术的创作是运物的过程，在其间忘却表象，看重对瞬间感性的心神把握。庄子说“与天地流通相往来”，这是人在玄冥神会当中能够参透万物，能够塑造、挥动、构成万物的一种创造力。这是中国传统物美学最核心的精神层面，也是使得中国古代的人造物

---

① 宗白华：《美学散步》，上海人民出版社，2014 年，第 37 页。

② Adam Caruso, *The Feeling of Things*. Vitoria-Gasteiz: A+T ediciones, 1999, p. 49.

具有一种物感力量的内在原因和智慧根源。而感性之于现代设计艺术的情况要复杂一些，主要因为设计本身是一个复杂的事物或者说门类。仅以造物设计而言，就可以将形形色色的设计物归入两种相反倾向之中。一种倾向是以西方包豪斯“功能决定形式”为指引的功能理性主义的器具性造物，另一种是将设计物纳入艺术范畴的艺术作品性造物。前者注重工具实用性，形式不过是一种秩序感、逻辑美的附属体现，本质上讲是器物的设计；后者将造物创作当作艺术作品的创作，虽然也受制于功能技术的限定，但从根本上来看，具备作品本身的自足性和独立性，在很大程度“敞开了物之幽闭性，悬置了器具的有用性，成为艺术品自身”①，使其自身成为自足的存在，即便有功能需求，也将功能性消弭退隐于艺术的自足性之后。以建筑设计为例，日本的妹岛和世、安腾忠雄，中国的王澍等设计家的系列建筑设计作品，不再把建筑单纯当作具备居住功能的工具物，而是从艺术感性出发，拒绝理性统治，破除对主体性的迷恋，删却符号意义，用感性的方式去开启设计物自身的物感力量，建立了一个敞开的诗意世界，不仅容纳人的身体，还可栖居人的心灵。因此，从这些角度讲，倾向于艺术自足性的现代设计与东方传统艺术都注重感性的解放，注重经由感性将主体与客体融入敞开的境遇中，通达心灵世界的“家园”。

除以上相近之处以外，东方传统艺术与现代设计还存在其他的共通方面，比如：道家对自然的亲近，佛教对物欲的超脱，与之对应的是现代设计中的生态环保主义，同样强调对自然的尊重与向往，对物质消耗的节制等；还有对于艺术境界的追求，道家崇尚的“天地之大美”需要淡泊宁静，摒弃喧嚣尘世，在一种清静无为的自然状态中达到精神的自由与空灵，“以天合天”，完成艺术的本真创作，这与当代设计倡导的匠人精神及其静心营造的专注态度、人生境界颇为相近。东方传统艺术与现代设计的诸多相通之处，并不偶然，对其背后的事理缘由加以剖析，可以切近中式设计现代物感开启的关键所在。

## 二、现代设计的转换基础与价值维度

中国传统艺术与现代设计存在内在的精神贯通和映照，“中国风”设计的现代性品质凸显路径需要进一步从传统艺术之于现代设计的转换基础与价值维度中去具体探索。

---

① 王凯：《道家诗性精神——兼与海德格尔比较》，人民出版社，第434页。

任何设计物均可以从功能、形式、意义三个价值维度来进行把握。首先，功能是人工物设计的存在前提，但并不一定是人工物设计的全部内容。海德格尔把物归纳成了三类：纯粹物——自然界的物；器具物——由人制造的功能物；艺术作品——无实用性的审美物。① 设计物兼具器具物功能价值和艺术作品的审美价值，不同类型设计物的属性在二者之间游移。包豪斯时期的现代主义设计以功能理性为导向，强调“功能决定形式”，根据工程结构来限定形式创作的范围，是一种典型的器具物设计，以工业制造业为代表：功能效率优先，外观合理规范，无需民族文化底蕴和个性趣味。随着现代主义蔓延全球，公众开始厌烦并抛却这种理性到呆板、简单到冷漠的感觉。世界各地开始出现现代主义之后的设计物新面貌探索：意大利孟菲斯团体趣味盎然、新奇特异的家具设计；斯堪的纳维亚半岛温暖人文情怀与自然环保主义结合的家居产品设计；日式设计将传统文化与现代设计理念结合，产生出简洁而又蕴含传统情感的生活产品；等等。此三者因为抛却了包豪斯纯功能器具物的设计思维，而以艺术作品的感性思维为先导，所以带给人新奇的体验与艺术的享受。吴兴明先生曾指出：“艺术让物自性、物本身出场，让物与现实相脱离而向感性盛开，艺术是新物感、新感性的创造。直接的物感觉是物击中身体的感觉——它直接击中意识与本能相交织的那个部分，是发自意识深处的被击中。这就决定了当代艺术的特殊内涵和根本指向。”艺术作品式的设计物由于艺术性的置入而不再是单纯的器物，开始具备艺术作品的独立性与自足性。海德格尔认为艺术是“存在者在其存在中的开启，亦即真理之发生”②；艺术的本性是“存在者之真理自行设置入作品”③，让存在者的真理通达生发；艺术作品的本源就是艺术，艺术的本性就是诗，那么艺术作品的存在目的就是要“建立一个世界”④。“艺术作品作为艺术作品而存在，不是其他什么东西的附庸，也不必取悦其他什么东西，自其被创作成一件艺术作品，就意味着它必须进入纯粹的自立的状态。”⑤ 美和艺术便是存在者的无蔽，存在者自行显现，自成其所是。而一旦艺术作品脱离了艺术的本源，失去自身存在，就会陷入技术时代的功能迷恋中，被现代设计的工具理性所左右，最终堕入器物用具之列，被人把玩，随有用性的逐渐消耗失去存在意义，也就建立不出一个敞开的无蔽世界。

---

① 比梅尔：《海德格尔》，刘英译，商务印书馆，1996 年，第 87 页。

② 海德格尔：《海德格尔选集》（上），孙周兴选编，上海三联书店，1996 年，第 258 页。

③ 海德格尔：《海德格尔选集》（上），孙周兴选编，上海三联书店，1996 年，第 259 页。

④ 海德格尔：《海德格尔选集》（上），孙周兴选编，上海三联书店，1996 年，第 265 页。

⑤ 王凯：《道家诗性精神——兼与海德格尔比较》，人民出版社，第 449 页。

再来看艺术自行置入作品式设计物之后的形式问题。上文分析了设计物必须以艺术作品式的感性创作思维才能作为存在者自成其所是，通达艺术本源，建立并持守一个世界。“世界”是人类的居住之所，敞开而无蔽；“大地”是自然的大地，万物涌现和回归之所，锁闭且遮蔽。艺术作为存在之真理就是通过世界与大地的争执涌现出来。“艺术作品的特征就在于这立足于自身和敞开世界”①，设计物要作为一件艺术作品成立，必须包含这种争执。设计物的构成质料作为自然物，首先是源自于大地的，而大地是锁闭的。设计物作为艺术作品同时还有世界性，世界是无蔽的、敞开的，在大地的基础上创建、敞开一个诗性的世界。以“混凝土诗人”安藤忠雄的作品——光之教堂为例，它厚重暗沉的混凝土墙与透过十字形墙缝的轻盈亮光，作为物因素体现着大地的特质，而一个敞开的世界基于此创建：诗意与神圣信仰的汇聚之地。传统设计创作注重的基于视觉规律的形式处理法则，在这里似乎失去了衡量的标尺，因为当艺术自行置入设计物，使其成为作品之后，既敞开了大地又建立了世界，艺术的诗性在敞开中显现，越是直观，越能本性地显现自身遮蔽着的存在。设计物作为艺术作品，其魅力的生发是物自身所固有的，并非外界或他者所赋予，即便创作者也不过是启开了大地的锁闭，去除了物自身的遮蔽而已，“并不寻求击溃或悬搁它自身的物性，相反，它要发现并突显这种物性”②。因此，设计物形式层面的最佳处理即是世界建立过程中物自性的“原初直观”③，“艺术作品的物因素”④ 便在这其间自然而然地生发出来，物感的“纯粹美”本身也就是一种最直接、最锐利的纯形式。

其次，关于设计物的意义层面。“意义”之于设计物，首先表现为一种“主体性迷恋”⑤，即对象物承担了主体的形上指涉和人际关系的诸多功能，比如权力、地位、道德、愿望、信仰等。在传统造物艺术中，物成为人与人、人与神关系衔接的媒介，从形制款式、用材质地到装饰器件充满了人对物临在关系的重重意义。而这种笨重的意义符码随着专权时代的逝去和现代主义设计的到来迅速消散，意义象征的维度被极大地削除，物终成人直接亲临的现代物。具体而言，从功能理性出发的现代设计物完全去除了符号意义的维度，只保留了功能与形式的纠葛，例如现代主义四位大师（密斯·凡·德·罗、勒·柯布西耶、瓦尔特·格罗皮乌斯、赖特）的建筑、家具等设计作品

① 伽达默尔：《美的现实性》，张志扬等译，生活·读书·新知三联书店，1991年版，第103页。

② 迈克尔·弗雷德：《艺术与物性》，张晓剑、沈语冰译，江苏美术出版社，2013年，第159页。

③ 胡塞尔：《纯粹现象学通论》，李幼蒸译，商务印书馆，1996年，第45页。

④ 比梅尔：《海德格尔》，刘英译，商务印书馆，1996年，第240页。

⑤ 邱晓林：《许燎源的艺术及其启示》，《中外文化与文论》，2014年第2期。

中已经丝毫没有了符号意义。而以艺术感性置入的设计物是在大地和世界的争执中显现自身，世界的建立敞开了大地的遮蔽，众物的意义即从世界的发生中获得，并非由人赋予。此意义的生发和显现源自存在者内在固有的属性，存在者应该永远持守这片“本真”的诗性之域。人伦礼教的意义符号之于艺术性设计物即是对自身的遮蔽，无法敞开一个诗性的世界，通达不了海德格尔的艺术“真理”，也到不了庄子的自然之“真”境界。因此，传统造物艺术中的人文意义维度是对有着意义消费和精神功能的设计物而言的，以艺术本真自行置入的设计物在世界的建立中作为存在者自行显现，自行敞开，人伦意义从始至终就不在其间，也无从覆叠，意义维度自然也就无以存在了。

## 三、中式设计现代性品质的开启路径

艺术作品性的置入成了设计物的现代感性品质开启的入口，“存在者在其存在中的开启，亦即真理之发生”①。艺术作为艺术作品的诗性之源，也就提供了民族艺术作为作品式现代设计物的艺术发生之源。中国传统艺术的诗性之源是什么？中式现代设计的现代新感性该如何正确开启与转换呢？以下首先从中国传统艺术的主流价值维度展开分析。

在对中国传统艺术影响深远的文化中，道家追求物的无用性、自在性，跟海德格尔对物作为存在者的存在这种物自性的审视与追求有相似之处，在这种无用性、物自性的敞现中，对东方式物感的凸显，给物带来了东方美学独有的诗意性、世界感。儒家在功能层面规定了物的人伦秩序、人与物的关系，经过千年儒家文化洗礼的惯势，强有力地注入了物的文化内核，进而或多或少影响物的外显，比如很多故作姿态的文人雅好、古板无趣的士子情怀等，本应作为对物性的遮蔽而被去除，却反而被人努力强调，并通过传统意义符号进行刺眼的显露。佛教文化向往来世，看轻现世，追求一种精神的净化和寄托，给物带来实在功能之外的禅意之美、纯境之美，超脱物外，这份禅意的超脱在某种程度上也是对物的功能欲求的舍弃与消解，其中包括实在功能和精神功能。因此，中式设计的现代性品质研究应该从以上三种文化对物的影响和形塑入手，而不能简单粗暴地进行符号挪移。具体分析，其中道家对物自性的重视、佛家借由精神解脱而对符号物的忽视非常契合现代极简主义设计对物本身的物性还原要求，这也正是道家、佛家的诗意世界、禅意

① 海德格尔：《海德格尔选集》（上），孙周兴选编，上海三联书店，1996年，第258页。

之美常常在东方现代设计出现的原因，这两者也是现代设计去文化符号之后还能被体会出东方现代性品质的关键所在。最为复杂的是对儒家文化的处理。儒家文化内含太多封建道德礼序的指示规约、象征符号的意义设定，这些东西在现代社会已经失去了现实社会背景，也就失去了原先存在的意义，对这种过时符号若只是拼贴式挪用，就会掩盖物感的“客观化的直感力量”[①]，产生出一堆覆盖在物之上的死物，这就是恶俗品位的“中国风”符号设计让人窒息、恶心，从而难以具备现代设计感的原因。然而，并不能因此就将儒家文化全盘否定，打入冷宫，拒绝其融入现代设计的可能性。当儒家文化晕染下的物，被当作一种单纯的存在者，居留于天地之间，抛却意义，仅以物自身的存在，根据美学法则，在设计中得到合理的应用，还是可以产生东方式物感的现代性品质的，虽然从视觉风格上从某个角度看不一定是极简主义的风貌。比如现代平面设计招贴物上就有一些传统符号物的形式存在，但这种失去意义设定的空符号并不会妨碍作品本身现代性品质的达成，而仅仅是以物感的质料对比来进行视觉形式的现代创造。因此，基于这三者文化的物自性在视觉层面的凸显，也就是物感的凸显、敞现，是中式现代性品质创造的关键，这也是中式传统文化在现代设计的转化、继承之道。当中国文化晕染下的物作为一种存在者而存在，将物自性安然敞现于现代世界之中（在天地人神的环化世界中自由嬉戏），中式设计的物也由于对这个现代世界的敞开、通联，而变成一个活性的动人之物。

与西方理性思维不同，中国传统艺术的物美学中“运物”、以物运思的独特的创造与审美领悟方式是承启现代设计的中式柔性物感品质之关键。首先，打通心物阻隔，在内在心神的领会中实现材质之物与心灵、与呈现对象的默会神遇，即庄子的“以神遇而不以目视”[②]。造物材料、心灵本能直感、对象呈现这三方面的默会神遇、内在融通的过程，是所有中国美学意识下艺术设计创作的必经过程，设计者通过这种过程、这种状态来捕捉新物的形式感被照亮呈现之心神天机启动的时刻。心与物朗照融通，心豁然开朗，物豁然显形，材质的感性质态敞开、敞亮而让人心神激越、激动，海德格尔称之为“敞亮的时刻”，从无意识心理学来看就是“巨大的无意识心理能量冲破意识廓而在意识水平上呈现出来的时刻”。这样一种时刻意味着一种非常深邃的东西，就是物感“形开”，而心神被这种“形开”的状态激发，感兴勃发。接下来，设计者在心神被照亮的神秘触知中运物造型，“既随物以婉转，亦心与而

① 吴兴明:《反省“中国风”——论中国式现代性品质的设计基础》，《文艺研究》，2012年第10期。

② 郭庆藩:《庄子集释》(第一册)，中华书局，1961年，第119页。

徘徊”[①]，即随物造型，运物造型，心物融为一体，在互相朗照当中婉转赋形，使材质独特的感性力量刹那间一泻而出，光芒四照，直摄心灵。最后，对某些传统物感的局部质态进行一种提取、抽象，然后结合现代工艺与材料技术条件把它运用在设计创作当中。取消掉对传统物的概念统摄，不把它看作一个统一的整体，而是看作各种物的聚集，着眼于它的质感，牢牢把握住被照亮、被击中的物感，对它质感的某一个方面进行抽象、提取，然后融入、创新，即实现传统物感的现代转化。对传统物感的现代转化，对陌生之域的“进入”与呈现，在艺术家许燎源先生的酒包装系列作品中有明确体现。比如“酒鬼酒”酒瓶设计，瓶身对墨色的运用浑朴天然，这种墨色不属于黛色，醇稳厚重，透出一种隐忍的力量，这种直感力量打通心物阻隔，异常动人，“以使‘用物’之‘物性’重新得以为我们所见”[②]。如此气质的作品是纯正的中国式现代物感的开启，一种具有当代敏锐力的东方新物感从中自然凸显。这些物感的出场，不是拼接中国传统文化中的那些传统文化的符号、图像，而是准确地抓住和呈现了中国人独有的物感方式并赋之以现代质感物态，因而即现代又中国。吴兴明先生对其作品有过精彩评论：“许燎源向中国式物感的创造性返回，可以看作是一个中国式现代性的物感世界茁壮呈现的新开始。在千篇一律、万物西化的现代性背景中，许燎源的物有着东方式异域色彩的灵光。”据此而言，许氏作品的整体物感运思印证了中式设计现代性品质准确开启的一种方式，为中式设计的当代困境提供了突破可能和区别于西方设计的前进方向。

## 四、结论

东方式的现代新感性，与中国传统的柔性物感一脉相承，与偏重于功能技术、结构理性、逻辑效率的西方现代物感迥然相异。源起于包豪斯设计理念的现代主义设计将物纳入全面的理性化、科技化开发，不可避免地导致了现代世界同质化的国际主义面貌，现代设计的物感品质也逐渐被抽离出感性直观的柔性内涵，只剩下工具理性的空洞外壳。因此，中国式现代设计应从中国传统艺术的独特审美中领悟现代性精神，通过接物、运物的创作方式，在质态抽象的过程中开启中式物感的现代新感性，这是当代中国式设计之现代性品质凸显的关键。经此途径，中国式设计的现代图景

---

① 吴兴明：《反省“中国风”——论中国式现代性品质的设计基础》，《文艺研究》，2012 年第 10 期。

② 邱晓林：《许燎源的艺术及其启示》，《中外文化与文论》，2014 年第 2 期。

才能正确铺开，中国传统文化才能找到在当代生活世界的融合共生之道和传承普及方式。

**作者简介：**

张瀚文，四川大学文学与新闻学院博士研究生、西华大学艺术学院讲师。

曾渝理，西华大学外国语学院讲师。

# 消费关系作为公共基石的意义互动
## ——消费社会视野内文化产业中的意义再生产*

王文松

**摘　要**：从人类产业革命的历史看，文化产业变革是人类历史首次以非实体的意义聚变为核心的产业变革；从文化产业的本质看，它是人类进入全球化时代，依托资本流通而展开的人类整体的生存意义表述的互动。从文化产业的消费社会基础看，文化产业以消费为手段，以意义为媒介，深入到了生活世界的各个领域，并对之进行重新的意义勾连与整合。因此，文化产业把文化、商业、创意综合为一体，意味着在消费社会中形成了一种全新的意义的再生产。

**关键词**：文化产业　消费社会　意义结构　意义再生产

目前，在世界范围内，文化产业研究已成为一门显学，并且从文化艺术生产和产业经济领域向更多领域扩展。从产业经济统计的角度，文化产业成为一个高速发展的领域已经是不争的事实。同时，无论国际还是国内，无论发达国家还是发展中国家，文化产业仍是一个模糊的概念。各国以及许多国际统计机构对于文化产业的统计标准，仍存在着巨大分歧。文化产业研究者仍在不断地指出这个领域的各种复杂性。① 但是文化产业所促生的对于文化的重新理解和定位，对于文化在世界范围内传播的形态塑造，本质上牵涉到人对于文化的意义再理解和再接受。因此，文化产业使得文化以商品形式通过自由市场进入多元传统文化背景的大众生活，其内涵中一个重

---

* 本文为“四川网络文化研究中心网络小说阅读互动中审美体验的特殊性研究”（WLWH17－27）的基础理论研究成果。

① 林拓等主编：《世界文化产业发展前沿报告（2003—2004）》，社会科学文献出版社，2004年；国家统计局科研所“世界主要经济体文化产业发展现状研究”课题组：《世界主要经济体文化产业发展状况及特点》，《调研世界》，http://www.stats.gov.cn/tjzs/tjsj/tjcb/dysj/201412/t20141209_649990.html。

要的维度就是意义的再生产，即文化创意。

## 一、文化产业中的意义再生产内涵

人类进入现代以来，已经产生过三次世界性的产业革命。第一次工业革命，人类从手工业生产进入机器大生产。第二次工业革命，人类进入电气化时代。第三次工业革命，称为“科技革命”，它是以原子能、电子计算机、空间技术和生物工程的发明和应用为主要标志的信息控制技术革命。三次工业革命都使得生产方式产生了巨大的改变，影响了生活的方方面面。追究其本质，三次工业革命都是现代社会复杂变革的一个现象。在此现象里，人类以科技为单一化手段，以现代性分化为基础逻辑，在人类生活的各个领域进行专门化推进；同时，又以货币资本为中介，对全球资源进行整合。在以专业分化为手段的整合中，人与物的关系得到了极大的改变，人开始无所不在地分析物、操控物、改变物、生产物；在以货币资本流通为手段的整合中，物开始被资源化，“人力资源部”这个术语出现在企业部门名录中——人也被资源化了。从这个角度看，第一次工业革命和第二次工业革命使得人类进入现代资源时代，人与物都开始资源化，并且以科学和市场的名义普泛化，并以殖民史的方式，使得物质资源在全球市场范围得以配置。第三次的信息技术革命，使得人类的资源扩展到信息，即非物质领域。信息资讯的根本是一切物质化的东西被符号化后传播，即斯科特·纳什等所称“物的媒介化”[①]，它使得传统物质资源的全球配置以加速度的方式流通。科技和货币资本流通带来的，一方面是人类物质财富的极大丰盛，另一方面则是人类生存的单一化的危机。前者使得人类由生产时代进入消费时代，后者则使得人类文化进入全球性的剧烈冲撞。不同民族、人种、地域等都被纳入关于人类的同一语境中，基于“人”这个概念，人类形成了稳定的规范认知体系，并建立各种政治文化制度，对此“人”之概念进行确立和保证。与此同时，人类的生活方式基于无所不在的物的变化和人口流动而复杂化了。纳什等人仅仅看到了媒介化的进一步加深，并没有看到“大众媒介作为一种信息来源并不比人际和其它传播方式更为重要”[②]。进而更没看到，人类世界借助对一切媒介和信息的市场化，使得人类的生存结构整体性进入开放状态。因此，我们可以看出，整个现代世界的变革看起来是以经济为主导的，但是其根本是人类对前现代

① 斯科特·纳什、西莉亚·卢瑞：《全球文化工业：物的媒介化》，社会科学文献出版社，2010 年。

② 英德拉吉特·班纳吉：《文化自治与全球化》，见阿努拉·古纳锡克拉等：《全球化背景下的文化权利》，中国传媒大学出版社，2006 年，第 69 页。

生活模式和生存方式的变革性颠覆，以及由此开拓出的更为广阔的生存和生活世界。现代以来的西方诸多理论家对此都有深刻的表述，即关于现代性的诸种论述，由此带来的各种负面的影响，我们称之为现代性危机。

据目前各种文化产业的现象来看，文化产业变革依然表面显现为经济主导，在物质流通范畴同时嵌入文化概念——这个在传统看来为精神服务的领域；另一面文化产业又与目前的高科技领域如互联网、智能化、材料技术、新通信技术等联系起来。它一启动就带着固有的复杂和深广。那么，从人类自我生存的调试结构角度看，文化产业出现所引起的关注，其本身的广阔性和复杂性，其效力模式的跨学科性质等，关键点在于文化产业变革不是一种以传统实业为主导的变革，而是一种以意义理解、意义传导、意义变革、意义丰富、意义激活等为主导的产业变革，实业变革反而由此意义变革所带动而发展。

因此，全球化现代性变革才是我们打量文化产业的基础视野。全球化现代性的一个重要维度就是出于现代的人、被纳入世界一体化中的人，如何理解我们所处的时代，如何理解文化现代性，如何把分裂的世界纳入一个互相承认的意义框架内。文化产业并非一种经济领域的新兴产业，而是围绕着人类整体性的整个生活世界的革命经由商业性产业化在全球化范围内的推行，甚至在某种维度上，是以“高度专业性分化为手段来重返生活整体性的新感性世界”的实践运作。① 因此，文化产业是以文化设计为核心的文化创新，是与商品消费相结合的意义创新再生产。进一步可以说，文化产业是以意义形态的高度自由化为核心的对人类生存结构和意义的全球性配置。无论是现代日常使用的各种商品，还是现代工业设计，无论是娱乐产业，还是社会政治资讯，都被纳入全球商品市场，同时也都是在以一种打动人的方式，也就是可被理解和接受的方式自由流通。虽然，在各种商品全球化的市场竞争中还有各种的壁垒，但这在某种程度上却反而明证了能够流通的商品的动人之处，即其可以被接受之处，而同时也是由于处于自由的市场中，商品的生产、销售、营销、广告、品牌等诸多维度都意味着创新形态文化的进入和再生产。

总体看，文化产业中意义理解的自由化与实用商品的自由流通的紧密结合，是基于现代消费社会的形成的。与那种以资本批判为基础的消费社会理论不同，本文主要阐释消费社会的正面价值——消费事实和规范性基础。

---

① 吴兴明：《重建生产的美学——论解分化及文化产业研究的思想维度》，《文艺研究》，2011年第11期。

## 二、作为文化产业社会基础的消费社会

消费社会语境下“文化”概念的内涵已经发生了变迁。自现代以来，文化概念呈现出一种模糊的面目，以至于学界对其定义在百种以上。事实上，在消费社会中，文化已经成为我们日常生活的一部分，我们的吃、穿、住、行、娱乐、教育、科学研究、人际交往等都被纳入文化，而且其根本运行方式都是通过消费作为中介环节而达成的。大众文化研究面向的领域一次次地突破精英主义对文化的限定：学者们开始研究电视文化、服装文化、时尚文化、表演文化、性文化、身体文化、吃文化、视觉文化。在这里，文化显然不仅仅关乎精神生活，而是进入生活世界的全部内容。因此，打量文化的不再是现代视野，而是后现代视野；不再是主体哲思，而是主体间的交往所生成的意义涌动的生活世界。[①] 文化显然不是指某种学科事实或者学科事实的精神化，而是主体依托学科事实进入生活世界的意义事实。文化是主体间交往所生成的整个世界的生存意义表述。文化作为个体意义身份认同的先验结构，已经从传统的地方性、族群性、权力性等社会生存或政治机制中转向以个体权利的自由论述核心的先验表达。文化表达的先验特征正是在现代消费社会中，以消费关系中的“货币公民”[②] 的身份才得以普遍传达。因此，目前急速发展的文化产业，正是在人类进入全球化时代，依托资本流通而展开的人类整体的生存意义表述的互动，而全球化的经济结构，是这一意义表述结构首先显露出来的基础结构之一。因此，文化产业不应该被理解为等同于“文化的经济功能[③]，不应该局限在区别于物质生活的新闻、出版、图书、音乐、传媒、娱乐、影视等所谓精神需求领域。

如此种种的文化内涵的扩张基于消费社会的基本运行逻辑。

第一，消费社会的消费逻辑。

由于全球化的市场流通和科技的发展导致产能过剩，经济由生产主导转向消费主导，“消费关系成为生存关系的基础维度。所谓‘消费关系的座架’在这里是指：社会事物、社会生活的方方面面整体被框范在这种关系的构架中”[④]。用波德里亚的话说，“消费，它的有意义的用法是一种符号操控的系统

---

① 吴兴明：《重建生产的美学——论解分化及文化产业研究的思想维度》，《文艺研究》，2011 年第 11 期。

② 蒋荣昌：《消费社会的文学文本》，四川大学出版社，2004 年，第 108 页。

③ 吴兴明：《窄化与偏离：当前文化产业一个必须破除的思路》，《当代文坛》，2012 年第 12 期。

④ 吴兴明：《从消费关系座架看文学经典的商业扩张》，《中国比较文学》，2006 年第 1 期。

行为”[①]。在这个操控的符号系统中，需要、情感、知识、性、政治、美学、媒介、欲望、精神等一切都被纳入消费的符号系统之中。消费的对象不再是物，而是符号，是意义。人们购买的不再仅仅是一种实用性，而是一种切身的生存意义体验。在这种消费关系的转换中，一切都符号化，意味着一切都需要意义化至人之生存体验之切身领域，这样的商品符号化才能够获得成功。

第二，消费社会的生产逻辑。

由于消费以符号编码的形式主导了生产，因此消费社会的生产逻辑必定是一种意义生产。“从产品定位开始，我们所强调的物质生产就一步一步把文化、意义消费的预期深度铭刻，植入到物质生产的每一个环节，直至释放为一波又一波的消费浪潮，然后又重新开始。因此，这是有着明确生产目的性的集结方向。正是这一集结的持续性进展，使消费社会逐渐产生了一个巨大的基础性变更：文化进入基础领域。”[②] 要保证产品能够销售出去，不仅仅需要产品能够“实用”，更需要它能打动消费者。因此，消费社会的生产是在产品生产之前就已经开始的“生产”，它需要先寻求意义的集结点，并且在进一步的销售过程中，不断地包装、宣传。这里的意义并不是一种任意选取的符号性表述，而是具有时代规定性的现代人的切身生存感受。

第三，消费社会的交往逻辑。

对消费社会的批判由来已久，诸多西方理论家都对消费社会带来的解分化表达了一种“末日情绪”，因而诞生了各种“世界终结论”：主体终结论、历史终结论、艺术终结论，等等。“终结论”归根结底属于其主体哲学的范畴——一种把世界划分成主体与对象、客观与主观、物质与精神、灵魂与肉体等绝对二元结构的抽象逻辑。然而，生活世界的整体性和丰富性，并非由一种抽象的逻辑构成，而是在生活世界中的人之交往互动的结果。现代社会的生产-消费活动，是迄今为止人类历史上规模最为宏大的交往活动。忽视了这一活动的交往界面，就会导致对消费行为的单一化理解，把其理解为纯粹的目的行为、策略行为等。然而，现代消费的交往界面是一个有着法定规范性基础的，以“持币者公民”身份为主体的，[③] 连通社会亚系统和生活世界的人类整体参与的自由活动界面。正是以此交往的规范和自由为基础，个体

① Jean Baudrillard, *Selected Writings*, Mark Poster, ed. California: Stanford University Press, 2001, p. 25。

② 吴兴明：《重建生产的美学——论解分化及文化产业研究的思想维度》，《文艺研究》，2011 年第 11 期。

③ 蒋荣昌：《消费社会的文学文本》，四川大学出版社，2004 年，第 108 页。

之人才能够平等而自由地寻找自我的生存意义结构。[①]

因而，一方面文化产业是商业逻辑进入文化领域的产物，另一方面文化产业带动的变革，实际上是世界范围的解分化运动，即现代性分化的反向运动。其整体呈现为现代性分化与和解的双向互动、交融和循环。这牵扯着现代性的广泛维度，民族国家、现代政体、意识形态、科学领域、人文领域、全球化资源配置、人类中心意识、经济全球化、生态危机、商业伦理、身份认同等极为纵深而广阔的方面被牵引进来，重新进行意义表述和意义确认，它搅动的是整个人类生活世界的整体性意义论证。只有在这样一种语境下，我们才可以既把美国大片、可乐、薯片视为自由交易，也视为娱乐休闲，又从意识形态角度分析出文化殖民的痕迹；才既可以把改善物质世界的科技发展称为人类的福音，又可以把国与国之间的技术专利之争称为民族国家的权力争斗，再从中分析出发达国家的技术控制与技术渗透。商业、政治、科技、经济、娱乐、环境等如此种种看起来没有关联的现代社会诸维度，在经济流动性带动下，在世界范围内的诸多领域、层级延伸与回返。

值得思考的是，这种转化逻辑中，所有的事实领域的发生，都首先以一种非事实的符号形式，被编制为一种可以修改并可重复确认的生存意义结构，在不断的交往（消费）确认中，向整个生活世界回返。它区别于人类以往的世界整体化方式——战争、殖民、垄断、技术、信仰、意识形态等，在最大程度上祛除非法性和破坏性。全球化理论对文化帝国主义理论的批判正着眼于此。正如弗里德曼所说："伦理和文化的分化与现代主义者的同质化不是正发生在当今世界的两种相反的观点，而是全球化现实的两种建构性趋势。"[②]

文化产业中产品生产与消费某个环节的文化进入，意味着文化形态再次进行了意义创新，并需得到市场和消费者的承认。这些日常产品中的"文化性"结合产品的功能形态构成了现代社会的新的象征形式，从而形成各种生活风格和社会身份。显然，这些文化形式或者产品形式并不仅仅是在社会功能层面上形成的布迪厄所说的"区隔"，[③] 而是现代社会造就的"由符号中介了的意义结合体"[④]，它依托于一种相互承认的交往结构，并具有不断"分裂的"创造性。

---

① 显然，消费社会的交往界面是一个还有待全面深入的庞大课题，本文仅仅引用吴兴明教授的论述来论证。具体参见吴兴明《重建生产的美学》。

② 全球化理论与文化帝国主义理论的对抗分析，参《全球化背景下的文化权利》（阿努拉·古纳锡克拉等编）的第五章《文化自治与全球化》。引文引自此书第 72 页。

③ 霍耐特对布迪厄的分析，见阿克塞尔·霍耐特：《分裂的社会世界》，王晓升译，社会科学文献出版社，2011 年，第 165—188 页。

④ 阿克塞尔·霍耐特：《分裂的社会世界》，王晓升译，社会科学文献出版社，2011 年，第 142 页。

## 三、文化产业意义再生产的主要维度

在放大了视野和扩展了基础之后，文化产业意义再生产已经成为一个跨学科、跨领域的复杂结构。它一方面必须依托现代性分化的各个专业领域的成果，另一方面又是人类生活世界中所有已经形成的或者可能形成的人类生存意义结构，以及两者相互扭结、融合、交互、碰撞的各种界面和结构。

首先，维持人类生活世界的整体性，需要一个能够持续稳定的代表公意的权利约法系统，用以保证一个开放的公共领域和多样性地产生公共领域和私人领域的进出界面。这样才能使得私人意义结构在汇集过程中自由地向公共领域输出意义，也才能使得公共领域中的意义结构得以形成、沉淀、完善、澄出。人类历史中，人类的生存意义结构一直受到其他实体领域的压制和破坏，诸如权力或者自然灾害。首先澄出生存意义结构的领域，往往是那些逐渐摆脱压制，能够抵御破坏的轻盈的自主领域，比如文学、艺术、宗教，或专门技艺领域等。若没有一个稳定的公共权利机制和公共社会结构，在实体领域，能够对抗权力和自然灾害的专门领域少之又少。即使那些少数具有精神超越性的领域独立出来的，也不断地受到侵扰，而那些细微而众多的个体创造之意义，则只能凭借所谓的天才，才能向公共领域偶尔展示。因此，文化产业之经济学维度的意义结构探寻，不能够对公共权利约法系统进行主动破坏，而是对之进行维持生存意义的结构的深入辨析与探讨。对公共权利的人类表述，其本身并不是现代才有的人类集体行为。人类历史上，关于宗教信仰、权力、民族、阶级、等级、身份、性别、货币流通、语言系统、物质生活系统的种种表述，都是对这个公共维度的探寻和累积。现代社会关于现代政体、资本流通、资源利用、环境保护、民族国家、个体认同、亚文化等的讨论与表述，都在继承那些古老结构的基础上，进行更为细分和更适合现代人生存的公共维度探寻。大众文化在后现代的大发展，则集中显示了公共维度的意义结构和个体维度的意义创造之间的互动。

其次是人类生存结构的诸维度。人类的基本生存若以二元结构论之，即物质和精神的所有领域，包括人类的衣食住行和精神、情感、思想等。这些在现代社会分化为各自的专门领域，并进一步分化为诸多亚领域，它们构成了社会的经验领域、道德领域、审美领域。这些诸多领域随着越来越强的专门化，具有了一定的自主性，同时也因专业性而生成了封闭性，甚至在哲学家（例如哈贝马斯、海德格尔等）的极端推理中，生成亚系统，进而上升为世界性的宰制力量，对整个世界进行殖民化。然而，从生活世界的整体性反观，诸多亚系统也是主体之活动场域，本身也属于生活世界。那么其作为生活系统之构成，也蕴含着各种人类生存意义结构。曼海姆认为文化社会学的研究，能够把这些领域纳入文化维度。“运用这种方式，文化社会学便通过把自然科学的探究与从解释性角度进行的历史探究结合起来，变成了我们现在划定分界线的过程。而这两种探究以前是分别沿着不同的道路发展的。”[①] 曼海姆区分了传统社会学和文化社会学研究的不同，认为传统社会学仅仅研究社会领域的内在客观维度，而文化社会学则主要研究社会领域的发生，即一种发生学的研究。“这样一种研究就会试图不是像那些专门关注内在意义的学科（艺术评论，美学、哲学等等）那样，从客观角度理解某种文化形成过程（比如说，理解一个艺术作品的形成过程），而是从发展的角度，从某种非内在的态度出发，通过按照这种形成过程与具有创造性的个体所具有的心理生活的功能性联系思考这种形成过程，来理解这种文化形成过程。”[②] 曼海姆在此探究发生学意义上的文化，即是在探寻生存结构的意义维度，并使之凸显出对生活世界整体性回返的意义结构。各专门领域之发生，实际也就是对人类生存之意义在分化领域的探寻，其过程融合了个体生命意志和专业结构甚至历史结构的碰撞，其本质蕴含着自由主体在此领域的互为激荡和意义联结，也蕴含着自由主体和异质世界尤其是物世界的自由激荡，即物以其自身为物的方式对生命意义维度的开启[③]，还有人类历史上所有遗存（物质、形象、符号）的历史发生之还原。现代性分化的历史学仅仅是对历史知识化、归类化，而历史的发生学还原，则是对不可还原之历史情境的生存结构性和异质性的探寻。这些发生学的生存意义结构研究，是在现代性分化的过程中，以知识的名义遮掩了的生命意义探寻之真相的极为丰富的一部分。

其三，大规模涌现和加速度变迁的现代生命意义样式和意义结构。众所周知，由于现代社会以平等、自由等为核心价值观念的现代权利体系的相对稳定和推广，人类个体生活呈现为几何级数爆发式的创造。技术创新、新材料、新物态、亚文化、新社团、边缘化生存、个性化生活方式、亚文化、互联网传播、先锋艺术、前卫理念等如万花筒般的现代生活世界，容纳了人类历史上最为丰富的生命意义形态和生存意义结构，并且，所有这些意义形态和意义结构，不断地在各种公共和私人的互动界面加速冲荡和激发。在这无限涌动之中，人类的基本生存维度也被意义化，诸如时间、空间、生物本能，

---

① 卡尔·曼海姆：《文化社会学论要》，中国城市出版社，2001 年，第 415 页。

② 卡尔·曼海姆：《文化社会学论要》，中国城市出版社，2001 年，第 57 页。

③ 参吴兴明：《反省“中国风”——论中国式现代性品质的设计基础》，《文艺研究》，2012 年，第 10 页。

等等。这一维度的加速度式的爆发和流动，完全颠覆了传统思维所能够理解的文化沉淀模式，其所逐渐形成的文化结构的自生与循环能力，以及单点式爆发的呈现方式，将是目前文化产业发展的重要维度。

文化产业的意义再生产超出了产业经济学和文化研究的范畴，对其的思考和分析，必须是跨学科、跨领域的，这对我们社会的知识结构和认知结构转变都提出了新的要求和挑战。

**作者简介：**

王文松，南阳理工学院讲师。

# 论物感与设计的现代性：以包豪斯为例

王 唯

**摘 要**：现代设计是20世纪发展起来的设计活动，与大工业化生产和现代文明存在密切联系，形成了其特有的哲学感。现代性品质是现代设计之功能——美感的集中体现，在功能、物感、意义三要素中，设计现代性的品质特征是物感的凸显。现代设计的代表包豪斯奠定了现代设计的观念基础和体系原则，形成了现代主义设计风格，并深刻影响了世界设计发展。现代主义设计风格成为全球性的普遍景观后，现代设计被理性和科技统治，物感变得僵化和空洞，而中国式物感的现代探索则为设计的未来发展提供了重要参考坐标。

**关键词**：设计 物感 现代性 包豪斯

现代设计是20世纪发展起来的设计活动，与传统设计有很大的区别，其中最根本的在于现代设计与工业化大生产和现代文明的密切联系，由此形成了其特有的哲学感。现代性品质是现代设计之功能——美感的集中体现，在功能、物感、意义三要素中，设计现代性的品质特征是物感的凸显，这是传统设计所不具有的。20世纪现代设计最重大的发展和突破，是以包豪斯为代表的现代主义设计。现代主义设计奠定了现代设计的基础，成为设计进一步发展的可能，因此，对以包豪斯为代表的现代主义设计的研究，是厘清现代设计的产生、发展及其现代性品质等理论问题的中心。

## 一、传统设计与现代设计

“所谓设计，指的是把一种设计、规划、设想、问题解决的方法，通过视觉的方式传达出来的活动过程。”[①] 自从人类脱离愚昧时

① 王受之：《世界现代设计史》，中国青年出版社，2002年，第12页。

期，制造工具就成为人类活动的主要内容之一，设计也因此成为人类最为古老也最为重要的一项创造性劳动。由于设计物能够给人们提供审美价值，物品的发明、制造和使用能够产生符号效应，设计成为技术与艺术的结合，为社会创造出实用功能与审美价值、象征意义相统一的产品。由此形成了设计物基本价值结构的三维坐标：功能、物感、意义。“物感”（the feeling of things），实际上是指物本身的凸显，物摆脱了繁复装饰与象征意义的束缚，作为物理现场的一种直感、情绪效力，按照国内著名文艺理论家吴兴明教授的观点，这就是设计现代性的核心：物的解放。[①]

在前工业技术的古典时代，人类的制造活动中就普遍存在设计的因子，比如建筑物的设计、手工艺品的制作等。对于传统设计和在设计中的“物”，法国学者让·波德里亚（Jean Baudrillard）通过对传统家具及家居摆设的研究，认为在这种设计中，物的呈现——空间、结构、装饰、动线、材料等充满了权力、等级符号，仪式性功能的扭曲、压抑和道德向度的紧紧束缚。[②] 由于其中的“物”被纳入了社会人际关系的组织及象征，波德里亚将此种设计中的“物”称为“象征物”（object-symbol）。显然，这样的设计是没有现代感的。以古代北京城的规划及建筑设计为例。古代京城是一个京城、皇城、宫城三级层套的结构，明清京城体系直接根据两千多年前的《周礼》中关于中国文化京城体系的理论而成。《周礼》是先秦时代对周以来的政治、伦理、文化制度的总结，其对建筑的基本观点来自中国从远古就开始的建筑实践，因此，在明清京城，我们体会和理解到的是整个中国古代文化的一种建筑凝结，其中的一切形式元素和建筑空间都不仅具有物质属性，不仅是一个物理空间，而是具有了文化本质，是一个意义空间，不仅可以体现中国传统阴阳、五行、八卦的观念，更是体现出了社会体制及一整套以朝廷为中心的意识形态。前朝后寝、左祖右社、坛台四环等设计，无不呈现着儒家的体制性思想、朝廷的神圣威严、家族的尊卑秩序。[③] 在中国传统的建筑理论里，建筑是时空合一的艺术，建筑与人在时间的流动中进行对话，在对话中达到统一，完成文化对建筑的体认，也完成对人的自我定义的确认。整个宫城建筑的美感形式就是为了确定君臣关系而设计出来的，正像朝廷的冕服体系是为了确定君臣关系而设计出来的一样。京城是天下的中心，是建筑的最高形态，是一切建筑的典范，京城的建筑格局与风格设计自然表明：一切设计要素都必须为政治伦理服务。

---

① 吴兴明：《反省“中国风”——论中国式现代性品质的设计基础》，《文艺研究》，2012年第10期。

② 尚·布希亚：《物体系》，林志明译，上海人民出版社，2001年，A部分。

③ 余虹主编：《审美文化导论》，高等教育出版社，2006年，第二章第一节，第67—72页。

而进入现代文明以来，各门类艺术现代感的标志性潮流，就是抵抗意义化、文学化和浪漫化，返回媒介－材质的物本身，物由于意义的解脱而获得实体性，物的呈现因其本身之故而得到凸显和自由，借用海德格尔的说法，物返回“物本身”。①

## 二、包豪斯与现代主义设计

在古代，技术与艺术是浑然一体的，都可泛指某种工艺操作方法与技能的娴熟。在古希腊，人们用“technē”这个词来指现代意义上的“技术”(technology)，比如航海技术；也用这个词来指现代意义上的“艺术”(art)，比如绘画艺术。在古代中国，“艺”与“技”也可通用，传统“六艺”既包括“乐”“书”，也包括“射”“御”。技术与艺术的分离是一种现代现象，自从1750年的工业革命以来，资本主义生产逐步完成了从工场手工业向机器大工业的过渡，设计中的技术与艺术对峙的矛盾变得十分突出。究其原因，工业革命之前，是手工艺生产体系，工匠是主要的商品生产者，他们能够出色地完成从构思、制作到销售的全部工作。而工业革命以后，设计、制造与销售彼此分离：一方面，生产者只关注新技术、新材料的运用与产品所带来的商业利润；另一方面，艺术家看不起设计，他们不关心大众日用品或机械产品的审美性，甚至仇恨机械生产这一手段。

德国社会学家马克斯·韦伯（Max Weber）从更深层次理解现代设计的内部分裂，把工业技术诞生以来的现代化过程形容为一个“祛魅”的过程，祛魅的结果就是社会生活的合理化。启蒙分化“导致自然的非社会化和人类世界的非自然化”②，人类早期的总体性思维的统合才得以解除，理性和感性的尖锐冲突由此产生，得到工具理性和自然科学指导的工业技术以大批量、标准化的方式深刻地、广泛地改造着自然界的原初形貌以及传统的人、物关系，为人类的生存构筑了一个技术理性化的工业品世界。在这个标准化、抽象化、同质化、数字化和商品化的世界中，物不再承担形而上的指涉和人际控制（权力、道德、意义）的功能，在形式上也不再需要依附于对自然物景观和繁复修饰符号的观照。因而，现代设计摆脱了传统设计中象征意义的优先地位，在功能性与艺术性之间表现为一种无中介的直呈：一种冷感的、科技感的、趋于意义零度的、内在于功能的纯形式的美——物感的凸显。

① 海德格尔：《海德格尔选集》，孙周兴选编，上海三联书店，1996年，第七编，第1165－1168页。

② 于尔根·哈贝马斯：《现代性的哲学话语》，曹卫东等译，译林出版社，2004年，第132页。

现代设计的初期，在现代性分裂的背景下，由于技术与艺术相互分离，进而相互抵牾，矛盾加深，许多艺术界和设计界的精英们开始考虑产品设计如何将技术与艺术相统一，直至引发了包豪斯在设计领域的革命。其中影响深远的设计潮流主要有：1880—1910 年间英国人威廉·莫里斯（William Morris）发起的“工艺美术”运动，1900 年前后以法国和比利时为中心的“新艺术”运动，20 世纪二三十年代在法、美、英等国发生的“装饰艺术”运动，20 世纪初的德国工业同盟运动、荷兰“风格派”运动和俄国“构成主义”运动。1919 年创建于德国魏玛的包豪斯（Bauhaus）设计学院，是世界上第一所完全为发展现代设计教育而建立的学院，它的成立标志着现代设计的诞生，对世界现代设计的发展产生了深远的影响，被人们称为“现代设计的摇篮”。

集合在包豪斯的教师都是 20 世纪现代艺术和设计史上最优秀的领军人物。包豪斯的创立者、第一任校长沃尔特·格罗佩斯（Walter Gropius）在创立包豪斯之前就已经是非常著名的建筑设计大师和设计理论家。作为包豪斯的奠基人、核心人物和精神领袖，他明确指出：“包豪斯的主要原则是一个新的统一体的概念，一个集艺术、风格和外观而成的不可分割的统一体。一个自身内部是完整的，而且只有凭借生机勃勃的生活才能生成其意义的统一体。”① 他提出了“艺术与技术的新统一”的崇高理想，在他的领导下，大约从 1923 年起，学院开始走向理性主义，以比较接近科学方式的艺术与设计教育，建立艺术家、工业家和技术人员的合作关系，强调为大工业生产而设计，这成就了包豪斯作为现代设计的开端的地位。由格罗佩斯主导设计的德国法古斯工厂的整个立面以玻璃为主，这样的设计实践在建筑史上还是第一次。包豪斯第二任校长汉斯·迈耶（Hans Meyer）是优秀的建筑大师，有着丰富的建筑实践经验。第三任校长米斯·凡德洛（Ludwig Mies van der Rohe）是现代主义建筑设计最重要的大师之一，奠定了明确的现代主义建筑风格。他强调现代建筑的功能主义、非装饰化、减少主义、六面结构、人行通道等，设计风格简单、明快，全玻璃幕墙结构是其建筑设计最典型的代表，奠定了现代高层建筑的基础。他提出的“少就是多”（less is more）的理念，集中反映了其建筑观点和艺术特色，也影响了全世界，改变了世界建筑的面貌。除此之外，康定斯基、霍里·纳吉、约翰·伊顿、杜斯博格、保罗·克利、奥斯卡·施莱莫等优秀的现代艺术家都长期在包豪斯任职，为包豪斯的发展做出了卓越贡献。

---

① 鲍里斯·弗里德瓦尔德：《包豪斯》，宋昆译，天津大学出版社，2011 年，第 5 页。

在设计理论上，包豪斯提出了三个基本观点：

(1) 艺术与技术的新统一。现代设计追求的是艺术与科学的有机结合，使设计的产品既美观又实用。

(2) 设计的目的是为人而不是美化产品。设计任何产品都应将人的需求放在第一位，充分满足人们多方面的需要。

(3) 设计必须遵循理性与客观的法则。设计不能以单纯的奇、新、怪为目的和标准，而是要通过精心考虑，限定某几种基本形式并重复使用，形成一种有变化的简洁效果，呈现多样与单纯的统一。产品要简洁化和标准化。①

包豪斯的存在时间虽然只有短暂的 14 年，但对现代设计产生了深远影响。包豪斯使现代设计逐步从理想主义走向现代主义，即用理性的、科学的思想来代替文学上的意义承载、自我表现和浪漫主义，形成了真正的理性主义设计原则，开创了面向现代工业的设计方法，首创了采用现代材料的、以批量生产为目的的、具有现代主义特征的设计教育，填补了现代技术与艺术、手工艺与大工业之间的鸿沟。从长远看，包豪斯奠定了现代设计的观念基础，建立了现代设计的体系原则，不愧为“现代设计的摇篮”。

以包豪斯为代表的现代主义设计，尤其是现代主义建筑设计，是影响人类文明的重要设计活动。它随包豪斯兴起于 20 世纪 20 年代的欧洲，经过几十年的发展，特别是在第二次世界大战以后的美国发展迅速，最后影响到世界，深刻地影响到人类文明和生活方式，对各种艺术和设计门类都有冲击作用。例如，包豪斯新校舍是 20 世纪 20 年代现代主义设计的最佳杰作，它是一个综合性建筑群，其主要设计者格罗佩斯采用了非常单纯的几何形式和现代化的材料、加工方法，以高度强调功能的原则来设计，建筑全部采用预制件拼装，建筑立面采用玻璃幕墙结构，整座建筑没有任何装饰，每个功能部分之间以天桥相连，是现代主义设计最为典型的代表，是当时的最高成就。

## 三、物感与设计的现代性

在理性与感性、技术与艺术相互冲突的时代背景下，现代设计可以说是从对工业化生产方式下的“现代功能物”应该具备何种美感的思考来开始探索的。19 世纪以来，随着第一次工业革命的完成，机器生产普遍取代了手工业的生产方式，大大推动了社会生产力的提高。然而，面对机器生产出来的大量现代工业产品，欧洲知识分子从传统审美观出发，认为其丑陋粗鄙，毫

---

① 王受之：《世界现代设计史》，中国青年出版社，2002 年，第 6 章。

无美感。以欧洲的“工艺美术”运动和“新艺术”运动为代表，欧洲知识分子视19世纪下半叶工业化的发展为一种危害，企图重新回到中世纪的工作方法，以手工艺作坊式生产为大众提供艺术化产品，利用哥特风格、自然主义、东方艺术等装饰风格来调和“物”与“美”，在产品、艺术和技术中找到一个平衡点。但是，这一努力却被以包豪斯为代表的现代主义设计全面推翻和取代。究其原因，包豪斯之前的探索企图以传统知识分子的理想主义情感来抵抗对大工业化的现代社会的恐惧，没有能够真正认识到工业化、现代化不可逆转的历史潮流，所以也不能创造出真正符合现代社会需求和具有现代气质的设计风格。

以包豪斯为代表的现代主义设计，为顺应社会的工业化、现代化，彻底革新了设计的理念和体制：强调功能为设计的中心和目的，坚持面向大众的基本立场，采用诸如水泥、玻璃、钢材等现代工业材料，在形式上提倡非装饰的简单几何造型，用理性的、科学的思想来看待艺术，将设计与工业生产密切结合，开创了真正的理性主义设计原则，形成了真正面向现代的设计风格。他们在结构上简化体系，精简构件，在造型上净化建造形式，只用由直线、直角、长方体组成几何构型，没有任何多余修饰；他们通过精严的施工、选材与对材料颜色、质感、纹理的精确暴露，使造型显示出清晰纯净的肌理和质感。同时，材料使用科学化、标准化，建筑、家具、商品设计大面积使用抽象的同质物，大批量抽象功能物的本色直呈成为现代世界的基本景观：混凝土、玻璃、不锈钢、木材、纸张、布料、纤维、树脂、塑料、铝合金、陶瓷……例如密斯·凡德罗的巴塞罗那展览馆、布兰德的金属器皿、布鲁尔的瓦西里椅等。

用波德里亚的理论来看现代设计，其核心就是“物的解放”——负载权力和道德意义的古老“象征物”变成了纯粹抽象的现代“功能物”（functional objects），即以删除了繁复装饰和象征意义的直接物感为标志的设计感。由是，物得到凸显，它不再只是符号、象征，而是作为物理现场而有直感、情绪效力。于是，既超越了自然形态又挣脱了意义束缚的具有科技感特征的物感空前清晰地呈现出来，物的肌理、线条、形体、块面、光影及空间感首次凸显出来。干净的物感而不是物的意义成为一种时代标志性的美，这种尖锐纯净的物感美即具有现代品质的设计风格。日本美学家竹内敏雄在《塔与桥——技术美的美学》一书中写道，[①] 曾经使他围绕古寺流连忘返的，并非佛

---

① 徐恒醇：《现代产品设计的美学视野——从机器美学到技术美学和设计美学》，《装饰》2010年第4期。

像，而是寺院中的塔，那简朴刚直、令人瞠目屏息、岸然耸立的形态，以一种无言的力量抓住了他的心。同样，当他顺江而下目击了清秀端丽而又充满张力的桥时，那充盈着生气的现代美感也使人目夺神移。

可以说，物感的凸显，是现代性分裂对感性直接肯定的必然要求和结果。面对理性和文学的统治，感性的视觉也在不断寻求反抗，以包豪斯为代表的现代主义设计所引领的现代审美运动，是人类审美能力的现代解放，人用直接感性的感官来直面物本身，物直接与人隐秘的感性深处互动，人无中介化地面对物。一个艺术创作的新时代由此开启了，西方一波波的艺术运动与潮流，就是对新物感的不断追求、展开和深化。①

## 四、进一步的反思

如上所述，现代工业技术发端于欧洲，是现代启蒙之后理性主义文化中的工具理性的产物，在全球性的现代化浪潮中，现代工业技术成为各民族国家争相学习引进的对象。工业化社会形成后，尽管各民族国家还力图用工业技术制造民族化或地域化的工业产品，但在本质上支撑着现代工业技术的理性主义精神却随着人类现代文明的开启和普及而形成了一种“全球化”现象，各民族、各地域的人民不得不调整自己的审美观念以适应工业文明的全球普适性原则，接纳和学习以包豪斯为标志的现代主义设计风格，形成了其后期蔓延全球的“国际主义”风格（international style），即以理性、机械、冷漠、抽象见长的设计风格。

值得反思的是，现代设计将物纳入全面的理性化、科技化的总体构建，现代主义设计风格被各民族、各地域大面积模仿和重复，现代性的物感品质在经济全球化的发展和蔓延过程中逐渐定型化、模板化、均质化、空洞化、老化、僵化和表面化。物背后具有独特灵魂的设计师隐匿不见，变成了一种理性的结构性力量，化身为一种普泛的设计风格；各民族和文化在自身长久的审美和知识传统中形成的独特物感方式有逐渐失落和被抹杀的趋势；各个民族、地域具体空间所独具的文化记忆、历史和身份遭到锁闭，具有差异性的个人遭受到了僵硬的理性和科技感的压迫；在人与物、人与自然、人与人之间相互分裂的现代社会，人、物同处一个存在时空而因观照、使用或馈赠等途径相互勾连起来的独特情感关系，被理性和科技的统治力量所吞噬。现代文明中，理性的统治在全球范围全面地建构了一个功能物的世界，而物感

① 吴兴明：《论前卫艺术的哲学感——以“物”为核心》，《文艺研究》，2014年第1期。

则由最初对感性的肯定走向了对感性的约束，现代性所催生并推动的现代设计逐渐成为一种专制力量，设计的现代感开始走向了它的反面。

因此，如何突破理性和科技统治，不断打开人与物之间的激荡关系，把物还原成活生生现实世界的生动构成，让物感回归人类感觉的丰富性、多样性和差异性，成为20世纪60年代以来在美国和西欧出现的后现代主义设计不断试验和突破的一个方向，也是一个值得进一步深思和研究的重大课题。在《后现代建筑语言》一书中，美国著名的艺术理论家查尔斯·詹克斯（Charles Jencks）批判了以包豪斯为代表的现代主义建筑，认为它们刻板丑陋、功能至上，笼罩于工字钢梁的语法之下。然而后现代的创新，也并非要一举抛弃现代主义，而是努力扩展它的语法体系，改进其表达方式，包括引入各式民间口语，唤醒历史记忆，融入自然语境等。詹克斯持有一种折中主义，他认为，后现代建筑作品一般具有双重译码：同时面向精英与大众、传统与创新、市场与品位。①

值得注意的是，在现代性分裂的世界背景下，东方柔性物感的设计可能成为克服危机的新方向，并已经取得了举世公认的成就，如日本隈研吾的建筑设计、草间弥生的平面设计、无印良品品牌的产品设计等。特别是，中国艺术和设计在现代化的过程中，从未仅仅只关注对媒介自身特殊性的探寻和反叛，而是承袭了将一切因素纳入“神交”和身心体验场建构之后的提炼与客观化的独特物感方式，走向了中国式现代性品质的探索。② 比如贝聿铭事务所设计的苏州博物馆，王澍设计的中国美术学院象山校区、宁波博物馆等，这些优秀的设计既保留了对物作为自然材质的最大程度的原始呈现，又没有让现代化的国际风格遮蔽本民族文化特征，也没有像文化守成主义那样拒绝现代工业文明。这证明，在现代工业文明、民族文化精神和设计的现代性之间建立一种联系，是完全可能的。进而可以认为，中国式物感的现代创造不仅将是我们的民族实业屹立于世界民族之林的真正产业基础，也是中国文化在未来时代贡献于整个现代文明的关键之所在。

**作者简介：**

王唯，四川大学文学与新闻学院博士研究生。

① 查尔斯·詹克斯：《后现代建筑语言》，李大夏译，中国建筑工业出版社，1986年。

② 吴兴明：《反省“中国风”——论中国式现代性品质的设计基础》，《文艺研究》，2012年第10期。

# 电影哲学研究

陈佑松

本部分文章属于电影哲学范畴。所谓电影哲学，既包含了电影的哲学（电影美学）的学科问题，也包含了电影与哲学的问题。“电影的哲学”（电影美学）研究电影艺术本体问题、美学问题。这是影视美学、艺术哲学的传统研究领域；“电影与哲学”则是哲学范式如何塑造电影艺术观念，以及电影艺术如何改变哲学的问题。这是一个当代问题，或者是一个后现代问题。因为在今天的哲学语境中，传统的诗与哲学之争的天平偏向了“诗”。电影作为现代工业文明的重要艺术门类，在后工业文化中继续焕发着勃勃生机，它深刻影响着人类文明的样态，必然刺激着哲学关注电影。福柯、阿尔都塞、德勒兹、齐泽克、德里达、巴迪欧、朗西埃等哲学家都试图在电影领域发出自己的声音。反过来，电影从诞生之日起，就在不断地从哲学当中获得自身的认同资源。著名的电影理论家们多为哲学修养深厚的学者，如阿恩海姆、明斯特伯格、爱森斯坦、巴赞、麦茨、米特里等，他们不断借助哲学探讨电影艺术、技术和观念的演变。

目前，国内电影哲学研究尚处于起步阶段，相对于文学、造型艺术等传统艺术门类的哲学研究，电影哲学可开掘的空间还非常之大。本部分所选三篇文章主要集中于电影与现实之间的关系问题。陈佑松的《作为“物”的影像：从巴赞到德勒兹》探讨了电影艺术观念从现代晚期到后现代发生的重大变革，这种变革的基础乃是哲学范式的转移，即“物性”的显现与解放。谢建华的《真实的崩解与合成：对电影本性的一个考察维度》，注意到“真实”问题作为电影艺术的核心要素，在电影理论史中是如何构架电影的本体论述的。

刘可的《电影中谁在场？从卢卡奇的电影本质观谈起》集中讨论了卢卡奇关于电影演员“不在场”的观点，由此涉及电影与现实之间的指涉、关联，而非再现关系。这一研究具有艺术现象学的意义。

# 作为“物”的影像：从巴赞到德勒兹*

陈佑松　蔡家奕

**摘　要**：本文立足于现代艺术和后现代艺术范式转型的视角，对电影艺术观念的当代发展进行了研究，发现从巴赞到德勒兹，电影理论出现了一个新的重要特征，这个特征就是主体性的瓦解和作为物的影像的解放。本文认为，电影艺术观念的转型乃是西方现代晚期到后现代艺术哲学发展的一个重要组成部分。

**关键词**：物　影像　巴赞　德勒兹

从现代到后现代，艺术观念发生了一次重要的范式转型。我们可以简要地把这个转型过程描述为“人的退场和物的解放”。所谓“人的退场”，就是启蒙运动以来的主体性形而上学的瓦解；所谓“物的解放”，就是在现象学的洗礼下，逐渐摆脱人的注视的“物”得以显现，物之物性得以呈现。在物的存在自我绽放之时，西方形而上学大厦也轰然倒塌。近年来四川大学吴兴明、邱晓林等学者从现代造型艺术研究出发，致力于建构现代和后现代艺术之物性理论，发表了一系列重要文章①，基本梳理出了当代艺术物性的转型路径和要素。在研究过程中，我们逐渐意识到，后现代艺术的“物性”转向，不仅仅存在于一般的造型艺术，因为它作为一种哲学和艺术哲学的基本范式转型问题，必定覆盖整个艺术门类。当我们把目光投向电影艺术时，我们发现从巴赞到德勒兹，存在着与造型艺术非常吻合的“物性”转型的轨迹。

---

* 本文为四川省人文社科重点基地美学与美育中心一般项目“现代主义与电影艺术的自我确认”（17Y010）阶段性成果。

① 吴兴明：《论前卫艺术的哲学感：以“物”为核心》，《文艺研究》，2014年第1期；邱晓林：《许燎原艺术及其启示》，见曹顺庆主编，《中外文化与文论》（第27辑），四川大学出版社，2014年。

## 一

从胡塞尔现象学到海德格尔存在论，主体性形而上学的瓦解过程一直在持续。这是一个过渡，是从现代向后现代转型的激进化进程。而其最终的临界点是二战之后的存在主义。后现代便在这一驱力下顺理成章地展开了。后现代的直接特征就是主体性的崩解和形而上学结构的彻底坍塌。

可以说，拆毁从笛卡尔到康德确立起来的人的主体性大厦，成为 20 世纪西方哲学的主要任务和存在理由。

这一过程从世纪初的胡塞尔现象学便开始了。胡塞尔现象学中的“意向性”概念极其重要，因为它所说的“任何意识都是关于某物的意识”，否定了康德关于“先天认知形式”的先验主体性的论证[①]，从而开始拆解自律的、孤立的、内在的和先天的人类学体系。当然，胡塞尔此阶段仍然带有强烈的主体性意识哲学的痕迹，因为他的讨论还是落脚到主观意识问题上，所谓“现象”依然带有强烈的主体意识的特征。在海德格尔的刺激下，胡塞尔晚期提出了生活世界现象学，此时他的眼光已经开始从“人”转向了生活世界。

海德格尔《存在与时间》将“此在”论证为在世存在（Being-in-the-world），已经将本质意义上的“人”消融到与世界的关联中，消融到“烦”“畏”“牵挂”等关系中。不过，正是因为他还是把领悟和谈论“存在”的路径留给了“此在”，在这部书中他依然没有能够完全走出主体性的阴影。据说，正是这样的困境使得他未能最终完成此书。很快他转向语言存在论，力图将其摧毁主体性形而上学的努力推向深入。

这一趋势造就了二战之后晚期现代性的哲学思潮——存在主义。萨特的名言“存在先于本质”直接否弃了人的先天本质的合法性，取而代之的是人的存在，即行动、选择和自由生成。也正是这一反本质主义的论证，使得人面临着形而上学瓦解之后的“虚无”。

与此时间段基本同时，现代主义艺术思潮也呈现主体性形而上学的危机。

按照通常的说法，现代主义开端于 19 世纪后期福楼拜的《包法利夫人》和波德莱尔的《恶之花》。福楼拜的自然主义实验开始了对“人”的组织化叙事视角的摈弃。最为著名的是《包法利夫人》中“农业展览会”一章，那种平行杂糅多种声音的处理方式，放弃了线性的组织化的单一视听角度，力图

---

① 尽管康德也承认知识是先天认识形式与经验材料结合的产物，但是其认知形式却是先天的。这种先天性可与柏拉图的“理式”相类比，只不过康德的先天认知形式是内在于人的，是人之本质，而柏拉图的理式是外在的。这两者的区别正是现代主体性形而上学与古代形而上学的区别。

将世界原本的非中心的物理状态呈现出来。作为中心的“人”开始被质疑。而波德莱尔作为象征主义的一面旗帜，已经开始探索人的深层意识，比如他开始关注“通感”。这种深层心理研究在随后的弗洛伊德精神分析、詹姆斯意识流心理学、柏格森关于绵延的生命哲学中得以全面推进。其结果却是发现人的意识深处是非同一性的。力比多、意识流、绵延等学说都意味着康德的先验主体性是建立在流沙之上的大厦。人的本质性设定遭到沉重打击。

20 世纪现代主义艺术有两个主要特征：形式主义和深度的唯心主义。表面上这还是在主体性意识哲学题域之中，比如对于形式主义，包括俄国形式主义的陌生化概念等，都还是可以在康德形式美学的观念体系中将其与人的自由本质联系起来。特别是后来的法兰克福学派，更是结合异化理论来审视现代主义的形式主义特征。但实际上，只要我们注意到结构主义和新批评理论，以及创作实践中的后期象征主义、意象派、后期印象主义、抽象绘画等，我们就会看到那种非人的“客观”“冷静”，那种对人的拒斥。深度的唯心主义，正如上文所述，虽然仍然是关注人的内心，似乎接续了浪漫主义对情感、想象和天才的关注，但是随着对人的内心世界的深入探索，人们却发现，那种组织化的、系统化的、同一的自我实际上是不存在的。

于是，艺术的物化（非人化）趋势出现了。这是二战之后的问题，如文学中出现了罗伯格里耶，造型艺术中出现了杜尚，而电影中则出现了德西卡、罗西里尼和安德烈·巴赞。我们要讨论的就是从巴赞开始到德勒兹最终总结的作为“物”的影像。

## 二

通常我们会把战后意大利兴起的一股电影艺术潮流称为“新现实主义”，其代表艺术家就包括德西卡、罗西里尼等人，而呼应这一潮流的理论家则是法国的安德烈·巴赞。巴赞所推崇的“长镜头”理论已经成为现实主义电影艺术的某种标签。但是当我们仔细分析《偷自行车的人》或仔细阅读巴赞的《电影是什么》，却会发现，战后的“现实主义”的含义已经相当不同于传统现实主义艺术。

传统现实主义源远流长，其根基在于西方文艺思想中的模仿论。模仿论在柏拉图那里奠基，是其形而上学“理式论”的应有之义。在他那里，模仿是感性世界拙劣地仰望理式世界的方式，是感性世界等级底下的标志。亚里士多德改写了柏拉图的论证模式，在《形而上学》中，他讨论了事物的四个基本要素（四因说）。其中，形式因和质料因不可分离。也就是说，虽然超越的理式仍然高于感性世界，但是这两者不可分离。这一哲学基础就使亚里士多德得以为模仿正名，“诗”通过对感性的现实世界的模仿是可以通达普遍本质（形式）的。

所以亚里士多德说，“模仿造就了诗人”“诗是一种比历史更富哲学性，更严肃的艺术，因为诗倾向于表现带普遍性的事。……所谓‘带普遍性的事’，指根据可然或必然的原则某一类人可能说的话或会做的事——诗要表现的就是这种普遍性”。[①]

亚里士多德的模仿论成为西方再现论文艺思想的根基，越过中世纪，在文艺复兴时期，由达·芬奇恢复，发展为“镜子说”；在18、19世纪，黑格尔以“美是绝对理念的感性显现”讨论艺术中个别和一般的关系；最后在恩格斯那里，结合黑格尔辩证法和英国古典政治经济学，发展为“现实主义典型论”的表述。

1885年，恩格斯在《致敏娜·考茨基》的信中谈道：“每个人都是典型，但同时又是一定的单个人，正如老黑格尔所说的，是一个‘这个’。”

1888年，恩格斯在《致玛·哈克奈斯》中进一步明确提出了“典型环境中的典型人物”的观念：“现实主义的意思是，除细节真实外，还要真实地再现典型环境中的典型人物。您的人物，就他们本身来说，是够典型的；但是环绕着这些人物并促使他们行动的环境，或许就不是那么典型了。”

而此前，1859年马克思和恩格斯在分别致费迪南·拉萨尔的信中都借评论其《济金根》，深刻地定义了现实主义。要言之，现实主义的核心乃是个别和普遍相结合的“典型”，个别乃是细节的真实和个性的鲜活，普遍则是鲜明个性所代表的普遍的社会结构（核心是阶级结构）和历史规律。马、恩所提出的所有现实主义文学问题，包括对“莎士比亚化”的赞赏，对“席勒式”的批评，对美学和历史高度结合的“未来戏剧理想”的期望，对巴尔扎克的赞赏等，都在这几篇文章中有深入讨论。

总结以上所说，传统现实主义的根基是模仿论，而模仿论的根基却深植于西方形而上学传统之中，其突出代表乃是形而上学的奠基者柏拉图、亚里士多德和集大成者黑格尔。马克思、恩格斯的现实主义总结则是在现代实证主义背景下，形而上学与模仿论的最后一次精致的结合。

在电影艺术史上，秉承这种模仿论（再现论）现实主义观念的代表，非维尔托夫莫属。

他在《电影眼睛人：一场革命》中写道：

> 我们的出发点是：把电影摄影机当作比肉眼更完美的电影眼睛来使

① 亚里士多德：《诗学》，陈中梅译注，商务印书馆，1996年，第20—21页。

用，以探索充塞空间的那些混沌的视觉形象。

肉眼的弱点是明显的。我们肯定，电影眼睛在运动的混沌之中发现了电影眼睛自身的运动；我们肯定，电影眼睛拥有自己的时空向度，它的力量和潜力正向着自我肯定的顶峰增长。

眼睛服从摄影机的意志，并随起追逐动作的连续瞬间，以最简练最生动的方式，把电影语言的词组引向辨析的高度或深度。

我是电影眼睛，我创造出一个比亚当还完美的人，我根据各种不同的设计蓝图和草图创造出成千个不同的人。

我是电影眼睛，我从一个人身上取得最强壮和最灵巧的双手，从另一个人身上取得最敏捷和最匀称的双腿，从第三个人身上取得最美丽和最富表情的头部——然后通过蒙太奇，创造出一个新的完美的人。①

通过以上表述，我们可以清楚地看到维尔托夫和他创造的“电影眼睛派”对形而上学模仿论、对辩证的现实主义的接受和体现。我们也注意到，维尔托夫对“蒙太奇”的理解是“杂取种种，合成一个”，是最“典型”的体现。其中，形而上学的深度模式显露无余。

## 三

当我们以这一“现实主义”坐标来理解安德烈·巴赞的时候，会发生严重的错位。巴赞的电影哲学的奠基性文献是1945年发表的《摄影影像的本体论》(后收入其论文集《电影是什么?》)。这篇文章带有现代晚期的显著特征，因为一方面巴赞思考的范式仍然是艺术门类的“本体”问题，也就是他要界定电影影像独特的、本质性的特性，以区别于其他艺术门类（文中主要是区别于绘画)，这是现代艺术自律观念的衍生问题；另一方面他已经在瓦解主体性形而上学，并开始展示一种“生活世界现象学”，展示电影影像的物性特征，这是战后现象学和存在主义的重要表征，它预示着后现代即将来临。30多年后德勒兹的《时间-影像》乃是巴赞的重要回响。

巴赞在这篇文章中，首先从精神分析的角度对造型艺术的起源进行了探讨。他认为，可以把“涂防腐香料殓藏尸体看成是造型艺术产生的基本因素”②。也就是说，与时间抗衡，寻求不朽，乃是造型艺术最为原生的内在基

① 李恒基、杨远婴主编：《外国电影理论文选》，生活·读书·新知三联书店，2006年，第216—219页。

② 安德烈·巴赞：《什么是电影?》，崔君衍译，江苏教育出版社，2005年，第1页。

因。这一基因奠定了造型艺术写实主义传统的内在基础，“造型艺术史……基本上就是追求形似的历史，或者可以说是写实主义的发展史”[①]。

但是，造型艺术的发展内含着“形式的象征主义”的面向，巴赞认为，这种形式主义与前述现实主义之间一直保持着某种平衡（这一观点或来自黑格尔）。直到 15 世纪，由于透视法的发明，“表现精神的实在”（形式的象征主义）和“用逼真的模拟品替代外部世界”（现实主义）之间便出现了裂痕。绘画在这其中摇摆不定。

巴赞受马尔罗影响，认为电影是造型艺术现实主义的现代发展。他引用了马尔罗的看法：“电影只是在造型艺术现实主义的演进过程中最明显的表现，而现实主义的原理是随文艺复兴运动出现的，并且在巴洛克的绘画中得到了最极端的体现。”[②]

电影的出现解除了绘画艺术的两难困境。电影摄影不仅是在形似上超越了以往的任何造型艺术，并且由于电影影像所记录的不是静止的瞬间，而是连续的运动影像，所以电影影像具备了所有造型艺术不可取代的逼真性，因为它不仅模仿了空间，还模仿和保存了时间：“事物的影像第一次映现了事物的时间延续，仿佛是一具可变的木乃伊。”[③]“给时间涂上香料，使时间免于自身的腐朽。”[④]

电影分担了绘画等造型艺术的再现功能，于是“绘画最终摆脱了现实主义的纠缠，恢复了自己独特的美学”[⑤]。我们知道电影诞生于 19 世纪末，而与此同时，现代主义绘画也诞生了。现代主义绘画的一个重要特征便是逐渐远离再现而凸显出形式主义特征，最后出现了纯形式的抽象绘画。

电影何以能够具备前所未有的造型功能呢？巴赞提出了他的惊人理论：

> 摄影与绘画不同，它的独特性在于其本质上的客观性。况且，作为摄影机眼睛的一组透镜代替了人的眼睛，而它们的名称就叫做“objectif”[⑥]。在原物体与它的再现物之间只有另一个事物发生作用，这真是破天荒第一次。外部世界的影像第一次按照严格的决定论自动生成，不需要人加以干预、参与创造。摄影师的个性只在选择拍摄对象，确定拍摄角度和对现象的解释中表现出来。这种个性在最终的作品中无论表露得多么明

① 安德烈·巴赞：《什么是电影?》，崔君衍译，江苏教育出版社，2005 年，第 2 页。
② 安德烈·巴赞：《什么是电影?》，崔君衍译，江苏教育出版社，2005 年，第 3 页。
③ 安德烈·巴赞：《什么是电影?》，崔君衍译，江苏教育出版社，2005 年，第 9 页。
④ 安德烈·巴赞：《什么是电影?》，崔君衍译，江苏教育出版社，2005 年，第 7 页。
⑤ 安德烈·巴赞：《什么是电影?》，崔君衍译，江苏教育出版社，2005 年，第 10 页。
⑥ 法语中，“客观性”（objectivite）和透镜“（objiectif）”是同根词

显，它与画家表现在绘画中的个性也不能相提并论。一切艺术都是以人的参与为基础的，惟独在摄影中，我们有了不让人介入的特权。①

艺术观念发展到这个时候，已经彻底颠覆了17世纪以来的理念。那种建基于主体性形而上学的艺术和审美观念（康德、黑格尔）被抛弃了。不过显然，巴赞并不孤独，在造型艺术领域，杜尚早在一战前后就已经在探索“现成品艺术”了。

这是一个新的哲学范式的展开，如我们在前文所述，20世纪西方思想史就是一部主体性形而上学的解构历史。巴赞的电影影像本体论，也正是这部历史的一个艺术表征。

对于巴赞而言，人的撤退乃是造型艺术最伟大的胜利。这就意味着，在本质意义上，影像不是人的创造物，而是物的自我生成，是物自动完成的一种再现。“再现”的内涵发生重大变化，它不再是人造物，而是物造物，是物本身。艺术之物性被开启，艺术也由此回到生活世界，不再具有形而上学的超越意义。

在20世纪50年代写作的《电影语言的演进》中，巴赞提出了电影理论史上的一段公案：蒙太奇与景深镜头的对立。

巴赞认为：“蒙太奇的运用可以是‘察觉不到’的……在这些影片中，镜头的分切无非是为了按照一场戏的实际逻辑或戏剧性逻辑来分解事件。正是它的逻辑性使这种分解显得不易察觉，观众的思想自然而然地接受了导演为他们提供的观点，因为导演的观点符合动作的发展或戏剧注意点的转移，因而是合情合理的。”②

分镜头和镜头的组接（蒙太奇）虽然貌似自然，不易觉察，但实际上却是按导演事先已经构拟好的“戏剧性逻辑”来分解和组合的。换言之，蒙太奇导向的是一种组织化和观念化的过程，它带有强烈的主体性形而上学的特征。所以“含义不在影像当中，而是犹如影像的投影，借助蒙太奇，射入观众的意识”。“无论是影像的造型内容，还是各种蒙太奇手法，它们都帮助电影用各种方法，诠释再现的事件，并强加给观众。”③

巴赞所谈到的“影像的造型内容”，在电影史上就是表现主义运动，它和蒙太奇手法一样，都是现代主义中形式主义的重要内容。巴赞同时注意到，这些形式主义带有强烈的主观性，其意义在于将导演的观念和逻辑进行系统

① 安德烈·巴赞：《什么是电影?》，崔君衍译，江苏教育出版社，2005年，第6页。
② 安德烈·巴赞：《什么是电影?》，崔君衍译，江苏教育出版社，2005年，第61页。
③ 安德烈·巴赞：《什么是电影?》，崔君衍译，江苏教育出版社，2005年，第61页。

组织，然后灌注给观众，因此在哲学上是主体性形而上学的表征。

表现主义和蒙太奇观念盛行于20世纪20年代。这一时期正是现代主义最为兴盛的时期。而巴赞创作的时期则是20世纪40到50年代末，此时盛行的存在主义正强烈地摧毁着主体性形而上学，到达了迈向后现代的临界点。巴赞深受其影响，自然对建基于主体性意识哲学基础上的表现主义、蒙太奇和现代主义高度质疑。

于是与蒙太奇针锋相对，巴赞提出了“景深镜头”的观念。

景深镜头，就是镜头纵深层次清晰，其前景、中景和后景没有人为虚化，而是全部清晰地呈现出来。除此，巴赞的“景深镜头”还包括镜头时长较长、段落完整这一要素。后人也把这一概念称为“长镜头”。

巴赞对电影史上的著名导演弗拉哈迪、茂瑙和斯特劳亨的影片镜头运用进行了分析，认为这几位导演采取了一种不同于蒙太奇的主观组织化的镜头方式，力图呈现出自然的真实，因而大量使用景深镜头。他认为，景深镜头有这样几项心理学特征：

“第一，景深镜头使观众与影像的关系比他们与现实的关系更为贴近。因此，可以说，不论影像本身内容如何，影像的结构就更具真实性。”①

巴赞在此注意到的主要是形式的真实。这与经典的现实主义注重对内容的真实模仿完全不同。巴赞关注的是现实世界的“存在”和自我“敞开”的方式。那是一种“非人”的方式，是作为物的世界的自我展现。在他看来，景深镜头的景深性和长时间性正是对这种“存在”的呈现。

“第二，所以，景深镜头要求观众更积极思考，甚至要求他们参与到场面调度。倘若采用分析性蒙太奇，观众只需跟着导演走，他们的注意力随着导演的注意力而转移，导演替观众选择必看的内容，观众个人的选择余地微乎其微。影像的含义部分地取决于导演的注意点和意图。”②

这里巴赞已经有了巴特的“可写的文本”的观念了。作者必须死去，作品应该作为独立的物、非人的物而获得解放，这样方能吸纳观众的参与。自然，观众的积极参与又将会构建出无穷多的文本。巴赞已经在思考读者接受问题了。

“第三，从以上两个心理学方面的论断中还能引出我们可以称之为形而上的第三个论断。蒙太奇由它本身的性质所决定，在分析现实时，要求戏剧时间含义单一……蒙太奇在本质上是与含义模糊的表现相对立的。……反之，

① 安德烈·巴赞：《什么是电影?》，崔君衍译，江苏教育出版社，2005年，第72页。

② 安德烈·巴赞：《什么是电影?》，崔君衍译，江苏教育出版社，2005年，第72页。

景深镜头把含义模糊的特点重新引入影像结构之中……含义的模糊性和解释的不明确性首先已包含在影像本身的构图中。”①

蒙太奇的清晰性的本质是导演的观念，在主体性形而上学的深度模式下，蒙太奇呈现为含义的单一、封闭和完整。但是景深镜头却呈现为平面模式，也就是它并不为了突出前景而将后景虚化，而是将镜头所及的所有内容平面地呈现在观众面前，导演的意图尽量淡化。物直陈于前，如世界自我展现一般。没有重点，没有焦点。

从以上讨论我们可以认为，巴赞根本不是传统的现实主义者，而是一个存在主义理论家。他所说的电影的真实，并不是模仿论和反映论意义上的现实，而是“成为现实”本身。在哲学意义上，巴赞的现实主义不是源自柏拉图、亚里士多德、黑格尔和马克思的模仿现实的再现传统，而是胡塞尔、海德格尔、萨特的现象学存在主义传统，因为他所关注的是世界作为物本身的存在和存在方式。但遗憾的是，大多数人对此视而不见，所以对于巴赞的名言“电影是现实的渐近线”，一般会认为这是巴赞的反映论的明证。其实巴赞要说的是，电影是“成为现实”的渐近线。

继承并阐发巴赞的是德勒兹。

## 四

德勒兹把电影的重要性提到了一个高度，在他看来，电影重新塑造了哲学，重新创造了概念。德勒兹以柏格森哲学为基础，出版了两部专门的电影哲学著作《电影1：运动—影像》(1986) 和《电影2：时间—影像》(1989)。前一部著作讨论电影作为运动—影像，对时间的间接呈现；后一部著作讨论电影作为时间—影像，对时间的直接呈现。《电影1：运动—影像》研究的是早期电影蒙太奇问题；《电影2：时间—影像》研究的是二战后的新现实主义和新浪潮。德勒兹在影像艺术上特别注重巴赞的“景深镜头”等相关问题，并提出了“纯视听情境”的概念。由此我们可以看到，德勒兹的电影哲学研究是来源于巴赞的蒙太奇/景深镜头的二元对立的。不同的是相对于巴赞的二元对立论，德勒兹将蒙太奇和景深镜头研究都纳入了他对“差异”和“时间”的关注中。或者说，德勒兹不赞成把两者对立起来，而是认为不论是蒙太奇还是景深镜头，都是时间的呈现。不过蒙太奇通过运动对时间作间接呈现，景深镜头、纯视听情境则是对时间的直接呈现。

---

① 安德烈·巴赞：《什么是电影?》，崔君衍译，江苏教育出版社，2005年，第72页。

尽管德勒兹对巴赞提出了部分的异议，但其理论核心却依然来自巴赞影像理论的物性化——非人化。在德勒兹看来，无论是蒙太奇还是景深镜头，都是独立的超越人眼的物。正是由于这种物性的解放，真正的非组织化和去主体性的时间才得以展现，作为物的影像也得以绵延、解域。

首先来看《电影 1：运动-影像》，德勒兹把哲学意义上的运动作为参照来审视电影分镜和剪辑（蒙太奇）问题。他借助对柏格森的《物质与记忆》的分析总结道：运动

> 有两个面。一方面它穿梭于物或局部之间，另一方面，它表现绵延或整体。它让绵延在改变质的同时被分割在物品之中，让物品在延伸时失去自己的外形，融会在绵延中。因此，人们可以认为运动将某一封闭系统的物品带给了开放绵延，又将绵延带给了它强制开放的系统的物。
>
> 一个集合的物品或局部，我们可以把它们看作静态分切；但运动形成于这些分切之间，并把物品或局部带给一个变化整体的绵延。因此运动表现这个整体之于物品的变化，它本身就是绵延的动态分切。[①]

这里存在着“静态分切”和“动态分切”的区别。静态分切是以空间和局部作为基础的，它提供了一种感受时间的日常维度。我们每个人都是从自己的空间角度（如空间的位移、物品的变化、时钟的转动等）来感受时间的。这样的空间感受提供了一种个人化的、同质的、有序的时间体验。这种体验乃是一种主体性的（完全以个人为中心，高度个人化）时间体验。运动或动态分切却是超越于这种个体的空间体验之上的绵延。它体现出了运动或时间的非空间化特征，当然它自然也就超越了单一视角的、同质化的、有序的和组织化的时间体验。

电影的运动-影像带来了对这种单一和组织化视角的时间观的突破，其主要技术就是蒙太奇。德勒兹研究专家克莱尔·科勒布鲁克对此总结道：“通过对镜头的运用，我们不再把时间看做运动在其中发生的线条，而是看作一种多样化的冲动或不可量化的差异的绵延。‘蒙太奇’不是将不同的片段连接在一起，而是将运动的冲突性场景连接在一起。”[②]

在日常的知觉中，或空间化的时间感知中，我们想象存在着一种以我们自己为中心的时间之流，在这时间之流中，我们又将世界秩序化和组织化。换言之，以主体性为基础的感知视角从空间的角度将时间秩序化。但是电影给我们“一个运动或无人称的、统一的、抽象的、不可见或不可知觉的时间，

---

① 德勒兹：《电影 1：运动-影像》，谢强、马月译，湖南美术出版社，2016 年，第 19 页。

② 克莱尔·科勒布鲁克：《导读德勒兹》，廖鸿飞译，重庆大学出版社，2014 年，第 53 页。

它存在于机器‘中’，人们通过这个机器来展示画面”[①]。

所谓统一的、抽象的、不可见的，并非形而上学意义上的本质性的，而是指超越于上述“静态分切”的、空间化的时间，是绵延的运动的时间。这一时间观念的核心是“无人称”，也就是非主体性。此处的非主体性绝不是要回到柏拉图或黑格尔意义上的超个体和差异的绝对精神，而恰恰是要凸显不同视角的差异。这种差异意味着作为整体的时间的开放性和绵延性。

对于电影来说，从格里菲斯到爱森斯坦，从分镜剪辑到蒙太奇组接，早期电影语言的形成本身就在对抗单一的视角和空间体验。分镜本身就是对单一视角的切断。每一个单独的镜头就是一个不同的空间视角和时间绵延体验。镜头的组接不仅仅是为了叙事的连贯（如果仅仅为了叙事的连贯，只需要严格遵循戏剧的“三一律”即可，根本不需要分切镜头），更重要的是提供了超越主体性组织化的时间的暗示。一部电影就是大量差异化的运动的组合碰撞，同时也就暗示出整体的时间的全方位绵延。

德勒兹的看法当然比巴赞更深入，更哲学化。巴赞还只看到蒙太奇作为镜头组接的“人工”层面，或主体性的层面，而德勒兹则注意到即使在这个“人工”层面的背后，蒙太奇仍然具有潜在的非主体性。换句话说，蒙太奇本身就具有如海德格尔所说的“世界”和“大地”的两个方面。其“人工”的、强制性观念的部分乃是“世界”，而多元的运动和时间绵延则是“大地”。

从巴赞到德勒兹，关于蒙太奇的思考展示出了电影影像本身的物性存在。不仅如此，他们更将电影作为契机，开拓出了哲学的物之解放的境界。物之解放来自主体性的消解，乃至于形而上学的消解。如前文所述，这一线索乃可上溯至胡塞尔、海德格尔，下启萨特、德勒兹，他们的理论构成了后现代哲学和艺术观念的重要内容。

“运动-影像”以分镜和蒙太奇的方式暗示或指示了超越空间的纯粹时间，而“时间-影像”则直接就是时间的影像本身。德勒兹认为，二战后的“现代电影”（意大利新现实主义、法国新浪潮等）开拓了这一新的领域。

德勒兹的相关论述还是从巴赞开始：

> 巴赞不同于那些按照社会内容界定意大利新现实主义的人，他指出了美学形式标准的必要性。他认为这是真实性的一种新形式。这种新形式被假定为散漫、省略、游移或飘忽不定，并通过单元和疏松的关联与难以把握的事件发挥作用。真实不再被重建或复制，而是被“直击”。新现实主义不是表现一个已被破译的真实，而是“直击”一个有待破译、一贯

① 德勒兹：《电影 1：运动-影像》，谢强、马月译，湖南美术出版社，2016 年，第 4 页。

暧昧的真实，因此段落镜头会取代表现性剪辑。新现实主义因此发明了一个新影像类型，巴赞建议称之为“事实－影像”。①

德勒兹非常敏锐地注意到，巴赞对新现实主义的评判标准是“形式美学”。这种形式美学的风格特征是“散漫、省略、游移或飘忽不定”，而非组织化、系统化和秩序化，其技术手段则是“段落镜头”，也就是“景深镜头”，或后来人们通常所说的“长镜头”。“景深镜头”将作为主体性的人驱逐出去，创造了“完整电影神话”，充分地解放影像的“物性”，从而促使电影成为“现实渐近线”。一旦消除了人的干预，那种由单一视角形成的组织化的平滑叙事便消失了，取而代之的是现象的平面展开，以及意义指涉的多元化。

德勒兹继续引用巴赞关于新现实主义电影的评论加以分析：

> 在《温别尔托·D》中，德·西卡建构了一个著名的段落，巴赞以此为范例：早上，年轻女仆走进厨房，完成一系列无精打采的机械动作——打扫房间，用水驱走蚂蚁，取出咖啡机，用脚尖关门。她的目光掠过自己怀孕的肚子，仿佛世界所有的苦难都产生于此。这就是在一个平凡或日常生活的语境中，在一系列无意义的却服从简单的感知－运动模式的动作中突然产生的效果，这是一个纯视觉情境，年轻女仆对它没有任何回应或反应。目光、肚子，构成某种碰撞……大千，这些碰撞可以呈现为极其迥异的形式，甚至出人意料，但它们保持着同一模式。②

这段巴赞极为推崇的段落中，年轻女仆的全无特定情感的一系列动作似乎完全直陈于银幕上，虽然那怀孕的肚子可能引起某种确定意义的推测（如不幸的苦难，或幸福的家庭），但是段落并不刻意赋予其含义（如使用特写、正反打镜头，或隐喻蒙太奇等），而是将其与其他的事物完全无差别地并置起来，使之成为一个全然日常的现象学事实。这样就避免了形而上学意义上的组织化，从而成为德勒兹所说的“纯视听情境”。

德勒兹认为，这样的“纯视听情境”与“传统现实主义中动作－影像和感知－运动（都是运动－影像的要素）有着本质区别”③。“感知－运动情境的空间是一个特定的环境，包含一个揭示它的动作或引发某种适合它或改变它的反应。但一个纯视听情境则建立在我们称为‘任意空间’之上，它要么是脱节的，要么是空荡的。”④

① 德勒兹：《电影 2：时间－影像》，谢强等译，湖南美术出版社，2004 年，第 1 页。
② 德勒兹：《电影 2：时间－影像》，谢强等译，湖南美术出版社，2004 年，第 2 页。
③ 德勒兹：《电影 2：时间－影像》，谢强等译，湖南美术出版社，2004 年，第 6 页。
④ 德勒兹：《电影 2：时间－影像》，谢强等译，湖南美术出版社，2004 年，第 8 页。

德勒兹的比较非常有价值，对这一段的引用回应了我们在前文所讨论的巴赞与传统现实主义的重要区别：传统现实主义的形而上学模式和巴赞新现实主义对形而上学的瓦解。德勒兹在这里抓住了现实主义典型论中“典型环境中的典型人物”的问题来讨论。典型论是恩格斯关于现实主义的总结，它确定了特定环境（在恩格斯那里是一个典型的社会阶级关系），正是这样的特定的典型的环境引发环境中的人物的行动，或揭示人物行动的原因。人物要对环境作出反应。所以从这个意义上，这是一个唯物主义的形而上学模式，也是反映论的间接表现。但是在新现实主义的纯视听情境中，环境与人物的关系是非组织化的，就是德勒兹所说的“脱节的”“空荡的”。因为环境与人物、行动的关系不是必然的，具有深度的逻辑关系的，而是偶然的，平面并置的。比如在德·西卡的《偷自行车的人》中，景深镜头中的街景和主人公之外的事件直陈于前，但不具有关联性的意义：它们仅仅就在那里。在德勒兹的论述中，传统现实主义与新现实主义之间的对立乃是形而上学与现象学之间的对立。这与巴赞的看法完全一致。

德勒兹注意到，“这一点或许与印象派在绘画中发现纯视觉空间具有同样的重要意义”[①]。事实上，印象派绘画对纯视觉空间的发现乃是导致绘画从现代形式主义走向后现代物性解放的开端。[②]

如果对意大利新现实主义的客观性尚可作此理解，那么法国新浪潮所具有的强烈的主观性特征是否与之相反呢？德勒兹并不这样认为，他说：“新浪潮派沿袭意大利人的道路，两者基本相似：从感知－运动关联脱节到视听情境的设置。”

> 如果说塔蒂属于新浪潮派，这是因为他在拍摄两部叙事诗影片后，发现它们蕴含的东西：一种用纯视觉，特别是纯听觉情境表现的滑稽影片。戈达尔一开始就拍摄了《精疲力尽》、《疯狂的皮埃罗》等不同凡响的叙事诗影片，力求从中剥离出一个视觉符号和听觉符号的世界。……简言之，纯视听情境可以有两个端极：主观的与客观的，真实的与想象的，身体的与心理的。但它们产生的视觉符号与听觉符号不断地使这两个端极进行交流，并在某种意义上确保它们向不可区分点过渡和换移。[③]

如果德勒兹把新浪潮与传统浪漫主义对比，或许会更清晰。传统浪漫主

---

① 德勒兹：《电影2：时间—影像》，谢强等译，湖南美术出版社，2004年，第4页。

② 见拙文《从现代艺术到后现代艺术：以物性为中心的范式转型》，《文艺理论研究》，2014年第5期。

③ 德勒兹：《电影2：时间—影像》，谢强等译，湖南美术出版社，2004年，第14页。

义与传统现实主义虽然一则是“灯”，一则是“镜”（艾布拉姆斯《镜与灯》之喻），但两者都共享了形而上学模式。新浪潮与浪漫主义虽然都带有强烈的主观特征，不过浪漫主义是启蒙运动之后的主体性意识哲学的范式中的派生物，而二战后的电影新浪潮已经经历过 19 世纪末 20 世纪初的精神分析心理学和柏格森生命哲学的洗礼，并融合了现象学存在主义的思路，乃是对主体性形而上学的瓦解，其风格特征呈现为非线性、破碎和离散。如雷乃的《广岛之恋》《去年在马里昂巴德》、费里尼的《八部半》，都是其中的典型。尤其是《去年在马里昂巴德》，其编剧是法国新小说家罗伯·格里耶。他的作品如《窥视者》《橡皮》与《去年在马里昂巴德》一样，以“视觉符号和听觉符号不断交流”这种心理学的现象学化和物化，摧毁了形而上学的深度模式。这种纯视听影片在西方之外也在拓展。德勒兹注意到日本的小津安二郎，他认为，小津安二郎在日本的语境中建构了第一部展示纯视情境的作品。“影片的对象是日本家庭的平凡日常生活。摄影机的运动越来越少，移动镜头是缓慢的和低角度的‘运动单元’，低位摄影机多是固定的，取正面或侧面角度，淡出淡入镜头被简单的切换所取代。这种对‘原始电影’的回归，恰好形成了一种极其含蓄的现代风格：剪辑一切的做法支配着现代电影，它是影像间的过渡，或者纯视觉停顿，直接产生或消除所有综合效果。”①

摄影机的运动越来越少，意味着小津的电影在力图超越运动-影像；移动镜头是缓慢的“运动单元”，这就是巴赞关注的“长镜头”，即段落镜头——一个时长较长而完整的段落镜头，在这个完整的段落中不作镜头分切。镜头的低角度是小津的独特之处，他的电影基本采取在距离地面一米左右的高度平摄。这个高度是日本人日常生活中在榻榻米上跪坐的高度。采用这样的高度和角度，是要免除人为的抽象，沉入到日常生活中，将日常生活现象学化。

总之，德勒兹的电影研究，将巴赞开启的瓦解形而上学的新现实主义理论推向了一个新的哲学高度，从而全面阐述了后现代艺术观念的重大转型——“物性”的解放。

**作者简介：**

陈佑松，四川师范大学影视与传媒学院教授。

蔡家奕，西南交通大学外国语学院教师。

---

① 德勒兹：《电影 2：时间-影像》，谢强等译，湖南美术出版社，2004 年，第 20 页。

# 真实的崩解与合成

## ——对电影本性的一个考察维度

谢建华

**摘　要**：电影的本性滋生于电影与现实（电影的原材料）、电影与作者（电影的生产者）、电影与观众（电影的消费者）建立的三组动态关系，这三组关系互相缠绕，彼此绷紧，在庞杂的文化脉络和繁复的观看经验之间，持续复杂的互动。“真实性”作为电影的核心特性，几乎贯穿电影生产和消费的全过程。从原真性到拟真性，再到超真性，辗转于电影机制中的真实性裂变的线索，也是创作者、观看者经由作品文本介入现实的脉络。

**关键词**：电影本性　原真性　拟真性　超真性　合成真实

## 一、电影是什么：一个贯穿历史的永恒性追问

电影自诞生以来，持续面对“电影是什么”的本质性追问。甚至可以说，电影发展一百多年的历史，就是不断回答“电影是什么”的历史。邵牧君先生曾说过一段类似的话，他认为：“电影一百年的兴衰消长，也无非是正看待或错误看待电影的结果。”[①] 作为中国重要的电影理论家之一，邵牧君先生曾从电影与艺术关系的角度，将电影发展归结为“电影争取成为艺术”“电影成为艺术”和“电影拒绝成为艺术”三个阶段，这在一定程度上也反映出我们对电影本性认识的历史脉络。

### （一）初期：形式差异论

早期电影的实践和理论基本没有能力回答“电影是什么”的提高，而是通过罗列电影与现实差别的方式，反证电影的艺术属性。

① 邵牧君：《电影万岁》，《世界电影》，1995 年第 1 期。

阿恩海姆认为电影形象以蒙太奇、视觉可见性、照相记录性和现实形象相区别，电影形象与现实形象的不同一性是电影作为艺术的重要条件。先锋派以极具现代性的姿态，将强调“非情节化”“非戏剧化”的“纯电影”推向电影本性论的高度。这种理论思维以现实世界是建立在某种可类比的连续性之上为前提，其模糊的电影本性意识是对电影再现现实连续性的否定。

不管是巴拉兹马克思式的电影美学建构，还是爱森斯坦的蒙太奇学派，都注重从技巧形式层面探讨电影艺术的独特性。巴拉兹的理论虽然站在哲学、文化等相对宏观的角度，但论述大量涉及电影音响、剪辑、调度、对白和色彩等技术因素，其从电影和戏剧的形式差异入手，阐释了电影是一种“革命性的”“独立的艺术和文化”。蒙太奇学派受到苏联构成主义艺术运动的驱动，认为动态的影像可以生产机械文化时代的政治和意识形态。巴拉兹将电影的本性归结为角度和剪辑，蒙太奇学派则与巴拉兹美学互为呼应，将蒙太奇从技术手段上升到思维方式和哲学理念的高度，强调了蒙太奇在解构和再造现实方面的巨大威力。这在一定程度上说明：受到电影这一崭新艺术形式“蛊惑”的理论家们早期关于电影本性的论述均是偏向形而下的。

这些不一而足的形式差异论均可被视为最早的影像生产者向最初的电影消费者进行艺术合法性陈述的一种策略，通过向疑虑重重的电影观看者游说发声，征募电影艺术的拥趸者，但未能从根本上界定电影的本性。

### （二）中期：内容实体论

安德烈·巴赞四卷本的电影论文集《电影是什么?》似乎是对早期电影本性探索有意识的一次小结，第一次明确地自设问题并完整地阐述了他的电影本性观：电影是真实的艺术。围绕其理论核心的两大支柱——电影影像本体论和长镜头理论（场面调度理论），巴赞从思维和技巧层面论证了电影和现实的亲缘关系，提出了“电影是现实的渐近线”的伟大观点。“渐近线”的论断决定了：电影既源于现实、无限迫近现实，又永不可能与现实等同，正如“艺术源于生活而又高于生活”这句放诸四海而皆准的万能定理，是一种在保持现实多义性的基础上的“完整电影神话”。巴赞所谓的“木乃伊情结”将电影的写实性推到宗教性的高度，影像被赋予了延续时间和保存时间的永恒价值，这与德勒兹、巴迪欧的论述有一定的连接。其以意大利新现实主义为典范，站在电影本性的高度强调现实真实感，对于今天的电影创作仍有旗帜性意义。

克拉考尔在其著作《电影的本性——物质现实的复原》中推进了巴赞的论述，进一步将纪实理论实体化。他从“记录”和“揭示”两种功能出发，开列出最适合电影表现的六种题材——追赶、舞蹈、肉眼看不到的微观世界，等等，指出“找到的故事和插曲”是最具电影感的形式和内容。[①] 这些论述一方面强调电影故事应是典型的“偶然事件”，作为一个自足的独立整体，应该被“发现”而不是被“构想”，同时，应通过摄影机的记录动态表现故事从生活流中突显又消失的自然状态。本质上，克拉考尔的电影观仍围绕电影与现实的关系展开，在客观呈现和主观构建的辩证关系中生成电影性。

以巴赞和克拉考尔为代表的理论家将电影从纯粹的技巧形式中解放出来，认为电影的本性是以现实为内核的实体，以追求真实性为艺术目标。但是实体论面临两大挑战：一方面，真实是否能够被绝对还原？因为创作过程中人的主观介入，所以被建构的真实——再现的主观性不可避免。所谓的再现(representation)，就是使用语言和影像为周遭世界制造意义。“语言和再现系统对于反射既存真实样貌的能力（拟态或仿像），远不及它们组织、建构和中介我们对事实、情感和想象的了解。”[②] 另一方面，如果我们把真实性作为电影的本性，越真实的就越具有电影性和艺术性，那么，最具电影性的艺术是否就等同于现实的指涉物？这又构成了对艺术的巨大消解，回到早期电影的悖论中。对真实性的理解表面看是一个内容问题，但它与电影创作中的诸多形式问题息息相关：为什么黑白比彩色更具有历史真实感？为什么非职业演员的表演就更具有现实主义色彩？为何非线性叙事更接近生活本真？为什么长镜头更接近对真实的呈现？这些疑问说明了：真实性是一个多层的、变动的指标，而对于电影本性的论述需要进一步拓展。

### （三）现代：理念、符号论

巴赞和克拉考尔之后，让·米特里和克里斯蒂安·麦茨偏离了实体论，将电影本性论带入更为综合的符号论方向。作为对巴赞本体论和爱森斯坦蒙太奇论在思维和技巧层面的批判性调和，符号论认为电影本质上是一种符号，它的指示性、肖似性和象征性涵盖了完整的能指与所指系统，最终指向“意义的显现”认为影像的意义会随着不同的文化语境、时间和观影者而改变。这一观点将电影本性抽象到一定的哲学层面，已经与当代流行的阿兰·巴迪欧的论述十分接近。

在以法国为代表的欧洲学派的推动下，当代理论家将对电影本性的追问推向更高的哲学维度。吉尔·德勒兹是引领电影符号学向电影哲学转向的关

---

① 邵牧君：《电影理论历史概观》，《文艺研究》，1984 年 5 期。

② 玛莉塔·史肯特，莎莉·卡莱特：《观看的实践——给所有影像世代的视觉文化导论》，陈品秀译，三言社，2009 年，第 32 页。

键人物，他认为现代电影和现代哲学的联系远比我们想象的更为本质。他的《电影Ⅰ：运动-影像》和《电影Ⅱ：时间-影像》从伯格森的生命哲学出发，论证了电影是完成外在世界和内在意识融合的最佳媒介："惟有完全以影像集合来构成的'电影'才能够将时间的'先验性'在时间里直接呈现，同时通过电影影像的经验，使得我们得以产生某种超验的洞察观点将世界影像化。"[①]从小津安二郎到罗西里尼、维斯康蒂、安东尼奥尼，从亚洲电影到欧洲电影，德勒兹联系二战后变化迅速的电影实践，指出：分散的、即兴式的影像正取代由因果关系统合的连续时空，使电影成为一种"纯视听情境"构成的时间经验。因此，电影正从"运动-影像"向"时间-影像"过渡，表现出比以往更明显的"时间的最佳媒介"——思考时间和表现时间的本质。在《电影Ⅱ》的结尾，他意犹未尽地劝告我们："不应再去问什么是电影，而应该问什么是哲学。"

阿兰·巴迪欧是当前最热门的电影哲学家，他的一系列哲学论述已经成为电影研究者最热衷引用的论断。他认为电影是一种不纯的艺术，是各种艺术的"合一"，是寄生的，且不坚定的，它的"综合性"意味着它是其他六种艺术的民主化。可以说，作为大众艺术的电影"打开了所有艺术，去除了它们的贵族性，在存在的影像里把它们交付出来"[②]。因此，当我们的电影批评停留在"感动的喋喋不休与技术的历史之间"，要么赞美叙事（那是电影对于小说的"不纯性"），要么吹嘘演员（那是电影对于戏剧的"不纯性"）的时候，我们说的还是不是电影本身呢？他在《电影作为哲学实验》一文中将电影称为一种哲学情境，因为哲学"是在思想中反思断裂的时刻"，而电影正因其不纯性创造了"表象虚假"和"现实真实"的矛盾、"存在"与"显现"的悖论关系，以及民主制度和贵族制度之间的崭新关系，在这种双重情境中它创造了理念。

总体上看，我们对"电影是什么"的追问在经过早期的"形式差别论"后，经历了内容本体论、综合论、符号哲学论三个阶段，基本上没有逃脱巴迪欧所言的影像、时间、与其他艺术比较、与非艺术比较和伦理这五种思考电影的方式。电影从确立其艺术合法性起步，在获得"第七艺术"的稳定地位后，最终走向艺术的"反面"，变成一种由理念创造引发的"时间经验"。这究竟是哲学家的电影，还是观众的电影？虽然说，"伟大的电影作者用运动-影像和时间-影像思考，而不是用概念思考"[③]，但电影理论家用电影的理

① 吉尔·德勒兹：《电影Ⅰ》，黄建宏译，远流出版事业股份有限公司，2003年，译序，第15页。
② 米歇尔·福柯等：《宽忍的灰色黎明》，李洋等译，河南大学出版社，2014年，第15页。
③ 米歇尔·福柯等：《宽忍的灰色黎明》，李洋等译，河南大学出版社，2014年，第39页。

念创造的哲学概念，有助于我们厘清对电影的认识，反观创作本身。面对纷繁复杂的电影创作现实，我们需要什么样的电影？或者说，什么样的电影才是真实的电影？

## 二、真实性的流变：电影本性与电影机制的联结

通过从经典电影到现代电影的溯源，不难发现：对电影本性的追问始终离不开三个维度，也就是界定电影的三重视角。或者说，电影的本性滋生于由电影与现实（电影的原材料）、电影与作者（电影的生产者）、电影与观众（电影的消费者）建立的三组动态关系，这三组关系互相缠绕，彼此紧绷，在庞杂的文化脉络和繁复的观看经验之间，持续复杂的互动，分别产生了真实性（电影之于现实）、形式感（作者之于电影）和媒介性（电影之于观众）三个属性。由于客观存在由摄影机、电影院、放映机、影片等建构的电影机制(cinematic apparatus，或译“电影机器”)，电影本性又是这种繁复机制的产物，所以任何一组关系对“电影是什么”这一本质问题的回答和阐释都是有限的。但我们如果仔细检视这三组关系就会发现，“真实性”是“作为意识形态支架和工具的电影所构成的特定功能”[①] 和核心特性，它几乎贯穿电影生产和消费的全过程。从原真性到拟真性，再到超真性，辗转于电影机制全过程的真实性裂变的线索，也是创作者、观看者经由作品文本介入现实的脉络。

### （一）原真性

原真性（authenticity）指事实的独一无二或纯正性，是未经处理或加工的源现实，它是现实经由摄影机进入电影的过程中的第一层真实性概念。在本雅明的论述中，原真性是无法复制的，是判定影像是否有价值的关键指标。他认为，“即便是艺术作品最完美的复制品也缺乏一个元素：即它在时间和空间上的在场，也就是它独一无二地存在于它正好在的地方”[②]。作为影像的指涉物，原真性意味着其在界定历史和现实的时间感上保有权威性。当事物成为摄影机处理的对象，被制作出来的影像在观看主体那里首先获得原真性的预期：复制之后意义没有被改变，电影呈现给人可以即时感受的世界，“真实”因此往往成为几乎所有观众判定电影之优劣的首个标准。这个既模糊又无比强大的标准，源自人类的第一个摄影影像经验——静态摄影。19 世纪初

① 让-路易·博德里：《基本电影机器的意识形态效果》，李迅译，《当代电影》，1989 年第 5 期。
② 瓦尔特·本雅明：《机械复制时代的艺术作品》，王才勇译，中国城市出版社，2002 年，第 84 页。

在欧洲得到迅猛发展的照相术，一直被认为是比素描和绘画更加客观、写实的一种艺术实践。对于具有悠久写实主义传统的西方艺术而言，原真性理想是静态摄影留下的重要文化遗产，紧随其后的电影艺术理念上当然承袭这一传统，并与相信通过视觉证据即可建构经验真实的实证主义哲学遥相呼应。

但静态摄影和动态影像显然不同。如果说照片是相机摄取自生活最浅层次的真实痕迹的话，动态影像则是对一系列真实瞬间的连接和动态假设。相较于直接复制现实指涉物的照片来说，电影由于摄影机在捕捉运动连续性和时间绵延性上存在的天然缺陷，实际上构成了对真实性的反动。吊诡的是，从最早的每秒 16 帧、24 帧，到李安首次在《比利・林恩的中场战事》实验的 120 帧；从黑白到彩色，从无声到有声；从粗颗粒到 3D、4D、4K，电影增进银幕指涉物原真性的努力持之以恒，但均未也不可能从根本上弥补这一缺陷。按照德勒兹的观点，“影像是认知与现实之间的关联”，即电影是现实的“精神复制品”。这意味着，我们必须把“外部世界中作为物理现实的运动”和“意识世界中作为物理现实的影像”联结起来①，才能建立完整真实的电影感。所谓“路遥知马力，日久见人心”，现实世界的真实可以在无限制的时间自然流动中得到检验，但电影显现现实真实的最大困难就是时间，它必须在受限的时间里，通过“被建构的时间”（剪辑）和“被嵌入的时间”（记录）两种方式，呈现时间的绵延感。所以，这种真实感所指涉的，是在时间中综合的一种经验。

随着全球范围内兴起的拟实片创作浪潮，以及巨变中国为国产电影所提供的丰厚题材选择，近年来中国电影开始重回现实，将具有原真性意味的现实主义作为电影美学的重要目标。《红海行动》《亲爱的》《湄公河行动》《解救吾先生》《失孤》《冈仁波齐》等影片基本上都以事实为蓝本，体现出明显的以人物或事件视角窥见中国现实的动机。但显然，根据事实改编不是保证电影真实感的充分条件，像《湄公河行动》《亲爱的》和《解救吾先生》这样的影片，虽然有轰动性的新闻事件做底色，但如果不能充分调动表演（方言/动作/化妆）、空间（道具/美工/调度）、影像（运动/剪辑）等多元手段，制造形式真实或者影像真实，国产电影所建构的全方位中国真实就无法实现。

### （二）拟真性

最初从原真性的摄取起步，现实（客观）纪实经创作者（而非摄像机）的介入被转变为具有形式感的主观真实，这进一步将电影和机械复制性的照

---

① 米歇尔・福柯等：《宽忍的灰色黎明》，李洋等译，河南大学出版社，2014 年，第 37—38 页。

相术区分开来。因此，以镜子为喻体的电影必须写实，以白日梦为喻体的电影又必须脱离现实，打开一扇通往另一个世界的窗户，创造虚拟的梦幻感。这种半虚半实的拟真性是电影机制中由创作者元素造成的第二层真实。

这种拟真性一方面依靠题材和影像本身形成造梦机制，建立一个完全不同于现实原真性世界的价值体系、情感逻辑和视听氛围。诸如近几年的热门IP“西游系列”这些带有大片特质的古装电影，无论是人物还是空间和情感逻辑，都容易形成虚胜于实的奇观性观影语境。

但是另一方面，多数题材并不具备这样的天然条件，创作者往往通过陌生化的方式迎合当下观众对梦幻感的要求。苏珊·朗格认为，艺术品具有高度的“他性”，即每一件真正的艺术品都有离开现实的倾向，这是艺术的本质。[①] 电影是一种极其讲究形式感的艺术，以形式始，以形式终。创作主体通过创作意识的外化，将形式上升到风格建构的层面。为了创造这种具有陌生化效应的“他性”，创作者往往使用三种手段。一是反常规。通过渲染出生、爱情和成长中的特殊时刻，创造一个在现实生活中不存在的奇幻主人公，如《大鱼海棠》中海棠花少女椿和努力复活的人类男孩鲲，《捉妖记》中的小妖王胡巴，《美人鱼》中的美人鱼，等等。二是突出变化。创作者常常抛开固化的叙述方式和角度，重新建构陌生化的叙事体验。在近几年的电影创作中，我们可以看见更为明显的由机位（视点）、重述（叙述）、形象变化引发的叙述革命。三是通过极致性创作，将剧情与庸常生活区分开来，形成一种梦幻感。像《驴得水》《我不是潘金莲》《树大招风》中那些的具有偏执型人格或者毁灭性命运的人物，成为这几年流行的形象类型，他们偏执、疯狂到让人感觉虚假的程度，在一定程度上是创作层面对现实层面的第二个真实性反动。

### （三）超真性

观看者为影像制造意义，影像也建构它的观众。[②] 影像的意义在作者与观众不时紧张、互有消长的竞逐较量中产生，是一个影像、文化、技术、社会参与诠释、协商的复杂过程，它高度流动、变动不居。作为整个电影观看实践的终端，观众所处的文化语境和体验、诠释影像的个性方式决定了影像解读的最终结果，这一结果在真实性维度上已经与最初的原真性相去甚远。可以说，电影的真实性经由观看者，已经超越真实本身，成为一种超真性体验。

罗兰·巴特认为，影像具有外延和内涵两层意义，内涵意义是根据影像

---

① 苏珊·朗格：《情感与形式》，刘大基等译，商鼎文化出版社，1991年，第55页。

② 玛莉塔·史肯特，莎莉·卡莱特：《观看的实践——给所有影像世代的视觉文化导论》，陈品秀译，三言社，2009年，第66页。

的文化和历史脉络，以及观者对情境的感受生产出的意义。他使用“迷思”（myth）来指称内涵层面所表达的文化价值、信仰的复杂性[①]，因为抵达观众视觉的电影很大程度上已经超出了狭隘的“艺术”界线，成为一种更具感染力和影响力的“媒介”。与此相应的是，电影不仅仅是叙事的艺术，也是一种传达感受、生产价值观、创造理念的介质。在信息爆炸、材料横流的时代，电影比以往任何时候更需要作为媒介艺术将我们对时代和现实的理解变现出来。制作者和观看者作为影像的两端，不仅构成编码和解码的关系，也在持续进行争夺文本意义和潜在意义的斗争。无论是斯图亚特·霍尔所说的文本消费者解码存在的三种情况——优势霸权解读、协商解读、对立解读，还是文化理论学者米歇尔·德塞图所说的大众文化消费中广泛存在的“文本盗猎”（textual poaching）、拼装（bricolage）、“挪用”（appropriation）现象[②]，频繁发生在观众、影像和脉络之间的意义买卖不断重构、修订信息，已经使“真实”的输出变得既无意义，也无可能。既然诠释是一个超真性的心理过程，那么只有影像意义和观看者文化上的特殊经验、记忆和欲望产生联结时，真实才变得有意义。

为什么艺术电影虽票房不高但影响力巨大？因为它们常常通过对既定时空秩序的破坏——“视听形式上延长、压缩、变形、省略、跳跃、错置和挪移时间的经验，是在创造一个有格调、质感和趣味的异化世界”——“使电影再次成为最有力量和最有效果的时间媒介”，这正是多数主流电影缺乏的魅力。

艺术史学家朱青生先生说，世界的本质和人的本性是无尽的黑暗和永恒的沉寂，但会在不同的事物中间变现出来，呈现为可感的形式。而人性是一个包含了科学、思想、艺术的整体；科学根植于人的理性，思想根植于思性，艺术即人的情性。“但每一个个体身上，甚至在每一个时代的文化共同的集体身上，人只能‘分有’其中的部分。没有一种文化可以呈现人性的全体，迄今为止的全部文明也没有将人性变现完毕。”[③] 但电影艺术作为当今最富感染力的媒介形式，可将世界的本性和人的本质，将人性深处那些普通形式无法承载、无力表现和无意表达的东西变现出来。这种对狭义真实的超越既是电

---

① Roland Barthes, “Rhetoric of the Image”, in *Image Music Text*, Stephen Heath, trans. New York: Hill and Wang, 1977, p. 34.

② Michel de Certeau, *The Practice of Everyday Life*, Steven Rendall, trans. Berkeley and London: University of California Press, 1984, p. xxi.

③ 朱青生：《艺术史：作为世界的本质和人的本性》，哲学园，http://mp.weixin.qq.com/s?__biz=MjM5MTAyNjcyMA==&mid=401560025&idx=1&sn=929c50eab5c4abff3567126583a36bab#rd.

影作为媒介艺术的特性，也是电影承担的社会责任和时代使命。

## 三、合成真实：数字时代的电影真实

有学者将西方文化中的影像制作历史分为四个阶段：第一阶段是1425年透视法发明以前的古代艺术纪元；第二阶段是透视的纪元，包括文艺复兴、巴洛克、洛可可以及浪漫主义时期（约15世纪中期—18世纪）；第三阶段是机械化和工业革命等科技发展的现代纪元，包括1830年发明的摄影术，它让影像复制与大众媒体成为可能（18世纪中期—20世纪末）；第四阶段是以电子科技、电脑、数字影像以及虚拟空间为主的后现代纪元（20世纪60年代至今）。[①] 如果说从原真性到拟真性、超真性的流变贯穿于前三个影像制作阶段的话，数字影像开创的后现代纪元就已经使原真性彻底崩解，将所有真实都变成了一种合成性的真实。

数字电影取代胶片电影之后，数字影像在缺乏现实指涉物的情况下被制造出来，数字技术进一步让“人工建构真实”成为可能。由于修图、电脑合成等后置技术的大规模运用，所有的历史真实和现实指涉物均有可能遭到篡改；由于副本和原件之间的差异不复存在，影像的独一无二性根本无关紧要，胶片时代观众习惯的指涉物与其再现之间的类比对应过程消失了。这意味着：传统以胶片为基础的电影质感正在银幕上消逝，与胶片电影相适应的创作方式、工业标准被刷新，人类的观影经验也被改写了。电影数字化制作带来了视听语言的革命性变化，电影质感越来越轻盈，无人机、航拍规模性运用，后期特效压倒性主导工业流程，进一步使电影制作智能化。固执坚持胶片创作和迎合数字创作潮流的导演针锋相对，既有人发出“电影已死”的慨叹，也有人唱出“电影重生”的赞歌。电影站在由技术奇迹制造的新十字路口，随意合成的综合真实影像正在给人带来更加具有分歧的电影观感。

近年来流行的虚拟实境（virtual reality，VR）技术进一步消解了艺术和生活的界限，将用以展示虚拟情境的数字模拟技巧转变成一种自由的生命经验。空间的实体性、物质性被彻底颠覆，观看者的身体从现实位置中被彻底解放出来，在强大的视听技术包裹下生成一种比真实更真实的氛围，指涉物的参照性价值从来没有像现在这样不值一提。这种无需求助真实的全新观看实践，究竟是一种全新的文化权力产物，还是仅仅只是一种追逐视觉时尚的

---

① 玛莉塔·史肯特，莎莉·卡莱特：《观看的实践——给所有影像世代的视觉文化导论》，陈品秀译，三言社，2009年，第140页。

技术?

另一种对电影的真实性本性构成冲击的是近年来流行的反身性创作实践。所谓“反身性创作”或者“反身式电影”(reflexive film),是一种在当前文本中插入其他文本,借由互文性反思电影本质,再现电影制作过程,揭示类型电影经验或诉诸电影工业本质的电影创作方式。[①] 反身性的影像创作设定了知识化的成熟观众,致力于通过建构观看者与文本之间的疏离感反思它们之间的关系,这种带有戏仿性的手段同样是一种不需要指涉物实体的后现代游戏。不管是各式各样的翻拍,还是影像生产中的拼装、挪用/再挪用、反拼装,由于其中原真性实物的彻底消失,这些反身性影像好似被掏空的幻象,易使观看者产生认同的失落。

可以看出,20 世纪末以降的数字文化已经大幅改变了电影真实的本质,真实与虚拟、原真和拟像之间的界限彻底裂解,现实指涉物、影像和影像的制作者、观看者之间存在着更为复杂的交流关系,它们共同促成一种合成性的真实体验。正如大多数后现代艺术一样,电影艺术关注的核心并非简单地再现现实,而是将表达焦点放在艺术机制及其所创造的权力关系上,借以重新审视艺术的功能,反思观众的角色。当下如果仍要追问电影的本质是什么,我们只能说:如果把现实真实比作孕育艺术的母体,那么电影本性发展的三个阶段就像一个孩子成长的经历,从“反叛”起步,经过“认同”,最终“建构”出独立的自我,而这个自我已与最初的设定大相径庭了。

**作者简介:**

谢建华,四川师范大学影视与传媒学院教授。

① 伯纳德·迪克《电影概论》,邱启明译,五南图书出版公司,1997 年,第 116—119 页。

# 电影中谁在场?
## ——从卢卡奇的电影本质观谈起

刘　可

**摘　要**:电影中谁在场?这是一个很大的问题,也是一个直指电影本质的问题。本文主要从卢卡奇的电影本质观入手,对卢卡奇否认电影中有血肉丰满之演员在场的观点进行了讨论。本文认为,卢卡奇的观点立足于无声电影和舞台戏剧的比较研究,对电影的艺术本质和艺术力量都估计不足,他所说的演员此在的缺席乃是电影的本质这一观点,缺乏具体的分析,在逻辑中介上存在缺失,因此难以成立。本文分析了电影拍摄和银幕放映两个环节中电影演员身体的当下在场与在场形式,认为在电影中演员的身体总是在场的,因而活生生的演员也总是在场的。这种在场指向了电影与现实之间的某种现象学关系。

**关键词**:电影本质　缺席　在场　身体

"在场"这个词语在哲学学科多用来指称存在的问题,从字面上讲,这个词语言涉的是某存在者在于某场域空间,主语是以省略的方式存在于这一词语之中的。由此一来,这一词语的出现总是带出一个问题:谁在场?也就是说,主语,或者说是在于场中的在者,它始终是匿名的存在,尽管如此,只要有"在场",就一定有在于场中的在者。由于此在者是匿名的,因此,要明了其以何种身份在场,要明了其在场的动机、意义和价值,就需要追问此在者究竟是谁。当没有限定词跟着"在场"一词之时,匿名的在者是一个无限开放的能指,它从不是确定的某一在者,而只是在者而已。只有当"在场"被某一个词语限定之时,在于此场域中的在者才是确指的、特定的某一在者。"在场"一词涉及"在"的时间与空间两个维度,当只有"在场"一词出现时,此"在场"带出的时间和空间同样是空洞的能指,"在"于何种时间?"在"于何种场域,都无确指。"在场”即因自身的这一特性而能把一切确切的、被限定的“在场”涵纳于自身。“在场”在时间和空间上的不确定性和在于此场域中之在者的不确定性综合起来，就构成了“在场”这一词语之形而上学意味的基本内容。

本文针对“在场”的讨论因卢卡奇言说电影与戏剧的在场言论而起，所讨论的“在场”被“电影”一词限定，因此，言涉的在者与电影有关。在电影中谁在场？要对此问题给出一个令人认同的答案，困难的不是理解“在场”一词之义，而是理解电影是什么。我们如果考虑到电影属性和种类的多样性，就会知道笼统地说电影中谁在场是一个极具开放性，因此也极难回答的问题。也就是说，这个问题不是在问纪录片中谁在场，故事片中谁在场，教学版中谁在场等诸多具体的问题，而是要把所有这些具体问题都纳入“电影”这个统一体之中，对这个统一体中在场者是谁作出回答。这个在场者因此既是被限定了的具体的电影场域中的在者，更是超乎具体的电影场域之在者的在者。

与电影相关的存在者何其多。电影是人类的一种活动，作为自资本主义时代起才产生的图像活动，电影具有多种属性，每一种属性都产生了与之相适应的在者：拍电影是生产影片的生产活动，在这一活动中，有很多可被称为投资者、生产者和消费者的在者。这类在者存在于电影的具有资本主义属性的生产与市场之场域中，他们主要不是为了电影的艺术和美而在，而更多的是为电影的经济利益而在。电影亦可称为一种特殊的综合艺术活动，在者在这一电影活动中，主要是电影的艺术主体。艺术主体为电影活动不同环节的特质所决定而又具有不同的存在品质。在电影艺术的创作环节，电影场域中的在者是电影艺术创作主体，他们或是导演，或是演员。在电影艺术的文本环节，电影场域的在者是影片中的影像，是影片中的人物形象。在电影艺术的接受环节，电影场域中的在者则是电影观众、电影批评家。电影也可以是人的一种图像娱乐活动①，在这种电影活动里，电影场域的在者是电影的娱乐主体。上述这些在者当然不能算是作为整体的电影的在者，他们只不过是电影之某种属性、某一环节的在者而已。卢卡奇在讨论电影之在场问题时，显然没有意识到这一点，所以他的讨论因对象的模糊而难以落到实处。

卢卡奇是在将电影与戏剧作比较时谈到其电影之在场观的，而且是把这一观点作为电影美学思想来谈论的。

他在谈到无声电影和戏剧的区别时说：

剧场效果的本质既不是建立在演员的对话和面部表情之上，也不在呈现

① 阿兰·巴迪欧文说“电影是伟大的休息艺术”（《电影作为哲学实验》，见《宽忍的灰色黎明》，李洋等译，河南大学出版社，2017年，第16页），揭示的就是电影作为娱乐艺术的本质。

> 戏剧性的事件之中，而是将一个人的活生生的情感力量毫无阻隔地实时传递给在场的观众。舞台空间即代表着一种绝对的在场（presence）……通过对戏剧的描述，那种即时性和直接性在形而上学的意义上得到了巨大的增强：有血有肉的人和其在世界之中的空间性位置都实实在在地证明了这种实在性。这种演员此在（Dasein）的在场（presence）对于呈现戏剧人物的悲剧性命运而言，是最直接也是最深刻的。

卢卡奇重视戏剧的情感而轻视戏剧中的事件，其观点明显是对亚里士多德悲剧观的反动。卢卡奇认为在戏剧中，角色的悲剧性命运即时、直接地在剧场向观众呈现出来，就是戏剧绝对的“在场”。电影则不同，他说：“这种‘在场’（presence）的缺席正是电影的本质特征。并非因为电影的不完美，也不在于现如今角色对于动作的克制，而是因为他们仅仅是人的动作和行为，而不是‘人’。这不是电影的缺点，而是电影自身的限制和塑造原理（principium sitinisations）所致。通过这种方式，电影出奇逼真地仿象生活，无论是在技术上还是在效果上都实现了与自然现实的高度渐近。”[①] 卢卡奇所说的“在场”中，“场”是戏剧所具有的舞台空间，此空间是演员以表演传达给剧场中的观众的剧中之情感力量，在场即演员此在的在场。他说：“一个真正伟大的演员……在舞台上塑造的形象就是她本人，不需要伟大的戏剧性场面，就已经将那种被命运所宰制的悲惨、神秘的状态极为精准地诠释了出来。”伟大的演员，或者更准确地说如卢卡奇引以为据的杜斯这种演员，因此而是“完全在场的人”。[②]“在场”的“在”，即是此在，也包含了存在，卢卡奇引但丁的话说：“‘存在（essere）’完全等同于‘活动’（operazione），杜斯就是命运之曲的旋律，即便是没有合奏，也必然会有共鸣。”[③] 戏剧所具有的“在场”本质让戏剧能“赋予事物黑暗与光明的质感”[④]。于是卢卡奇在此基础上说电影的本质是戏剧所具有的那种在场的缺席。因为，戏剧中，演员作为一个活生生的人言行于舞台之上，即舞台中既有演员作为人、演员作为演员的双重在场，也有相应的人之言行在场。诚如卢卡奇所说，放映于银幕上的电影影像却只是演员的言行动作，真正的作为人的演员，或者说演员作为人

① 格奥尔格·卢卡奇：《思考电影美学》，见西奥鑫·阿多诺等，《电影的透明性》，李洋等译，河南大学出版社，2017 年，第 2 页、第 3 页。

② 格奥尔格·卢卡奇：《思考电影美学》，见西奥鑫·阿多诺等，《电影的透明性》，李洋等译，河南大学出版社，2017 年，第 3 页。

③ 格奥尔格·卢卡奇：《思考电影美学》，见西奥鑫·阿多诺等，《电影的透明性》，李洋等译，河南大学出版社，2017 年，第 3 页。

④ 格奥尔格·卢卡奇：《思考电影美学》，见西奥鑫·阿多诺等，《电影的透明性》，李洋等译，河南大学出版社，2017 年，第 4 页。

的身体本身并不在银幕之中。卢卡奇据此判断戏剧所反映的是有背景、有透视的，命运得以显现的生活，所以，戏剧中有“在场”；电影则不然，“电影世界所呈现的是没有背景和透视的，不存在重量与质量之差的”“它是一种没有精准的度量和规则，不存在本质和隐喻的人生，是不观照内在的纯粹外在性的显现”。[①]

卢卡奇在这里明显是把人、演员和角色这几种在者混为一谈了。这种混杂，让我们认为在舞台上在场的既是一个演员，又是一个担任演员的人；既是演员这一个人，还是此演员出演的角色。但问题是，这几种在者在舞台上真的可以以合体的形式同时在场吗？就像卢卡奇所推崇的演员杜斯，在现实生活中她是一个女人，演员可以是她人生的一个工作，表演可以是她要为之奉献一生的事业，但所有女人不都还有戏外的人生，还有家庭，还有其他的爱好？演员之为演员，就在于他是处在表演中的人，当他处在表演之中时，他就从自己现实的人生中脱离了出来。表演在本质上永远是被演员自觉到的演出，它因此也永不是与表演相对的现实人生。显然，把演员视为担任演员的那个人是不妥当的。我们不能把在舞台上扮演《霸王别姬》中那美艳绝伦的虞姬的演员视为现实生活中的一个美丽女人，因为，出演这个角色的演员如果是梅兰芳或张国荣的话，他在现实的生活中其实是一个男人。另一方面，就算是男人当演员，扮演剧中的男性角色，这剧中角色的性格、命运、处境也绝不可能等同于这演员作为男人在现实生活中的一切。男人或女人在现实生活中保持着他们的性格，为他现实人生的命运所宰制，他们作为人的这一切终其一生都是相对稳定的、唯一的，然而他们作为演员，会出演很多角色，每一个角色拥有不同的性格、处境和命运，这不是由剧本给予的，就是由导演限定的，而且是特别到只属于“这部”剧本。也就是说，一个演员如果出演多部剧本中的角色，就意味着他必然要在很多种性格、处境和命运中自由、成功地转换。当演员所出演的角色的性格、处境、命运和这演员作为人的相关方面相近相合之时，这演员的演出的确容易达到出神入化的地步，但当这演员所演出的角色与他作为人的性格等诸方面不相近相合，甚至相悖相反之时，他能否演得好，就是一个问题。那种只能在演出与自己本人的性格诸方面相近相合之角色时才能演好的演员，可以算好演员，但未见得就是伟大的演员。真正伟大的演员是不论遇到什么样的角色都能演好的。也就是说，伟大的演员的伟大性在于他在表演中总是能成功地以一对多，以一御万。

---

① 卢卡奇：《思考电影美学》，见西奥鑫·阿多诺等，《电影的透明性》，李洋等译，河南大学出版社，2017年，第4页。

卢卡奇认为电影的本质在于戏剧所具有的那种在场之缺席之时，这样的说法还陷入了一种语义不明的状态之中。卢卡奇所说的戏剧明显是作为艺术的戏剧，是表现主人公的人生悲喜剧的戏剧。他所说的戏剧，虽然并没有明确说是哪一剧种，但其一般特点即它总是对剧中主人公的人生处境的叙事和命运的咏叹。戏剧即艺术。但是，卢卡奇在谈到电影之时却没有在“电影”一词前面加限定词，就很不妥当。因为，正如阿兰·巴迪欧文所说的：电影“是一种触及非艺术的艺术……从某个角度看它低于艺术或在艺术周边。电影在各个时期都拓展了艺术和非艺术的边界，电影就在边界上，把关于存在的，来自于艺术或非艺术的新形式混合起来”[①]。电影中确有非艺术的影片，如将自然科学的教学拍成教学片，按实录的法则将自然人文景观拍成的纪录片等，都是非艺术的电影。没有定语的“电影”理当把艺术和非艺术的两种电影都包括在内，而并非不言自明地就是作为艺术的电影。卢卡奇所谈到的电影因其处在与作为艺术的戏剧的对比关系中，从而会被理解为艺术电影。电影的艺术品质不是由卢卡奇直接命名的，而是由卢卡奇言语中戏剧与电影的比较关系暗示出来的。在直接命名的维度，卢卡奇只说“电影”一词，他对“电影”一词的使用，必然会令“电影”一词语义混乱模糊。称名所导致的语义模糊，其结果就是卢卡奇的判断，即戏剧所具有的那种在场之缺席乃是电影的本质，无法落到实处。因为，在非艺术的电影里，并不存在这种作为电影本质的“缺席”。

卢卡奇所说的戏剧的绝对在场，与表现戏剧般人生的电影的最大区别在于，只有在戏剧中，只是因为戏剧舞台这一空间的限定，演员作为人的肉身和情灵才是当下在场的。就是说，每一场戏的演出，都必须有演员作为人现实地言行于舞台之上。这一戏剧特有的灵与肉同时出场的当下性，卢卡奇把它称为戏剧表演的“即时性”。由于演员受到文化、艺术和社会规约与塑形的肉身当下在场，以及戏剧故事中物作为物本身的当下在场，戏剧是三维具象的艺术。戏剧把演员的身体作为情感和意义、处境和命运的载体，作为言语符号的载体，在戏剧中当下在场的身体上面，我们可以看到身体符号和其他符号的叠加。我们就此可以说在戏剧中绝对在场的乃是演员作为人的身体，而且的确是此时此刻在场的演员的身体。这一身体既是人的自然身体，又是被全部社会关系拉扯着的身体，还是被文化规约和塑形的身体。正因为这样的多重性，身体才能是演员与角色合一之时角色人生处境与命运的显现物。

---

① 阿兰·巴迪欧文：《电影作为哲学实验》，见米歇尔·福柯，《宽忍的灰色黎明》，李洋等译，河南大学出版社，2017 年，第 15 页。

要深入理解卢卡奇所说“在场”在戏剧和电影中不同的状态，我们就必须知道何为演员的身体。演员是具有双重身份的存在者，在他的现实人生中，他是一个普通的人；在舞台上，他是一个演员。准此，则演员当然地拥有两个身体：一方面，他拥有人的身体，这个身体是演员作为人拥有的唯一的身体；另一方面，演员在舞台上也拥有一具身体，此身体真实的拥有者，是演员所扮演的角色。角色的身体要由演员作为人的身体传达出来。所以，表演，可以说是演员的两个身体按照艺术要求所进行的转换。演员必须把角色身体的身体感真实地表演给观众，演员作为人的身体因此必须是能满足艺术要求的身体。演员平时的形体训练就是为了获得这样一种特殊的身体。但角色身体在自然肌理方面的生老病残，与演员作为人的身体之状况并没有关系，一个双脚健全的人，在舞台上却可以扮演跛子，且让观众信以为真。

艺术电影的角色活动于银幕，他有身体的影像，但没有演员作为人的活生生的身体，所以电影在画面上只有二维的平面影像，尽管电影在二维的平面传达着真实的物之三维立体感。也就是说，在戏剧舞台上，当观众用手去碰触演员的身体时，他摸到的是人的活生生的血肉与骨骼；在电影院里，当观众用手去碰触银幕上的人物时，他的手只会有银幕的布料的质感。也就是说，相较于戏剧，电影缺席的在场之物从根本上讲是演员作为人的身体。

电影中演员的身体真的不在场吗？如果说电影中演员的身体是缺席的，那么，此时在场的又是什么谁呢？

首先，如果说电影包括拍摄和放映两大环节，那么演员作为人的身体其实是在电影中的。虽然在电影放映的环节，电影演员的身体已经转换为角色的身体活跃在银幕上，演员的身体此时是不在场的，但是，我们必须注意到，在电影拍摄的环节，当电影演员站在摄影机前面时，他的身体却是在场的。在摄影机前，演员既有他作为人的身体，也有所扮演的角色的身体，这样的身体与戏剧舞台上演员的身体看上去并无二致。在这里，我们可以清楚地看到，造成电影中演员身体缺席的，是表演环节之外的影像拍摄这一环节。然而，演员的身体固然在银幕上消失了，但演员表演出来的角色的身体却此在于银幕上。角色的身体由于是演员用他的身体表演出来的，所以可以说是演员作为人的身体和作为演员的身体运作的产物。因此，我们可以说，角色的身体在本质上乃是演员身体的延伸。也就是说，在电影的放映环节，由于角色身体的在场，演员作为人和作为演员的两种身体在电影中是在场的。

在表演艺术中，角色的身体向来不是演员的身体本身，但却直接来自演员的身体。角色的身体本质上是一种特定的表演艺术符号，是演员按剧情的要求，依艺术的尺度和角色的设定，运用自己作为演员的身体塑造出来的。

角色的身体作为自然的身体不是最重要的，最重要的是它乃是人物情感、灵魂的身体形式。无论是戏剧，还是电影，在这一点上都没有什么不同。角色的身体在戏剧中之“在”和在电影中之“在”是不同的，戏剧中，演员的身体在每一次演出时都是独特的，只此一次的；电影演员在电影拍摄环节，其身体在每个镜头的反复重拍中不断地以新的状态出场，只是到了拷贝的时候，电影演员的身体才最终转换为角色的身体，且这一角色的身体被刻写在拷贝上，只需电影放映机开动，它就会出现在银幕上。尽管在戏剧中与在电影中演员身体在场的方式不一样，但角色的身体都是其艺术场域中的在场之物，则是不争的事实。既然在电影中角色的身体是在场的，那么，在场的缺席就不是电影的本质。从电影的现实看，电影中角色的身体在观众的感觉上当然比戏剧角色的身体更具有身体本身的质感，身体的自然一面借助特写镜头以及演员的身体之不在电影观看现场，而比戏剧再现得更真实，更感性直观，电影角色身体所书写的人的情感起伏、灵魂挣扎的烈度远比戏剧来得更大更强。卢卡奇只看到电影中演员身体的缺席，却忽视了电影中角色身体的在场，未能看到角色的身体正是演员的身体进行艺术创作的产物，这成为卢卡奇的电影本质观不能成立的重要原因。

卢卡奇的电影本质观言涉时空两个维度。他说：“通过对戏剧的描述，那种即时性和直接性在形而上学的意义上得到了巨大的增强：有血有肉的人和其在世界之中的空间性位置都实实在在地证明了这种实在性。这种演员此在（Dasein）的在场（presence）对于呈现戏剧人物的悲剧性命运而言，是最直接也是最深刻的。”在这段话里，值得注意的是卢卡奇说到了“在场”的时间和空间两个维度。在时间方面，他特别提到了戏剧舞台演出的“即时性”，应该说正是这一时间特性决定了演员“在场”的“此在”特性，形成了戏剧的“直接性”这一特征。在空间方面，卢卡奇盛赞戏剧舞台这一空间的形而上学意义，但对电影拍摄和放映的空间则几乎没有什么言说，显得对电影颇不公平。从上面的讨论，我们已经可以明白电影在时间上是多次重拍之后的选择和决定，在拷贝中的时间是一种瞬间的永恒。在空间方面，电影外景与内景的结合决定了电影的空间要远大于戏剧，巨大空间提供给导演和演员艺术创作的自由比戏剧更多。电影的放映空间则比戏剧的舞台空间更为完美，也更为自由。如果说戏剧是一门精致的古典艺术的话，那么，电影更像是资本主义时代的具有世界性质的艺术，电影亦因此而从来不缺乏足以让观众的灵魂为之颤栗的伟大作品。

卢卡奇电影本质观之所以会产生上述的问题，应该与他所说的电影乃是无声电影有关。在《思考电影美学》一文中，卢卡奇所说的“电影”乃是无声电影："'电影'描述只是行动，并不是灵魂，发生在他们身上的也仅仅是表面性的事件，而不是命运。因此——只是由于当今技术上的缺憾——电影画面是静默的。"[①] 电影因其技术的历史限制，在最早出现之时是无声的，电影的画面在言语之外，这种电影无所谓台词，然而，"台词以及明确的表述是命运的媒介；只有通过它们建立起的完整性表达才能呈现出戏剧人物的精神世界"[②]。卢卡奇的电影本质观出现问题提醒我们，对电影的讨论一定要注意到，电影至今仍是一个处于生成过程中的艺术，今天我们对电影所作的论断，也许当明天电影本身发生了新变，就不再有理论效力了。也就是说，今天的电影理论所说到的东西与其说是关于电影的真理，不如说是关于电影的历史言说，真理永恒不变，但历史总在变迁。

**作者简介：**

刘可，四川师范大学影视与传媒学院讲师。

① 卢卡奇：《思考电影美学》，见西奥鑫·阿多诺等，《电影的透明性》，李洋等译，河南大学出版社，2017 年，第 6 页。

② 卢卡奇：《思考电影美学》，见西奥鑫·阿多诺等，《电影的透明性》，李洋等译，河南大学出版社，2017 年，第 6 页。

# 在政治权利下的身心修行、对抗与表达
## ——以日本能剧多重叙事的考察为例*

韩 聃

**摘 要**：能是日本最具代表性的艺能之一，也是日本古典戏剧的代表，如今已成为日本向世界发信的文化名片。通过对日本艺能的家元制度，能所存在的外部艺术环境、民族时代的精神气质、社会风俗，对能形成的历史、传书、家族的血统等一系列问题进行追索，可以检证这一民族的文化性。本文通过三重证据来证明能这一舞台艺术的真正文化内涵，并从中解读日本的民族特性。在舞台上“不动”的身体正是这一民族独特的叙事方式——在政治权利下的妥协与对抗，在外来文化面前的顺服与挣扎。

**关键词**：能 修行 对抗 叙事

如同对于“美”的理解是困难的一样，对于艺术的定义也似乎难以厘定。但是，没有人会否定：艺术是在解释、表现和享受生活的过程中来创造性地应用人类无限想象力的。艺术没有实际的意义与功用，已成为存在于西方民族思想中的根深蒂固的一种观念。但是人类学家们却早已发现，恰是艺术反映了一个民族的文化价值与关怀，尤其是口头艺术——神话、传奇和传说。换言之，我们正是通过艺术来破译一个民族安排世界的构想和自身生存的信仰的，从艺术中也会显露许多与其相关的历史信息。

能是日本最具代表性的艺能之一，有一种看法认为能脱胎于9世纪至13世纪盛行在日本的猿乐。据推断，猿乐就是中国古代盛行的散乐，传入日本后被日本化为一种杂艺。日后，猿乐分为两支，一支成为以歌舞为中心的抒情剧，称作“能”，这一命名来自日本表

* 本文是教育部人文社会科学研究青年基金课题“中日文化的融合与冲突：世阿弥能乐论对日本能剧的影响研究”（17YJC752005）研究成果。

演艺术理论家世阿弥。另一支成为以科白为主的喜剧，称作“狂言”，取中文“狂言绮语”之意。“猿乐”这一名称在19世纪被“能乐”取代，“能乐”现在作为“能”与“狂言”的总称被使用。能与狂言在日本戏剧史上都占有重要地位，但能所体现出的幽玄美感符合日本民族的审美情趣，成为日本中世文艺的典范。如果遵循传统来定义戏剧，如在亚里士多德的《诗学》中所表述那般，“戏剧是对完整行动的模仿”，那么“能”何以称为“剧”？作为舞台艺术，它究竟要表达什么，要让舞台下的观众欣赏什么？如今，是何种力量让它在现代的工业文明中继续流传？

在此，笔者将依据1905年历史学家吉田东五及之后有关世阿弥能乐秘传书的系列发现，以世阿弥为中心对周围时代背景的考察，证明能剧的文化属性；与此同时，以日本民俗学的史料、能面、能剧本作为第二重证据来说明能剧本身所具有的文化对抗性；进而走访日本能乐的学术研究机构、民间团体，结合能的现场演出情况，作为第三重证据，来解析日本民族自足且又矛盾的审美心态。

## 一、能乐秘传书的发现与世阿弥的在场

世阿弥曾将家传艺道写成书，但不与外人看，一度珍藏在女婿金春家，部分传书后有：“外见不可，秘传云云”“千万守秘、千万守秘”的字样。[①] 直到1908年，历史学家吉田东伍（1864—1918）在崛子爵家安田善之助的藏书中发现世阿弥的能乐传书，翌年刊行《世阿弥十六部集》。至此，一直作为秘传书存在的能乐论书终于公布于众。吉田东伍的这一发现具有历史意义。这些传书原本藏于松乃舍文库，不幸被烧毁在1923年的关东大地震中。

1941年，川濑一马在宝山寺金春家旧传文书中调查发现藏于金春禅竹家的世阿弥自笔集《六义》一卷，《风姿华传》一帖，《至花道》一帖，《游乐义风五位》一帖，《花镜》《能本三十五番目录》《能本六番》《书状》两通。

① 表章，加藤周一：《世阿弥 · 禅竹》，岩波书店，1974年，第71页。原文为：“外见不可以，秘伝々。”

吉田东伍肖像①

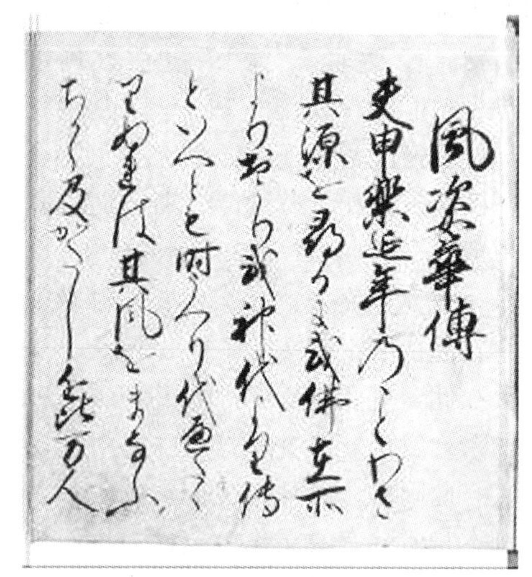

《风姿华传》一帖②

## （一）世阿弥的在场

乐能秘传书的作者世阿弥在日本文化史、艺术史上具有重要地位，同创作俳谐的芭蕉和日本戏剧史上的近松一样被肯定为具有独创性与综合驾驭文学艺术的能力。③ 世阿弥生于猿乐世家，其父观阿弥是大和猿乐的开创者。观阿弥所生的时代是将军足利义满、足利义持在位期间。当时正值猿乐的勃兴时期，在日本全境内出现许多“艺座”，表演能艺，侍奉于各神社的神事活动。其中观阿弥率领的结崎座（又名观世座）以外，还有金春的圆满井座、宝生的外山座和金刚的坂户座三座，这四个艺座被称作为大和猿乐四座，都侍奉于春日神社的神事活动。在如此众多的侍奉各神社的猿乐座中，技艺超群者为大和猿乐四座和近江猿乐上三座，其中代表大和猿乐结崎座的观阿弥与代表近江猿乐比叡座的犬王最为突出，互成敌手。

观阿弥 40 岁在醍醐寺演出，曾带世阿弥出演，博得声名。世阿弥，幼名藤若丸，三郎元清，观阿弥之子。在熊野随父表演猿乐能时，得到将军足利义满的赏识，将军足利义满成为其后台援助人。在当时，艺能座能够得到上层权利的庇护与支持是他们能够传承世家文艺的有力保证，是大和猿乐座的历史契机。按照小林静雄所说，观阿弥父子能够得到将军的知遇之恩并非因

① 现藏于会津八一纪念馆，大正八年（1919）高村真夫画，吉田东伍死后一年作成，保存在吉田家和早稻田各一幅。

② 川濑一马在宝山寺金春家发现。

③ 野上丰一郎：《世阿弥元清》，创元社，1938 年，第 1 页。

为观阿弥的演技超群，而是因为将军恋慕世阿弥的美色，将军对幼年的世阿弥怀有同性恋情结，日后世阿弥也确实成为将军的宠童。这是一种猜想，但并不是没有这种可能。[①]《后愚昧记》中收入了后押小路内大臣公忠的日记，讲到在天授四年（1378年）六月七日，义满让16岁的世阿弥陪伴他观赏祇园祭，在四条东洞院搭建舞台，藤若丸在一旁服侍酒宴，并得到赠物。可见义满宠爱世阿弥的程度。世阿弥22岁时其父去世，他独自肩负起振兴大和猿乐的重任。32岁，世阿弥已经脱颖于众多猿乐手，表演猿乐的地位已经被确认，这时他开始编撰他的第一部能乐论书《风姿花传》，达到艺术生涯的一个顶点。可以说在40岁之前，他都追随父亲观阿弥的脚步，进入40岁以后的他开始文艺转向，这既是基于自身的内在要求，也是由于近江猿乐名手犬王带给他的至深影响。[②]《北山殿行幸记》记载于1408年3月8日，后小松天皇行幸义满的府邸北山殿，义满在南临的崇贤门院的御所供奉催办猿乐的御览，扮演者为世阿弥元清。这次在崇贤门院御所的表演成为46岁的世阿弥艺术生涯与个人命运的制高点。

足利义满逝世后，其权归嫡子足利义持，义持更宠爱田乐法师增阿弥，并成为其援助人，对世阿弥不予理会。按照野野村戒三氏的推测，义持十分冷淡世阿弥的理由如下：

① 小林静雄：《世阿弥》，桧书店，1958年，第17页。

② 小林静雄：《世阿弥》，桧书店，1958年，第32页。

义持有一同父异母之弟义嗣，其人容姿秀丽、才学兼备，极具音乐天赋，是为风流才俊。父义满对于义嗣的宠爱胜过义持。世人尊崇、坚信义嗣终能继承权位。义持与义嗣之间关系微妙。父义满逝世后，义嗣代嫡子义持掌将军政权……而后，义持软禁义嗣于相国寺，义嗣不堪屈辱自刎。由此想来，世阿弥曾受义满恩宠的同时也曾受过义嗣的眷顾，是导致义持对世阿弥的极其冷淡的一个原因。①

1413 年至 1422 年为世阿弥从 51 岁至 60 岁的光景，亦是被义持所保护的田乐能表演者增阿弥的全胜时代，就是田乐能压到猿乐能的时期。这一时期的世阿弥没有放弃对艺术真知的追求，他开始著书，将自己对猿乐的理解通过文字记载保留，显示出他深厚的理论功底。这一时期是他的总结期。1422 年，年近 60 的世阿弥选择了出家。世阿弥有元雅与元能二子，他对二人充满期待，并于 1423 年作《能作书》与元能，翌年作《花镜》与元雅，并大力扶持其弟之子元重加入自己本座表演。世阿弥格外看重家族艺术的传承，即所述的“道”，这也是他为大和猿乐的发展所作出的伟大贡献。今天的能乐演出中的观世流就是从世阿弥这一派而出。《四座之役者》目录中所记录的至今仍活跃在日本舞台上的四个能乐流派，分别是观世流、宝生流、金春流、金刚流，另外，在今天还活跃着喜多流。

义持殁后，其弟义教继任将军，他曾看过世阿弥侄子元重表演劝进能，成为元重的后援者，冷落世阿弥父子。元重借义教的势力对世阿弥进行种种打压，1430 年，受义教旨意，元雅在醍醐寺清泷宫的乐头职被罢免，由元重担任，同年 11 月元能出家，元雅隐退，1432 年元雅客死他乡。这些都给世阿弥带来巨大的打击，他的猿乐艺面临无人传承的境地。世阿弥曾在《七十以后口传》慨叹元雅的早逝及当流艺道的破灭。在山崎正和的剧本中曾有对这段场景的描写，可以让我们感受到一个艺术家族处于更迭变幻的时代下，受当权阶级所左右的飘忽不定的命运。同样，文艺的勃兴与衰落同一个时代甚或是当权者的宠幸不可分离，一个艺术家的命运也大致如此。今天，人们评价世阿弥是跨越时代，挽救艺能的伟大艺术家。②

## 二、能乐论书要旨解析——东方的身心观

纵观世阿弥的 23 部能乐论著，其所述内容重在探讨成就能这门技艺的诸

① 转引自小林静雄:《世阿弥》，桧书店，1958 年，第 39 页。

② 西野春雄:《能・狂言・风姿花传》，新朝社，1992 年，第 7 页。

多要领与规范，可被视作学习能、表演能的大全。但其思想实质是艺术训练与品性修养之间的关系问题。有人形容能的表演中，主角的身体仿佛是积聚了能量，又仿佛有一个巨大的复合的装置在他身后，像盾牌一样紧紧地捆绑，不能轻易地解开，最终仿佛感到主角的身体是被什么所牵制着，仿佛存在着一种无形的力量。[①] 世阿弥的传书反复强调理想的表演效果应建立在一个能役者从幼年开始接触这门技艺后穷尽一生的精力去学习、体悟、完成这门技艺的基础之上，高超的演技是要经多年身心的修炼才能获得的，而掌握这技艺的精髓就在于处理身体与心的关系。这实际上是将学习能的过程视作一种“永久性的训练”，为了达到这一目的，必须通过修行这个环节。因为修行从理论上讲，相当于给自己设立一个比常人要求更高的标准，以超度人生，即所谓“修行见性”。修行通常有“戒”和“定”两方面。戒是指通过对自己日常生活的约束来达到抑制身心欲望的目的。《风姿花传》的开篇就有：

> 以下，将自少时以来习能之见闻、心得，大致概括，聊记于此。
>
> 一、好色、博弈、嗜酒，为三重戒。此为古人之训。
>
> 二、刻苦练功习艺，切忌刚愎自用。[②]

可见，对能艺学习的初始就面临佛法中的戒了。修行中的“定”指内心世界经修炼达到的“明心见性”状态。“定”这种状态，是在静虑之下才会达到的，只有具备这样的心境才能学好能的表演技法。一般认为，修行是提高精神境界和完善品性的活动。受东方思想贯于强调身心的不可分割之影响，在东方修行也旨在通过肉身的修炼来提高精神的境界。所以对一个表演能的艺术家而言，无论在台下还是台上，他所完成的这一项肉身的训练是达到至高精神境界的有效途径，所以终身习艺的思想必须贯彻。

《至花道》要求能役者必须懂得这样的道理：

> “一时之花”，例如少年时期的声音美之“花”，姿态美之“花”等，虽为可见之物，但因其“花”是以各自自身条件为基础，虽十分耀眼，如应季开放之花，很快就会凋谢。而真正的“花”，无论是使其开，还是使其谢，皆按己意，所以此“花”持久不衰。从七岁开始就要进入到永久的训练中来，苦其心志、劳其心骨，会领悟使“花”永不凋谢之境地的。这样对各种模拟演技、动作技巧真正掌握，则可谓拥有“花之种”。所以说，若想知花，先要知种。花为心，种为技。如此经历才会使得艺

---

① 松冈心平、小林康夫：《世阿弥的身、心、体——存在与时间》，第 8 页。

② 世阿弥：《风姿花传》，王冬兰译，中国社会科学出版社，1999 年，第 24 页。

术之花常开。[①]

使花开、凋谢皆按己意，这“花”是从六祖《坛经》中借来的。《坛经》中的偈语“心地含诸种，普雨悉皆萌。顿悟花情已，菩提果自成”被《风姿花传》所引用。[②]“心地含诸种”，“种”是心中包含的各种技艺，十体都在你的心中。“普雨悉皆萌”，一场雨过后，花将绽放。“顿悟花情已”，自己知道花怎么开，怎么谢，所谓“皆按己意”。这就是舞台上最为自由的境界，这种自由作为演员而言就是可以摆脱外在条件对自身的束缚。年轻时的身体、声音的好条件都只能保有一时，精湛的技艺是可以对抗自身条件衰败的外在力量。

面对表演中的身与心的关系，在《风姿花传·问答条款》篇，世阿弥将这种锻炼比作禅定。在禅定中，一个人必须按照一定的姿势打坐静虑，一切日常活动，如吃饭、念佛，都必须与清规戒律一致。禅宗通过正身以正心。[③]对于艺术的训练，世阿弥也采取了这种方式，把身体按照某个模式进行塑造，通过修行训练，身体才能被赋予艺术性，表演者才能通过身体体会艺术。[④]传统的东方的身心观是通过一定的修行来达到身与心的融合，以进入到圆通无碍的大自由境地中去。世阿弥将能的表演的最终理想也设定为身与心的融合，也就是心对身的自由驾驭。自由的驾驭首先来自心对身体的一种克服。身体是有重量的客观存在体，心是人的主观愿望，客观的身体与主观的愿望之间存在着矛盾，只有了解除身与心的矛盾，使主客之间达到了协调，“能”表演者的表演才能获得成功。整个能的演出就是要展现被训练过的身体的姿态，观众观赏的则是被主观愿望征服了的身体。在身体的动作与主观愿望协调的基础上，要懂得控制自己的身体，这是更高一层次的身与心的融合。《花镜》中说，在舞台上要懂得控制住自己身体，所谓动七分身，动十分心，这是绰有余力、从容演艺的开始。当一个人动十分心时，就是这个人最充分地接触到表演的思想的时候，这时，思想在激励着身体，而身体冲动逐渐减弱，这就是演员自我控制着在进行表演。

以上一切无疑都体现出东方所特有的身心观念，佛家用修行以贯之，道家用“道”“气”以贯之，身心交融，可谓“心凝形释，骨肉都融”。在这种

---

① 小西甚一：《世阿弥能乐论集》，立花出版社，2004 年，143 页。

② 张文江：《风姿花传讲记》，《戏剧艺术》，2008 年，第 5 期。

③ 汤浅太雄：《灵肉探微——神秘的东方身心观》，马超等编译，中国友谊出版公司，1990 年，第 105 页。

④ 汤浅太雄：《灵肉探微——神秘的东方身心观》，马超等编译，中国友谊出版公司，1990 年，第 105 页。

观念下，“能”表演中身体的不动性才能得到解释。庄子在体道过程中谈到“心斋”，在这一心理状态下呈现出的外在形体如同“枯木死灰”一般。能的身体在舞台上虽是形若槁木，但在一声一息的唱腔中，在每一个简短动作与停顿中都包蕴着宇宙的生息变化。能役者的内心世界应是“澄观一心而腾踔万物”，当外界逼真、生动的美感直达内心，以心理时空来融汇自然时空，浑融着主体生命形态的生生不息的“能的世界”就出现了。静并非绝对不动，而是蕴涵着大动，蕴涵着神思飞跃的逍遥“游”。在静中求动，以无为达到无不为。所以说“虚静”不是在消极地等待，而是以无载动有，以静追求动，以平如大漠的情怀去拥抱勃郁奔腾的大千，去迎接腾挪不绝的美和喷涌而至的灵感。[①]

世阿弥的所有论著的哲学基础就是禅。其最根本的观点是，在现象界或人类自我意识所支配的日常世界的背后，存在着一种永恒自在的本体，其特点是“无”或“虚无”。“无”有绝对的非二元性和不可言说性。它不需要任何谓词，因为在它那里一切皆无分别。在世阿弥的世界观里，在完美的艺术作品中，审美体验和宗教性体验是可以重合的。审美观照的最终目标是体验“无”，即最终的真实，这是艺道和其他道的共同目标。[②]

## 三、能的文化对抗性阐释

日语大量使用汉字，作为戏剧形式的“能”在日语中也用汉字表示。日语中“能”的本意指才能、能力，后来逐渐包含“艺能”之意。日汉词典将“艺能”解释为艺术技能或对文艺的总称。“能”和中国或许有千丝万缕的联系，但是日本民族文化的自主性也体现其中，从对能的起源和能元素（面具、剧本等）的分析上看，这种舞台艺术在文化上具有对抗性。

### （一）从“能”的起源问题出发

关于能的起源有过各种说法、争论，现在普遍认为能由猿乐发展而成。猿乐源于散乐，日本古代文献中，猿乐也写作散乐（日语中猿与散的发音相近）。散乐是中国古代的民间杂艺，也叫杂乐，隋以前叫百戏。日本古代的一些绘画、书籍描绘了当时散乐的演出状态。正仓院的《弹弓散乐图》中的散乐有类似杂技的幻术、奇术，有用鼓、琵琶、笛子伴奏的舞蹈场面。但是关

① 徐复观：《中国艺术的生命精神》，安徽教育出版社，1995 年，第 280 页。
② R. 威尔金森，邓文华：《东方和西方：“深刻”之概念》，《世界哲学》，2004 年第 2 期。

于能的起源问题，一直到今天，还存在着极大的争议。以儒学家、汉学家新井白石、荻生徂徕、太宰春台、西村天囚、笹川种郎、七理重惠、青木正儿为代表的一派坚持认为能起源于中国元曲，他们强调镰仓末室町初中日两国的往来，认为这是日本田乐、猿乐仿效元杂剧的一个因素。猿乐的表现形式有与元杂剧相似之处。盐谷温抓住了中五山僧入明的历史，举例说明了能、狂言与我国元杂剧在程序上的相似之处，并认为将谣曲与南北曲进行比较是有趣的课题。

> 其中代表性的观点是："能"的表演每篇张四折（个别有楔子），第一折为肋的仕手（配角）之道行[①]，第二折为仕手（主角）之登场，第三折为后场主角之登场，第四折为旦、净、末的登场。每场次均先唱诗，后述说身份，类似于逐次报家门。"科"中简素之"白"入曲与能相似，不同之处在于元曲不设地谣，不使用假面等；然，其体制伯仲之间，难分高下。其本质为能与"クセ"[②] 一同属我国所固有，但每一曲设有主角、配角、随从等，科白唱三者兼备，此是元曲传入的结果。传入元曲者诚如白石所言，是元明往来之禅僧。
>
> 禅僧标榜不立文字，尤好韵语、骈体，而上堂执法语宛若戏曲。登之堂上者犹如主角，问答公案者犹如"白"，挥洒拂子、立柱杖，犹如"科"，合掌唱偈者尤为"唱"。[③]

将能的出场顺序、角色安排与禅僧的修行顺序、执事内容相对照，主要是为证明元杂剧由禅僧传至日本。

高野辰之继笹川种郎（笹川临风）和西村天囚提出能源于元曲后，提出了反驳观点。他认为，基于禅僧对中国元曲的学习判定能源于元曲，实为荒谬，并指出了白石说的错误。他发现能与元曲的不同之处在于构造与乐器上的差异，并也将中国戏剧的发展路径与能之形成进行比照。借鉴王冬兰女士的总结，笔者将高野辰之的反驳归纳为如下 8 点：

第一，白石说的谬误。在日本古文献中尚未出现关于元杂剧的记载，直至镰仓、幕府时代也尚未出现过有关元杂剧的翻译及改编作品。故认为中日交通往来带来能模仿元曲之说难以令人信服。

---

① 在日本艺能中，为了表现场所的移动、到达目的地的路程、时间的推移，要逐个朗诵地名；谣曲以旅行经过为内容，一般是以上代高调子歌谣为主要形式，在一曲的最初、配角登场使用最多。

② クセ（kuse）是能的构成单元，是一曲的核心且重要的部分。观阿弥将其从先行艺能曲舞中抽出纳入"能"。

③ 西村天囚：《日本宋学史》，梁江堂书店，1909 年，第 154 页。

第二，从支那戏剧发展的路径来看。据毛令奇《词话》所述，中国金代的清乐“舞者不唱，唱者不舞”“至元人造曲，则歌者舞者，合作一人”，然而日本自古已有“歌者舞者合作一人”的表现形式，并非是受元杂剧的影响。此外，猿乐的结构不如杂剧先进，猿乐单纯结构证明并非模仿元杂剧。能与杂剧都有自己的发展路径，并非突然出现。

第三，构造上的差异。元杂剧中的唱、科、白是一切音乐剧都具备的要素，不能因为能具备以上要素便断定是受元杂剧的影响。

第四，乐器上的差异。琵琶在日本自古使用，但是能中不使用琵琶，这也是能没有模仿元杂剧的一个佐证。

第五，能与禅僧之间的关系。元杂剧经僧侣之手传至日本而产生谣曲的说法是荒谬之谈。[①]

第六，高野辰之的论说很长，他抓住了能的结构与元曲结构的不同，能、元曲各自与禅的关系，二者各自的发展路径等几个面进行逐一的反驳。佐咸兼太郎“能乐”这一语，是从日本原有的众多演艺中延用而形成的术语，不能视作与元曲等同。

第七，世阿弥在他的能乐论中，详细论说能受到先行艺能田乐、近江申乐的影响。如果能受到元曲的影响，也应记述其中。然而，世阿弥的能乐论书对元曲只字未提。

第八，复式梦幻能的表现，是能乐的最大特色，在日本以往的艺能中未曾见到，或许正是此点被疑作受元曲影响。但，元曲同其他戏曲一样，只有二三曲中有幽灵的出现。在能乐中，梦幻的表现效果是随处可拾的。谣曲与狂言并行发展，如果肯定谣曲与元曲之间的密切关系，却难以说明谣曲与狂言之间的关系。

最终得能乐、谣曲是从日本原有杂艺、文艺中渐次生成这一结论更为妥帖。

### （二）从民俗学的研究视角出发

能的产生不受他国影响，是日本本民族的文艺，这一观点力求从民俗学的视角出发寻找证据。日本固有的民俗舞踊自古就存在，很多记纪暗示，日本固有民俗舞踊与唐乐、高丽乐等相融合，发展成为自然独特的艺能。能乐与在神面前演奏的歌舞密切相关，另外伊势猿乐是咒师猿乐的前身。兴福寺延年舞式开口所唱之词与其他能乐所用之词相同，神舞、神乐、羯鼓等在现

① 转引自王冬兰：《镇魂诗剧——世界文化遗产：日本古典戏剧“能”概貌》，中国戏剧出版社，2003年，第156—157页。

代能乐中能够找到；从谣的方面来看，有朗诵、平曲小歌、曲舞节等；在能乐中有各种歌唱、舞蹈、说唱故事。换言之，能乐集一切舞踊杂艺之大成，其中田乐、白拍子、曲舞三种给予能乐最深刻的影响。

另外，能的母体猿乐使用假面。现今所残留的假面，加上以往的古作，大概有 223 面，传至法隆寺的现作为皇室珍品，存留者中 15 面是味摩之①同时代的作品，正仓院残留有 165 面，其中大半在大佛开眼供奉时使用。其假面的里面写有“天平胜实四年四月九日”的字样，包括李渔成、舍目师、延均师、财福师等作者名。真正表演所用的假面并非很多，在以上记录中所发掘的登场所着假面共 14 种，23 个。包括：治道、师子、师子儿（2 种）、吴公、金刚、迦楼罗、昆仑、吴女、力士、波罗门、太孤父、太孤儿（2 种）、醉胡王、醉胡从（8 种）。假面长 44 厘米，其中多怪诞表情。

行道面

舞乐面

现存能面中廉仓时代猿乐面数量和种类很少，基本都是鬼神面。而到了世阿弥所处的室町时代，能面进入空前繁荣的时期，产生了很多新面，按不同类型的能剧目分为翁面、老人面、鬼神面、女面、男面、灵面、特殊面等几大类型。

翁面（白式尉）

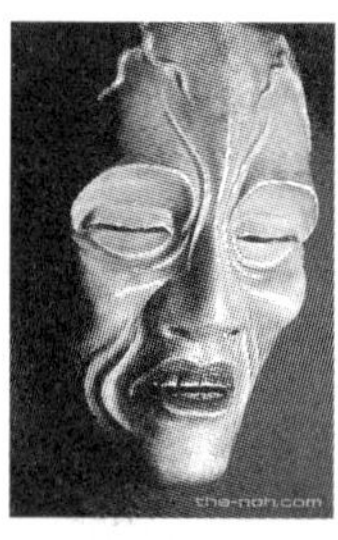

男面（景清）

女面（小面）

鬼神面(大恶见)

鬼面（般若面）

世阿弥之后的能面是在之前各种猿乐面基础上进行改进和增设的。在此

① 味摩之是飞鸟时代将伎乐传入日本的百济人，在 612 年渡至日本，在大和樱井教授伎乐，生殁年不详。

之前，有许多外来假面在日本艺能中使用，如伎乐面、舞乐面、行道面、追傩面。外来假面与日本中世假面有显著区别。例如鬼神央（大恶见），“恶见”的意思是指上下唇紧闭咧嘴的形状，“恶见”在古时写作“闭齿见”，通常在第五出鬼能演出时使用。小面通常用于表现年轻的女性形象，面部表情纯真，这一能面已成为日本能面的代表，在日本通常作为贵重礼品赠送。纵观日本中世以后能面的整体，其主要特征是面部表情含蓄、内敛。有学者指出即便是扮演怨女之灵的般若面，虽然巨齿獠牙，但并非是要表现凶恶，乃是通过酸楚的眼神和额上凌乱的头发表现悲伤，这体现出日本民族的审美情趣——幽玄与物哀。“幽玄”的审美内涵注重“意在言外”“象外之致”，营造如幻如梦的意境，[①] 由之引申出的“余艳哀婉”在世阿弥的传书中被指认为风格美中的极品，指即将枯萎的花中所包孕的令人感到萧条、哀惆、寂寞的美感。世阿弥之后的能面几乎都符合这一美学标准。

### （三）一个具有文化对抗性的能剧本分析

能的演出严格按照规则进行，不能随意改变。剧目的选择、顺序均按章执行，不得违章操作。一般演出是上演五出能，中间加四出狂言。五出能必须由五类不同题材的戏构成。第一出戏是祝贺性的，叫“胁能”；第二出是战争题材，叫“修罗能”；第三出是假发戏，主人公为女性，叫“鬘能”；第四出范围较广，大部分是现代题材；第五出多以鬼怪或动物为主角，叫“尾能”。能中有中国人形象登场并且故事发生在中国的，一直以来被称作“唐事物”。

《白乐天》是一出胁能，作者是世阿弥元清，主题是白乐天为寻求日本文艺的独特漂洋过海至岛国日本，住吉明神扮成渔夫在松浦泻迎接白乐天。渔翁与白乐天在海上竞技文艺，呈压倒白乐天之势，而后跳起乐舞，又神风刮起，将白乐天送回中国。胁能《白乐天》发生地在日本，所以虽有中国人物登场，却不归类为唐事物。

《白乐天》又这是一场复式能，即上半场出场主人公是人，下半场出场主人公是魂灵或神明。这一故事是世阿弥杜撰出来满足日本民族的审美心理的。舞台背景在日本，主人公是中国唐朝诗人白居易乐天。白乐天（副角）来到日本，遇到一位渔翁（前主角）和渔夫。白乐天与渔翁竞技作诗。白乐天作诗一首，渔翁赋和歌一首，并大力盛赞日本文艺的优越。后场，住吉明神登

① 李东军：《幽玄研究——中国古代诗学视域下的日本中世文学》，吉林大学出版社，2008 年，第 56 页。

场，跳真序舞显神威。尔后，伊势、石清水等诸神一同出现，在海上空中翩翩起舞，并刮起神风将白乐天送回国。从内容上看这出戏具有中国的元素，但世阿弥所作这曲谣曲是否有讨好当权者之用意呢？白居易是在日本备受欢迎的诗人，他一人身上体现了儒、释、道思想的兼容并蓄，而世阿弥偏偏选取了这样一位备受尊敬的中国诗人，让他来日本学习日本文艺。或许是世阿弥具有丰富的想象力，邀请白乐天考验日本人的智慧，领略日本歌舞的非凡与神力的非凡。更为重要的是，在他所处的镰仓幕府时期，将军的喜好就是艺术家的喜好。世阿弥想要得到后援和支持，必须与统治阶级保持一致。当时的将军崇尚平安时期的贵族文化，喜好中国典籍，世阿弥投其所好，更高明地将中国的大诗人设计成了配角。该曲的主旨是体现日本自身民族文化的优越性，虽是以日中文化交流为题材，但在某种程度上体现着文化上的对抗。

## 四、能的多重叙事

能是日本的传统戏剧，距今已有七百年的历史。今天无论是在东京的街头，还是京都的神社、奈良的古迹都可以看到它的身影。2001 年，能乐被指定为世界文化遗产，不知不觉中已成为日本在世界的文化名片，为我们展示了一场多重叙事的盛宴。有关的能乐论书，曾是秘传书，如今成为东方文艺思想的一种声音；能剧剧本展现着日本的历史风貌，部分剧本里包含有中国元素；能剧剧本是语言的叙事，能的舞台、道具、演出是物的叙事。

早年，许多欧洲传教士来到日本，以传教为目的，研究日本的语言、风俗、习惯，自然将能乐纳入研究视野。其中的代表人物有英国人张伯伦(Basil Hall Chamberlain，1850—1935)，于 1873 年赴日，在荒木蕃的指导下，用 8 年时间驻足能乐堂，观赏能、狂言的表演，是较早翻译能剧本的英国人。美国哲学家美术研究家厄内斯特·费诺罗萨（Ernest Francisio Fenollosa，1853—1908）专注能面的研究，曾和能的表演艺术家梅若实学习能的表演技法，并继续翻译能剧本。庞德（Ezra Loomis Pound，1885—1972）出生在美国，后去往英国，曾是爱尔兰著名的诗人叶芝的秘书。他通过大英博物馆的介绍得到了费诺罗萨翻译能剧的手稿，在伦敦翻译能剧本《棉木》《砧》《羽衣》并发表在诗歌杂志上。1916 年他与费诺罗萨合著的《日本的能》（*Certain Noble Plays of Japan*）在伦敦出版，在书中有这样的评论：

> “能”具有情绪的一贯性。至少优秀的能的作品应该是具有统一的意向。例如在《棉木》剧中的红叶和回雪，《高砂》中的松，《须磨源氏》中的

青海波和波花等等。

叶芝（William Butler Yeats，1865—1939）是爱尔兰前卫的象征派诗人，曾对当时欧洲盛行的现实主义戏剧持反对意见，把目标指向畏惧，有暗示、象征意味的戏剧创作。他将爱尔兰民间神话中的古代神灵、英雄、妖怪等超现实世界作为艺术创作的素材，从能中具有暗示性的舞台、假面的使用，贵族的审美取向受到启发，将其融入自己的戏剧创作，于1921年创作《在鹰之井》(*At the Hawk's Well*，《鷹の井戸にて》)。叶芝超越东西的距离与古今的跨越，直接与能乐的精神产生共鸣，进而进行艺术创作，他早年的诗剧如《悲伤的迪尔德丽》（*Deirdre*）和《沙漏》（*The Hour Glass*）等都充满了暗示、神秘象征的特质。

韦利（Arthur David Waley，1889—1966）于1921年在英国出版《日本的能剧》(*The No Plays of Japan*，《日本の能劇》)。他虽然没有在现场观赏能的经历，却关注世阿弥的存在，介绍了世阿弥秘传书的发现情况。他将“能”和希腊戏剧作比较并进行了相应的解释，详细介绍并依次翻译了世阿弥的16部传书。1909年，《世阿弥十六部集》刊行，韦利成为第一个将世阿弥介绍给西方的人。在西方人的眼中，世阿弥和芭蕉都是优秀的文学家之一，这得益于韦利的译介。某些日本学者曾指出他的翻译在某些地方不符合原典的精神，在原典高昂的基调下，翻译显得低沉，对原典悲痛、忧伤的部分，却翻译得愉快，这存在着致命的缺陷。然而，今天很多西方读者正是通过韦利的释译来了解日本“能”的魅力，知晓日本文化的。

天主教传教士佩里（Noël Péri，1865—1922）受遣旅日时，抱着对能乐的极大兴趣发表了题为“能乃为日本文学的领袖”（《能楽は日本文学の最高のもの》）的谈话笔记，后翻译成法文发表。19世纪末期，日本迎来了一个崭新的世纪，明治维新以后的日本更加渴望向西方学习，更加希望自己的文化能够被西方所理解和接受。

2008年9月至2009年9月，笔者曾在国文学研究资料馆、法政大学能乐研究所搜集有关日本能乐的相关资料，并在东京能乐堂作田野调查。据统计，现在表演能乐的专业演员有1500人，在东京平均每月有60次的能乐演出，经常上演的剧目有250出左右。其中世阿弥所代表的观世流因风格纤细优美而备受欢迎，他的后人曾被邀请出席由日本法政大学举办的能乐研究会。可见注重在科技上更新换代的日本在对传统文艺的恪守上是多么矢志不渝。

日本国立能乐堂

2009 年 4 月，笔者前往大阪帝冢山拜访我国第一位翻译世阿弥能乐论书《风姿花传》的王冬兰女士。她向我介绍，据她考证，在现存经常上演的能剧目中有 23 曲中国题材的能剧，其中关于杨贵妃的剧幕最受欢迎。2009 年 5 月笔者先后拜访了早稻田大学演剧博物馆馆长竹本干夫先生及东京大学生死研究机构的松冈新平教授，松冈新平教授告诉我说：

> 有人这样形容“能”的表演，主角的身体仿佛是积聚了能量，又仿佛有一个巨大的复合的装置在他的身后，像盾牌一样紧紧地捆绑着，不能轻易地解开，又最终仿佛感到主角的身体是被什么所牵制着的。为何会有这样的感觉？归根到底，是身与心的问题，或是存在着一种无形的力量。他看到了“能”与诗歌不同，它是一种表演的艺术，所以身体的概念显得非常重要。

竹本干夫教授向我展示了早稻田大学演剧博物馆中的全部共享资料，在他的介绍下，笔者有幸在世阿弥诞辰六百年之际参观现今存留下来的世阿弥时代的能面、服饰和能乐秘传书。在参观的人群中，我问日本的民众为何喜欢“能”，其中一位参观者、武藏野大学的教授说：

> 日本民众对艺能的喜爱源于包括念咒、妖术、巫术在内的咒术行为一旦成为一种祭祀仪式被固定下来以后，咒术的行为自然会就被赋予一种美意识而存在。日本对“型”的艺术情有独钟，但并非是现代意义上的造型艺术。能剧中就体现出这种“型”的艺术美感，特别是复式能，里面通过神灵、巫术的行为所表现出来的世界是与现实生活不同的空间。祭祀仪礼，是构筑非日常生活的一种样式。在观赏“能”的过程中，仿佛进入如梦如幻的世界，那低沉的唱腔，却又像是几经沧桑的人生所爆发出的哀叹一般，与现实那么接近。也许这就是能的魅力吧。

## 结语："菊"与"刀"的融合与对抗

无论哪一种文化都会潜移默化地影响到特定区域内人们的思考和生存方式，并在艺术形式当中得以体现。本文透过日本艺能的家元制度，能所存处的外部环境、时代精神、民族气质、社会风俗，对"能"形成的历史、传书、家族的血统等一系列问题进行追索，正是力求通过文学艺术验证这一民族的文化性。一般认为日本人是善于模仿的民族，曾经模仿中国和朝鲜，现在模仿西洋，笔者认为，能剧正是对日本民族同外来文化的融合与对抗的深刻表达。也只有在这个层面上，我们才能理解存在于日本民众的顺从感和矛盾性。能役者在舞台上不动的身体正是这一民族独特的叙事方式——在政治权力下的妥协与对抗，在外来文化前的顺服与挣扎。

**作者简介：**

韩聃，文学博士，西安建筑科技大学文学院讲师。

专栏一

# 再谈道与逻各斯
## ——兼论中西文化差异基础上的可比性

张浩然

**摘　要**：一直以来，对于如何看待中西方文化差异以及差异基础上的可比性问题，学界声音各异。在梳理了有代表性的几种观点后，本文首先通过对“道”与“逻各斯”这对中西思想的最高范畴的分析比较，揭示两者的根本差异，并指出所谓“中国存在逻各斯中心主义”的结论并不成立，这正是忽视差异之求同策略的失效的表现。之后，本文呈现了强调中西方文化差异以及把握本质差异的学界声音和研究范式。关注异质性和差异性的比较文学变异学理论的提出，建构起中西文化在差异基础上的可比性，推动比较文学学科发展进入新阶段。

**关键词**：差异　道　逻各斯　变异学　可比性

## 一、求同或辨异——对待中西文化差异的不同取向

谈及中西方文化差异以及差异基础上的可比性问题，国内外学界有着不同的取向，求同与辨异是两种最典型的应对策略。但无论哪一种，都不应绝对化以致结论的片面和极端。目前来看，被表面相似掩盖的本质差异应引起足够的重视，而比较文学变异学理论的提出，则为中西文化差异基础上的可比性提供了有力支持。

1993年，美国的《外交》杂志发表了学者塞缪尔·亨廷顿一篇名为“文明的冲突?”的文章，引发强烈反响。为了系统回应各方评论，亨廷顿出版了他的名著《文明的冲突与世界秩序的重建》。该书

指出，冷战之后的世界冲突，不再是基于意识形态了，而是源自文化方面的差异，文明的冲突将成为对世界和平最大的威胁。亨廷顿把文化差异捧到了一个极其重要的位置：

> 哲学假定、基本价值、社会关系、习俗以及全面的生活观在各文明之间有重大的差异。遍及世界大部分地区的宗教复兴正在加强这些文化差异。文化可以改变，它们的性质对政治和经济的影响可能随时期的不同而不同。但是，文明之间在政治和经济发展方面的重大差异显然植根于它们不同的文化之中。①

回溯比较文学学科发展史，无论是法国学派还是美国学派，或是国内比较文学学者，长期以来的关注重点都放在了不同国家、民族和文化间的共通之处，比较的合法性建立在了类同性的基础上，差异性往往被忽视。

学者钱钟书在《谈艺录》序言中提出了广为流传的“东海西海，心理攸同；南学北学，道术未裂”② 的观点。其中，“东海西海，心理攸同”一句本自《陆九渊集》卷三十六《年谱》。③ 其实，陆九渊还说：“古之圣贤，道同志合，咸有一德，乃可共事，然所不同者，以理之所在，有不能尽见。”④ 这是对圣人“心同理同”的补充：“因为就算是圣人中也有一些有时‘不能尽见理’，所以他们之间就会有所不同。”⑤ 这就点明了差异的存在及其原因，然而钱钟书并没有重视这一点。

张隆溪同样采取了“求同”策略，主张超越中西文化的差异找到共同之处。在其代表作《道与逻各斯》中，他将中国的“道”与西方的“逻各斯”作比较，认为“道”跟“逻各斯”相同，均是在一个词里包含了思想与言说的二重性，并得出“中国也存在逻各斯中心主义”的结论。

而法国学者于连（Francois Jullien）并不认同“求同”策略，他认为“道”与“逻各斯”是两种不同的东西，很多学者通过简单的中西比较获得的相似性并不能真正成立，反而掩盖了本质上的巨大差异。在其代表作《迂回与进入》中，他认为只有保持距离，通过“迂回”策略，才能真正看到中西差异之处。国内学者余虹的代表作《中国文论与西方诗学》也是在中西文化

---

① 塞缪尔·亨廷顿：《文明的冲突与世界秩序的重建》，周琪等译，新华出版社，2010 年，第 7 页。

② 钱钟书：《谈艺录》，商务印书馆，2011 年，第 3 页。

③ “宇宙便是吾心，吾心即是宇宙。东海有圣人出焉，此心同也，此理同也。西海有圣人出焉，此心同也，此理同也。千百世之上至千百世之下，有圣人出焉，此心此理，亦莫不同也。”参陆九渊：《陆九渊集》，钟哲点校，中华书局，1980 年，第 482－483 页。

④ 陆九渊：《陆九渊集》，钟哲点校，中华书局，1980 年，第 273 页。

⑤ 周炽成：《陆九渊之冤：陆学在宋代非心学》，《广东社会科学》，2014 年第 5 期。

根本性差异基础之上，指出了中国文论和西方诗学的不可通约性。虽然有差异，但在他们那里，比较仍是可以进行的。

但另有一些学者则对异质性文化进行研究的可能性采取了否定态度。比如美国学者韦斯坦因就认为："我不否认有些研究是可以的……但却对把文学现象的平行研究扩大到两个不同的文明之间仍然迟疑不决。因为在我看来，只有在一个单一的文明范围内，才能在思想、感情、想象力中发现有意识或无意识地维系传统的共同因素。"①

可以看出，韦斯坦因显然注意到并放大了东西方文明的差异性。然而，韦斯坦因将可比性仅仅限定在单一文明范围，尤其是西方文明内部，认为东西方之间的比较是不合法的——这显然有失偏颇。对于异质文明研究的排斥，将使比较文学学科发展陷入单一文明的桎梏，危机的出现在所难免。要化解危机，就必须打破这种偏见。

笔者将在下文选择学界有代表性的声音加以述评，以求对该问题作出有效解答。

## 二、道与逻各斯：忽视差异之求同策略的失效

事实上，将道与逻各斯进行比较的尝试由来已久。钱钟书在《管锥编》中讲："'道可道，非常道'；第一、三两'道'字为道理之'道'，第二个'道'为道白之'道'，如《诗·墙有茨》'不可道也'之'道'，即文字语言。古希腊文'道'（logos）兼'理'（ratio）与'言'（oratio）两义，可以相参。"②

张隆溪继承了钱钟书"东海西海，心理攸同"的学术立场，在《二十世纪西方文论述评》中，也比较了"道"与"逻各斯"的关系："'逻各斯'在古希腊哲学中既为'思想'（Denken），又表示'说话'（Sprechen），在这一范畴中，'思维与言说'，道理之'道'与开口之'道'合二为一。"③

在《道与逻各斯》中，张隆溪称他将道与逻各斯相比是为了回应黑格尔的挑战和所谓东西方之间没有可比性的说法。黑格尔把汉语视为种类上不同于西方拼音式的语言，并认为中国文字的发展水平比西方的拼音文字低，缺少逻辑和思辨。这个观点代表了传统的欧洲中心主义观念。后现代主义者们对欧洲中心主义展开了批判，比如，德里达就将黑格尔式的观点视为西方文

① 韦斯坦因：《比较文学与文学理论》，刘象愚译，辽宁人民出版社，1987年，第5页。

② 钱钟书：《管锥编》，生活·读书·新知三联书店，2007年，第638－639页。

③ 张隆溪：《二十世纪西方文论述评》，生活·读书·新知三联书店，1986年，第153－154页。

化中根深蒂固的偏见，并将其命名为“逻各斯中心主义（logocentrism）：拼音文字的形而上学”[①]。他还称从中国文字中发现了“在一切逻各斯中心倾向之外发展的强大文明运动的证明”[②]，虽然称赞了中国文明的强大，但也表明德里达同样将中国视作迥异于西方的他者，认为中国不存在“逻各斯中心主义”。这在张隆溪看来，又是一种西方中心主义的偏见。

那么，所谓“逻各斯中心主义”到底何意？在张隆溪看来，“希腊文‘逻各斯’（logos）既是口说的话，又是话里所说的道理，而所谓逻各斯中心主义（logocentrism）或语音中心主义（phonocentrism），就是以口头语言接近内在思维而高于书写文字这样一种传统观念”[③]。其实，“逻各斯中心主义”有两个关键内涵：一个是思想和语言之间的悖谬，另一个是语言比文字更能实现与思想的统一，由此拼音文字比表意文字更能清晰地传达思想。

面对西方中心主义的偏见，张隆溪在书中提出了几个问题：“是否逻各斯中心主义仅仅是西方形而上学的外在征兆？西方思想的形而上学是否确实不同于东方思想的形而上学？它会不会是一切思想赖以建构和工作的方式？”[④]

之后，通过将道与逻各斯进行分析和比较，并引入许多来自中国传统文化经典的证据，张隆溪给出自己的回答：“逻各斯中心主义”不是西方独有的，中国文化中也存在“逻各斯中心主义”。这个揭示被认为是“中西比较文化界的一大创获”[⑤]。一些学者也认同此说，比如周荣胜认为，中国文明和西方文明一样，处在“逻各斯中心主义”的支配之下：“既有德里达揭示的那种以声音为中心的逻各斯中心主义，有一概排斥言语与文字的逻各斯中心主义，也有以文字为中心的逻各斯中心主义。”[⑥]

笔者认为，张隆溪对于道与逻各斯的求同式论证值得商榷，而中国也存在“逻各斯中心主义”的观点也站不住脚。

在比较之前，有必要对“道”与“逻各斯”这两个古代中国和古希腊哲学最高范畴进行简单梳理。

“道生一，一生二，二生三，三生万物。”作为中国文化代表性概念的“道”，是万物的本源，同时，也是意义的本源，而意义则是从无中生发的，“天下万物生于有，有生于无”，也即“无中生有”。“道可道，非常道”的第

① 张隆溪：《道与逻各斯：东西方文学阐释学》，江苏教育出版社，2006 年，第 32 页。

② 张隆溪：《道与逻各斯：东西方文学阐释学》，江苏教育出版社，2006 年，第 33 页。

③ 张隆溪：《一毂集》，复旦大学出版社，2011 年，第 126 页。

④ 张隆溪：《道与逻各斯：东西方文学阐释学》，江苏教育出版社，2006 年，第 34 页。

⑤ 支宇：《寻找跨东西文化的共同文学规律：评张隆溪教授的〈道与逻各斯〉》，《中国比较文学》，1999 年第 2 期。

⑥ 周荣胜：《中国文明中的逻各斯中心主义问题》，《求是学刊》，2011 年第 3 期。

二个“道”字，点出“道”有言说之意。另外，“意义的生成方式决定了话语言说方式，‘道’的不可言说性也就是意义的不可言说性，意义不可言说但又必须用语言来表达，这就有了庄子所说的‘言者所以在意，得意而忘言’”①。这种独特的强调意义不可言说的话语表达方式，是中国文化的潜藏规则。

而作为西方文化代表性概念的“逻各斯”，则需要溯源至古希腊一探究竟。在认为万物本源是火的古希腊哲学家赫拉克利特②的120多条残篇中，“使用到‘逻各斯’一词的有六处（残篇1、2、45、50、108、115），其各处的意义被不同的评注者做出了不同的解释”③。总结残篇中涉及的几处，赫拉克利特的“逻各斯”有多种含义，并不统一，包括：“1. 恒久有效的普遍使用的法则；2. 智慧；3. 语言；4. 语言的具体运用：描述或者记述。”④ 那么，到底“逻各斯”是指什么呢？追根溯源，“逻各斯”在希腊文中确实是个多义词，它有“计算、尺度、对应关系、比例、说明、解释、论证、公式、思想、理性、陈述、演说、言词、神谕、格言、命令、对象、主题、神的智慧、神的言词等数十种含义”⑤。

而在“逻各斯”一词的众多含义中，“不断重复出现的是语言（language）与理性（rationality）这两个相关概念”⑥。经过长期流传和演变，“逻各斯”褪去了神学色彩，成为理性的化身，其意义和内涵逐渐明晰：包含思想和言说的两重性。

简单比较，道与逻各斯的确有相似之处，比如说两者都有“永恒”“言说”“规律”之意。但在笔者看来，张隆溪在论证时忽略了两者的根本性差异。

首先，道更偏向于“无”，而逻各斯则偏向于“有”。道的“无中生有”与逻各斯的“有中生有”的意义生成方式有着根本的区别。中西文论也因此

---

① 曹顺庆：《中国文论话语及中西文论对话》，《浙江大学学报（人文社会科学版）》，2008年第1期。

② 残篇30：“世界，对所有人都是同一个，不由神或人造成，但它过去一直是、现在是、将来也是一团持续燃烧的火，按比例点燃，按比例熄灭。”参见赫拉克利特：《赫拉克利特著作残篇》，罗宾森英译，楚荷中译，广西师范大学出版社，2007年，第41页。

③ 此处统计的6处有误，赫拉克利特残篇中共有7处用到了“逻各斯”一词，漏掉的一处是残篇31b（第43页）。参赫拉克利特：《赫拉克利特著作残篇》，罗宾森英译，楚荷中译，广西师范大学出版社，2007年，第10页。

④ 赫拉克利特：《赫拉克利特著作残篇》，罗宾森英译，楚荷中译，广西师范大学出版社，2007年，第9页。

⑤ 王晓朝：《希腊哲学简史：从荷马到奥古斯丁》，上海三联书店，2007年，第61页。

⑥ 爱德华·夏帕：《普罗塔戈拉与逻各斯：希腊哲学与修辞研究》，卓新贤译，吉林出版集团有限责任公司，2014年，第126页。

分道扬镳："老子的重'无'，将中国文论引向了重神遗形，而赫拉克利特的偏'有'将西方文论引向了注重对现实事物的摹仿，注重外在的比例、对称美，注重外在形式美的文论路径。"①

其次，道是不可言的，而逻各斯是可以言说的。"道可道，非常道，名可名，非常名"就点明了"道"不可言的特征。而逻各斯，则"没有被引向不可言说的道之本真——大道（Ereignis），而是最终导向了可以言说的理性、规律与逻辑"②。

最后，中国式思维一直以来被认为是一元模式，而传统的西式思维则是二元的。具体说来：在意识层面上，逻各斯是以逻辑为基础的，讲求分析和推理，而道则讲求体悟，显得混沌、逻辑性不强；逻各斯代表权威和中心，无论是作为神的旨意还是作为理性，其权威不容置疑，而反观中国，"人法地，地法天，天法道，道法自然"，则不存在神的权威和中心地位；逻各斯中心主义典型的思维模式是二元对立，对立项中的一项作为权威存在，而另一项则是负面的、被否定的存在，道虽然也有对应项，但互补意义更强，"万物负阴而抱阳，冲气以为和"的思想与西方的二元对立模式区别鲜明。

此外，所谓"中国也存在逻各斯中心主义"的结论并不能成立。张隆溪在书中引用老庄涉及言与意关系的言语的并试图证明中国存在逻各斯中心主义时，忽略了一个重要事实：中国古代的"言"并没有严格区分日常用语与文字。"书不尽言，言不尽意"中，"书"不但可以代表书写，也能代表书籍，而"言并不是仅代表言说或口语而是代表包括言辞、名称、书、文等在内的语言的总体"③。因此，张隆溪据此得出中国也存在与西方一样的"思想、言说和文字的形上等级制"的结论是不可靠的，在此基础上得出的"中国也存在逻各斯中心主义"的结论自然也就失效了。

既然道与逻各斯有着根本上的区别，那么张隆溪进行此番比较的目的何在呢？

> 他就是要引入一种被西方批评传统认为是"异己"的声音，为所谓"另一种声音"说话，他认为这样做便能超越西方文化中关于"自我"与"异己"的传统分野，进入一个更加广阔的经验与知识的境界。④

张隆溪的目标和愿望值得肯定，但是，在求同策略的指引下，他在拿中

---

① 曹顺庆：《道与逻各斯：中西文化与文论分道扬镳的起点》，《文艺研究》，1997 年第 6 期。

② 曹顺庆：《道与逻各斯：中西文化与文论分道扬镳的起点》，《文艺研究》，1997 年第 6 期。

③ 白艳霞：《在中国人的语言观念中有语音中心主义吗?》，《外国文学评论》，1996 年 3 期。

④ 盛宁：《道与逻各斯的对话》，《读书》，1993 年第 11 期。

国的道与古希腊的逻各斯相提并论时，已经事先将中国古代文论进行了符合西方阐释学理论的解释，如此一来，经他考察的传统中国文论内涵就被简化，所得结论难免不够严谨。

对此，还有学者提出了有力的质疑：进行“你有我也有”的攀比性论证就算真正超越东西方文化与历史的差异了吗？另外，以西方文化为目标寻找到的是与西方文化的“同”，并没有彻底摆脱西方的他者化眼光。[①] 这些宏大且有现实意义的问题值得深思。

对于东西方之间比较研究的诸多问题，张隆溪的《道与逻各斯》提出了很好的思路和想法，但跳出“以西释中”的老路是不容易的。那么，到底怎样才能摆脱西方话语走自己的路？

其实，早在新千年到来前夕，法国学者于连在《二十一世纪》刊发的一篇专访文章中就曾呼吁：

> 在世纪转折之际，中国知识界要做的应该是站在中西交汇的高度，用中国概念重新解释中国思想传统。如果不做这一工作，下一世纪中国思想传统将为西方概念所淹没，成为西方思想的附庸。如果没有人主动争取，这样一个阶段是不会自动到来的。[②]

于连的呼吁至今已过去将近二十年，综观当下中国比较文学学界现状，忽略文化差异而随意套用西方理论，被戏称为“X+Y”的肤浅比附式研究在中西文学比较实践中却仍然层出不穷。问题出在哪里？曹顺庆教授给出了答案：“究其原因，关键在于我们从西方搬来的所谓法国学派和美国学派的比较文学学科理论，本质上都产生于古希腊-罗马、基督教同一文明背景之下，它们从未真正面临过类似中国人（东方人）所面对的东西方文化的巨大冲突。”[③]

## 三、迂回与进入：保持距离才能把握根本差异

近代以前，受制于多重因素，中西交流十分有限，西方学者倾向于把中国当作典型的“他者”。法国学者杜梅泽尔或班维尼斯特的研究谈到印度时

---

① 支宇：《寻找跨东西文化的共同文学规律：评张隆溪教授的〈道与逻各斯〉》，《中国比较文学》，1999 年第 5 期。

② 于连：《新世纪对中国文化的挑战》，《深圳大学学报（人文社会科学版）》，1999 年第 3 期。

③ 曹顺庆：《比较文学学》，四川大学出版社，2005 年，第 88 页。

称，“欧洲和印度有着共同的语义元素、逻辑关系、心智象征以及社会运作”[①]，而同为文明古国的中国，则受到了另一种礼遇。

法国汉学家谢和耐（Jacques Gernet）在《中国与基督教：中西文化的首次撞击》中谈道，基督教传教之所以没能在中国取得成功，原因就在于中西语言文化和思维模式存在根本上的差别，“中国人缺乏对超越、精神和抽象观念的理解能力”[②]。他甚至认为，拥有与西方不同文化和思想观念的中国人“是另外一种人类”[③]。学者阿兰·里约谈到中国时指出，对于西方来说，“中国都是陌生的，包括语言的、文学的、宗教的、文化的参照”[④]。

事实上，就连张隆溪本人，也并未完全否定中西之间的差异，只不过他受钱钟书影响，坚信中西方文化之间“有共同的人性与真理”[⑤]。

然而，强调中西巨大差异的法国学者于连对这种求同策略表示质疑，并否定了钱钟书和刘若愚的研究方法：“他（钱钟书）的比较方法是一种近似法，一种不断接近的方法：一句话的意思和另一句话的意思最终是相同的。我觉得这种比较收效不大……我认为他（刘若愚）的出发点错了，他试图用一种典型的西方模式来考察中国诗学，这种方法得出的结果没有什么价值。”[⑥]于连认为在缺少哲学的、思辨的框架时，比较难免沦为个人直觉、经验主义的求相似，而差异性的缺席使得他们的研究缺失了更有价值的部分。之所以强调差异性，主要是为了获取重新审视本国文化的新视角，并以此来反思西方传统。

在进入对具体研究对象的把握时，于连总结了道与逻各斯间的巨大差别。他认为，在西方，道的观念指向真理或超越性的本源，而中国不同：“智慧所倡导的道却引向无。其终点既不是神启的真理，也不是发现的真理。”[⑦]“‘道’是不能‘追随’（‘从’）的，不能把‘道’当成是从外部阐释的生存的楷模或教诲（像信仰和抽象的思辨那样）；‘道’是对内在性开放的，所以不能成为任何意向性的客体。”[⑧]

于连将逻各斯与中国表达法作了区分，他认为，“逻各斯的本质就是在最

① 朱利安：《进入思想之门：思维的多元性》，卓立译，北京大学出版社，2014年，第10页。
② 张隆溪：《中国文学和文化的翻译与传播：问题与挑战》，《光明日报》，2014年12月15日。
③ 张隆溪：《一毂集》，复旦大学出版社，2011年，第80页。
④ 皮埃尔·夏蒂埃、梯叶里·马尔歇兹主编：《中欧思想的碰撞》，闫素伟、董斌孜孜译，中国人民大学出版社，2011年，第30页。
⑤ 梁建东：《跨越中西的文化交流与对话：张隆溪教授访谈录》，《书屋》，2010年第4期。
⑥ 秦海鹰：《关于中西诗学的对话：弗朗索瓦·于连访谈录》，《中国比较文学》，1996年第2期。
⑦ 张隆溪：《同工异曲：跨文化阅读的启示》，江苏教育出版社，2006年，第12页。
⑧ 弗朗索瓦·于连：《圣人无意：或哲学的他者》，闫素伟译，商务印书馆，2004年，第185页。

近处把握对象”，而中国则相反，“中国表达法的本质（也是中国文章的特点）就是通过迂回保持言语‘从容委屈’：以与所指对象保持隐喻的距离的方式”①。

阿兰·里约在《弗朗索瓦·于连的对比分析法》一文中谈道，许多学者进行比较研究的时候沉醉于寻找不同文本、文化之间的相似之处，但这些在于连看来，只是表面上肤浅的相似，而掩盖了本质上巨大的差别。

那么怎样才能将本质上的差别挖掘出来呢？“只有通过保持距离，只有通过‘迂回’，才能使双方都看到对方的特异性。”② 这便是于连给出的答案。在他看来，中国和希腊同为文明古国，而中国不在印欧文化框架之内，这样位于思想起源两端的中国与希腊就有了足够远的距离。这种迂回研究的方法，带给他更开阔的观察思考的新空间。

然而，学者苏源熙并不认同，他认为于连的这种反面比较模式太过单一，造成了循环论述，因为其论述目的已经提前决定了论述结论。苏源熙指出：“不断制造规范的、相互对应的对立，就把‘他者’转变成了‘我们的他者’，也就是说，转变成一幅我们自己（或对自己的某种理解）的反面肖像。”③

确实，于连的比较并非没有疏漏。比如他称：“中国文明是仅有的几个在文学产生阶段不拥有史诗的古老文明之一：没有重要的表现英雄业绩的叙事，很少神奇妙事的作品。总之，中国没有荷马。”④ 其实，黑格尔曾下过类似的判断，钱钟书也认为中国没有史诗，但实际上，中国藏族的《格萨尔王传》、柯尔克孜族的《玛纳斯》、蒙古族的《江格尔》均是英雄史诗。显然，于连抛出的“中国没有史诗”的观点是错误的。

看来，无论是单纯的求同还是一味对立，所得结论均难免失衡。萨义德在《东方学》中曾说：“一个人只有在疏远与亲近二者之间达到同样的均衡时，才能对自己以及异质文化做出合理的判断。”⑤ 比较起来，于连的《迂回与进入》在这方面已经给出了很好的示范。

## 四、变异学的超越：建构中西差异基础上的可比性

既然中西方文化间差异如此巨大，那么比较研究的可比性还成立吗？答

① 弗朗索瓦·于连：《迂回与进入》，杜小真译，生活·读书·新知三联书店，1998年，第37页。

② 皮埃尔·夏蒂埃、梯叶里·马尔歇兹主编：《中欧思想的碰撞》，闫素伟、董斌孜孜译，中国人民大学出版社，2011年，第30页。

③ 张隆溪：《同工异曲：跨文化阅读的启示》，江苏教育出版社，2006年，第13页。

④ 弗朗索瓦·于连：《迂回与进入》，杜小真译，生活·读书·新知三联书店，1998年，第47页。

⑤ 萨义德：《东方学》，王宇根译，生活·读书·新知三联书店，2007年，第332页。

案是肯定的。事实上，只有经过深入考察，彻底了解差异，才能更准确地找出共性，而不是只求流于表面相似。为什么要强调可比性？“可比性就是比较研究对象中存在的一种可资研究文学规律的内在价值，是提供比较研究的可能，并保证比较研究得以有效进行的前提。”① 因此，可比性关系到比较文学作为一门学科能否存在，也决定了比较研究的价值，而中西文化的差异恰恰赋予了比较的前提和可比性。

差异的客观存在使得异质性在比较文学研究中的重要性和必要性越发凸显。笔者所说的“异质性”，是指“不同文明之间在文化机制、知识体系、学术规则和话语方式等层面表现出的从根本质态上彼此相异的特性”②。“世界主义兴起，文学发展趋于一致，相似性比较不再重要。”③ 苏源熙在一篇文章中指出了拘泥于相似性比较基础上的比较文学学科的脆弱：全球文学趋同而失去比较价值，进而导致比较文学学科危机。

回顾比较文学学科发展历程，这样的担忧不无道理。乐黛云教授就曾指出：“如果说过去比较文学主要存在于以希腊、希伯来文化为主要来源的欧美同质文化之间，那么，二十一世纪的比较文学无疑将以异质、异源的东西文化为活动舞台。”④ 如果忽视不同文明间的异质性，比较文学研究的进一步推进就会受阻，比较文学学科理论体系也将面临危机。曹顺庆教授认为：

> 以“求同”为基础的求同式研究必然导致“异质性”的失落，忽略不同文明间文学现象的异质性，极大地影响到平行研究的学术价值。只有在充分认识到不同文明间异质性的基础上，平行研究才能在一种“对话”的视野下展开，实现不同文明间的互证、互释和互补，并有利于不同文化间的融合与汇通……如果不注意异质文明的探源，不注意异质文明的学术规则和话语差异，则这种比较必然成为浅度的“比附”文学。⑤

只有从“求同”思维转向“求异”思维，将差异性作为比较文学研究的可比性基础，总结出一套以关注差异性，尊重差异和文明“异质性”等“求异”思维模式为基础的新理论，才能充分反映中西文化间的异质性与共通性，弥补比较文学法国学派和美国学派研究方法忽略异质性之不足。

---

① 陈惇：《论可比性：比较文学的一个重要理论问题》，《北京师范大学学报（人文社会科学版）》，2000年第3期。

② 《比较文学概论》编写组：《比较文学概论》，高等教育出版社，2015年，第51—52页。

③ 曹顺庆，李斌：《比较文学未来发展之路：世界文学与比较文学变异学》，《中国高校社会科学》，2016年第6期。

④ 乐黛云等：《比较文学原理新编》，北京大学出版社，1998年，第19页。

⑤ 曹顺庆：《变异学确立东西方比较文学合法性》，《中国社会科学报》，2011年7月5日。

在这样的大背景下，曹顺庆教授总结提出了关注异质性的比较文学变异学理论（The Variation Theory of Comparative Literature）。何谓变异学？具体说来，变异学是对不同国家、不同文明的文学现象在影响交流中呈现出的变异状态的研究，以及不同国家、不同文明的文学在相互阐发中出现的变异状态的研究。其学科定义是："比较文学变异学是将跨越性和文学性作为研究支点，通过研究不同国家间文学交流的变异状态及研究没有事实关系的文学现象之间在同一个范畴上存在的文学表达的异质性和变异性，探究文学现象差异与变异的内在规律性的一门学科。"[①] 变异学的关注重点是差异和变异，这代表着比较文学学科理论体系中出现了一种新的研究视角和方法。

其实，在变异学理论提出之前，国内已有学者注意到了文学在不同文明中传播时的变异现象，例如叶维廉提出的"文化模子"理论、严绍璗提出的"变异体"研究、谢天振提出的"译介学"、王向远对日本新感觉派文学在中国的变异的研究等。总的来看，他们的研究都涉及不同文明的异质性问题，但并没有进行系统深入的分析、总结和提炼。

在国外，"求同忘异"的比较文学法国学派影响研究的可比性基础是同源性，而"求同拒异"的美国学派平行研究的可比性基础是类同性，总的说来，就是"求同"。变异学将研究重点导向差异和变异现象，这就使得变异学理论重新为差异巨大的中西文学比较赋予了合法性。这样，中西文学的共同性、普适性以及异质性、变异性就同时获得了承认，差异同样具有可比性的说法也就得到了变异学理论的支持和肯定。原有的可比性内涵也因此进一步丰富为包括同源性、类同性、变异性、异质性和互补性在内的有机体系。从学科理论建构方面看，比较文学变异学理论的提出具有革命性意义，成为化解比较文学学科理论危机的一大突破。

进入全球化时代，不同文明间的冲突和对话持续上演，中西之间的交集也大大增多。西方学术研究中的偏见暂时可能难以破除，"文化二项对立"的思维也一时不见消退，但至少在比较文学领域，我们可以把目光投向被忽视的差异性、异质性。在变异学理论的指引下，期待继法国学派和美国学派之后的比较文学中国学派将比较文学研究大踏步向前推进，进一步促进中西文化的交流与融合，为构建"和而不同"的和谐世界做出贡献。

**作者简介：**

张浩然，北京师范大学文学院比较文学研究生。

① 曹顺庆主编：《比较文学概论》，中国人民大学出版社，2014年，第148页。

# “奖学金男孩”与文化的用途
## ——理查德·霍加特的“批评素养”教育观*

周　丹

**摘　要**：“奖学金男孩”是英国文化研究的奠基作《文化的用途》中一个具有深刻内涵却长期被学界忽略的社会群体。他们出身下层，通过学习“知识”在教育体系的选拔中胜出，从而改变命运。然而在教育体系的规训和整合作用下，他们逐渐与原有的阶级文化疏离，思维模式化、同一化，难以成长为富于批判性和责任感的知识分子。作为曾经的“奖学金男孩”，理查德·霍加特根据亲身经历对这一群体进行了深入的民族志研究，揭示了被教育体系“连根拔起的一代”在身份认同和思想观念上的普遍问题，并强调：文化不只是“知识”，它还是一种“批评素养”。当前实用主义的教育模式对培养学生这一素养的忽视，导致了众多时代病症的出现。这于我们改革当前教育模式，调整教育理念有重要的启发意义。

**关键词**：理查德·霍加特　奖学金男孩　文化　阶级　批评素养

从1957年出版英国文化研究的奠基之作《文化的用途》（*The Uses of Literacy*），到1964年创立伯明翰大学当代文化研究中心（CCCS）并担任第一任主任，理查德·霍加特（Richard Hoggart）在英国文化研究的早期发展历程中可谓功不可没。作为一名经历过第二次世界大战，出身工人阶级家庭，以文学研究为学术起点的知识分子，霍加特在自己早年经历的基础上，对20世纪30年代的英国工人阶级文化进行了细致入微的“民族志”（ethnography）研究，对逐渐渗透其中的大众文化的特点、本质及其影响进行了深入的探

* 本文系教育部人文社会科学研究青年项目“理查德·霍加特与早期英国文化研究”（10YJC752055）的阶段性成果。

讨。《文化的用途》中描写的“点唱机男孩”(Joke-Box Boys)便是这一研究的经典案例。[①] 他们没有自己的目标，日复一日重复着没有创造性的工作，闲暇之时便泡在牛奶吧收听点唱机播放的美国流行音乐。在霍加特看来，这一群体折射出一个重要的社会问题，这就是美国式的大众文化兴起导致了英国工人阶级青年与自身的文化根基相脱离。霍加特的这一研究揭开了伯明翰学派青年亚文化研究的序幕。在20世纪70年代，青年亚文化研究成为当代文化研究中心最重要也最具代表性的一个研究领域。以霍尔(Stuart Hall)、威利斯(Paul Willis)、赫伯迪格(Dick Hebdige)等为代表的研究小组对20世纪50年代以来几乎所有的青年亚文化现象进行了研究，其影响力至今不衰。

令人遗憾的是，在“点唱机男孩”这一形象受到学界关注时，《文化的用途》中另一类具有深刻社会内涵的人物形象却被忽略，这就是“奖学金男孩”(Scholarship Boy)。霍加特在该书用了专门的一节对其进行了刻画，并在这一节开篇写道：“这是最难写但必须要写的一章。”[②] 之所以最难写，是因为它很大程度上是这本自传性著作中最“个人化”的一部分，它展现了霍加特这位“奖学金男孩中的明星”[③] 复杂的心路历程及其所反映的社会问题。

## 一、奖学金男孩：“被连根拔起的一代”

在三卷本自传性著作《中规中矩的生活：一个知识分子孤儿的时空》(*A Measured Life: The Times and Places of an Orphaned Intellectual*)中，霍加特详细地回顾了自己的学习生涯。霍加特出生工人家庭，父母早逝，由亲戚收养长大。他的孩童时代在汉斯雷特(Hunslet)的杰克·雷恩小学(Jack Lane Elementary School)度过。这里的学生主要来自社会下层，学校条件简陋，取暖设施不够，学生们常常生冻疮，但最让霍加特不满的是这里的教师在教育思想上的弊病：“对汉斯雷特的这所学校的教师来说，最为缺乏的是对知识的渴求和对知识即是快乐，知识富于挑战性并且挑战现有知识的认识”“他们也缺乏对复杂的社会变迁的深入思考。例如工人阶级对社会压力、受教育机会等的深入认识等”，其直接后果是“我们接受的教育都是灌输式的，没

① 参周丹：《伯明翰学派青年亚文化研究的起点：理查德·霍加特与“电唱机男孩”》，《国际新闻界》，2009年第12期。

② Richard Hoggart, *The Uses of Literacy*. New Brunswick: Transaction Publishers, 1998, p. 210.

③ David Lodge, “Richard Hoggart: A Personal Appreciation”, *International Journal of Cultural Studies*, 2007 (10), p. 35.

有参与性的、激发思考和讨论的东西”。[①]

虽然如此，与大多数相同家庭背景的同龄人相比，霍加特仍然是幸运的。在11岁那年，他在校长的推荐下，成为杰克·雷恩小学第一个升入利兹最漂亮的文法学校（grammer school）——库克伯恩中学（Cockburn High School）的学生。这里的学生都是从不同地方选出来的佼佼者，他们在15到16岁时的一场重要考试将决定其今后能否升入大学。[②] 霍加特用了两年时间来适应这个充满竞争的环境，到第二年期末，他感到自己正走向“精神崩溃”：“这段时间我已没有了生活的乐趣，每天坐在卧室的书桌前，精神却不能集中，有时半天也没写出一个字。”接下来是服药和被家人送到海边疗养。在这难得的间隙中，他终于从阅读中“找到了一条出路，一种精神支撑”，“我终于知道……能有自己的发现是多么重要，应该在老师的教导之外找到自己感兴趣的东西”。此后，公立图书馆成为霍加特最爱去的地方。他深深地被并未受过高等教育的哈代的作品所打动：“这使我平生第一次试着去思考‘文化’（culture）和‘教化’（cultivation）的区别，而我一度混淆了它们”“我第一次强烈地、有意识地认识到，我们应该挑战那些流行的教条”。[③] 在18岁这年，霍加特再次成为跨越教育鸿沟的幸运儿。通过考试，获得了利兹大学（The University of Leeds）的奖学金，成为这所大学英语系的一名“奖学金男孩”。当时，150到170人中只有一个人能拥有这一机会，而他的很多同学则因付不起学费或认为读书无用而辍学。库克伯恩的学习生涯留给霍加特的是对所谓的“常识”的质疑精神以及对个人成长经历的反思。这将他与大多数“奖学金男孩”区别开来。

霍加特的亲身经历揭示了当时英国教育制度存在的缺陷，即受教育机会的不公和教育思想对个人创造力和独立思想的扼杀，这些弊端早已遭到众多有识之士的抨击。然而，作为一名出身工人家庭的“奖学金男孩”，霍加特的忧虑并不仅仅是这一层面。在《文化的用途》中，通过对“奖学金男孩”这一形象的刻画，他反思了这群“焦虑和失去根基的人们”在身份认同和价值

---

① Richard Hoggart, “A Local Habitation: 1918—1940”, in *A Measured Life: The Times and Places of an Orphaned Intellectual*. New Brunswick: Transaction Publishers, 1994, p. 147.

② 英国的教育体系大体分为学前教育（3至5岁）、小学阶段（5岁至11、12岁）、中学阶段（11、12岁至16岁）和16岁后教育。在16岁后教育阶段，学生开始分流，学生根据自愿可选择上大学（university）或职业技术教育类型的专科学校（college），或者就业。

③ Richard Hoggart, “A Local Habitation: 1918—1940”, in *A Measured Life: The Times and Places of an Orphaned Intellectual*. New Brunswick: Transaction Publishers, 1994, p. 171－179.

观、人生观上的“失去平衡”和“不确定性”①，进一步揭示了在这一教育制度下，英国工人阶级在根基上所面临的挑战。

霍加特感到，“奖学金男孩”始终处于“两种文化”——他原来的文化(original culture)和知识赋予他的文化(intellectual equipment)，以及“两个世界”——学校和家庭的交点。这两种文化、两个世界之间“几乎没有共同点”。② 升学和争取奖学金的压力使他将大部分时间花在了学习上，也因此从玩耍嬉戏的同龄人中脱离出来。对他来说，头脑是自己的资本，它能够为自己换得前途。他开始把生活看成梯子，看成在每一个阶段都在获得奖励或规训的无休止的考试。虽然他所拥有的能力不断变化，但从来没有过真正的激情，也很少感受到知识和别人的思想真正在自己的脉搏中跳动。他就像一匹被蒙上眼罩的小马，被遵循同一种生活规则的人驯服，以得到主人的赞扬为目的。他没有创造性，没有拒绝条条框框的勇气，因为这一切都是他所受的教育所不允许的。如赫伯特·斯宾塞(Herbert Spencer)所说，这种教育体制“鼓励的是驯服的接受而不是独立的行动”③。当这些男孩真正走出校园，面对这个障碍重重、难以预料的世界时，他们发现在这个不再有人能请教，每个阶段不再有奖励、证书或者名次的世界上，很难明确自己的方向，这使他在这个无序的世界中感到很不快乐，内心也失去动力。

“奖学金男孩”走上社会后往往只是一些低级职员或者是高级工人，有的是初级学校的教师。他往往有意地模仿中产阶级，这并不是政治上的背叛，而更接近于一种错误的理想主义——通过个人奋斗来提高自身社会地位。他不属于任何阶级，甚至不属于所谓的宽泛意义上的“无阶级的知识阶层”(classless intelligentsia)④。他一方面为自己的出身感到羞愧，不愿再回到那狭小而粗陋的环境中，另一方面又渴望着找回失去的亲情。这使他总是怀有一种既强烈又模糊的怀旧情绪。让他伤感的是，当他想要对工人阶级表示亲近，表明自己是他们的一员时，他们往往避而远之，因为他们立刻会发现他在态度上的摇摆。与此同时，受原有阶级意识的影响，他对中产阶级持不信任甚至鄙视的态度，认为“他们”的世界充满虚伪、自满和空想，在内心深

---

① Richard Hoggart, *The Uses of Literacy*. New Brunswick: Transaction Publishers, 1998, p. 225.

② Richard Hoggart, *The Uses of Literacy*. New Brunswick: Transaction Publishers, 1998, p. 225.

③ Richard Hoggart, *The Uses of Literacy*. New Brunswick: Transaction Publishers, 1998, p. 229.

④ Richard Hoggart, *The Uses of Literacy*. New Brunswick: Transaction Publishers, 1998, p. 233.

处并不愿意成为这一阶级的一员。他在“他们”之中，但却并没有完全成为“他们”，他总是在嘲弄和向往中摇摆。这使他既不属于工人阶级也不属于其他群体，而是一个古怪的圈外人。作为“被连根拔起的一代”（the uprooted）[①]，贯穿他一生的是一种深深的失落感和迷失感。

《文化的用途》出版后引起了强烈反响，许多读者写信给霍加特，感谢他为自己早年的生活提供了一幅素描，帮助自己找到了苦闷的根源。这足以证明“奖学金男孩”这一问题的普遍性。通过深入剖析“奖学金男孩”的内心世界，霍加特得出以下结论：“奖学金男孩”这一群体“在某种程度上是被父母和自己的天赋切断了与自己阶级的联系”，而这一“失去根基”的过程最有力的推动者则是“整个教育体系”。[②] 霍加特的以上研究为我们生动而具体地揭示了教育在社会整合和阶层流动中所扮演的重要角色。

## 二、教育与“失去热忱的大多数”

随着1944年《布特勒教育法案》（Butler's Education Act）和1963年关于高等教育的《罗宾斯报告》（Robbins Report）的出台，霍加特记忆中的“奖学金男孩”已经被更多的受惠于教育改革的工人阶级子女所取代。如霍加特所说，与20世纪30年代不同的是，在《文化的用途》出版的时代，“已很少有工人家庭的小孩因为经济压力不能接受教育，或者从文法学校辍学”[③]。这时的英国已经逐渐从二战前的经济危机和战争的破坏性力量中恢复过来，建立起福利国家体系，教育水平也有了很大提高，越来越多的出身贫寒的青年被教育体系所选择和改变，成为其他阶级的一员。这一令人欣喜的现象背后隐藏着一个难以回避的现实：阶级的根基在教育体系的整合和规训作用下被逐渐抽空，曾经稳固的阶级意识和共同文化开始走向分裂。

正如福柯（Michel Foucault）所揭示的那样：当社会发展到一定阶段，旧的以酷刑、监狱等为代表的规训的威胁“被一种庞大的、封闭的、复杂的等级结构所取代，而这种结构则被整合进国家机器之中”[④]。其结果是一个现

① Richard Hoggart, *The Uses of Literacy*. New Brunswick: Transaction Publishers, 1998, p. 127.

② Richard Hoggart, *The Uses of Literacy*. New Brunswick: Transaction Publishers, 1998, p. 225.

③ Richard Hoggart, *The Uses of Literacy*. New Brunswick: Transaction Publishers, 1998, p. 261

④ 米歇尔·福柯：《规训与惩罚：监狱的诞生》，刘北成、杨远婴译，生活·读书·新知三联书店，2007年，第130页。

代的“规训的社会”的形成。它反对质疑精神和批判性思考，反对某一群体为改变自身地位所做的斗争，它建立的根基是等级和差异，它为之服务的是占统治地位的意识形态。这种无形的“规训结构”具有一种普遍的、让人无知无觉的杀伤力。对工人阶级后代来说，教育这一规训体系以一种所谓的“共同文化”来占领他们的头脑，使他们的思维模式化、同一化，从而与其自身阶级文化疏离，对阶级的历史经验也茫然无知。

对这一问题，威廉斯（Raymond Williams）也多有关注。虽然威廉斯认为整个社会的意识形态具有多样性，“各代人作为其传统文化而接受下来的知识与想象的作品往往不是，而且必然不是单单一个阶级的产物”，但是他仍然提醒人们：“在任何层次上，共同的文化都不是平等的文化。”① 很大程度上，这种共同文化作为社会的一种规训机制而存在，它总是在统治意识形态与其他意识形态的利益冲突的调停过程中产生。让霍加特感到忧虑的是，如果越来越多的工人阶级后代在受教育后只是成为被规训的“奖学金男孩”，而不是关注自己原来所属阶级普遍利益的，成为富于批判性和责任感的知识分子，那么这种调停的力量将会非常有限，他们原来所属的文化在共同文化中所占的比重也会非常有限。在一直关注教育制度的“文化再生产”功能的布尔迪厄（Pierre Bourdieu）看来，看似中立的学校教育，其实是将社会主导阶级的“文化专断”内化于学生头脑之中的一种文化再生产过程。② 在这一层面上，霍加特的“奖学金男孩”似乎印证了布尔迪厄的论断。然而值得注意的是，由于忽视了学生在教育过程中的创造性和能动性，再生产理论显露出一种悲观主义的理论取向，而霍加特在这一问题上却有着更为乐观的期盼。

在《文化的用途》的第二部分，霍加特在着力探讨“新时代”工人阶级的“多数”面对大众文化的态度之后，在全书的结论部分专门谈到了工人阶级中“热忱的少数”（earnest minority）③ 在帮助更多人觉醒和提高认识方面的使命。霍加特指出，非常重要的一点是不要把“有知识的少数”（intellectual minority）和“热忱的少数”混为一谈：

> 为了某一共同目的聚集在一起的并不是总是有知识的。……不过，有知识的少数……与工人阶级的联系在过去比今天更紧密一些。他们的成员所确立起的这一群体的一些生成因素是“工人阶级运动”的重要构

① 雷蒙·威廉斯：《文化与社会》，吴松江、张文定译，北京大学出版社，1991年，第339页。

② P. 布尔迪约，J. -C. 帕斯隆：《再生产——一种教育系统理论的要点》，邢克超译，商务印书馆，2002年，第18页。

③ Richard Hoggart, *The Uses of Literacy*. New Brunswick: Transaction Publishers, 1998, p. 248.

> 成部分，而如前所述，它对促成物质增长和提高工人阶级社会地位有着重要的作用。他们之所以能够帮助人们改善条件，部分是因为：他们是能够以知识为武器，与属于其他阶级的上层人士对话并达成一致的少数人中的一员。[①]

霍加特认为："对这些少数派来说，现在最重要的是对现状重新认识，并认识到他们的前辈所为之努力的思想正面临被遗弃的危险，物质进步会促使工人阶级在肉体上倾向于将一种卑贱的物质主义作为一种社会哲学。"[②] 而"热忱的少数"的使命就是通过思想上的启迪和教育作用，将人们从物质享受和令人麻痹的大众文化中唤醒，共同去建设一个真正民主、平等的社会。

"奖学金男孩"和"热忱的少数"是《文化的用途》中一组互为对照的群体，对他们的描述和探讨反映了霍加特文化批评观的核心思想——文化并非只是"知识"，而是一种"批评素养"（critical literacy）[③]。它既是获得个人发展的途径，又是对自身生存状态和社会不公进行反思和批判的武器。而令人遗憾的是，传统的教育体制培养出的更多的是"受犬儒主义影响很大"[④] 的"奖学金男孩"，他们通过获得知识来改变自己的命运，但同时却成为"失去热忱的大多数"，对社会、对人生更多的是功利主义的追求而非理想主义的观照。他们是徘徊在不同阶层间的个人奋斗者，既难以真正跻身社会上层，也失去了曾和自己血脉相连的底层阶级的紧密联系。从这一角度来说，霍加特笔下的"奖学金男孩"和"点唱机男孩"虽然是人生走向完全不同的两个青年群体，但都同样回避不了教育体系或者大众娱乐机器的改造，进而文化上失去根基。

作为"奖学金男孩"的一员，霍加特对这一群体的民族志研究可谓独树一帜。正如斯蒂尔（Tom Steele）所说："《文化的用途》是霍加特与自己的文化发展历程作斗争的直接产物，不能仅仅只是把它作为一个被放逐者的充满怀旧情绪的描述。"[⑤] 当霍加特在思考"奖学金男孩"的身份认同危机及其背后隐藏的社会问题时，他已超越了这一群体，成为一个清醒的、有着独立

---

① Richard Hoggart, *The Uses of Literacy*. New Brunswick: Transaction Publishers, 1998, p. 249.

② Richard Hoggart, *The Uses of Literacy*. New Brunswick: Transaction Publishers, 1998, p. 249—250.

③ Richard Hoggart, "Culture and the State", *Society*, 1999, 37 (1), p. 98.

④ Richard Hoggart, *The Uses of Literacy*. New Brunswick: Transaction Publishers, 1998, p. 225.

⑤ Tom Steele, *The Emergence of Cultural Studies: Adult Education, Cultural Politics and the "English" Question*. London: Lawrence & Wishart Limited, 1997, p. 5.

意识的“热忱的少数”。

## 三、“阶梯”意识与社会分裂

一个有趣的现象是，霍加特与威廉斯在著作中都不约而同地提到了“阶梯”(ladder)这一意象。霍加特的“奖学金男孩”出身于工人阶级，但却希望摆脱自己的阶级，成为更高阶层的成员。这使他把生活当成了梯子，抓住一切机会往上爬。威廉斯也指出，在工人阶级内部存在着一种“阶梯观念”，它是“一个试图取代团结观念，而且产生了某种效果的观念，是个人机会的观念”[①]，它与中产阶级在教育中所提倡的“强调顺从和尊重权威”的“公仆的训练”一起，对工人阶级传统的“团结的观念”产生了侵蚀。前者“在工人阶级内部产生了一场真正的价值冲突”“削弱了共同改善的原则”“使等级制度变成了裹着蜜糖的毒药”；后者“用来在各个层次上维护和肯定现状”。[②]对此，威廉斯明确地表达了自己的看法：

> 带着阶梯标志的人越来越多，他们应该向自己以及自己的人民诠释这种阶梯：作为一个阶级，他们也会受到阶梯的伤害。因为无论怎么看，这种阶梯最终是不管用的；它是一个分裂的社会的产物，将会与这种社会一起消亡。[③]

威廉斯提到的“带着阶梯标志的人”可以说很大一部分就是霍加特所说的“有知识的少数”，而“奖学金男孩”正是其代表。对有幸进入更高社会阶层的“奖学金男孩”来说，当教育体系将他们从所属阶级中“连根拔起”之后，他们告别了旧的身份，但却难以在这个充满竞争和排斥的社会中找到自己的位置。随之而来的是“个人化和分裂”的出现，以及“冷漠主义”和“怀疑主义”的流行。[④]他们不相信除了个人生活以外的任何东西，更糟的是，他们只相信消极的东西而不相信积极的东西。既然几乎所有的事情都是一种买卖，对他们来说，也就可以接受任何事情，即使是坏的买卖。正是这样的社会背景孕育出了破坏性的、善于为自己开脱的一代。“那又怎么样”成为他

---

① 雷蒙·威廉斯:《文化与社会》，吴松江、张文定译，北京大学出版社，1991年，第396页。

② 雷蒙·威廉斯:《文化与社会》，吴松江、张文定译，北京大学出版社，1991年，第396页。

③ 雷蒙·威廉斯:《文化与社会》，吴松江、张文定译，北京大学出版社，1991年，第396页。

④ Richard Hoggart, *The Uses of Literacy*. New Brunswick: Transaction Publishers, 1998, p. 147.

们的口头禅。[1] 与自己原有文化的疏离和消极的犬儒主义态度使他们常常陷于自怨自艾之中，缺乏行动，而个人主义诉求对集体主义精神的取代，使他们缺乏将个人发展与原属阶级的整体利益紧密联系在一起的强大动力。这也是以往团结一体的社会阶级逐渐走向分裂的重要原因之一。

在这个传统社会关系从松散走向分裂，群体意识向个体意识转变的后现代社会，霍加特和威廉斯对集体主义、阶级意识的强调似乎显得落后保守。在《文化与社会》中，威廉斯引用了艾略特（T. S. Eliot）的一段话来说明自己执着于从“阶级”的立场去解读文化的原因：

> 阶级本身拥有一种功能，即维护社会的全部文化中与那个阶级有关的那部分文化。我们必须努力记住，在一个健康的社会中，这种对一个特定层次的文化的维持，不但对维持该层次的阶级有益，而且对整个社会也有益。[2]

一个健康的社会，应鼓励不同社会阶层在文化上保持各自的独立性，发出不同的声音，这样才能构筑一个多元共存、和谐平衡、充满活力的“共同文化”，才能促进社会政治领域的对话和进步。由此，对工人阶级文化的寻根和救赎成为以霍加特、威廉斯为代表的早期英国文化研究的一个重要主题。

从 20 世纪 70 年代后期开始，种族、性别、身份、消费等问题成为研究热点，而对阶级问题的忽视，导致了文化研究的社会批判锋芒锐减，难以推动社会的根本性变革。在此背景上，90 年代初以来，“阶级”分析视点开始在英国学界复兴，众多学者力求通过对社会文化现象的阶级分析，重建文化研究与当代政治生活的紧密联系，相关研究成果也层出不穷。[3]

1964 年，在《文化的用途》出版 7 年之后，英国导演迈克尔·艾普特（Michael Apted）推出了纪录片《人生七年》（*7 Up*），并从当年开始，每隔 7 年推出一部续集，跨越大半个世纪，展现了英国不同阶层的 14 个孩子从 7 岁到 56 岁的经历。这部影片让人们普遍认识到：在英国社会，阶级是很难逾越的。2013 年伦敦政治经济学院的一项研究也显示，在过去的八百多年中，英国的社会阶层几乎没有变化，社会上层的人继续占据高位，中、下阶层的人

---

① Richard Hoggart, *The Uses of Literacy*. New Brunswick: Transaction Publishers, 1998, p. 216.

② 雷蒙·威廉斯：《文化与社会》，吴松江、张文定译，北京大学出版社，1991 年，第 396 页。

③ 参周丹：《英国文化研究向“阶级”视点的回归及启示——从理查德·霍加特〈文化的用途〉谈起》，《四川大学学报（哲学社会科学版）》，2016 年第 6 期。

则继续待在中、下层。[1] 以上说明“奖学金男孩”通过个人奋斗改变社会地位的道路比想象的更为艰难。

## 结　语

从古至今，“读书受教育”一直是底层人士实现向上流动，改变自身命运的重要途径。随着社会经济的发展，国民的受教育机会已大大增加，教育已成为推动阶层流动的重要渠道。然而不可否认的是，当前的教育更多的是传授作为阶梯社会生存竞争所需的“知识”，而不是作为文化内核的“批评素养”。这为阶级意识的消失、社会分裂的加剧、社会分层的固化以及文化的同质化埋下了隐患。在社会阶级分析逐渐被阶层分析替代的当今社会，霍加特关注的出身工人阶级家庭的“奖学金男孩”已成为来自不同家庭背景但同属社会下层，希望通过个人奋斗求得个人发展，进入更高社会阶层的青年群体的缩影。他们在通过个人奋斗从社会下层跻身更高社会阶层的同时，却被整齐划一、实用主义的教育模式剥夺了创造力和批判力，在这个娱乐至上的时代迷失了自我：一方面安于现状，在大众文化泡沫和职场的追名逐利中消磨人生，一方面在面对社会不公时又滑向犬儒主义的愤世嫉俗，对一切都持怀疑主义态度，缺乏改变现状的动力。这种普遍的社会病症也同样存在于当今中国社会，并已引起了众多学者的注意。

美籍华裔学者徐贲认为，犬儒主义是指向当前中国社会普遍深层问题的最重要的社会文化概念，而当今中国的犬儒主义有越来越年轻化的趋向。[2] 陶东风教授也将这种“广泛流行的玩世不恭、及时行乐的生活观念”“一种游戏人生的虚无主义与犬儒主义态度”作为当代中国的“新国民性”并对之进行了批判，指出20世纪90年代以后“政治意识的极度冷漠、消费主义的极度高涨以及文化价值的真空状态”[3] 这一社会文化语境导致了“新国民性”的产生和蔓延。这不能不让人联想到钱理群教授的一番话：“真正的精英应该有独立自由创造精神”“要有对国家、民族、社会、人类的承担”，但是我们现在的教育，“实用主义、实利主义、虚无主义的教育”，正在培养出一批“绝对

---

① BBC. “Lady Mary Needn't Worry: Britain's Elite Will Survive”. http://www.bbc.com/news/uk-24728802.

② 徐贲：《当今中国犬儒社会文化的困境与出路》，http://www.aisixiang.com/data/96680.html.

③ 陶东风：《犬儒：当代中国新国民性批判》，http://www.aisixiang.com/data/41848.html.

的、精致的利己主义者”。[①] 这席话振聋发聩，令人深思和警醒。

教育是立国之本。我们在为以上时代病症感到痛心的同时，必须对教育本身的目的和意义作深入的反思。我们应深刻认识到，“文化”的核心内涵是“批评素养”，而这一素养是社会进步的长远动力和希望之所在，也是教育的灵魂之所在。在这样的背景下，重读霍加特的“奖学金男孩”，于我们改革当前的教育模式，调整教育理念大有裨益。

**作者简介：**

周丹，四川大学海外教育学院教授。

① 钱理群：《我对大学教育的三个忧虑》，http://blog.sina.com.cn/s/blog_5f072b990100hkm0.html.

# 简析美国黑人文学中水意象的生态文化内涵及其价值*

胡湉湉

**摘　要**：站在环境公正的立场，透过黑人文化视野、生态，重审黑人文学水叙事及水意象的生态文化内涵，多角度探寻黑人族群振兴的生态文化路径，是黑人文学生态批评的重要议题。本文尝试对美国黑人诗人南斯通・修斯的生态诗歌、黑人剧作家奥古斯特・威尔逊的剧作及美国黑人作家理查德・莱特的短篇小说中的水意象进行简要的生态阐释，探讨水与美国黑人沧桑的历史、黑人的生存境遇、黑人奴隶制、环境种族主义、黑人英勇的抗争及心理疗愈等之间的复杂纠葛，勾勒非裔黑人沧桑的散居历史，揭露形形色色的环境种族主义，彰显水意象所蕴含的独特黑人水环境经验，构建黑人环境文学经典，以期对从生态角度重释美国黑人文学提供有益的启示。

**关键词**：黑人文学　生态批评　环境公正　水意象　内涵　启示

水与非裔美国人之间的纠葛可谓“剪不断，理还乱”，水与他们命运、水意象与黑人文化记忆之间的关系是非裔美国文学不断再现的重要主题，因为水承载着非裔美国人民无尽的伤痛，潺潺的溪流一直在诉说他们不堪回首的往昔，滔滔的河流一直在传达黑人族群对种族主义的愤怒。与此同时，水也带给他们难得短暂的快乐，承诺疗伤的期许，赋予珍贵的自由，甚至搭建挣脱种族主义枷锁的桥梁。为此，新兴的美国黑人文学生态批评倡导站在环境公正的立场，透过黑人文化视野，探讨黑人文学、文化中的水叙事与黑人生存境遇之间的关联，发掘水意象所蕴含的丰富独特的文化内涵，彰显黑人独特的水环境经验，勾勒非裔黑人沧桑的散居历史，揭露形形色

* 本文系 2013 年国家社会科学基金项目“美国少数族裔生态批评理论研究”（13BWW005）的阶段性成果之一。

色的环境种族主义，探寻黑人族群振兴的生态文化路径。

在此，笔者将从黑人文学生态批评视野，对黑人诗人南斯通·修斯（Langston Hughes，1902—1967）的诗歌《黑人诉说河流》（The Negro Speaks of Rivers）、黑人剧作家奥古斯特·威尔逊（August Wilson，1945—2005）的戏剧《海洋之宝》（*Gem of the Ocean*）及著名黑人作家理查德·莱特（Richard Wright，1908—1960）的短篇小说《顺河边而下》（Down by the Riverside）作简要分析，从多角度展示黑人文学中水意象与黑人深沉的文化、悲壮的历史、英勇的抵抗及凄苦的命运之间的复杂纠葛，揭示水意象背后凝聚的各种文化力量，以期对美国黑人文学的生态阐释有所启迪。

## 一、水：黑人散居历史之大隐喻

美国著名黑人诗人修斯的诗歌《黑人诉说河流》一直广受各国读者的欢迎，其深沉的内涵和真挚的情感不知打动了多少读者的心，也提振了黑人族群的文化自信。随着黑人文学生态批评的兴起，该诗又被尊为一首经典生态诗[①]，一首浸透了水的文学精品，因为它深情诉说了非裔美国人与水之间古老、幽深，也许是美好的关系。诗歌这样写道：

我了解河流：
我了解像世界一样古老的河流；
比人类血管中流动的血液更古老的河流。

我的灵魂已变得像河流一般深邃。

晨曦中我在幼发拉底河沐浴。
在刚果河畔我盖了一间茅舍，
河水潺潺催我入眠。
我瞰望尼罗河，在河畔建造了金字塔。
当林肯去新奥尔良时，
我听到密西西比河在歌唱，
我瞧见它那浑浊的胸膛

---

① Ann Fisher-Wirth，Laura-Gray Street，eds.，*The Ecopoetry Anthology*. San Antonio，Texas：Trinity University Press，2013，p. 72.

在夕阳下闪耀金光。

我了解河流:
古老、黝黑的河流。

我的灵魂已变得像河流一般深邃。

黑人是具有悠久历史的种族,在现存的几类人种中,黑人是最早在地球上留下自己的足迹的。但在近代史上,黑人生存的土地受到殖民者的暴力入侵,许多黑人沦为奴隶,并被贩卖到美洲从事非人的劳动,他们和他们孩子们的肉体和精神都饱受凌辱。南北战争结束后,美国废除了奴隶制度,黑人似乎获得自由,但种族主义依然阴魂不散,并以不同的面目出现,在环境危机肆虐、自然灾害频发的当今社会,它又渗入环境,以环境种族主义或环境殖民主义的面目出现,瞒天过海,继续摧残着黑人族群的肉体和灵魂。

这首诗"将非裔美国文化中的水体象征为历史场域,并探讨了水路之间纵横交错的关系"。"河流"是一个高度凝练的意象,是自然生态和社会生态的高度融合,既反映了自然演进的历史,也反映了非裔散居的历史,因而我们也可以把它理解为人类历史的象征,对美国非裔族群而言更是如此。诗歌以"我了解河流"开始,作为非洲人和非裔美国人的诗人,满怀深情,低声吟唱,诉说着自己与各种各样的河道之间的亲密关系,穿越古今,搭建跨越亚洲、非洲及美洲的桥梁。像抒情的灵歌一样,诗人勾画了一幅种族化的地图,借让人联想到黑色的意象——泥土和黄昏,将非洲人的身体比拟成水体,将河流比喻成血流,顺理成章。追溯河流就是追溯历史。[①] 尽管该诗基调乐观,呈现的河道景色宜人,但在黑人生态批评学者沃迪(Anissa Janine Wardi)看来,诗中的河道也是"暴力、斗争和抵抗的场域"[②],也就说,诗人并未回避伴随着河流的死亡,只是他不愿意让自然奇观被破坏而已。

"我了解河流:/我了解像世界一样古老的河流,/比人类血管中流动的血液更古老的河流。"诗中的"我"不是某个具体的黑人,而是代表整个黑人的种族。在这一节诗中,诗人反复地强调黑人对河流(历史)的见证,并形象化地指出,这条河流"像世界一样古老",比人类体内的河流——"血液"更

---

① Anissa Janine Wardi, *Water and African American Memory: An Ecocritical Perspective*. Gainesville: University Press of Florida, 2011, pp. 21-22.

② Anissa Janine Wardi, *Water and African American Memory: An Ecocritical Perspective*. Gainesville: University Press of Florida, 2011, p. 23.

古老。

“我的灵魂已变得像河流一般深邃。”第二节只这一行，它的作用是承上启下。上一节对河流的认识仅限于了解，到了这一节，“我”已经深入地用灵魂去感受、体悟深邃的河流。换句话说，黑人的灵魂因见证河流（历史）而深邃，这句诗揭示了自然生态与人之心灵之间的对应关系。下面一节，则是由此开始的历史回顾，沿着非裔族群的沧桑历史寻根探源。

“晨曦中我在幼发拉底河沐浴。”幼发拉底河是古代文明的发源地之一，这里曾诞生过灿烂的古代文明。

“在刚果河畔我盖了一间茅舍，/河水潺潺催我入眠。/我瞰望尼罗河，在河畔建造了金字塔。”刚果河是非洲流域面积最大的河流，尼罗河是世界最长的河流。尼罗河流域也诞生过灿烂的古代文明。

“当林肯去新奥尔良时，/我听到密西西比河的歌声，/我瞧见它那浑浊的胸膛/在夕阳下闪耀金光。”密西西比河是北美洲最大的河流。林肯在担任美国总统时，废除了奴隶制，使美国的黑奴获得解放。但奴隶制时期，旧密西西比河也是奴隶被卖到南方的通道，因此，它也流淌着黑奴的血泪。而今，它“浑浊的胸膛在夕阳下闪耀金光”，激发诗人“悖论式思考死亡与新生、奴役与生存”。密西西比河将荡涤非裔奴隶的伤痛与血泪，夕阳将“浑浊”浸染为“金色”，进而将忧伤的意象幻化为乐观的意象，意谓黑人族群也必将告别骨肉分离、流离失所的境况，踏上复兴之路，再续昔日的辉煌。由此，诗人灵魂因水而升华。[①]

第四节“我了解河流：/古老的黝黑的河流”在句式上与第一节相仿，但是句子更短，表意更简明。“黝黑的河流”可认为喻指黑人的历史。

最后一节，“我的灵魂变得像河流一般深邃”，是第二节的重复，意在强化、突出主题。黑人种族见证了人类的发展历史，黑人的灵魂里容纳着人类的文明、历史的积淀，因而显得“深邃”。

从黑人生态批评的视角来审视这首诗，如果再联系 2005 年 8 月卡特里娜飓风狂袭以黑人居民为主体的新奥尔良市之后广大贫穷黑人所遭受的环境种族主义压制，我们将会更为清晰地认识到黑人与河流之间的关系。我们也会发现，河流将非洲裔黑人在美洲大陆的苦难遭遇与非洲古老文明联系在一起，这种联系的纽带就是自然中最为常见的流动物质——水。在此，河流就是高度凝练的自然意象，也可以被理解为历史的象征。黑人对河流的追溯，就是

① Anissa Janine Wardi, *Water and African American Memory: An Ecocritical Perspective*. Gainesville: University Press of Florida, 2011, p. 22.

自身历史的追溯，就是对寻根忆祖。诗人以夸张的手法回顾历史。“我”的身影掠过亚、非、美三大洲，从古代到现代，在每一个地方都有令“我”难忘的河流，这些河流既代表黑人族群悠久的历史，也孕育了黑人灿烂的文明，同时也饱含黑人族群迄今为止依然难以抹去的屈辱与伤痛，勾勒出非裔黑人沧桑的散居历史。“河流”就是黑人历史文化的客观对应物，也是其创伤的客观对应物。黑人族群在古代亚洲、非洲故土的灿烂与自豪与在近现代美洲大陆的苦难与伤痛都凝聚在河流这个幽深的自然意象之中，也明证了文化对自然的依赖。黑人种族的历史见证了人类的发展历史，黑人的灵魂里凝练着人类的文明、历史的积淀，因而显得“深邃”。这首诗既表达了“我”对黑人种族历史文化的自豪，也强烈驳斥了种族主义者认为黑人是未完全进化的人的谬论。但是诗人并不绝望，而是对未来充满希望，因而听到了“密西西比河在歌唱”，看见“夕阳下一片金光闪耀”。在诗人生活的时代，甚至今天，种族歧视的毒瘤在美国不仅远未根除，而且总是以新的面目出现，环境种族主义、环境殖民主义就是在环境危机时代种族主义的新表现形式。在这样的时代背景下再看诗人代表自己的族群写下的诗篇，它无疑具有很强的感染力。从生态批评的角度看，该诗所传达信息敦促生态学者要透过各种族/族裔的文化视野，联系他们的历史，看待一切环境议题。另外，从这首诗中我们还能感受到诗人淡淡的忧伤，这种忧伤源于诗人对黑人在非洲和亚洲时的古老而灿烂辉煌的历史和在美洲遭受种族压迫深重苦难的沉思。

通过对河流的追溯，诗歌将黑人在美洲的辛酸与故土的灿烂辉煌历史联系在一起，其中河流意象的呈现，既成功表达了诗人对黑人族裔创造的辉煌文明的深深自豪眷恋，也委婉地倾诉了河流给黑人族群带来的深重苦难，尤其是美洲大陆遭受的黑暗野蛮的奴隶制压迫，更表达了对未来的憧憬与希冀，充分揭示了自然历史和人类历史之间水乳交融的关系，传达了一种近乎整体主义的生态观。

## 二、水：黑人奴役历史记忆的场域

如果说《黑人诉说河流》主要是从象征层面探讨河道之间的相互关联及黑人历史与河流之间的关系，那么20世纪美国著名黑人剧作家威尔逊的剧作《海洋之宝》则不止于此，还指出了另一个主要原则，即“人，更准确地说，人之遗骸与水体之间的关系”。威尔逊将在水中长期浸泡而不分解的人之骨头看成是以物质形态呈现的对祖先的记忆。甚至有学者认为，对于非洲离散史来说，“海洋就是历史”，也就说，“海洋不是历史的场域，海洋自身就是历史”，水体是相互联系的历史实体，由此其形象不断变换。在该著中威尔逊强调指出，16世纪欧洲殖民者开启的“黑三角贸易”即奴隶贸易的中央航路上存在的黑奴遗骨实实在在地存在，凸显出水是死亡之地，因而也是回忆祖先的主要场域。与此同时，威尔逊还指出了水的二重特性。一方面，水犹如奴隶的血液、奴隶伤痛的泪水，因而水蕴含他们昔日创伤的记忆。另一方面，水还是通向自由的媒介。《海洋之宝》是威尔逊为展现20世纪美国黑人波澜壮阔的生活画卷而撰写的由10部剧作构成的历史系列剧中的第9部，但根据剧本设定的背景时间判断，当为第1部，描写的是美国黑人20世纪第一个十年的生活，重点涉及获得解放的黑人从南向北艰难悲壮的迁徙之旅。该剧主角西特森（Citizen Barlow）受到工厂不公正处理，被克扣了应得的工资，为此他便偷了一桶钉子以示报复，结果他的工友加勒特·布朗（Garret Brown）却被怀疑偷了钉子。布朗坚称自己清白，宁愿跳河淹死也不愿意认罪受罚。西特森沉默地在河边目睹了这场惨剧，为布朗之死深感自责。为此，他去向昂特·艾斯特尔（Aunt Ester）求助。艾斯特尔是个口头历史学家、灵魂的洗涤者，她曾经是个奴隶，声称已有285岁的高龄。内心痛苦的西特森在艾斯特尔的指引下进行一系列洗涤灵魂的仪式，追溯了作为奴隶的非裔族群被贩卖、被奴役和争取自由的沧桑史。西特森的灵魂要得到洗涤，就必须回到黑三角贸易的中央航路——非裔集体创伤的场域，但同时也是创伤疗愈的场域。由此看来，西特森的伤痛要通过集体的伤痛来理解，他的苦闷也反映在“所有因伤痛而淹死的人身上”，比如，中央航路上死亡的奴隶。横跨大西洋的航行既是地理的位移，也标志着从法律上的自由人到奴隶身份的转变，重演这段航程就标志着西特森的转变。

西特森洗涤灵魂的重要仪式就是乘坐“海洋之宝”号纸船，在《去往白骨城之城》的歌声中开启了海底“白骨城”之行。“海洋之宝”是运载被贩奴隶的船，因而西特森的旅行就被赋予了寓言般的内涵。去游览“白骨城”实际上是进入非裔族群集体的过去，他观察到了水路沿途纵横交错的先人遗骨，由此被“带回了非洲”。虽然水是《海洋之宝》的中心，但威尔逊也让我们关注水中的遗骨，说明他关注掩埋在水中的历史，这是他回到遗骨并将白骨城建在世界的中心的主因。威尔逊声称，这个复活古人的简短场景代表他艺术成就之巅峰。白骨城是用奴隶的遗骨建的，不管何种原因，这些奴隶们最终都葬身海洋。尽管死亡场景令人恐怖，但“它确成了救赎的空间”。“方圆半英里的整座城市都是由遗骨建的，各种各样的骨头，手臂骨、腿骨、颅骨等搭建的一座美丽城市”。尽管西特森不愿意看这种令人悲痛的场景，但他最后听见了来自海底城的声音并告知艾斯特尔：“他们说，记住我。”西特森“惊叹城市之美”，感觉“街道看起来就像白银”。在沃迪看来，“他提到昂贵金属，是为了强调祖先们身体的珍贵，暗指奴隶买卖的生意，那里非洲人沦为商品”。这实际上是对殖民者的强烈谴责。然而，到了 20 世纪，黑人的“自由”却并不是真正意义上的自由，而是又成了“工资奴隶”。他们的身体成了工业机器的零部件，从另一个方向再次沦为了“商品”。在环境公正人士看来，对于极度贫穷的黑人来说，这无异于，甚至就是“环境工作胁迫”(environmental job blackmail)，因为为了生存，他们不得不接受超低工资、有毒、危险或致命的工作。①

尽管“白骨城”之行危险，但西特森也圆满完成了作为城中公民的任务，接受了集体记忆的洗礼，见到了中央航路的恐怖，也被奇异之美震慑，甚至短暂生活在彼岸世界的人之中。亲身遭遇、领悟过海底的海洋生态以后，他获得了新生，打破了囚禁身心的锁链，获得坦白偷盗行为和活下去的力量与勇气，并迅速成为反抗压迫、追求真理的勇士。从这个角度看，水也意味着自由。

整部剧以自由为主轴，这与新获得自由的黑人生存状况密切相关，因为他们正在琢磨自由的复杂内涵，就该剧作而言，水与黑人所要的自由相连。历史上，渡水是伤痛的；今天，水是自由的助推器。为证明自己的清白，布朗跳水淹死，这实际上与葬身大西洋的祖先没有本质区别。水中凝聚了事实真相和死亡，河流见证了布朗的清白，西特森经过水的洗礼发现了广阔的社会与历史现实。从象征层面看，布朗在水中的身体类似于西特森后来的海上航行——“白骨城”中祖先的遗骨见证了贩卖奴隶的历史，中央航路的海底生态实际上反映了人类社会生态。

简言之，《海洋之宝》不断提醒我们：在非裔美国文化史中，水本身就是矛盾的，一方面是暴力与死亡的见证，另一方面又给予人身体和心理的疗愈。《海洋之宝》剧作中的人物携带着大西洋，将海洋之水变成了河水、泪水、血液，最终将地球上的水变成黑人祖先的身体，海洋生态也由此变成了社会生态。“水反映历史”“尽管形态万千，依然是水，总能记住它流过的身体，不管它是海洋的还是祖先的身体，非洲人的还是美国人的身体，‘它是流动的生命线’，从一个海岸流到另一个海岸”。②

① Elizabeth Ammons and Modhumita Roy, eds., *Sharing the Earth: An International Environmental Justice Reader*. Athens, George: The University of George Press, 2015, pp. 27—31.

② Anissa Janine Wardi, *Water and African American Memory: An Ecocritical Perspective*. Gainesville: University Press of Florida, 2011, p. 29.

## 三、洪灾：恶劣自然生态与种族主义的社会生态的交汇地带

如果说威尔逊的《海洋之宝》主要呈现水与非裔黑人被奴役的悲惨历史之间的关联，那么莱特的短篇小说《顺河边而下》书写的就是洪灾与现实种族主义之间的合谋，或者说，洪灾是种族主义表演的舞台，黑人再次成为"隐身的"根深蒂固的种族主义的牺牲品。

洪水是南方非裔美国人生活中经常见到的自然现象或灾害，给他们带去无尽的痛苦，与此同时，洪水也成了展示种族间不平等环境关系的重要途径，种族主义、黑人奴隶制在环境议题上重现，洪水也因此成了非裔美国文学中反复出现的主题。用生态批评学者沃迪的话说："洪水勾画了人类世界与非人类世界之间的间隙，代表了水与政治交汇的生态系统，虽然洪水代表非人类系统的一个外在行为，可它却生动凸显了社会不平等、种族等级制、资源分配及政府政策。当然，伴随与洪水有关的各种恐怖，诸如财产损失、人之死亡及无家可归等，是洪水之后肥沃的土壤。"[①] 也就是说，洪水虽是自然灾害，但洪灾可暴露社会生态的问题，反映基于环境的种族关系、阶级关系、性别关系及其他关系。简言之，南方抗击洪灾的过程可集中暴露传统种族主义、黑人奴隶制的新型表现形式——环境种族主义。由此看来，环境公正理论是考察洪水议题的有效理论话语、立场。

《顺河边而下》(Down by the Riverside)[②] 以1927年密西西比河发生的、也是20世纪最为严重的洪灾为故事背景，以黑人曼（Mann）一家的抗洪经历为主线，揭示了无情的滔滔洪水与比洪水还无情，还难抵挡的环境种族主义给黑人带来的无尽伤痛，这是一场天灾，更是一场人祸，让人不得不得出这样结论：种族主义猛于水也。当年4月21日密西西比河河堤崩溃，导致许多日夜奋战、防守堤坝的黑人丧生，然而官方对死亡人数却没有记录，媒体对此也轻描淡写，但有一点是清楚的，国家自卫队无人死亡。[③] 官方、媒体对待死亡黑人的态度反映了主流社会根深蒂固的种族偏见，在他们看来，黑人的生命无足轻重，甚至没有价值，不必小题大做。尽管莱特于1938年出版的

---

① Anissa Janine Wardi, *Water and African American Memory: An Ecocritical Perspective*. Gainesville: University Press of Florida, 2011, p. 118.

② Richard Wright, "Down by the Riverside", 1938, in *Uncle Tom's Children*. New York: Harper Perennial, 1993, pp. 62—124.

③ Richard Wright, "Down by the Riverside", 1938, in *Uncle Tom's Children*. New York: Harper Perennial, 1993, p. 118.

中篇小说集《汤姆叔叔的孩子们》(*Uncle Tom's Children*)未明确提到1927年的这场洪灾，然而，水意象，诸如倾盆大雨、池塘、河流、饮用水、井、洪流、云雨、眼泪等，却弥漫整个小说集，因此我们能有把握地说，作为在密西西比河流域出生、长大的人，他一定是将这场洪灾作为了小说的创作素材。站在环境公正的立场，透过黑人的视野来看，这场洪灾简直就是人祸，是根深蒂固的种族主义毒瘤在灾难面前的总爆发。密西西比河是该小说的主角。故事开始时，许多居民已下落不明，黑人曼大哥，他那不能动弹的临近生产的太太、岳母及儿子，千方百计从愤怒的密西西比河逃生。密西西比河洪水肆虐，泛滥成灾，淹没了附近的所有地方，包括农田和村庄，从故事的开始到结束，一切都浸透了水。故事开始就告诉我们，曼的房屋的基础因湿透而松软。在故事结尾，曼的尸体被冲到河边，一只手还留在黄色的洪流中。甚至可以说，"整个故事浸透了水，可被解读为对洪水的虚构描写"。该小说旨在强调被剥夺了经济、政治权利的非裔美国人的生存困境：他们竭力抗击天灾——暴雨和洪水，但因更强大的人之风暴，遭遇了更为悲惨的命运。莱特要强调的就是人为恶势力对自然灾害的叠加效应。难怪有黑人说："白人在洪水中捣蛋。"这句话道出了对白人种族主义的愤怒。①

在常人眼中，体制化的种族主义似乎早已不在，然而，种族主义意识根深蒂固，等待在特殊事件中爆发。比如，在该小说所描写的整个抗洪过程中，种族主义就不再是暗流涌动，而简直就是明火执仗。尽管曼想尽一切办法抗击洪灾，拯救家人和自己，但最终还是未逃脱死的厄运。他因接受朋友从白人那里偷来的一只船而招来横祸，尽管他最初对是否接受这只船犹豫不决，但为了抢救即将分娩的妻子和未出生的孩子，他最终一咬牙收下了船。他不顾狂风巨浪，使出浑身解数，向医院奔去，途中还杀死了要杀他的白人船主。虽然小船成功到达医院，但妻子和尚未出生的孩子却已经死亡。与此同时，也许更可怕的是，在白人枪口的威逼下，他不得不上河堤抗洪。然而，他抗洪的超凡表现完全无助于帮他赢得与白人的斗争，"我到处都看见白人的枪"②。这些在大堤上抗洪，干着超强度苦力工作的黑人都在白人士兵枪口的下干活。由此可见黑人生存在自然的威胁和种族主义的双重危机下，因此洪水中死去的总是黑人。

另外，对于这些灾民或环境难民来说，白人与黑人的待遇也可谓天壤之

① Richard Wright, "Down by the Riverside", 1938, in *Uncle Tom's Children*. New York: Harper Perennial, 1993, p. 119.

② Richard Wright, "Down by the Riverside", 1938, in *Uncle Tom's Children*. New York: Harper Perennial, 1993, p. 120.

别，这些都完全符合历史事实。据记载，各种抗灾援助物资，包括食物、饮用水、帐篷等，都分发给白人，而在河堤上抗洪抢险的黑人却什么物资都没有。洪水退去后，强迫劳动仍未停止。黑人难民的待遇与白人难民的待遇依然相去天渊。黑人被安置在狭小、恶劣的环境中，如库房、油库、商店及河堤的帐篷里，缺乏基本的设施，他们睡在潮湿的地上，连基本的物资如餐具、食物等都极其匮乏，洗澡设施几乎没有。他们生活区附近有几千头牲畜，粪便恶臭无比。黑人不愿意住帐篷，但又不准回家，成了在押的囚犯，国家自卫队持刀枪在他们居住地巡逻。更为荒谬的是，政府竟然颁布这样的命令："身强力壮的黑人必须带上标签，否则不给饭吃。"[1] 尽管莱特的这篇小说未写洪水之后的详情，但写明了洪水期间及其后强迫劳动一直普遍存在。可顺便一提的是，曼虽然出于自卫杀死了白人船主，但他也救了白人船主家人，可当曼将白人船主家人送到安全地带后，他就在河堤上被枪杀了。

故事中的死亡都与水有关。被曼杀死的白人船主哈特菲尔德死后滑落在水中；曼的妻子及未出生的孩子死在奔往医院途中的船上；停放曼妻的医院最终也浸泡在洪水中。整个抗洪期间一直不辞辛劳、拼命救人的曼最终也难逃死在水中的厄运。但密西西比河最终呈现出象征自由与救赎的水景象，预示宗教般的净化。曼在死前的一刻还想到在河水中最后浸泡一次，这基于认为河水是神圣之水的信仰。在批评家沃迪看来，这篇小说的标题将河道作为救赎之地、圣地，因为河水可洗涤人之罪恶。该小说的标题源于一首灵歌："我将要放下我的剑和盾/顺着河边而下。"然而，无论自然世界给予的支持还是体制化宗教的期许都没能阻止南方白人社会的暴力。黑人曼一家无论多么虔诚，也没能逃脱黑人的宿命，葬身密西西比河。灵歌宣扬的放弃战争无非是欺世无用的谎言，白色恐怖在河边被放大，因而对黑人族群而言，"唯一正确的选择就是自卫还击"。[2] 在此，莱特实际上表达他对基督教所持的批评态度，他大量借用基督教的象征、主题及寓言故事，将1927年的洪灾置于宗教的框架之中，时而将水描写成令人生畏的恶势力，时而将水描写助人疗伤的向善之力。牧师将暴雨说成是上帝对人罪恶的惩罚。即使没有牧师的布道，这些虔诚善良的信徒们依然会想到《圣经》中诺亚方舟的故事、世界末日和最后的审判。在沃迪看来，曼这个勤劳善良的普通的人，这个上帝的虔诚信徒，总想努力过上规规矩矩、诚实守信的生活，实际上，他就是现实版的诺

---

① Richard Wright, "Down by the Riverside", 1938, in *Uncle Tom's Children*. New York: Harper Perennial, 1993, p. 121.

② Richard Wright, "Down by the Riverside", 1938, in *Uncle Tom's Children*. New York: Harper Perennial, 1993, p. 122.

亚式人物，可他却远远没有诺亚那么幸运。在《圣经·创世记》中，诺亚承担着延续人类的大任；在这篇小说中，曼的妻子有身孕，也是正要传宗接代。诺亚因勤劳、正直、善良、虔诚而独享上帝之恩典，在上帝对人类进行最后审判的洪灾中，诺亚全家得救，而曼一家却与洪灾抗争，在饥寒交迫中丧生，延续生命的火种熄灭。这些都充分证明莱特的基本论点：在密西西比河三角洲的非洲裔黑人不仅被上帝遗弃了，而且还被法律遗弃了。这实际上是对美国体制化、宗教化的种族主义的强烈谴责。

## 结　语

根据上文对三位美国黑人作家有关水叙事中水意象的简要分析可知，水不仅与非裔黑人之身体紧密关联，而且还与他们的历史、文化及生存境遇存在千丝万缕的联系。甚至可以这样说，水是自然生态与社会生态交汇的地带，黑人作家借助水创造了独特的黑人水文学和内涵丰富的水意象，高度凝练了他们独特的水环境经验，记录了他们灿烂的历史，描绘了他们背井离乡的无奈，刻画了他们被奴役、被贩卖的刻骨铭心的伤痛，栩栩如生地重现了种族主义与天灾的合谋给他们带来的无尽苦难，也歌颂了他们英勇的抗争。简言之，水既是暴力与死亡的见证，又是洗涤人之灵魂和医治心灵创伤的神圣之物。由此可见，从某种角度看，对黑人文学中水叙事的研究就是对几百年来非裔黑人被贩卖、被奴役、被殖民的悲惨历史的研究。

黑人文学生态批评的诞生不仅为重释黑人文学中的水叙事提供了新的视角，而且还为解决包括黑人在内的其他饱受种族歧视与种族压迫的少数族裔人民所面临的现实生存环境退化问题提供了新的思路，因为他们的环境问题不能简单地还原为科学或经济问题，而是还涉及复杂的历史和文化因素。也就说，无论在乡村还是在城市，在寻求黑人环境问题的解决时，必须考量他们独特的历史和文化所造就的特殊的环境经验，还必须有他们的积极参与和配合，否则，无论多么“美好的”环境工程，都无异于环境种族主义或环境殖民主义的变体。

**作者简介：**

胡湉湉，四川大学文学与新闻学院硕士研究生，研究方向为新媒体、环境传播学。

# “中国话语”重建的文脉

## ——以当代西方文论在中国的研究情况为视角

曹顺庆　卢　康

**摘　要：**在寻求中西方平等对话，重建“中国话语”渐趋成为文论界共识的学术背景下，有必要对当代西方文论在中国的研究进行全面的历时性梳理，以探求“中国话语”的重建何以成为当下中国知识分子的历史性诉求。本文从西方文论传入的历史视角，以五四前后的“拿来—致用”，新中国成立后逐渐走向“批判—停滞”，新时期的“赶上—填充”，以及20世纪90年代中期之后的“反思—对话”为线索，结合各时期的研究热点，对当代西方文论在中国研究的阶段性特征进行论述与分析，以论证“中国话语”重建，是百年来国内知识分子对“西方”与“传统”两极话语由狂热走向理性的文脉理路。

**关键词：**中国话语　当代西方文论　文论失语症　对话

随着中国综合国力的提升，寻求中西方平等对话，重建“中国话语”[①]，渐趋成为当下文论界的普遍共识。达成中西文论平等的对话与互释，需要对当代西方文论在中国的研究情况做一个全盘的梳理，这不但是对话的前提，而且可以在回溯历史的过程中，探明重建中国文论话语何以成为当下中国知识分子的历史性诉求。目前，此方面的研究多为在西方文论中国化的语境下综述某一个专题或某位思想家的理论在中国的研究情况，如“俄国形式主义文论在中国的接受”[②]、“巴赫金理论在中国的研究”[③] 等。偏重知识性梳理的仅

---

① 曹顺庆：《比较文学中国学派助推“中国话语”》，《光明日报》2016年8月11日11版。

② 耿海英：《新时期俄国形式主义文论在中国的接受与研究》，《俄罗斯文艺》，2007年第1期。

③ 曾军：《问题意识的对话——中国巴赫金接受30年的回顾与反思》，《学习与探索》2009年第5期。

有《西方当代文学批评在中国》[①] 一书。该书既有宏观的流变介绍，又分章介绍了各种方法论在国内的译介、传播与研究情况，对21世纪前当代西方文论在中国的研究进行了详尽的综述与回顾。但时过境迁，此书出版已20年了，难以涵盖出现的新材料、新情况。另外，本书依然是从各批评方法论的角度分别进行梳理，难以反映出当代西方文论在中国研究情况的阶段性特征。鉴于此，本文拟从历时性的角度，结合各个历史时期的研究趋向与热点，及其与时代语境之间的互动关系，考察当代西方文论在中国研究的阶段性特征，并据此试图探索“中国话语”重建的文脉。

## 一、“拿来—致用”时期（五四前后至1949年）

“五四”前后的西方，正处于传统与现代激烈碰撞的时期。一些被归属为当代的西方文论，除了弗洛伊德的精神分析学、俄国形式主义等建构了自己的体系外，都还基本还处于发轫阶段。现象学哲学已有了一定的理论基础，但现象学批评还远未到来；英美新批评派如瑞恰兹、燕卜荪等初露锋芒，但作为一个流派也未成形；西方马克思主义文论也还夹杂在总体的马克思主义之中未被辨识。在当时中国“救亡图存”社会思潮的大背景下，可以说每一种被引入的文论都不单单是文学理论，还负载着“救亡图存”的重任。所以“选择”某一种理论来建构具有现代品质的新理论，以“致用”——拯救、改造国内文学乃至社会——就成为此一时期的研究特点。在这种研究思维主导下，结合传统文化与时代需求，形成了两大研究热点。

### （一）本体诉求

“中国传统话语是以‘道’为核心的意义生成方式，‘道’的不可言说性又制止了对本体的追问。”[②] 然而五四前后破旧立新的强烈愿望，使得如王国维、鲁迅、老舍等受西方思想影响的中国学人，已经普遍质疑传统“文以载道明理”的观念，并且认识到没有艺术的本体论，其文论的言说就缺乏根本的依据。如鲁迅所言：“纯文学上言之，与个人暨邦国之存，无所系属。”[③] 此时，包括现象学、俄国形式主义与英美新批评先驱思想等涉及本体的理论，纷纷被译介到国内，但在中国的研究情况却具有极大的差异。现象学虽然早在20世纪初就进入中国，但其追求绝对、精确等的科学哲学的研究性质，与

---

① 陈厚诚，王宁：《西方当代文学批评在中国》，百花文艺出版社，2000年。

② 曹顺庆：《比较文学概论》，高等教育出版社，2015年，第181—182页。

③ 鲁迅：《鲁迅全集》（第一卷），人民文学出版社，1972年，第65页。

五四时期“致用”层面的现实需求脱节，故除杨人楩编的《现象学概说》（该文刊载于1929年1月《民铎》杂志第十卷第一号上）介绍了现象学方法外，可以说无人问津。俄国形式主义开启了20世纪文学自律性的先河，但其典型的“形式”发展观，在苏联国内又逐渐受到被奉为正统的社会主义现实主义文艺观的非难。尽管1936年《中苏文化》出过“苏联文艺上形式主义论战特辑”，但在中国国内并没有引起反响与重视。这可能与国内左翼文人受苏联影响有关，当然也与大革命失败后国民党当局亲英美、远苏联的意识形态有关，而这种联系在遮蔽俄国形式主义的同时，却又为英美新批评在中国的研究创造了一定的契机。中国知识分子的“本体诉求”，在此时期大部分是通过研究、接受、应用英美新批评的先驱理论进行的。一方面得益于如伊人、曹葆华、卞之琳、赵增厚、钱钟书及夫人杨绛、袁可嘉等学人的大量译介，另一方面则来自瑞恰兹、燕卜荪等人在中国的讲学，中国在20世纪40年代后期形成了一个诗论研究的高峰。首先，运用文本分析方法冲击传统感悟式的诗歌评论。朱自清当属此类研究的代表，他在《诗多义举例》中称“读了Empson（燕卜荪）的《多义七式》（Seven Types of Ambiguity），觉得他的分析方法很好，故试用于分析旧诗。”[①] 文章运用文本分析方法分析了《古诗十九首·行行重行行》、陶潜的《饮酒》、黄庭坚的《登快阁》等旧体诗。再者，在研究新批评理论的基础上提出具有民族特色的新诗理论。这方面袁可嘉的研究较有代表性。袁可嘉对新批评理论进行选择与变形，提出了“新诗现代化”的命题，主张“在不歧视政治作用的情况下，坚持文学与艺术的立场”[②]。显然，他把新批评的本体论与政治需要结合了起来，认为二者可以互相协调，并且只有通过艺术性才能达到工具性的目的。

### （二）心理探索

中国传统儒家文化是围绕“礼”建构的，所以常被称为“礼教”。以“礼”为本，以“孝”是行，这种崇尚集体、规则、秩序、等级的文化，自然有泯灭个性之嫌。五四时期“反叛旧道德，提倡新道德”的矛头之一便是“礼教”，而西方非理性哲学的传入便充当了反叛的工具。早在20世纪初叶，王国维的《〈红楼梦〉评论》、鲁迅的《摩罗诗力说》就明显受非理性哲学影响，及至20年代精神分析理论登陆中国，其“个体无意识”“力比多创作动因说”等理论都极好地契合时人反抗“礼教”的需要，甚至可以说，“在中国

---

① 朱自清：《朱自清古典文学论集》上海古籍出版社，1981年，第59—61页。

② 袁可嘉：《“人的文学”与“人民的文学”》，《大公报·星期文艺》，1947年7月6日，第39期。

现代思想史、文化史和文学史上，几乎所有的作家、文化学者及文学批评家都或多或少地接受了弗洛伊德的影响”[①]。如周作人以“泛性论”为基点来考察文艺与性欲的关系，在对郁达夫的《沉沦》进行批评实践时，指出文艺“是现实性压抑得不到满足，非意识地喷发出来”[②]；郭沫若的《〈西厢记〉艺术上的批判与其作者的性格》一文指出作品是作家“抑郁不得志、生命穷促之时”产生的“压抑下升华”，并且着重分析了《西厢记》青年男女相悦之情受中国封建礼教的压抑而导致的“变性而至于病”的状况，甚至推断出王实甫的内心存在着变态因子，《西厢记》是其性欲的“力比多”升华后创作出来的结果[③]；李长之运用精神分析学理论对司马迁的作品展开分析，提出“痛苦和其他消极感情是艺术创作原动力”的观点，并对司马迁的“发愤著书说”、弗洛伊德的“欲望升华说”和厨川百村的“苦闷象征说”进行了比较研究[④]。而朱光潜则创造性地将弗洛伊德精神分析与克罗齐的美学理论相结合，建构了以“心理学”为基础的美学理论。他赞同“压抑”与文学创作的关系，但却认为“本能欲望升华说”把艺术和本能情感的“距离”缩得太小；他认为无意识与梦的理论有一定的创建性，但过于注重则会破坏艺术形式的美；他赞成“艺术的内容有关性欲，但指出弗洛伊德派理论错把欲望满足的快感看成了美感”[⑤]。可见朱光潜批判地接受精神分析理论，并在此基础上建构了“内容与形式有机统一”的美学理论。这种“拿来”为我所用的研究方式，具有一定的代表性，表征着在传统文化尚未断裂时文人学者以救亡图存之意识，对西方文论的“致用”价值取向。

## 二、“批判—停滞”时期（1949年至改革开放前）

20世纪四五十年代以后，西方各种当代文论在对二战的毁灭性与现代性精神危机的反思中，通过学科交叉的方式获得了极大的发展。现象学转向了存在主义，阐释学在伽达默尔之后又焕发新的活力，接受美学与读者反应批评分别在联邦德国与美国并行狂飙，拉康将“个体无意识”纳入了语言的结构，英美新批评已颇受质疑；俄国形式主义却经由布拉格学派成为影响时代的结构主义，而后又在1968年；“五月风暴”的影响下转向解构主义，与女

① 陈厚诚；王宁：《西方当代文学批评在中国》，百花文艺出版社，2000年，第21—22页。
② 周作人：《自己的园地·沉沦》，晨报出版社，1923年，第55—56页。
③ 顾国柱：《论郭沫若对弗洛伊德学说的借鉴》，《上海财经大学学报》，2001年第3期。
④ 李长之：《司马迁之人格与风格》，生活·读书·新知三联书店，1984年，第308页。
⑤ 朱光潜：《文艺心理学》，安徽教育出版社，1996年，第29，77页。

性主义、知识考古学、后殖民主义等一起展开了颠覆语言秩序的书斋革命；西方马克思主义已经经由梅洛－庞蒂的辨识“标出”了庸俗化了的马克思主义，被法兰克福学派运用于对大众文化、文化霸权的批判，而后又影响了解构理论、女性主义以及诸种“后”理论。但此一时期的中国，马克思主义偏重工具论的文艺观逐渐成为衡量一切艺术的权力话语，在与中国实际相结合的过程中逐渐成为一种单一表述，从而使“社会－历史”批评走向庸俗化了的政治批判。此时研究当代西方文论不是目的，目的是更好对其进行批判，因此，“译介－评述－批判”三位一体的批判模式成为此时的总体研究特征，这个总体特征又呈现出两个研究特点。

### （一）政治风向驱动

中苏关系破裂之前，国内的研究有紧跟苏联的趋势，这一特征首先体现在对精神分析学的批判中。20 世纪 50 年代苏联医学界掀起了批判弗洛伊德的浪潮，称“弗洛依德学说是华尔街统治者所维护的黑暗势力之一，其唯心主义的本质决定了它是帝国主义的走狗”[①]。文章被译介入国内后，国内便展开了对精神分析的批判。《苏联心理学的优越性》《国际学术界反弗洛伊德主义的斗争》《批判弗洛伊德的思想》[②] 等都是紧跟苏联的应和型文章。到 60 年代中苏关系破裂时，这样的跟风批判几乎销声匿迹了，译介外来文献作者多为英美籍，如《欧美资产阶级心理学理论的现状》《荣格（Carl Gustav Jung）：分析心理学》《荣格美学概要》[③] 等。另外，西方马克思主义先驱卢卡契思想的引入在国内与修正主义批判同步进行。批判者多引用卢卡契《关于文学中的远景问题》中“文学中公式主义的根源是不正确的塑造和表现远景”的说法，将其说成是“对于社会主义最主要的污蔑”[④]。尽管之后的研究也有如《乔治·卢卡契：〈美学的特点〉》[⑤] 这样较为详允的译介，但目的依然是以“跳不出资本主义新花样”的心态对之进行批判。

---

① B. 班什科夫，A. 波尔特诺夫：《弗洛依德学说为资产阶级反动势力效劳》，李维清译，《人民军医》，1955 年第 3 期。

② 曹日昌：《苏联心理学的优越性》，《科学通报》，1957 年第 21 期；孙晔：《国际学术界反弗洛伊德主义的斗争》，《心理学报》，1959 年第 4 期；唐钺：《批判弗洛伊德的思想》，《北京大学学报（人文科学）》，1960 年第 1 期。

③ 荆其诚：《欧美资产阶级心理学理论的现状》，《心理学报》，1961 年第 1 期；沃尔曼：《荣格（Carl Gustav Jung）：分析心理学》，胡寄南译，《现代外国哲学社会科学文摘》，1961 年第 11 期；维克斯：《荣格美学概要》，仲青译，《现代外国哲学社会科学文摘》，1965 年第 2 期。

④ 冯至：《关于批判和继承欧洲批判的现实主义文学问题——一九六〇八月一日在中国作家协会第三次理事会扩大会议上的发言》，《文学评论》，1960 年第 4 期。

⑤ 叶封：《乔治·卢卡契：〈美学的特点〉》，《国外社会科学文摘》，1964 年第 12 期。

## (二)学科交叉性不强

当代西方文论的学科交叉性是不言自明的,由于国内文艺领域被正统的马克思主义文艺观占据,所以各种被我们现在指称为当代文论的西方学说,都还在各自的领域内进行“译介-评述-批判”。除了上文中提到的精神分析学说主要在心理学、医学领域内进行外,结构主义主要在语言学领域进行研究,而转向存在主义的现象学则主要在哲学领域。早在1958年,许国璋以《结构主义语言学述评》一文,较为全面地概述了结构主义语言学理论。虽然称“结构学派实质上只能代表资产阶级教育制度‘只教技能,不问其他’的反动观点”[①],但依然不失为结构主义研究的严谨之作。之后如《布拉格语言学派》《评美国结构主义语言学的机械论》[②] 等都是语言学领域的研究。现象学方面,从20世纪60年代初至“文革”前,国内的批判模式主要是在哲学领域将其定性为错误的唯心主义世界观,以反证马克思主义唯物主义世界观的绝对正确性,如《存在主义及其和德国古典唯心主义的关系》《存在主义论略》[③] 等都是较有代表性的批判论文。在文学领域被批判的当属新批评。新中国成立后,新批评由于所强调的作品本体论与马克思主义文艺观大异其趣,曾长期处于沉寂状态。对它的批判是从60年代开始的。袁可嘉的《托·史·艾略特——美英帝国主义的御用文阀》《“新批评派”述评》[④] 等文章,尽管对新批评派的理论梳理具有极高的学术价值,但仍然脱离不了时代语境,“颓废作家”“麻醉人民”“开倒车”等话语充斥文中。

总之,此一时期的研究是由批判话语构成的,以“证伪”的心态面对当代西方蓬勃发展的文论,究资产阶级文艺观之“伪”,以证社会主义文艺观之“实”。甚至为了批判之用,1962年还由卞之琳牵头组织编选了《现代美英资产阶级文艺理论文选》一书。在反帝反封的总体政治思路下,中国传统文论话语与五四以降的西方文论话语皆被批判得凋零殆尽,于“文革”十年大加挞伐之后,中国文论话语全部被“革命话语”所取代。

---

① 许国璋:《结构主义语言学述评》,《外语教学与研究》,1958年第2期。

② 东平:《布拉格语言学派》,《当代语言学》,1965年第4期;骆傅芳:《评美国结构主义语言学的机械论》,《中山大学学报:哲学社会科学版》,第1966年第1期。

③ 陈修斋:《存在主义及其和德国古典唯心主义的关系》,《江汉学报》,1961年第5期;全增嘏:《存在主义论略》,《学术月刊》1963年第2期。

④ 袁可嘉:《托·史·艾略特——美英帝国主义的御用文阀》,《文学评论》,1960年第6期;袁可嘉:《“新批评派”述评》,《文学评论》,1962年第2期。

## 三、“填充—赶上”时期（改革开放后至20世纪90年代中期）

“话语并非指一般意义上的语言或谈话，而是指文化意义的建构法则。”[①]当国内由“以阶级斗争为纲”转向“以经济建设为中心”的时候，“革命话语”显然失去了表述的合法性，中国的文论话语便出现了“真空”。如何填补这种“真空”？自然，在“开放”的社会总体思潮背景中，当代西方文论成为新时期顺理成章的选择。改革开放伊始，当国内还被僵化的政治批判模式所占据的时候，西方当代文论已跨越了“非理性转向”“语言学转向”而步入“文化转向”，呈现出围绕着文学活动“世界－作者－作品－读者”[②]四要素的研究热点。以“作者”为中心的文论有精神分析学等；以“作品”为中心的文论主要围绕着语言学进行言说，包括俄国形式主义、新批评、结构主义与解构主义，以“读者”为中心的文论从现象学到存在主义、阐释学以及接受理论；以“世界”为中心的文论，包括西方马克思主义、当代女性主义、诸种“后”理论、文化研究等。中国的“开放”是对世界开放，而不是回归传统。当国人面对西方丰富的物质文明与令人眼花缭乱的现代文化而自叹弗如的时候，传统文化还在被“寻根文学”“电影探索片”等挞阀其“国民劣根性”。在同时回望十年浩劫与惊叹西方的先进时，只能以奋起直追的心态尽快赶上西方的步伐。在这样的文化心态与时代语境下，我们忽略了当代西方文论“本来‘鱼贯式’的历时性发展特征，而代之以‘雁行式’传入中国”[③]，对中国文论的话语的“真空”进行共时性的填充，不论其在西方的情况，皆冠之以“新方法”而引入，甚至以其热度使1985年被称为“方法年、批评年、文化年”。这一阶段的研究可分为基础研究、应用研究、比较研究三类。

### （一）基础研究

“赶上”意味着与世界同步，因此对各种“新方法”进行唯恐遗漏的全面引介，成为改革开放后至20世纪90年代中期的研究心态。首先是通过期刊论文对某一流派或理论核心概念进行引介。如《作品本体崇拜——论英美新批评》《仁者见仁，智者见智——关于阐释学与接受美学》《“文学性”和“陌生化”——俄国形式主义早期的两大理论支柱》《解构之道：雅克·德里达思

---

① 曹顺庆：《中西比较诗学（修订版）》，中国人民大学出版社，2010年，第232页。

② M. H. 艾布拉姆斯：《镜与灯——浪漫主义文论及批评文论》，丽稚牛等译，北京大学出版社，1989年，第6页。

③ 陈厚诚，王宁：《西方当代文学批评在中国》，百花文艺出版社，2000年，第9页。

想研究》[①] 等都是对新方法的引介或理论概念的阐发。引介与概念研究并不能深刻观照某一种文论的全貌，而专题研究则能进行深入探讨。如《新批评——一种独特的形式主义文学理论》《意义的探究——西方当代释义学》《西方马克思主义文艺美学思想》《叛逆的谋杀者——解构主义文学批评述要》《俄国形式主义诗学研究》《叙事学导论》《海德格尔哲学概论》[②] 等都是关于某理论、流派或理论家的专题研究。可以说几乎所有当代西方文论都有相关专著或学位论文。另外，众多的“文选”“文论教程”以及“文艺理论教程”等形式的书目，如《西方文艺理论名著教程》《外国现代批评方法纵览》《“新批评”文集》《西方马克思主义美学文选》《当代西方文艺理论》[③] 等都反映了当代西方文论引介、研究的总体情况，并且许多书目都在以“修订”“再版”的形式不断与西方同步更新。

### （二）应用研究

“新方法”既为方法，便不能停留在纯理论层面，只有用于实践才能得到更准确的理解与深入的把握。新时期以来被全面引入的西方文论的陌生化效果，促使大量理论家、批评家们尝试将其运用于具体的批评实践，形成了一些研究热点。首先，研究西方文论对中国文学创作的影响，如《外国文论和我国近年来小说的文体》《“心理分析”与中国现代小说》《暴力与游戏：无主体的话语——孙甘露与后现代的话语特征》[④] 等多从文体、艺术特征等方面研究西方文论与中国文学创作的关系；再者，运用引进的“新方法”对中国文学

---

① 张隆溪：《作品本体崇拜——论英美新批评》，《读书》，1983 年第 7 期；张隆溪：《仁者见仁，智者见智——关于阐释学与接受美学》，《读书》，1984 年第 3 期；钱佼汝：《“文学性”和“陌生化”——俄国形式主义早期的两大理论支柱》，《外国文学评论》，1989 年第 1 期；佘碧平：《解构之道：雅克·德里达思想研究》，《复旦学报：社会科学版》，1990 年第 1 期。

② 赵毅衡：《新批评——一种独特的形式主义文学理论》，中国社会科学出版社，1986 年；张汝伦《意义的探究——西方当代释义学》，辽宁人民出版社，1986 年；冯宪光：《西方马克思主义文艺美学思想》，四川大学出版社，1988 年；马弛：《叛逆的谋杀者——解构主义文学批评述要》，中国人民大学出版社，1990 年；赵志军：《俄国形式主义诗学研究》，新疆大学出版社，1993 年；罗刚：《叙事学导论》，云南人民出版社，1994 年；陈嘉映：《海德格尔哲学概论》，生活·读书·新知三联书店，1995 年。

③ 胡经之：《西方文艺理论名著教程》，北京大学出版社，1986 年；班澜、王晓秦：《外国现代批评方法纵览》，花城出版社，1987 年；赵毅衡：《“新批评”文集》，中国社会科学出版社，1988 年；陆梅林：《西方马克思主义美学文选》，漓江出版社，1988 年；朱立元：《当代西方文艺理论》，华东师范大学出版社，1997 年。

④ 骏飞：《外国文论和我国近年来小说的文体》，《当代外国文学》，1990 年第 2 期；余凤高：《“心理分析”与中国现代小说》，中国社会科学出版社，1987 年；陈晓明：《暴力与游戏：无主体的话语——孙甘露与后现代的话语特征》，《当代作家评论》，1991 年第 1 期。

作品进行解读，如《诗歌张力之谜——读北岛、舒婷诗一点随想》《论新时期小说语言形式的陌生化》《新时期中国小说中的神话模式》《解构神话——评王安忆的〈弟兄们〉》《图腾与禁忌——张承志男权文化的神话》《“民间社会叙事”的失败与张爱玲小说的意识形态性》[①]，以及乐黛云于20世纪80年代初对《红楼梦》的文本分析、王富仁运用“文本细读”于20世纪90年代初在《名作欣赏》上发表的数篇“旧诗新解”等都是运用诸如俄国形式主义、新批评、结构主义、解构主义等西方文论分析、批评中国文学作品与现象的研究成果。

（三）比较研究

比较研究是伴随着比较文学学科的发展而不断深入的，相较于其他学科或研究方法，比较文学对于当代西方文论的观照更具有跨文化、跨学科的优势。此一时期的比较研究，既打上了时代心理烙印，通过西方各种文论之间、中西文论之间等的比较实现对当代西方文论更加准确、深入的认识和理解，又为比较文学学科的发展乃至“中国学派”的形成奠定了基础。首先是当代各种西方文论之间的比较，如《艺术旗帜上的颜色——俄国形式主义与捷克结构主义》《结构主义与后结构主义》《后结构主义和分解批评》《德里达与马克思》[②] 等都是不同理论或不同思想家的比较研究，使得国人对于当代西方文论的认识更加深入。再者是当代西方文论与中国传统文论之间的比较研究，这属于中西比较诗学的研究范畴，《中西比较诗学》[③] 一书较早奠定了其基本的研究范式，其后如《“陌生化”在中国——俄国形式主义与中国戏曲及古典美学的比较》《英美新批评与中国古典诗学》《“品味”论与接受美学的异同观》《文之本体与道之本相》《气势与张力》[④] 等成果都是将中国古代文论与当

---

① 翟大炳：《诗歌张力之谜——读北岛、舒婷诗一点随想》，《山花》1987年第5期；吴丕显：《论新时期小说语言形式的陌生化》，《理论导刊》，1989年第6期；徐剑艺：《新时期中国小说中的神话模式》，《文学评论家》，1990年第4期；张京媛：《解构神话——评王安忆的〈弟兄们〉》，《当代作家评论》，1992年第2期；何向阳：《图腾与禁忌——张承志男权文化的神话》，《小说评论》，1992年第6期；韩毓海：《“民间社会叙事”的失败与张爱玲小说的意识形态性》，《人文杂志》，1996年第3期。

② 张隆溪：《艺术旗帜上的颜色——俄国形式主义与捷克结构主义》，《读书》，1983年第8期；徐崇温：《结构主义与后结构主义》，辽宁人民出版社，1986年；王宁：《后结构主义和分解批评》，《文学评论》，1987年第6期；尚杰：《德里达与马克思》，《辽宁大学学报》，1994年第4期。

③ 曹顺庆：《中西比较诗学》，北京出版社，1988年。

④ 吴建波：《“陌生化”在中国——俄国形式主义与中国戏曲及古典美学的比较》，《戏剧文学》，1988年第7期；杨晓明：《英美新批评与中国古典诗学》，《文艺理论与批评》，1989年第2期；邓新华：《“品味”论与接受美学的异同观》，《江汉论坛》，1990年第1期；程地宇：《文之本体与道之本相》，《浙江社会科学》，1991年第4期；李清良：《气势与张力》，《湖南师范大学社会科学学报》，1993年第4期。

代西方文论中的某一个理论范畴进行比较的研究。

通过疾风骤雨般的“填充”，历史上的“真空”得以弥补，“到了 90 年代，中国在引进当代西方文论方面，基本达到了同步”[①]。但是这并不意味着对当代西方文论的研究没有问题。基础研究方面，很多术语的内涵与外延还很混乱；应用研究方面，“强制阐释”比比皆是，许多应用研究以中国的文学现象印证西方的理论；比较研究主要还是“求同”模式，并且是“X+Y”式的浅层比附，难以承载中西文论的异质性跨文化特征；更为重要的问题是亦步亦趋、紧随西方文论的研究方式，导致西方文论话语完全替代了我们言说文学艺术的方式，乃至如果不借助西方理论，我们已经很难言说“什么是文学”“什么是艺术”这样最核心与最根本的问题了。刚刚抛却了“革命话语”，而又被“西方话语”所“填充”，这就是“文论失语症”提出的背景，这也必然促使中国知识分子对当代西方文论的话语霸权进行反思。

## 四、“反思—对话”时期（20 世纪 90 年代中期至今）

20 世纪 90 年代之后国内的当代西方文论研究，是一个杂语共生的交会场。一方面“赶上”的研究思维与模式依然存在，并且在出版市场化、高校扩招造成学术出版物不断扩张的情况下，海量的期刊论文、学位论文与专著、文选、文集良莠未辨，充斥研究者视野；另一方面出现了对当代西方文论话语霸权的反思。当然，反思并非新话题，而是自西学引入就一直存在着，如 80 年代围绕新批评的“内外之争”[②] 就已经说明外来文论在引入的过程中会遭遇本土观念的质疑。但在新时期的狂飙突进中反思并不是主流。直到 90 年代中期《21 世纪中国文化发展战略与重建中国文论话语》《文论失语症与文化病态》[③] 两篇文章正式提出“文论失语症”的命题后，反思才在激烈的辩论中渐趋成为中国知识分子的普遍诉求。反思意味着对西方文论话语霸权的质疑，目的是重建“中国话语”，指向的是中国传统文论话语的现代转化。这种研究思维的转变，是与 90 年代以来民族深层心理的变迁有着密切关联的。

前一时期的“赶上”思维，是学生之于先生的心态，追求准确、即时、全面，所以各种研究都旨在更准确、深刻地理解西方文论。这种研究是缺失主体性的，是单向的接受，正误的权力话语掌握在西方手里。这一时期，中

---

① 陈厚诚，王宁：《西方当代文学批评在中国》，百花文艺出版社，2000 年，第 10－11 页。

② 严昭柱：《关于文学本体的讨论综述》，《文艺理论与批评》，1990 年第 6 期。

③ 曹顺庆：《21 世纪中国文化发展战略与重建中国文论话语》，《东方丛刊》，1995 年第 3 辑；《文论失语症与文化病态》，《文艺争鸣》，1996 年第 2 期。

西方文论的研究基本同步，意味着中西双方在对等的立场中参与理论话语的论争，是同为主体的双向对话。并且此时期中西方研究热点由解构主义、后殖民主义、文化研究等社会—文化系统文论构成，也助推了这种趋势。解构主义解构的是以理性为核心的西方中心话语，后殖民主义则指向第三世界在西方中心主义的文化系统中主体意识的“标出”，文化研究模式抹平了“精英艺术与大众文化”“艺术与非艺术”“中心与边缘”的鸿沟——寻求对话成为文论研究本身的需求。另外，更为重要的是，随着中国综合国力的增强，寻求国际文化影响力的现实层面需求导致主体意识提升，国内一浪高过一浪的国学热便是明证。当我们不断从西方引进“先进”的时候，这些导源于“现代性危机”的当代理论一直或者正在向东方哲学寻求“天人合一”以弥合“天人对立”，寻求“感悟”以弥合“分裂”，寻求“天下”以弥合“国家”。在这一刻，“主人”“主人翁”“主体”，这些交织在国人心目中的传统、革命、西方的话语交汇为一。中国不再是西方理论的跑马场——那个缺失主体的存在，而应该是多元世界文化中的一元。这种研究心态，已经跨越了“填充”时期以西方为“新”、以西方为“准”的“赶上”思维模式，而是更加关注本土文化，更加具有主体意识，因此，此一时期的研究有两个新的特征。

### （一）本土文化分析

当代西方文论的引入最终总是要服务于中国本土的文艺研究与文化发展的，这种研究思维，解决了“研究何为”的问题——不应该是“为知识而知识”的“二道贩子”[①]，而应该以本土文化为主体，为研究的目的与落脚点。当然，这种更加关注本土文化的研究，也与此一时期“社会—文化”系统文论将文学文本研究扩展到文化文本研究的取向相关。当代西方文论常用于对中国当下文化现状的研究、阐释与互证。如20世纪90年代以来，后殖民理论被戴锦华、陈晓明、张颐武等广泛运用到对如《曼哈顿的中国女人》《北京人在纽约》，以及张艺谋前期电影等中国当代文化文本的分析研究中，其言说的深度已经超越文学影视作品，而深入社会文化心态方面；再如《东方后现代》《中国当代审美文化研究》《从娱乐行为到乌托邦冲动》《中国当下影视文化的解构与重构——兼论电视连续剧〈西游记〉、〈大话西游〉、〈走西口〉及

① 王岳川：《融古汇今与重建东方价值——王岳川教授谈“中国传统文艺理论的现代转换”》，《山花》，2011年第15期。

其他》《女性主义与中国当代文化》[①] 等成果，不但较好地运用了后殖民、西方马克思主义、解构主义与女性主义方法论，更为重要的是它们都是以中国本土文化为主体的研究。

### （二）中西文论对话

中西文论的对话与传统上具有“以西释中”“以中释西”嫌疑的各种研究不同。传统研究中通常存在着主体与客体之分，即“为何研究”与“研究什么”的问题。但在对话中，“中西双方是互为主体，同时也互为客体，相互提问也相互作答，通过相互的读解、借鉴和启迪去弥补自身的不足，建构发展自己的未来理论新范式”[②]。“对话”是试图重建中国文论话语的途径，也是比较文学领域对“比较何为”经典追问的解答之一，这种研究模式与国人主体意识的提升相呼应，将中西文论作为平等的参照系，打破对立，承认差异，在共同的话题中，相互阐发、异质互补、有效融通。如时下关于“文论失语症”与“后殖民”“变异学”与“理论旅行”的比较研究便是中西双向互释的对话。再如《德里达与老庄哲学》《海德格尔的思想与中国天道》[③] 等围绕海德格尔、德里达等受到中国传统文化影响的西方思想家，运用中西双向互释的方法，对共同的问题进行研究。而如《中国阐释学》《中国古代接受诗学》[④] 则以中国古代文论的“以经立意”思想为基础，结合西方的阐释学、接受美学，企图建立中国的阐释学与接受美学。中西文论的双向对话方面，最多的研究成果当属“西方文论的中国化”领域。“西方文论的中国化，指的是将西方文论与中国文化融合，结合中国的文学实践，以中国的运思方式、学术规则、话语特色为主，来吸收与改造西方文论，以实现中国文化的创新。”[⑤] 这种研究既关涉摆脱西方理论的话语霸权，又与探索中国传统文论资源向现代敞开的命题密切相连，是国内知识分子在比较文学变异学的基础上，重新审视中国传统文论，试图将已经西化了的中国文论话语转化为本土文论的创新

---

① 曾艳兵：《东方后现代》，广西师范大学出版社，1996 年；周宪：《中国当代审美文化研究》，北京大学出版社，1997 年；宋伟杰：《从娱乐行为到乌托邦冲动：金庸小说再解读》，江苏人民出版社，1999 年；胡和平：《中国当下影视文化的解构与重构——兼论电视连续剧〈西游记〉、〈大话西游〉、〈走西口〉及其他》，《电视研究》，2009 年第 6 期；王澄霞：《女性主义与中国当代文化》，社会科学文献出版社，2012 年。

② 曹顺庆：《比较文学概论》，高等教育出版社，2015 年，第 247 页。

③ 陆扬：《德里达与老庄哲学》，《法国研究》，1995 年第 1 期；张祥龙：《海德格尔的思想与中国天道》，中国人民大学出版社，2010 年。

④ 李清良：《中国阐释学》，湖南师范大学出版社，2001 年；邓新华：《中国古代接受诗学》，武汉出版社，2000 年。

⑤ 曹顺庆：《比较文学概论》，高等教育出版社，2015 年，第 183 页。

研究举措。如《西方文论在中国的命运》《走向全球化：论西方现代文论在当代中国文学理论界的传播与影响》《西方女性主义批评的中国化进程》《“理论旅行”——“新批评”的中国化研究》、《谈“韦勒克化的英伽登”现象》《批判与超越：略谈国内马尔库塞理论研究——对观西方文论中国化问题》[①] 等，以及与中国政治语境密切相关的“马克思主义中国化”的大量研究成果，都更加关注西方理论在本土的变异，并试图结合本土传统文论达成理论的创新。

追溯当代西方文论在中国的研究情况，不但是对研究视角、研究方式、研究特征、研究成果的梳理，更重要的是对中国知识分子民族心态变迁历程的触摸，是对重建“中国话语”何以成为时代话语的文脉的历时梳理。在走向现代的历史大潮中，中国知识分子背负着灿烂的传统文化，却又不得不在落后的现实中苦苦探寻。面对当代西方文论，在不同历史时期或以致用救国之心态拿来为我所用，或以证伪之心态横加批判而使研究趋于停滞，又以赶上之心态奋力矫正的填充，再以对话之姿反思中国传统文论的失语——所有这一切皆与中国的国情乃至世界的局势有着深层的联系。如今在全球化的语境下，“中心”渐趋消散，世界不断走向多元，通过上述的梳理我们不难发现，在经历种种冲突后，重新审视当代西方文论与中国传统文论，走向中西文论的平等对话，以应对“世界主义”这一共同话题，追思整个人类的精神家园，是中国文论话语重建、创新的必经之途。因此，重建“中国话语”并非国人民族情绪的一厢情愿，而是百年来中国知识分子面对“传统”与“西方”两极话语从狂热走向理性的自然选择与心理历程。中西的平等对话也是中国文论与世界文化发展的必然结果，这将不但是中国文学艺术发展的崭新道路，也是世界文化在多元中交融的指向所在。

**作者简介：**

曹顺庆，博士生导师，欧洲科学与艺术院院士，长江学者特聘教授，四川大学文科杰出教授，北京师范大学教授。

卢康，四川大学文学与新闻学院 2015 级艺术学理论博士研究生。

---

① 代迅：《西方文论在中国的命运》，中华书局，2008 年；冯黎明：《走向全球化：论西方现代文论在当代中国文学理论界的传播与影响》，中国社会科学出版社，2009 年；戴冠青：《西方女性主义批评的中国化进程》，《东南学术》，2010 年第 2 期；张惠：《“理论旅行”——“新批评”的中国化研究》，华中师范大学博士学位论文，2011 年；冯宪光：《谈“韦勒克化的英伽登”现象》，《绵阳师范学院学报》，2012 年第 3 期；刘婷：《批判与超越：略谈国内马尔库塞理论研究——对观西方文论中国化问题》，《中外文化与文论》，2015 年第 2 辑。

# 话语之“筏”：论“格义”与“洋格义”*

常 亮 曹顺庆

**摘 要**：“格义”是中国佛教史上的一个特殊概念。汉魏两晋时期，一些佛教学者在对信徒的教学和佛经翻译中使用中国本土道、儒两家的某些概念来拟配、解释佛教的某些概念，这种做法称为“格义”。“格义”既是一种佛教概念解释的方法，也是一种佛经翻译手段，许多现代学者还用这个词语来描述佛教在中国发展最初阶段的特点。“洋格义”是近年来一些学者在对西方佛教研究和佛经翻译进行回顾与思考的过程中提出的概念。从本质上讲，“洋格义”与“格义”都是用旧有观念解释新观念的方法和途径。广义的“格义”与“洋格义”对应的是如何对佛教概念进行理解与阐释的问题；狭义的“格义”与“洋格义”对应的是具体的佛经语言文字翻译问题。无论从广义的层面，还是从狭义的层面看，“格义”与“洋格义”都有些一致性，但也存在着显著的不同。两者之间最大的差异在于，“格义”是一个历史词汇，它在中国佛教史上存在的时间并不长，而“洋格义”从西方学术界对佛教进行研究开始至今一直存在，在一定的时期内还会继续存在下去。将“格义”与“洋格义”进行综合性的比较研究，有助于了解佛教思想在中国以及在西方世界发展变化的异同，有助于探讨佛道、佛耶等宗教对话背后的深层机制。

**关键词**：“格义” “洋格义” 诠释 翻译 文化变异

## 引 言

从汉末起，佛教与中国本土的道家、儒家就开始了彼此之间的接触、碰撞和相互融摄。汉魏两晋时期，佛教学者的教学和译经中出现了一种名为“格义”的特殊现象，这种现象在一段时间内产生

* 本文为教育部人文社会科学研究青年基金项目（17YJCZH016）成果。

发展，而后逐渐消失不见。无独有偶，19世纪以来西方学者的佛教研究和佛经翻译中也出现了类似“格义”的现象，华语世界的学者将其称为“洋格义”。

国内多数学者对“格义”的研究都在佛教的范围之内进行，历史性的考证是主流的研究途径。也有一些学者关注“格义”与佛教中国化的关系以及“格义”的方法论意义等问题。与“格义”相比，“洋格义”这一概念出现得相当晚，直到上个世纪末才有学者在总结与思考西方学术界佛教研究和翻译的过程中提出了这个问题。从不同文明对话的角度看，“格义”对应的是佛教与中国道家、儒家文化的对话，发生在亚洲文明内部；“洋格义”对应的则是佛教与西方基督教文化的对话，发生在东西方文明之间。从历史的角度看，“格义”是一个已经完成的概念，而“洋格义”则仍然在进行之中。目前国内学术界对“格义”研究成果较为丰富，然而对“洋格义”的研究还极为欠缺。在笔者所掌握的材料范围内，迄今为止，国内学术界既没有人对西方佛教研究与佛经翻译中的“洋格义”进行全面的梳理，也没有人将“格义”与“洋格义”放在一起进行综合的比较性研究。鉴于此，本文拟对国内学者的“格义”研究进行一个概述性的总结，并以此为参照对西方学者的“洋格义”进行思考，而后分析两者的异同并对两者各自产生和发展的原因进行深层次的探讨。

## 一、中国古代佛教史上的“格义”

在中国古代佛教史中，“格义”是一个特殊的概念。《中国哲学大辞典》先是援引《高僧传·竺法雅传》中的“竺法雅，河间人。凝正有气度，少善外学，长通佛义，衣冠士子咸附咨禀。时依雅门徒，并世典有功，未善佛理。雅乃与康法朗等，以经中事数拟配外书，为生解之例，谓之格义”一段文字，将其定义总结为：“竺法雅等援引中国传统哲学（即所谓的‘外学’、‘外典’，主要指老庄哲学）概念来拟配、解释佛学的概念，并逐条著之为例，作为刊定的统一格式，于讲授时用之以训门徒，叫做‘格义’。”[①] 在这个解释性定义之下，还有一段值得我们注意的评述性文字：

> 这种方法与以前佛典翻译中仅限于概念相比附的方法不同，也异于把几种不同的译本“合本”比较的研究方法，它不拘泥于片言只语的训释，而着重于从义理上去融合中外两种不同的思想。但既然“以经中事数拟

① 方克立主编：《中国哲学大辞典》，中国社会科学出版社，1994年，第560页。

配外书，为生解之例”，也就难免有牵强附会之处，故道安之后随着佛道渐明且势力既张，就不愿再以佛理拟配外书了。到了鸠摩罗什时代，则更不须藉外典以相比拟，“格义”之法被视为“迂而乖本”，遂弃之不用。[①]

从《中国哲学大辞典》对“格义”的定义和解释可以看出，“格义”的产生和消亡既和佛教在中国的发展历史有关，也有其内在的复杂原因。

从民国时期至今，国内很多学者根据《高僧传》《出三藏记集》等文献中的记载对中国古代佛教史上的“格义”问题进行过深入的研究。其中，汤用彤先生的《论“格义”——最早一种融合印度佛教和中国思想的方法》，是国内较早且较为深入地对“格义”展开研究的重要文章。[②] 汤用彤先生认为：“‘格义’是用原来中国的观念对比外来佛教的观念，让弟子们以熟悉的中国固有的概念去达到充分理解外来印度的学说的一种方法。”[③] 汤先生还指出，“（格义）不是简单的、宽泛的、一般的中国和印度思想的比较，而是一种很琐碎的处理，用不同地区的每一个观念或名词作分别的对比或等同”[④]。从根源上讲，这种方法论意义上的“格义”思维模式在中国历史上很早就存在，汉代某些儒家思想家（如董仲舒）和道家思想家（如淮南王刘安）对先秦阴阳家思想的借用中就有“格义”的踪迹。[⑤] 由汤先生的论述可以看出，他认为“格义”最早是一种教学方法。

我们换一个角度看，“格义”除了是一种教学方法之外，同时也是佛经翻译的一种手段。在汉魏时期，佛经的翻译和译经僧对佛教信徒的经义讲解往往同时进行，一些译经僧人使用中国本土传统思想文化中的词汇、概念来对译佛教的术语，这样“格义”就有了佛经翻译范畴内的意义。作为佛经翻译手段的“格义”，最早即如竺法雅“以经中事数拟配外书”的做法，例如用儒家的“五常”解释“五戒”，用道家的“五行”解释“四大”，等等。中国译经僧人在佛经翻译中的“格义”还不只限于事数的拟配。例如，支谦将“摩诃般若波罗蜜”译为“大明度无极”，用“明”对译“般若”，用“度无极”对译“波罗蜜”实际上也是一种“格义”的做法。类似的例子还有后来的译

① 方克立主编：《中国哲学大辞典》，中国社会科学出版社，1994年，第560页。

② 汤用彤先生的这篇文章写于其1948年在美国讲学期间，中文原稿已不存，仅有加利福尼亚州立大学M. C. Rogers的英译本，后由著名哲学史家、佛学家石峻先生回译为中文，收入《汤用彤全集（第5卷）》（河北人民出版社，2000年，第231－242页）。

③ 汤用彤：《汤用彤全集（第5卷）》，河北人民出版社，2000年，第232页。

④ 汤用彤：《汤用彤全集（第5卷）》，河北人民出版社，2000年，第232页。

⑤ 汤用彤：《汤用彤全集（第5卷）》，河北人民出版社，2000年，第235页。

经僧用“本无”对译“真如”，用“守一”对译“禅定”，等等。无论是事数还是概念的拟配，总的来看，在“格义”用以解释佛教术语的中国本土概念中，来自道家的居多。

在教学方法和佛经翻译手段之外，近代以来的学者们还用“格义”对佛教在中国发展的时代进行划分。例如，冯友兰先生在《中国哲学史新编》第四册中对佛教在中国的发展进行分期，就以“格义佛教”为第一阶段；日本学者镰田茂雄也以“格义佛教”来说明佛教在魏晋时代的发展；当代学者孙述圻所著《六朝思想史》也将“六朝前期的格义佛教”列为单独的一章。凡此种种说明，由于作为佛教教学和翻译方法的“格义”曾一度流行于魏晋六朝时期，因此学者们将其用来定义这一阶段佛教的特色，从而形成了一个历史性的概念。

国内一些学者还对“格义”进行过广义与狭义的划分。例如，倪梁康先生认为狭义的“格义”是指佛教进入中国早期过程中具体运用的“格义”方法；广义的“格义”指通过概念的对等，借助中国概念达到对陌生概念、学说之领悟和理解的方法。[①] 倪先生还指出，“这个意义还可以扩大，超出中国文化的区域：我们可以将所有运用新旧概念的类比来达到对新学说之领悟的方法都称之为‘格义’；甚至每一个从一种文字向另一种文字的翻译在这个意义上都是‘格义’”[②]。倪梁康先生看到了“格义”超出中国文化范围之外的普遍性意义，这个见解值得赞赏。在西方世界的哲学研究中，确实存在着和广义的“格义”相类似的方法，一些国内学者将之称为“洋格义”，笔者下文还将重点讨论这个问题。但是倪先生认为可以将翻译纳入广义“格义”范畴的看法，却有不妥之处。佛经翻译历史事实证明，汉魏至东晋时期一些译经僧用道儒两家概念“拟配”佛教术语的翻译实践是在狭义“格义”的层面上发生的，这种“格义”式翻译是非常具体的实践行为，也就是汤用彤先生所说的那种“很琐碎的处理”。如果将翻译视为广义的“格义”，那么“格义”就成了一个漫无边际的概念，从而远离了其原初的意义。因此，如果进行广义与狭义的划分，那么广义的“格义”应该指中国佛教发展史上用本土文化观念配比解释佛教概念术语的方法。这种方法最初出现在佛教教学当中，之后一度在魏晋时期流行，时至今日被现代学者用来命名佛教发展史上的一个阶段。而狭义的“格义”应该被限定在佛经翻译的范畴之内。

① 倪梁康：《交互文化理解中的“格义”现象——一个交互文化史的和现象学的分析》，《浙江学刊》，1998年第2期，第22－23页。

② 倪梁康：《交互文化理解中的“格义”现象——一个交互文化史的和现象学的分析》，《浙江学刊》，1998年第2期，第23页。

从梵文佛经汉译的角度讨论“格义”，值得注意的一点是，它在中国佛经翻译史上存在的时间并不长。“格义”式佛经翻译的代表人物也不多，采取这种策略的只有重视意译的支谦和竺法雅等寥寥数人。而且，正如荷兰学者许理和所指出的那样，“在早期译文中大量使用道教词汇翻译佛教术语，进一步证实道家的影响。但道家术语系统的重要性被过高地估计了：源自道家的术语，实际上在中国早期佛教词汇中无疑只占极小的比例”[①]。无论是广义的“格义”，还是狭义的“格义”，在中国佛教史上停驻的时间都较为短暂。其根本原因在于，佛教学者们很快就发现了“格义”难以突破的内在局限。

首先对“格义”进行批判性反思的是东晋名僧道安。《高僧传》卷五之《僧光传》中记载了道安和僧光同住飞龙山期间的一段对话：“安曰：‘先旧格义，于理多违。’光曰：‘且当分析逍遥，何容是非先达?’安曰：‘弘赞理教宜令允惬。法鼓竞鸣，何先何后?’”比道安稍晚一些的佛教学者僧叡也在《毗摩罗诘堤经义疏序》中指出：“自慧风东扇，法言流咏已来，虽曰讲肆格义，迂而乖本，六家偏而不即。”道安所说的“于理多违”与僧叡所说的“迂而乖本”，实际上讲的是同一个问题：事数的拟配和概念的类比无法避免地导致了佛教思想的“橘枳之变”，由此产生了无法弥合的理解偏差。例如，在上文列举的几个“格义”示例中，只有用道教的“本无”配比佛教的“如性”一例基本达到了思想内涵的一致[②]，但这样的例子却极其少见。多数诸如用“五常”解释“五戒”，用“五行”配比“四大”的“格义”实际上都不准确。可见，“格义”之困境的根源在于佛教的一些核心概念和思想本就是中国所没有的，无法用本土的观念比拟或者替代。因此出现于汉末并一度流行于魏晋时期的“格义”，到了鸠摩罗什在长安设译场大规模翻译佛经的时代，就逐步退出了历史的舞台。

---

① 许理和：《佛教征服中国——佛教在中国中古早期的传播与适应》，李四龙、裴勇等译，江苏人民出版社，2003 年，第 36 页。

② 吕澂先生指出，“‘如性’这一概念，当初译为‘本无’。现在考究起来，这是经过一番斟酌的。‘如性’这个概念来自《奥义书》，并非佛教所独创，表示‘就是那样’，只能用直观来体认。印度人已习惯地使用了这一概念，可是从中国的词汇中根本找不到与此相应的词……所谓‘如性’即‘如实在那样’，而现实的事物常是以‘不如实那样’地被理解，因而这一概念就有否定的意思：否定不如实在的那一部分。所以‘如性’也就是‘空性’，空掉不如实在的那一部分……所以佛家进一步把这一概念叫做‘自性空’，‘当体空’。从这个意义上说，译成‘本无’原不算错，而且‘无’字也是中国道家现成的用语。”(吕澂：《中国佛学源流略讲》，中华书局，1979 年，第 3-4 页。)

## 二、西方佛学研究及佛经翻译中的“洋格义”

近些年来，许多人开始关注西方佛学研究及佛经翻译中的“格义”现象，华语世界的一些学者将这种现象称为“洋格义”。与国内学者对“格义”所作的广义与狭义之划分类似，对“洋格义”也可以从广义与狭义两个方面进行考量。

较早从理论研究的角度关注“洋格义”的是台湾学者林镇国先生。1997 年，林镇国先在《欧美学界中观哲学诠释史略》一文中写道：“塔克（Andrew P. Tuck）于 1990 年出版《比较哲学与学术的哲学：论西方学界对龙树的解释》，检讨自 Eugene Burnouf 以降西方学界对龙树哲学的各种‘格义’（isogesis）；不同于‘疏释’（exegesis），塔克指出，‘格义’是一种对文本的‘读入’（reading into），透露出诠释者的立场往往多于对于文本的客观意旨的解读。”[①] 据笔者查证，塔克的观点最早出自其博士论文《格义：龙树及其哲学的西方解读》。[②] 在这篇论文中，塔克回顾了西方学者以诠释学为途径对龙树哲学所作的解读，并将这种对中观哲学的“格义”（isogesis）分成了三个阶段：即观念论式的“格义”、分析哲学式的“格义”、后分析或后期维根斯坦式的“格义”。林镇国先生对塔克所说的三个阶段进行了具体的总结：

> 第一阶段，由于受到早期印度学者如 Paul Deussen，Max Muller 的影响，研究中观的学者如 Stcherbatsky 与 Murti 均将中观的空性论依据康德现象与物自身的区分诠释为对现象的否定与对物自身（本体）的肯定。与康德哲学不同的是，中观哲学肯定人可以获得止观本体的般若智（智的直觉）……第二阶段的中观诠释，于本世纪中叶以 Pichard Robinson 与 Karl Potter 为代表，则从德国观念论的阴影中转向逻辑实证论。此时他们关心的是龙树的空性论证形式（四句否定），而不是形上思辨的问题……在第三阶段，塔克称之为“后分析”（post-analytic）时期，许多人开始从晚期维特根斯坦那里借用“语言游戏”“家族类似”“生活形式”“私人语言”等词汇来处理中观哲学。[③]

---

① 林镇国：《欧美学界中观哲学诠释史略》，《佛学研究中心学报》，1997 年 7 月，第 281－282 页。

② Andrew Philip Tuck，*Isogesis：Western Reading of Nagarjuna and the Philosophy of Scholarship*. New Jersey：Princeton University，1987.

③ 林镇国：《多音与介入：当代欧美佛学研究方法之省察》，见贺照田主编，《学术思想评论》（第 4 辑），辽宁大学出版社，1998 年，第 344－345 页。

对于西方学者的这种“格义”，塔克指出，“我所说的‘格义’性（isogetical），即指诠释的多产性或创造性。所有的诠释都是诠释者创造性努力的结果，很难想象哪一种诠释中没有评论者的‘格义性’（isogetical）干涉（interference）”[①]。可见，西方学者对中观哲学的“格义性”诠释带有很强的主观色彩，林镇国先生一针见血地指出，“诠释者往往清楚自己的表层解读活动，却未能省察到潜藏的格义机制”[②]。林先生还敏锐地觉察到，“这种‘格义’其实是一种普遍的跨文化诠释学现象，早在佛教的传播过程中发生过，西方的各种‘洋格义’则提供了吾人考察这种诠释学现象最为切近的资料例证”[③]。

大陆学者龚隽先生在对欧美学者禅学研究方法论的分析中也提到了“洋格义”的概念。例如，他认为，Dale S. Wright 将当代思想、历史和文化结构置入到对黄檗禅文本的解读当中，在具体语境的阅读者与历史禅文本之间进行持续性的对话，这种做法是一种典型的具有文本批判和语言哲学含义的“洋格义”。[④] 又如，龚隽在法国学者 Bernard Faure 的著作《正统性的意欲》中译本的译序中写道：“佛尔的禅学研究有着鲜明的‘洋格义’风格……佛尔就公开声明，自己的禅学写作就是要有意识地将禅纳入到西方思想书写的传统中进行论述，在学科交叉的脉络下对禅思想史和研究进行多视角的批判性考察。”[⑤]

林镇国和龚隽两位先生所论述的这种西方学术界佛教研究中的“洋格义”（isogesis），尽管和中国佛教史上的“格义”有不同的文化背景和词语来源，但在“用熟悉或已知的概念解释或考量陌生概念”的这个角度上讲，两者无疑是相通的，这也是华语学者们将其称为“洋格义”的原因。西方学者使用的“isogesis”一词，和英文词语“isogenous”有关。“isogenous”由两部分构成：“iso”源于希腊语“isos”，其意义是“相同的、相似的、同质的”；“genous”则表示“产生、生发、生出”。西方学者在哲学研究领域使用的“isogesis”一词，大多表示用某种已经存在的观念来解释某种陌生观念。这一做法具有哲学的方法论意义，因此这样的“洋格义”（isogesis）可以归纳为广义的“洋格义”。

如果将话题限定在佛经翻译的领域，我们就会发现，“格义”式的佛经翻

① Andrew Philip Tuck, *Isogesis: Western Reading of Nagarjuna and the Philosophy of Scholarship*. New Jersey: Princeton University, 1987, p. 24.

② 林镇国：《多音与介入：当代欧美佛学研究方法之省察》，见贺照田主编，《学术思想评论》（第4辑），辽宁大学出版社，1998年，第344页。

③ 林镇国：《欧美学界中观哲学诠释史略》，《佛学研究中心学报》，1997年7月，第282—283页。

④ 龚隽：《欧美禅学的写作——一种方法论立场的分析》，《中国禅学》，2004年第3卷，第242页。

⑤ 伯兰特·佛尔：《正统性的意欲：北宗禅之批判系谱》，上海古籍出版社，2010年，译序。

译，也存在于西方译者的佛经翻译实践中。19 世纪末以来，一些西方传教士尝试用基督教观念对译佛教概念和术语，很多研究者也将这种做法称为“洋格义”。显而易见的是，这种作为实践性翻译方法的“洋格义”比上述西方学术界侧重于哲学诠释的“洋格义”要具体得多，因此可以称为狭义的“洋格义”。西方传教士佛经翻译中的“洋格义”，以英国人李提摩太（Timothy Richard）的佛经英译最具代表性。1907 年，李提摩太将其在 1894 年与晚清著名佛教学者杨文会居士合作译成的英文《大乘起信论》加工修改之后正式发表，这个译本与铃木大拙等人的英译本相较，具有典型的“洋格义”特征。龚隽先生指出，该译本大量的“洋格义”式翻译中，有以基督教之观念来翻译佛教概念的，例如以“上帝之道成肉身”（the incarnate God）来翻译“如来”（Tathagata），以“圣灵”（the divine spirit）来翻译“法身”，以“神圣之宁和”（the divine peace）翻译“一行三昧”，等等；还有借西方哲学知识论概念进行“格义”的：如用“感觉”（sensation）、“意识”（consciousness）和“知觉”（perception）来对译《大乘起信论》中的“无明业相”“能见相”和“境界相”，等等。[①] 值得注意的是，李提摩太的“洋格义”是一种有意为之的翻译策略，这种策略的出发点是为了显示基督教的优越性。为了这个目的，李氏甚至不惜杜撰历史，在其英译本的序言中把《大乘起信论》的作者马鸣说成是基督教传教士多马的弟子。他的这种做法，引起了合作译经者杨文会的强烈不满。[②] 龚隽认为，“李提摩太对《起信论》的翻译已经把翻译的问题转向了比较宗教学和文化重构的政治性议题。他的翻译有意识地插入了自己的文化想象和意识形态。李提摩太在中国的传教一直就很关切如何使用政治的力量，努力于建立传教的合法体制。”[③] 可见，李提摩太在某些佛教术语此前已有定译的情况下，[④] 仍然坚持其“洋格义”的做法，其背后显然有明确的宗教、政治与意识形态方面的考量。

类似李提摩太这种“以耶释佛”的“洋格义”式佛经翻译，从 19 世纪末

---

① 龚隽：《译经中的政治——李提摩太与》，见孙江主编，《新史学》（第 2 卷）《概念 · 文本 · 方法》，中华书局，2008 年，第 141 页。

② 杨文会《与南条文雄书十三》之按语：“李提摩太所译《起信论》，颇有援佛入耶之嫌。曾有人亲问先生，先生云：当时李君约同译《起信论》，李君请为讲释甚明，李君亦自言已解，乃至执笔时，仍以私见穿凿。故此后有西人请同译《楞严》等经，皆坚辞谢绝。”杨文会撰：《杨仁山全集》，周继旨校点，黄山书社，2000 年，第 491 页。

③ 龚隽：《译经中的政治——李提摩太与》，见孙江主编，《新史学》（第 2 卷）《概念 · 文本 · 方法》，中华书局，2008 年，第 143 页。

④ 在李提摩太之前，欧洲的一些学者如马克斯 · 缪勒、比尔等人的佛经翻译中，已经形成了基本固定的佛教术语翻译方法，如将“佛”译为“Buddha”，将“菩提”译为“bodhi”，将“法”译为“dharma”，将“如来”译为“Tathagata”，等等。

开始至今一直都没有停止，某些带有鲜明的“洋格义”色彩的译本在一定程度上还受到了西方读者的欢迎。例如，1998年出版的美国翻译家柯立睿英译之《六祖坛经》(*The Sutra of Hui-neng*, *Grand Master of Zen*)，就存在多处有意识的“洋格义”，如将“说法”译为“preach”，将“天人师”译为“a teacher of human and angels”，将“菩提”译为“enlightenment”，等等。柯立睿的《六祖坛经》英译本语言简单、可读性强，对于那些对佛教了解有限或宗教立场较为保守的英语读者来说接受起来更为容易，因而成为《六祖坛经》的诸多译本中在英语世界流传较为广泛的一个。这个译本的流行与柯立睿“洋格义”式的翻译策略不无关系。可见，“洋格义”成为某些西方译者佛经翻译的策略性选择，不仅因为其对基督教优越地位的维护，也出于翻译出版市场和读者接受等更为复杂的考量。

## 三、“格义”“洋格义”与佛经翻译的跨文化变异

通过上文对“格义”与“洋格义”的分析，我们可以获得这样的一种印象，即广义的“格义”与“洋格义”在用本土文化观念诠释外来文化观念的这个意义上有很大程度的相通之处。然而，广义的“格义”和“洋格义”也有显著的不同：前者最初是用于具体的佛教教学之中，而后者则主要存在于西方学者诠释学途径的研究中；前者带有工具性的意义，而后者则具有比较哲学或比较宗教学研究方法论上的意义；前者只在一个较为短暂的历史时期之内存在，而后者从19世纪西方学者对佛教展开研究开始一直持续至今，并将一直存在下去。笔者认为，讨论广义的“格义”与“洋格义”，将不可避免地将话题引向哲学诠释学或比较宗教学层面，涉及问题绝不是一两篇论文说得清楚的，因此本文将主要关注点放在狭义的“格义”与“洋格义”上。

相对于广义的“格义”与“洋格义”之间的显著不同，如果将话题限定在佛经翻译范围内讨论狭义的“格义”与“洋格义”，就会发现两者具有相当的一致性。首先，虽然两者发生的文化环境各异，但其基本内涵是相同的，都指向语言的跨文化变异问题。从曹顺庆先生的比较文学变异学理论出发，佛经翻译中的“格义”(或“洋格义”)产生于文化之间的异质性，可以视为一种特殊的“文化过滤”①。佛教概念在进入中国或者西方基督教世界过程中

① 曹顺庆先生对“文化过滤”所作的定义是：“文化过滤指文学交流中接受者的不同的文化背景和文化传统对交流信息的选择、改造、移植、渗透的作用，也是一种文化对另一种文化发生影响时，接受方的创造性接受而形成的对影响的反作用。”见曹顺庆：《比较文学论》，四川教育出版社，2002年，第184页。

发生的这种文化过滤不同于一般的异质文化交流中产生的信息选择、变形或者渗透，其原因在于根本意义上的语言表达缺位造成的文化“嫁接”或“移植”。其次，无论是“格义”还是“洋格义”，都不是佛经翻译普遍采用的策略，而是带有很强的个人性。在“格义”的方面，这种方法并非中国古代译经僧的共同选择，即使是在支谦和竺法雅的时代也并非一统天下的翻译策略，两人之前、之后，或者同时代的许多译经僧都有更为“直质”的翻译策略，“格义”的现象很少。在“洋格义”的方面，19世纪末的马克斯·缪勒、毕尔等学者，与李提摩太同时代的苏慧廉以及20世纪后期的扬波斯基、马克瑞等人，在佛经翻译策略的选择上也和李提摩太及柯立睿的“洋格义”式翻译有着很大的差别，他们都更加重视“异化”策略，即用直译、音译等方式忠实地对译佛教概念和术语。

尽管狭义的“格义”和“洋格义”存在上述的一致性，但两者的命运却有所不同。佛教流传中土初期，一些译经僧人一时之间找不到合适的词语对梵文佛经中的某些重要概念加以表达，于是借用了一些道家（也包括少量儒家）的概念来对佛教概念进行言说。随着佛教在中国的影响越来越大，中土的佛教徒对于原本陌生的概念术语越来越熟悉，尤其是随着更为完备、更大规模佛经翻译活动的出现，“格义”渐渐地退出了历史舞台。“格义”最终消失，根本原因还在于用中国本土概念解释佛教术语的牵强附会。汤用彤先生在这个问题上有极为清晰而客观的认识，他在论述“格义”的局限性时指出：

> 这里我们还有更深一层的想法。那是一个值得注意的事实，即只在集中注意于两种不同思想（无论产生于不同个人或两个国家）的概念和名词之间的相似性，不能拿它们融合起来，这在实质上是看到那些基础学说或基本原理的同一性。只是停留在名词和概念上的对比，不可避免地会引起思想上的混乱和曲解，或者如道安所说成了“于理多违”的情况，并从而使哲学家的思想或者宗教家的教义，其深义或者核心仍然难于理解。实行对比要密切注意的是理由或者原则，掌握一种思想体系内含的深义，这比之于概念或名词浮面浅薄的知识，显然是更为重要的。[①]

如果说支谦和竺法雅的“格义”是一种“以同化异”的策略，那么这种策略在很大程度上是不得已而为之的。中国佛经翻译史上的那些伟大的译经宗匠（如鸠摩罗什和玄奘）很快就意识到佛教和中国本土文化的异质性，因此，他们有意识地抛弃了作为翻译策略的“格义”。

---

① 汤用彤：《汤用彤全集（第5卷）》，河北人民出版社，2000年，第240页。

然而“洋格义”的情况有所不同。从李提摩太色彩鲜明的“以耶释佛”式的“洋格义”算起，佛经英译的“洋格义”现象至今依然存在，而且可以预见的是，佛经英译的“洋格义”仍然还会在一定的历史时期内存在。何以“洋格义”存在的时间要比“格义”长甚多？这是一个值得我们思考的问题。这首先和佛教生长的文化环境有关。佛教进入中国以来尽管也和本土文化有冲突，并在一定的历史时期内受到过儒家、道家的排斥，但很快就显示出其强大的适应能力和自我调整能力。这既得益于大乘佛教“随宜方便”“不执著”“无住”等思想，也归功于历代僧人为佛教适应中土文化所做的卓越努力，“格义”便是这种努力的一个具体表现。然而，“格义”就如同《金刚经》等佛教经典中所讲的“筏喻”之“筏”，随着中国的佛教徒越过语言障碍的河流到达彼岸，“格义”之“筏”也就没有存在的意义了。

与在中国的情况不同，19 世纪后半叶以来佛教在西方世界传播中由于理念比较平和而与基督教传统冲突不多，但要在西方固有的文化背景中生根发芽，也并非简单的事情。从宏观层面上看，首先，由于分属东西方文明体系，佛教与基督教之间的异质性更强，基督教对于佛教的态度也更为保守。佛教与基督教之间现代意义上的正式对话从 1893 年芝加哥世界宗教会议至今，仅有一百多年的历史。总的来说，尽管西方学术界对佛教的研究已经取得了相当大的进展，但佛教在欧美各国民间的影响力还相对有限。其次，葛兰西和赛义德等学者论述过的文化霸权主义和西方中心论，作为一种潜在思维方式在西方世界仍然普遍存在，这也为“洋格义”提供了存在的土壤。最后，西方世界佛经翻译中的“洋格义”还和文化与权力话语之间的关系有关。张曙光认为，“所谓‘权力’话语，指的是由各种社会权力构造和选择的话语，或旨在争取和维护某些人的利益和优势地位的有说服力、影响力的‘说法’”[①]。在文化与权力的问题上，福柯和布尔迪厄等西方学者都曾经有过深刻的论述，在这些学者看来，权力通过话语发生作用，而话语则是文化的构成基础。正如伽达默尔那句名言所说的那样，“谁拥有语言，谁就‘拥有’世界”[②]。由此可见，建立一套新的语言体系，就等同于拥有了新的话语权力，甚至可以说是创造了一个新的世界。西方固有的文化体系相较佛教文化无疑是占据了强势的地位，让西方译者完全抛弃“洋格义”，转而拥抱新的佛教话语体系，无疑是一件不容易的事情。总之，“洋格义”作为一种佛经翻译策略，其“筏”的角色在

---

① 张曙光：《权力话语与文化自觉——关于文化与权力关系问题的哲学思考》，《社会科学战线》，2008 年第 5 期，第 174 页。

② 汉斯-格奥尔格·加达默尔：《真理与方法·哲学诠释学的基本特征》，洪汉鼎译，上海译文出版社，2004 年，第 588 页。

未来很长的一段时间还将继续下去，它最终是否会消失，和佛教在西方世界的未来发展以及其能否建立起新的完备的话语体系有关。

## 余论

众所周知，佛教从汉末西来到在中国的生根发芽经历了一个漫长的过程。尽管来自印度的佛教思想和中国本土的儒道两家思想差异很大，但经过几个世纪的洗礼之后，佛教成功地将其新的话语体系变成了中华文化的传统基因。正如陈寅恪先生在与吴宓先生的谈话中曾经指出的那样，“汉晋以还，佛教输入，而以唐为盛，唐之文治武功，交通西域，佛教流布，实为世界文明史之上，大可研究者。佛教与性理之学 Metaphysics 独有深造。足救中国之缺失，而为常人所欢迎”[①]。在这个过程中，“格义”在完成了其使命之后便早早退出了中国佛教的历史舞台。

与“格义”的情况不同，无论是广义的“洋格义”还是狭义的“洋格义”都会在西方世界存在相当长的时间。广义的“洋格义”来自西方本身的诠释学传统，这种传统从施莱尔马赫到狄尔泰，再到后来的赫施、海德格尔、伽达默尔等人，一路发展成为西方哲学研究的主要范式之一。这种范式在西方的佛教研究中发挥过并将继续发挥重要的作用。同时，狭义的翻译层面的“洋格义”也会继续存在于西方译者的翻译实践中。这是因为，西方世界的佛经翻译还远没有达到完备的程度。一方面，相当大部分的佛经至今还没有翻译成英语等主要西方语言；另一方面，迄今为止西方世界也还没有产生过类似于中国佛经翻译史上鸠摩罗什或者玄奘式的译经大师。因此，佛教在西方的话语体系还远没有建立起来，这是佛经翻译至今还无法摆脱“洋格义”之影响的根本原因。

“格义”与“洋格义”，作为原本出现在佛教与不同宗教文化交流、碰撞中的特殊现象，无论是在宏观的哲学阐释与宗教对话层面，还是在微观的语言翻译层面，都有相当大的研究价值。宏观的或广义的“格义”与“洋格义”是一种以“自我”的、“固有”的“旧观念”配比或诠释“他者”的、“陌生化”的“新观念”的方法；微观的或狭义的“格义”与“洋格义”则是一种佛经翻译中特殊的跨文化变异。只有将“格义”与“洋格义”放在一起加以讨论，才有助于我们突破原有的孤立性理解，在多个角度和层面上展开研究，

① 1919 年 12 月 14 日《雨僧日记》，见吴学昭，《吴宓与陈寅恪》，清华大学出版社，1992 年，第 10 页。

从而将对两者的认识提高到一个新的水平。

**作者简介：**

常亮，河北民族师范学院外国语学院讲师，研究方向为比较文学、典籍翻译。

曹顺庆，博士生导师，欧洲科学与艺术院院士，长江学者特聘教授，四川大学杰出教授，北京师范大学教授。

# 英语世界唐传奇译介的定量研究*

张莉莉

**摘 要**：作为一种文言短篇小说，唐传奇一直激发着英语世界诸多批评家的文学想象，成为经久不息的学术话题。本文以英语世界公开出版的唐传奇译本为研究对象，通过对英译中国文学选集的唐传奇作定量分析，目的在于考察英语世界唐传奇文本的实际地位，揭示唐传奇作品经典化形成的深层文化原因以及翻译主体的主观性和独特性，总结英语世界唐传奇译介的特征和价值，进而探讨唐传奇在英语世界所经历的从模糊到明晰的文类界定变化。

**关键词**：英语世界 唐传奇 译介 定量 文类

纵览唐传奇的百年英译史，同一篇唐传奇作品的译本形态往往千差万别。译介主体置身的时代背景、文化语境、话语体系皆影响着翻译过程以及翻译目的的实现，正如法国社会学家埃斯皮卡所说的，翻译是一种创造性叛逆，“说翻译是背叛，那是因为它把作品置于一个完全没有预料到的参照体系里（指语言）；说翻译是创造性的，那是因为它赋予作品一个崭新的面貌，使之能与更广泛的读者进行一次崭新的文学交流；还因为它不仅延长了作品的生命，而且又赋予它第二次生命”①。不同译者由于受到诸多因素的影响，对源文本的二次创造使得译本成为一种新的文学文本。跟唐传奇的源文本相比，它们承载着特定的文化内涵，具有独立的文学价值与美学特征。

* 本文为2017年度教育部人文社会科学研究青年基金项目“唐代小说在英语世界的传播与接受研究”（17YJC751048）成果，2017年度湖南省社科基金外语科研联合项目“唐传奇在美国的译介和研究”（17WLH32）成果。

① 埃斯卡皮：《文学社会学》，王美华、于佩译，安徽文艺出版社，1987年，第137－138页。

## 一、英译唐传奇选集的数据分析

通过考察不同阶段的唐传奇选集状况，尤其是具有文学史性质的选集，我们往往可以探析西方译者对唐传奇作品地位的把握与认识变迁及其编撰者的美学趣味，挖掘唐传奇作品经典化形成的深层文化原因以及翻译主体的主观性和独特性。本文考察的11部选集中，在英国出版的有1部，在英国与美国同时出版的有1部，其余在美国出版。从出版年代来看，20世纪30年代出版1部，40年代出版1部，60年代出版3部，70年代出版1部，80年代出版2部，90年代出版1部；21世纪出版2部，这基本囊括了各个时间阶段具有代表性的唐传奇作品选集。这些英译唐传奇选集在英语世界具有较强的影响力与较广的传播度，既包括专门的唐传奇选集，也选取涵盖中国各类作品的文学集，它们既有自编自译的唐传奇作品选，也有已有翻译成果的选编结集。

(1) 1938年，爱德华兹（E. D. Edwards）译著的《中国唐代散文文学》(*Chinese Prose Literature of the T'ang Period, A. D. 618—906*) 由伦敦阿瑟·普洛普斯坦因（Arthur Probstain）公司出版，此书以《唐代丛书》为底本翻译，几乎囊括所有的唐传奇译本。

(2) 1944年，王际真（Chi-Chen Wang）翻译的《中国传统小说》(*Traditional Chinese Tales*) 由纽约哥伦比亚大学出版社出版，包括唐传奇故事14个，分别是《古镜记》《补江总白猿传》《离魂记》《枕中记》《任氏传》《柳毅传》《霍小玉传》《李娃传》《莺莺传》《谢小娥传》《昆仑奴》《聂隐娘传》《定婚店》《杜子春传》。

(3) 1964年，鲍吾刚（Wolfgang Bauer）和傅海波（Herbert Franke）的《金匣：两千年的中国小说》(*The Golden Casket: Chinese Novellas of Two Millennia*) 由纽约 Harcourt, Brace & World 有限公司出版，共收录唐传奇8篇，分别是《任氏传》《莺莺传》《南柯太守传》《李娃传》《虬髯客传》《红线》《奇男子传》《霍小玉传》。

(4) 1965年，翟氏父子（Ch'u Chai & Winberg Chai）合编的《中国文学珍宝》(*A Treasury of Chinese Literature*) 由纽约 Van Rees 出版社出版，有5个传奇故事，分别是《霍小玉传》《任氏传》《无双传》《南柯太守传》《虬髯客传》。

(5) 1965年，白之（Cyril Birch）编选的《中国文学选集》(*Anthology of Chinese Literature: From Early Times to the Fourteenth Century*) 由纽约格罗夫出版社出版，收入3个唐传奇，包括阿瑟·韦利翻译的《莺莺传》和

《李娃传》以及白之翻译的《虬髯客传》。

(6) 1978年，马幼垣（Y. W. Ma）的《中国传统小说：主题和文类》（*Traditional Chinese Stories, Themes and Variations*）由纽约哥伦比亚大学出版社出版，翻译了13个唐传奇故事，包括《任氏传》《枕中记》《柳毅传》《李娃传》《莺莺传》《冯燕传》《崔书生》《杜子春》《张生》《无双传》《求心录》《飞烟传》《鱼玄机笞毙绿翘致戮》。

(7) 1983年，张心沧（H. C. Chang）的《中国文学3：神怪小说》（*Chinese Literature 3: Tales of the Supernatural*）由纽约哥伦比亚大学出版社出版，翻译了唐传奇作品7篇，都是神怪故事，包括《任氏传》《离魂记》《庐江冯媪传》《薛伟》《李卫公靖》《张达》和《张老》。

(8) 1985年，高辛勇（Karls. Y. Kao）编选的《中国古典小说中的神怪和虚幻》（*Classical Chinese Tales of the Supernatural and the Fantastic*）由印第安纳大学出版社出版，翻译了27个唐传奇作品，由不同的译者完成，包括《离魂记》《庐江冯媪传》《李赤传》《三梦记》《李章武》《湘中怨辞》《霍小玉传》《灵应传》《齐推女传》《岑顺》《郭元振》《张逢》《订婚店》《李卫公靖行雨》《薛伟》《张老》《李子牟》《贾人妻》《金友章》《孙恪》《郑德璘》《韦自东传》《崔炜传》《昆仑奴》《聂隐娘》《红线》《张直方》。

(9) 1996年，宇文所安（Stephen Owen）编选的《中国文学选集——初始至1911年》（*Anthology of Chinese Literature: Beginnings to 1911*）由诺顿公司（W. W. Norton Company）在纽约和伦敦出版，翻译了4个故事，分别是《任氏传》《李章武传》《霍小玉传》《莺莺传》。

(10) 2000年，闵福德（John Minford）和刘绍铭（Joseph S. M. Lau）合编的《中国古代文学》（*Classical Chinese Literature, Volume 1: From Antiquity to the Tang Dynasty*）由纽约哥伦比亚大学出版社出版，由不同译者翻译了9个唐传奇故事，分别是《枕中记》《任氏传》《离魂记》《柳毅传》《莺莺传》《虬髯客传》《订婚店》《杜子春》《河间传》。

(11) 2010年，倪豪士（William H. Nienhauser）主编的《唐传奇阅读指南》（*Tang Dynasty Tales: A Guided Reader*）由世界科学出版公司（World Scientific Publishing Company）出版，翻译了6个唐传奇作品，分别是《红线》《杜子春》《枕中记》《南柯太守传》《虬髯客传》《霍小玉传》。

| 排名 | 作品 | 中国唐代散文文学 | 中国传统小说 | 金匣 | 中国文学宝藏 | 中国文学选集：从早期到14世纪 | 中国传统小说：主题和文类 | 中国文学3 | 中国古典小说的神怪和虚幻 | 中国文学选集：初始至1911 | 中国古代文学 | 唐代故事阅读指南 | 入选次数 |
|---|---|---|---|---|---|---|---|---|---|---|---|---|---|
| 1 | 任氏传 | √ | √ | √ | √ |  | √ | √ |  | √ | √ |  | 8 |
| 2 | 莺莺传 | √ |  | √ |  | √ | √ |  |  | √ | √ |  | 6 |
| 3 | 虬髯客传 | √ |  | √ | √ | √ |  |  |  |  | √ | √ | 6 |
| 4 | 霍小玉传 | √ | √ |  | √ |  |  |  | √ | √ |  | √ | 6 |
| 5 | 离魂记 | √ | √ |  |  |  |  | √ | √ |  | √ |  | 5 |
| 6 | 李娃传 | √ | √ | √ |  | √ | √ |  |  |  |  |  | 5 |
| 7 | 杜子春 | √ | √ |  |  |  | √ |  |  |  | √ | √ | 5 |
| 8 | 枕中记 | √ | √ |  |  |  | √ |  |  |  | √ | √ | 5 |
| 9 | 南柯太守传 | √ |  | √ | √ |  |  |  |  |  |  | √ | 4 |
| 10 | 柳毅传 | √ | √ |  |  |  | √ |  |  |  | √ |  | 4 |

（备注：该表只统计排名前十的唐传奇的译介状况，以入选文学自选集的次数来决定最终排名，如果次数相同则将译者人数较多的唐传奇排在前面。）

## 二、英译唐传奇选集的译介特征

根据上述表格呈现出的唐传奇译本数量的各项数据，英语世界的唐传奇译介呈现出四方的特点。

第一，译介主体的审美性。译者的身份、翻译意图、译本的选择往往会受到译者的知识框架、意识形态与美学趣味的影响。译者选择的译介对象往往离不开他的审美偏爱，如王际真认为自己选译的20个故事具有代表性，它们代表着除历史冒险故事和现实主义小说外所有的中国传统小说主题。王际真的理由是，传统的故事讲述者偏重于讲述事件以及道德说教，对塑造人物形象和分析行为动机则不太关心，而神怪故事却是完全不同的。[①] 由此可见王际真特别认可神怪故事塑造的人物形象以及细腻的心理刻画，因为这类故事的主人公比人类更能描绘出妖魔鬼怪形象的可信度。王际真任教于美国哥伦

① Chi-chen Wang, *Traditional Chinese Tales*. New York: Columbia University Press, 1944, Preface.

比亚大学中文系，翻译过《红楼梦》和鲁迅的小说，他毕生致力于向西方人推广中国文学，是美国汉学界中国小说研究的奠基者，被誉为美国当代汉学的开山隐者。王际真游走于中西文化的交汇地带，他承载的中华民族情感与西方文化容易发生碰撞和激化，他的文本翻译实践就是文化冲击的表现形式。英语世界对中国古典小说的译介不再是西方本土译者一家独大，华裔译者也能发出自己独特的声音。

再以美国著名的汉学家倪豪士为例，他从事汉学研究30多年，著述颇多。他热爱中国文化，曾多次造访中国进行学术交流，其最为突出的研究领域是唐代文学，尤其对唐传奇有着自己独特的理解。从他的人生经历来看，他首先是偶然接触了中国古典文学，然后通过自己的选择筛选出自己感兴趣的唐代文学，进行深入研究。在面对异质文化时，他采取的是主动交流的态度，他作为接受者主动获得了文化内容。“译者以自身的艺术创造才能去接近和再现原作的一种主观努力……在翻译过程中译者为了达到某一主观愿望而造成的一种译作对原作的客观背离。”[①] 英语世界的唐传奇选集也是构建唐传奇经典的重要方式，选集对文本的选择绝不是随意而为，它作为一种潜在的话语，表达了编选者内在的主观审美愿望。

第二，译介对象的独特性。根据上述表格数据，在英语世界最受欢迎的十大唐传奇作品依次是：《任氏传》《莺莺传》《虬髯客传》《霍小玉传》《离魂记》《李娃传》《杜子春》《枕中记》《南柯太守传》《李章武传》。从国内唐传奇的排名来看，根据已发表的研究唐传奇的期刊及硕博论文的情况，最受欢迎的爱情故事是《莺莺传》《李娃传》和《霍小玉传》。由此看出，在英语世界，唐传奇受重视程度与国内的唐传奇研究热度基本保持一致，这说明译者在选择唐传奇译介对象时，具备较高的审美趣味，经典认同感比较强烈。

西方译者比较推崇爱情和神怪主题。入选的十大唐传奇作品中，有五部作品（《任氏传》《离魂记》《杜子春》《枕中记》和《南柯太守传》）都是神怪故事，其中入选次数最多的是《任氏传》，它是最受西方译者重视的作品，但在国内更有名气的《莺莺传》并没有那么受重视。大概原因在于《任氏传》既充满了神秘虚幻色彩，也有荡气回肠的爱情。爱情主题中最受欢迎的仍然是《莺莺传》《霍小玉传》和《李娃传》。翟氏父子在谈及译介对象时，认为作品选择虽然比较困难，一个单一的文学集无法覆盖所有重要的文学作品，选择什么和淘汰什么需要审慎地决定，选择标准在于作品本身的品质、作者

---

① 谢天振：《译介学》，上海外语教育出版社，1999年，第137页。

的重要性以及普通读者的兴趣。[①] 从他们挑选的五个唐传奇故事来看，神怪故事居多。由于身处西方社会文化语境，他们大概懂得揣摩西方读者的喜好，故挑选了较多的神怪故事。

反观《长恨歌传》，仅有的译本是爱德华兹在《中国唐代散文文学》中的译本，或许是篇幅的原因，又或许在同时代已出现更有名的白居易的诗歌《长恨歌》，故西方译者对它兴趣不大，推测读者也没有想读这个故事的意愿。但在国内《长恨歌传》的影响似乎更大，它直接被清初剧作家洪升改编成《长生殿》。同样是爱情故事，《莺莺传》却更契合西方读者的心境，相比于罗密欧与朱丽叶这样的西方爱情悲剧，《莺莺传》的人物张生和莺莺总是令西方读者极为惊讶，西方汉学家余宝琳曾说她在中国文学翻译课上讲了好几次这个传奇故事，她发现学生对这个故事的反应是有趣的，他们的讨论倾向于集中在这些问题上："张生为何有那样的举动？莺莺为什么会那样做？如果从张生的角度出发，还能称作《莺莺传》吗？张生的行为是明智的吗？叙述者怎样看待张生？我们又何看待张生呢？"[②]《莺莺传》所呈现出来的爱情观跟西方爱情故事是截然不同的，无法用西方语境下的喜剧和悲剧来界定它，相信这也是西方译者对《莺莺传》感兴趣的原因之一。《离魂记》的入选次数排在第五位，但英语世界的研究资料却很少。它是爱情和神怪故事结合的产物，情节相对比较简单，这可能是许多译者喜欢翻译它的原因，但就文本研究来说，它没有缠绵悱恻的爱情，也缺乏像梦遇故事那样的奇幻色彩，反而不被西方研究者所重视。

第三，译介活动的不均衡性。从总体情况来看，英译唐传奇选集的翻译力量分布不均衡。唐传奇的单篇数量众多，传奇集至少有 7 部，但英语世界对唐传奇的译介主要集中在一部分优秀作品上面，如《莺莺传》《李娃传》《霍小玉传》《柳毅传》等家喻户晓的名篇，有些则是片段译文，如《长恨歌传》《柳氏传》等，传奇集《传奇》《甘泽谣》《玄怪录》等只有部分作品被翻译过来，大量的作品依旧沉睡在中文世界。翻译对象的不均衡导致英译唐传奇集始终处于零散、非系统化的状态，人们的目光容易停留在其中几篇代表性的作品上面，无法窥见整部文集的全貌。唐传奇单一作品的重复翻译较多，如《任氏传》有 7 个译本，《霍小玉传》《虬髯客传》都有 5 个译本，表格中的《莺莺传》虽然只有 4 个译本，但发表在期刊论文和收录于专著的至少还

---

① Ch'u Chai and Winberg Chai, *A Treasury of Chinese Literature*. New York, Van Rees Press, 1965,. p. vii.

② Pauline Yu, *The Story of Yingying*, in Pauline Yu, ed., *Ways with Words: Writing about Reading Texts from Early China*. Berkeley and Los Angeles: University of California Press, 2000, p. 182.

有3个译本。《莺莺传》译本数量众多，其中阿瑟·韦利和海陶玮的译本最受欢迎，多次入选各种中国文学选集。因唐传奇是短篇文言小说，故需要翻译者具备一定的文言功底，有时重译现象突出。

从翻译主体来看，英语世界唐传奇翻译群体主要包括西方本土汉学家、华裔学者和中国留学生三类。前文表格中的11部以唐传奇作为主要对象的文学选集中，其中由华裔学者翻译的有3部，分别是王际真翻译的《中国传统故事》、翟氏父子翻译的《中国文学珍宝》、张心沧翻译的《中国文学3：神怪小说》。另外，倪豪士编选的《唐代故事阅读指南》中的《虬髯客传》和《霍小玉传》是由中国留学生翻译的。由此可见，英语世界唐传奇翻译的主体力量还是西方本土汉学家，他们贡献的译本是最多的。

第四，译介版本的选择性。选择什么样的原文版本是摆在每个译者面前的一道选择题。面对深邃广袤的中国古典文学，他们认真对待唐传奇文本，深感原文并非可以随意操纵，他们对于版本的选择也是其学术自觉意识的体现。在本文所述11部英译唐传奇选集中，译者对于版本的重视程度不一，王际真、张心沧、白之没有注明自己所翻译的故事出自何种版本；爱德华兹以《唐代丛书》为底本；鲍吾刚和傅海波选入的8个唐传奇故事版本主要出自1953年鲁迅编选的《唐宋传奇集》。翟氏父子在导言中写明所有的唐传奇故事选自《太平广记》或《太平杂集》。马幼垣特别注明了每一个故事的原文出处，他的唐传奇原文参考汪国垣的《唐人小说》（香港：中华书局，1958年）和王梦欧的《唐人小说研究》（台北：艺文印书馆，1973）。而且，马幼垣还特别注意单个作品的版本选择，如《冯燕》选择的是《太平广记》的版本，《李娃传》和《莺莺传》选择的是《异闻集》的版本。高辛勇主要选用《太平广记》的版本。倪豪士特别重视版本的问题，他是以王梦鸥的《唐人小说校释》（两卷本，台北正中书局，1983年）为底本的，这本翻译集是给对唐传奇感兴趣的普通读者和需要研究故事原文的学生看的，所以每个故事都有译者的注释、一个包含深奥专业术语的词汇表，并附有供进一步研究的书目。从译者使用的唐传奇版本来看，国内权威的版本似乎更受欢迎。

通过对唐传奇作品的定量分析，考察作品入选的多寡以及未入选的故事类型，我们可以判断唐传奇在英语世界的影响力，探讨英语世界的选集编撰者对唐传奇作品的学术评价和考量。如20世纪80年代的两部唐传奇选集——张心沧的《中国文学3：神怪小说》和高辛勇的《中国古典小说中的神怪和虚幻》，都是神怪故事集。究其原因，中国文学的西传离不开英语世界对于中国小说的接受，由于中西审美趣味和价值观的差异，唐传奇符合目的语国家的审美趣味，兴起于19世纪的西方浪漫主义思潮一直蔓延到20世纪，浪漫主义文学崇尚激情，充满艺术想象力，追求异国浪漫，这样的文学审美诉求支配着他们的作品选择。最早对唐传奇予以翻译的是英国人，英国特有的哥特文学传统也影响着他们的审美判断。哥特文学奇异的文学手法、神秘虚幻的色彩，跟唐传奇里各种神怪故事和游侠故事恰巧契合，古老的东方主义文学风情的这一方面符合西方人的艺术想象。

## 三、英译唐传奇选集折射出的文体观念

由于唐传奇这一小说文类是中国独有的，作为专门术语的“唐传奇”的译名并不是很稳定。在众多的英语译著和研究论著中，英语世界的译者对“唐传奇”术语的翻译多种多样，许多译者常常依据自身的偏好和需要采用不同的表达方式。主要分为三种情况。

一是直译，使用“T'ang Ch'uan Ch'i”或者“Chuanqi”来表示“唐传奇”。如海陶玮编撰的《中国文学题解》(*Topics in Chinese Literature*)、耶鲁大学 Sarah McMillan Yim 的博士论文《唐传奇的结构、主题和叙述者》(Structure，Theme and Narrator in T'ang Ch'uan-ch'i)、康奈尔大学 Tak Him Kam 的博士论文《唐传奇的兴起及其叙事艺术》(The Rise of T'ang Ch'uan Ch'i and Its Narrative Art)、俄亥俄州立大学 Curtis Peter Adkins 的博士论文《唐传奇的神怪：一种原型观》(The Supernatural in T'ang Ch'uan-ch'i Tales：An Archetypal View)、苏其康的论文《中古英国传奇和唐传奇的理想主义之比较》(Idealism in Middle English Romance and T'ang Ch'uan-ch'i)、倪豪士的论文《唐传奇的创造力和讲述故事：沈亚之的唐传奇》(Creativity and Storytelling in the Ch'uan-ch'i：Shen Ya-chih's T'ang Tales)、威斯康星大学麦迪森分校 Shirley Chang 的博士论文《他者的故事：唐传奇描绘的奇异者》(Stories of the “Others”：The Presentation of the Unconventional Characters in Tang [618—907] Chuanqi) 等。

二是使用“T'ang tales”或者“T'ang stories”来表示“唐传奇”。如黄宗泰的论文《唐代爱情故事中的自我和社会》(Self and Society in Tang Dynasty Love Tales)、苏其康的论文《唐传奇中的中东人》(Middle Easterners in the T'ang Tales)、马幼垣的论文《唐传奇中的事实和虚幻》(Fact and Fantasy in T'ang Tales)、哈佛大学 Sarah Madeline Allen 的博士论文《唐传奇：故事和文本》(Tang Stories：Tales and Texts)、美国哥伦比亚大学 Linda Rui Feng 的博士论文《年轻的置换：唐传奇中的城市、旅行和故事构造》(Youthful Displacement：City，Travel and Narrative Formation in Tang Tales) 等。

三是使用其他的翻译名称。读者需要根据文本内容来辨别唐传奇的指称范围，如谢丹尼的论文《唐传奇中的文和武》（Wen and Wu in T'ang Fiction）用的是"T'ang fiction"，李豪伟的论文《唐代文学的爱情主题》（Love Themes in T'ang Literature）使用的是"T'ang literature"，但都表示"唐传奇"；蔡涵墨的论文《唐代传说：历史和传闻》（T'ang Legends：History and Hearsay）和史恺悌的论文《冲突中的自我：唐传奇变化的范例》（The Self in Conflict：Paradigms of Change in a T'ang Legend）使用的都是"T'ang Legend"，但前者的范围更广，唐传奇只是其中的一部分，而后者单指唐传奇；薛爱华的论文《唐代故事中的伊斯兰商人》（Iranism Merchants in T'ang Tales）虽然使用了"T'ang tales"这一术语，但指的不仅仅是唐传奇，还有唐代其他小说类型。

这种不太统一的"唐传奇"术语翻译问题，容易为唐传奇研究和传播带来一定的阻碍，不利于中西唐传奇研究者之间有效的学术沟通与对话。刘绍铭认为"传奇"（Ch'an-ch'i）一词具有文学性的翻译就是"transmission of things extraordinary"，他指出自韩南的《中国白话小说史》出版后，西方学者一般将"传奇"译为"classical tale"，以此跟"话本"（vernacular story）相对照。为了避免同一个术语的使用过于单调，他决定跟以往的翻译作风格上的区分，用"tale"和"story"来指代"传奇"。[①] 他的这种想法大概也代表了许多译者的心声，就是希望自己的翻译能成为独特的存在，吸引读者的注意力，获得非同寻常的文学美感，但正是这一点导致了唐传奇术语翻译的不一致。还有一个重要的原因在于唐传奇作为小说文类缺乏独立性，部分译者认为唐传奇就是中国小说的一部分，一概用"tale"和"story"来指称。当然，译者对唐传奇的本质属性的认识有一个渐变的过程，随着"T'ang Ch'uan Ch'i"作为专有名词而广为译者接受，英语世界逐步明确了唐传奇作为一种独特的文类与其他小说类型的差异，体现了唐传奇作为独立文类的内涵特征。这一点从英译中国文学选集选录唐传奇作品的篇目变化可见一斑。

早期的英译中国文学选集在选录唐传奇作品时并无文类意识。爱德华兹直接将《唐代丛书》翻译成英文，她的理由是《唐代丛书》是最能体现唐代小说特点的文集，这表明爱德华兹并无"传奇"这一文体概念，仅是将唐传奇归入唐代小说中。王际真则看重入选唐传奇故事的可读性，故而译本体现了译者较强的主观性。白之编撰的《中国文学选集》并无将唐代小说跟之前

① Joseph S. M. Lau, "Love and Friendship in T'ang Ch'uan-ch'i", *Monumenta Serica* 37 (1986—87), p. 155.

的文言小说区分开来的意识，故所取的标题为“T'ang Short Stories”，他感叹中国古代故事的语言经常不受修辞设计的约束，能以言简意赅的方式获得最大的意义，如《虬髯客传》中虬髯客第一次见到未来的君主李世民时，就只用了“见之心死”四个字来表达内心情感。[①] 只有翟氏父子明确将唐传奇称为“Ch'uan-Ch'i Stories of the T'ang Dynasty”并将其归入小说（Fiction）文类之下。他们指出：“中国小说在唐代取得了巨大进步，故事结构完整、充满细节描写、生动的人物形象构成了唐传奇的文体特征，唐代之前各类神怪和奇闻逸事的故事集如《搜神记》《神仙传》《世说新语》等类似中国古代的寓言，它们显现了粗糙的故事轮廓，而唐传奇有意识地发展了人物、背景和情节，成为高度形象化的故事。”[②] 此时，唐传奇才作为一种文类而被译者有意识地翻译。

自20世纪70年代始，编选者普遍认可了唐传奇的文体属性。1978年，马幼垣编选了以文类来划分中国小说的选集《中国传统小说：主题和文类》，让寓言、轶事、宗教训诫在中国小说史上拥有了合法的地位。对于唐传奇而言该选集同样可谓意义重大。选集中，马幼垣将传奇视为中国古典小说的五种形式之一，认为只有具备以下特征才能称之为唐传奇：一是故事中引用具有文学性的诗歌；二是故事背景中出现都城长安；三是故事结尾处通常出现道德说教；四是故事中的叙述者也是整个事件的目击者。他指出，唐传奇之后的小说再也没有以上这些特征，但是之后《聊斋志异》中的许多故事可划入传奇之列，甚至1916年刊登在《新青年》上苏曼殊的《断簪记》也可看作这一传统的最后余波。[③] 另外，张心沧和高辛勇都选择了唐传奇里的神怪故事作为译介对象，更是细化了唐传奇的类别。再到后来的倪豪士、宇文所安、梅维垣等汉学家，他们对唐传奇作为小说文类的属性定位就已经相当清晰和明确了。

总之，一篇唐传奇作品被翻译的多寡，跟它在英语世界的影响力大小成正比。它被译者翻译的次数越多，说明它被认可的程度就越高。唐传奇译介的量化，反映了翻译主体潜在的审美趣味和文化价值取向，揭示了英语世界唐传奇译介的特征和价值。

**作者简介：**

张莉莉，文学博士，怀化学院文学与新闻传播学院讲师。

---

① Cyril Birch, *Anthology of Chinese Literature*: *From Early Times to the Fourteenth Century*. New York: Grove Press, 1965, p. 288.

② Ch'u Chai and Winberg Chai, *A Treasury of Chinese Literature*. New York: Van Rees Press, 1965, p. 75.

③ Y. W. Ma and Joseph S. M. Lau, *Traditional Chinese Stories*: *Themes and Variations*. New York: Columbia University Press, 1978, p. xxi－xxii.

# 专栏二

## 西学东鉴：劳伦斯·韦努蒂翻译理论与变异学翻译理论之比较

全 文

**摘 要**：劳伦斯·韦努蒂的翻译理论在西方翻译研究中独树一帜，其翻译伦理和翻译文化理论为当代翻译界的“文化转向”做出了重要的贡献。比较文学变异学由中国学者曹顺庆提出，立足于异质性和变异性，注重跨文明、跨文化和跨语际变异研究。不管是韦努蒂的理论还是变异学，都牵涉到了翻译问题，因此二者的比较研究具有了可能性。同时，在理论概念、文化功能、学理差异和理论外延等方面，对韦努蒂的翻译理论与变异学的翻译理论进行深入考察与比较分析，不仅揭示了两者之间的异同之处，也有助于东西文论的相互交流与借鉴。此外，对“文化转向”和世界文学等研究热点的关注，也有助于推动翻译研究和比较文学的发展。

**关键词**：劳伦斯·韦努蒂 翻译理论 变异学 跨文明 翻译文化

美籍意大利翻译家和翻译理论家劳伦斯·韦努蒂（Lawrence Venuti）是异化翻译理论代表人物之一。在20世纪80年代，韦努蒂提出了异化翻译、归化翻译和“因地制宜”翻译伦理，凸显译者的主体性，提高翻译者的地位，重视翻译对异域文化的再现和本土文化的构建，以此来抵抗英美文化霸权主义、民族中心主义和帝国主义，从而推动边缘和弱势文化群体的发展。2009年至今，韦努蒂进入翻译研究的新阶段，重心转为一种翻译文化，更加注重翻译的文化影响因子和文化功能。他的一系列翻译理论不仅为翻译转向提供了一个崭新的发展思路，也为当代翻译界的“文化转向”做出了十分重要的贡献。

比较文学变异学由中国学者曹顺庆提出，主要立足于跨越性和文学性，侧重于异质性和差异性，具有跨文明、跨文化和跨语际变异研究的理论框架，尤其是他国化理论极具创新性。变异学理论主要“将比较文学的跨越性和文学性作为自己的研究支点，它通过研究不同国家之间的文学现象交流的变异状态，以及研究没有事实关系的文学现象之间的同一范畴上存在的文学表达上的异质性和变异性，从而探究文学现象差异与变异的内在规律性所在”。变异学中的“跨语际”，主要指文学现象通过翻译，跨越了语言的藩篱，最终被接受者接纳的过程，着重从语言层面关注文学翻译过程中发生的变异现象及其变异根源。变异学与翻译研究密不可分。曹顺庆也在《比较文学变异学》(*The Variation Study of Comparative Literature*) 中谈及“文学变异已经成为了翻译研究最重要的方面之一”。同时，变异学还从跨文化变异角度对翻译做了深入的专题研究，极大地深化了翻译研究的内涵。如今，随着比较文学的翻译转向，翻译研究也逐渐成为变异学的一个新领域。

可见，不管是韦努蒂的理论还是变异学，都牵涉到了翻译问题，因此二者的比较研究具有了可能性。同时，在理论概念、文化功能、学理差异和理论外延等方面，对韦努蒂的翻译理论与变异学的翻译理论进行深入考察与比较分析，不仅能挖掘两者的异同，促进东西文论的相互交流与借鉴，也有助于考察“文化转向”和世界文学等研究热点，推动翻译研究和比较文学的发展。

## 一、趋同：理论概念与文化功能

韦努蒂的翻译理论与变异学的一些重要词汇具有相似性，例如“归化”“异化”和“他国化”。二者不仅在概念和内涵上具有众多相通之处，而且在翻译文化身份的建构以及文化功能的发挥方面具有诸多汇合之处。可以说，变异学对韦努蒂的理论思想进行了吸纳与承继，但又进一步对其进行了阐发与改变。

首先，韦努蒂翻译理论的核心词汇有“domesticating”(归化) 和“foreignizing”(异化)。关于二者，韦努蒂并未进行明确的定义。纵观其理论却可以发现归化概念与“透明流畅”“译者隐形”“民族中心主义”“目的语文化为主”“改造源语文化”等词汇密切相关；异化概念则与“不透明流畅”“译者显形”“民族偏离主义”“源语文化为主”“改造目的语文化”等词汇相联系。

变异学也沿用了归化和异化的概念，并且其核心理论“他国化”的英文术语也是“domestication”。变异学中的“归化”以目的语文化为主，采用自然顺畅的译文翻译异国文学，避免理解“间性”，并尽量减少异国情调的干扰，甚至在某些方面目的语文化“吞并”了源语文化；“异化”以源语文化为主，译文采取一种不符合读者习惯的陌生表达方式来传递原著的内容，实质是目的语文化“屈从”源语文化的一种翻译策略。变异学中的“他国化”则指“一国文学在传播到他国后，经过文化过滤、译介、接受之后发生的一种更为深层次的变异，这种变异主要体现在传播国文学本身的文化规则和文学话语已经在根本上被他国所化，从而成为他国文学和文化的一部分”。

韦努蒂的理论和变异学不仅具有相似的理论名称，在概念和内涵上也具有众多相通之处。在理论概念上，韦努蒂的翻译理论与变异学理论中的归化都是以目的语文化为主，以流畅的翻译方式传递源语文化内容，源语文化要“服从”于目的语文化；异化都是以源语文化为主，以不加改造的方式进行翻译，目的语文化要“屈服”于源语文化。在语言层面上，两者的归化和异化都是一种翻译技艺：归化是一种自由的意译，异化则是一种词之间的直译。在文化层面上，两者的归化和异化都包含了意识形态和道德观念：归化有一种殖民化的倾向，而异化则有一种去殖民化的倾向。而“他国化”与“归化”也具有相近的理论定义。从概念上来说，“他国化”与韦努蒂的“归化”理论都是指源语文化被传播到目的语文化中，并成为目的语文化一部分的现象；从过程上来讲，两者都对异质文化中的积极因素进行了过滤、吸收、改造，使之融入目的语文化中；从最终目的上来讲，两者都是以文化革新为目的，旨在去除文化霸权主义、民族主义和保守主义，实现文化和社会的创新与发展。

但变异学中的“他国化”概念与“归化”的实质有别，甚至在内涵上超越了“归化”的含义。“归化”是一种翻译策略，研究“如何成”的问题；“他国化”则是一种结果，研究“已经成”的问题。他国化实质上是一种变异的成熟状态。他国化不仅发生于不同的文化圈中，也出现在不同的文明体系内。他国化的形成需要经历一段较长的时间，从最初的语言译介层面，迈入形象变异层面，最后至话语方式变异层面。著名的事例如庞德创立意象派、寒山诗在美国盛行和马克思主义文论的中国化等，都是文化深层次的变异现象。相较于“归化”理论而言，他国化实质上是一种将源语文化中的文化规则和话语方式进行改造的深层次变异现象，并非一种简单的语言转换问题。

另外，翻译对文化身份的构建功能是韦努蒂翻译理论和变异学的交汇之处，两者也在理论实践中积极发挥翻译的文化功能。同时，在研究文化身份的构建过程中，韦努蒂的翻译研究和变异学也都在实践中立足于翻译文本，进而分析翻译现象，但变异学更关注跨文明研究中深层次的文化变异现象。

韦努蒂意识到，翻译具有文化修正的功能。他认为，异化翻译直接挪用异域文本，再现了另类文化，使翻译成为实现本土文化政治功能的场所；同时这种另类文化能够在语言与文化上凸显异域文本的差异，并有可能使偏离民族中心主义的异域文本被认可，甚至能够改变本土的文化经典，从而发挥翻译对文化的重构作用。例如，普鲁士民族文化在塑造过程中，通过选择具有异域文化特色的文学、哲学或学术作品进行异化式翻译，来抵抗和反对法国文化，从而丰富德国自身的文化。又如，在20世纪五六十年代，符合少数读者群趣味却没有代表性的日本小说被美国精心挑选出版，最终建立起了一个固定的日本小说英译典律，这一典律不仅投射出美国式怀旧情怀，而且从文化上传达出了地缘政治上的内涵。可见，翻译不仅是一种话语建构方式，也是一种心理建构和文化建构方式。

变异学也意识到了翻译的文化重构功能。变异学中的跨语际研究从具体的翻译文本出发，关注翻译中的创造性叛逆，如译者的误读、误译、改编和个性化翻译等翻译现象，并进一步探究其中更深层次的社会文化根源。比如，变异学对巴金《寒夜》中英文译本语言变异的研究，其中关于归化和异化现象的解读反映出了译者的理解、风格和伦理道德观，也反映出源语文化和目的语文化的价值观和意识形态。又如，变异学研究了《红楼梦》《水浒传》和《西游记》等中国文学经典的翻译情况，发现国外学者和国内学者在文明差异的影响下，翻译风格、翻译习惯以及翻译结果上存在极大不同，其中文化上的一些变异情况更是让人啼笑皆非。而变异学中的“他国化”理论更是对文化变异的一种深层次研究。一种文化在传播过程中，不可避免地会携带原有文化的意识形态，在接受过程中也会受到异国文化的改造，因此“旅行”后的文化早已发生了变异。“他国化”理论即注重解读这种文化上的变异现象，因此，在跨文明研究方面，变异学较韦努蒂的翻译理论更加深入。

## 二、迥异：学理差异和理论外延

在理论概念和文化功能等方面，韦努蒂的翻译理论与变异学有着众多的共通之处，但两个理论的实质与外延又呈现出迥异的特征，比如韦努蒂的翻译理论立足于“差异性”和“可译性”，关注“如何翻译”的问题，仅以翻译作为考察对象，在翻译立场中持有一种主观的偏向性；变异学立足于“异质性”和“变异性”，侧重于“译成什么”以及“为何这样译”的问题，并以整个文化活动作为考察对象，具有一种客观的普遍性。可见，对二者差异之处的比较有助于更加深入地理解这两个理论。

首先，从理论基础而言，韦努蒂的理论立足于“差异性”和“可译性”，是一种翻译策略和翻译伦理；变异学立足于“异质性”和“变异性”，是一种比较思维和理论创新。

韦努蒂倡导通过异化策略显现文学文化“差异性”，以实现文本的“可译性”。他认为，翻译无法避免异化，而异化可以使文学文本得以翻译和保存，并彰显出源语文本的差异性。在理论上，他主张“差异性”，并建议译者采取两种翻译方式以彰显源文本的异质性：一种是偏离主流翻译方式（即透明顺畅的归化翻译）的异化话语策略，另一种是翻译文本选择上尽量挑选那种可以挑战目的语文化的外国文学经典。在实践上，他以异化翻译的方式翻译了诸多外文作品，并且在理论著作中列举了许多异化翻译的案例，如德南姆的翻译就采取了非忠实的翻译策略以实现其政治目标。韦努蒂将翻译作为“差异性”研究的实践场域，并通过凸显“差异性”来促进“可译性”的实现。

变异学承认不同语言和文化之间的“异质性”前提，也认识到翻译导致文本产生的“变异性”结果。变异学认为，在语言层面上，接受者（译者或读者）必然会有意或无意地受到本国语言规范和自身阅读习惯等因素的影响，对源语文本进行改造。在跨语际翻译问题中，变异学具体阐释了语言的不可通约和可通约两方面的特征以及译者惯用的翻译方式。若语言存在可通约的属性，那么译者一般会“忠实”于原文，采取直译的方式；若语言存在不可通约的属性，那么译者一般会对原文进行改造，以接近或再现原文的风格，即以创造性翻译为主。无论译者是选择贴近原文作品还是保留本民族文化，都会出现语言的变异。因此，变异学立足于“异质性”，并在可比性基础上探讨语言翻译、文学形象、文学文本和文化层面的变异状况及其深层次的原因。

其次，从理论实践而言，韦努蒂依据文化环境的变化来解决“如何翻译”的问题，并积极实现翻译的社会影响力；变异学更注重译入语的语言环境、“译成什么”以及“为何这样译”的问题。

韦努蒂注重“如何翻译”的问题，即根据特殊的文化情形，选择不同的翻译方式。韦努蒂认为，如果源语文化和译语文化接近，即使是异化翻译也不能打破目的语的主流文化传统；如果源语文化和译语文化相距甚远，即使是归化翻译也能丰富目的语文化。因此，翻译方式应当由翻译目的来决定，这样才能更好地实现翻译的效果，这就是因地制宜翻译理论。而韦努蒂翻译伦理的关注点和归宿，正是翻译所起到的语言文化的革新作用，即翻译的社会影响力。韦努蒂认为，翻译并不是单纯的文本转换，它也是意识形态的反映，也是某些社会集团利益和价值观念的再现。韦努蒂坚信，翻译作为一种文化实践，可以实现社会的变革。但韦努蒂在考察翻译的作用时，过分夸大了翻译的意识形态、文化政治功能，认为意识形态是最重要的因素，对翻译“强大力量”如此的过度强调，将会使翻译伦理陷入意识形态的狭窄视野，也可能会使翻译沦为权力争斗的场域。

变异学则主要从译入语的环境出发，期待译者选择能够重现原文文学氛围的翻译方法，并侧重于“译成什么”以及“为何这样译”，即研究译本和原文本之间的变异现象、变异原因及其变异影响。在翻译过程中，译者会以目的语文化环境为主，尽可能采取能使目的语读者产生相同审美阅读感受的语言。翻译受到两个重要因素的影响——译者的个性翻译和读者的再创作。对前者的研究可以更深层次地阐释一个民族或国家对源语文化的接受规律，对后者的研究则可以揭示个体对异域文化的接受特征。目的语所处的现实语境和传统文化影响着社会群体的价值观和接受情况。因此，简单的文字转换并不是翻译的本质，翻译还会涉及目的语文化因子。由于目的语环境的复杂性，翻译的结果与原文也会产生巨大的差异性，因此变异学便着手研究其中的变异机制和深层原因。而变异学对翻译变异现象的始末、原因以及影响的研究，能进一步加深对翻译的理解。

最后，从翻译理论外延来看，韦努蒂只着重对翻译进行深度考察，更关注译者地位和翻译影响力，并以此对翻译实践进行指导；变异学则以整个文学交流活动中的变异现象为考察对象，更关注与文学文化有关联的变异性和翻译过程中产生的变异现象及影响力，并将其作为既定结果展开传播、接受与影响等多方面的分析，同时也包含不涉及语言的平行研究和跨学科研究等。因此，相较于韦努蒂的翻译理论来说，变异学理论不再局限于翻译理论之内，而是延伸到翻译之外更广阔的社会文化研究领域。

韦努蒂的理论研究始终关注文学翻译活动，局限于译者的主体性、异质文本选择和话语策略等方面，致力于提高翻译的地位，坚守翻译的文化转向和社会文化功能。韦努蒂认为，译者对译本进行有意识的选择和改写，能实现翻译在抵抗主流意识形态和诗学传统方面的政治文化功能。他还具体论述了翻译的文化阐释功能（interpretation）和再现功能（representation）。他指出，翻译并非两种语言之间的简单转换，也并不能只关注文本内部的美学研究，还会涉及社会意识形态、民族中心主义、文化霸权主义等多方面。在一定程度上，翻译就是一种文化实践，这种文化功能也使翻译研究具有了多重社会责任。韦努蒂对翻译进行了几十年的研究，其深度不容置疑，但正是对深度的执着导致了理论广度上的不足。

而变异学不仅将语言层面的译介作为研究内容，也将其他的文化和文学交流形式纳入考量范围，并在更广阔的文化交流中探讨话语方式的转变等深层的文化变异问题，试图把握文学发展的脉络和变异的规律，从而建立起多元文化互动的学科理念。关于文化交流涟漪式的变异现象和话语规则方面，变异学有过详细的论述。在变异学看来，“话语”并不是指普通意义上的交谈方式，而是指一种文化范式。它形成于一定的社会历史与文化传统之中，并在术语、话语和文化层面上逐步构成一种由表及里的思维与言说的基本规范。话语规则和话语权力，对世界文学文化的阐释、社会规则的制定以及社会历史的书写具有至关重要的影响。因此，在翻译研究和文化研究中，话语规则应当成为一个不可忽视的方面。而“他国化”理论则是对话语规则研究方面的理论创新，也是变异学对文化变异现象进行研究的结果和方法，该方法论对文化研究也有积极的借鉴意义。

## 三、更新：文化转向与世界文学

韦努蒂的翻译理论与变异学既有理论概念与研究范畴之同，也存在学理内涵和理论外延之异，在共同的“文化转向”上，变异学对韦努蒂的理论也有所更新和超越。虽然韦努蒂意识到了新时代研究阶段的变化，但他对这种转变的思考依然围绕翻译进行；变异学产生于全球化意识之中，并以“文化变异”等理论突破了以往的研究领域，关注世界文学的发展，是一种视野创新。“当前西方学界已有越来越多的学者开始从文化层面上审视和考察翻译，翻译研究正在演变为一种文化研究，成为当代西方翻译研究中的一个趋势。”因此，将韦努蒂的翻译理论与变异学置于文化语境中去审视其“文化因子”和世界文学内涵，具有一定的时代意义。

“‘文化转向’为比较文学研究，也为翻译研究展现出一个新的广阔的研究领域。”韦努蒂始终坚守于翻译研究，其理论实践也从语言层面转向更深层次的伦理层面，注重对翻译文化因子的深入考察。韦努蒂关注翻译的文化伦理作用，考察了文化的差异性对翻译策略的综合影响，并论证了翻译的现代化作用。实质上，韦努蒂的翻译重心逐渐走向了一种“翻译文化”。在《走向一种翻译文化》（Towards a Translation Culture）一文中，韦努蒂就提出了一种翻译文化的愿景及其具体要求，并强调翻译理论在翻译文化转向中的重要性。在这种翻译文化中，翻译教学与翻译实践都离不开翻译理论的指导。但如今的翻译却遭遇了两个显著的问题，一是翻译文本的选择是由译者的个人文学品位和文本可操作性所决定的，而并非由原文本和接受国的文化决定；

二是翻译实践问题的解决主要依赖于指导者个人的审美。韦努蒂一再强调翻译困境的问题，旨在唤醒一种翻译文化意识，促进文化多样性的发展。他认为，虽然现在还缺乏那些能够让这种翻译文化生存的翻译话语，但只有在这种翻译文化之中，初级译者、专业译者、读者、出版商以及整个翻译事业才能长远发展。为此，他也在积极探寻和构建这种翻译文化。

而变异学也深入到了文化变异层面，在整体上思考翻译与目的语之间的关系，并对翻译现象进行新的理论阐释。可以说，变异学对“翻译转向”的探讨，也是“文化转向”的一种表现形式。变异学关注从“怎么译”到“为何这样译”以及“翻译的本质与影响”等方面的问题，并进一步分析了社会、文化以及权力等因素对翻译的干预。变异学对文化的研究，不仅关注单纯的“文本”，还关注社会历史和意识形态中的“文本”，关注文化在译介、传播和接受过程中产生的变异现象及其影响力，即文化过滤、文化误读和他国化等现象。而关于深层次文化变异现象的“他国化”理论也拓展变异学研究领域的深度和广度，并使其具有文化创新的功能。他国化使源语文化融为目的语文化的一部分，并使其在目的语文化中呈现为一种新的文化现象，具有文化创新的功能。例如印度佛教中国化、中国诗歌的改造促成了庞德意象派的生成以及中国寒山诗的美国流传状况。变异学对文化方面的深入研究，也建构了文化本身。因此，在一定程度上，变异学比韦努蒂的翻译文化研究导向得更深远。

在“文化转向”新的发展趋势中，韦努蒂的翻译理论和比较文学变异学都认可翻译对世界文化的推动作用，并将世界文学纳入其研究范围之内，使自身的理论得到了补充和完善。但韦努蒂偏重于在翻译研究视角下，关注世界文学和翻译之间的关系以及世界文学的教学实践研究，而变异学则从比较文学理论角度，审视世界文学的优点与不足之处，并对世界文学理论提出建议，以期进一步完善。

韦努蒂认为，翻译深化了世界文学的概念，翻译文学丰富了世界文学的内涵，而世界文学也扩大了翻译研究的范围。没有翻译，就无法定义世界文学，更无法深化世界文学的内涵。翻译将异域文化引入国内，促使各国文学能够互相流通，增加了世界文学文本，确定并维护了世界文学的经典之作。但翻译基本上是一个本土化的实践，因为译文会受到接受国价值观、信仰等因素的影响而被改造。在翻译过程中，接受国对文本的选择会塑造出外国文学的经典，对不同翻译策略的选择也会形成不同的本土译本。因此，文学经典的形成，也依赖于对翻译文本和翻译策略的选择。反过来，这些外国文学经典也会成为接受国文学的模仿对象，影响本土文学。翻译增加了世界文学的复杂性和异质性，推动了世界文学的阅读与欣赏。翻译依赖于作品，同时也使文学作品走向世界，并使其有了跻身于世界文学的可能。可以说，翻译文学是世界文学的补充和丰富。同时，世界文学中的某些译本又被选为重要的教学内容和经典文学，成为翻译研究和大众阅读的对象，从而又增加了翻译文学的影响力。可见，韦努蒂将世界文学引入翻译理论之中，也进一步扩大了翻译研究的范围。

变异学也在积极思考世界文学的新概念和研究方法，并认识到世界文学本身存在的缺陷，因此提出了跨文明研究和变异学理论对其做进一步完善。变异学认识到，世界文学在扩大比较文学领地的同时，也带来了危机。由于世界文学的概念和范围依然处于模糊状态，同时世界文学背后也存在“非现实性、文化单一化和文化殖民”等问题，再加上“自身理论不完善，体系不健全”“方法论体系缺失”以及“注重同质性，忽略异质性”等不足，比较文学有诸多隐患。而中国学界提出的“跨文明研究”，主要集中于不同文明之间的异质性比较，因此它突破了以往只依赖相似性的比较边界。同时，变异学立足异质性，关注相似性，更关注在文学翻译与阐发过程之中必然会产生的变异性。曹顺庆对翻译变异和世界文学之间的紧密联系也进行了论证，他认为如今世界文学概念的本质早已暗含了不同文学之间的交流、对话与互补等特征，而一种不常发生却是深层次的变异形式——文学的他国化，正是一种理想型的不同文学相互吸收、融合与促进的过程，同时对增添本土文学活力、充实本土文学宝库起到了重要作用。时至今日，变异学理论已经具有了较完善的方法体系、理论框架与研究实践，因此变异学视角下的世界文学研究不仅对以往的学术成果进行了修正，还将世界文学的发展置于更广阔的东西方文化语境之中，有助于寻求一条更健全的世界文学发展之路。

综上可见，文化研究和世界文学转向的发展潮流下，韦努蒂理论的起点立足于翻译，在新时代下的阶段转变也是围绕翻译体系进行的文化研究，对世界文学的关注与运用也只局限于实践教学范围之内；比较文学变异学具有全球意识，立足于广阔的跨文明思想机制，在文化研究之中侧重于文化变异研究，终点则是实现总体文学，并在理论层面上探讨世界文学的得失。可以说，韦努蒂的翻译理论与变异学理论的起点、发展过程与终点都没有处于并列的位置，但韦努蒂的翻译理论为变异学提供了丰富的研究素材和理论概念，而变异学则在一种创新视野中开拓出了跨文明变异研究的新途径。

## 结 语

翻译研究由来已久，但长久以来翻译都被视为原文的衍生品。如今，东西方文化交流愈加密切，世界各国的文学研究也借助翻译这一媒介渗入更深的领域，跨文明的文学研究和文化变异研究也成为学术研究的重心和热点。中西文学之间的相互比较和学习，是时代之所需，也是顺势之所为。比较韦努蒂的翻译理论与比较文学变异学的翻译理论，可以发现二者不仅具有可比性，还具有互补性。因此，以翻译研究为切入点，将韦努蒂的翻译理论与变异学的翻译理论进行相互阐发，不仅有利于深入理解西方的翻译理论，也有助于弥补以往关于韦努蒂理论研究的缺憾之处，同时还有助于推广和补充比较文学变异学理论。关于文化转向和世界文学的探讨，笔者将进行持续关注和研究。

**作者简介：**
全文，四川大学文学与新闻学院研究生。

# 晚清翻译小说中的政治、诗学与媒体

## ——马克·吐温《火车上的食人族》日、中译本比较研究

林家钊

**摘　要**：本文通过对马克·吐温《火车上的食人族》的英、日、中三语文本的细读和比较，探讨小说翻译的跨文化接受和变异，揭示外在的政治语境、媒体属性和内在的诗学传统如何合力影响译者的选择和策略。本文发现，在翻译作品选择上，晚清时期的政治变革诉求、陈景韩作为报人翻译家的媒体人属性和传统小说的“尚奇”追求，三种因素共同促成马克·吐温小说在中国的首秀。在翻译策略上，原抱一庵的日译本所隐含的文本政治、汉文调特征和中译本末尾所采用的“批解”这一类似于传统文学中“跋”的设置，使得陈景韩保留了对日语译本的忠实，形成了“翻译忠实—接受叛逆”的独特变异景观。最后本文呼吁一种政治、诗学和媒体三者为一体的对晚清翻译小说的研究范式。

**关键词**：马克·吐温　原抱一庵　陈景韩　《火车上的食人族》　《食人会》　晚清翻译小说

## 一、引言

《火车上的食人族》是美国作家马克·吐温1868写的一篇短篇小说。整个故事由一位国会议员对“我”进行讲述，形成了在故事之中讲故事的叙事结构。议员被困于雪地火车之上，目睹并参与了列车上人们通过推荐、选举进行的食人行为。故事结尾，火车站售票员出面澄清，议员所讲述的骇人听闻的食人事件乃是议员雪中遇险之后精神失常而臆想出来的虚构故事。一般认为，议员这位“不可靠叙述者”所讲述的荒诞离奇的故事和小说所描述的真实的民主程序之间的张力，使得这一讽刺小说“将矛头直接指向当时的政治

生活”“反映出原始与文明之间的冲突”①。

这部政治讽喻小说在 1903 年由日本著名翻译家原抱一庵（Hara Hōitsuan）翻译成《食人会》，发表于《太阳》（*Taiyō*）杂志上。第二年，陈景韩就以笔名“冷血”将日文版翻译成中文，标题不变，著者为“杜痕”（吐温发音音译），并在译文末尾添加了三百多字的“批解”，阐述了他对这篇小说的解读，由此完成了马克·吐温小说在中国的首秀，形成了英—日—中完整的译介链条。在日、汉译介和接受的过程中，“民主政治讽喻”式的阐释意义没有在该小说在日本、中国的接受中得到保留，而是随着理解者的变换而处于不断形成和变异②的过程之中，形成了伽达默尔所谓的“效果历史”。这种“效果历史”观并不认为真正的历史对象是一个客体，而认为历史对象“是自己和他者的统一体，或一种关系”③。具体体现到晚清翻译小说的历史语境中，学者们通常从晚清政治变革、文学革命与翻译的关系两个方面来进行分析。本文认为，政治、诗学的因素固然重要，但是因为陈景韩是晚清重要报人作家，媒体之维度理应纳入关系的考察。本文所要勾勒的就是这种政治、诗学和媒体三者共同影响下的马克·吐温小说翻译变异的“效果历史”，从而更有效地对《火车上的食人族》翻译、接受和变异过程中的以下问题进行讨论：

第一，该小说并非马克·吐温成名作，却是他的第一部经由日语翻译成中文的小说，是什么推进了这部边缘小说在明治日本和晚清中国的传播？

第二，对照三语译本，日译本大量改写了英文原版，而后在中译本中，不论是人名、故事情节还是日语文法特征，都得到了几乎忠实的保留，这种忠实的翻译策略在晚清翻译家的翻译实践中并不常见，是什么促成了这一策略的采用？

## 二、原抱一庵《食人会》：自由民权运动与汉文调

晚清翻译小说的研究有这样的一个共识：这个阶段的小说在翻译策略上主要是意译。④ 这样的结论宏观上来说当然是正确的，但是往往暗含着一个前

① 孙吉涛：《火车上的食人族》，朱振武主编，《火车上的食人族——马克·吐温短篇小说（评注本）》，华南理工大学出版社，2010 年，第 8 页。

② 关于变异学理论请参考曹顺庆的 *The Variation Theory of Comparative Literature*，Springer，2013。

③ 伽达默尔：《真理与方法》，洪汉鼎译，上海译文出版社，1999 年，第 384 页。

④ 这方面的论述请参考陈平原《二十世纪中国小说史》（第一卷），北京大学出版社，1989 年；郭廷礼：《中国近代翻译文学概论》，王宏志：《民元前鲁迅的翻译活动——兼论晚清的意译风尚》，见《二十世纪中国文学史论》，东方出版社，1997 年，第 190 页。

提和研究方法，即直接将当时的晚清译本与英、法原本进行对照，这样的比较研究忽略了日文作为翻译链条中的重要一环所可能起到的作用。根据陈平原的统计，清末民初各国小说译作数量上，英法排名前两位，日本居第三，[①]但是“倘以译者所据本子语种统计，译自日文的小说应是第一位，因为许多英、法小说的译本实际上是根据日译本重译的”[②]。因此，我们进行翻译或者比较研究时，直译或者意译的结论必须要建立在“英—日—中”这个完整的译介链条基础上才是可信的，才能完整地揭示出晚清翻译小说接受过程中完整的、复杂的面貌。本文的研究正是建立在这样的三语比较基础之上的。

我们首先来看日译本。日译本题为“食人会”，译者原抱一庵对原版的改写是显而易见的，主要表现在小说题名、人物身份和故事情节三个方面。

首先，马克·吐温原文的题目是“Cannibalism in the Cars”，直译为“（火车）车厢内的人吃人行为”，孙吉涛在朱振武主编的吐温小说选集中将之译为“火车上的食人族”。借用认知语言学方法对此标题进行分析，“食人行为”和“火车车厢”构成了一种主体/背景关系，二者之间的关系通过介词“in”进行表达，“食人行为”得到了感知凸显（perceptual prominence）[③]，意味着人们对该行为的普遍关注。与这种关注相符的是英语世界的宗教、政治和文学作品对“食人”这一极端题材的大量描写。《圣经·约翰福音》6：53—56中，耶稣说：“我实实在在地告诉你们，你们若不吃人子的肉，不喝人子的血，就没有生命在你们里面”“吃我肉喝我血的人就有永生，在末日我要叫他复活”；早期罗马基督教著作家德尔图良（Tertullian）在《护教辞》中反驳人们对基督徒吃小孩的指控[④]；18世纪英国讽刺作家乔纳森·斯威夫特（Jonathan Swift）在《一个微小的建议》（*A Modest Proposal*）中则提议将健康的孩子作为食物，以缓解爱尔兰穷人的经济压力，讽刺性地揭露了英国统治者对爱尔兰人民的压榨和迫害[⑤]。我们发现，这些例子中对“食人”这一反

---

① 陈平原：《中国现代小说的起点——清末民初小说研究》，北京大学出版社，2005年，第43页。

② 陈平原：《中国现代小说的起点——清末民初小说研究》，北京大学出版社，2005年，第61页。

③ 弗里德里希·温格瑞尔、汉斯·尤格·施密特：《认知语言学导论》，彭利贞、许国萍、赵微译，复旦大学出版社，2009年，第185页。

④ 德尔图良：《护教篇》，涂世华译，商务印书馆，2012年，第21页。德尔图良用反讽的口吻描写基督徒食用小孩的片段，以洗脱基督徒吃小孩的罪名：“拿把刀子插进这个不与任何人为敌，无任何罪状，天真无邪的婴儿体内吧；如果这是别人的事，那就请你站在一个实际进入生活之前就要死去的后人旁边，等待这刚刚授予的灵魂离去，接受这新鲜的年轻血液，使你们的面包浸透它，并恣意地享受吧。”

⑤ 乔纳森·斯威夫特：《一个小小的建议》，中国对外翻译出版社，1994年。James William Johnson在其论文“Tertullian and ‘A Modest Proposal’”中曾经就德尔图良对斯威夫特的影响进行了研究。

人类行为的书写并不是简单的自然主义式的记录，也不是单纯地对食人行为做恐怖的效果渲染，而是利用这一反常行为做宗教宣讲和政治讽刺。这些带有讽刺色彩的文本成了英语世界的读者在阅读马克·吐温《火车上的食人族》时互文性的文本之镜，“食人”这一行为所带有的恐怖底色被转换、压抑，讽刺色彩得以突显，形成一个巨大的、开放的、相互参照的文本体系。这也是为什么马克·吐温的题目中直接采用“食人”一词的原因之一。但是在日语世界中，这些潜在性的互文文本对于日语读者来说并不存在（对于稍后的中国读者同样如此）。在这种互文网络消失之后，文本的讽刺性效果也减弱了，“食人”语义中被转移、被压抑的恐怖效果得以回归，这也是为什么之后的中文译本的翻译者陈景韩会一本正经地解读说：“我译此篇，我知西人仅有此思想，而我国饥馑之岁，赤地千里，人相食者，时有所闻。”① 原抱一庵在标题中删去了“车厢内”，转而增加了“会”一词，形成了“食人+会”这一偏正短语，“会”作为中心语得到了突显，意味着译者对“会”的关注得到了增强。对这样的处理，我们可以从原抱一庵所处的历史社会状况入手尝试分析。

原抱一庵翻译《食人会》的时间是1903年，即明治三十六年。开始于19世纪60年代的明治维新运动虽然推翻了封建幕藩领主制度，但是“以农民为主体的广大日本人民深受地税、兵役、纸币贬值之苦，政治上毫无权利，他们迫切要求改善自己的处境”②，在这种社会矛盾背景下下，自由民权运动爆发。1874年，板垣退助等人提出了《设立民选议院建议书》，要求给人民以选举权等，但是“板垣等所谓设立议院给人民以选举权，不是指一般人民，而是指士族和豪农豪商”③，针对这一带有改良性质的要求，资产阶级政党爱国公党，“开始主张人民有参政权，明确提出由人民选举的代表设立立法机关”④。民权运动在1882年的福田事件中达到了高潮，三岛通庸出任福田知事疯狂镇压自由党，而原抱一庵本人也曾向自由民权运功的机关杂志《福岛自由报》(*Fukushima Jiyu Sinbun*）投稿，因此卷入了“福岛事件”而遭逮捕。深处时代洪流之中的原抱一庵，有可能是想在自己的翻译中寄托对西方民主思想、西方政治体制、议会改革的思考，创造出一种属于原抱一庵的“翻译

---

① 马克·吐温：《食人会》，陈景韩译，载于《新新小说》第1号，1904年9月10号，第210—211页。

② 吴廷璆主编：《日本史》，南开大学出版社，1994年，第421页。

③ 《自由党史》第一册，第86—87页，转引自吴廷璆主编，《日本史》，南开大学出版社，1994年，第423页。

④ 《自由党史》第一册，第86—87页，转引自吴廷璆主编，《日本史》，南开大学出版社，1994年，第423页。

政治”，这种“翻译政治”[1] 也在他对小说人物身份和情节的变异中得到证明。

对人物身份的交代是原抱一庵所做的最大添加。英文原版中，吐温只交待了小说人物所来自的地区，比如那位呼吁食人行为的人是“明尼苏达州的理查德·赫·加斯顿”。然而，日译本中的所有角色都被赋予了一个新的身份：理查德·赫·加斯顿变成了“典狱官”，伊利诺伊州的约翰·杰·威廉斯成为一位牧场主，田纳西州的詹姆斯·索亚变成了一名“大僧正”[2]，印第安纳州的亚当斯变成了“矫风会会长”[3]。我们发现，这些对人物身份的修改是系统性的，它导致的结果是二元性的阶级分化，下文的情节也随之变成了阶级斗争。比如说，当乘客决定采用议会的方式来选出最后供人食用的人选之后，吐温版本的议会组成情况是“……加斯顿先生当选为主席，布莱克先生当选为秘书，霍尔科姆先生、戴尔先生和鲍德温先生当选为提名委员会委员……”但是原抱一庵的版本则是：

> 斯て正當の手続を經て、議長には理查士ガストン氏。副議長には敏圭留氏（ウエスコンシン州廳會議委員長）。全院委員長には大僧正志潔留氏。三個の委員には、オハイオ市市會常置書記馬斯哥牟氏。非職大尉辨爾透氏。イリノイス州の維廉氏。等それぞれに選任せられぬ。

> 经过正当手续，选举理查士加斯顿为议长，威斯康星州议会委员长敏圭留为副议长，大僧正志洁留为委员长，俄亥俄市议会常务书记马斯哥牟、退役大尉辨尔透、伊利诺伊州的维廉三人为委员。（中文为笔者据日文版翻译的，后同）

我们发现，组成议会的成员的身份分别是“典狱长”“威斯康星州议长”“大僧正”“书记”“去职大尉”“大牧场主”，代表的正是政府官员和“士族豪农和豪商”，而这些人所组成的议会所决定的第一轮被吃的人则是：一位贤者的弟子、剃发师和送信人。下层阶级中，矫风会会长认为那位弟子是仁人，不应该被吃，因此他推荐了“卖淫妇总裁”；另外一位矿山夫反对剃发师被吃

---

① 关于“翻译的政治”的相关论述，请参考刘禾《跨语际实践——文学、民族文学与被译介的现代性》，斯皮瓦克《翻译的政治》（*The Politics of Translation*），美国学者特欧·海门斯（Theo Hermans）选编的文集《文学的操控：文学翻译研究》（*The Manipulation of Literature*：*Studies in Literary Translation*）。

② 大僧正为日本僧官制度中的最高一级，此处为与“牧师”对应，原抱一庵替换成了日本读者较为熟悉的宗教职位。

③ 矫风会是女性以禁酒运动为契机创设的基督教女性团体，1883 年由美国开始，后形成世界性的组织，1886 年在日本东京成立，1893 年设立日本基督教妇女矫风会，致力于未成年人禁烟、禁酒和阻止卖淫。

转而推选矿山主；还有一位谁都不认识的绅士被原抱一庵塑造为一位民主斗士，他仗义执言，反对送信人被吃，并扬言议会成员应该首先被吃，从而将阶级之间的斗争推向了高潮：

> 渠もまた怨恨の焰を舌端より發ち「交薄さ者、弱さ者、地位低さ者、を強力を以て、多勢を以て、壓服せんとする人々の如何に怯懦なるぞ」。

> 他又从舌尖发出怨恨的火焰，说道："以强力和人多势众压制势单力孤的人、弱者和地位低下的人，这样做的人是多么怯弱啊。"

绅士之口成为原抱一庵个人政治立场发声的渠道，为那些"交薄さ者、弱さ者、地位低さ者"而呐喊，在此，原抱一庵与其说是一位译者，不如说是韦恩·布斯所谓的"隐含作者"。在1961年出版的《小说修辞学》一书中，布斯认为作者在写作时，"不是创造一个理想的、非个性的'一般人'，而是一个'他自己'的隐含的替身，一个真实作者在文本中的替身，作者的第二自我"①。借助这些译文中刻意增加的人物身份，原抱一庵的诗学传统和政治理想浮出了文本表面：(1) 在诗学上，汉文调作为中国文化影响的产物，变革速度相比于西方政治制度来说更为缓慢。原抱一庵保留了汉文调的文法特征，同时也无意中为陈景韩的翻译提供了方便法门，文学的传播产生了奇妙的"回流"，曾经影响他者的中国古典文学经由日本又反过来滋养了自身；(2) 在政治上，原抱一庵参与民权运动，反对政府独裁统治，反对不民主、不自由的政体，呼吁建立真正的、代表各个阶层的议会体制，这种吁求的达成是通过他越俎代庖式的"隐含作者"的身份进行的，也就是说，他虽为译者，却主动发挥"隐含作者"之功能，通过对小说的大量改造，完成了与广大读者的政治互动。

## 三、陈景韩《食人会》：晚清政治、"尚奇"诗学和媒体语境

1904年陈景韩在《新新小说》第一期上以日版《食人会》为底本翻译发表了他的译文，关于该译本我们发现两个奇特的现象：(1) 陈的《食人会》基本承袭了日译本的概貌，不但内容相差无几，连题目也一模一样；(2)《火车上的食人族》并非马克·吐温的成名作，这篇小说的边缘地位不但在日语、汉语世界如此，在英语世界也是一样，James D. Wilson 曾经对马克·吐温小

① W. C. 布斯：《小说修辞学》，华明、胡晓苏、周宪译，北京大学出版社，1987年，第80页。

说进行过一次调查，他发现这篇小说“受到了极少的学术关注”[1]。那么，陈景韩为什么选择了《食人会》呢？

针对第一个现象，当我们谈到晚清小说翻译的基本方法时，如上文所述，大多数研究者会以“意译”一词作为结论，但是忠实的翻译也不乏其例，胡翠娥归纳了晚清小说“直译”的五个特征[2]。陈景韩对该小说的翻译不管是在人名地名、行文文法特征，还是情节结构特征，都忠实地服从于原抱一庵的版本。这种不寻常的现象可以从以下几个方面得以解释。第一，原抱一庵翻译语言中显著的汉文调特征。原抱一庵继承的是他的老师森田思轩偏汉文调的文体，柳田泉称这种文体为“周密文”，“森田思轩的汉文不是魏汉或唐宋的文体，而是近代明清的文体”[3]，这种文体在原抱一庵的《食人会》中也有体现，试举两例：

> 年の頃は四十五六或は五十にも及ばん歟、態度悠揚、姿貌温雅の男子なりき。[4]
>
> 吾々は彼のジユビリ植民地の邊まで擴がり展ぶところ荒漠々の大野差しかかれり、一家、一林、一丘、一岩に遮らるることなき列風は、宛から怒れる海の高き瀾を倒す勢を以て、後より皚々の雪を驅り、陣々襲ひ来つて休む時なし。[5]

在这两个例子中，“態度悠揚”“姿貌温雅”属于汉语中较为文雅的表达；而在第二例中，对雪地荒芜景象的描写，比如“一家、一林、一丘、一岩”，在明清小品中作品中也有迹可循：“口技人坐屏障中，一桌、一椅、一扇、一抚尺而已。”[6]“湖上影子，惟长堤一痕、湖心亭一点、与余舟一芥、舟中人两三粒而已。”[7]

这种“数（往往是一或者二等较小的数）＋名词（往往是丘壑、亭园、泉石等自然景物）”的意象组合与晚明文人清高、淡远、雅致的审美理想是分不开的，这种明人风气的影响是如此强烈[8]，以至于即使是翻译一个恐怖的场

① James D. Wilson, *A Reader's Guide to the Short Stories of Mark Twain*, Boston, 1987, p. 18.

② 胡翠娥：《文化翻译与文化参与：晚清小说翻译的文化研究》，上海外语教育出版社，2007年，第102－114页。

③ 《明治初期翻译文学的研究》，参柳出泉，《森田思轩传记稿》，春秋社。转引自王志松：《直译文体”的汉语要素与书写的自觉论横光利一的新感觉文体》，《外国文学评论》，2007年第3期。

④ 原抱一庵：《食人会》，载于《太阳》，明治三十六年6月第1号，第88页。

⑤ 原抱一庵：《食人会》，载于《太阳》，明治三十六年6月第1号，第90页。

⑥ 张潮：《虞初新志》，王根林校点，上海古籍出版社，2012年。

⑦ 张岱：《陶庵梦忆》，中华书局，2008年，第60页。

⑧ 明代散文对日本的影响，请参考斋藤正谦的《拙堂文话》。

景，译者也选用了这样的文法。因此，原抱一庵译本中浓厚的汉文调特征，再加上陈景韩对日文的掌握，就构成了陈景韩选择忠实翻译的物质基础，但是这种基础并不足以解释他的翻译策略，因为晚清时期精通日语的作家和译者大有人在，他们能够阅读到的作品也有许多具有汉文调特征，但这并没有导致直译翻译行为的普遍开展，因此还应该从翻译在晚清时期所扮演的文化参与角色和所具有的教化功能对《食人会》的直译现象进行解释。

我们知道，晚清时国力羸弱、列强欺凌，促使当时以严复、梁启超为代表的翻译家将小说作为开启民智、救国救民的思想武器。梁在《论小说与群治之关系》中写道："欲新一国之民，不可不先新一国之小说。"① 陈景韩的诗学观念也符合这种主流诗学，他在《〈新新小说〉叙例》中说："本报纯用小说家言，演仁侠好义、忠群爱国之旨，意在浸润兼及，以一变旧社会腐败堕落之风俗习惯。"② 因此我们可以猜测，原抱一庵译文中所描绘的人们以议会选举之名行食人之实的情节正符合陈景韩所谓的"社会腐败堕落之风俗习惯"，原抱一庵通过改写而表达出来的个人政治诉求也正好与陈景韩所面临的情况相似。因此，在并不需要大费周章进行二次改写就能发挥文本的政治与社会功能的情况下，陈在小说主体部分采用忠实的翻译策略也就显得省时省力且合情合理了。但是，这毕竟是陈景韩作为译者个人化的"政治文本"，他有必要向读者挑明这种隐蔽的"文本政治"，因此，他在译文末尾添加了一段"批解"。这段批解类似于中国古代文学中的跋，内容包括对西方议会制度的理解，比如"凡为议会事，皆欲使人为其难者，而己为其易者"；包括对人性的期待，比如"凡有条理人，即至极紊乱时，亦有条理""人类所以不灭者，唯有此爱同类之心，所以问而色变，欲告发"；还包括对优胜劣汰的物竞法则的接受，比如"食人之事，虽不多见，然世界物竞，无一非食，食人名誉，食人财产，食人事业，食人心思才力者，无时蔑有"。这些新的解读无疑与晚清甲午战争之后的政治时局、社会思潮息息相关。

在这种语境下，意译或直译作为一种手段归根结底是服务于当时"文以载道""救国兴邦"的民族意识形态之需。陈景韩在《食人会》的翻译中采用直译的方式乃是因为通过"批解"的方式，《食人会》已经成了他所需要的"意识形态构造物"，因此对文本本身的改造就可有可无了。

第二个问题，陈景韩为什么选择翻译《食人会》而不是马克·吐温的其他作品？首先，这并非文本获得渠道的问题。马克·吐温在当时的日本文坛

① 李华兴，吴嘉勋：《梁启超选集》，上海人民出版社，1984 年，第 349 页。

② 《大陆报》第二卷第五号 1904，见陈平原、夏晓虹：《二十世纪中国小说理论资料》，北京大学出版社，1989 年，第 125 页。

颇受欢迎，在《食人会》被译为日文之前，渡边松茂于1888年在《ニューナショナル第五読本直訳》[①] 翻译了马克·吐温的作品《我的手表》，山县五十雄翻译了马克·吐温的 *Is He Living or Is He Dead*，译为《生死如何》，并于1893年发表在《少年文库》杂志上，这被认为是马克·吐温作品的第一次日译。[②] 1899年，黑田湖山人、岩谷涟山人、川田河山人翻译出版了《乞丐王子》。[③] 而我们可以断定陈景韩在1897—1902年期间，“抛开科举西上，进入武昌武备学堂学习之后因加入革命会党，被清政府通缉，潜往日本留学，在那里接触了大量的西方文学”[④]，可见陈景韩没有选择马克·吐温的其他小说作为翻译对象并非文本获得途径的问题，而是另有原因。

《食人会》属于《新新小说》的“怪异小说”（第二期改为“世界奇谈”）栏目，这个栏目的设定是和《新新小说》的办刊宗旨息息相关的，第一、二期的《本报特白》中有：“凡有诗词杂记、奇闻笑谈、歌谣俚曲、游戏文字以及灯谜酒令、楹联诗钟等类，不拘新旧体裁，本社均拟广为荟集。”我们知道，中国古代小说一直有搜罗记录奇闻旧谈的倾向，《四库全书总目提要》将小说分为三类：“迹其流别，凡有三派：其一叙述杂事，其一记录异闻，其一缀缉琐语也。”《食人会》小说带有荒诞气息，正属“奇闻”之列，陈景韩将其列入“怪异小说”一栏，是这种文学传统的延续，更是《新新小说》的媒体属性使然。作为一份文学报纸，在创立初期，它必然需要通过各种奇闻轶事吸引普罗大众。这实际上也代表了晚清阶段文学创作的职业化潮流。王德威在谈到李伯元、吴趼人等晚清作家的时候说：“他们的时代已经是一个学术价值四散分崩的时代；写作不只是寄情言志，更是谋生之道……吴、李是近代中国第一批‘下海’的职业文人。”[⑤] 所谓的“下海”，很大一部分就是进入报业。而要实现文学的职业化，在大江大海中成功上岸，作家必须要研究读者期待，借助发达的新闻报刊以尽可能经济的版面、最高的效率，吸引大量的读者。具体在陈景韩的案例中，他作为晚清翻译家，有“报人作家”之美誉，在晚清最重要的几大报纸《时报》《申报》等之中均留下足迹。他“与雷奋一起被聘到《时报》任主笔，编辑新闻兼写小说”[⑥]。可见在当时报刊业方兴未艾之际，新闻采编、新闻编辑和栏目创作还未形成界限清晰的专业分工，

---

① 渡边松茂：《ニューナショナル第五読本直訳》，积善馆，1888年。

② 赵琳娜：《陈景韩翻译中的日本影响》，山西大学硕士论文，第27页。

③ 马克·吐温：《乞丐王子》，黑田湖山人、岩谷涟山人、川田河山人译，文武堂，1899年。

④ 李志梅：《报人作家陈景韩及其小说研究》，华东师范大学博士论文，2005年，第2页。

⑤ 王德威：《被压抑的现代性——晚清小说新论》，宋伟杰译，北京大学出版社，2005年，第14页。

⑥ 李志梅：《陈景韩——报人作家陈景韩及其小说研究》，华东师范大学博士论文，2005年，第40页。

陈景韩在身兼多职之际，选择直译一篇他熟悉的日文译本小说，无疑具有充足的理由。加之上文所述，《食人会》在内容题材上与报刊栏目“怪异小说”所代表的传统小说“尚奇”趣味阴差阳错式地不谋而合合，以及陈景韩在末尾以“批解”作“政治升华”。综合这三个因素，陈景韩的直译选择也在情理之中。

## 四、结论

本文以马克·吐温《火车上的食人族》的日译、中译为例，阐明了这篇不知名的小说如何在明治维新和晚清的政治语境中得到与其在英语世界地位不平衡的传播。相对来说，晚清的政治局势更为复杂，政治体制上，它要面对西洋列强、日本势力的不断冲击，诗学传统也摇摇欲坠，看似唇亡齿寒。但是我们的研究发现，诗学传统作为一种具有审美特质的意识形态，表现出的是更为根深蒂固的延续能力，因此原抱一庵即使身处去汉化的维新时期，仍然在利用汉文调翻译美国小说。陈景韩身处社会动荡更为动荡的时期，也不知不觉地受传统诗学影响。经由媒介环境的推波助澜，这种诗学不但没有消失，反而得以继续发展，促成了陈景韩翻译篇目和翻译策略的选择。

政治导向、媒体推动、诗学传统三者分别携带着各自的内在诉求和隐含规律，成就了马克·吐温小说在日本的传播和在中国的首秀。这也可以对我们研究其他的晚清翻译小说带来启示。阿英在《晚清小说史》中提出过“为什么到了后期，侦探小说会在中国抬头并风靡呢”[①] 的问题，省去政治、媒体和诗学中的任何一个角度，这一问题似乎都无法得到一个完满的答案。限于篇幅，该问题并不在本文的讨论范围之内。在本文基础之上，日后可以继续进行研究的问题包括：获取陈景韩所有日语转译小说的日语底本，对这类小说进行系统的统计和分析，进而对他的翻译选择和翻译策略作更为彻底的验证，进而为晚清翻译小说直译/意译这一更为宏观的问题给出令人信服的答案，甚至细致地描绘出晚清翻译家所面临的复杂局面。

**作者简介：**

林家钊，四川大学文学与新闻学院比较文学专业博士研究生。

① 阿英：《晚清小说史》，东方出版社，1996年，第217页。

# 先锋派、时尚与媚俗艺术

## ——审美救赎的现代性悖论及其反思*

黄宗喜　朱宝洁

**摘　要**：先锋派、时尚、媚俗艺术，作为审美现代性的三个主要艺术表征，凸显着自启蒙现代性以来审美救赎艰难的回转历程。先锋派对唯美主义的反抗，将艺术用于解救现代性危机的努力，最终被证明具有内在矛盾。时尚以其所具有的普遍大众性和独特个性相结合的特性，充当先锋派和其所生存的社会的中介。但是现代技术、工具理性和资本逻辑不仅破坏了时尚本应有的制衡作用，还给时尚内部带来了诸多矛盾。先锋派艺术逐渐失去批判锋芒而转向媚俗艺术，但媚俗艺术内在的复杂性和矛盾性使得现代性审美救赎的实现越发艰难，甚至使其成为乌托邦幻象。即便如此，在宗教式微、诸神没落的当下，审美救赎强调从感性的角度来对抗理性，在某种意义上为现代人提供了一种新的生存可能性思考。

**关键词**：先锋派　时尚　媚俗艺术　审美救赎

自启蒙运动以来，科学技术带来社会生产力的迅猛发展，工具理性对人的精神世界的压迫愈加严重，审美自主领域的发展与启蒙运动所强调的理性形成对抗。弗里斯比（David Frisby）发现："人类虽然创造了工具理性，但是这种工具理性却作为一种物化的客观文化，转而像异化物一样对抗人类的主观文化。"① 基于此，人们希望通过审美的方式平衡过度膨胀的工具理性，用艺术审美来填补宗教衰落之后的生命空白。康德强调审美的"无目的的合目的性"和由此产生的审美的"非功利性"，力图以审美判断为中介，为后天的

* 本文为2016年度国家社科基金一般项目"詹姆逊与当代中国马克思主义文论话语的建构研究"（16BZW015）的系列成果之一。

① 费里斯比：《现代性的碎片》，卢晖临等译，商务印书馆，2003年，第104页。

经验与先天的原理寻找沟通的可能性。[①] 康德的审美纯粹性建构被席勒发展为社会意义上的艺术审美救赎。"我们的时代实际上在两条歧路上彷徨，一方面沦为粗野，一方面沦为疲软和乖戾。我们的时代应通过美从这种双重的混乱中恢复原状。"[②] 席勒希望通过美育弥合现代社会人性的分裂状态，而谢林则认为艺术所能够带来的自由与必然的最高统一能够引导人们实现理性和感性的交融，并达到"认识最崇高事物"的境界和"无限和谐的感受"。[③] 笔者以为，康德等人以美作为"增补"来填补经验世界和先验世界的鸿沟，虽然将感性容纳到审美中，但感性认识被定位为居于理性认识之下的一种低级认识能力，无法真正达到与理性相平衡的审美状态，审美救赎的悖论实则已暗含其中。20 世纪初期以来，审美救赎的思考逐渐从思辨哲学的高度转到社会批判层面上来，先锋派、时尚、媚俗艺术，作为审美现代性之变化的三个主要表征，凸显着启蒙现代性深入发展以来审美救赎艰难的回转历程。先锋派对唯美主义的反抗，时尚本应该有但却失去的制衡作用，以及媚俗艺术自身的悖论，都引发我们思考审美现代性发展的坎坷路途与背后的深层原因。

## 一、从唯美主义到先锋派：审美救赎的悖论浮现

19 世纪以来，把艺术从一切艺术之外对艺术的束缚中解放出来，以追求艺术的纯美来映照被资产阶级所掌握的现实生活的丑陋和平凡，这一取向在唯美主义运动中达到了登峰造极的地步。唯美主义代表戈蒂耶强调艺术的无功利性质，认为艺术的目的是追求唯美，艺术的美全然在于形式的美。然而，"为艺术而艺术"的口号将艺术局限于狭窄的领地从而褪去了艺术品自身所处的现实存在、外在的实用价值和道德标准，同时也将审美意义无限地夸大。这种夸大扩大了主体认识和艺术审美之间的距离，使得艺术与道德、功利等社会问题毫不相干，从而也就失去了理论存在的现实基石。

但从唯美主义的起源来看，唯美主义不是要去逃避庸俗的现实，而是要去反抗被资产阶级所掌控的丑陋现实。这点在王尔德的美学观念中得到显现。王尔德认为，"不是艺术模仿自然而是自然模仿艺术。在他看来，自然是如此的粗俗、单调和贫乏以至于令人不快。自然是我们的创造物，正是在我们的脑子里，它获得了生命……事物存在是因为我们看见它们，我们看见了什么，

① 康德：《判断力批判》，邓晓芒译，杨祖陶校，人民出版社，2002 年，第 39 页。

② 席勒：《审美教育书简》，冯至等译，上海人民出版社，2003 年，第 84 页。

③ 谢林：《先验唯心论体系》，梁志学等译，商务印书馆，1983 年，第 276 页。

我们如何看见它，这是依影响我们的艺术而决定的”[①]。也就是说，艺术培养了人的审美感觉，从而能够使人看到自然的美。正是艺术使得人类拥有了新颖感知从而能够对凡俗世界做出审美反应。

在王尔德看来，首先，艺术不表现时代，只表现自身。其次，艺术所要表现的，恰恰与时代相反。再者，艺术无所谓道德不道德，艺术只追求美。在王尔德笔下，艺术家面前有两个世界，一个是现实世界，我们可以看到它而不必谈论它；另一个是艺术世界，我们必须谈论它，否则它就不存在了。可以说，王尔德的观点对于强调艺术的独立性以及反抗资产阶级的平庸话语而言有一定的可行性，但总体而言还是通过将艺术与社会现实隔离来强调以艺术的纯美来对抗资产阶级的道德法则，在这点上他重走了戈蒂耶的老路。在王尔德时代，唯美主义反抗社会的锋芒虽然没有改变，但一味强调艺术的自主最终发展成美学极端主义。而且唯美主义理论本身所涵盖的个人主义、享乐主义和颓废主义仍旧没有跳脱出资产阶级价值观念体系，以至于被公众和社会所抛弃。基于此，某些与社会相对疏离的艺术家感到，必须瓦解并彻底推翻整个资产阶级的价值观念体系，以及它所有的关于自己具有普遍性的谎言。[②] 20世纪初以来，随着欧洲先锋派运动的全面展开，起源于军事政治斗争领域的先锋派概念在艺术批评话语领域得到日益频繁的使用。未来主义、达达主义、超现实主义以及苏俄先锋派是这一历史时期的主要力量。将先锋概念用于艺术上来实现救赎是从圣西门开始的，他的门徒罗德里格斯（Olinde Rodrigues）将艺术家看作在社会体制被破坏，一切价值都有待重建的特殊时期的特殊的人。艺术家将充任时代的先锋，用艺术的力量在人民中间传播新的观念，以此促进社会的变革，进而促进一种社会制度向另一种社会制度的转变。[③] 而当欧洲的历史先锋主义者（达达主义和超现实主义）再次要求艺术和社会实践联系在一起时，它们不再指艺术作品的内容应具有社会意义，而是指艺术在社会中起作用的方式。

比格尔将先锋派与对艺术的社会功用的感知变化相关联，对先锋派进行了重新界定。他认为，先锋派对唯美主义的反抗显示出艺术的社会子系统进入了一个新的发展阶段——自我批评阶段。这种“自我批判”的方法论原理在于，它是自我对自我的“客观理解”。这种“客观理解”并不意味着其就可以独立于认识的个体而存在。它仅仅意味着，整体作为一个过程告一段落时认识的个体的见解，尽管这种所谓的告一段落也仍旧是临时性的。艺术上的

---

① 赵澧、徐京主编：《唯美主义》，中国人民大学出版社，1988年，第133页。

② 卡林内斯库：《现代性的五副面孔》，顾爱彬等译，商务印书馆，2002年，第129页。

③ 卡林内斯库：《现代性的五副面孔》，顾爱彬等译，商务印书馆，2002年，第122页。

“自我批评”意味着艺术作为一个主体不再批评自我的外在表现形式，如达达主义不再批评之前的艺术流派，而是批判艺术存在的内在规律。

在先锋派看来，艺术批评不应该再仅仅局限于自身之内，而是要反对作为体制的艺术本身。也就是说，艺术批评不再针对“内在”的方式运作，而是要分析体制本身的全部功能，尤其是它对社会的、意识形态的影响而非系统的个体要素。艺术体制的存在使得艺术与生活相对分隔，艺术的双重的或肯定的功能得到了强化。艺术自律为艺术提供了一个相对稳定和独立的社会地位，但是艺术同时受这种隔离的困扰。当艺术作品被接受为一种纯想象的产品，即无需被严肃地加以对待的审美幻象时，任何社会的或政治的内容都立即被中立化。[①] 因此，先锋派与唯美主义的相同之处在于，先锋派赞同唯美主义者对世界目的理性的反对态度；与唯美主义者的不同之处在于，先锋主义者试图在艺术的基础上重新组建一种新的生活实践。正是因为看到了艺术体制的意识形态对每一个艺术品在社会影响上的主导性话语，先锋派开始对艺术体制进行猛烈的攻击。这种攻击的最终目标是要使审美体验摆脱审美体制的控制。

然而，先锋主义者试图从艺术的主体性出发，在摧毁艺术体制的同时构想出一种全新的社会实践基础，这样的尝试被证明是一种具有深刻矛盾的努力。因为如果艺术要具有一种对现实的批判能力，就必须具有批判自由，这种自由来源于艺术与生活实践的相对分离。而与生活实践相融的艺术会失去它的批判距离，从而丧失批判能力。比格尔发现：“当艺术与生活实践融为一体，当实践是审美的而艺术是实践之时，就再也无法发现艺术的目的，因为构成目的或有意识的运用这一概念的两个互相区分的领域（艺术与生活实践）已经结束了。”[②] 可以说，先锋派所采用的不同形式的对艺术体制的抗议，从正面揭示了艺术品被艺术体制所适当地控制的程度，又从反面肯定了艺术品发挥它们在所产生的社会范围内的肯定或合法的功能，这对现代性审美救赎的发展而言是一个大的进步。

## 二、从时尚到媚俗：审美救赎的策略之殇

先锋派对现实激烈批判从而幻想美好的未来，而对未来的美好设想又总是建立在对当下颠覆的基础之上。但先锋派也必须生存于当下，它无法完全

---

① 墨菲：《先锋派散论》，朱进东译，南京大学出版社，2007年，第11页。

② 比格尔：《先锋派理论》，高建平译，商务印书馆，2002年，第123页。

拒绝现存当下提供的一系列发展空间和生存领地。因此，先锋派也不得不接受一些妥协和调整以便使自己免于强制的镇压。这种妥协和调整需要一个强有力的中介因素。这个中介因素必须既满足社会调试的需要，也满足对差异性、变化性的要求。它必须是一个动态的过程，既要使社会各个层级之间有着明确的分野，又必须在某种程度上使它们相互隔离，以保持某种区分性。从这些层面上来讲，时尚因其特有的普遍性与特殊性合一的个人冲动，能够充当先锋派和其所生存的社会的中介。

时尚倾向于把一种新的或陌生的形式变成若干可接受和可模仿的形式，一旦它广泛流传并普及进而成为法语所表示的“poncif”（程式化），或英语所说的“stereotype”（俗套），就提供另一种形式来展开类似的变化和转变。[①]古典主义艺术对美的追求使其不可能接受平庸之物，但是现代艺术是追求新奇与独创的浪漫主义的后代。古典主义艺术所追求的在倾向于整体性的同时仍能够焕然一新的理想，在先锋派看来就是一种模仿自身而又重复自身的不可挽回的审美失误。由此可见，先锋派和时尚的联系是显而易见的，新奇和陌生是两者共同的必经阶段。但是它们之间又有着显著的区别，先锋派总是指向未来的目标，而时尚将其落实为社会实践，先锋派永远只是极少数个别人的活动，但是时尚则是已经流行开来的先锋行为。先锋派能否被大众所接受，并让大众随着其所规划好的路线向前行走，在这其中，时尚发挥着不可忽视的作用。时尚界定先锋派的可行性，并积极地在更大的社会层面上付诸行动。

这种功能来自时尚所具有的从众性和区分性矛盾。齐美尔发现，个体对时尚的追求来自生命深处的发展活力。“一方面，对普遍性的追求会对我们有所引导，另一方面，我们也需要抓住特殊性；普遍性为我们的精神带来安宁，而特殊性带来动感。”[②] “时尚是既定形式的模仿，它满足了社会调试的需要；它把个人引向每个人都在行进的道路，它提供一种把个人行为变成样板的普遍性规则。但同时它又满足了对差异性、变化性、个性化的要求。”[③] 这种对个体作用的极大推崇可以追溯到康德的形式主义。康德的形式主义认为个人完全可以在各种各样的感性经验与基本概念之间建立一定的联系。康德认为心灵中有一种秘密机制，能够对直接的意图做出筹划，并借此方式使其切合于纯粹理性的体系。

时尚原本可以以一个动态的过程在审美传统与先锋冲动之间达成某种制

---

① 周韵：《先锋派理论读本》，南京大学出版社，2014 年，第 62 页。

② 齐美尔：《时尚的哲学》，费勇等译，文化艺术出版社，2001 年，第 70 页。

③ 齐美尔：《时尚的哲学》，费勇等译，文化艺术出版社，2001 年，第 71 页。

衡，但工具理性和资本逻辑的快速发展却使得时尚无法维持这种平衡。资产阶级对先锋派的迅速收编，时尚与消费的结合，加快了先锋派的创新变成无意义的消费时尚的速度。正如鲍曼所说："无论先锋派艺术如何激进和偏激，都会很快衰落，因为市场收容和销售这些激进作品的能力迅速提高。"[①] 市场逻辑使得时尚进入了非审美领域。艺术创作对资本的依赖，以及艺术家自身身份的混杂也造成了先锋派的委顿甚或终结。首先，现代机械复制技术史无前例地改变了艺术的生产、传播和接受，正如本雅明所说："复制技术把所复制的东西从传统的领域当中解放了出来。由于它制作了许许多多的复制品，因而它就用众多的复制物取代了独一无二的存在；由于它使复制品能为接受者在其自身的环境中加以欣赏，因而它就赋予了所复制的对象以现实的活力。"[②]

不仅如此，现代技术和消费逻辑还摧毁了艺术的"灵韵"，也就是艺术品的即时即地性，破坏了艺术品的权威性，即它在传统方面的重要性。本雅明认为："当代艺术越是投入于可复制性，就越不把原作放在中心地位。"[③] 原本对于原作的膜拜源于其不可占有性和独一无二，然而复制技术却可以使人们通过占有原作的复制品的方式来占有原作，经典艺术作品的崇高地位从神坛跌落。此外，20 世纪后期的艺术家们不再被当作创造者或是立法者，资产阶级和资本主义一方面将其视为为寄食者和消费者，另一方面又把他们看成劳动者和生产者，艺术家的劳动成果不再具有某种神圣性而是流入资本渠道，服从于资本逻辑。如此一来，艺术家与产业工人别无二致，同样的，他也就承担着失业的风险。诗人和艺术家面临着对这个社会的经济依赖，这种依赖也使得他们所具有的反叛精神日渐式微。不仅如此，费瑟斯通在谈到消费的生产时说道，生产领域广为人知的商品逻辑和工具理性，在消费领域同样引人注目。商品的积累导致了交换价值的胜利，工具理性算计在生活的各方面都成为可能，所有本质差异、文化与传统的质的问题，都转化为量的问题。[④] 詹姆逊也发现高雅文化和通俗文化之间的明确分野随着大众文化的出现而逐渐消失。

消费领域内的艺术商品化使得时尚从靠近先锋派的一端滑向靠近媚俗艺术的一端，这种艺术商品化以世俗的形式消解了艺术的崇高。在艺术领域内，时尚的审美功能日趋淡化，区分功能却逐渐增强，时尚成为资本的玩物，对

① 鲍曼：《立法者和阐释者》，洪涛译，上海人民出版社，2000 年，第 175 页。
② 本雅明：《机械复制时代的艺术作品》，王才勇译，中国城市出版社，2001 年，第 11 页。
③ 本雅明：《机械复制时代的艺术作品》，王才勇译，中国城市出版社，2001 年，第 37 页。
④ 费瑟斯通：《消费文化与后现代主义》，刘精明译，译林出版社，2000 年，第 20 页。

时尚的态度体现了上流社会与普罗大众之间的社会距离。消费社会下，时尚越靠近媚俗艺术，其作为先锋派之左膀右臂的权威性就愈加减弱，其本可以作为中介来平衡先锋派和所处社会的功能也大打折扣。从字面意义上看，媚俗艺术似乎是一种坏趣味的代表，如柏林伯格认为媚俗艺术是一种替代性的经验和假造的感觉。[①] 卡林内斯库则认为："媚俗艺术是虚假艺术，是以或大或小的规模生产形形色色的'美学谎言'。"[②] 那么可以这样理解，媚俗艺术可以带来艺术的体验，但这种体验是事先被规划和确定好的，同真正的艺术相比总是隐含着美学不充分定律。

媚俗艺术不同于真正的艺术之处在于，真正的艺术总是来源于艺术家刹那间的灵感，没有任何直接的目的，带有"美学自律"的特点，但为即时消费而生产的媚俗艺术则是显而易见而彻底的，是可以还原为外在的因由和动机的。[③] 媚俗艺术所带来的新奇体验又确定可以带领现代人逃离了日常生活造成的平庸与无趣。对此，卡林内斯库认为："媚俗艺术对于大众社会的成员来说是令人愉快的，而通过愉快，它允许他们达到有较高要求的层次，并经由多愁善感到达感觉。"[④] 莫莱斯更是将媚俗艺术归入现代性的美学交流系统当中，他注重媚俗艺术带来的审美经验和美感，认为媚俗艺术可以作为审美救赎在后现代的代表。

然而另一方面，媚俗艺术显而易见的外在动因却使现代人沉迷于享乐，变得更加易于支配和诱导。尤其是社会下层大众在提高生活水平的同时，也出让了自身的社会地位和对社会权力的掌控权。阿多诺和霍克海默认为："精神的真正功劳在于对物化的否定，一旦精神变成了文化财富，被用于消费，精神就必定会走向消亡。"[⑤] 可见，精神一旦走向消亡也就失去了审美救赎之展开的必要性，而媚俗艺术所具有的内在性悖论也使得审美救赎之路越发艰难。

## 三、反思：审美救赎抑或审美乌托邦

先锋派、时尚、媚俗艺术表征着现代性深入发展以来的艺术审美和社会实践，它们是审美现代性自发展以来，在不同的阶段，在艺术审美领域的不

① 周韵：《先锋派理论读本》，南京大学出版社，2014 年，第 19 页。
② 卡林内斯库：《现代性的五副面孔》，顾爱彬等译，商务印书馆，2002 年，第 282 页。
③ 卡林内斯库：《现代性的五副面孔》，顾爱彬等译，商务印书馆，2002 年，第 259 页。
④ 卡林内斯库：《现代性的五副面孔》，顾爱彬等译，商务印书馆，2002 年，第 278 页。
⑤ 霍克海默、阿多诺：《启蒙辩证法》，梁敬东等译，上海人民出版社，2006 年，第 4 页。

同艺术表现形式。

先锋派对唯美主义“为艺术而艺术”的反抗，将艺术用于解救现代性危机的努力，最终被证明具有深刻矛盾：一方面，审美自律要求艺术无功利性，远离社会实践，但是，当艺术独立于日常生活时，也就失去了社会基础和对生活的批判能力，更无从谈论审美救赎的有效性了。于是时尚以其特有的普遍性与特殊性合一的个人冲动，充当了先锋派和其所生存的社会的中介。但是现代技术、工具理性和资本逻辑破坏了时尚的制衡作用，反而给时尚内部带来了诸多矛盾。资本主义的商品逻辑对艺术和艺术家的收编与改造使艺术时刻处于堕落为商业化的大众艺术的危险中，甚至有可能使艺术变为一种具有颠覆力量的反文化。时尚不但没有发挥出在先锋派和现存世界之间的制衡功能，反而使先锋派一再失去对抗商品世界和资本逻辑的能力进而受到压迫。先锋派不断向未来伸展而与社会公众越来越远，以至于成为少数精英的游戏，它在社会中的权威性也由于时尚不断地被公共权威所承认，不断地演变成一种流行而急剧下降。这一状况使得现代艺术逐渐失去批判的锋芒而走向媚俗艺术。后现代理论学家提出的日常生活的审美化是针对先锋越来越先锋，而时尚越来越媚俗的困境提出的，本意是希望审美救赎能够继续在日常生活中开拓出一片可能的天地。但是当日常生活与艺术的界限被打破之后，却出现了媚俗艺术独大的场面，媚俗艺术本身所具有的复杂性和矛盾性使得审美救赎越发艰难。一方面，日常生活的审美化满足了中产阶级逃离日常生活的平庸乏味的需要，在某种程度上提高了普罗大众的艺术鉴赏力。但另一方面，无所不在的虚假艺术钝化了人们的感受，造成了审美疲劳，人们沉浸在虚假的体验之中，失去了批判能力。除此之外，对媚俗艺术的定义也成为一件让人为难的事，媚俗艺术包含范围越广，牵涉的维度越多，就越对审美救赎造成重重困难。

这一重重的悖论将我们引向对审美现代性的反思。在现代进程中，启蒙现代性的出发点就是要建造一个属“人”的社会，这也就意味着，启蒙现代性必须把原先不属于人管理的领域，交付于人来发挥功用，所以启蒙推翻宗教神学的统治地位，试图建立一个“理性”的社会。这种从神到人的过程其实是一个不断世俗化的过程。然而，推翻了神学统治地位的现代人的理性远远没有达到能够超越自身所处的社会存在的层面，于是现代人只好借助工具理性来达到对原本未知领域的操控。工具理性的发展和资本逻辑的建立一方面为现代性的发展增添了活力，但另一方面却又压抑了现代人的感性存在。在现代条件下，日常生活已经被理论的和实践的理性主义所支配，理性化将现代生活变得刻板和千篇一律。贝尔认为这是因为资本主义精神中相互制约的两个基因只剩下了一个，即只剩下了“经济冲动力”，而“宗教冲动力”已经被科技和经济的迅猛发展耗尽了能量。在贝尔看来：“艺术一方面向人们敞开了一个科学技术所无法提供的关于生存意义的思考；另一方面又把人们带回到‘本真’的领域，遭遇到自己的感性身体、欲望和情绪，而这正是‘救赎’的意味所在。”① 与贝尔一样，韦伯也认为审美本性上不同于求真（科学认知——工具理性）和求善（伦理道德——实践理性），它是一种感性的科学，是通过对人的感情的唤起来达到感性认识的完善。在现代社会中，审美可以承担传统上宗教的提供生存意义的功能，② 因为艺术属于一个虚构的非理性的世界，一个制造信仰、快感和游戏的世界。③

将艺术功用和宗教相提并论使得艺术的救赎功能有了超越性的特征。而这种超越性是与启蒙现代性的发展背道而驰的。启蒙现代性不断打破传统的美学建构，使得美学的本质消解于现代性的种种碎片之中，以至于审美救赎只能关注美的现象而对美的本质救赎无能为力。以此来看，现代性审美救赎实际上一直夹在启蒙现代性所带来的世俗性和本身的超越性之间。现代性的危机被不断地阐述但却无法得到解决，审美救赎也在这种悖论中突围、反弹，但却始终无法冲破这两种诉求的围剿。

对此，当代学者周宪认为：“审美现代性并不能独自解决现代化所面临的问题，在肯定启蒙现代性积极作用的前提下，我们要研究的是审美现代性对启蒙现代性的补救和纠偏作用，而不是抛弃启蒙现代性规划而转向审美现代性的方案。”④ 也就是说，审美现代性和启蒙现代性并不是相互对抗的两股力量，审美现代性实际上孕育于启蒙现代性。现代性本身并非一个单一的发展进程，它是一个复杂的、充满悖论的和内在冲突的结构。恰如斯温杰伍德（Alan Swingewood）所概括的那样：“现代性始于体制和文化的不断合理化，始于统一的、支配性的世界观和价值体系的崩溃，始于一个区分性的‘诸价值领域’的多元结构的出现，包括政治的、经济的、思想的和科学的以及审美的和性爱的（个人领域）诸多价值领域。”⑤ 这些分化的价值领域也随之获得了“自身合法化”。审美现代性正是在这种分化之下，确立了自身的价值领

---

① 丹尼尔·贝尔：《资本主义文化矛盾》，赵一凡等译，生活·读书·新知三联书店，1989 年，第 49 页。

② H. H. Gerth, C. W. Mills, eds., *From Max Weber: Essay in Sociology*. New York: Oxford University Press, 1946, p. 342.

③ Stuart Hall, Bran Gieben *Formation of Modernity*. Cambridge: Polity, 1992, pp. 258—260.

④ 周宪：《审美现代性批判》，商务印书馆，2005 年，第 14 页。

⑤ Alan Swingewood, *Cultural Theory and the Problem of Modernity*. London: Macmillan, 1997, p. 25.

域，在此基础上的艺术自律才得以实现，借审美对抗启蒙现代性所带来的工具理性对人的压迫才成为可能。

因此，审美现代性脱胎于启蒙现代性，这也就导致现代艺术虽有一种颠覆随着科学技术的扩张而形成的工具理性的广泛渗透和支配的倾向，但其在相当程度上又是建立在科学信念基础上的，因此它并不具备完全反抗启蒙现代性的基础。因此，审美现代性自身的矛盾也是审美救赎充满着重重悖论的原因之一。艺术自律要求艺术回避商业化的消费需求和大众化的庸俗堕落，并拒绝市场定位。但是艺术在据守自律性的同时，不排除变成否定当下主流文化的反文化或是成为“象牙塔”艺术的可能，这样的审美救赎难以在实践的层面上展开。

先锋派、时尚、媚俗艺术表征着启蒙现代性以来审美救赎艰难的回转历程。先锋派将艺术用于解救现代性危机的努力最终被证明具有内在矛盾，时尚随即充当着缓和先锋派和现代社会矛盾的中介。但现代技术、工具理性和资本逻辑破坏了时尚本应有的救赎功能，现代艺术逐渐失去批判锋芒而转向媚俗艺术。然而，媚俗艺术内在的复杂性和矛盾性使得现代性审美救赎的实现越发艰难，甚至媚俗艺术的审美救赎之路被视为乌托邦幻象。虽然如此，但笔者以为，现代性审美救赎虽然充满着重重悖论甚至带有乌托邦色彩，但在宗教式微、诸神没落的当下，审美救赎强调从感性的角度来对抗理性，在某种意义为现代人提供了一种关于新的生存可能性的思考。不仅如此，对审美现代性发展过程中所带来的重重悖论的思考，也激发了后现代社会下的大众对理性的反思。

**作者简介：**

黄宗喜，博士，湘潭大学文学与新闻学院讲师，主要从事比较诗学、文艺理论研究。

朱宝洁，湘潭大学文学与新闻学院文艺学专业硕士研究生。

# 出离旧传统，想象异托邦

## ——空间视域下邹弢《海上尘天影》的叙事与科学书写*

曾留香　邹定霞

**摘　要**：邹弢的狭邪小说《海上尘天影》的叙事空间涉及天上与人间、海内与海外，在海上、尘、天、影的四重空间的流动与转换的过程中，将对旧传统的怀念与对西方先进文明的向往交织在一起。通过绮香园这个代表着中国旧传统的空间，小说完成了在旧与新、传统与现代、虚与实之间的转换。通过海外空间，作者建构出一个高度文明的“异托邦”，来寄托自己无处安放的理想。同时，空间的转换带来书写内容的转向，作者尝试将科学书写融入狭邪小说的空间想象中，打破了传统狭邪小说专注于男女情爱的书写范式，呈现出更广阔的空间视野和更开放的世界观，是晚清“地理大发现”在小说中的具体体现。

**关键词**：《海上尘天影》　邹弢　狭邪小说　叙事空间　科学书写

对于晚清狭邪小说中的空间书写问题，学界关注较少。在晚清小说的发展史上，邹弢的名字似乎不那么如雷贯耳，关于他个人的生平资料也散佚严重。但笔者以为，就晚清狭邪小说而言，邹弢的《海上尘天影》理应获得更多关注，小说中构建的四重叙事空间具有独特意义。它逸出了传统狭邪小说专工男女情爱的写作范式，在旧传统的植入与出离的同时，构想出科技发达、社会文明的“异托邦”世界，并带来了狭邪小说的科学书写转向。正如作者好友王韬在序中所言，小说虽“大旨专事言情”，但同时“于时务一门，议论确切，如象纬、舆图、格致、韬略、算学、医术、制造工作以及西国

* 本文系教育部人文社科青年基金项目“人文地理学视野下的晚明游记研究”（16XJC751008）阶段性研究成果。

语言……猜谜、酒令、琴瑟、管箫、诙谐、杂技，无乎不备”[①]，其空间书写的范围跨越天上与人间、国内与域外，展现出狭邪小说广阔的空间视野。然而，受重时间、轻空间的传统思维影响，目前关于《海上尘天影》的研究更多是从时间而非空间的维度进行分析，因此，笔者拟从空间叙事的视角来探讨《海上尘天影》的价值和意义。

## 一、海上、尘、天、影的四重叙事空间

邹弢在小说《海上尘天影》中构建了四重叙事空间，分别是开篇虚构的天上仙界“情天”幻境、人间以上海为中心的真现实空间、海外空间和绮香园。这四重空间又相互勾连，推动情节发展，从而共同建构出小说旁及海内与海外、天上幻境与人间真现实的广阔文学空间图景。其实，标题“海上尘天影”就暗示了小说中的四重叙事空间。“海上”对应海外空间，“尘”代表真现实的尘世空间，“天”对应天上的情天幻境，“影”暗示作为情天幻境的绮香园在人间的投影。

小说由仿红楼梦“太虚幻境”的天上“情天”幻境开篇，随后以天界的幽梦灵妃与其座下仙鹤的下凡引出对下界人间尤其是以上海为中心的真实地理空间书写，再随着男主人公出游海外，将叙事的重点转向域外空间，最后，男女主人公相聚绮香园，叙事视角又聚焦于对绮香园空间的描写。其中，以上海为中心的真现实空间是一个真实存在的地理空间，是整部小说空间建构的底座和空间叙事的逻辑起点。随着小说情节的发展和男女主人公感情的离合，这个真现实的地理空间不停地被其他空间阻滞和隔断，男女主人公的感情离合关系也随之改变。从空间建构的角度来看，这个真现实的地理空间的阻滞与隔断建构出其他三重空间。从情节发展的角度讲，男女主人公情感离合的时间节点也正好与这个真现实空间的阻滞与隔断相呼应。换言之，真现实空间的阻滞与隔断是小说情节发展的内在推动力。

除上海这个真现实空间外，其他三重空间都具有文学想象的意味。天上的虚拟幻境“情天”、人间的虚构乐土绮香园显然是作者想象的产物，并非真实存在的地理空间。而海外空间则具有真实地理空间与文学想象空间的双重意蕴。虽然，小说男主人公游历所经的日本、美国、俄国等地是的确真实存在的地理空间，但由于作者邹弢本人并未有过出国经历，因此小说中对海外世界的描写其实源于作者对于“他者”的异域想象。从这个意义上讲，小说

---

① 王韬：《海上尘天影叙》，见邹弢，《海上尘天影》，百花洲文艺出版社，1993 年，第 2 页。

中的海外空间其实是带有文学想象性质的。与一般狭邪小说不同的是，作者在海外空间的叙事中，用大量的笔墨描写和介绍了西方的科学知识和历史地理环境，写作内容由言情书写转向了科学书写，其用意值得深究。而在小说第二十一回之后，故事发展最集中的场景就转换到了如同红楼梦大观园一般的绮香园，人物的悲欢离合都围绕着绮香园展开，这是作者着墨最多的叙事空间。因此，无论是从作者构思还是故事发展的角度来看，绮香园和海外空间都是作者精心营造的最能体现小说的空间叙事特色和文化意蕴的空间。

## 二、绮香园：旧传统的植入与出离

小说中的绮香园是作者着墨最多的一个空间，女主人公苏韵兰从一位叫“莫须有”的武官那里获赠了绮香园。虽然作者写绮香园位于上海，但“莫须有”暗示了绮香园并非真实存在，而是一个文学想象空间。

作者在描绘绮香园时，心里是住着一个大观园的。绮香园是作者精心打造的一个浪漫的生活场所。苏韵兰招来华洋名妓入园同住，随后各路才子名士也慕名前来。众多才子佳人在园中汇集，女校书们在园内成立桃花诗社，吟诗作赋，品酒赏花，一如《红楼梦》中大观园的众姊妹们的生活一般。从小说的文本结构上来看，在第二十一回之后，绮香园成为小说中各类人物活动的主要空间，是作者着力营造的一个代表中国传统文化的美好之境。

说到绮香园，就不得不提“有情天”幻境。它出现在绮香园之前，与之关系非常密切。

余英时在《红楼梦的两个世界》中提出，大观园是太虚幻境在人间的投影。[①]《海上尘天影》仿《红楼梦》而作，《海上尘天影》中的“有情天”与“绮香园”同《红楼梦》中的“太虚幻境”与“大观园”一样有着对应关系。前后关联的文本可以为证。

小说第四十三回写绮香园中突然空降一块断肠碑，众人都颇为惊异，以为是“千古未闻的奇事”，而莲因却说：“这个碑我先是梦里头见过的，也是一样，有几个字，还不识。”[②] 莲因为何会在之前就看过断肠碑？唯一的解释就是，莲因作为下凡人间的众花神之一，自然先在“有情天”看过这块碑。而断肠碑上刻有百花宫众多花神的名字，也表明绮香园中的这块碑与幻境“有情天”存在着千丝万缕的联系。其实，绮香园就是“有情天”。小说题目

---

① 余英时在《红楼梦的两个世界》中说：“大观园就是太虚幻境”。可参余英时：《红楼梦的两个世界》，上海社会科学院出版社，2002 年，第 35－60 页。

② 邹弢：《海上尘天影》，百花洲文艺出版社，1993 年，第 734 页。

中的“天”与“影”也暗示了这种关系。与《红楼梦》中的大观园与太虚幻境的关系一样，绮香园是“有情天”在人间的投影。万花总主杜兰香与其坐骑仙鹤以及众花神一同来到人间绮香园，“有情天”幻境的旧传统便得以植入。骑香园中照“有情天”幻境的百花宫修建了花神祠，断肠碑上刻有被贬谪的二十七位花神名字。绮香园中的情景与天上的“有情天”幻境形成了对照。

小说中“有情天”到绮香园的空间转换是一个由幻到真的旧传统的植入过程。不难发现，“有情天”是一个具有中国古典美学特色的虚幻仙境。它环境清幽，陈设典雅，在其中生活的神仙如女娲、众花神等都是典型的中国古代神话传说中的神仙，花神的座驾仙鹤也是中国神话传说中的仙人骑乘。绮香园作为幻境在人间的投影，无论其环境、建筑、陈设，还是人物的活动，都继承了“有情天”的中国传统美学特色和文化意蕴。

首先从绮香园的环境上来看，这座位于繁华大都市上海的租界内的园林，却有着不同于上海的静谧与清净：

> 其内一带花墙，后面修竹千竿，迎着风飒飒作响。众人不走进，由着花墙一迳向北。过了一条曲折廊，向北数十步，廊尽处又是花墙。[①]
>
> 外院进来，一个大庭心，西首一株二三丈高的大玉兰花，东首南面一排女贞子，北面百余竿方竹、两株木叶芭蕉、三四株四川的棕竹，中间甬道、廊房。走进第二进，也是五间。前一带阔廊，当中一个坐落，匾上写“锦香斋”三字。门前一个垂花帘。[②]
>
> 东首垂花帘外面一间房屋异常幽雅，放着四口红木衣橱，十几只大皮箱。再一间为幽贞馆。门口一个狼皮秋香大呢门帘。走进去明窗净几，不染纤尘。[③]

绮香园的植物众多，环境清幽，玉兰、女贞子、芭蕉、竹等都是传统文人雅士高洁情操的象征。修竹迎风飒飒作响的声音都能听得见，说明其环境的静谧。无论是错落有致的房屋，还是蜿蜒而上的回廊，都体现了绮香园建筑的幽深曲折之美，展现了含蓄的传统民族心理特征。“不着一字，尽得风流”的留白含蓄之美是中国传统文化的一个基本审美追求。而各屋入口处的垂花帘、花墙，形成了空间的阻隔，让人在进屋前不能一览无遗，更增添了建筑物的层次感，充满想象的空间。

---

① 邹弢：《海上尘天影》，百花洲文艺出版社，1993 年，第 364 页。
② 邹弢：《海上尘天影》，百花洲文艺出版社，1993 年，第 367 页。
③ 邹弢：《海上尘天影》，百花洲文艺出版社，1993 年，第 368 页。

不仅绮香园的建筑如此，而且建筑内的摆设也精致典雅，处处体现了中国传统的文化意蕴，如锦香斋的布置摆设：

> 那锦香斋小客堂，已另行收拾。靠里面一张八仙大拱桌，并排着一张花梨桌子，沿门口正中另放着一张小拱桌。于是秋鹤治外，佩纕治内，韵兰叫侍书靠锦香斋东壁，放着一张七巧盘藤椅，上面展着一张大虎皮，自己穿着粉青庄缎元狐皮袄，天青龙缎洋边玉狐披风。①

八仙大拱桌、花梨桌子、七巧盘藤椅、大虎皮，这些都是中国传统的家具陈设，展现了一种传统的典雅之美。

就连园内各建筑的名字也都充满了传统文人雅士之趣：幽贞馆、锦香斋、延秋榭、浮玉桥、流杯亭……还有充满诗意的匾额和对联。园内各房间都挂有珍贵的字画、对联、匾额等，如小说对幽贞馆内的字画匾额描写非常细致：

> 榻后墙上一幅仇英白描的美人横披，画得工致绝伦，连帘子里的面孔都隐约可见。旁边一幅玉板笺的集句对，也是朱献之写的。上款是"集吴梅村句为韵兰女史雅赏"，下款"甲午季冬丹徒献之朱廷琛呵冻"。联句云："千丝碧藕玲珑腕，一卷芭蕉宛转心。"②

幽贞馆内不仅有工制绝伦的美人白描画，还有朱献之写的集句对，可见幽贞馆的布置是相当讲究的，无处不烘托出中国传统文化氛围。

绮香园中众校书的活动也是如此。第三十一回写众人仿《红楼梦》的海棠社成立了桃花诗社，第四十回写众人以"红楼梦"为题联诗。诗词歌赋、猜谜酒令、琴棋书画，这些技艺都是中国传统之学，绮香园中的众校书过着如同中国古代传统名士般的雅致生活。从绮香园的环境布置到园中众人的日常活动都可以看出，绮香园是中国旧传统的代表。从天上的情天幻境到人间的绮香园，中国旧有的传统文化在这里扎根、植入。

然而细读文本可以发现，绮香园所代表的不仅仅是一种旧传统的植入，随着时间的推移和故事的发展，绮香园开了东首门，向游客收取门票，园内办女塾讲西学……这些活动都带有脱离原有旧传统的性质，一种开放的西方式的文化逐渐取代了原有文化。因此从小说的时间维度来看，绮香园又是一个让渡型的空间。旧传统不仅在此植入，也在此出离。随着情节的发展，一种全新的、开放的西方文化渐渐在绮香园蔓延开来。

在苏韵兰起初得到绮香园之时，它是一个封闭自足的空间，只供女校书

---

① 邹弢：《海上尘天影》，百花洲文艺出版社，1993 年，第 849 页。
② 邹弢：《海上尘天影》，百花洲文艺出版社，1993 年，第 369 页。

们居住和活动，外人不得入内。但在第四十三回之后，情况有所不同。绮香园立花神祠之后，大家一致决定开一道门，与外界联通。子虚找到韩秋鹤说："现在这个祠可以久远了，我打谅要通详各大宪衙门呢。恐怕有人要来瞻仰，在园里头出入不便，你须得在东首围上辟一个门，以便外人出入。西、北、南一带用砖围隔着，另做一门，专为园中人出入之道。"① 随后秋鹤答应照办。从此之后，绮香园就不再只是一个独立的与世隔绝的"大观园"。绮香园的空间被分成了两块，一半通向外界，一半保持独立。东边开一门供外人出入，西、北、南面另做门供园中人出入。它既是封闭的供各女校书活动的场所，又连通外界。从绮香园的空间结构来看，它打通了与外界的联系，由封闭走向开放。这一空间结构本身就有着出离传统的意味。

绮香园在开了东边门与外界连通之后，还向游客收取门票，这也是出离旧传统，学习近现代西方资本主义经营策略。在小说第四十七回，花神祠建好后，苏韵兰知道游客必多，于是制定了门票规则：

> 十日内，花神祠每夜演戏。
>
> 游花神祠，每位取买票洋三角。若兼游绮香园，加收买票洋三角。卖票之处在绮香园门口。
>
> 借花神祠演剧请客，每天四十元，晚加灯火洋十元，守门赏两元。
>
> 过十日期内，入游者每位洋一元，送拓好《断肠碑》名录两纸，碑记一纸。
>
> 每年花神祠自花诞前五日起开门，至十八日止，任从游人入游。②

入园的门票以及各类的收费项目都开列清单，可见苏韵兰对绮香园的经营是带有近代资本主义性质的。绮香园不但是蕴含了中国传统文化的"大观园"，同时还是类似上海租界一样的东西方文化交杂、出离传统的新世界。

后来绮香园中还开办了女塾。女子入塾念书，对当时的中国社会来说，本就是一件新鲜事，而且，女塾学习的课程也是中西兼容，既有中国传统的诗词，又有西学的算数、格致、化学等。韩秋鹤从海外游历归来后，还将学到的西学知识在园中传播。女塾的考试，也邀请韩秋鹤来出题，秋鹤出的题目涉及化学、天文、数学等知识。在绮香园中学习和讨论西学已成为日常生活的一部分，这也是绮香园出离旧传统之处。

除此之外，在绮香园中，中国传统社会的等级制度并不奏效。小说第四十回写众人抽签决定花神祠的座次排列。要知道，在中国传统价值观念中，

① 邹弢：《海上尘天影》，百花洲文艺出版社，1993 年，第 734 页。

② 邹弢：《海上尘天影》，百花洲文艺出版社，1993 年，第 803—804 页。

座次决定了一个人的身份、等级和社会地位。虽然采用抽签这一看似随机的方式，但最终的结果表明作者其实另有深意——作为女校书之首的苏韵兰坐了首位，贵族小姐反而屈居苏韵兰之后。作者将风尘女子与贵族小姐放在一起排座次，并且让风尘女子占了先，这打破了中国传统社会不可动摇的价值秩序。绮香园以一种民主平等的现代新秩序代替了传统的等级秩序。

随着时间的推移，绮香园这一空间由封闭逐渐转向开放，东方文化与西方文化，旧与新，传统与现代在这里交融。换言之，绮香园起到了空间转换的作用。从“有情天”幻境到绮香园，从外层叙事框架来看，是一个由幻到真、由虚到实的叙事空间转换，其内层意涵则是旧传统的植入。而绮香园在发展中逐渐走向开放，西方文化渐渐蔓延开来，这又是一个旧传统出离的过程。通过绮香园这个空间，小说完成了在虚与实，旧与新，传统与现代之间的转换。而在这转换中，作者融入了自身的情感寄托与价值追求。

众所周知，《海上尘天影》是带有自叙性质的小说，王韬在叙中就提到这本书是“为汪畹根女史作也”[①]。作者邹弢曾在上海与名妓汪畹根有过一段刻骨铭心的爱情，但汪畹根最终迫于现实压力另嫁他人，令邹弢断肠。邹弢将他与汪畹根的一些书信放在了小说之前的《海上尘天影珍锦》中，可见是有意让读者知晓此书的自叙性质。受现实生活中情感问题的打击，邹弢陷入迷茫与失落之中。所爱之人另嫁他人，而自身的理想也无法实现，在积贫积弱的晚清社会动荡之际，邹弢一时间迷失了自我，不知到何处去寻找自己和国家的未来。作者作此小说，“一为我之断肠，一为彼之断肠，一为人之断肠”[②]。在旧传统的植入与出离的过程中，作者的情感之悲、人生之悲，在真现实世界中的迷失与情感的磋磨，皆蕴藏其中。

那么，在旧传统出离之后，作者于何处寻觅自身价值与理想呢？对此，小说是通过对海外空间的描绘来实现的。

## 三、“海外”游历：异托邦想象与科学书写转向

从《海上尘天影》的小说结构来看，绮香园是一个旧传统植入与出离的让渡型空间，而海外空间的描写同样值得关注。它不仅扩展了小说的空间范围，使小说人物的视角从国内转向国外，而且，这个异托邦海外空间凝聚了作者的理想追求。从绮香园到海外空间，不仅是外部空间的位移，也是作者

---

① 王韬：《海上尘天影叙》，见邹弢，《海上尘天影》，百花洲文艺出版社，1993 年，第 1 页。

② 邹弢：《海上尘天影》，百花洲文艺出版社，1993 年，第 1043 页。

精神游历的一个过程。从现实生活中情感的磋磨与迷失，到人生价值的无处追寻，再到构建一个异托邦海外空间来寻觅理想。在空间的转换之中作者完成了精神的游历。

所谓“异托邦/异质空间”（heterotopia），是福柯最早在《关于异类空间》（Of Other Spaces）一文中提出的概念。[①] 他将异托邦与乌托邦进行区别。两者都是指具有超越性的在现实文化环境之外的异在的空间，不同的是，乌托邦是一个完全虚构的空间，而异托邦，是一个超越空间，它可能是真实的，也可能是虚拟的。福柯用“镜像”（mirror image）的比喻对此作了解释。人在镜子中看到的影像是不存在于自我中的部分，但镜子本身又存在于现实空间之中，因此镜像是一个异托邦。它既是自我形象的映射，是一个真实的空间，同时又不属于原来的自我，是自我的客体化。正如小说中邹弢构建的海外空间，就是异托邦空间的代表。它具有虚构与真实的双重属性。一方面，由于作者并未出过国，其对异国空间的描写完全来自对“他者”的想象，因此这个空间是重新创造出来的，具有虚构性。另一方面，又由于这个异域的空间（美、日、俄等国）确实存在于现实的世界版图之中，因此它又具有真实性。也就是说，它是超越国内真现实空间（上海及其周边地区）的一个异域所在，即异托邦。

那么，作者又是如何想象这一异托邦的呢？值得注意的是，作者关注的重点并非异国的秀丽风光或是风土民俗这些常见内容，也不是之前回目中的男女情爱。小说叙事空间由国内转向国外，叙事的重点也由男女情爱转向了对海外各国科技知识的介绍。

作者凭借自己在报刊中看到的西方世界和自己的异域想象，尽可能地渲染“异托邦”世界里科技的发达和制度的文明。比如写萧云与秋鹤谈论美国道：“此国自华盛顿民主以来，国势蒸蒸日上。”[②] 两人又一同去参观十三层的大客寓，“自第一层至最上一层，都用机器座升落最高处，也有自来水、煤气、电气灯”[③]，他俩不禁称赞“佣人执事，井井有条，不觉叹服”[④]。后来秋鹤又在萧云报馆里说起美国的印刷机器，忍不住赞扬其效率高得惊人：“现今美国新制一种印书机器，其取纸分纸剔纸折纸皆不用人……每点钟可印报二

---

① Michel Foucault, “Of Other Spaces: Utopias and Heterotopia”, *Diacritics*, Vol. 16, No. 1 (Spring, 1986) pp. 22-27.

② 邹弢：《海上尘天影》，百花洲文艺出版社，1993 年，第 201 页。

③ 邹弢：《海上尘天影》，百花洲文艺出版社，1993 年，第 202 页。

④ 邹弢：《海上尘天影》，百花洲文艺出版社，1993 年，第 202 页。

万七千余张，惟折报不过十四等。”[1] 作者还将中国与外国进行对比，韩秋鹤与冶秋分别时，感叹日本因学习了西方的科技而比中国强大：“现今日本学习洋人的法子，实心整顿，比中国可强数倍。”[2] 作者对晚清社会、对自己的民族国家“恨铁不成钢”的心理蕴藏其中。

不论这种美化国外的描写与真实情况是否有一定距离，这种异域想象的方式都显示了作者对于西方文明的憧憬。这种憧憬，是身处晚清羸弱的中国的作者，对于超越本土的异域他乡的美好想象。小说异域描写的重点，也在于关注晚清中国所不具备的西方科技文明。换言之，小说中的美、日、俄等海外空间，与其说是真实存在的地理空间，不如说是指向未来的文学想象空间，是作者构建的一个科技发达、高度文明的异托邦。

作者为了极力烘托国外“异托邦”世界中科技之先进，有时候不惜连篇累牍地介绍国外的地理方位以及如同教科书一般地写下化学、物理、算学等的定理。小说写韩秋鹤来到美国纽约，仅仅一句笼统的“百货纷腾，客商云集，说不尽的大邦风气，海外繁华”[3]，而对异国的地理方位、行政区划、科学技术等的描写却是不惜笔墨。为了让读者了解美国的行政区划，作者甚至将美国50个州的州名一一罗列了出来。[4] 后面写日本时也是如此，用了近500字的篇幅将长崎东西南北各处地理情况一一作了详尽介绍，就如同地理知识科普小册子一般：

> 原来长崎县属肥前部，东以筑后川界，筑后东以连山接筑前。其西南二方当峡角之半，千形万状，如孔雀形尾散张于南，足履于西，首向夫东部，分十一境。首邑曰佐贺县……西有嘉濑、牛津、高桥数河，水势极小。从此向西南……佐贺西北有舟山、天山、领巾振山一带山峰。其西一水从南来，西合波多川，北入海，曰松浦川。……西有天半岛，又向西北峡角三面乱出，形如鸟足，后距之西有高黑岛……其头向后距，故尾足之间抱大海湾一，曰大村湾，而两尾之间为长港。长港尽头的地方，就是长崎。[5]

当时晚清已有不少介绍外国地理知识的书籍和报刊，缺乏出国经历的邹弢显然是受这些书籍和报纸的影响。小说写韩秋鹤在日本时，就有“次日不

---

① 邹弢：《海上尘天影》，百花洲文艺出版社，1993年，第214页。
② 邹弢：《海上尘天影》，百花洲文艺出版社，1993年，第240页。
③ 邹弢：《海上尘天影》，百花洲文艺出版社，1993年，第204页。
④ 邹弢：《海上尘天影》，百花洲文艺出版社，1993年，第201—202页。
⑤ 邹弢：《海上尘天影》，百花洲文艺出版社，1993年，第214—215页。

出门，看《日本地舆形势考》，上载甚详”[1]。作者对长崎的地理方位细致的描写，很有可能是直接摘录当时书籍报刊中关于日本地理的文字。

作者不仅对外国的地理方位、行政区划等介绍甚详，对国外先进的科学技术与西学知识更是推崇备至。比如第十四回写韩秋鹤与萧云在美国一起去参观矿场，用大量笔墨描写美国矿场开矿冶炼过程，烘托西方科技之奇妙：

> 到第三日，两人坐了火车去看开矿。该处另有大厂，有绿气炼金炉，有倒焰分银炉，秋鹤大略能知。既至一处，有用十三只锅炉在该处炼银，其锅以次而小，秋鹤以为奇特，萧云道：“此近年来最新之法。其矿质层层炼泻，到小锅中全是纹银。”秋鹤笑道：“有趣。回来倒要学习学习呢！”既而同至开矿处。工人虽多，皆用机具。……管底有铜帽通入此物中，即可由管点火着至铜帽，此物即着，可以打开石孔了。[2]

小说写两人参观美国矿场，看到工人装火药炸开矿石，引出对开矿所需火药制作方法的介绍，通过韩秋鹤之口，将火药的制作原料、所需用量、配置方法、所需温度等一一道来，如同化学教科书一般详尽。

又如秋鹤在俄国参观炮台时，说明了计算发射炮弹角度的方法：

> 秋鹤道：“朱夫子本来不知道的。今泰西所讲的弹准，就是地球的度数。全地分三百六十度，半个球得一百八十度，我们在这个半球上就占一百八十度。我们立在这里，以向上为界，譬如此地向上左首有九十度，到地球一半的边界……将半地球的一半九十度算两头通达的路，各得四十五度，一半抛物线里头的界限，一半抛物线外边的界限。你们不懂算学，我须画出来你们看。”遂取了一张纸将铅笔画好了，说道：“你们去看罢。”[3]

整段文字由子弹发射度数谈到“地圆说”的争论，进而又延伸到抛物线的计算。韩秋鹤被描写成一位对西学知识无所不知的知识青年，作者常常借用韩秋鹤之口，来解析西学知识。作者不厌其烦地解释计算弹道的方法，甚至由此延伸出相关的地理和算学知识，且在文中插入抛物线示意图。不得不说是邹弢有意借此向读者作西学知识的科普。因为如果单就小说情节而言，无论是参观矿场还是参观炮台，作者完全可以一笔带过，没有必要用如此多的篇幅详尽描述其制作工艺，甚至延伸出相关地理、化学、算学等西学知识。这

① 邹弢：《海上尘天影》，百花洲文艺出版社，1993 年，第 205 页。
② 邹弢：《海上尘天影》，百花洲文艺出版社，1993 年，第 202—203 页。
③ 邹弢：《海上尘天影》，百花洲文艺出版社，1993 年，第 231—232 页。

样的写法对于小说的言情书写来讲有割裂之嫌，有学者认为是“书写失焦”。从小说的艺术性角度评价，这无疑是累赘多余的。但在特殊的时代背景下，结合小说的自叙传性质，这样的书写实则蕴含着作者的深意。小说写作方式的创新，在晚清狭邪小说中独树一帜，其背后的原因值得探讨。

在此之前，很少有作者在狭邪小说中如此不遗余力地对西方的科技、地理知识等进行介绍。这一方面是受当时科学救国、开启民智的时代思潮影响。在“师夷长技以制夷”和“中体西用”的观念影响下，人们逐渐意识到向西方学习的必要性。这种科学救国的思潮也反映在小说写作中。后来在 1902 年梁启超提出小说中应专辟一类“哲理科学小说”来“专借小说以发明哲学及格致学”[①]，掀起了小说科学书写的浪潮。实际上，《海上尘天影》写作于 1902 年之前，说明在梁启超的倡议之前，科学书写已在狭邪小说中初见端倪，成为一种开启民智从而实现科技救国的方式。

韩秋鹤的海外游历，不是单纯为逃避现实或是好奇游玩，而是有着开扩视野、学习西方先进科技的意图，从而为千疮百孔的中国寻找出路。韩秋鹤时时刻刻都关注着国家的安危。表面上，秋鹤似乎是被朋友“哄骗”去俄国勘界，但其实“岂知秋鹤有志北游，就不哄他也去的”[②]。这其实是他的主动选择，而非被动接受。当中日战争打响，好友吴冶秋决定投身军营，为国效力时，秋鹤马上赠予其中国进兵到日本的地图，希望好友能为国建功。[③] 作者借韩秋鹤表达了自己对民族危亡的关心。而且，作者所构建的海外空间也并非传统意义上与世隔绝的世外桃源，而是充满现代气息的高度发达、文明的科技之都。秋鹤回国与苏韵兰团聚绮香园之后，他作为女塾的院长，也真正将西学知识向女塾的学生们传授，可谓学以致用。作者将海外空间嵌入科技化、现代化的版图中，科学救国的心愿不言而喻。

邹弢所描写的美、日、俄等国，是作者通过想象创造的异质空间，这种想象来源于作者自身的人生和社会经历，源于自我，但又区别于自我，是自我的客体化，亦是“他者”。要理解作者为何如此描绘海外空间，读者就必须想办法回到作者所处的情境，也就是完成赫施所谓的“心理重建”：“阐释者的任务就是要在自己身上重建作者的逻辑，重建他的态度、他的文化教养，

---

① 梁启超：《中国唯一之文学报〈新小说〉》，见黄霖编：《中国历代小说批评史料汇编校释》，百花洲文艺出版社，2009 年，第 770 页。《中国唯一之文学报〈新小说〉》一文最早发表在光绪二十八年七月十五日的《新民丛报》第十四号上，署名为“新小说报社”，因当时梁启超为《新民丛报》主编，因此学界一般认为此文为梁启超所作。

② 邹弢：《海上尘天影》，百花洲文艺出版社，1993 年，第 217 页。

③ 邹弢：《海上尘天影》，百花洲文艺出版社，1993 年，第 238 页。

简而言之，他的世界。”[①] 这部带有自叙性质的小说更是如此。解读小说中的文本需要结合作者的自身经历和人生态度。

虽然邹弢由于条件所限并未出过国，但他一直是学习西学、推广西学的积极分子，还曾参加学习研究西学知识的协会——益智会，并在报纸上发表《推广西学议》。他说：“时事变更，宜兼西学。虽国家盛衰关乎气运，而乱极思治必有机会可逢，使一辈人才风云会合。”[②] 邹弢认为在时事变革之际，学习西学必定有机会为国家做出贡献。那个热爱和向往异国世界、对西学知识无所不知的韩秋鹤就是热爱西学的作者自我的化身。韩秋鹤的身上满满都是作者自己的影子。

从外部原因来看，科技救国的思潮影响了狭邪小说的书写方式，从而让作者构建的这一异托邦充满了西方科技的味道。而从内部动因来看，这是作者有意构建的一个指向未来的空间，以安放其在现实困境中无法实现的精神理想，为情感的磋磨与迷茫找寻出路。空间转换正是其精神游历。

赵毅衡指出，晚清传统小说不具备“未来”的概念，理想空间只能透过“梦”或者“幻境”来表现。[③] 作者营造的海外空间，实际上就是这种“幻境”，是作者着力构建的一个指向未来的“异托邦”。这里，先进的科技、文明的制度都是中国的现实社会中不具备的。在晚清社会变革之际，在身份认同与价值选择的危机之下，作者通过构建这个理想化的异质空间，寻求精神的出路。

小说写韩秋鹤在从海外归来的船上看《花月痕》，不禁悲从中来：“有环姑之多情，而不能藏之金屋；有畹香之知己，而不能保其始终；有乔公之爱才，而不能久入青眼。到而今亲老家贫，孤身羁旅。妻儿望远，后顾茫茫。”[④] 这与其说是韩秋鹤之悲，不如说是作者之悲。一悲爱而不能，二悲怀才不遇，三悲孤身羁旅。这种失落既有爱情上的不得、自身价值的迷失，也有对国家命运的忧虑。在晚清社会剧烈动荡之际，彷徨无所寄托之时，旧的价值观崩塌了，而新的秩序尚未建立，在这样的社会背景之下，人生的空漠感愈发强烈。

旧传统渐渐远去，作者将目光投向海外异托邦。作者在真现实的空间中无法排遣的失落与焦虑，都可以在这个重新构建的异托邦中得到满足，作者用异域奇想去代替自己人生的精神追求，在异托邦的构建与书写的转向中，

① E. D. Hirsch, *Validity in Interpretation*. New Haven: Yale University Press, 1967, pp. 243.

② 钱钟书编：《万国公报文选》，香港：三联书局，1998 年，第 529 页。

③ 赵毅衡：《二十世纪中国的未来小说》，《二十一世纪》，1999 年第 12 期，第 103—112 页。

④ 邹弢：《海上尘天影》，百花洲文艺出版社，1993 年，第 241 页。

进行一种意识空间的转换，在旧与新、传统与现代、东方与西方、幻想与真实的游历之间做出私人性的选择。“透过文学这个‘异质空间’，这些作者提供了一个关于其‘私人性自我’如何在‘界域松动之际’有所抉择的‘公众性解释’。而这一切也凸显了这个‘异质空间’之所以成为人辩证其存在认同之意义时，常选择‘跨入’的魅力所在。”[①] 作者通过异托邦去重构和再造自己的精神理想，觅求自我的价值归向。小说中韩秋鹤的海外游历，其实是作者内在心理空间（或精神空间）的游历。

虽然很多时候，受自身经历所限，作者对异域的叙述仅仅停留在介绍西学知识，摘抄地理书籍的层面，作者所想象的西方科技之发达、工作效率之高与国外真实的情况或许也存在一定距离，但海外空间中科学书写的介入，使得传统狭邪小说呈现出不同的面貌，改变了传统狭邪小说单纯关注男女情爱的写作模式，扩展了狭邪小说的空间视野，展现出由民主、科技、文明构成的异国世界。

作者虽然暴露了自己未有出国游历经验的不足，但也展现了晚清时人对中国社会以及海外世界的地理认知，走向世界、学习西学知识的热情，彰显了狭邪小说开放的世界观。这种开放的世界观来自“晚清地理大发现”[②]。在传统中国社会，对天与地的认识是构建整个中国传统文化的基础，是一种形而上之道。晚清时期，一批介绍西方天文地理学的著作传入中国，打破了中国人对天与地的认识，从而改变了中国人对世界的想象，使中国人由“普天之下莫非王土”转向了对多元化世界的承认。这种新的世界观、地理观也进入狭邪小说的叙事。因此，在《海上尘天影》的空间构建中，作者的视野不再局限于一家一国，也没有“天朝上国”的傲慢自大，而是以谦逊的、开放的心态来看待外国。这既是作者苦苦寻觅的安放自身精神理想的“异托邦”，又体现了作者因对晚清国家羸弱现状不满从而企图科学救国的美好愿望。因此从这个意义上来讲，小说海外空间中的科学书写并非是毫无意义的“书写失焦”。

---

① 王瑷玲：《导论：空间移动之文化诠释》，《空间与文化场域：空间移动之文化诠释》，汉学研究中心，2009 年，第 11－12 页。

② 邹振环在《晚清西方地理学在中国》中提出：“发现可以是新事物，如新大陆；也可以是新思想，如地理意识。……晚清的中国，可以说经历了一次重大的文化发现，这种发现先是对域外的文化发现，继而是对本文化内涵的重新发现。在地理学界，也可以说，19 世纪是经历了中国历史上空前的‘地理大发现’。”参见邹振环：《晚清西方地理学在中国》，上海古籍出版社，2000 年，第 139 页。

## 四、结语

晚清是一个新旧交替的时代，小说的空间观念也出现剧烈变革。晚清狭邪小说开始呈现出广阔的空间视野。《海上尘天影》的空间涉及天上与人间、海内与海外，真实地理空间与文学想象空间交织。在《海上尘天影》的四重叙事空间中，我们可以看到旧与新、传统与现代、东方与西方之间的张力。

绮香园和海外空间尤其值得关注。绮香园起初是一个代表着中国传统文化的文学想象空间，随着时间的推移，它逐渐由封闭走向开放，在此过程中新旧文化、中西文化交融汇聚。绮香园起到了旧传统植入与出离的转换作用，作者在现实世界中情感上的磋磨与精神的迷失寄托其中。空间的流动与转换，不仅是物理的位移，更是精神的游历，是中国由旧到新的变革，也是在新旧变革之际作者心理的投射。在旧传统出离之后，作者通过奇想，构建了一个异托邦海外世界，一方面安放迷失的理想，另一方面为自身价值的实现与整个国家的发展找寻一条出路。

随着小说叙事空间由国内转向国外，叙事重点也从男女情爱转向对国外科技实业的描写。在科技救国的思潮下，作者关注的重点不是国外的美丽风光或是风土人情，而是异国的先进科技，并且极力渲染国外科技的发达。由于作者没有亲身游历海外的经验，这种文学想象或许与国外的真实情况有一定距离，其描写没有脱离堆砌西学知识，抄写报刊书籍的方式，从情节上讲似乎也偏离了小说的主线。但科学书写的介入，打破了传统狭邪小说只言男欢女爱的单一写作范式。作者将学西学、论实务等多方面内容融合在一起，将对旧传统的怀念与对西方先进文明的向往交织在一起，扩展了晚清狭邪小说的主题，体现了在晚清社会变革时期的特殊社会文化与士人心理特征。对于缺乏海外实际游历经验的邹弢而言，这是他当时能够采取的一种具有可行性的书写策略。

同样是仿《红楼梦》而作的狭邪小说，《绮楼重梦》中男主人公参与平倭，对日本充满鄙夷蔑视，而《海上尘天影》中韩秋鹤游历日本，赞扬其先进科技与文明制度，“比中国可强数倍”[①]。《海上尘天影》中作者想象异域的方式、对待外国文明的态度，已非昔日守旧的传统作家所能比拟。正如王德

① 邹弢：《海上尘天影》，百花洲文艺出版社，1993 年，第 240 页。

威所言，晚清小说是“众声喧哗”的。[①]《海上尘天影》为时人想象异域提供了一种新的借鉴，作者试图透过狭邪小说对海外图景的描绘，彰显出在新旧文化冲击间向西方先进科技学习的一种姿态，这也是一种珍贵的文化记忆，是“晚清地理大发现”在文学作品中的具体体现。

在狭邪小说中融入科学书写，这既有对西方科幻小说写作模式的借鉴，也有对明代志怪传奇、明清神魔小说的继承。所不同的是，这种文学想象的不是明清之际小说常描写的灵异鬼神或超现实的虚拟空间，而是科学实用的技术和真实存在的异域国度。在这种崇尚科学的氛围影响下，在此之后，科学书写逐渐在晚清小说中大量出现。如《新石头记》中贾宝玉坐潜水艇在海底漫游，到日本东京留学学习先进科技；《电术奇谈》中西方催眠术的神奇运用等。晚清小说的现代性特征逐渐清晰，在梁启超提出的“小说界革命”之前，晚清小说的现代性就已在“晚清地理大发现”中由狭邪小说呈现出来。从这个意义上讲，邹弢《海上尘天影》具有独特价值。

**作者简介：**

曾留香，四川大学文学与新闻学院博士研究生，成都师范学院图书馆助理研究员，主要从事明清文学与文化研究。

邹定霞，川北医学院管理学院副教授，主要从事明清文学与文化研究。

① 王德威在《被压抑的现代性：晚清小说新论》中提出：“晚清小说呈现出一个多音复义的局面，其‘众声喧哗’之势足以呼应当时那个充满爆发力的时代。日后中国现代文学里的渴望、挑战、恐惧及困境，都已在这个氛围中首次浮现。”参见王德威：《被压抑的现代性：晚清小说新论》，北京大学出版社，2005 年，第 21 页。

# 论《木偶奇遇记》在现代中国的接受与变异*

周小娟

**摘 要**：诞生于1883年的意大利童话《木偶奇遇记》是世界儿童文学史上的经典之作，1928年由徐调孚译介到中国。此后在三四十年代出现了一系列中国式的"匹诺曹"故事，作家们借鉴了《木偶奇遇记》的主题、艺术风格及人物设置等，使其脱胎为富有中国民族语言、文化色彩的作品。考察这种由文学作品的异域传播影响形成的文本相似性，有利于梳理作家们对外国童话文化内涵进行借鉴的历史事实，审视外国童话对现代中国儿童文学发展的积极影响，并理解外国童话在三四十年代的中国接受与变异问题。

**关键词**：《木偶奇遇记》 现代中国 接受 变异

1881年夏，意大利名为《儿童新闻》(*Newspaper for Children*)的儿童周刊主编向作家卡洛·洛伦齐尼(1826—1890)约稿，卡洛便写了《木偶故事》(Story of a Puppet)，署名卡洛·科洛狄，《木偶故事》在1881年7月首次发表，之后两年科洛狄在读者和杂志社的要求之下继续创作，1883年结集为《木偶奇遇记》(*The Adventures of Pinocchio*)，这部讲述小木偶匹诺曹的奇遇的儿童文学作品便成了世界儿童文学史上的经典之作。① 1928年6月，上海开明书店出版了徐调孚译《木偶奇遇记》的中译本(由英文转译)。1928年《开明》创刊号刊出一则介绍徐译《木偶奇遇记》的广告：

> 如果哪位先生或太太嫌你的小孩子在家里胡闹，我们介绍你买一本《木偶奇遇记》给他。他看了这本书，就不会再吵了。

* 本文系2017年度教育部人文社科青年基金项目"清末民国时期外国童话在中国的译介与影响研究"(17XJC751007)的阶段性成果。

① 据理查·伍德林屈(Richard Wunderlich)的《木偶目录》(*The Pinocchio Catalouge*)，20世纪中叶，这本书被浓缩、简化、仿写，并译成上百种不同的语言发行，还被改编成舞台剧、电影和电视剧。

你不信吗？我们来报告你一件新闻：丰子恺先生曾把这本书的故事讲给他的三个小孩子听，他们听得出神了，连饭都不要吃，肚子饿都忘了。难道这是我们编造出来的吗？你们有机会去问问丰先生看。[①]

从这则广告便可看出，《木偶奇遇记》应是大人认可、儿童喜欢的读物。事实也证明了这一点，1932 年 2 月徐亚倩译《续木偶奇遇记》，在译者序中回忆了当小学教师时的经历："《木偶奇遇记》中的人物和情节，简直成为孩子们日常谈话中的资料，无论在操场上，教室里，树荫下，随时可以听见孩子们在热烈地谈论着木偶匹诺曹。"[②]《木偶奇遇记》随后又有了钱公侠和钱天培译本（《木偶历险记》，1933 年）、唐长孺和傅一明译本（1936 年）、林之孝译本（1944 年）、林星垣译本（1947 年）。最经典的徐调孚译本到 1949 年 1 月已印到第 15 版。《木偶奇遇记》的译介也影响到了文学创作，在三四十年代的儿童文学界，出现了一系列中国式的"匹诺曹故事"。追踪这一经典童话在现代中国的传播，可以一窥外国童话在三四十年代中国的接受与变异。

## 一、20 世纪三四十年代《木偶奇遇记》的"中国行"

《木偶奇遇记》是 19 世纪教育童话、成长童话的杰出典范。科洛狄将教育主题蕴含于一个会说话木偶的成长故事当中，匹诺曹要为自己的不听话而不断付出代价：烧掉他的木腿，因为说谎鼻子变长，被强盗倒挂在橡树上，四个月的监禁，农夫把他当看门狗看待，差点被渔夫当成鱼烤来吃，变成一只驴子被迫在马戏团里表演，差点被剥皮做成鼓，逃跑又差点淹死，落入鲨鱼腹中……会说话的蟋蟀一再告诫匹诺曹不听话孩子的结局，"他们在世界上永远得不到幸福，迟早总有一天会懊悔的"[③]。但匹诺曹依旧不断犯错，对于这类孩子训导和规劝没有用，能给他教训的是磨难、贫困、饥饿和各种脏累的工作。研究者们认为故事的主题是"要端正行为唯有透过严格的教育。……也有人认为，如果要说有主题的话，就是浪子回头最可贵"[④]。作品译入中国后，其教育主题备受关注。陈伯吹 1933 年作《童话研究》一文，将《木偶奇遇记》归入"教育童话"一类。1940 年，兰芳介绍《木偶奇遇记》的电影改编版本时谈道："《木偶奇遇记》为童话中之最富教育意义者，兴趣浓

---

① 范用：《爱看书的广告》，生活・读书・新知三联书店，2015 年，第 210 页。

② 徐亚倩：《续木偶奇遇记》，儿童书局，1932 年，第 1 页。

③ 科罗狄：《木偶奇遇记》，徐调孚译，少年儿童出版社，1996 年，第 12 页。文中所引《木偶奇遇记》引文，均引自该译本，下文只随文标注页码。

④ 廖卓成：《儿童文学批评导论》，台北五南图书出版公司，2011 年，第 54 页。

厚，寓意深切。”[①] 1944 年，谭惟翰将《木偶奇遇记》改编为五幕木偶剧，匹诺曹换上了极具中国文化特征的名字——小秋儿，逃课不听话的木偶小秋儿在蓝海仙子的教育和帮助之下成了一个知恩图报的好孩子。到了 1946 年，维新撰文《〈木偶奇遇记〉与〈新木偶奇遇记〉》意在介绍阿·托尔斯泰的《金钥匙》，指出《木偶奇遇记》“把一个人的坏习气改过来有多少麻烦，那童话就有多少曲折”。作品的教育意义彰显其中：“我们要做个好人，我们要给所有的人创造一个自由的新天地。”[②]

在童话创作的园地，木偶形象多被作为反面案例加以塑造，以反映现实社会问题，教育广大少年儿童。“8·13”上海失陷后不久，贺宜创作了长篇童话《木头人》，作品以木偶为主人公，显然受到《木偶奇遇记》的影响。作品以漫画式的夸张笔法勾勒出了木头人哈巴先生。他本是垃圾桶里的一块烂木头，由魔法师木匠改造为木头人，他不择手段从平民一步步变成大臣、国王，最后成了祸国殃民的卖国贼。这部作品主要是对于木头人“物性”的简单借鉴，意在抨击假恶丑的傀儡，除开头三节写哈巴先生出世的故事较为精彩，之后的内容过于明显地影射现实，说教色彩极为浓厚：“人们不但要警惕大大小小的哈巴先生，而且一定要团结在一起，齐心协力地反对他们，打倒他们。”[③] 这些不容易引起小读者的兴趣。

苏苏（钟望阳，笔名苏苏）在 1940 年 3 月创作的《新木偶奇遇记》则对原作进行续写。这部长篇童话基本沿用了《木偶奇遇记》的人物，匹诺曹已成年并在国外留学。他一开始并未忘记父亲的期许：“你要做一个民族的英雄，革命的先锋！”[④] 但匹诺曹遇到罗斯姑娘，受到她的引诱一再堕落，变成了卖国贼，最后被青衣仙子宣判死刑，让黑老鼠们装进棺材抬走了。这一结局模仿了科洛狄原作中第十七章匹诺曹因不愿吃药差点被四只黑兔子用棺材扛走的情节。《木偶奇遇记》中木偶听话变成了人，完成从物到人的转变，而在苏苏的新作中又有了一个预设：“要是你不学好，那么，你还是要变成一个木偶的！”[⑤] 匹诺曹果然经历了一个从人到物的故事，他在受到罗斯姑娘引诱时就变回了先前木偶的样子，但他却感到快乐，因为他已经没有了良心。科洛狄的原作一再提到人要有良心，青发仙女教育匹诺曹“有良心的孩子总是有希望的”（94）。苏苏则强调了人失去良心的后果，如粟米蛋糕爸爸哭诉

---

① 兰芳：《木偶奇遇记》，载于《永安月刊》，1940 年第 12 期。

② 维新：《木偶奇遇记与新木偶奇遇记》，载于《开明少年》，1946 年第 13 期。

③ 贺宜：《木头人》，海峡出版发行集团，2012 年，第 100 页。

④ 浦漫汀：《中国儿童文学大系 童话（二）》，希望出版社，1989 年，第 397 页。

⑤ 浦漫汀：《中国儿童文学大系 童话（二）》，希望出版社，1989 年，第 396 页。

"因为你没有良心，所以你做出了滔天的大罪来！"[1] 没有良心暗示着匹诺曹人性的丧失，"人"变成了"物"，成了被人控制的木偶，"匹诺曹是不能救了！因为，他是木偶，他的良心已经被'大总统'和'大洋钱'压死了！"[2] 从主题看，《新木偶奇遇记》是以抨击汉奸卖国贼为主要目的的作品，"现在这个世界，只有木偶才配做皇帝，才配做大总统，才配做委员或是部长的！"[3] 作品意在揭露卖国贼的种种丑行，在人物塑造上与《木头人》有相似之处。原作中淘气的顽童匹诺曹成了祸国殃民的卖国贼，象征着木偶似的傀儡。可见贺宜、苏苏二人用童话这种文学形式来反映现实的愿望之强烈，以致将广受儿童喜爱的匹诺曹形象作了一番改头换面。

杰克·齐普斯这样评价《木偶奇遇记》："没有一个章节是结束的……皮诺丘已度过童年阶段，文明化的他已经可以迈入下一个成人阶段，但是并不确定这个阶段将通往何处。"[4] 苏苏的《新木偶奇遇记》就利用科洛狄原作的未完成性，续写了一个成年匹诺曹的故事。续写故事的还有左健的《匹诺曹游大街》，刊登在 1948 年 11 月 16 日的《中国儿童时报》上。匹诺曹已经成了一个真正的男孩，爸爸变得年轻健壮，抗战后父子俩变成了富翁。匹诺曹上街买了各种好吃的，准备去玩具店里买小火车。在大街上相继遇到了乞讨的小女孩和她鬼样的妈妈、偷了馒头被大人殴打的脏小孩、被汽车碰伤的卖报小孩……在回家路上，匹诺曹看到乞讨女孩的妈妈已经死去，他再也没心思玩小火车了……晚上匹诺曹幡然醒悟："把我们一家弄得有钱，那是不对的……只有我们把大家弄好了，我们才会真的快活和幸福。"[5] 作品以匹诺曹游大街为线索，意在使读者看到抗战之后社会的众生相，尤其是底层人民的苦难，作品图解政治的倾向极为明显，匹诺曹故事已经全然成为政治观念的文学表达。

以上三部童话续写了匹诺曹这一人物的故事，时处香港的作家谢加因的《李荣生游星期国》则借用了《木偶奇遇记》中的情节来展现教育主题。这部童话发表在 1949 年 3 月 11 日的《中国儿童时报》上。《木偶奇遇记》中匹诺曹被蜡烛心拉去玩具国，只顾玩乐而忘了学习，变成了小驴子，睡鼠曾教育匹诺曹"孩子们凡是不喜欢学习……结果都要变成小驴子的"（130）。谢加因

① 浦漫汀：《中国儿童文学大系 童话（二）》，希望出版社，1989 年，第 445 页。

② 浦漫汀：《中国儿童文学大系 童话（二）》，希望出版社，1989 年，第 454 页。

③ 浦漫汀：《中国儿童文学大系 童话（二）》，希望出版社，1989 年，第 409 页。

④ 杰克·齐普斯：《童话·儿童·文化产业》，张子樟译，台湾东方出版社股份有限公司，2011 年，第 135 页。

⑤ 浦漫汀：《中国儿童文学大系 童话（二）》，希望出版社，1989 年，第 635 页。

借用了这一情节。李荣生是一个不爱学习的孩子，他在课堂上睡觉，梦见一只白胡子老鼠驾着一辆南瓜做的车子。李荣生和同学小蛇王陈丙生一起乘车到了星期国，这里是懒人的世界：天天是星期天，人人都贪玩，饭店叫“懒人饭店”，吃的是“懒人餐”，他们住在“懒人宿舍”。两个孩子在吃喝玩闹中过了3天就变成了小老头。李荣生想学习却被抓去坐牢，小蛇王发“驴子热”变成了小驴子。梦醒以后李荣生大哭起来，知道了不学习的坏处。故事从反面教育了儿童要认真学习。

在现代儿童文学批评界，范泉在其发表于1948年4月5日的文章《如何写作儿童文学，作家要有真切感情》中提到了《木偶奇遇记》：“那是作者把儿童的各种性格感情都集中在木偶身上表现出来，从木偶的变坏到好，感情的转变也异常真切，因此它成为小朋友爱读的书。”[①] 范泉突出了故事的主体——儿童，但在前文提及的作品中，除《李荣生游星期国》外，作家们往往急于表现社会生活而忽略了儿童文学本应有的童心童趣。从这一点上看，在一系列匹诺曹式故事中，老舍的《小木头人》值得关注。

## 二、形似神异：《木偶奇遇记》与《小木头人》的比较

对于《木偶奇遇记》，卡尔洛·科洛狄文学基金会主席罗兰多·安齐洛蒂教授说：“这本书反映了一个儿童初次窥探世界时一个农村市镇的风土人情。……也许是因为匹诺曹生活在一个贫穷的环境中，老是梦想着美好的生活，因此世界上的穷人能够用他来对照自己。”[②] 这部童话的独到之处在于不仅关注了儿童的成长，同时极富平民色彩。老舍深得其中要领，他在1943年发表了中篇童话《小木头人》。小木人是抗战时期参战的中国孩子的一个典型，他在泥人舅舅被日本飞机炸死以后就发誓报仇，瞒着母亲，告别布人哥哥，离家北行去投打日本。路上遇到空袭，爬上城墙，跳上飞机随机到了飞机场，伺机炸掉飞机，最后找到抗日部队当了兵。从木头人形象的塑造与荒诞幽默的艺术风格中，我们不难见出其与《木偶奇遇记》的相似之处。

从主人公的形象塑造来看，匹诺曹是一个顽童似的木偶，缺点是贪玩、撒谎，想不劳而获，意志不坚定，但他的本性很好，不愿别的木偶代替自己被烧，当看门狗时也是忠于职守，智擒盗贼。同样，老舍也用了轻快幽默的笔调对小木人作平面的渲染和概括的描写。木头人自然有木头的物性：他很

① 少年儿童出版社：《1913—1949儿童文学论文选集》，少年儿童出版社，1962年，第328页。

② 陈建国：《木偶奇遇记发表一百周年纪念》，载于《文化译丛》，1982年第3期。

瘦很干，全身的肌肉都是枣木的；小木人的衣服脏了要用刨子一年刨四次，刨完刷上漆，还要在胸前挂上纸条写明“油漆未干”；他哭起来眼泪都是圆圆的小木球，可以当弹弓的子弹用。小木人淘气好动，不爱读书，会故意制造恶作剧，如在家中的水缸里游泳，拔掉母亲花园里的花草，睡觉时掀开蚊帐故意让哥哥挨蚊子叮……但他勇敢干练，好打抱不平，决不故意欺侮人。与匹诺曹从鲨鱼腹中勇敢救父亲一样，小木人在面对敌人时也表现出足够的勇气和智慧，敢于跳飞机，从敌营逃跑时独自与追兵周旋……小木人与匹诺曹有诸多相似之处，而老舍对小木人的眼泪是小木球，吊在飞机上还吊不死等情节的描绘，似乎更符合木头人的物性。

从艺术风格上看，科洛狄用荒诞的笔触，展示了一个想象与现实并存的世界。匹诺曹与现实中的人打交道，如父亲盖比都、把他当看门狗的农夫、差点吃掉他的渔夫等，但真正吸引小读者的是现实生活所不能及的异质世界：会说话的动物、一感动就打喷嚏的长胡子食火者、引路的青色头发仙女、肚子里装着一整条大船和活人的大鲨鱼……正如齐普斯所言，“科洛狄以口传民间故事和文学童话故事作为基础并加以融合，以创造非他莫属的古怪生物所居住的魔幻园地”①。与之相似，《小木头人》中的世界超出常理又富有童趣，小木人的母亲是普通的人，但是她一高兴就生下了小布人和小木人，小布人平时不敢哭是因为怕把自己弄湿，他次次考第一是因为他认识很多“一”字。更精彩的是小木人在出征路上借宿的情节，村民们为小木人组织了一个“招待委员会”，老人作睡觉委员专管睡觉，老太太和小媳妇作烹饪委员为小木人做饭，大姑娘作编织委员给小木人编草鞋和草帽，孩子们当宿舍委员摆床整理炕安置小木人。第二天小木人把草鞋系在腰间，脖子上挂着两串腊肠，大家还给他的草帽写上“出征的木人”五个大字来送行。这样的描写在儿童读来不觉荒唐，反而更显亲切。

可见，老舍充分借鉴了《木偶奇遇记》在人物设置和艺术风格方面的特征，使得《小木头人》比同时期中国的匹诺曹式故事更有可读性。金燕玉评价老舍：“倾注全力写活人物，活生生的人物为作品带来了奇、险、趣的色彩。对木头人的刻画由外到内，层层着色，紧扣物性，突出个性，使他血肉丰满，形神具活。在小木头人身上，时代精神与个性完全融合在一起。”② 时代精神是解读小木人与匹诺曹形象差异的关键。小木人是一个淘气的孩子，也是童子军成员。作为特定历史时期的产物，“童子军”是有明确军事任务的

---

① 杰克·齐普斯：《童话·儿童·文化产业》，张子樟译，台湾东方出版社股份有限公司，2011年，第131页。

② 金燕玉：《中国童话史》，江苏少年儿童出版社，1992年，第359页。

组织，1926 年 3 月 5 日国民党中央第十六次常委会讨论决定设中国国民党童子军委员会，1937 年 7 月又在原有童子军团内组成“战时服务团”，对童子军的公民训练结合了道德培养、政治灌输、军事操练与礼仪、卫生、生活技能等课程。国民党意图通过这一制度“培养新一代一心一意为国家与党服务的青年”[①]。小木人身穿木头童子军服，凡是童子军会的他都会，在战争中表现出足够的沉着冷静，最后参了军还立了功，他把童子军的职责内化为自己的行为指针，应当是童子军当中的优秀一员，也必将成为能够一心为国的有为青年。这一身份的设定使《小木头人》的情节结构和故事主题产生了与《木偶奇遇记》不同的指向。

在情节结构层面，匹诺曹的奇遇开始于因为贪玩而不去上学，后来在木偶剧院差点被当柴烧，几乎被强盗吊死，种金币却受到牢狱之灾，偷葡萄被主人当作看门狗，掉进海里被渔夫当怪鱼差点吃掉，变成驴子被卖，落入鲨鱼腹中救了父亲，最后与父亲回家成了真正的男孩。显然这是一个孩子离家经历种种磨难后再归家的故事。而小木人尽管也很贪玩，但他“在办正经事的时候，也就好好的去作，决不贪玩误事”[②]。他离开家的目的很明确——为了给被敌人炸死的舅舅报仇。他瞒着母亲出征去打仗，在成功炸了飞机逃出敌营后，找到了自己的部队，师长问他：“是回家，还是当兵呢?”小木人回答：“我必得当兵，因为我还不会打机关枪和放手榴弹，应当好好学一学呀!”[③] 这在结构上是一个孩子在家/离家的故事。对于两部作品在情节结构上的差异，佩里·诺德曼的观点值得借鉴，他总结道：“在家/离家/返家(home/away/home）的形式是儿童文学最普遍的情节。”[④] 回顾儿童文学中的角色，如《金银岛》中的吉姆、《野兽国》中的马克斯、《绿野仙踪》中的陶乐丝等，都是在失去家又找到家后懂得了家的真谛。《木偶奇遇记》的故事结构也是如此，匹诺曹经历磨难后在与父亲的新生活中找到了自身存在的意义。但小木人的故事是在家/离家，最后在另一个家——抗日部队中有了返家之情，他抱住同志的腿，“好像是见了小布人哥哥似的那么亲热”。克里斯托弗·克劳森（Christopher Clausen）认为“当家是我们应该居留的地方——那么我们谈的很可能是儿童故事；当家是我们为了长大或……永保纯真必须逃

① 徐兰君：《儿童与战争》，北京大学出版社，2015 年，第 12 页。

② 老舍：《中国名家经典童话·老舍专集》，同心出版社，2013 年，第 13 页。

③ 老舍：《中国名家经典童话·老舍专集》，同心出版社，2013 年，第 24 页。

④ 培利·诺德曼：《阅读儿童文学的乐趣》，刘凤芯等译，台北天卫文化图书股份有限公司，2014 年，第 238 页。

开的地方，那么我们在谈的就是青少年或成人故事”①。面对个人成长问题，离家是成年人的故事普遍采用的方式，在三四十年代的中国，离家往往与参加战斗联系在一起，《小木头人》用成年人小说的结构处理了儿童的成长。

再看故事的成长主题。齐普斯指出：“如果把《木偶奇遇记》当作教养小说或成长童话小说来读……一方面，匹诺曹想要且也被社会化的取悦父亲；另一方面，他无法控制自己探索世界和找寻乐趣的天性。这使他陷入困境——取悦父亲意味必须牺牲自己的乐趣。”② 这就说明匹诺曹必须压抑天性去做“应该做的事”，直到儿童的天性得到抑制，他才能成为一个真正的人。如果说匹诺曹成长的代价是被迫压抑天性，那么小木人的成长则是自我的主动选择。同样面对亲情，当匹诺曹以为自己失去了父亲而无助大哭时，小头人却更加理性，故事一开端就点题，“他爱他的舅舅，也更爱国家。……他要给舅舅报仇，为国家雪耻!”③ 当亲情被升华为对国家的热爱和维护时，小木人便义无反顾地踏上了出征为亲人报仇的道路，故事结尾母亲的态度强化了这种爱国之情。母亲听到小木人在部队立了功，不但不责怪他擅自离家，还认为小木人身强力壮，应该去当兵杀敌。战争给人们带来了苦难，战争也使人得到教育和锻炼。人在战争当中都会面临这样的选择：是坐以待毙，还是奋起一搏？童子军成员小木人选择后者并成为一个出色的战斗者，他个人的报仇行为与爱国爱家的集体意识相融合，也与时代精神紧密联系。在 1938 年 11 月 15 日重庆出版的《青年向导》第 18 期刊出“青年问题专号”，老舍回答青年问题道：“身强力壮，愿赴前线杀敌或服务，祈即前去；对学问有趣味，也有聪明，即当勤苦读书。”④《小木头人》中“一文一武”的小布人和小木人的形象设定似乎是与这段忠告的呼应。《小木头人》一经发表，便成为抗战童话的领衔之作，在宣传抗战的主旋律上，《小木头人》是成功的。

## 三、《木偶奇遇记》的中国式接受：“抗战”与“救亡”

钱钟书指出：“现代中国文学受外国文学的影响是毋庸讳言的，但这种文学借鉴不是亦步亦趋的模仿，而是如鲁迅所说‘放出眼光，自己来拿’。”⑤

---

① Christopher Clausen, “Home and Away in Children's Fiction”, *Children's Literature* 10 (1982), pp. 141—152.

② 杰克·齐普斯：《童话·儿童·文化产业》，张子樟译，台湾东方出版社股份有限公司，2011 年，第 137 页。

③ 老舍：《中国名家经典童话·老舍专集》，同心出版社，2013 年，第 11 页。

④ 解志熙：《文学史的“诗与真”》，北京大学出版社，2013 年，第 277 页。

⑤ 张隆溪：《比较文学研究资料》，北京师范大学出版社，1986 年，第 92 页。

《木偶奇遇记》在译入中国后，通过与三四十年代中国儿童文学的风格与创作特点的结合，产生了逐渐融入本时期儿童文学创作理念的深层次变异，变异学范畴下对“接受”的研究重在“探讨作家、作品或文学思潮在异国的流传和接受，研究它被保留、拒绝、过滤、变形等现象发生的深层次原因”[①]。探究这一问题，须从现实语境、文学创作的主潮及作家个人的创作风格入手。

自20世纪30年代起，在第二次国内革命战争与全面抗战之际，中国的时代精神始终与“革命与救亡”相联系，此时的儿童观从五四时期的“儿童本位”发生转变，儿童的生存与命运被置于整个民族的生存发展之中，儿童更需要体认的是社会现实的各种矛盾斗争及其历史必然性，需要领会的是外部世界的群体经验与成人意志，而非儿童内在的经验世界、想象世界。1930年3月左联在上海举行的一次有关建设儿童文学的专题讨论会上，提出竭力配合“一切革命的斗争”的口号。当时影响极大的《小朋友》杂志在1931年9月23日第481期和1931年10月1日第482期分别推出了“抗日救国特刊”“讨论小朋友们救国的方法”专题，要求小朋友们应尽到爱国的责任，今后努力建设强盛的国家。这一现实语境要求儿童文学为配合时代需要而注入“革命”“阶级”与“救亡”的内容。王泉根指出这是“将文学与当时中国社会历史进程和民族解放、民族生存紧密结合在了一起”[②]。1933年3月国民政府教育部选出《儿童读物目录》，其选择标准为“力求不背党义，适合国情，事理正确，思想进步，兴趣浓厚，文字图画，浅显优美，切合儿童经验，适应社会需要，注重科学常识，发扬民族精神，凡神怪、虚伪、凶恶、残忍、侥幸、颓废、诡诈、刻薄、陈腐、陋习以及含有封建帝王以为富贵迷信色彩者，均所不取”[③]。徐调孚译《木偶奇遇记》和徐亚倩译《续木偶奇遇记》由于思想进步，富有教育意味，被选入小学五六年级学生的阅读书目，《安徒生童话》则由于缺乏思想性，在30年代后受到批评。[④] 可见《木偶奇遇记》迅速被接受，是现实语境使然。

从儿童文学发展的角度看，安徒生的创作使童话成为具有自觉意识和独立意义的文体，但其“忧伤情绪多于儿童游戏意趣”，科洛狄的《木偶奇遇记》“已经显见其充分贯穿了儿童游戏精神”[⑤]。它最初是连载故事，科洛狄本

---

① 曹顺庆:《南橘北枳》，中央编译出版社，2014年，第224页。

② 朱自强、罗贻荣主编:《中美儿童文学的儿童观》，中国社会科学出版社，2015年，第6页。

③ 1933年3月，国民党政府选出《儿童读物目录》，在“例言”部分列出目录的选择标准。

④ 有代表性的文章有狄福《丹麦童话作家安徒生》(1935)，金星《儿童文学的题材》(1935)，范泉《新儿童文学的起点》(1947)。

⑤ 韦苇:《世界儿童文学史》，安徽教育出版社，2015年，第101页。

打算在第 15 章时就结束这个系列——匹诺曹被吊在橡树下像是死了一般。但当这章在 1881 年 11 月 10 日的报纸上刊出并且在文末印着“全文完”的字样时，读者们发起强烈的抗议，因此科洛狄只好继续写作匹诺曹的历险故事并于 1882 年 2 月 16 日恢复连载。匹诺曹的奇遇故事在 19 世纪末的意大利被广为接受的主要原因在于它是想象力发芽开出的一朵奇异的花：远离现代文明，让坏孩子木偶经历一系列考验之后成为真正的男孩，在他的身上有说谎淘气等儿童本性，但更多的是善良、友爱、勇敢、勤劳等诸多美德，故事中的人们生活在一个与社会现实异质的荒诞世界——有一说谎鼻子会变长的木偶，有会说话的动物，有引路的仙女……那里的自然以神奇的面貌存在着，那里有着人们一直想寻找的与自己所处的现实截然不同的风貌。由是，《木偶奇遇记》的问世对于 19 世纪末的读者来说，无疑带来了一个美好有趣的乌托邦，木偶的成长又使它正成为父母、长辈教育孩子的好读本。因此，《木偶奇遇记》不仅在当时的读者群体中备受欢迎，匹诺曹也成为一种代表着顽童形象的文化符号超越了时空限制，至今仍然散发着余温。《木偶奇遇记》被译介至中国的时期，也是中国儿童文学参与新文学建设的时期，反对侵略战争、争取独立是本时期儿童文学的核心题材。1935 年是国民政府确定的“儿童年”，茅盾在文章《关于“儿童文学”》中指出了新的历史时期对儿童文学的要求，即儿童文学要让儿童认识人生，并提出新文学“在材料方面，千万请少用些舶来品的王子，公主，仙人，魔杖”[①]。与茅盾观点类似的文章还有碧云的《儿童读物问题之商榷》(1935)，杨晋豪的《今日之儿童文学》(1936)，钱小柏的《中国的儿童文学向那里走》(1936) 等，一致认为要“用眼前的现实生活创作出优良现实的儿童文学作品来”，要求儿童文学作家“给今日的儿童们正确地解说自然和人生，指示追求光明的努力的途径，和铸造走在时代之前的英勇的模型!”[②] 1947 年范泉的文章《新儿童文学的起点》是对以上观点的延续：“象丹麦安徒生那样的童话创作法……是不需要的。……尤其是儿童小说的写作，应当把血淋淋的现实带还给孩子们，应当跟政治和社会密切地连系起来。”[③] 在文学的现实功用性被强调的背景下，《木偶奇遇记》在现代中国经历了被选择、改造和移植的文化过滤过程，其儿童游戏精神和荒诞艺术风格被改造，而木头人的物性和教育主题被作家们吸收和借鉴。

但作家们对《木偶奇遇记》的接受，尽管明显地得益于原作的刺激和启发，却不是对主题、人物等的简单挪移，而是切合各自的审美趣味和创作风

---

① 王泉根：《中国现代儿童文学文论选》，广西人民出版社，1989 年，第 399 页。
② 蒋风：《中国儿童文学大系 理论（一）》，希望出版社，1988 年，第 257 页。
③ 蒋风：《中国儿童文学大系 理论（一）》，希望出版社，1988 年，第 282 页。

格，有所选择，有所发挥，有所创造。在儿童文学发展的路向上，张天翼的《大林和小林》确立了一种范式，这类张扬现实主义精神的儿童文学作品在20世纪三四十年代成为一种创作主潮，甚至延续到五六十年代和70年代初。作家们将阶级矛盾与斗争、民族的生存危机与救亡、现代中国社会的历史变革与生活场景融入创作，激荡出浓郁的现实主义精神。贺宜和苏苏都是其中的代表。苏苏在1938年撰文《我们的儿童读物》，指明我国的封建气味童话和西洋安徒生和格林的童话不能适应战争年代儿童的需要，本时期需要的是紧跟时代步伐、直接反映社会生活的现实主义作品——张天翼童话和苏联的儿童文学作品。抗战时期，苏苏一直在“孤岛”上海，是中国共产党领导下的少年出版社的发起人和领导者之一，贺宜的《木头人》和苏苏的《新木偶奇遇记》都经该社出版。范泉曾评价“贺宜和钟望阳，是把战争和血泪的现实，表现在儿童文学作品里的勇敢的尝试者”[①]。谢加因等也指出，“以现实生活做题材，勇敢地推翻欧美童话的传统的有少年出版社，张天翼，苏苏，贺宜等是其中最有名的”[②]。《木偶奇遇记》在作家们的笔下呈现出了不同的面相，贺宜和苏苏将现实生活与创作紧密联系，充分利用了木头人的物性，将其作为木偶傀儡的代名词。谢加因则认为“我们的儿童文学就该是教育的而不是教训的”[③]。他借鉴《木偶奇遇记》的教育主题，创作出《李荣生游星期国》这样具有童年色彩又富教育意味的作品。左健的《匹诺曹游大街》选取匹诺曹这样一个为人熟知的儿童形象作为时代传声筒表达政治主题，更易被人接受。老舍出身平民，又身为中华全国文艺界抗敌协会的重要成员，是“国统区中最为积极地推动新文艺通俗化、大众化以至于民族化的人”[④]。他幽默的语言风格延续了《木偶奇遇记》荒诞和轻松的氛围，又摒弃了其他抗战时期儿童文学作家简单的图解政治手法，而着重突出了孩童本能中的贪玩、淘气等种种特质，在描绘童真童趣的同时展示了反帝爱国的思想。

根据彼得·杭特（Peter Hunt）的观点：“一本童书（特别是儿童会去读的书）几乎不可能完全不具教育性或影响力，童书无可避免会反映出一种意识形态……所有的书必然都会教点什么。”[⑤] 文学文本为儿童再现世界，也再现儿童处于世界的位置。再现的方式如果具有说服力，这样的再现就会变成儿童读者对世界的认知。《木偶奇遇记》被译入中国的年代，正是中国社会剧

---

① 蒋风：《中国儿童文学大系 理论（一）》，希望出版社，1988年，第281页。

② 蒋风：《中国儿童文学大系 理论（一）》，希望出版社，1988年，第322页。

③ 蒋风：《中国儿童文学大系 理论（一）》，希望出版社，1988年，第328页。

④ 解志熙：《文学史的“诗与真”》，北京大学出版社，2013年，第298页。

⑤ Peter Hunt, *A Introduction to Children's Literature*. Oxford: Opus-Oxford UP, 1994. p. 21.

烈动荡转变的时期。面临外敌入侵，社会需要的不再是远离尘世的异质世界，而是救亡图存，抵御外辱，于是现代作家们尽管已经建构了儿童文学艺术的乐园，但仍坚定地留在现实世界。在他们的笔下，会说话的木偶或成为汉奸的代名词，或是奋勇杀敌的小英雄，或仅仅被作为时代精神的传声筒。可以说，《木偶奇遇记》在现代中国的接受，是与中国的时代精神、文学创作的主潮和作家个人风格相结合的再创造活动，是赋予作品以新的生命和文化含义的过程。这使《木偶奇遇记》在三四十年代脱胎为一系列中国式的匹诺曹故事，这些故事自觉传递着新的文艺观念，形塑着新时代的儿童。

作者简介：

周小娟，西北师范大学文学院副教授，硕士生导师，四川大学中国语言文学流动站博士后，美国南伊利诺伊州立大学访问学者。

# 英语世界的韩愈研究*

黄健平

**摘　要**：英语世界的韩愈研究是随着英语世界对唐代研究的兴起而发展壮大起来的。从历史分期来看，韩愈研究前后经历了一个初期萌芽、中期爆发和后期延展的过程。三个阶段各有其发展的历史特征：萌芽期主要以译介为主，大多是出现在文学史、文学选集中的诗文翻译，分析性的研究成果不多，主要是在翻译单篇中进行某些简单的点评。繁盛期的研究以美国汉学界为主，翻译作品大量增加，开始出现对韩愈作品系统化、多元化研究的成果。这主要与中美建交以及新一代汉学家崛起相关。延展期则表现出对韩愈作品文学性和思想性的进一步关注，从文化分析入手进行研究，研究成果理论更加深入但范围渐渐缩小。

**关键词**：韩愈研究　英语世界　汉学　分期

## 引　言

韩愈是中国文学史和思想史上的重要人物，他标新立异的诗歌、独树一帜的散文风格和崇儒排佛的道统思想等，以及由他倡导的古文运动向来是学者研究的重点。18 世纪以来，中国文学经典传入西方，韩愈自然也在西方学者的重点研究之列。特别是进入 20 世纪后，英语世界的韩愈研究也得到更为充分的发展，涌现了一批值得关注的研究成果，但国内学界对之却一直缺乏系统的讨论，只有两篇硕士论文专门分析了宇文所安（Stephen Owen）、蔡涵墨（Charles Hartman）对

* 本文为教育部重大课题攻关项目“英语世界中国文学的译介与研究”(12JZD016) 的阶段性成果。

韩愈的研究[1]。而学术论文中只有1996年倪豪士（William N. Nienhauser Jr.）发表的《韩愈研究在美国（1936—1992）》[2] 对美国汉学界的韩愈研究进行了较为仔细的梳理，罗列了许多专著和论文，具有较高的参考价值，但由于时空和材料的限制，作者对研究著作的收集也有些疏漏，而且没有进行深入的特征分析和归纳研究，因此难以在总体上把握英语世界对韩愈研究的基本情况。

本文将对英语世界中的韩愈研究成果进行归类总结，通过纵向梳理与横向比较，勾勒韩愈研究在英语世界的发展演变，对韩愈在英语世界的研究情况作第一次系统的整理与探讨，为韩愈研究的发展和“中国文化走出去”战略提供有益的视角。英语世界韩愈研究前后经历了三个时期：第一期主要以译介为主，这段时期的研究中心在欧洲，可称为“萌芽期”；第二期的研究成果以美国汉学界为主，翻译作品大量增加，开始出现对韩愈作品系统化、多元化研究的成果，可称为“繁盛期”；第三期则表现出对韩愈作品文学性和思想性的进一步关注，从文化分析入手进行研究，研究成果理论更加深入但范围渐渐缩小，可称为“延展期”。以下试分论之。

## 一、英语世界韩愈研究第一期：零星译介

19世纪末到20世纪中叶大致为韩愈研究的萌芽期，主要以译介为主，大多是出现在文学选集、文学史中的诗文翻译和评介，分析性的研究成果不多。

1872年，西方汉学界诞生了第一个专业汉学期刊《中国评论》，其中有两个栏目专门译介中国诗歌，即“Rhymes from the Chinese”和“Chinese Poetry”。其中就刊载了张约翰（John Chalmers）翻译的韩愈诗两首《履霜操》（Treading the Frost）和《江汉一首答孟郊》（Reply to Mang Tung Ye）[3]，这是迄今见到较早的对韩愈诗歌的翻译。同时还有关于韩愈的评论

---

① 这两篇硕士论文分别是华东师范大学陈培文《论美国汉学界的韩愈研究》（2011）、王爽《论美国汉学家蔡涵墨的韩愈道统研究》（2014）。陈文主要介绍了宇文所安和蔡涵墨对韩愈诗歌和文学思想的研究情况，王文主要分析了蔡涵墨对韩愈道统思想的研究情况。二者在材料梳理和分析上都较为细致，但限于篇幅并未展开深入的分析，对于英语世界其他研究韩愈的资料也较少提及。

② 倪豪士：《韩愈研究在美国（1936—1992）》，见《韩愈研究》第一辑，中州古籍出版社，1996年，第334－363页。又见罗琳摘译《试论美国对韩愈的接受（1936—1992）》，发表在《汉学研究》（第一辑）。

③ John Chalmers, “Chinese Songs for the Harp”, *The China Review*, *Vol*. 2, No. 1, Jul. 1873, p. 50.

《韩文公》(Hang Wan-Kung)。[1] 由于刊物主要面对的是英语读者，其翻译目的是介绍中国文化、民俗、思想，为西方在中国的传教、贸易和殖民活动提供必要的知识文化背景，同时由于翻译者的个体差异，翻译的文本呈现出不同的翻译思想倾向。

英国汉学家翟里斯(H. A. Giles)最早以专题介绍唐诗，他编译的《古文选珍》(1884年)、《古今诗选》(1898年)翻译了五十多位唐代诗人的作品。在他所著《中国文学史》(1901年)用了相当的篇幅来介绍韩愈，认为韩愈不仅是受人尊敬的诗人，也是"第一流的政治家和哲学家"。他全文翻译了《潮州韩文公庙碑记》的整段赞辞，对韩愈的精神佩服不已，但也认为韩愈诗歌成就不如散文，只翻译了韩愈的几首小诗。[2] 翟里斯尽量以押韵的方式来翻译中国诗词，让中国文学与思想能够融入英语世界。

另一位成就斐然的英国汉学家阿瑟·韦利(A. Waley)在1918年出版《百七十首中国古诗选》，收录了唐代诗歌64首，但韩愈诗歌只有两首。[3]

1936年，哈佛大学教授詹姆斯·沃雷(James Ware)翻译了陈寅恪的《韩愈与唐传奇》一文，发表在《哈佛亚洲研究杂志》上，这是美国汉学家最早有关韩愈研究的译介。1938年，曾经是牧师的鲁本克(Bruno Hermann Luebeck)也出版了一本关于韩愈的专著《韩愈——儒学巨人》，花大量篇幅证明韩愈是一位儒学的"卫道士"，就像基督教历史上的马丁·路德等人一样。并且书中所用资料大部分来自鲁本克自己的"田野"工作，而非来自中国典籍。因此，本书中韩愈形象就更接近潮州人民崇拜的"文神"，带有神秘主义色彩。1942年，博德节选翻译了冯友兰的《中国哲学史》，发表在《哈佛亚洲研究杂志》上，其中有关于韩愈的介绍。这是中国人写的哲学史首次被翻译到国外，尽管翻译中有些误读，但这次翻译拉开了美国汉学界介绍中国哲学的序幕。

诗歌译本上，1951年，海陶玮(James Robert Hightower)选编了奥地利汉学家冯·赞克(Erwin von Zuch)的唐代诗歌翻译系列，其中包括了韩愈的全部诗歌。海陶玮将赞克翻译的韩愈的诗歌收入他所编的唐诗集中，并放在第一册，因为这些诗歌"精确得一丝不苟"。他认为西方虽然和中国一样，一直把韩愈作为散文大师看待，但韩愈的诗歌也非常优秀，即使比不上李杜，但比起王维、白居易等人其实并不逊色，"翻译者对他的忽视部分地由于明清

① John Chalmers, "Han Wan-Kung", *The China Review*, Vol. 1, No. 6, Jun. 1873, pp. 339—347.

② 张弘：《中国文学在英国》，花城出版社，1992年，第142—143页。

③ Arthur Waley, *A Hundred and Seventy Chinese Poems*. New York: Alfred A Knopf, 1918.

选本中实际将他排斥在外，而这些选本又是翻译者所依据的。另外也是由于韩愈的诗歌确实有些难读”[①]。海陶玮认为韩愈的诗歌和他的散文一样，是一个试验者在不断创新而产生的试验品，这些韵律和修辞上的革新也并不是完全成功的。但正是这一点使得学习的人更加饶有兴趣。海陶玮更加推崇韩愈作为古文倡导者、宣传者为其他叙述文体做出的贡献。[②]

英语世界韩愈研究萌芽期虽然只有零星的译介成果，但却从诗歌、散文、哲学思想上勾勒了韩愈研究的轮廓，为后期的发展奠定了基础。

## 二、英语世界韩愈研究第二期：分类探讨

20 世纪 60 年代以来，韩愈研究呈爆发状，涌现了大量研究成果。从文学选集、文学史译介、辞书编撰到个人专著和学位论文，英语世界的韩愈研究呈现出一片繁荣景象。

文学选集方面，加州大学白之（Cyril Birch）选编的《中国文学选集：从早期到十四世纪》[③] 一书曾是美国各大学的东亚系学习、研究中国古典文学的通用教材，影响力非常大。翟楚、翟文伯编译的《中国文学珍宝》[④]，对韩愈的散文（古文）创作进行了较为详细的介绍，肯定了韩愈使散文创作“纯文学化”的功绩，并全文翻译了《祭十二郎文》和《师说》，还将韩愈、柳宗元、欧阳修、苏轼进行了简略的比较。葛瑞汉（A. C. Graham）《晚唐诗歌》一书，收录的都是一些带有奇绝、神秘色彩的诗作。葛瑞汉在书中谈到自己对韩愈的喜爱，认为虽然韩愈诗歌有散文化之嫌，但那是他创新过程中的一点努力的痕迹，因此具有首创性，也有很大影响力，特别对晚唐李贺、李商隐影响尤甚。他认为韩愈诗中“怪险”的品位与美国当时诗歌发展“方向暂时相同”。这些积极的评论对后来的诗歌研究者专注于韩愈有很大的鼓励和吸引作用。柳无忌、罗郁正合编《葵晔集——中国三千年诗词选》[⑤] 是迄今时间

① 倪豪士：《韩愈研究在美国（1936—1992）》，见《韩愈研究》第一辑，中州古籍出版社 1996 年，第 337 页。

② James Robert Hightower, *Topics in Chinese Literature: Outlines and Bibliographies*. Cambridge: Harvard University Press, 1953.

③ Cyril Birch, Donald Keene, eds., *Anthology of Chinese Literature: From Early Times to the Fourteenth Century*. New York: Grove Press, 1965.

④ Ch'u Chai, Winberg Chai, *A Treasury of Chinese Literature: A New Prose Anthology Including Fiction and Drama*. New York: Appleton-Century, 1965.

⑤ Wu-chi Liu, Irving Yucheng Lo, eds., *Sunflower Splendor: Three Thousand Years of Chinese Poetry*. Indiana: Indiana University Press, 1975/1993.

跨度最长、参与译者最多、最为完备的英译汉诗选集。集中所选的诗词都是经过多位英美和中国学者、翻译家精心翻译的，书中还附有大量的注释以及赏析、导引，同时，对某些经典诗歌，还参照了英美读者所熟悉的西方诗歌，进行了中西诗歌的比较。《葵晔集》全文翻译了韩愈的6篇散文和几首诗歌，并简单介绍分析了这些诗歌的特征及其影响。主编之一罗郁正曾经说书中翻译的韩愈诗歌《落齿》非常流行，“这首诗在世界上得到的评论比其他任何诗都要多得多”[①]。宾州大学梅维恒（Victor H. Mair）主编的《哥伦比亚中国古典文学选集》，内容丰富、选材精当，作为大学教材而广泛使用，在学术界享有盛誉。

辞书的编撰上也有很大突破。《新编普林斯顿诗歌与诗学百科全书》(1965/1985/ 1993/2002）在世界范围产生了广泛而深远的影响，是流通较广、较为权威的工具书。从1993年的第三版起，该书新增补了王靖献（Ching-Hsien Wang）撰写的“中国诗歌”（Chinese Poetry）和美国汉学家林理彰(Richard Lynn）撰写的“中国诗学”（Chinese Poetics）等词条，[②] 进一步扩大了中国文学作品和中国文学理论的传播。1986年，印地安纳大学教授倪豪士主编的《印第安纳中国古典文学指南》出版，其中有相当部分的内容是对中国古典诗歌与传统诗学的论述。书中关于韩愈的诗歌与散文的介绍由蔡涵墨教授撰写。此书在美国乃至在英语世界影响广泛，可以说是最为完备的关于中国古典文学研究的参考工具书。

文学史编写上，有华裔学者陈受颐编写的英文版《中国文学史概要》(1961)[③] 及印第安纳大学柳无忌编写的《中国文学概论》（1966)。柳书中说韩愈是唐代具有划时代意义的古文运动的倡导者，也是中国历代最著名的作家之一。他的贡献在于他是儒家思想的卫士以及他的作品的内在卓越的气质，这些优秀作品成为文学散文创作的典范；诗人兼散文家的韩愈，以善用险僻孤冷的字和新奇独特的表现方法而开创了一代诗风，然而其“文公”美誉的获得，主要是因为他是一位才能卓著的散文大师，是一位儒学思想的维护者和一位伟大的政治家；韩愈视文学为表达和宣传儒家道统思想的工具，“文者，贯道之器也”，他致力于儒家伦理道德和政治思想的传播，维护儒学的正

---

① 参倪豪士：《韩愈研究在美国（1936—1992)》，见《韩愈研究》第一辑，中州古籍出版社，1996年，第360页。

② Alex Preminger, T. V. F. Brogan, eds., *The New Princeton Encyclopedia of Poetry and Poetics*. Princeton University Press, 1965.

③ Shouyi Chen, *Chinese Literature: A Historical Introduction*. New York: The Ronald Press Company, 1961.

统地位而抵制异教的侵蚀。[①] 倪豪士认为这种观念依旧是传统评价的复述，柳无忌赞赏韩愈的诗歌风格，却忽视了西方学者（如包弼德等人）已有的研究成果。但同时倪豪士认为柳无忌对韩愈的评论可以作为“分水岭”，“将西方韩愈研究中传统的一般性的研究与此后较为具体的专题研究区别开来”[②]。

专著方面，这一时期研究中国历史、哲学的文集出版较多且影响较大，如芮沃寿（Arthur Frederick Wright）主编的《儒教》，收录了蒲立本（Edwin G. Pulleyblank）《唐代知识分子中的新儒学和新法家（755—805）》一文，使韩愈研究迈出了重要的一步，他在书中向传统研究提出挑战，认为传统思想研究者总是首先把韩愈作为宋代新理学的先驱的提法是依据欧阳修、苏轼等宋代学人的观点形成的固定思维，对现代研究者是不利的。蒲立本认为，应该将韩愈放到唐代具体环境以及欧、苏等人重提韩愈思想时宋代的具体环境中去考察，要看清二者思想之差异。[③] 包弼德（Peter K. Bol）《斯文：唐宋思想的转型》一书借助对文学批评史的考察书写唐宋思想史。其将文学设定为讨论的核心，从而将许多重要的思想家都纳入这一框架，打通了文论与思想史的界限。[④] 陈弱水《柳宗元与唐代思想的变迁》[⑤] 谈到柳宗元与古文运动时，将韩愈作为主要参照对象，认为中唐时期出现的探索原创儒家精神的活动，对儒学复兴影响极大，形成了“一个持久的和可行的知识传统”（a lasting and viable intellectual tradition）。“这个时期，几乎整整一代的主要文人都带着不同程度的热情、以不同的方式在努力推进儒家理想，其中最著名、影响最大的战士（most-vocal champion）莫过于韩愈。……韩愈是中唐儒学复兴鼎盛时期无可争辩的领袖人物。但是，即便注目于唐宋儒学的发展，他仍然是富于远见卓识的。他不只有力地捍卫和支持了儒学的价值，同时从基

---

① Liu Wu-chi. *An Introduction to Chinese Literature*. Indiana：Indiana University Press，1966，p. 127.

② 倪豪士：《韩愈研究在美国（1936—1992）》，见《韩愈研究》第一辑，中州古籍出版社，1993年，第341－342页。

③ Edwin G. Pulleyblank，“*Neo-Confucianism and Neo-Legalism in T'ang Intellectual Life*，755－805”，see Arthur F. Wright ed.，*The Confucian Persuasion*. California：Stanford University Press，1960. 参倪豪士：《韩愈研究在美国（1936—1992）》，见《韩愈研究》第一辑，中州古籍出版社，1993年，第338页。

④ 包弼德：《斯文：唐宋思想的转型》，刘宁译，江苏人民出版社，2001年，第148页。

⑤ Jo-shui Chen，*Liu Tsung-yüan and Intellectual Change in T'ang China，773－819*. Cambridge：Cambridge University Press，1992.

础上质疑了佛教和道教的世界观。”[①] 蔡涵墨《韩愈和唐代对统一的追求》[②]一书主要从思想和文学关系切入，首先介绍了韩愈的生活轨迹，分析了韩愈“古文”文学思想的渊源，并以《论语笔解》为主，指出韩愈新的注解经典的思想。蔡涵墨以《祖堂集》中记载的韩愈和大颠的谈话，来说明韩愈“道统”思想受到了禅宗的影响。蔡认为，不能因为《祖堂集》是佛教经典而忽视其历史价值。这个提法引起很多质疑，后来蔡涵墨又在总结这些书评的基础上写了论文《韩愈和禅：对立的两极》(1990)。

有关韩愈研究的学位论文是这一时期成果最为突出的。相关学位论文中，韩愈的散文、诗歌、古文运动、儒家思想以及个人品德等各方面都得到了较为充分的研究。

有关韩愈散文和古文运动的研究，主要有陈幼石（Yu-Shih Chen）的《作为古文家的韩愈》，强调韩愈在儒学复兴中的积极作用，通过文本细读，发现了散文中隐含的韩愈思想与相关文学理论。她认为韩愈对唐传奇的兴趣实际上是一种想要将小说这种文体从当时充满佛教迷信的陈词滥调中拯救出来的努力。后在此文基础上修改出版的专著《中国古典散文中的意象和思想：对四位大师的研究》（又译《韩柳欧苏古文论》），指出唐宋两代的“古文运动”有本质上的区别，宋代学者将韩愈的怪奇风格加以改造，以平淡、简洁重振古文之风，并在宋代获得成功。[③] 麦大维（David R. McMullen）《元结和早期古文运动》[④] 梳理了韩愈之前的古文运动先驱开创性的基础工作，认为萧颖士、元结、独孤及等人和韩愈兄长韩会的交往对韩愈古文思想的形成影响巨大。司马德琳（Madeline K. Spring）《唐代古文风格研究：韩愈和柳宗元的修辞》全文翻译并分析了韩愈的《杂说》四篇、《驱鳄鱼文》《进学解》《师说》《猫相乳》《圬者王承福传》《原毁》等散文，并对其中的修辞手法作比较分析。文章主要从五个方面讨论了韩愈和柳宗元散文创作的修辞手法并首次谈及“叙述者”的作用，分析了韩愈的《猫相乳》《石鼎联句诗序》等散文中

① 陈弱水：《柳宗元与唐代思想变迁》，郭英剑、徐承向译，江苏教育出版社，2010年，前言，第5页。

② Charles Hartman, *Han Yu and the T'ang Search for Unity*. Princeton: Princeton University Press, 1986.

③ Yu-shih Chen, *Images and Ideas in Chinese Classical Prose: Studies of Four Masters*. Stanford: Stanford University Press, 1988.

④ David R. McMullen, “*Yuan Chieh and the Early Ku-wen Movement*”. Ph. D. diss. Cambridge: Cambridge University, 1968.

出现的叙述者及其叙事方式。[①]

诗歌研究方面主要有杰瑞·施密特（Jerry Dean Schmidt）《韩愈与他的古诗》，专门分析了韩愈几首特别的诗歌——《双鸟诗》《苦寒》《落齿》等，以突出韩愈诗歌中的“幽默”特征及隐含的失序感，意图纠正一些片面看法，揭示西方学者不曾注意到的韩愈诗歌的深刻性，展示他诗歌的巨大价值。[②] 宇文所安《孟郊与韩愈的诗歌》，按照时间关系分别梳理了韩愈和孟郊诗歌的发展演变过程及其展现的诗歌风格特征，既有历时的展现，也有横向的比较；既有对韩孟早期、晚期的诗风的变化分析，也有对韩愈、孟郊同时期诗作的对比。宇文所安还专门辟出一章研究韩愈和孟郊的联句诗，认为这种“联句”实际是一种文学游戏和文学竞争。蔡涵墨《韩愈〈秋怀〉诗中的语言和典故》，以韩愈《秋怀》十一首为例，以文本细读和分析的方式，采用语言学、统计学方法，对韩愈诗歌中的典故加以详细考察，从而发现韩愈诗歌中存在着“典故域”（illusion field），诗歌所用典故都是从其中抽出的，而不是随意想象的。卜立德（Pollack David）《联句诗研究：以韩愈圈子为中心》[③]，梳理了从诗经、柏梁联句到曲水联句的发展，分析了联句诗与唱和诗、咏物诗的关系，考察唐代联句诗发展状况、联句诗产生和运用的环境极其特色，并以“韩愈及其圈子的联句诗”为个案，重点分析了与韩愈、张籍、孟郊等人一起唱和创作的联句诗，最后介绍了联句诗在唐以后的发展状况。这篇论文是第一次系统介绍中国古典联句诗的重要文章，对联句诗的发展进行了历时的梳理和横向的比较，资料详实丰富，但翻译和介绍较多而理论上的分析和总结较少。孙重桑（Sam Chung-Sang Suen）《玄学派诗学：韩愈和邓恩诗歌比较》，通过对韩愈和邓恩诗歌的比较分析，得出结论：玄学派诗歌作为一种普遍现象存在于不同文化的诗歌当中，超越时间、空间和文化的限制，它对诗学的发展有巨大的影响。邓恩诗歌影响了英国文化，韩愈诗歌影响了中国文化，除此之外，玄学派诗学的价值还在于它让我们将诗歌看作一个完整的、自足的主体。[④] 黄俊杰《孟子的兴起：对孟子伦理学的历史阐释（200—1200

---

① Madeline K. Spring, “A Stylistic Study of Tang Guwen: The Rhetoric of Han Yu and Liu Zongyuan”, Ph. D. diss. Seattle: University of Washington, 1983.

② Jerry D. Schmidt, “Han Yu and His Ku-shih Poetry”, Ph. D. diss. Vancouver: University of British Columbia, 1969.

③ David Pollack, “Linked-verse poetry in China: A Study of Associative Linking in ‘Lien-Chu’ Poetry with Emphasis on the Poems of Han Yu and His Circle”. Ph. D. diss. Berkeley: University of California, 1976.

④ Sam Chung-Sang Suen, “The Metaphysical in Poetry: A Comparative Study of the Poetry of Han Yu and John Donne”, Ph. D. diss. Binghamton: State University of New York, 1978.

年)》分析了韩愈在中唐儒学复兴中推崇孟子的立场，认为其作用在于首先确定了孟子在儒学中的正统地位，支持学习儒家经典要注重回到经典本身；其次韩愈借孟子的儒学观点来排斥佛老，为宋代理学奠定了基础。

韩愈思想方面的研究主要有邓百安（Anthony Augustine DeBlasi）《“改变世界”：对中唐四位知识分子的研究》①，该文梳理了中唐时期的思想变革，对比了韩愈的古文运动及其道统观，分析了9世纪“文”的概念与不同儒家知识分子在文学与政治、道德之间的不同选择与追求方式及目标达成效果。在此文的基础上，2002年邓百安出版专著《平衡中的变革：中唐文学文化的辩护》，重点讨论了中唐危机在文学中的反映以及儒学的复兴。② 维克多·尤金·曼雷（Victor Eugene Manley）《唐代中国的保守儒学家——韩愈的生活和思想》按韩愈生活经历的时间顺序展开，类似传记评述，按学生生活、省城生活、京城生活、佛骨事件（贬谪生活）、高官生活的时间顺序写作，并在每段时期分析一些代表作品以佐证其思想发展。文章一定程度上对蔡涵墨与麦大维文章提出的问题做了部分回应，论证韩愈寻找一个统一的社会统治以获得稳定社会秩序的正确性。③

许多单篇文章中也出现了对韩愈诗歌、散文以及文学艺术和思想的探讨。如华兹生（Burton Watson）《中国抒情诗》（1961）一文将韩愈的诗歌与当时的“新诗运动”结合起来，认为韩愈的许多经验都是不成功的。尽管韩愈在当时学习杜甫的晚期诗歌，追求口语化的，更加自由和松散的句法与措辞，但是对同时代和后代中国诗人并没有太大影响，因为他的诗歌游离于唐诗传统，但他“奇绝”的风格却能让现代读者产生兴趣。高友工、梅祖麟发表《中国诗歌中的隐喻和典故》一文，用新批评方法分析了唐诗中的隐喻、典故运用，是一种将西方理论用于中国古典诗歌的具体分析的实践。该书涉及韩愈诗歌分析的篇幅不大，但在方法运用上给后来的学者以较大的启示。周策纵（Chow Tse-Tsung）发表《古代中国文道观及其关系》一文，讨论了中国古典文学中的文、道的定义以及关系问题，具体梳理了文、道发展历程：从刘勰的“明道”，韩愈的“贯道”到周敦颐的“载道”说。④ 海陶玮《作为幽

---

① Anthony Augustine DeBlasi, “‘To Transform the World’: A Study of Four Mid-tang Intellectuals”, Ph. D. diss. Cambridge: Harvard University, 1996.

② Anthony Augustine DeBlasi, *Reform in the Balance*: *The Defense of Literature in Min-Tang China*. Albany: State University of New York, 2002.

③ Victor Eugene Manley, “A Conservative Reformer in T'ang China: The Life and Thought of Han Yu (768—824)”, Ph. D diss. Tucson: The University of Arizona, 1986.

④ Chow Tse-Tsung, “Ancient Chinese Views on Literature, the Tao, and their Relationship”. *Chinese Literature*: *Essays*, *Articles*, *Reviews* (CLEAR), Vol. 1, Jan., 1979, pp. 3—29.

默家的韩愈》一文，以《毛颖传》《送穷文》《石鼎联句序》为主分析了其中的幽默成分，并进一步认为，即使一个严肃的儒家代表人物，也可以带有“幽默”气质。海陶玮赞赏韩愈的“以文为戏”，认为这是他写作个性的表现。①

司马德琳（Medeline K. Spring）《中国九世纪寓言中的马和有价值的文人》一文考察了马在中国的现实地位和文学意象，考察了中国文化中对马的不同称谓（如飞黄）及《山海经》《淮南子》中关于骏马的传说，以此为背景比较了韩愈的《马说》《画记》、柳宗元的《谪龙说》、刘禹锡的《说骥》《伤我马词》、李翱《国马说》和白居易的诗《八骏图》，以说明古文寓言家们看到外在形式与内在价值的矛盾以及辨别这二者的能力的差异。同时，文章分析指出高级的马“骐骥”和低级的马“驽骥”的区分，正反映了当时社会对人才的价值判断，以及对社会不公平的失望。作者认为“古文运动”很大程度上是致力于重新评估价值。② 而在《中国唐代的动物寓言》一文中，司马德琳分析了韩愈的《毛颖传》《下邳侯革华传》和《杂说·马说》，讨论了隐喻和寓言的关系，认为韩愈的古文写作对唐传奇有一定影响。《唐代的贬谪风景》一文中，司马德琳又分析韩愈和柳宗元诗歌表现出的对贬谪的不同心态和对山水意象的操控，并深入了分析了唐代的贬官现象对文学发展的影响，认为韩愈和柳宗元在流放生活中保持尊严的一个方式就是对他们发现的地方进行命名或重命名。唐代文人被流放到困难环境中，写作是一个可以接受的宣泄方式。尤其是通过散文写作，被流放的文人对南方环境进行心理转换，有效地宣泄了郁愤之情。韩愈和柳宗元都用这种方式来缓解和超越那些可能吞噬他们的贬谪氛围。③

杰瑞·施密特《韩愈诗歌中的无理性和失序》一文指出韩愈诗的幽默中有一种比较特别的风格，是一种“病态的幽默”（morbid humor）和翻转的二元性（upsetting duality）。如韩愈的南食诗《初南食贻元十八协律》，描述了自己初到南方第一次吃南方食物的感受，呈现出观察南方生活状态的新视角。施密特用文本细读的方式仔细分析了韩愈那种玩笑态度之后的深刻哲理思

---

① James R. Hightower, “Han Yu as a Humorist”, *Harvard Journal of Asiatic Studies*. 44/1, 1984, pp. 5—27.

② Madeline K. Spring, “Fabulous Horses and Worthy Scholars in Ninth-Century China”, *T'oung Pao*, Second Series, Vol. 74, Livr. 4/5, 1988, pp. 173—210.

③ Madeline K. Spring, “T'ang Landscapes of Exile”, *Journal of the American Oriental Society*, Vol. 117, No. 2 Apr. — Jun., 1997, pp. 312—323.

想。[①] 麦大维《韩愈——一个多侧面的画像》一文，在分析蔡涵墨《韩愈与唐代对统一的追求》一书的基础上，提出要多角度考察韩愈，要从他的生活中去找到韩愈整个活生生的“人”，再以此分析他的思想形成过程。倪豪士《韩愈、柳宗元与祭祀文中虔敬的区别》一文具体分析了韩愈《驱鳄鱼文》《潮州祭神文》和柳宗元的《逐毕方文》《祭湖神文》，比较两人的“虔诚度”，以此观察二人的超自然世界观，得出结论：韩愈比柳宗元更加尊重百姓信仰。商伟《囚徒与造物者：韩愈与孟郊诗歌中的自我形象》[②] 将孟郊诗歌中诗人对作诗的虔诚——一种中唐时期流行的“苦吟”现象，引申为中国文学中“诗穷而后工”的传统；通过梳理韩愈诗中的“造物主”形象，引申出中国“诗言志”诗歌传统，以及“兴观群怨”的诗歌社会功能。康达维（David R. Knechtges）《韩愈的古赋》[③] 一文中指出，作为古文家的韩愈，并不拒绝赋的写作，相反，他的古赋还有扬雄的风韵，韩愈反对的只是六朝赋中的浮靡文风而不是赋这一文体本身。

1996 年倪豪士发表《韩愈研究在美国（1936—1992)》一文，概述了美国 20 世纪韩愈研究的大致情况。从魏鲁男翻译陈寅恪的《韩愈与唐代小说》开始，韩愈研究走进了美国汉学家的视野，并获得不断升温的关注，分别从政治活动、哲学思想、文学观念和创作风格上得到了深入研究。

## 三、英语世界韩愈研究第三期：综合研究

新世纪以来的研究大部分是在前期研究成果基础上的深入开掘，更注重深度与广度，加上材料的更新、方法的多元化，这一时期的研究成果带上了前沿性与多元化色彩。

文学选集上，英国汉学家闵福德（John Minford）和中国学者刘绍铭主编《中国古典文学译文集》（第一卷）[④] 中收入中国唐代以前最具代表性的作家的诗歌、散文的英译。诗人的选择主要按时期划分，如中唐诗人、晚唐诗人等。书中所收译文的译者不仅有早期汉学家韦利、高本汉等，还有作家如庞德、洛威尔、雷克思洛斯、宾纳和库柏等，此外还收入了当代汉学家如白之、葛

---

① J. D. Schmidt. “Disorder and the Irrational in the Poetry of Han Yu”, *Tang Studies*, 7, 1989, pp. 137－167.

② Wei Shang, “Prisoner and Creator: The Self-Image of the Poet in Han Yu and Meng Jiao”, *Chinese Literature: Essays, Articles, Reviews*, 1994, vol. 16, pp. 19－40.

③ David R. Knechtges. “The Old-Style Fu of Han Yu”, *T'ang Studies*, Vol. 13, June 1995, pp. 51－80.

④ John Minford, *An Anthology of Translations of Classical Chinese Literature*: Vol. 1, (2002).

瑞汉、霍克斯、华兹生和宇文所安等人的优秀译作。其尤为值得一提的是，书中同时也收录部分中国译者如辜鸿铭、王靖献、施友忠、叶维廉以及杨宪益等人的优秀译作。文集的每一章都有著名学者撰写的引言及编者的大量注释，既辅助读者理解和欣赏原作，也为研究者提供多种资料。

相关学位论文有多伦多大学王国尧（Kwok-yiu Wong）的《中世纪中国文学的重新发现：中唐诗歌理论和政治话语》①。该论文的重点是研究“文”在文学理论和政治话语中的关系变化。文章以安禄山叛乱为界，将唐代诗歌分为前后两期。前期文人在争取进士考试时更多强调文学的政治功能，后期的创作中更多发展了具有文学价值的“文”的独立性和艺术性。哈佛大学倪健的（Christopher Michael Brown Nugent）《中国唐代诗歌传播》② 一文认为，“唐诗”（Tang Poetry）现在的存活状态与“唐代的诗”（poetry during the Tang）是不一样的。文章在资料中重建了一个唐代诗歌发生和流传的语境，展示诗歌在当时文学环境中的流通，有助于我们了解唐代的物质及文化状态。尽管唐代已经有较为发达的印刷术，使诗歌传播速度加快，但口传和手抄本依然大量存在。不管是手抄还是口传都难免讹误，其中记忆能力非常重要。论文指出，韩愈在自己编撰诗集的时候，将那些曾经被人说成“以文为诗”或“戏谑”的作品从集中删去，这说明诗歌选本容易受到外界环境的影响。普林斯顿大学卡马兰·迪特尔（Alexei Kamran Ditter）的《中国唐代文类与书写转换（610—907）》探讨了中国唐代散文写作的主题、修辞和形式的全面改革。造纸术的改良降低了文学再生产的成本，文本的循环系统加速，阅读比以往任何时候都要快，公共和私人市场发生演变，文学产品在此期间打开新途径，出现为经济利益的写作。通过研究文学赞助、官方祭祀仪式和文学市场，可以发现文学变化反映出的深刻的社会和经济变化。论文重点讨论了中唐时代的“干谒书信”（Cover Letters），将之作为一种独立文体加以分析，揭示了干谒信对唐代科举考试的影响极其社会作用；此外还讨论了唐代祈祷文的形式，分析了韩愈的《驱鳄鱼文》。最后探讨了唐代书写材料、社会和经济变化对唐代文本实践的影响。③

专著有许为和的《中国生活与书信中的幽默：经典与传统方法》一书，

---

① Kwok-yiu Wong, “Rediscovering Literature in Medieval China: Mid-T'ang Literature Theories and Political Discourse”, Ph. D. diss. Toronto: University of Toronto, 2001.

② Christopher Michael Brown Nugent, “The Circulation of Poetry in Tang Dynasty China”, Ph. D. diss. Cambridge: Harvard University, 2004.

③ Alexei Kamran Ditter, “Genre and the Transformation of Writing in Tang Dynasty China (618—907”, Ph. D. diss. New Jersey: Princeton University, 2009.

梳理了中国古代关于幽默的观念及其历史发展，汇集不同形式的幽默语言、形象和行为，采用语言学、文学、戏剧、历史和科学哲学等方法加以分析，在谈到"文戏"的时候，分析了韩愈"以文为戏"的艺术创作心理。[①]

论文有安娜·希尔德（Anna M. Shields）《知识的局限性：韩愈给朋友的三封信》[②]，专门从三封信入手，分析韩愈交往中的不同侧面。尽管书信是最不具严格意义的文学种类，其基本社会功能在于交流沟通，但在信中，作者常会根据自己的身份地位、信的应用场合等选择适当的用典与措辞。文章认为韩愈对这些问题有时候会处理不好，这表明他知识的局限性。

总之，新世纪以来，英语世界的韩愈研究热情渐渐消退，注意力也主要转向对作品进行文化研究和话语阐释，这与整个西方汉学转向文化、新媒体以及现当代文学的研究趋向密切相关。在英语世界一个世纪以来对韩愈的译介和研究中，学者们穿越语言和文化壁垒，用自己丰富的学识和敏锐的文心将历史深处的韩愈一步步推近，呈现给我们一个多面的韩愈形象。研究中有些学者开始注意到了韩愈文学作品在翻译过程中产生的文化过滤与变异性问题，但并未进行充分展开。这些正是我们后期研究需要进一步拓展的方面。

**作者单位：**

黄健平，四川大学文学与新闻学院文艺学博士研究生，拟就职于佛山科学技术学院。

① Xu Weihe, "The Classical Confucian Concepts of Human Emotion and Proper Humour", in *Humour in Chinese Life and Letters: Classical and Traditional Approaches*. Hong Kong: Hong Kong University Press, 2011.

② Anna M. Shields, "The Limits of Knowledge: Three Han Yu Letters to Friends", *T'ang Studies*, vol. 41, 2004, p. 41.